신약해석학

신약해석학

I. 하워드 마샬 편저

이승호 · 박영호 공역

크리스찬
다이제스트

차례

하워드 마샬(I. Howard Marshall)

(Aberdeen 대학교 신약학 교수)

제1부 해석의 배경

F. F. 브루스 (Bruce)

(Manchester 대학교 신약학 교수)

그래함 N. 스탠턴 (Graham N. Stanton)

(London King's College 대학교 신약학 교수)

제2부 해석에서 비평방법들의 사용

앤소니 C. 씨슬턴 Anthony C. Thiselton)

(Sheffild 대학교 신약학 교수)

제3부 석의의 과제

약어표

AG	W. F. Arndt and F. W. Gingrich, *A Greek-English Lexicon of the New Testament and Other Early Christian Literature* (Cambridge 1957)
ATR	*Anglican Theological Review*
BJRL	*Bulletin of the John Rylands Library*
BZ	*Biblische Zeitschrift*
BZNW	*Beiheft zur Zeitschrift für die neutestamentliche Wissenschaft*
CBQ	*Catholic Biblical Quarterly*
EQ	*The Evangelical Quarterly*
ETL	*Ephemerides Theologicae Lovanienses*
Exp.T	*The Expository Times*
JBL	*Journal of Biblical Literature*
JTh.Ch.	*Journal for Theology and the Church*
JTS	*Journal of Theological Studies*
MM	J. H. Moulton and G. Milligan, *The Vocabulary of the Greek New Testament Illustrated from the Papyri and other Non-Literary Sources* (London 1914–29)
NIDNTT	C. Brown (ed.), *The New International Dictionary of New Testament Theology* (Exeter 1975–78)
Nov.T	*Novum Testamentum*
NTS	*New Testament Studies*
Rev.Bén.	*Revue Bénedictine*
RGG	*Die Religion in Geschichte und Gegenwart* (Tübingen 1957–65³)
SB	H. L. Strack and P. Billerbeck, *Kommentar zum Neuen Testament aus Talmud und Midrasch* (München 1956³)
SJT	*Scottish Journal of Theology*
TDNT	G. Kittel and G. Friedrich, *Theological Dictionary of the New Testament* (E.T. Grand Rapids 1964–74)
Th.Z	*Theologische Zeitschrift*
TLZ	*Theologische Literaturzeitung*
TSFB	*Theological Students' Fellowship Bulletin*
TU	*Texte und Untersuchungen*
Tyn.B	*Tyndale Bulletin*
VC	*Vigiliae Christianae*
ZNW	*Zeitschrift für die neutestamentliche Wissenschaft*
ZRGG	*Zeitschrift für Religions- und Geistesgeschichte*
ZTK	*Zeitschrift für Theologie und Kirche*

편집자의 서언

신약해석은 최근에 많이 논의되고 있는 중요한 주제이긴 하지만, 그 논의 결과들을 모아서, 해석 임무에 대한 포괄적이고 실제적인 지침들을 제공하는 책을 찾기란 여간 어려운 것이 아니다. 틴데일 성경 연구 협회 (Tyndale Fellowship for the Biblical Research)의 신약 연구팀이 1973년 7월에 있었던 정기 모임에서 이 주제를 채택한 것도 이러한 동기에서였다. 그 모임에서 제시된 논문들은 신약해석이라는 이 중요한 연구분야에 기여할 수 있기를 희망하면서, 그동안 수정되어 왔고, 지금은 보다 더 폭넓게 일반에게 제공되고 있다.

신약 해석의 분야는 매우 방대하여서 단행본으로는 부족하고, 아마도 제대로 다루기 위해서는 여러 권의 분량이 필요할 것이다. 그러므로 우리가 이 책에서 그 주제를 정당하게 다 다루었다고 말할 수는 없다. 그러나 이 선별된 논문들이 현재 신약 해석에 관심을 갖는 학생들과 모든 이들에게 포괄적이고도, 간결한 기본 지침들을 제공할 것으로 기대한다.

우리는 특별히 다음과 같은 4가지 사항들에 주의를 기울였다. 첫째, 신약해석이라는 주제에 접근하는데 염두에 두어야 할 전제들의 문제이다. 우리는 우리 자신의 전제들 뿐만이 아니라, 다른 학파의 사고에서 나온 전제들도 주의깊게 제시하려고 하였다. 둘째, 우리는 신약 본문을 주석하는데 공헌한 여러 가지 비평형태들을 고찰하였다. 셋째, 우리는 주석의 실제적인 방법을 다루려고 하였다. 넷째로, 우리는 신약해석이 오로지 최초의 독자들이 본문의 의미를 어떻게 이해하였는가에만 관심을 두는 것이 아니라, 본문의 의미가 오늘날의 독자들에게도 여전히 유효하여 우리 자신의 태도와 이해에 영향을 끼치게 될 때, 비로소 그 목표가 달성된다는 것을 분명하게 의식하였다.

사실 이론적인 면에서는 이 두 가지 목적이 별개의 것으로 보이지만, 둘을 서로 분리시키면 둘 중의 어느 목적도 성취할 수 없다. 이런 이유로 이 책은 실제적인 주석으로 끝을 맺는다. 이 책이 강해설교(expository preaching)의 방향으로 치우친다면, 그것은 이 책의 의도가 또한 말씀의 사역에 종사할 사람들의 욕구에 맞추려는 데 있기 때문이며, 강해란 주의깊은 주석(석의)을 전제로 한다는 우리의 확신을 반영하기 때문이다.

성서해석이라는 주제는 다른 학파 학생들간의 사고를 날카롭게 대립시킬 수 있는 주제이다. 우리는 성서의 권위를 존중하면서, 동시에 지성을 최대한 이용하여 성서를 연구하기 위해 부름받았다고 확신하는 보수적인 복음주의자의 입장에서 이 책을 썼다. 따라서 우리가 주장한 모든 견해에 모든 사람이 동의할 수는 없다는 것을 인정할 수밖에 없기에, 이 책의 주장들이 불변할 어떤 출판 인가(imprimatur)를 지닌 것이 아님을 밝혀둔다.

논문을 기고한 학자들이 일반적으로 동일한 관점을 지니고 있긴 하지만, 각자는 자기가 쓴 논문에 대해서만 책임을 지고 있기 때문에, 독자들은 우리들간에 서로 의견이 상충하는 점들을 발견할 수도 있을 것이다. 이처럼 의견이 다양하다는 것이 놀랄만한 일은 아니며, 반드시 나쁜 것만도 아니다.

우리는 비교적 과거에는 거의 연구가 되지 않았던 주제들을 다루고 있다. 특히 보수적 복음주의자들은 자신들의 성서관을 해석 임무에 너무 늦게 연관시켜왔다. 그러므로 어떤 면에서 이 책은 몇 가지 문제들을 해결하려고 고심하는 최초의 시험적인 시도에 불과하다. 이 단계에서 가설과 추측은 불가피하다. 그럼에도 불구하고 우리는 이 책이 논의를 촉진시키고, 보다 더 확실하게 진리를 평가할 수 있기를 희망하면서, 우리의 견해들을 출간하는 것이 옳다고 생각하였다.

미국의 많은 출판업계에 영향을 끼친 경제적 위기 때문에 이 책의 출판이 오랫동안 늦어졌다. 이 책에 실린 논문들이 최근의 작업들을 포함하지 못하고, 특히 우리가 다룬 주제의 가장 최근의 논의들을 고려하지 못한 것을 유감으로 생각한다. 예를 들어, 이 책이 처음 계획된 이후에 논의의 중심이 된 주제인 구조주의를 다루지 못하였다.

　　편집자로서 나는 이 책에 논문을 써준 모든 학자들에게 감사를 표하고 싶다. 또한 색인을 작성해 준 힐러어(Norman Hillyer)와 케임브리지에 있는 틴데일 하우스의 스탭들, Paternoster 출판사와 이 책이 출판되기까지 도움을 준 모든 사람들에게 이 책의 기고자들을 대표해서 감사를 드리는 바이다.

제 1 장

서론

I. H. 마샬(Marshall)

이 심포지움의 목적은 신약성서를 이해하는 데에 필요한 원칙들과 방법들을 세우는데 있다. 성서의 한 구절을 해석한다는 것은 성서의 한 본문에 접근하여 그 의미를 재빨리 이해할 수 있는 열쇠, 즉 용이하고 단순한 어떤 공식(fomular)을 찾아내는 문제이다. 불행하게도 성서를 해석하는데 있어서 그러한 단순한 대답은 없다. 그러나 본문과 씨름하여 그 의미를 이해할 수 있는 몇 가지 일반적인 원칙들을 제시하는 것은 가능하다.

물론 신약해석의 문제는 신약 연구나 혹은 신구약 성서 연구에만 국한되지는 않는다. 그 문제는 일반 해석학 문제, 즉 누군가가 말했거나 혹은 누군가가 기록한 어떤 것을 이해하려는 시도의 한 부분이다. 그러므로 이 책에서 진술될 많은 내용들 역시 해석을 필요로 하는 다른 자료, 특히 고대세계의 유사한 본문들을 고려할 것이다. 그러나 신약성서는 나름대로 지니고 있는 개별적 문헌의 특징들과 그리스도인들이 그것을 하나님의 말씀으로 간주한다는 것 때문에 여러가지 독특한 문제들을 제기한다. 그러므로 우리의 논의는 특히 신약성서에 적용될 수 있는 해석학의 문제들에 집중하게 될 것이다.

1. 몇 가지 해석학적 질문들

이러한 해석학적 문제들의 특성을 올바로 이해하기 위해 먼저 신약성서의 한 구절을 조사하는 것이 도움이 된다. 이를 위해 요한복음 4:1-45을 살펴보기로 하자. 이 구절은 여러가지 해석의 논점들을 설명해 줄 뿐만 아니라, 우리에게 매우 친숙한 이야기라는 장점을 가지고 있다. 이 본문을 이해하기 위한 출발점은 무엇인가?

출발점은 그 구절의 올바른 본문을 확정하는 것이다. 헬라어 신약성서의 여러 인쇄본들은 편집자가 초기의 사본들의 신빙성을 어떻게 평가하느냐에 따라 다양한 본문을 지닌다. 그러나 본문비평은 기술적인 영역이며, 이미 이 분야에 대한 탁월한 입문서들[1]이 많이 나와 있기 때문에 이 책에서는 본문비평을 따로 다루지는 않을 것이다. 다만 여기에서 짚고 넘어가야 할 것은 일반적으로 받아들여지고 있는 현대의 헬라어 신약성서판(Nestle-Aland 26판 — 역주)이 매우 정확한 본문을 제공해 주고 있다는 점이다.

두번째 단계는 본문을 영어로 잘 번역하기 위해 본문의 어휘와 문법 그리고 구문을 이해하는 것이다. 많은 사람들이 영어번역으로 시작하는 것을 두려워하고 있지만, 신약성서를 이해하기 위해서 반드시 헬라어를 알 필요는 없다. 최소한 동일한 영어권에서 헬라어 지식을 가진 사람이 나머지 사람과 그 지식을 나눌 수 있다면, 모두 다 헬라어에 능통할 필요는 없다. 성서 이해에 있어서 번역은 매우 중요하다. 그래서 때로는 고려해야 할 해석의 여러 요소들에 비추어 그 구절을 전체적으로 이해한 후에야 비로소 정확한 번역을 할 수 있기 때문에 번역은 해석의 예비단계가 아니라, 해석의 목적이 되는 경우도 있다.[2] 번역의 중요성은 다음과 같이 두 가지 점에서 설명될 수 있다.

첫째, 요 4:1-45의 이야기에 등장하는 중요한 인물은 보통 "여인(woman)" — "사마리아 여인"으로 번역된 γυνή이다. 번역어 "woman"이라는 단어가 주는 이미지는 어떠한가? 이 단어가 나에게는 중년 혹은 노년에 가까운 여인을 가리키는 약간 경멸적인 분위기를 내포하는 단어로 보여진다.

이것은 "여인들(women)의 모임" 혹은 "숙녀협회"(the Ladies' Guild)에 대한 교회의 광고들에서 나타나는 미묘한 어감의 차이와 어떤 여인들의 모임이 회원들의 관심을 끌기 위해 "젊은 부인들의 모임"으로 불리어지는 것을 생각해 보면 알 수 있다. 우리가 이 단어를 (헬라어 γυνή의 정확한 등가어인) "숙녀" 혹은 "소녀"로 번역하면 어떻게 되는가? "여인"(woman)이란 단어가 자칫 사마리아 여인을 제대로 보지 못하게 하는 경향이 있다. 본문의 이야기에서는 사마리아 여인이 젊고, 매력적인 여인이었음을 암시해 주고 있다.

둘째, 예수가 여인에게 준 물을 수식하는 "살아있는(living)"이라는 단어가 문제를 제기한다. 헬라어로 이 단어는 고여있는 물에 대한 반대개념으로서 "흐르는(running)" 물을 의미하는데 사용된다. "살아있는"과 "흐르는"이라는 단어의 이중적 의미는 이 이야기에서 매우 중요하다. 이 단어를 영어로 어떻게 번역해야 하는가? 또한 이러한 이중적 의미가 있다는 것이 요한복음에 나오는 다른 단어들도 이중 의미로 사용될 수 있다는 것을 의미하는가?

그러므로 번역은 사건의 의미와 사건의 "느낌"을 이해하는데 중요하다.

성서를 이해하는 세번째 단계는 배경과 관계가 있다. 본문의 지리적 상황, 유대와 사마리아의 관계 등에 대해 아는 것이 도움이 된다. 또한 복음서 저자의 성격과 그의 독자에 대해 아는 것이 본문의 이야기를 이해하는데 도움이 된다. 이러한 지식들은 여러 참고서적에서 쉽게 찾아 볼 수 있다.

그러면 저자는 그 이야기를 어디에서 얻었는가? 요한복음은 저자가 여러 자료들로부터 모은 정보를 토대로 하고 있다. 우리가 가장 초기 형태의 전승과 저자가 그것을 사용한 방식을 구분할 수 있을까? 저자가 이 특정한 이야기를 어디에서 얻었는가? 본문의 이야기의 일부는 예수와 사마리아 여인 사이에 행해진 사적인 대화를 다루고 있다. 그렇다면 둘 중의 한 사람이 그 이야기를 전해주었는가? 아니면 요한이 생각한 대로 적당히 써 내려갔는가? 이것은 매우 미묘한 문제이므로 학자들 마다 대답이 다르다.[3]

그러나 그 문제가 아무리 어렵다고 할지라도 본문의 이야기가 실제 대화에 대한 역사적 보도인지 아니면 복음서 저자가 자신의 독자에게 중요하다고 여긴 논점을 제시하기 위해 전개한 사화(narrative)인지 아니면 이 둘의 혼합인지를 아는 것이 이 이야기를 이해하는데 매우 중요하다.

이 점은 우리가 다룰 다음 문제, 즉 요한복음 전체에서 볼 때, 이 사화의 양식과 기능이 무엇인가 하는 문제와 관련된다. 즉각적으로 볼 때, 그것은 역사적 에피소드로 여겨진다. 개인적으로 나는 그것을 실제로 일어난 어떤 사건에 대한 이야기로 받아들이는데 아무런 어려움도 없다. 즉 예수가 우물가 옆에서 한 여인을 만나서 대화함으로써 그녀로 하여금 자신이 메시야라는 사실을 깨닫게 해 주었으며, 그녀 뿐만 아니라, 예수가 수가성에 사는 다른 사람들과 만남으로써 그들 역시 예수를 믿게 되었다는 것이다. 이렇게 하는 것이 바로 이 이야기의 양식을 결정하는 것이다. 그러나 이것만으로는 대답이 불충분하다. 우리는 아직 이 이야기가 왜 복음서에 있으며, 이 특별한 지점에서 본문의 이야기가 어떠한 기능을 가지는지를 물어야만 한다. 이것이 문맥(context)의 문제이다.

요한 자신이 요 20:30-31에서 밝힌 복음서의 목적에 따르면, 이 이야기는 복음서를 읽는 독자들로 하여금 예수를 믿게 하기 위하여 들어와 있는 것이다. 그러므로 이것은 단지 흥미로운 이야기가 아니라, 사마리아 여인이 예수를 믿게 된 것처럼, 독자들도 세상의 구세주이신 예수를 믿어야 한다는 교훈을 담고 있다.

그런데 이 점을 받아들일 때, 이 이야기가 이 지점에서 가지는 정확한 기능은 무엇인가? 요한이 본문의 이야기를 앞, 뒤의 사건과 연대기적으로 연결시키고 있다는 것은 사실이지만, 이것만으로는 질문에 대한 대답으로 충분하지 못하다. 요한은 자신이 예수에 관해 알고 있는 몇 개의 이야기만 기록하고 있다(요 20:30). 그렇다면 그가 이 이야기를 왜 자신의 복음서에 포함시켰을까? 단지 연대기적 이유만으로 그것을 여기에 두었을까?

한 주석가는 이 이야기를 앞에 나오는 니고데모 이야기와 대조되는 것으로 보았다. 중생의 개념을 이해하지 못하는 니고데모와는 달리 여기에서는 믿음의 한 예가 나타남으로써 두 이야기는 상호보완적인 관계에 놓이게 된다.[4] 또는 이 이야기는 복음의 메시지가 유대인뿐만 아니라, 사마리아인, 궁극적으로는 전세계인을 위한 것임을 보여주는 말씀들 가운데 속한다고 볼 수도 있다.[5] 또는 이 이야기는 항아리와 우물 안에 있는 물이 상징하는 유대인과 사마리아인의 옛 생활 방식과 포도주와 생수가 상징하는 예수가 주는 새로운 삶의 방식을 대조하고 있다고 볼 수도 있다.[6] 이러한 제안들은 이 이야기를 정확하고 충분히 이해하는데 도움을 준다.

이 이야기에서 드라마적 양식을 발견하는 사람들도 있다. 이 이야기가 앞 무대와 뒷 무대에서 진행되는 연극처럼 관심의 중심이 우물에서 도시로, 여인으로부터 제자들과 마을 사람에게로 이동하고 있다는 것이다. 비슷한 구조가 요 9장에서도 나타나는 것을 볼 때, 이것이 요한에 의해 사용된 표현기술은 아닌가 라는 문제가 제기된다. 이러한 질문은 이 이야기의 구조를 이해하는데 도움을 준다.[7]

이제 앞에서 이미 언급한 바 있는 이중 의미의 문제가 제기된다. 이야기의 처음에 예수가 우물가에 있던 때가 6시였다는 시간 표기가 나온다. 요한복음에는 시간과 장소들이 비교적 정확하게 표기되곤 하는데, 이것은 요한복음이 예수를 직접 목격한 사람의 증언이라는 증거로써 간주될 수 있을 것이다. 그런데 요 19:14에 보면 예수가 총독에게 유죄판결을 받고, 사형에 넘겨지는 때도 동일하게 6시였다는 기록이 있다. 그렇다면 독자는 이 두 사건을 신학적으로 연결하여 상호관련 속에서 해석해야 하는가?[8]

예수는 사마리아 여인에게 다섯 명의 남편이 있다는 것을 꾸짖었다. 그러한 부도덕한 행위는 어느 시대에나 존재하며, 복음을 들을 필요가 있는 매우 타당한 이유가 된다. 그런데 이 다섯 명의 남편은 열왕기하 17:30-31에 나오는 다섯 개의 우상에 대한 알레고리적 표현이므로 요한복음 4:22에 나오는 사마리아인들의 잘못된 예배와 연결시킬 수 있다는 주장이 있다.[9]

이러한 알레고리적 표현들이 있다면, 다음과 같은 두 가지 질문이 제기된다. 알레고리가 있다는 것을 어떻게 알 수 있는가 라는 질문과 이러한 알레고리적 표현이 있다고 해서 — 가능성이 희박한 — 그 이야기의 다른 부분에서도 그것을 찾으려는 것이 과연 정당한 일인가 라는 질문이다.[10]

이와 관련된 문제가 상징(symbolism)의 문제이다. 예수가 여기에서 사용한 물이 종교적 상징의 표현이라는 것은 의심할 여지가 없다. 그러므로 우리는 이 "물"이라는 용어가 요한의 독자들에게 어떤 생각들을 불러 일으켰는 지 질문할 필요가 있다.[11] 뿐만 아니라 이러한 생각들이 상징에 친숙하지 못한 현대의 독자들에게 어떻게 적절히 이해될 수 있는지 묻는 것도 마찬가지로 중요하다.

마지막으로, 요한의 본래 의도를 넘어서서 본문의 이야기가 우리에게 줄 수 있는 해석에 관한 문제를 살펴보자. 이 문제는 두 가지 형태로 설명될 수 있다. (1) 이 이야기에서 사마리아 여인을 개종시키는 예수의 **목회적 방법**의 모범을 보는 사람들이 있다.[12] 그들은 이 이야기 안에 예수의 복음을 개인적으로 전하는 사람들에 대한 모범이 있다고 주장한다. 이러한 해석이 본문에 대한 타당한 해석임에는 틀림없지만, 그것이 요한 자신의 의도인가 라는 문제가 제기된다. 여기에 대해 두 가지 대답이 주어질 수 있다. 하나는 요한이 목회적 목적을 의도하지 않았다는 것이다. 그러나 요한은 우리에게 다음과 같이 말할 수 있을 것이라고 생각할 수 있다. "내가 그것을 의도하지는 않았지만 당신이 그렇다고 주장하므로 당신이 그렇게 해석하는 것에 나도 동의한다. 물론 처음 나의 의도는 불신자들이 사마리아 여인의 모습 속에서 자기 자신의 모습을 볼 수 있도록 돕는데 있었지만, 이 이야기 안에는 복음 전도자들이 예수의 모범을 따르는데 도움을 주는 부차적인 목적도 있을 수 있다고 본다." 그러므로 본문은 저자가 의도하지는 않았지만, 그의 의도에 적합하다고 보여지기 때문에 타당한 그 이상의 해석과 적용을 지닐 수 있다.

또 하나의 대답은 반대로 요한 자신이 부차적이긴 하지만, 이 이야기의 목회적 목적을 의도했다는 것이다. 그렇다면 의식적이든, 무의식적이든 간에 그가 목회적 문제에 대한 교회의 필요에 얼마나 영향을 받았으며, 따라서 역사적 이야기는 얼마나 반영되어 있으며, 심지어 이러한 교훈을 끄집어 내기 위해 얼마나 수정했는가 하는 문제가 제기된다.[13]

(2) 또 다른 학파는 이 이야기를 **실존적으로** 해석한다. 그래서 한 사람이 이 이야기를 통해 자신의 모습을 자각하고, "참된 존재"로 나아가는 것이 표현되고 있다는 것이다. 이런 이유로 불트만은 16-19절의 제목을 "인간 존재의 폭로로서의 계시"라고 붙이고 있다. 결과적으로 전통적인 의미에서의

구원과 믿음의 선물이라는 사상이 사라지고, 그 대신 실존주의 철학에서 끌어온 범주들이 자리잡게 된다.[14] 이것이 요한의 적절한 해석인지, 아니면 오히려 "본문을 왜곡시키는 해석"[15]인지 하는 것은 논의될 문제이다.

2. 가능한 해석의 방법들

이제 해석의 방법들을 종합해 보자. 지금까지 제시된 — 매우 당황스럽기까지 한 — 일련의 주석 가능성들을 볼때, 성서의 명료성이라는 훌륭한 종교개혁 전통에 대한 어떤 의문이 제기된다. 그러나 이 서론의 목적은 독자들로 하여금 회의와 절망에 이르게 하려는데 있는 것이 아니라, 오히려 성서의 명료성이라는 교리의 수호자들이 직면하지 않으면 안될 문제들을 제기함으로써, 결국 그들이 그 문제들을 받아들여 단순히 형식적인 동의 이상의 보다 더 견고한 토대 위에 서도록 하는 데에 있다. 우리가 여기에서 의도했던 목적은 이 책 뒤에서 매우 길게 전개될 몇 가지 문제들의 특성을 지적하려는 데 있었다. 그러나 이 책을 읽는 독자들이 앞으로 염두에 두어야 할 임시적인 제안들을 몇 가지 제시하고자 한다.

첫째, 하나의 구절을 해석할 경우 여러가지 다양한 연구방법들이 모색되어야 한다는 점이다. 본문연구 및 언어연구, 배경연구, 자료, 양식, 문맥 연구 등 — 이 모든 것이 주석하는 데 있어서 중요한 역할을 담당한다.

둘째, 우리는 — 결과적이긴 하지만 — 이미 이해의 3 가지 차원이 있음을 지적한 바 있다. 이야기를 나름대로의 함축된 의미를 지닌 단순한 역사로 다루는 "역사적인" 차원이 있고, 요한이 자신이 이해한 이야기의 의미를 충분히 전달하고, 그 이야기를 복음서 전체에 기여하도록 하기 위해 의도적으로 사용한 방법들을 탐구하는 "요한의" 차원이 있다.[16] 그리고 저자가 직접적으로 의도하지는 않았지만, 그 이야기로부터 타당한 간접적인 통찰력을 얻을 수 있는 "해석자의" 차원이 있다. 더욱이 한 구절은 이러한 세 가지 차원 중 어느 것에 의해서도 매우 다양하게 해석될 수 있으며, 그 해석이 다양한 양상들을 띨 수도 있다. "문자 그대로(straight)의" 의미일 수도 있고, 유기적으로 그것과 관련된 덜 직접적인 의미일 수도 있다.

셋째, 우리의 목적은 본문이 원 저자가 의도한 최초의 독자들에게 무엇을 의미했는가 하는 것을 발견하는 것이다. 주석이란 한 구절을 해석하되, 그 구절 자체나 그것의 문맥에서 그 구절이 지닌 모든 특성들을 만족스럽게 설명할 수 있는 해석을 추구하는 것이다. 여기에서 문맥에는 신약의 역사적인 상황과 그것이 나오게 된 문학적인 상황 — 위의 예를 따르면 요한 문학 — 이 포함된다. 이것은 하나의 순환구조를 이룬다. 문맥 자체가 해석을 필요로 하는 반면에, 요한복음 전체의 의미는 — 4장을 포함해서 — 또한 여러 개별적인 구절들의 의미에 의존하기 때문이다. 그러나 이러한 순환구조는 해로운 것은 아니고, 대화를 통해서 보다 나은 유비를 제공할 수 있다. 즉 전체와 부분들이 서로 묻고 대화함으로써, 둘에 대한 지식이 점차적으로 증강되는 것이다.

넷째, 우리는 본래의 독자에게 의도된 본문의 의미를 뛰어넘어 얼마나 오늘날의 우리를 위한 의미에까지 도달할 수 있을까? 앞에서 지적한 것처럼, 저자의 안중에는 없었다 할지라도, 나는 요한복음 4장의 "목회적" 해석을 받아들일 준비가 되어 있다. 그러나 불트만이 주장한 그런 특정한 실존주의적 해석에는 의문을 제기하고 싶다. 최소한 나는 요한 역시 그것에 대해 "No"라고 대답할 것이라고 생각한다. 그러나 요한의 평결이 기준이 될 수 있는가? 예를 들어, 그 이야기의 의미는 그 안에 표현된, 특히 상징으로 표현된 무의식적 동기들에 놓여있다고 주장할 수 있다.

극단적인 예를 들면, 한 정신 분열 환자가 그린 그림의 의미는 예술가가 평가한 "객관적" 해석에 놓여 있다기 보다는 오히려 그가 무의식적으로 증언하는 자신의 병든 마음 상태에 대한 "주관적" 성찰에 있다고 할 수 있다. 성서에서도 마찬가지로 저자가 의도한 것과는 다른 의미가 있을 수 있다. 요한 자신이 자신의 복음서의 실존적 해석을 부인할지라도, 그가 무의식적으로 인간의 실존적 곤경에 사로잡혀 — 객관적으로 사실이라고 느꼈지만, 요즈음에는 하이데거의 말로 좀더 적절하게 표현되고 있는 — 실존적인 인간 상황을 표현하는 한 방법인 종교적 범주 안에서 그것을 표현하였다고 말할 수도 있는 것이다.

보다 더 전통적인 기독교인은 성서의 완전영감(sensus plenior)이라는 말을 더 선호할 것이다. 신적 영감을 통해 성경의 한 구절에는 저자 자신이 의도하지 않았던 보다 더 깊은 의미가 부여될 수도 있다. 이사야서의 몇몇 본문들은 이사야 선지자가 예수의 영광을 보고, 그에 관해 말했기 때문에(요 12:41) 쓰여졌다고 요한 자신이 우리에게 말해주고 있다. 기독교 이전의 이사야 주석가는 그러한 구절들의 이러한 해석을 감지하지 못했을 것이며, 그러한 해석은 현대 주석가들이 즐겨 사용하는 것이 아니므로, 우리는 이사야 자신이 그 영광을 희미하게 보았다고 느낄 수 있다. 그러나 기독교라는 유리한 위치에서 되돌아 볼때, 우리는 "그 예언자가 예수에 관해서 말하고 있었다"고 분명히 말할 수 있고, 그 구절들을 예수에 관해 알려주는 증거로 사용할 수 있다. 여기에서 우리는 신적 영감이라는 범주가 우리의 논의에 포함되어야 하며, 순수한 인간의 해석만으로는 불충분하다는 것을 알 수 있게 된다.

그러면 우리는 현대의 독자들을 위해 신약을 어떻게 해석해야 하는가? 어떤 저자들은 후손들이 자신의 작품들을 파피루스 휴지통에 던져버리지 않고, 소중히 여기기를 바라는 마음으로 기록하였을지라도, 그들은 서로 다른 상황에 처해있는 후손들이 그것들을 어떻게 이해할 것인지에 대해서는 알 수 없었을 것이다. 해석의 임무는 확실히 독자들로 하여금 이야기의 최초의 충격을 느낄 수 있는 위치로 데려다 놓는 것이다. 그래서 독자는 본래의 의미와 함께 그 의미에서 생겨날 수 있는 새로운 요소들을 얻을 수 있게 된다.

그러나 주석가에게도, 회중에게도 원래의 의미를 되찾는 것이 불가능하다고 주장할 수도 있다. 주석과 강해(exposition)는 상호연관성이 있기 때문이다. 현대의 독자와 고대의 텍스트간의 대화라는 이 문제는 복잡한 문제이긴 하나, 그 과정의 결과들이 반드시 해로운 것은 아니다. 성서 영감론의 의의는 신약의 메시지가 모든 세대에 사실로 받아들여진다는 것이다. 그러나 어떤 상황에서는 그 메시지의 영향력을 보다 더 현저하게 느낄 수가 있다. 나는 오래 전부터 데살로니가 전서 3장을 이론적으로 잘 알고 있었고, 청중들에게 그것을 설명한 바 있다. 그런데 1969년 1월 24일 그 부분이 나에게 새롭게 경험되었다. 아버딘의 크라이스트 칼리지에서, 그날 방문 설교가는 체코의 노교수인 조셉 로마드카(Josef Hromadka)였다. 그가 이 데살로니가 3장을 읽을 때, 그 자신이 바울이 처한 상황, 즉 사단이 정상적으로 서방에 있는 친구들에게 가지 못하도록 막는 것과 그들로부터 위로를 얻고, 그들(여러분과 나)이 믿음에 굳건히 서기를 갈망하는 그 상황에 처해 있음을 얼마나 잘 느끼고 있는지 나는 보았다.

아마도 이런 종류의 경험은 세속적인 본문 — "유리피데스의 몇몇 합창 결말"(some chorus ending from Euripides)을 통해서도 일어날 수 있을 것이다. 그러나 그리스도인으로서 우리는 그 이상의 경험을 지닌다. 우리가 해석하는 구절들은 하나님께서 오늘날의 남자와 여자에게 말씀하시는 수단이다. 따라서 성서 영감론에 대한 우리의 믿음은 신약 주석이 단순한 문제가 아니라, 실제적인 가능성이라는 증거가 된다. 하나님은 심지어 자신의 말씀에 가장 무지한 해석가를 통해서도 사람들에게 말씀하실 수도 있고, 또 말씀하신다. 동시에 그 분은 우리로 하여금 하나님의 말씀에 헌신하여, 그 메시지를 좀더 분명하게 하기 위해 모든 자원을 이용하도록 우리를 부르신다. 교회사를 통해서 볼 때, 안타깝게도 신약을 잘못 해석하여 일어난 많은 악들이 있다. 그러므로 우리의 임무는 참된 이해를 추구함으로써 그러한 오류를 방지하는 것이다.

이 책이 쓰여진 것도 바로 그런 목적을 위해서이다. 이 1장은 다만 독자에게 논의할 필요가 있는 분야들을 소개하고, 학생들이 씨름해야 할 문제들을 자각시키는데 목적이 있다. 계속되는 장에서 이 논점들이 보다 더 자세히 다루어질 것이다. 희망하건대, 그 중에는 그러한 논점에 대한 해결책도 있기를 바란다.

주

1) B. M. Metzger, *The Text of the New Testament* (Oxford 1968^2); cf. J. H. Greenlee, *Introduction to New Testament Textual*

Criticism(Grand Rapids 1964); J. N. Birdsall, "The New Testament Text", in P. R. Ackroyd and C. F. Evans, *The Cambridge History of the Bible* Vol. I (Cambridge 1970), pp. 308-377.

2) 해석의 "순환적" 특성이 이 점에서 분명해진다. 한 구절의 잠정적인 번역을 토대로 하여 우리는 계속해서 세부적인 사실들을 해석한다. 그리고 이러한 해석을 통해서 이번에는 번역이 수정된다.

3) R. Bultmann (*The Gospel of John* [Oxford 1971], p. 175)은 요한이 사용한 전승과 요한의 삽입을 구분하려고 한다. C. K. Barrett (*The Gospel according to St John* (London 1955), p. 191)는 이 이야기에서 요한 이전의 핵심을 분리해 낼 수 없다고 말하는 반면에, R. Schnackenburg (*The Gospel according to St John* Vol. I (London 1968), p. 420)는 복음서 저자가 어떻게 자신의 사화(narrative)를 능숙하게 구성하였는지 말하고 있다. 주석가들은 일반적으로 이 사화가 전승에 의존하고 있고, 그 전승이 역사적 사실에 기초하고 있다는데 동의하고 있다(R. E. Brown, *The Gospel according to John* : I-XII(New York 1966), pp. 175f.).

4) B. F. Westcott, *The Gospel according to St John* (London 1882), p. 67.

5) E. g, J. Marsh, *Saint John* (London 1968), pp. 207f.

6) E. g. A. M. Hunter, *The Gospel according to John* (Cambridge 1965), p. 45.

7) C. H. Dodd, *The Interpretation of the Fourth Gospel* (Cambridge 1954), p. 315.

8) R. H. Lightfoot, *St John's Gospel* (Oxford 1956), p. 122.

9) E. C. Hoskyns and F. N. Davey, *The Fourth Gospel* (London 1947), pp. 242f.

10) 이러한 알레고리의 실례 중에 어느 것도 신빙성이 없다는 점이 인정되어야 한다. 첫번째 경우는 독자가 아직 6시가 십자가형의 시간인지 알지못하며, 또한 독자가 19장을 읽을 때, 4장에 나오는 시간과 일치한다는 사실을 기억하지 못할 것이기 때문에 가능성이 희박하다. 두번째 예는 (a) 사마리아 여인은 다섯 명이 아니라, 여섯 명의 남편을 가지고 있었고, (b) 열왕기하에는 다섯 명이 아니라, 일곱 명의 신들이 열거되어 있고, (c) 다섯이라는 숫자가 요세푸스의 역사책에 있는 사마리아인의 이야기(*Ant.* 9:288)에 나타나긴 하지만, 요한이 구약보다 그에게 더 의존하였을 가능성이 희박하기 때문에 역시 설득력이 없다. 요한이 어딘가에서 알레고리를 사용하였는지 조차 의심스럽다. (W. F. Howard, *The Fourth Gospel in Recent Criticism and Interpretation* (London 1955), pp. 182f.).

11) R. Bultmann, *op. cit.*, pp. 182-186; R. E. Brown, *op. cit.*, pp. 178-180.

12) W. Temple (*Readings in St John's Gospel* (London 1945), pp. 178-180)은 그 사화를 "주님의 목회적 관심의 한 예"로서 간주하긴 하지만,

그것을 기독교 전도자를 위한 한 예라기보다는 "나의 영혼"을 다루는 방법에
적용시키고 있다.

13) 요한복음 9장에 나오는 소경의 이야기가 예수 시대의 실제 역사라기보다는
사도시대의 기독교인에 대한 유대인의 파문을 반영하고 있다고 보는 견해와
비교하라. J. L. Martyn, *History and Theology in the Fourth
Gospel* (New York 1968).

14) R. Bultmann, op. cit., p. 187.

15) R. Schnackenburg, op. cit., p. 433.

16) 우리는 이 두번째 차원이 여러 전승전달자들에 따라 그 의미가 달라지는 많은
"mezzanine" (중간) 차원들을 포함하고 있다는 것을 기억하여야 한다. 요한
복음의 경우에는 어떤 사화자료가 "표적 복음" (Gospel of Signs)에서 유래
한다고 주장되었는데, 이 때에 표적 복음의 저자가 의도한 의미와 최종 작품
의 저자가 의도한 의미가 각각 다르다. (R. T. Fortna, *The Gospel of
Signs*, Cambridge 1970).

제 1 부

해석의 배경

제 2 장

신약연구의 역사

F.F 브루스(Bruce)

신약에서의 구약해석은 지금도 여전히 많은 책들이 쓰여지고, 연구되고 있는 주제이다. 구약의 후대 부분에 나타난 구약 초기 문헌에 대한 해석은 훨씬 더 많은 연구가 필요한 주제이다. 그 작업은 구약 해석사의 첫 장에서 다루어진다. 이와 마찬가지로 신약해석사의 첫 장은 신약의 후대 부분에 나타난 신약 초기 부분의 해석 연구에 할애된다.

1. 초대교회와 중세시대

1. 사도시대

구약에 나타난 것과 동일하지는 않지만, 신약 내에서도 자체 해석의 실례를 쉽게 찾아볼 수 있다. 예컨대, 한 복음서 안에 비유들에 대한 해석들이 나타나는데(막 4:3-8과 14-20; 마13:24-30과 37-43), 그것들 중의 어떤 것은 전승에 속하고, 어떤 것은 복음서 기자에 의해 삽입된 것이다. 또한 후대에 쓰여진 복음서가 자신의 자료로 사용한 초기의 복음서에 있는 말씀들을 해석하는 경우도 있다. 예를 들어 "하나님의 나라가 권능으로 임하는 것을 볼 자들도 있느니라"(막 9:1)가 "인자가 그 왕권을 가지고 올 것을 볼 자들도 있느니라 "(마 16:28)로 변경되었거나, 또는 "이 사람은 진실로 하나님의 아들이었도다"(막 15:39)가 "이 사람은 정녕 의인이었도다"(눅 23:47)로 변화되고 있다.

특히 요한복음은 예수의 이야기를 그의 인격과 가르침과 사역의 유효성이 현재에도 지속되는 것으로 묘사하고 있다. 공관복음서에서는 종종 하나님 나라의 동의어로 사용되곤 하는 "영생"이라는 말이 요한복음에서는 그 의미가 거의 변경되어, 예수를 통해 계시된 유일하신 참 하나님을 아는 것(요 17:3)을 뜻한다. 요한복음이 대상으로 한 청중들과는 거의 무관한 것처럼 보이는 "유대인의 왕"이라는 예수의 처형 명패는 요한복음 18:33-38a에서 빌라도의 심문에 대한 예수의 대답 안에서 해석되어진다. 거기에서 그가 주장하는 왕권은 전적으로 영적인 영역에 속한다는 것이 분명해진다. 그러므로 그의 주권은 "진리에 속한 모든 자"에 의해서 인정된다.

바울서신 안에서도 후기 서신 안에서 초기서신에 대한 해석이 이루어지고 있는 증거를 볼 수 있다. 예를 들어, 고린도전서에 나오는 교회의 원칙들이 에베소서나 목회서신에서 이런 저런 방향으로 재적용되고 있다. 또한 요한 계시록의 일곱 인을 떼는 장면들(계 6:1이하)도 마태복음 13:5이하에 나오는 종말 강화(eschatological discourse)와 비유들과 동일한 구조를 지니고 있음을 적어도 한번 이상은 관찰할 수 있다.

2. 2세기의 정통과 이단

최초의 사도적 교부인 로마의 클레멘트(Clement of Rome)는 고린도 교회로 보내는 자신의 서신(약 A.D. 96년경)에서 어느 정도 신약해석을 시도하고 있다고 볼 수 있다. 그의 목적은 고린도 교인들 사이에 있던 시기심과 당파심을 꾸짖고, 겸손의 마음과 상호간의 인내를 북돋기 위함이었다. 이러한 의미에서 그가 산상수훈의 말씀들과 바울이 바로 전 세대에 그 교회에 당파심을 비난하고, 사랑의 정신을 불어넣기 위해 보낸 고린도전서의 말씀을 인용한 것은 적절한 것이었다. 동일한 목적으로 클레멘트는 신약의 다른 문헌들을 인용하고 있는데, 특히 그가 정통했던 히브리서를 인용하고 있다. 예를 들어, 그는 "양과 염소의 가죽을 입고 유리하는"(히 11:37) 사람들을 저자의 의도와는 상관없이 엘리야와 엘리사(클레멘트1서 17:1)로 해석한다. (이러한 해석은 제롬(Jerome)의 시대와 그 후에 몇몇 사람들이 주장한 것처럼, 클레멘트가 히브리서의 저자라는 견해가 잘못되었다는 충분한 증거가 된다.)

요한복음의 서언에 나오는 로고스론이 희랍문화권에서 교육을 받은 사람들에 의해 철학자들의 로고스 견지에서 다루어진 것은 당연하다. 이러한 입장에서 순교자 저스틴(Justin Martyr)은 로고스를 참된 이성의 형태로 받아들인 소크라테스와 같은 사람들이 그리스도 이전의 기독교인들이라고 주장했다. 이는 정해진 때에 로고스가 그리스도 안에서 성육신했기 때문이라는 것이다.[1] 영지주의의 발렌티누스파 중의 한 사람인 프톨레미(Ptolemy)는 요한복음의 서언을 발렌티누스 체계(Valentinian system: 로고스도 그 중의 하나였다)의 첫번째 "Ogdoad"로 해석함으로써, 요한을 진전된 발렌티누스주의자로 가르치도록 했다. 이레네우스(Irenaeus)가 이러한 추론에서 오류를 발견한 것은 그리 어려운 일이 아니었다.[2] 그러나 좀더 냉정하게 관찰해 보면, 요한복음의 어휘와 개념들 안에는 참된 빛이 어둠을 몰아내는 것과 같은 발렌티누스적 사고가 많이 포함되어 있음을 부인할 수 없다. 아마도 발렌티누스 자신의 작품인 「진리의 복음」(Gospel of Truth)에는 영지주의의 이원론의 견지에서 요한복음을 이해하려고 한 분명한 흔적이 나타나 있다.

영지주의 학파는 자신들의 가르침을 설명하기 위해 예수의 비유들에서 풍부한 자료를 발견했다. 예컨대 나세네파(Naassenes)는 씨 뿌리는 자의 비유에 나오는 "귀 있는 자는 들으라"(마 13:9)라는 권고를 "오직 완전해진 영지주의자를 제외하고는 어느 누구도 이러한 신비들을 들을 수 없다"[3]는 의미로 해석했다. 또한 하나님의 나라가 겨자씨로 비유될 때(마 13:31), 그들은 이 겨자씨를 "영적인 사람 외에는 아무도 알지 못하는 육체 안에 존재하는 보이지 않는 점"[4]으로 설명했다.

요한복음은 특히 알레고리적 해석에 적합했다. 이것이 놀라운 일이 아닌 것은 오늘날에도 요한복음의 사화들(narratives)을 읽는 많은 독자들이 확실한 의미를 알 수는 없지만, 요한이 눈으로 보이는 것 이상의 것을 말하고 있다고 느끼고 있기 때문이다. 예를 들면, 예수의 어머니가 나타날 때, 우리는 단순히 마리아를 생각하는가 (요한이 예수의 어머니의 이름을 부르지 않는 것은 주목할 만하다), 아니면 신앙의 공동체 또는 그 일부를 상징하는 것으로 보는가? 비슷한 질문이 예수가 사랑한 제자에 관해서도 제기될 수 있다. 또한 사마리아 여인의 다섯 남편(요 4:18)과 기적으로 잡힌 153마리의 물고기(요 21:11)는 무엇을 의도하는가? 주석가들이 문자적 의미와 표면적 의미에 제한되지 않는다면, 아마도 그들의 상징적인 해석들은 복음서 기자의 의도라기 보다는 오히려 자기 자신들의 사고방식의 반영일 가능성이 높다. 예를 들면, 오리겐(Origen)은 다섯 명의 남편을 그리스도를 믿기 전의 인간 영혼을 지배하는 5개의 감각(senses)이라고 해석하였다. 그러나 다른 곳에서 그는 동일한 다섯 명의 남편들을 사마리아인들이 유일하게 정경으로 인정한 5개의 율법책을 의미한다고 해석하기도 한다.

요한복음의 첫번째 주석가라고 할 수 있는 발렌티누스적 영지주의자인 헤라클레온(Heracleon)은 자신의 견해에 따라 그 남편들에게 더 많은 의의를 부여했다. 그에게 있어서 5명의 남편은 물질계에 얽매인 여러 형태들을 의미하기 때문에, 사마리아 여인이 그들로부터 벗어난 후에야 비로소 플레로마(pleroma)와 결합될 수 있을 것이다.

3. 마르시온과 그의 학파

바울을 예수의 신실한 제자로 간주하여, 일방적으로 그에게만 헌신했던 마르시온(Marcion : 약 A. D. 140년)은 바울 서신들에 접근할 때, 해석방법의 진가를 어느 정도 보여주었다. 바울 서신들(목회서신을 포함하여)과 누가복음의 본문에 대한 그의 개정은 오늘날 우리가 흔히 알고 있는 비평방법에 토대를 둔 것이 아니라, 선험적인(a priori) 교리에 토대를 둔 것이었다. 그러나 그는 문자적 주석의 탁월성을 확고하게 붙잡고 있었다. 실제로 그가 구약을 복음과 아무런 관련이 없는 것으로 폐기 처분한 것도 바로 이 때문이었다. 그가 당시의 많은 기독교 정통과 영지주의자들처럼 구약을 알레고리화 하려고 했다면, 그것을 바울 서신 또는 그가 선택한 다른 문헌과 동일한 가르침으로 삼았을 것이다. 그가 본문을 임의로 개정한 것을 제쳐 놓는다면, 서신들에 대한 그의 이해는 역사적, 지리적 배경에 정당한 주의를 기울인 것으로 보인다. 이같은 점은 서신들에 대한 마르시온의 서언들(많은 불가타 사본들에서 라틴어로 보존된)에서 추정될 수 있는데, 이 서언들은 그 자신의 작품이라기 보다는 그의 추종자들의 작품으로 보이며, 경우에 따라서만 마르시온 교리의 독특성을 보여준다. 마르시온의 서언들은 10개의 서신이 마르시온 정경에 배열된 순서에 따라 연속적으로 읽어야 뜻이 통한다. 이 순서에 의하면 갈라디아서가 처음에 나타난다.[5]

> 갈라디아 교인들은 희랍인들이다. 그들은 처음에 사도 바울로부터 진리의 말씀을 받아들였으나, 그가 떠난 후에는 거짓 사도들에 의해 유혹되어, 율법과 할례로 돌아서고 말았다. 그래서 사도 바울은 에베소에서 그들에게 서신을 보내 진리를 믿을 것을 상기시킨다.

이 서언의 대부분은 서신의 내용에 기초를 두고 있으나, 처음과 마지막 말은 지성적 추측이거나, 전승에 기초를 둔 것이다. 갈라디아 교인이 희랍인이라는 진술은 그들이 켈트족(Celts : 북부 갈라디아인)이 아니었다는 것을 의미할 수도 있다. 그리고 갈라디아서가 에배소에서 기록되었다는 말은 고린도 서신과 비슷한 기간에 쓰여진 것임을 나타낸다.

놀랍게도 로마서는 아덴(아테네)에서 쓰여졌다고 말해진다. 이 로마서에 대한 마르시온의 서언은 그 내용을 왜곡시킨다. 아마도 이것은 바울 이외의 다른 사람이 세운 교회가 참된 복음을 못받았을 것이라는 마르시온의 가정에서 비롯된 것 같다.

> 로마인들은 처음에 거짓 사도의 방문을 받아, 그리스도의 이름하에 율법과 예언자들을 소개받았다. 사도 바울은 그들에게 참된 복음의 진리를 상기시킨다 …

그러나 로마서의 어느 곳에서도 수신자가 잘못된 가르침을 받았다거나, 배우지 못한 것이 있다는 지적은 없다.

마르시온 정경에서는 에베소서가 "라오디게아 교회에게"라는 제목이 붙어 있었다(아마도 이것은 골로새서 4:16에서 추론한 것 같다.)

라오디게아 교인들은 아시아인들이다. 진리의 말씀을 받은 후에 그들은 믿음 안에서 참고 견뎠다. 사도는 로마 감옥에서 서신을 보내 그들을 칭찬한다.

빌립보서와 빌레몬서 역시 "로마 감옥에서" 쓰여진 것으로 언급된다. 더 놀라운 것은 골로새서의 기원이 다르게 표기된 것이다.

라오디게아 교인들처럼, 골로새 교인들도 역시 아시아인들이다. 그들 역시 이전에 거짓 사도들에 의해 방문을 받았었다. 사도는 감옥에 갇혀 있었기 때문에 그들을 방문하지 못했지만, 자신의 서신을 통해 그들을 다시 바르게 세운다. 그들은 바울이 보낸 아킵보(Archippus)로부터 바울의 말씀을 들었던 것이다. 그러므로 에베소에 갇혀있던 사도 바울은 그들에게 편지를 쓴다.

아킵보에 대한 언급은 골 4:17에서 추론된 것이다. 이 서신이 에베소에서 보내졌다는 말에 대해서는 본문으로부터 아무런 지지를 받지 못한다. 아마도 이것은 바울이 그 도시에서 투옥됐었다는 전승을 반영하는 것일 것이다.

대체로 서신들에 대한 마르시온의 서언들은 복음서에 대한 반(反)마르시온적 서언들보다 더 많은 객관성과 통찰력을 보여준다. 이 반(反)마르시온적 서언들은 주로 초기전승, 특히 파피아스(Papias)의 문서들로부터 보존된 자료이기 때문에 귀중하게 다루어진다.

4. 이레네우스와 오리겐

고향인 아시아를 떠나 A.D. 177년 경 론(Rhone)계곡에 있는 리용 (Lyons)의 주교가 된 이레네우스는 본래 신약의 해석가가 아니라, 이단에 대한 기독교 교리의 해석가이며, 변증자였다. 그러나 사도적 토대 위에 서 있는 교회 안에서 순수하게 보존된 기독교 교리가 성서를 토대로 하고 있다는 것을 깨닫고 난 이후로, 그는 불가피하게 성서를 해석하는 일에 관여하지 않을 수 없었다. 그리하여 실제로 그는 그랜트(R. M. Grant)에 의해 "교회 안의 권위있는 주석의 아버지"[6]라고 서술될 만큼 유명한 주석가가 되었다. 내가 다른 책에서 쓴 글을 인용해 보면 다음과 같다.

그에게 있어 사도적 전승은 적절하고도 당연한 성서 해석이다. 그가 요약하고, 설명한 믿음은 성서가 가르치는 바 그대로 이다. 그는 성서의 명료성을 확신하였다. 성서를 배우는 정직한 학생이라면 어느 누구나 이것이 성서의 의미라고 인정해야만 한다. 이단들도 성서에 호소할 수는 있지만, 성서로부터 교회 안에 보존된 사도적 전승과 다른 어떤 것을 주장한다면, 그들의 호소는 무가치한 것이다.[7]

참된 교회 밖에 있는 이단이나, 다른 사람들은 성서의 의미를 푸는 열쇠를 거부하기 때문에 성서를 해석할 자격이 없다는 주장은 터툴리안에 의해 제기되었다. 그의 저서인 「이단에 대한 규정」(*Prescription against Heretics*)에서 그는 이단들이 성서를 인용하는 권리를 막기위해 로마법의 원칙에 호소하고 있다.

2, 3세기의 몇몇 기독교 작가들이 신약주석에 우연히 참여하게 된 것과는 달리, 학문적 주석서를 최초로 편찬한 사람은 알렉산드리아와 가이사랴의 오리겐(185-254)이었다. "그는 지금까지는 기껏해야 아마추어의 연습에 불과했던 신약주석에 한 사람의 대가로서 접근하였다."[8] 그의 언어능력과 원문 능력은 타의 추종을 불허하였고, 당대의 모든 분야에 대한 지식은 그를 능가할 사람이 없었다. 그러나 이러한 모든 학문적인 능력을 성서 본문을 해석하

는데 쏟아 부었지만, 그는 빈번히 자신의 플라톤적 전제들 때문에 성경 저자들의 의도를 제대로 평가하지 못하곤 하였다. 성경 저자의 사고에는 그러한 플라톤적 전제들이 낯설었기 때문이다. 어떠한 세대에서든지 주석가들은 자신의 전제들을 가지고 있다. 그러나 자신들이 종사하는 일을 제대로 안다면, 주석가들은 성서의 저자들이 그러한 전제들을 공유하였다는 생각을 하지 않도록 조심하여야 할 것이다. 오리겐은 성경 저자들이 실제로 가르치려고 했던 것 대신에 그들로 하여금 플라톤 철학을 가르치게 만들었다. 특히 플라톤 철학 때문에 그는 성경저자들의 역사감각에 공감할 수 없었던 것으로 보인다.

복음서들 간의 불일치와 같은 비평적 문제들을 다룰 때에도, 그는 알레고리로 그 모순을 극복하려는 경향이 있다. 예를 들어, 요한은 성전 청결 사건을 예수의 사역 초기 단계에 위치시킨다. 그러나 마태와 다른 공관복음서 기자들은 그 사건을 끝부분에 둔다. 이 문제는 역사비평의 영역에 속한다. 그래서 오리겐은 조화적 방법으로는 그 문제가 해결될 수 없음을 인정한다. 여하튼 그는 지금 배열되어 있는 그대로의 이야기가 많은 불개연성 (improbability)을 포함하고 있다고 말한다. 그러나 예수가 정신(soul)에 붙어 있는 비이성적인 경향들을 순수하게 하기 위해, 비천한 지방인 가버나움을 떠나 올라간 성전이 이성으로 숙련된 정신(soul)이라면, 문자적 사건들의 비개연성은 사라지고, 그들간의 불일치는 무의미해져 버린다는 것이다.

예수의 예루살렘 입성 장면을 다룰 때도, 이와 마찬가지로 그는 예수를 예루살렘이라고 불리는 정신으로 들어오는 하나님의 말씀으로 해석한다. 제자들이 끌고 온 나귀는 적절하게 해석된 구약이다. 마태의 이야기에서 나귀와 구별된 나귀 새끼는 신약이다. 아무도 그 위에 앉지 않았다는 말은 예수가 오기 전에 하나님의 메시지에 순종하지 못한 사람들을 언급하는 것이다. 성서의 보도를 이러한 식으로 다루는 것은 요즘 말로 하면 비신화화 (demythologization)라고 할 수 있다. 오리겐은 문자적 의미를 불충분한 것으로 간주할 뿐만 아니라, 전혀 받아들일 수 없는 것으로 간주하고 있기 때문이다. 그는 성전 청결 사건을 영지주의적인 의미로 해석하는 헤라클레온을 비판한다. 그러나 사실 헤라클레온과 그는 접근 방법에 있어서 별로 다르지 않다. 오리겐의 알레고리가 좀더 보편적인(catholic) 신앙 법칙의 통제하에 있었다는 것만 다를 뿐, 두 사람은 각각 자신의 철학적 전제들을 가지고 본문을 해석하고 있는 것이다. 그러나 오리겐이 자신의 알레고리적 방법을 시종일관 고수한 것은 아니었다. 그는 요한복음 주석의 처음 부분에서는 성전 청결 사건이 알레고리적인 방법 외에 다른 방법으로는 이해할 수 없다고 주장한 후, 나중에는 그 사건이 예수의 초자연적인 능력의 표현이었다고 말한다. 그러나 그가 역사적 해석에 좀더 많은 주의를 기울인 때조차도, 그는 그것을 알레고리적 해석보다 덜 중요한 것으로 간주하였다.

5. 안디옥 학파

안디옥 교회의 성서해석은 알렉산드리아에서 유행한 해석보다 알레고리적 방법을 훨씬 더 억제했다는데 특징이 있다. 위대한 안디옥의 주석가들은 클레멘트와 오리겐보다 후대의 사람들이다. 그들 중의 가장 위대한 두 인물은 몹수에스티아의 테오도르(Theodore of Mopsuestia : 350-428)와 생애의 마지막 10년 동안 콘스탄티노플의 대주교를 지낸 "황금 입을 가진" 크리소스톰(John Chrysostom : 347-407)이다.

후대 사람들에 의해 탁월한 "해석가"로 추앙받은 테오도르는 참된 주석가와 설교가를 구분했다. 주석가의 임무가 성서의 모호한 점들을 설명하는데 있는 반면에, 설교가의 임무는 복음의 단순한 가르침을 전달하는 것이다. 이러한 구분이 지금도 타당하다면, 테오도르는 참된 주석가라고 할 수 있고, 크리소스톰은 강해 설교자라고 할 수 있을 것이다.

알렉산드리아인들은 성서영감을 무아경의 상태에서 나온 말이라는 플라톤적 의미에서 이해하였다. 이렇게 신비롭게 전달된 말씀이기에 그 내적 의미를 밝히려면, 신비롭게 해석되어야 하는 것이 당연하였다. 그러나 테오도르와 안디옥 학파는 성서영감을 오히려 저자의 의식과 오성이 신적으로 촉진된 것으로 간주하였다. 이런 점에서 저자들의 개성은 손상되지 않았고, 그들의 지적 활동은 의식적인 통제하에 있었다. 그러므로 성서를 해석하기 위해서는 저자들의 어법, 목적, 방법 등에 주의를 기울이는 것이 중요하였다. 문자적 의미가 가장 중요하였기 때문에, 그 문자적 의미로부터 도덕적 교훈들을 끄집어 내었다. 모형론적 의미나 알레고리적 의미가 배제되지는 않았지만, 그것들은 어디까지나 부수적인 것이었다.

테오도르와 오리겐의 차이는 그들의 구약 해석에서 가장 현저하게 나타나지만, 신약을 다루는 방법에서도 드러난다. 테오도르는 복음서의 이야기들을 사실적으로 다룬다. 그래서 그는 불변화사(particles of transition)와 세세한 문법, 구두점 등에 주의를 기울인다. 그는 의심스러운 읽기들(readings)의 중요성을 평가하고, 강화(discourse)나 비유의 요점을 밝히는 특별한 기술을 보여준다. 그가 신학이나 역사가 연대기적으로 발전된다는 것을 자각하고 있었다는 것은 요한복음 1:49에서 나다나엘이 사용한 "하나님의 아들"이라는 칭호가 완전한 효력을 지닐 수 없다는 것을 인정한데서 설명될 수 있다. 그 칭호는 예수의 부활 이후에 붙여진 것이기 때문이다. 그러나 그에게는 성품상의 결점들이 있었다.

오리겐을 따라 과도한 영해(spiritualization)에 빠지지는 않았지만, 그에게는 심오한 통찰력이 부족하였다. 그의 주요 강조점은 바울 서신의 해석에서 발견된다. 그의 주석이 신학적 전제들에 의해 지배될 때가 종종 있지만, 그것은 다른 시대의 주석가들에게도 마찬가지로 일어나는 일이다. 그의 작업에서 19세기의 비평 방법이나 16세기의 문법-역사적 방법의 전조를 보는 것은 불합리할 것이다. 그러나 그는 당대에 주석 원칙들의 진가를 비범하게 인정하고, 저자의 의미를 효과적으로 이끌어 내기 위해 그 원칙들을 적용할 수 있었던 사람이었다.

크리소스톰의 신약 설교는 마태와 요한, 사도행전, 그리고 모든 바울 서신을 포괄한다. 그의 성경 해석은 이러한 설교에서 나타나기 때문에, 테오도르의 간결한 문체와는 대조적으로 풍부한 어휘로 표현된 것은 당연하다. 예를 들면, 그의 바울서신 설교는 같은 문서에 대한 테오도르의 해설보다 거의 10배나 길다. 그러나 그의 설교들은 테오도르의 작품에서 뛰어나게 모범을 보인 것처럼, 안디옥 학파의 주석 원칙들의 토대 위에 확고하게 서 있다. 그는 알레고리를 완전히 피하지는 않지만, 알레고리적 해석이 순조롭게 사용될 경우에는 문맥 자체가 알레고리적 해석을 요구하고 있으며, 그 알레고리적 해석이 어떤 형태를 취해야 하는지 지적해 준다고 주장한다.

안디옥 학파의 주석 원칙은 유닐리우스 아프리카누스(Junilius Africanus:약 542년경)에 의해 서방세계에 도입되었다. 그는 테오도르의 방법을 반영하고 있는 니시비스의 바울(Paul of Nisibis)의 성경 연구에 대한 서론을 라틴어로 번역하였다. 그러나 중세 서방 세계를 지배한 주석 원칙들은 안디옥 학파보다 알렉산드리아 학파에 더 많이 의존하고 있다.

6. 라틴 교부들

4,5세기의 몇몇 라틴 교부들이 바울서신에 대한 주목할 만한 주석서들을 썼다. 마리우스 빅토리누스(Marius Victorinus:약 300-370)는 갈라디아서,빌립보서, 에베소서에 대해, 제롬(Jerome:347-420)은 빌레몬서, 갈라디아서, 에베소서, 디도서에 대해, 어거스틴(Augustine:354-430)은 로마서와 갈라디아서에 대해, "암브로시아스터"(Ambrosiaster)와 펠라기우스는 바울서신 13권 전체에 대한 주석서들을 썼다. 빅토리누스는 문자적 의미를 제시하려고 노력했지만, 자신의 신플라톤 주의를 배제하는 것이 어렵다는 것을 알았다. 제롬의 주석서들은 고전문학과 이전의 주석 작업, 특히 오리겐의 작업에 대한 그의 해박한 지식에 의해 두드러진다. 그는 또한 우리에게 마태복음에 대한 주석서와 페타우의 빅토리누스(Victorinus of Pettau: 303년 사망)가 쓴 요한 계시록에 대한 주석서의 개정판을 남겼다. 그 개정판에서 그는 처음의 천년왕국적인(chiliastic) 해석을 삭제시켰다. "암브로시아스터"는 정치와 법으로부터 많은 실례를 끌어내는데 관심이 있어서, 법 제도의 기초가 되는 원칙들에 대해서는 별 관심을 보이지 않는다. 예를 들어, 이같은 경향은 골로새서 4:1에 대한 주석에서 그가 언급한 노예제도에서 볼 수 있다. 펠라기우스는 믿음을 통한 은혜로 말미암는 칭의의 원칙을 확고하게 붙잡고 있으며, 모범(example)이 행동에 끼치는 영향을 계속해서 강조한다.[9]

어거스틴은 바울 주석서들 외에도 우리에게 복음서들에 관한 작품들, 특

히 요한복음에 대한 124편의 설교와 요한 1서에 대한 10편의 설교를 남겨
주었다. 그의 설교집에는 실제적인 해설이 풍부하게 실려 있다. 여러 곳에서
그는 알레고리적 방법을 자유롭게 사용한다. 그 예가 선한 사마리아인의 비
유(눅 10:30-37)에 대한 해석인데, 거기에서 여리고로 내려가는 사람은 아
담(인류)이고, 악마에게 습격당했으나, 구약의 사제직(제사장과 레위인)이
돌보지 않아, 예수에 의해 구원되어, 순례자들이 하늘나라로 가는 여정에서
새로운 힘을 얻기 위해 존재하는 교회로 이끌어 진다는 것이다.[10]

어거스틴은 고린도후서 3:6의 "의문은 죽이는 것이요, 영은 살리는 것
임이니라"는 말씀 안에서 알레고리적(영적) 방법의 권위를 발견한다. 영적
의미의 보화가 거기에 있는데, 문자적 의미라는 저급한 수준에 만족한 채 머
물러 있는 것은 영적 속박의 표시이다. 문자적 의미로는 순결한 생활이나,
건전한 교리에 대해서는 이해할 수 없기 때문에, 참된 의미는 영적이어야 한
다는 결론이 내려져야 한다. 무엇보다도 사랑의 최우선성을 촉진시키는 해석
이 선호되어야 한다. 성서의 모든 부분에서 하나님에 대한 사랑과 이웃에 대
한 사랑이 가르쳐지는 것을 보지 못한다면, 어느 누구도 성경을 적절하게 이
해한다고 주장할 수 없다.[11]

성경 전체를 판가름하는 이 마지막 해석 원칙을 제안함으로써, 어거스틴
은 사랑의 이중명령으로 모든 율법과 예언자들을 요약한 예수의 선례를 따른
다.

7. 중세시대

어거스틴의 해석방법은 그 뒤의 여러 세기 동안 서구 기독교 세계를 지
배하였다. 성서의 "4중적 의미"라는 기준에서, 3개의 비-문자적 의미는 영
적의미의 변형들이었다. 예컨대, 성서에 나오는 물이라는 말은 문자 그대로
물을 의미할 수도 있지만, 도덕적 의미로는 순결한 생활을 의미할 수 있고,
알레고리적 의미로는 세례의 교리를, 신비적(영적 : anagogical) 의미로는
하늘의 예루살렘에 있는 생명의 물을 의미할 수도 있다. 이것은 다음과 같이
요약할 수 있다.

Littera gesta docet, quid credas allegoria,
Moralis quid agas, quo tendas anagogia.
("문자적 의미는 실제로 일어난 것을 가르치고, 알레고리적 의미는
네가 무엇을 믿어야 할 것인지를 가르치고, 도덕적 의미는 네가 어
떻게 믿어야 할지를 가르치고, 영적 의미는 네가 어디로 가야 하는
지를 가르쳐 준다.")

비평 문제들에 관해서는 제롬의 견해들이 수용되어, 중세 초기에는 그러
한 주제들에 관심이 있었던 성서 학자들에 의해 반복되었다. 특히 파리에 있
는 성 빅토르(St. Victor) 수도원의 타고난 주석 학파인 휴(Hugh:1141)와
그의 제자들, 특히 앤드류(Andrew)가 그들 가운데 속한다. 그러나 신약해
석에 관계되는 한, 일반적으로 영적 의미의 우월성이 당연한 것으로 받아들
여졌다. 영적 의미에 대한 추구를 통제할 수 있는 유일한 원칙은 모든 성서
해석이 "믿음의 정도(the analogy of the faith)"에 따라야 한다는 주장이
었다. 이 사도적 표현(롬 12:6)이 객관적인 의미에서 "믿음"으로 이해되었
고, 용인된 교회의 교리로서 받아들여졌다. 모든 성경의 만장일치가 원칙적
인 것이었기 때문에, 성서해석과 교회의 보편적 믿음 사이의 어떤 불일치도
상상할 수 없었다.

중세의 방대한 성경 주석집인 *Glossa Ordinaria*가 11세기에서부터 15
세기까지 형성되었다. 그 안에는 성경의 각 책이 서론 ― 혹은 제롬의 서론
― 에 의해 소개되고 있는 반면, 주석 자체는 가장자리 여백과 줄 사이에 기
록되어 있다.

바울서신에 대해서는 매우 정교한 주석(*Glossa*)인 *Magna Glosatura*
가 바울서신에 대한 안셀름의 주석을 토대로 하여 그의 제자인 길버트 포레
(Gilbert de la Porrée)와 피터 롬바르드(Peter Lombard)에 의해 출간되
었다.

성경주석이 중세시대 내내 끊임없이 추구되었지만, 중세 초기의 특징이
된 높은 수준의 작업이 후대까지 계속 이어지지 않았다. *Glosatura*

*Ordinaria*와 *Magna Glosatura*가 중세에 모든 성경 해석의 규범이 되었다. 성경에 대한 강연들이 "주석을 주석하는"(glossing the Gloss) 형태로 나타났다.[12] 이처럼 중세 초기 주석가들 — 이들이 아무리 당대의 대가들이라 할지라도 — 의 작업에 지나치게 의존하였기 때문에 랍비의 방법들이 고대에 그랬던 것처럼, 새로운 성경 연구가 나오지 못했다.

존 위클리프(John Wycliffe)와 그의 동역자들은 영국인들이 자신들의 언어로 읽을 수 있는 성경을 만들려는 작업에 착수하였다. 이것은 모든 사람이 직접적으로 하나님에게 책임 있는, 그리고 직접적으로 그 분의 법을 지켜야 할 책임이 있는 하나님의 "종"(tenant-in-chief)이라는 확신으로부터 나왔다. 위클리프는 하나님의 법은 교회법이 아니라, 성경을 의미한다고 보았다. 그러므로 무엇에 순종해야 하는지 알기 위해서 모든 사람이 성경에 접근하지 않으면 안되었다. 초기의 영어성경 번역은 의식(liturgy)과 헌신적인 생활과 관련있는 부분들에 집중했다. 그러나 위클리프의 "은혜에 의한 지배"라는 교리로 말미암아 모든 성경이 생활 전체에 적용될 수 있으므로, 자기 나라말로 번역되어야 한다는 결론에 도달했다.[13] 성경에 대한 이러한 접근이 기존의 지배적인 노선과의 결별을 보여주긴 했지만, 개념에 있어서는 여전히 중세적이었다. 성서의 보도 안에 있는 역사적 발전 과정을 거의 인정하지 않았고, 성서의 지침이 인간관계에 대해서나, 아니면 교회의 직제와 조직에 대해서 모호할 수도 있다는 생각은 전혀 하지 않았다.

2. 르네상스와 종교개혁 그리고 반동 종교개혁

1. 콜레트(Colet)

후에 성 바울 성당의 사제장이 된 존 콜레트(John Colet:1467-1519)는 1496년에 유럽대륙에서 옥스퍼드로 돌아온 후, 바울 서신을 강연하면서 본문을 역사적 상황에 근거하여, 단순한 의미로 해석함으로써 중세 스콜라주의의 주석 방법과 결별했다. 에라스무스(Desiderius Erasmus)가 1498년에 옥스퍼드로 왔을 때, 그는 콜레트에 의해 지대한 영향을 받았다. 그의 성경

해석의 적절한 방법에 대한 통찰력은 대부분 콜레트의 영향이었다.

2. 에라스무스(Erasmus)

신약을 이해하는데 있어서 에라스무스의 공헌은 지대하다. 그는 새로운 라틴어 번역과 라틴어 번역들을 설명하는 각주(notes)가 포함된 희랍어 신약 성서를 연속적으로 간행하였을 뿐만 아니라(1516, 1519, 1522, 1527과 1535), 라틴어 신약성서에 대한 로렌초 발라(Lorenzo Valla)의 철학적 주석을 출판하였고(1505), 신약의 서신들과 복음서들을(1517년 이후) 직접 의역하였다. 이러한 의역들은 라틴어로 쓰여져 있지만, 평신도들을 위해 의도된 것이며, 이러한 의도는 확대되어 몇 개의 유럽 언어로 번역되었다. 영어번역은 에드워드 6세(Edward Ⅵ)의 통치기간에 수많은 왕가들에 의해 후원되었고, 부분적으로는 그들에 의해 시도되기도 했다. 이러한 의역들은 대중적이고, 실제적이고, 교훈적이었다. 문맥적으로 파악된 역사적 의미가 우선적이었지만, 독자들이 본문으로부터 유익한 교훈을 끄집어 낼 수 있다면, 그 이상의 해석 방법도 사용되었다. 주기도문에 대한 에라스무스의 해석은 토머스 모어(Thomas More)경의 딸인 마가렛(Margaret)에 의해 영어로 번역되었다.

3. 루터

16세기의 어떤 주석가들도 성경해석에 있어서 마틴 루터(Martin Luther:1483-1546)보다 더 큰 영향을 끼친 사람은 없었다. 성경 해석사에 있어서 그의 위치는 교회와 공의회, 교황의 권위에서 벗어나 오직 성경만으로(sola scriptura)의 권위를 주장한 그의 호소와 분리될 수 없다. 라이프치히 논쟁에서(1519) 그는 다음과 같이 단언했다.

> 어떤 그리스도인도 오직 하나님의 권리로 주어진 성경을 넘어서는 어떤 권위도 인정하도록 강요해서는 안된다.[14]

보름스 국회(the Diet of Worms:1521)에서 그의 주장을 철회하라는 엑크(Johann von Eck)의 요구에 대해 그는 다음과 같이 답변한다.

> 내가 성경의 증언들이나 분명한 이성을 확신하지 않는다면, … 나는 내가 인용한 성경에 묶여 있는 것이다. 나의 양심이 하나님의 말씀에 사로잡혀 있으므로 나는 철회할 수도 없고, 철회하지도 않을 것이다. 왜냐하면 양심에 거역하는 행동은 안전하지도 못하고, 의롭지도 못하기 때문이다. [15]

4년 뒤, 자신의 저서인 「노예의지론」(De Servo Arbitrio)에서 그는 에라스무스의 「자유의지론」(De Libero Arbitrio)에 대해 답변하면서, 에라스무스가 "오직 성경만으로"라는 표어에 의해 확인될 수 없는 경우나, 교리를 뒷받침하는 논리가 모호하고, 잘못이 있을 때에도 기꺼이 가톨릭 교리에 호소하는 것에 이의를 제기하고 있다.

> 에라스무스, 당신 말의 의미는 무엇인가? 당신의 판단을 성서에 복종시키는 것으로 충분하지 않은가? 당신은 그것을 교회에도 복종시키려 하는가? 성서가 먼저 해결하지 못한 것을 교회가 어떻게 해결할 수 있는가? … 인간의 결정을 판단하는 힘을 빼앗아, 우리로 하여금 인간의 권위에 무비판적으로 따르게 하는 새로 유행하는 당신의 종교는 무엇이며, 그 기묘한 겸손은 무엇이뇨? 하나님의 기록된 말씀 어디에 그렇게 하라고 말하고 있는가? … 자기에게 명해진 진리를 의심하고, 따르지 않는 그리스도인에게 저주 있으라! 따르지 못하는 것을 어떻게 믿을 수 있겠는가? [16]

그리스도인은 교회가 자기에게 요구하는 것을 "따르고", 이해해야 하며, 지성적으로 그것에 순종하기 전에, 그것이 타당한 요구인지 아닌지 결정해야만 한다. 그런데 이때 그가 이해하고 결정을 내리는데 기초가 되는 것은 성경이어야만 한다.

이것은 성서가 지적이며, 모순이 없다는 것을 의미한다. 만일 성서를 이해하는데 어려움이 있다면, 그것은 성서가 원래부터 모호해서가 아니라, 사람들이 "어휘와 문법에 대해 무지"하기 때문이다. 그러나 이처럼 성서가 권위가 있고 명료하다면, 그것을 해석하는 원칙들이 분명하게 이해되지 않으면 안된다. 이 원칙들 중에서 가장 중요한 것은 단순한 문자적 의미에 대한 주장이었다.

우리는 문법에 일치하는 바, 말씀의 단순하고 순수하고 자연스러운 의미를 추구해야 하며, 하나님이 인간들에게 만들어 준 언어를 사용해야 한다.[17]

해석자의 일시적인 생각이나, 편견에 따른 해석은 결코 허용될 수 없는데, 알레고리적 해석이 종종 여기에 해당된다. 알레고리적 해석 방법을 사용하면 해석하는 사람이 제 마음대로 본문을 해석할 수도 있는 것이다. 한 구절의 용어가 틀림없이 비유적 해석이나, 은유적 해석을 필요로 할 경우에만 알레고리적 해석 방법이 수용될 수 있다.

또한 성서를 충분히 이해하기 위해서는 본래 쓰여진 원어로 읽어야만 한다. 그러므로 성서를 기록한 언어들을 애써서 연구하는 것은 필수불가결한 일이다. 성경을 원어로 읽을 수 있을 때 비로소 성경의 메시지를 이해하는데 방해가 되는 "어휘와 문법의 무지"를 극복할 수 있게 된다.

그런데 성서에서 가장 기본이 되는 하나의 메시지가 존재하는가? 존재한다. 루터는 그 메시지를 발견한 후 완전히 변화되었다. 그 메시지가 바로 이신칭의(Justification by faith)의 복음이었다. 성경에는 이신칭의라는 메시지가 다른 곳보다 훨씬 더 분명하게 드러나는 부분들이 있는데, 이러한 구절들의 빛 아래서 성경의 다른 부분을 읽어야 한다. 그러므로 이신칭의에 모순되는 것처럼 보이는 성경의 문헌들은 그 정경성이 의심되기까지 하였다.

간단히 말해서 요한복음과 요한 일서, 바울 서신들 중에서 특히 로마서, 갈라디아서, 에베소서, 그리고 베드로전서 등은 다른 책이나 교훈

을 듣거나 보지 않아도 당신에게 그리스도를 보여주고, 당신이 알아야
할 필요가 있고, 당신에게 복을 줄 수 있는 모든 것을 가르쳐 주는 책들
이다. 그런데 이 책들과 비교해볼 때, 야고보서는 바로 지푸라기 서신이
다. 왜냐하면 그 안에는 복음의 요소가 없기 때문이다.[18]

요컨대, 문제가 되는 것은 성서 저자가 아니라, 그들이 쓴 성서의 내용
이었다.

그리스도를 가르치지 않는 것은 설사 베드로나 바울이 썼더라도 사
도적이지 않은 반면, 그리스도를 가르치는 것은 안나스나 빌라도나 헤롯
이 제의하더라도 사도적이다.[19]

이것은 다음과 같은 바울의 말을 극단적인 언어로 표현한 것이다. "우리
가 하늘로부터 온 천사라도 우리가 너희에게 전한 복음 외에 다른 복음을 전
하면 저주를 받을지라"(갈 1:8), "어떤 이들은 투기와 분쟁으로 … 그리스
도를 전파하나니 … 외모로 하나 참으로 하나 무슨 방도로 하든지 전파되는
것은 그리스도니 이로써 내가 기뻐하고 또한 기뻐하리라"(빌 1:15-18).
그러나 "비복음적인 내용" 때문에 신약 정경에서 제외된 그러한 요소들
을 제거하고 나면, 나머지 내용은 자명하여 아무런 이의가 없다.

신약은 믿는 사람들과 믿지 않는 사람들의 이야기와 함께 복음과
하나님의 약속이 쓰여진 하나의 책이다. 따라서 모든 사람은, 신약에는
오직 하나의 복음과 하나의 책만 존재하며, 오직 하나의 믿음과 하나의
약속을 주는 하나님만 있음을 확신해야 할 것이다.[20]

4. 칼빈
루터가 대담하고, 맹렬하고, 예언적인 인물이라면, 칼빈은 보다 더 학자
적이고, 논리적이고, 심사 숙고적인 사람이었다. 루터가 설교가였다면, 칼빈

은 강연자였다. 그의 주석서들은 거의 성경 전체를 포괄하고 있다. 신약에서 요한계시록에 대한 주석이 빠져 있는 것이 눈에 띈다. (그러나 요한 2서와 3서의 주석서가 없는 것은 잘 드러나지 않는다).

　루터처럼, 칼빈도 그리스도를 찾기 위해 성경을 읽고, 해석한다. 그는 도제기간(apprenticeship)에 세네카(Seneca)의 「관용론」(De Clementia)에 대한 주석을 썼다(23세). 그는 개혁주의 신학자로서 외에도 인문주의자였다. 그는 성서를 주석하는데, 상당히 풍부한 고전과 교부에 대한 지식을 적용하였다. 그는 주석과정에서 나타나는 역사적 문제들과 본문간의 불일치를 무난히 해결해 나간다. 서론에 대한 문제들에 관해서도 그는 갈라디아서의 연대를 사도행전 25장에 나오는 사도회의 이전으로 추정하는 등 독자적으로 해결해 나간다. 사람들은 갈라디아서의 수신인인 갈라디아인이 어떻게 그렇게 일찍 복음을 받아들였는가 의심할 수도 있지만 말이다.[21]

　그는 전통적인 알레고리적 방법을 루터만큼이나 완강히 거부했다. 알레고리적 해석방법은 해석자로 하여금 본문에서 자신이 원하는 의미를 끄집어낼 수 있게 할 뿐만 아니라, 결과적으로 참된 의미 — 성령이 의도하는 의미 — 를 모호하게 한다는 것이다. 단순한 의미와 문맥상 맞지 않는다고 판단했을 때는, 그는 기독교 교리에 대한 증거 본문을 타당하지 않은 구절에서 찾는 전통적인 해석을 받아들이려고 하지 않았다. 그래서 그가 창세기 1:1과 그 밖의 다른 곳에서 나오는 하나님의 복수형태인 엘로힘이 삼위일체의 위격(persons)을 가리킨다는 것을 부인한 것 때문에 그는 맹렬한 공격을 받기도 하였다.[22]

　동시에 그는 철두철미한 신학적 해석가였다. 그에게 있어서 성경은 많은 인간 저자들에 의해 기록되었지만, 성령의 작품이었다. 성경은 독자와 청중들 안에 있는 성령의 내적 증거에 의해 확증된다. 그러므로 성경 해석의 목적은 성령이 1세기의 교회들 뿐만이 아니라, 16세기의 교회들에게도 말하고 있는 바를 분명하게 밝히는데 있다. 칼빈의 주석은 응용된 주석이었다. 즉 그에게 있어서 복음서들과 서신들이 반대한 종교적 집단들이 16세기에는 로마교회와 재세례파를 가리키는 것으로 재적용되었다. 주석으로 돌아서기 전

26세 때 칼빈은 개혁 신학의 요약으로서 전대미문의 인정을 받은 기독교 교리의 입문서인 「기독교 강요」(Institutio)를 출간했다. 「기독교 강요」 전체를 성서에 기초한다는 것이 칼빈의 의도였다. 계속되는 제안과 논의를 지지하기 위해 처음부터 끝까지 성서가 풍부하게 인용된다. 그러나 칼빈의 시대 이후로 많은 칼빈주의자들이 성서를 「기독교 강요」의 빛에서 해석하는 것이 적절하다고 느낀 반면에, 정작 칼빈 그 자신은 해석에 있어서 훨씬 더 자유로왔다.

해석하는 과정에서 그가 기독교 강요의 진술과 일치하기 어려운 말을 서슴없이 하는 것은 그것이 해당 성경 구절의 문맥이 의미하는 바라고 믿기 때문이다. 눅 2:17-18에 대해 주석할 때, 그는 천사들에게 듣고, 베들레헴에서 본 소식을 알리는 것이 사람들에게 구원을 가져오기 위함이라기 보다는 오히려 사람들이 몰랐다고 변명할 수 없게 하기 위함이라고 말하지만, 다른 여러 곳에서는 자신이 「기독교 강요」의 예정론에 지나치게 묶여있지 않음을 보여주고 있다. 사실 예정론이라는 특정한 주제에 관한 그의 주석들은 때때로 「기독교 강요」와 한결같이 일치하는 노선을 선호하는 그의 추종자의 주석들을 당황하게 할 만큼 융통성을 보여 주고 있다.

그는 선택된 자를 타락자보다 수적으로 더 많게 계산할 뿐만 아니라 ― "아담이 타락시킨 것보다 그리스도의 구원이 훨씬 더 강력하다는 것이 인정되기 때문에"(롬 5:15에 대한 주석에서) ― 같은 맥락에서 다음과 같이 주장한다. "바울은 모든 사람에게 미치는 은혜를 말하는데, 이것은 은혜가 모든 사람에게 뻗어나가기 때문이 아니라, 모든 사람에게 주어지기 때문이다. 그리스도가 이 세상의 죄를 위해 고난받았고, 하나님의 자비하심으로 모든 사람에게 차별없이 주어졌지만, 모든 사람이 그를 영접하는 것은 아니기 때문이다"(롬 5:18에 대한 주석에서).

그러한 주석들이 「기독교 강요」에서 끄집어 낸 주장들과 쉽게 일치하지 않는다고 해서 문제될 것이 무엇인가? 칼빈은 주석가의 일이 본문의 의미를 밝히는 것임을 알았고, 그대로 행하고 있는 것이다. 마찬가지로 마태복음 26:28과 마가복음 14:24("이것은 많은 사람을 위해 흘리는 바 나의 피, 곧 언약의 피니라")에 대해 「기독교 강요」에서 그는 다음과 같이 말한다. "예수께서 말씀하신 '많은'이라는 말은 세상사람의 일부만이 아니라, 모든 인간을 의미한다." 그리고 위의 병행구절 누가복음 22:20에서 "많은 사람을 위하여"가 "너희를 위하여"로 대치된 것은 신자들로 하여금 모든 사람들에게 주어진 것이 곧 자신들의 것임을 상기시켜 준다. "우리는 일반적으로 세상이 그리스도의 피로 구원되었다는 것 뿐만 아니라, 그것에 의해 각자 자신의 죄가 사해졌다는 것을 기억합시다." 이러한 예들은 주석가로서 칼빈이 전통적으로 "칼빈주의자"라고 간주되어 온 어떤 개념들에 고정되어 있지 않았음을 보여 준다.

사실상 문법적-역사적 성경 주석이 더 객관적이면 객관적일수록, 더욱 더 광범위하게 받아들여지는 반면에, 신학적 선입관(parti-pris)의 지배를 받는 주석은 오직 신학적 관점이 동일할 경우에만 평가될 수 있을 것이다. 칼빈이 당시의 상황에서 이상적인 주석에 얼마나 성공적으로 접근했는가 하는 것은 다음과 같은 알미니우스(Jacobus Arminius:1560-1609)의 평가에 의해 조명된다.

성서를 읽은 후에 무엇보다 나는 칼빈의 주석들을 읽기를 추천한다 … 왜냐하면, 성서해석에 있어서 칼빈은 타의 추종을 불허하고, 그의 주석들은 우리에게 전해진 어떤 교부들의 문헌보다 더 가치가 있다고 확신하기 때문이다. 그래서 나는 다른 사람들보다, 대부분의 사람들보다, 아니 모든 사람들보다 뛰어난 그의 예언 정신을 인정하는 바이다.[23]

5. 논쟁 상황

종교개혁자들 사이에서 뿐만이 아니라, 로마 가톨릭 교회에서도 주석 방법에 대한 변화의 바람이 전통적인 스콜라 방법에 불어닥쳤다. 그것은 한쪽이 다른 쪽을 반박하는 식으로 성서를 해석하는 방법이었다. 제네바 성경(1560)과 라임스(Rheims) 신약성경(1582)이 이것에 대한 풍부한 예 — 최소한 요한 계시록에서 — 를 제공해 준다. 아마도 칼빈이 계시록에 대한 주석을 출간하지 않은 이유 중의 하나는 자신의 주석 양심이 당시에 유행하던 논쟁 해석과 맞지 않았기 때문이었을 것이다. 칼빈이 논쟁을 두려워한 것이 아니라, 다니엘 7:8에 나오는 "작은 뿔"을 교황으로 보지 않는(그는 그것을 케사르(Julius Caesar)와 그의 후계자들로 해석한다) 원칙 때문에 아마도 그는 요한 계시록의 불길한 표상들을 그것(교황)과 연관시키는 당시의 방법을 따르지 않았을 것이다.

"스위스의 성경 주석의 아버지"[24], 테오도루스 비블리안더(Theodorus Bibliander:1504-64)는 개혁자들의 편에서 칼빈이 빠뜨린 부분을 복구하는 방향으로 나아갔다. 요한 계시록 주석(1549)에서 그는 적그리스도를 교황과 동일시 했으나, (칼빈이 데살로니가후서2:1-12을 해석하며 주장했던 것처럼) 요한계시록 13:1 이하에 나오는 짐승을 로마 제국으로, 그리고 그 짐승의 상처 — 베스파시안(Vespasian)의 즉위로 치유된 — 를 네로의 죽음으로 해석하였다.

그와 동시대인인 하인리히 불링거(Heinrich Bullinger:1504-75)와 함께 비블리안더는 이레네우스와 빅토리누스(Victorinus of Pettau)가 세운 선례로 어느 정도 되돌아갔고, 비슷한 복귀(그것이 그들의 영향 하에서건 아니든 간에)가 거의 같은 시대에 로마진영에서 나온 주석에서 보여진다. 그러한 교부들은 종교개혁자들이나 반동 종교개혁자들보다 요한 계시록에 더 가까운 시대와 상황에서 살았기 때문에, 16세기의 해석자들로 하여금 어떻게 당시의 혼란한 논쟁의 소용돌이 속에서 빠져나와 요한과 다른 신약의 저자들이 독자들에게 의도했던 바를 더 잘 발견할 수 있는지 보여주었다.

3. 종교개혁 이후 시대

1. 플라키우스(Flacius)와 카메라리우스(Camerarius)

종교개혁자들의 추종자들이 루터와 칼빈이 누린 주석의 자유로부터 물러나서, 그들의 통찰력을 정형화하고, 잘 정의된 신학적 노선에 따라 성경주석을 하면서, 새로운 프로테스탄트 스콜라주의를 세웠다는 것은 흔히 주장되는 견해이다. 그럼에도 불구하고 종교개혁 이후 시대에도 독자적인 사상가들이 계속해서 나타났다.

플라키우스(Matthias Flacius Illyricus:1520-75)는 1567년에 「성서의 열쇠」(*Clavis Scripturae Sacrae*)를 출간하였다. 이 책에는 성경해석의 원칙들에 대한 논의도 포함되어 있는데, 그것은 큄멜(W. G. Kümmel)의 말로 하면, "학문적 해석학의 참된 시작을 대표하는"[25] 것이다. 루터를 따라서, 그는 보통 문자적 해석을 뜻하는 성서의 하나의 의미, 즉 문법적 의미만을 인정한다. 문자적 해석이 불가능한 경우에만, 상징적 해석을 저자가 의도한 해석으로 채택한다. 그는 성서 본문을 처음 독자들에게 전달하려고 의도된 의미로 이해하려고 하였다. 이러한 시도 없이 성경 주석은 향상될 수 없다.

요아킴 카메라리우스(Joachim Camerarius:1500-74)는 고전을 공부하면서 획득한 원칙들을 신약 해석에 적용시켰다. 그는 요한 계시록에서 조차 언어학적 주석을 고수하였다. 즉 그는 계시록의 상징적 문제들을 해결할 것을 단념하였다. 그 문제들에 관해서 그는 키케로의 말을 인용하여 다음과 같이 말한다. "옳게 생각하는 자를 최상의 예언자라고 부르라"(Call the good guesser the best seer).

2. 가톨릭 주석

그러나 어떤 사람들은 역사적 접근을 언어적 접근과 결합함으로써 계시록의 상징에 대한 해석을 어느 정도 진전시켰다. 이것을 토대로 하여 1547년에 계시록에 대한 아레타스(Arethas)의 주석[26]의 라틴어 서문을 쓴 요한네스 헨테니우스(Johnnes Hentenius)는 계시록의 연대를 A. D. 70년 이전으로 추정했다. 이러한 견해는 그의 동료 가톨릭 학자인 알폰소 살메론(Alfonso Salmeron)도 자신의 저서 *In Iohannis Apocalypsin Praeludia*(1614)에서 주장한 바이다. 계시록 해석에 중요한 공헌을 한 두 명의 예수회(Jesuit) 학자들은 리베라(Francisco de Ribera:1537-91)와 알카잘(Luis de Alcazar:1554-1613)이었다. 리베라는 자신의 저서 *In sacram beati Ioannis Apostoli et Evangelistae Apocalypsin*

Commentarii(1593)에서 계시록의 처음 장들을 요한 당대의 것으로 해석하고, 나중의 장들을 파루시아 직전의 마지막 3년 반으로 해석했다. 알타잘은 저서 *Vestigatio Arcani Sensus in Apocalypsi*(1614)에서 계시록 전체가 이미 성취되었다고 주장했다. 요한의 시대에는 아직 미래였던 일이 로마 이교도의 몰락과 교회의 승리에서 성취되었다는 것이다. 그러나 리베라도, 알카잘도 계시록 해석의 교회사적 방법과 완전히 결별할 수는 없었다.

3. 그로티우스(Grotius)

그러한 계시록 해석의 교회사적 방법과의 결별은 네덜란드의 법학자 그로티우스(Hugo Grotius:1583-1645)의 작업에서 나타난다. 그 또한 교황을 적그리스도와 동일시하는 개혁전통과 관계를 끊었다. 그로티우스의 저서 *Annotationes in Novum Testamentum*(1641 이후)는 플라키우스와 카메라리우스의 언어적 역사적 방법을 따라 매우 활기있고, 세밀하게 전개하였다. 본문을 매우 객관적으로 다루고 있어서 그는 합리주의라는 비난을 받기도 했다. 그가 역사적 상황을 항상 정확하게 밝혀낸 것은 아니지만, 그는 신약의 개별적인 책들이 각각의 역사적 상황 안에서 가장 잘 이해될 수 있다고 보았다. 이런 까닭에 그는 데살로니가 후서 2:1-12을 가이우스(Gaius) 황제가 예루살렘 성전에 자신의 동상을 세우려고 한 것에 대한 언급으로 이해하였고, 따라서 그 서신의 연대를 바울서신 중에 가장 빠른 A.D.40년경으로 추정하였다. 그는 베드로 후서 3:3-4로부터 이 서신이 A.D.70년 이후에 쓰여졌고 따라서 사도 베드로의 것이 아님을 추론해 내었다. 그는 서두에 나오는 "베드로"라는 이름을 후대의 삽입으로 다루고, 그 저자가 전통에 따라 트라얀에서 순교한 예루살렘의 주교인 시므온(Simeon)이라고 추정했다.

4. 배경연구들

영국에서 존 라이트푸트(John Lightfoot : 1602-75)는 신약해석을 위해서는 유대교에 대한 연구가 중요하다는 것을 깨달았다. 그래서 그는 자신의 저서 *Horae Hebraica et Talmudicae* (1658-78)에서 유대 랍비문서로부터 복음서, 사도행전, 로마서, 고린도전서를 예증해 줄 수 있는 많은 자료들을 수집해 놓았다. 비슷한 제목을 지닌 두 권의 책(*Horae Hebraica et Talmudicae in universum Novum Testamentum*)이 1733년과 1742년에 독일학자 쉐트겐(Christian Schöttgen:1687-1751)에 의해 출간되었다. 베트스타인(Johann Jakob Wettstein)은 1751-52년에 암스테르담에서 두 권으로 된 희랍어 신약판을 출간했다. 이 희랍어 신약판은 공인본문(Textus Receptus)과의 결별뿐만이 아니라, 고전문학과 교부 문학에서 얻은 풍부한 예증 자료들이 포함된 비평장치(apparatus) 때문에 주목할 만하다. 배경자료의 또 다른 연구는 카르프조프(Johann Benedikt Carpzov:1720-1803)가 자신의 저서 *Sacrae exercitationes in epistulam ad Hebraeos ex Philone Alexandrino*에서 필로(Philo)의 문헌들과 히브리서를 선구자적으로 비교한 1750년에 시작되었다.

5. 본문 연구들

베트스타인이 공인본문과 결별했다는 언급을 통해(이 때문에 그는 이단자라는 비난을 받았다) 우리는 신약본문의 선구자적 연구들이 신약해석에 얼마나 공헌을 하였는가 깨닫게 된다. 1560년의 제네바 역(영역)은 본문의 이본들(variants)에 주목한다는 점에 있어서 시대를 앞서 갔다. 그로부터 거의 1세기 후에 나온 브라이언 발턴(Brian Walton)의 *Biblia Sacra Polyglotta*(1655-57)는 존 오웬(John Owen:*Considerations on the Prolegomena and Appendix to the Late Polyglotta*, 1659)을 불쾌하게 만들었다. 왜냐하면, "그 책의 부록에 엄청나게 많은 여러 읽기들(readings)을 모아 놓아 사람들을 혼란하게 하였기 때문이다."[27]

그러나 "여러가지 읽기들(various readings)"의 수집과 출판은 그것들을 분류하고 평가하는 과학적 방법의 발견을 앞당기는 중요한 기여를 하였다. 밀(John Mill:1645-1707)은 죽기 2주 전에 약 30,000여개의 이본들(variants)의 비평장치를 첨가한 스테파누스(Stephanus)의 희랍어 본문 3판을 출간하였다. 이 방대한 숫자는 청년 벵겔(Johann Albrecht

Bengel:1687-1752)의 신앙을 흔들어 놓았는데, 그는 이에 자극을 받아 철저한 상황의 연구에 몰두하여 본문의 증거들을 분류하고, 여러 읽기들의 증거를 신중하게 고려하는 방법을 보여주었다. 이본들을 평가할 때, 어려운 읽기가 쉬운 읽기보다 더 원본에 가깝다(proclivi scriptioni praestat arua)는 원칙을 세운 것도 바로 그였다. 희랍어 성경판(1734)의 뒤를 이어 1742년에 나온 *Gnomon Novi Testament*에서 그는 교리적 전통에 관계없이 — 그가 정통 루터교의 경건한 신자였지만 — 특히 문맥과 문법에 기초한 정확한 주석적 각주들(notes)을 포함시켰다.

6. 제믈러(Semler)와 미카엘리스(Michaelis)

신약 해석에 대한 새로운 접근은 역사적 토대 위에서 신약 정경에 접근한 제믈러(Johann Salomo Semler:1725-91)의 「정경의 자유로운 사용에 관한 논문」(*Abhandlung vom freien Gebrauch des Kanon*)(1771-75)과 미카엘리스(Johann David Michaelis:1717-91)의 「신약성경의 입문」(*Einleitung in die gottlichen Schriften des Neuen Bundes*)(1판,1750)에 잘 나타나 있다. 후자의 4판은(1788) 신약의 개별 문헌들에 대해, 신학적 접근과는 다른 역사적 접근의 중요성을 강조함으로써 제믈러의 작업을 계속해서 더 진행시켰다. 이 두 사람은 리처드 시몬(Richard Simon)의 *Histoire Critique du texte du Nouveau Testament*(1689)와 다른 몇 작품에 의해 어느 정도 영향을 받은 것은 사실이지만, 시몬이 부분적으로는 성경의 명료성에 대한 개혁자들의 호소력을 약화시키려고 한 반면에, 제믈러와 미카엘리스는 그러한 영향을 받지 않았기에, 신약의 역사-비평 연구의 개척자들로서 인정받을 만하다.

7. 계몽주의

18세기 계몽주의(Aufklärung)는 신약의 과학적 주석에 직접적인 영향을 끼치지는 못했지만, 그 이전에 있었던 영국의 이신론(deism)처럼,[28] 사람들로 하여금 주석의 문제를 전통적이고, 교리적인 입장에서 벗어나서 볼 수 있도록 준비시키는 역할을 하였다. 레싱(Gotthold Ephraim Lessing:1729-81)은 라이마루스(Hermann Samuel Reimarus:1694-1768)의 작품인「볼펜뷔펠 단편들」(*Wolfenbütel Fragments*)을 — 그가 죽은 후 — 익명으로 출판하였을 뿐만 아니라(1774-78), 복음서들의 기원에 대한 새로운 이론을 제안했다. 그는 나사렛에 원시적인 형태의 아람어 복음이 먼저 존재했었는데, 마가와 다른 정경의 복음서 기자들이 그것을 사용했다고 생각하였다. 이 견해는 1794년 미카엘리스의 제자인 아이히호른(Johann Gottfried Eichhorn:1752-1827)에 의해 그의 연구서인「첫 세복음서에 대하여」(*Uber die drey ersten Evangelien*)에서 좀 더 비판적인 입장에서 설명되어졌다. 레싱의 이론의 또 다른 측면은 헤르더(Johann Gottfried Herder:1744-1803)에 의해 발전되었는데, 그는 요한복음의 예수의 모습과 다른 세 복음서의 예수의 모습 사이에서 매우 큰 차이를 끌어냈으며, 세 개의 공관복음서들의 상호 독립성을 주장했다.

좀더 일반적인 측면에서, "역사의 우연한 사실"로부터 종교의 필연적인 진리"로의 이동을 막는 "험악한 도랑"(ugly ditch)에 대한 레싱의 가설은 신약이해에 있어서 광범위한 영향을 끼쳤다.

8. 그리스바하(Griesbach)

제믈러의 제자인 그리스바하(Johann Jakob Griesbach:1745-1812)는 신약 연구의 "종교개혁 후기"에서 "근대"로 넘어가는 과도기를 보여준다고 할 수 있다. 1774-75년에 그는 자기가 직접 교정하고, 광범위한 비평장치를 단 희랍어 신약비평판을 출간하였다. 그는 본문에 대한 증거들을 분류하는 벵겔의 방법을 더욱 발전시켜, 3개의 주요 본문 형태 — 알렉산드리아 사본, 서방 사본, 콘스탄티노플 사본 — 를 구별하였고, 그 중에서 콘스탄티노플 사본을 나머지 두 개보다 시기적으로나, 가치에 있어서나 이차적이고 열등한 것으로 인정하였다. 이러한 점에서 그는 오늘날까지 지속되고 있는 신약 본문비평의 한 패턴을 세운 것이다.

본문에 대한 기여를 차치하고서라도, 그는 자료비평(literary

criticism)의 문제들 — 특히 신약에서 이 문제가 가장 분명하게 나타나는 부분인 복음서들과 그들의 상호관련성의 문제들 — 에 전념함으로써 바로 앞 시대의 선배들이 행한 역사비평을 넘어서 갔다. 이 자료비평의 문제들은 교부시대 때부터 제기되어 왔다. 어거스틴의 *De consensu evangeli starum* 은 여러 세기 동안 학생들에게 그것에 대한 하나의 선례를 제공해 왔다. 복음서의 조화 작업에 대해서는 무엇보다 타티안(Tatian)의 *Diatessaron*(약 A.D. 170년경)이 이전부터 인용되어 왔다. 칼빈은 공관복음서에 관한 주석을 각각 따로 쓰지 않고, 세 복음서의 조화를 설명했다. 마태, 마가, 누가를 처음으로 "공관복음서"(Synoptic Gospels)라고 지칭한 것은 그리스바하이다. *Synopsis Evangeliorum*(1776)에서 그는 마가가 마태에, 그리고 누가가 마태와 마가에 의존했다는 전통적인 견해에 반대하여, 마가가 대부분은 마태에, 부분적으로는 누가에 의존했고, 실제로는 마가가 독창적이지 못하고, 박식하지 못한 저자였다고 주장했다. 이것이 자료비평이 처한 막다른 길이었지만, 적어도 그리스바하가 전통에 등을 돌려 자료문제를 새롭게 연구하였다는 점은 높이 인정할 만하다. (그런데도 그러한 곤경이 최근에 파머(W.R.Farmer)의 「공관복음서 문제」(*The Synoptic Problem*, 1970)와 오처드(J.B.Orchard)의 「왜 세 개의 공관복음서인가?」(*Why Three Synoptic Gospels*, 1975)에서 다시 시작되고 있는 것은 아이러니컬하다). 그러나 아이히호른은 몇년 후에 보다 더 학문적인 그리스바하의 견해가 아니라, 레싱의 견해를 발전시킴으로써 좀더 유망한 방법을 제시할 수 있었다.

4. 19세기

1. 데 베테(De Wette)와 라흐만(Lachmann)

18세기 말과 19세기 초에 있었던 성서비평과 성서해석의 새로운 접근은 다른 분야의 연구, 특히 고전 역사와 고전 문학의 연구와 병행된다. 자료비평 면에서 볼프(Friedrich August Wolf:1759-1824)는 저서인 호머에 대한 「서곡」(*Prolegomena*)으로 돌파구를 마련하는데 성공했고, 역사비평 면에서는 니브르(Barthold Georg Niebuhr:1776-1831)가 자신의 저서「로마 역사」(*Römische Geschichte*:1811-32)에서 로마 역사연구, 특히 초기의 로마역사 연구에 신기원을 이루었다. 구약 연구의 발전은 게데스(Alexander Geddes:1737-1802)에 의해 이루어졌는데, 그의 오경 구성에 대한 "단편가설"(fragmentary hypothesis)은 파터(Johann Severin Vater:1771-1826)와 데 베테(Wilhelm Martin Leberecht de Wette:1780-1894)에 의해 잘 다듬어졌다. 데 베테는 오경 구성의 발전과정을 역사서와 예언서의 증거를 통해 더듬어 추적했는데, 특히 신명기 12:5 이하에 나오는 단일 성소의 율법이 중요한 의미를 지닌다고 주장하였다. 데 베테는 저서「신약에 대한 간추린 주석 핸드북」(*Kurzgefasstes exegetisches Handbuch zum Neuen Testament*:1836-48)과 「신약정경에 대한 역사-비평적 입문서」(*Lehrbuch der historisch-kritischen Einleitung in die kanonischen Bücher des Neuen Testament*:1830)로 신약계에도 공헌을 하였다.

그는 신약의 신학적 흐름을 세 가지로 구분하였는데, 곧 유대-그리스도인(공관복음서, 사도행전의 대부분, 야고보서, 베드로서, 유다서, 계시록)의 흐름과 알렉산드리아의 흐름(히브리서와 요한복음과 요한서신들), 그리고 바울의 흐름이 그것이다. 이것들은 예수의 메시지가 해석되고, 발전된 세 개의 분리된 노선들을 의미한다.

라흐만(Karl Lachmann:1793-1851)의 연구 범위는 대단히 넓다. 그는 신약 연구뿐만 아니라, 고전 언어학과 독일 언어학 연구에도 많은 공헌을 했다. 그의 비평적 희랍어 성경판은(첫판은 1831, 둘째판은 1842-50) 4세기 본문을 재생시키는데 목적이 있었고, 당시에 이용할 수 있는 가장 초기의 필사본과 번역본의 증거만을 토대로 하였다. 이 작업은 19세기에 연속적으로 나온 4개의 위대한 비평판의 첫번째에 속하며, 나머지 세 개는 폰 티쉔도르프(G. F. C. von Tischendorf: 첫판 1841, 둘째판 1872)와 트레겔레스(S. P. Tregelles:1857-72), 웨스트코트/호르트(Westcott and Hort:1881)의 비평판들이다. 자료비평에서 라흐만은 「신학연구와 비평」 8권(1835), 570ff.에 실린 그의 선구자적 논문 "De ordine narrationum in evangeliis synopticis"으로 유명하다. 이 논문은 마가가 마태와 누가보다 먼저 기록되었다는 마가 우선설과 두 복음서가 마가에 의존하고 있다는 점을 일반적으로 받아들이는 길을 열어 놓았다.

라흐만의 신약 연구를 자극한 사람은 슐라이에르마허(Friedrich Daniel Ernst Schleiermacher:1768-1834)였는데, 그는「신약 연구와 비평」5권(1832), 735ff.에 실린 "첫 두 복음서들에 관한 파피아스의 증언에 대하여"(Über die Zeugnisse des Papias von unsern beiden ersten Evangelien)라는 그의 논문으로 복음서 비평에 지대한 공헌을 하였다. 여기에서 그는 ― 파피아스의 언급 중에서 ― 마태가 "히브리어"로 편집한 로기아(logia)를 첫번째 복음서인 마태복음이 아니라, 예수의 어록으로 이해하여야 한다고 주장하였다.

2. 슐라이에르마허(Schleiermacher)와 "예수전들"(Lives of Jesus)

여기에 언급된 이 기간의 많은 학자들이 주로 역사-비평적 접근에 관심을 가진 반면에, 슐라이에르마허는 철학자이며 신학자로서 해석학에 관심을 가졌다. 비록 역사-비평적 접근이 당대의 성서 저자들의 의도를 알게 해준다 하더라도, 그들의 메시지가 오늘날 다른 상황에 처해 있는 독자들과 청중들에게는 어떤 의미를 지니는가? 보다 믿을 만한 본문을 확정하려는 "하등비평"(lower criticism)과 성경문헌들의 구조와 연대와 저자에 대한 사실을 확인하려고 하는 "고등비평"(higher criticism)이 성경 연구에 큰 공헌을 한 것은 사실이지만, 이러한 공헌들이 과연 성경 메시지에 대한 오늘날의 이해와 적용을 확장시킬 수 있는가?

슐라이에르마허는 이 질문에 대해 긍정의 대답을 제시하려고 하였지만, 성공하지 못했다. 왜냐하면 그는 종교적 감수성이 풍부했음에도 불구하고, 기본적인 합리주의로부터 자유로울 수 없었기 때문이었다. 예를 들어, 복음서 이야기들을 심리적으로 평가함으로써 그는 예수의 부활을 외관상(apparant)으로 죽은 뒤에 다시 소생한 것으로, 그리고 예수가 제자들에게 부활하여 나타난 기사들의 초자연적 특성들을 제자들의 추측에서 비롯된 것으로 해석하였다.

슐라이에르마허의 접근에서 나타난 이러한 기본적인 합리주의는 1864년
그가 죽은 뒤, 한 학생이 적은 강의 노트를 토대로 하여 출간된 그의 「예수
전」(Leben Jesu)에 잘 표현되어 있다. 그러나 합리적인 접근은 파울루스
(H. E. G. Paulus)의 저서 「원시 기독교의 순수한 역사의 토대로서의 예수
전」(Das Leben Jesu als Grundlage einer reinen Geschichte des
Urchristentums: 1828)에서 매우 발전된 형태로 나타난다. 파울루스는 "논
리적 사고의 경계를 넘어서는 그 어떤 것도 철저하게 불신하였다"고 알버트
슈바이처는 말한다. [29]

파울루스는 복음서 이야기를 전체(요한의 이야기를 전체 구조로 삼아)로
서는 받아들였으나, 세세한 부분들은 합리화시켰는데, 이는 주로 세세한 사
실로부터 신학적 의미를 제거하여, 보통의 평범한 차원으로 환원하기 위해서
였다. 예수 자신의 부활처럼, 죽은 자가 살아나는 기적들은 단지 외형상으로
죽은 것처럼 보이는 사람이 다시 소생한 것으로 해석되었다. 예수의 옆구리
를 얕게 찌른 창이 사혈(phlebotomy: 팔꿈치나 관절의 정맥을 찔러 나쁜 피
를 빼내는 옛 치료법 — 역주)의 유익한 효과를 가져왔다는 것이다.

슈트라우스(David Friedrich Strauss)의 저서 「비평적으로 연구된 예
수전」(Das Leben Jesu kritisch untersucht)이 이러한 부류의 해석에 치
명적 타격을 가하였다. 이 책의 첫 판의 1권은 1835년에 출간되었고, 2권은
그로부터 몇 달 뒤에 나왔다. 첫번째 판을 변경하지 않은 두번째 판은 1836
년 말경에 출간되었다. 세번째 판(1838)에서 슈트라우스는 어느 정도 정통에
양보하였으나, 이것들이 네번째 판(1840)에서는 철회되었다. 이 네번째 판은
엘리엇(George Eliot)에 의해 영어로 번역되었다(1846). 슈트라우스는 초월
적인 하나님이 이 세상의 삶에 간섭한다는 것을 믿을 수 없었으므로 그리스
도에 대한 복음서의 증언을 받아들이는 것이 불가능하다는 것을 알았다. 그
래서 그는 기적과 신화의 철저한 모형론(typology)에 입각해서 복음서 이야
기를 주의깊게 재구성하였다. 이렇게 해서 사화(narrative)의 합리적인 해
석이 신화적인 해석으로 대치되었다.

예수의 생애를 재구성하고(re-tell), 해석하려고 할 때, 저자의 개인적인 철학이나 그가 흡수한 사상의 분위기가 반영되는 것은 불가피한 일이다. 이러한 사실을 선명하게 보여주는 — 많은 유사한 이름을 지닌 — 작품들 가운데는 낭만주의를 반영하고 있는 르낭(Ernest Renan)의 「예수전」(*Vie de Jesus*)(1863)과 분별력 있는 정통을 반영하는 파러(F. W. Farrar)의 「그리스도의 생애」(*Life of Christ*, 1874) 등이 있다.

오늘날 우리가 하르낙(Adolf Harnack)이 묘사한 그리스도를 "깊은 우물 바닥에서 본 자유주의 개신교의 얼굴의 반영"[30]으로 묘사한 티렐(George Tyrrell)의 견해에 동의한다면, 우리 중 많은 사람들이 현대의 사고 방식에 너무 많이 연루되어 있어서, 복음서를 20세기 실존주의의 범주에서 해석하는 동일한 시대착오를 제대로 평가할 수 없다. 맨슨(T. W. Manson)의 말로 하자면, "실제로 모든 신학적인 학파들에 대해, 너는 그들의 예수전을 통하여 그들을 알게 될 것이다"라고 말할 수 있다.[31]

3. 마이어(Meyer) 주석

19세기의 위대한 주석적 업적 중의 하나는 빌헬름 마이어(Heinrich August Wilhelm Meyer:1800-73)에 의해 「신약에 대한 비평적 주석」시리즈(*Kritisch-exegetischer Kommentar über das Neue Testament*)가 시작되었다는 것이다. 본문과 번역을 포함한 이 주석서의 첫 두 권은 1829년에 출간되었다. 그 뒤를 이어 공관복음서에 대한 적절한 주석서 1권이 1832에 발간되었다. 복음서들, 사도행전, 그리고 주요 바울 서신은 마이어 자신에 의해 다루어졌고, 나머지 책들에 대한 주석서들은 세 명의 다른 학자들에게 위임되었다. 이 세 학자들 중에 계시록 주석의 저자인 뒤스터딕크(F. Düsterdieck)가 가장 잘 알려져 있다. 이 주석 시리즈는 클라크출판사(T. and T. Clark:1873-95)에 의해 영어로 번역되어 출간되었다. 이 주석은 마이어가 살아 있는 동안에 계속적으로 개정되어 출판되었고, 새로운 주석가들이 이전의 주석가들을 대체하면서 현재에 이르기까지 계속되고 있다. 이 주석시리즈에 기고한 현대의 학자들 중에는 요한복음과 요한서신의 불트만,

사도행전의 헨첸(E. Haenchen), 고린도 전서의 콘첼만(H. Conzelmann), 골로새서와 빌레몬서의 로제(E. Lohse) 등이 있는데, 이들 모든 주석서는 영어로 번역되었다. 필립 샤프(Philip Schaff)는 마이어를 "그 시대의 가장 유능한 문법적 주석가"로 묘사했는데,[32] 이는 그가 신학적 문제와 해석학적 문제들을 순수한 주석자의 영역 밖에 있는 것으로 간주하고, 고의로 자기의 주석을 문법적-역사적 분야에만 제한시켰기 때문이다. 이 주석 시리즈의 최근의 기고자들은 시리즈를 시작한 마이어의 사상에 더 이상 제한받고 있지 않다.

4. 프린스턴의 주석

19세기 중반에 뉴저지에 있는 프린스턴 신학교에서 개혁전통의 문법적-역사적 주석이 소생되었다. 교수진 중에 뛰어난 주석가인 찰스 하지(Charles Hodge:1797-1878)는 4개의 바울 서신들에 대한 뛰어난 주석서를 출간했는데, 4개의 주석서 중에 가장 훌륭한 ― 또한 현대에 로마서에 대한 가장 명쾌한 주석 중의 하나인 ― 로마서 주석(1835)과 에베소서 주석(1856), 고린도전서(1857), 후서(1859) 주석이 그것이다. 이 주석서들은 그의 위대한 책 「조직신학」(Systematic Theology, 1871-73)에 대한 서문으로써 기여하였는데, 그의 아들 하지(A. A. Hodge)의 말을 따르면, 그러한 주석적 예비 작업을 통해 "하나님의 말씀에 의해 영감된 모든 요소들이 하나의 체계로 세워질 수 있었다."[33] 그의 동료 교수인 알렉산더(Addison Alexander:1809-60)는 구약 주석으로 더 잘 알려졌지만, 사도행전(1856)과 마가복음(1858) 주석으로 신약연구에 유익한 공헌을 하였다. 마가복음 주석에서 그는 마가를 마태복음의 단축자가 아니라, 하나의 독립적인 저자로 다룸으로써 전통에서 벗어나고 있음을 보여주었다.

5. 튀빙겐 학파

1831년에 일어난 신약해석사의 중요한 한 사건은 바우르(Ferdinand Christian Baur)가 고린도 교회의 그리스도파에 대한 긴 논문을 「튀빙겐 신학 잡지」(*Tübinger Zeitschrift für Theologie*)에 실은 것이었다.[34] 바울 서신을 연구한 결과 바우르는 사도적 기독교가 하나로 일치되기는 커녕, 예루살렘 교회와 바울의 선교간에 깊은 분열이 있었음을 확신하였다. 베드로를 비롯한 예수의 원제자들이 이끈 예루살렘 교회가 기독교의 유대화를 고수한 반면에, 바울은 복음이야말로 유대의 율법주의와 편협주의를 폐지시킨다고 주장하였다. 또한 바울의 사도권에 대한 진정성이 예루살렘 교회 측에 의해 의문시 되었기에, 그들은 개종한 신자들 앞에서 바울의 권위를 훼손시키려고 하였다고 한다. 특히 바울의 갈라디아서와 고린도서에는 양자간의 갈등이 얼마나 심했는가에 대한 증거가 충분히 나타나 있다.

사도시대에 이러한 철저한 갈등이 지배하고 있는데도, 성경의 문서들이 그것을 반영하지 않고, 바울과 베드로간의, 예루살렘 교회와 바울의 선교 간의 조화된 모습을 보이고 있는 것은 그 문서들이 사도 후기의 관점을 드러내고 있음을 알 수 있다. 그래서 바우르는 자신의 연구결과 그러한 갈등이 사라진 사도행전뿐만이 아니라, 복음서들도 2세기에 쓰여진 것으로 추정하고 있다. 복음서들이 2세기의 문서들이라면, 예수의 생애와 교훈에 대한 역사적 자료로서의 그것들이 지닌 가치는 희박해질 수밖에 없으나, 증거가 있다고 한다면, 이러한 결론이 받아들여지지 않을 수 없었다.

1831년에 논문을 발표한 후, 수년동안 바우르는 역사적 과정이 정(thesis), 반(antithesis), 합(synthesis)의 변증법적 형태로 발전한다고 하는 헤겔 철학의 영향을 점점 더 많이 받았다. 바우르에게는 이러한 변증법적 패턴이 초기 기독교 역사 과정에서 모범적으로 적용된 것으로 여겨졌다. 예루살렘 교회의 엄격주의와 바울의 율법으로부터의 해방 선언이라는 1세기의 테제(정)와 반테제(반)가 서로 절충되고, 조화를 이루면서 2세기의 합이 이루어졌다는 것이다. 그러나 이처럼 초기 기독교 역사를 추정한 바우르의 해석의 최초의 추진력은 헤겔주의에서가 아니라, 그의 신약주석으로부터 왔음을 염두에 두지 않으면 안된다. (또한 변증법을 역사적 진행에 무조건 적용시키는 것은 위험하지만, 역사적 과정이 빈번히 헤겔의 변증법적 특성들을 보여준다는 것도 간과해서는 안된다.) 그러므로 신약기록에 대한 바우르의 재구성(혹은 구약기록에 대한 벨하우젠의 재구성도 마찬가지이다.)[35]을 헤겔의 영향을 구실로 해서 파기하는 것은 옳지 않다. 사실 바우르는 앞 시대의 학자들이 별로 주의하지 않았던 사도적 역사라는 결정적인 요인에 주목했으며, 그렇게 함으로써 계속되는 신약해석의 과정에 불변의 흔적을 남겼다.

그러나 다른 선구자들처럼, 그도 역시 어떤 해결책을 제안하였다기 보다는 오히려 문제들을 더 잘 납득할 수 있도록 하였다. 예를 들면, 복음서들을 2세기의 문서로 추정하는 그의 견해는 고수될 수 없었다. 바우르의 주장에 반대하여 복음서들의 연대를 1세기로 확립한 것은 케임브리지 학파의 업적 중의 하나였다. 배렛(C. K. Barrett)은 "바우르가 올바른 질문을 했고, 라이트푸트(Lightfoot)가 그 질문을 올바른 역사적 관점에 옮겨 놓았다고 말한다고 해서 크게 잘못된 것은 아니다"라고 말하고 있다.[36] 사복음서 중에서 가장 후대에 쓰여진 복음서조차도 2세기 초 이후의 것으로 돌릴 수 없다. 바꾸어 말하면, 바우르가 2세기로 추정했던 변증법의 합(synthesis)은 1세기에 이미 완성되었거나, 혹은 완성되는 도중에 있었다고, 즉 합이 테제와 반테제와 동시에 형성되고 있었다고 말할 수 있다.

신약 해석가의 임무는 바우르가 생각했던 것보다 더 복잡하다는 것이 입증되었다. 즉 논쟁의 연대기적 발전 문제들뿐만 아니라, 그 논쟁 문제들의 복잡성과 다양성에 대해서도 연구대상이 된다. 바울이 그의 교회 안에서 대결해야만 했던 것은 단일한 유대화 활동뿐만이 아니었으며, 한 종류의 초기 영지주의뿐만이 아니었다. 또한 적어도 이러한 초기의 다양한 영지주의 중의 하나는 유대교적 특징들을 현저하게 지니고 있었을 것이다. 그리고 이러한 긴장들은 원시 기독교 내에 있었던 인간의 긴장들 중의 소수에 불과했다. 물론 바우르의 시대에 그러한 긴장들이 있었다는 것을 인정하는 것은 매우 급진적인 일이었다. 그러나 그가 초기 기독교 내의 여러 긴장들이 있었음을 인정한 이래로 신약해석의 대부분은 그러한 긴장들과 그 이후의 화해들 간의 상호 작용과 관련되어 왔다.

6. "ESSAYS AND REVIEWS"

논문집 "ESSAYS AND REVIEWS" (1860)에 기고된 조잇 (Benjamin Jowett)의 "성경해석에 관하여" (On the Interpretation of Scripture)라는 104페이지의 논문이 많은 사람들에게 혼란과 동시에 커다란 인상을 남겨주었다. 그 논문의 많은 부분이 성서연구를 위해서는 다른 문학 연구에 적용될 수 있는 그러한 해석원칙들이 사용되어야 한다는 것과 헬라적 고전연구의 지원을 꺼리는 피상적인 방법을 폐지해야 한다는 견해를 피력하는 데에 할애되고 있다.

오늘날 그의 견해 중 어떤 것은 그가 비판했던 견해만큼이나 시대에 뒤떨어진 것이 되었지만, 그가 성서를 성서 이후에 정해진 정통교리의 규정 — 이것들이 교회에 의해 전체적으로 채택되었을 때에라도 — 에 강제로 순응시키는 것, 말하자면 성서를 종파적 전통과 편협성에 순응시키는 시도에 반대한 것은 당연한 것으로 받아들여져야 한다. 최소한 오늘날 우리들 중의 대부분은 그것을 당연한 것으로 여길 것이지만, 롬 15:16 (NEB)의 꽤 올바른 번역인 "사제적 직무" (priestly service)가 로마 교회의 사제제도를 지지해 주는 것처럼 보이기 때문에, 한 개신교 비평가가 이의를 제기한다면, 뭐라고 말해야 하는가? 바울의 말이 있는 그대로의 의미를 지닌 것이 아니라, 해석가가 의도하고자 하는 의미를 말하는 것으로 해석되는 한, 조잇의 이의는 필연적인 것이다. 당시의 불꽃튀는 논쟁들에 대해 그는 다음과 같이 말한다.

예를 들면, 다음 주제들에 관한 — 때때로 의미가 불확실할 때도 있지만 — 단일한 말들이 지닌 엄청난 중요성을 고려해 보라: 1. 이혼 2. 아내의 동생과의 결혼 3. 영감, 4. 성령의 인격성 5. 유아세례 6. 감독제도 7. 왕들의 신적 권리 8. 원죄 … 성경의 경우도 웅변과 마찬가지로, 그 결과는 그것을 받아들이는 마음의 준비와 상황에 부분적으로 의존한다. 성경의 어떤 인용문이나, 그릇된 인용문도 세상에서 아무런 효력이 없으면 쓸모가 없다. 그것이 위대한 운동의 정신을 구현하거나, 다수의 목소리에 의해 반향될 때, 소용이 있는 것이다[37]

조잇이 열거한 문제들 중에는 곁길로 빠진 것도 있고, 제자리를 찾은 것도 있지만, 성경이 의미하는 바를 미리 결정하여, 그 말씀들로 하여금 그 의미를 갖도록 강요하는 유혹은 완전히 사라지지 않았다. 그러나 다음과 같은 조잇의 주장은 일반적으로 동의되고 있다. "질문이 문에서 부인될 때, 의심이 창문으로 들어온다."[38] 실제로 의문의 정신으로 신약에 접근한다고 해서 거룩한 책을 부당하게 다루는 것은 아니다. 신약 자체가 의문의 정신을 권유하고 있기 때문이다. "성서를 모든 다른 책들처럼 해석하라"고 조잇은 촉구한다. 그러할 때, 다른 책과 같지 않는 성서의 많은 점들이 "그러한 해석의 결과로 나타날 것이다."[39]

조잇의 학문은 정확하기보다는 오히려 광대하였다. 그래서 지금 막 인용된 문장이 어떤 사람에게는 명백한 것을 언뜻 보게 하는 반면에 ─ 반계몽주의자들(obscurantists)을 포함한 ─ 어떤 사람들에게는 그 의미가 혼란스러웠다. 예를 들어, 웨스트코트(Brooke Foss Westcott)는 성서나 어떤 다른 작품을 비교하여 해석하는 조잇의 견해에 찬성할 수 없었다. 학문적 주석 작업에서 개별적인 단어들(불변화사도) 마다 세심한 주의를 기울이는 것이 웨스트코트에게는 필수적이었는데, 조잇은 그것을 "문체의 군더더기"(excrescence of style)에 불과한 일에 시간을 낭비하는 것으로 처리해 버렸기 때문이었다.[40]

7. 케임브리지 학파

웨스트코트(1825-1901)는 이미 앞에서 언급한 케임브리지 학파의 세 사람의 지도자 중의 한 사람이었다. 나머지 두 사람은 호르트(Fenton John Anthony Hort:1828-92)와 라이트푸트(Joseph Barber Lightfoot:1828-89)였다. 웨스트코트와 호르트가 희랍어 신약 비평판(1881)으로 매우 널리 알려져 있기는 하지만, 이 세 사람은 사도시대와 초대교회의 역사와 문학 연구에 현저한 선구자적 공헌을 하였다. 우리는 그들이 복음서가 기록된 연대를 1세기로 설정했다는 것을 이미 앞에서 언급한 바 있다. 이러한 연대추정은 특히 웨스트코트의 작품 「복음서 연구 입문」(Introduction to the

Study of the Gospels, 1851)과 「신약 정경 역사의 일반적 개관」(*General Survey of the History of the Canon of the New Testament*, 1855) 에서 논의되었고, 또한 라이트푸트의 작품 「"초자연적 종교"라고 명명된 작품에 관한 논문들」(*Essays on the Work entitled "Supernatural Religion*, 1874-77년 동안 연재물로 출간되었고, 그후 1889년에 단행본으로 출간)에서 논의되었다.

마지막에 언급한 라이트푸트의 작품은 웨스트코트의 정경에 대한 견해를 공격한 어떤 학자의 무능력함을 드러냈을 뿐만 아니라, 실질적으로 웨스트코트의 견해를 긍정적인 면에서 한층 더 진전시켰다. 역설적으로 보일지 모르지만, 신약문서의 연대에 대한 라이트푸트의 주된 공헌은 그의 작품 「사도적 교부들」(*The Apostolic Fathers*, 1869-85)에서 기술한 사도적 교부들에 대한 백과사전식 작업이었다. 거기에서 그는 로마의 클레멘트(Clement of Rome), 안디옥의 이그나티우스(Ignatius of Antioch), 스미르나의 폴리캅(Polycarp of Smyrna) 등의 친서들의 기록연대를 1세기 말과 2세기 초로 잡는 전통적인 견해를 확인했다.

1860년에 바로 위에 언급한 세 명의 학자들은 신약성서 전체에 대한 주석 시리즈를 쓰려는 계획을 세웠다. 라이트푸트가 바울서신들을 담당하고, 호르트가 공관복음서와 야고보서, 베드로서, 유다서를 다루며, 웨스트코트가 요한문서들과 히브리서를 담당하려고 계획했다. 라이트푸트는 갈라디아서(1865)와 빌립보서(1868), 골로새서/빌레몬서(1875)에 대한 권위있는 주석서들을 완성했다. 그 밖에 다른 몇 가지 바울서신들에 대한 주석이 담겨있는 「주석들」(*Notes*)은 그가 죽은 뒤(1895)에 출간되었다. 호르트는 단지 자신이 맡은 주석부분들의 단편들만 남겼다. 베드로전서(1898), 요한계시록(1908), 야고보서(1909) 등의 대한 미완성된 그의 주석서들이 죽은 뒤에 출간되었다. 웨스트코트의 위대한 요한복음 주석은 1880년에 Speaker 주석시리즈 중의 한 권으로 출간되었다. 이 주석은 AV(Authorized Version)를 본문으로 한 것이고, 희랍어 본문을 채택한 주석은 그가 죽은 뒤 1908년에 발간되었다. 그의 요한서신들에 대한 주석서들은 1883년에, 히브리서 주석은 1889년에 출간되었지만, 미완성된 에베소서 주석은 그가 죽은 뒤 설호프 (J. M. Schulhof)에 의해 편집되어 1906년에 출간되었다.

케임브리지 학파의 대표적인 이 세 사람은 관점과 기질에 있어서는 서로 달랐지만, 모두가 지름길을 찾거나, 질러가는 것을 거절한 넓고, 깊고, 정확한 학식을 갖춘 학자들이었다. 그들의 언어적 재능은 상세한 부분에까지 탁월했다. 또한 라이트푸트가 성경문헌들의 역사적 해석에 강점이 있었다면, 웨스트코트는 그의 요한복음 사상의 해석에서 특별히 잘 나타난 것처럼, 탁월한 신학적 통찰력의 소유자였다. 웨스트코트의 요한복음 주석(1880년판)이 1958년에 한 영국 출판사에 의해 재발행되었다는 사실은 놀랄 만하다. 또한 우리가 라이트푸트의 골로새서/빌레몬서(1875) 주석 끝 부분에 나오는 에세네파에 대한 그의 논문을 동일한 주제를 다룬 19세기의 다른 많은 글들과 그리고 쿰란문서들이 1947-8년에 발견된 이후로 새롭게 밝혀진 지식들과 비교해 볼 때, 그가 당시에 증거자료들을 얼마나 정확하게 파악하고 있었는지 알고는 놀라게 된다. 그가 쓴 글은 오늘날 부연될 수는 있지만, 시대에 뒤떨어진 것으로 폐기할 것은 거의 없다.

이들의 선구자적 작업은 2세대에 걸쳐 후진들(epigoni)에 의해 계속되었는데, 이 후진들은 위의 세 학자들만큼은 아니지만, 그래도 그들의 주석과 어깨를 나란히 할 만한 주석서를 발간했다: 스위트(H. B. Swete)의 마가복음 주석(1898)과 계시록 주석(1906), 메이어(J. B. Mayor)의 야고보서 주석(1892)과 유다서 및 베드로후서 주석(1907), 로빈슨(J. A. Robinson)의 에베소서 주석(1904), 밀리건(G. Milligan)의 데살로니가 전·후서 주석(1908), 그리고 그 다음 세대인 셀윈(E. G. Selwyn)의 베드로전서 주석(1946), 테일러(V. Taylor)의 마가복음 주석(1952) 등을 들 수 있다. 이 주석서들은 모두 케임브리지 학파의 세 학자들의 주석서들과 함께 맥밀란 출판사에 의해 출간되었다. (단 웨스트코트의 요한복음 주석은 제외)

5. 20세기

1. 철저종말론

20세기에 들어서면서 신약연구의 중심은 복음서 전승으로 옮겨졌다. 브레데(William Wrede)의 「복음서들 안에 나타난 메시야 비밀」(*Das Messiasgeheimnis in den Evangelien*, 1901) ― 이 책은 1972년에야 비로소 영어로 번역되었다[41] ― 을 통해 이 분야의 작업이 시작되었다. 브레데의 주장에 따르면, 자신이 메시야(막 8:30)나 하나님의 아들(3:12, 1:25, 34 참고)로 불리워질 때마다, 예수는 침묵하라는 명령을 내리는데, 이 명령은 역사적 사실이 아니라, (마가에 의해 처음으로 문서 형태로 주어진) 복음서 전승이 처음부터 예수가 메시야이며, 하나님의 아들이었다는 교회의 신앙을 부활 이후에야 비로소 이 신앙이 생겨났다는 사실과 조화시키려고 시도한 고안물(device)이라는 것이다. 예수는 실제로 처음부터 메시야이며 하나님의 아들이었고, 또 그렇게 설명되지만, 그는 그 사실을 숨기었다. 그렇기 때문에 세 제자들이 변화산상에서 예수가 아버지 하나님의 사랑하는 아들로서 인정되는 소리를 들었을 때, 그는 "인자가 죽은 자 가운데서 살아날 때까지는 본 것을 아무에게도 이르지 말라"(막 9:9)고 경계한 것이다. 그러나 브레데의 설명에 의하면, 변화산 사건은 가이사랴 빌립보에서 행한 베드로의 신앙고백(막 8:29)과 마찬가지로 본래 부활 사건과 관련되었던 것인데, 고의적으로 예수의 갈릴리 사역의 자리로 되돌려진 것이다.

이러한 연구를 통해 브레데는 각각의 복음서 기자들 나름대로의 목적과 그들의 공헌을 인정함으로써 복음서에 접근하는 편집비평의 아버지라고 불린다. 그의 의해서 마가는 복음서 전승을 나름대로 해석한 신학자로 나타난다. 비록 자신의 주장을 관철하는데 있어서 많은 결점들이 발견되기는 하지만, 바로 그런 점에서 그는 자신의 시대를 앞서 간 학자로 우뚝 서 있다.

알버트 슈바이처(Albert Schweitzer)는 브레데의 연구를 19세기에 유행한 예수전(Lives of Jesus)에 대한 자신의 개관 맨 끝에 두고 있다: 「라이마루스에서 브레데까지」(*Von Reimarus zu Wrede*, 1906: 영역제목「역사적 예수의 탐구」, 1910). 이 슈바이처의 획기적인 작품은 100여년 이상에 걸친 복음서 연구를 고찰하고 있으며, 역사적 예수를 찾으려는 모든 시도들

― 합리주의적이고, 신비적이고, 자유주의적인 해석들 ― 이 실패하였음을 밝혀주었다. 예수의 생애를 충분히 구성할 수 있는 자료, 특히 예수의 심리적 발전 과정을 추적할 수 있는 자료가 이용되지 못했다는 것이다. 이전의 다른 학자들처럼, 무의식적으로 예수를 20세기 초에 친숙한 범주 안에서 묘사하지 않고, 슈바이처는 복음서 안에 나타나 있는 임박한 세계-위기적 특성에 집중하여, 예수를 묵시적 환상가(apocalyptic visionary)로 표현하였다. 이 묵시적 환상가인 예수는 자기가 이미 선언하였지만, 예상치 않게 느리게 도래하는 하나님의 나라와 역사의 종말이 자신의 죽음을 통해 촉진되도록 결국 체포되고 처형당하고 만다는 것이다. 이러한 설명을 통해 슈바이처는 요한네스 바이스(J. Weiss)의 사고를 발전시켰다.

바이스는 「하나님의 나라에 관한 예수의 설교」(Die Predigt Jesu vom Reiche Gottes, 1892)라는 짧은 책에서, 예수는 자기가 선포한 하나님의 나라가 오직 ― 그것을 막고 있는 ― 사람들의 죄가 제거될 때에만(예수가 "많은 사람들을 위한 대속물"〔막 10:45〕로 죽음으로써 이루어지는 죄의 제거), 하나님의 종말론적 행위에 의해 세워질 수 있다고 여겼다고 주장했다. 슈바이처가 지적한 것처럼, 브레데에 의해 암시된 철저한 회의주의냐 아니면 바이스가 지적한 철저 종말론이냐, 양자 간의 선택이 놓여진다. 그런데 슈바이처가 선택한 것은 철저 종말론이었다.

슈바이처가 예수의 이야기를 이렇게 재해석함으로 말미암아 그 이야기의 결과에 대한 새로운 관찰, 특히 바울에 대한 새로운 관찰이 불가피해졌다. 그가 쓴 「바울 연구사」(Geschichite der paulinischen Forschung, 1911: 영역제목 「바울과 그의 해석자들」(Paul and his Interpreter, 1912)는 「역사적 예수의 탐구」(The Quest of the Historical Jesus)의 속편이었는데, 후자가 예수전에 대해 내렸던 결론만큼이나, 그 동안의 바울 연구에 대해서도 부정적인 결론을 내렸다. 이어서 그는 자기의 긍정적인 견해를 「사도 바울의 신비」(Die Mystik des Apostels Paulus, 1930; 영역제목 「사도 바울의 신비」(The Mysticism of Paul the Apostle, 1931)에서 피력하였다. 슈바이처에 따르면, 바울은 예수와 똑같은 종말론적 세계관을 가지고 있었는데 양자간에 차이가 있다면, 시간에 대한 간격에서 오는 것 뿐이다. "두 사람은 동일한 산을 바라보고 있지만, 예수가 그것을 자기 앞에 있는 것으로 보는 반면에, 바울은 그 위에 서서, 이미 첫번째 경사면을 지나간 뒤이다."[42] 예수의 죽음과 부활로 세상이 아직 종말에 이르지는 않았지만, 성례전에 의한 성령의 중재로 말미암은 그리스도와의 현재적, "신비적" 연합을 통하여 신자들이 예수의 죽음과 부활에 의해 얻어진 축복을 선취적으로 누리고 있다고 바울은 가르쳤다는 것이다.

2. 실현된 현재적 종말론

루돌프 오토(Rudolf Otto)는 그의 저서 「하나님의 나라와 인자」 (*Reich Gottes und Menschensohn*, 1934;영역제목은 「하나님의 나라와 인자」(*The Kingdom of God and the Son of Man*, 1938)에서 예수에 의해 선언된 하나님의 나라가 그의 사역의 관점에서 볼 때, 전적으로 미래적인 것만은 아닌 것을 보았다. 즉 예수의 가르침 안에서 이미 하나님의 나라가 시작되었다는 것이다. "하나님 나라가 그 미래로부터 이미 현재로 확장되어 작용한다."[43] 오토는 마가복음 4장에 나오는 몇 개의 비유를 강조하여(특히 네 개의 밭의 비유와 비밀리에 자라는 씨의 비유), 그것이 하나님 나라의 현재적 도래에 대한 예수의 강조를 표현한 것으로 본다.

이러한 통찰은 다드(C. H. Dodd)에 의해서도 받아들여져, 그 이상의 논리적 결론에 도달된다. 이러한 종말론 문제에 대한 다드의 견해가 1927년과 1930년에 출간된 논문들에서도 나타나지만,[44] "실현된 종말론"에 대한 충분한 설명은 그의 책 「하나님 나라의 비유」(*Parables of the Kingdom*, 1935)에서 주어졌다.[45] 그것은 하나님의 나라가 예수의 공생애 사역의 시작과 함께 도래하였으므로, 하나님 나라의 미래에 대한 모든 언급은 사라진다는 견해이다. 예수의 눈으로 볼때, 그 사역은 세계 역사의 위기였다. 다드의 이해에 따르면, 예수의 최초의 선포가 "하나님의 나라가 도래했다"는 것이기 때문에, "예수의 죽음을 하나님 나라의 도래에 선행되어야 할 전제조건으로 기술하는 것"은 허용될 수 없는 것이었다.[46]

이러한 실현된 종말론에 대한 극단적인 말은 "십자가의 중요성"(the cruciality of the cross)을 파괴하는 것이라는 비판을 받았다.[47] 그러나 다드는 곧 자신의 입장을 수정했다. 1 년 후에 발표된 한 책에서 그는 하나님의 나라가 "예수의 삶과 죽음과 부활 사건 속에서 오는 것으로 생각되기에 이러한 사실들을 선포하는 것은 곧 하나님 나라의 복음을 전하는 것이다"라고 기술한다.[48] 후에 그는 "실현된 종말론"이라는 표현을 "거의 적절치 않은 용어"라고 말하고[49], 요아킴 예레미아스의 실현되어가는 종말론 (sich realisierende Eschatologie)이라는 표현을 더 선호하였다.[50] (예레미아스는 그 용어를 에른스트 헨첸(Ernst Haenchen)에게 빌어왔다고 스스로 인정하고 있다.)[51]

이 "실현된 종말론"의 관점이 몇몇 신약성서의 문헌들 안에 보존되어 있긴 하지만 — 특히 후기 바울서신들과 요한복음에 — 대부분은 이전부터 내려온 유대교의 미래적 종말론을 거듭해서 주장하고 있다. 이는 특히 예수의 부활 후에 곧 일어날 줄로 여긴 파루시아(재림)의 지연 때문이었다.

신약을 주석하는데 다드의 "실현된 종말론"이 확고하게 공헌한 바는 예수의 사역을 구원사의 절정으로서의 예수의 수난과 승리라는 구원사건과 분리하지 않고, 철저하게 연결되어 있다는 사실을 강조한 것이다. 보다 더 최근에 오스카 쿨만(Oscar Cullmann)은 이와 관련해서 마지막 결전을 전쟁이 끝난 뒤의 승리의 축제와 관련시키는 유비를 사용하였다. 예수 안에 나타난 하나님의 구원행위는 마지막 결전이고, 파루시아 때 일어날 영광의 소망의 성취는 승리의 축제에 해당한다. 그러나 결정적으로 중요한 것은 마지막 결전이다.[52]

종말을 "실현된" 것으로 말하는 것은 그 용어(전통적으로 "종말의 교리"를 의미하는)를 확장된 의미로 사용하는 것인데, 그것은 아마도 예수가 "마지막 때에" — 단지 "내세"를 의미하는 말 — 일어날 일에 대한 구약의 예언들을 성취했다는 점에서 정당화될 수 있을 것이다. 그러나 그보다 훨씬 더 확장된 의미는 불트만과 그의 실존론적 학파에 의해 사용된 그 용어와 관련되어 있다. 그들에게는 과거의 대답들과 질문들이 현재에서 하나로 만나서,

새로운 것, 즉 미래를 만들어 갈 책임있는 선택의 응답을 불러 일으킨다는 의미에서 모든 현재의 순간이 "종말론적" 순간이 된다. 불트만의 Gifford 강연들(「역사와 종말론」〔*History and Eschatology*〕, 1957)은 이러한 해석의 좋은 실례를 제공한다.

3. 종교사학파

원시 기독교의 종교적 전제들을 당시의 근동지역과 그리스-로마와의 관련 속에서 세우려고 하는 신약에 대한 "종교사적"(religionsgeschichtlich) 접근방법은 한때는 신약 해석에 중요한 도움을 제공할 것으로 기대되었다. 종교사학파의 가장 주요한 작품들 중에는 리카르트 라이첸슈타인(R. Reitzenstein)의 「헬레니즘적 신비종교들」(*Die hellenistischen Mysterienreligionen*, 1910)과 「이란의 구원신비」(*Das iranische Erl-ösungsmysterium*, 1921)가 있었다. 후자의 「이란의 구원신비」는 천상의 존재인 Gayomart — 최초의 인간 — 와 연관되는데, 그가 악의 세력과 싸우다 전사한 후, 그의 시체로부터 인간이 나왔다고 한다. 종말에 Saosyant(구세주)가 죽은 자를 살리기 위해 올 때, Gayomart가 제일 먼저 부활할 것이고, 천사장 지위에 등극될 것이다. 이러한 "신비"는 A. D. 7세기까지는 문서로 기록되지 않았고, 심지어는 구전 형태로도 사산 시대(Sassanian: A. D. 226)이전에는 존재하지 않았다. 아마도 그것은 만다야교(Mandaism)와 후기 영지주의에 영향을 끼쳤을 것이지만, 신약이나 초기 영지주의에 영향을 주었다고 보는 것은 시대착오적인 발상이다. [53]

가장 단순한 형태의 영지주의적 신화는 천상의 실재(essence)에 대해서 말하고 있는데, 그는 천상의 빛의 세계에서 이 땅의 물질적 어둠의 세계로부터 해방되어, 본래의 빛의 세계로 다시 올라간다. 이 신화는 하늘에서부터 사람들을 — 물질로부터가 아니라 — 죄와 죽음으로부터 해방시키기 위해 이 땅에 와서, 직접 무덤으로 내려감으로써 그 속박을 해방시킨 인자(Son of God)에 대한 신약의 가르침(특히 제4복음서에서)의 배경으로 주장되어 왔다. [54] 그러나 불트만과 그의 학파들이 이러한 견해를 아무리 강하게 주장함에도 불구하고, 그것은 역사의 순서를 뒤바꾸어 놓는 견해이다. 최초의 인간과 구원자-계시자의 개념들은 먼저 복음서 이야기의 영향 하에서 영지주의에서 결합되었을 것이기 때문이다. 초기 기독교 형태 안에서 전형적인 영지주의적 신화에 대한 설득력 있는 증거를 찾기는 어렵다.

그러나 이란의 종교와 영지주의의 영향과는 무관하게 기독교 — 특히 승리한 이방인 기독교 — 를 근대 지중해 세계의 신비종교들 중의 하나로 분류하는 경향이 있었다. 이러한 경향은 종종 제임스 프레이저 경(Sir James Frazer)의「황금 가지」(*The Golden Bough*, 1890-1915)와 같은 작품들에 의해 감명을 받았지만, 이 비할데 없는 사실들의 저장소라 할 수 있는 작품에서 올바른 결론을 끌어내지 못하는 사람들 사이에서 흔히 나타났다. 그러나 우리는 그와 같은 경향을 학문적 해석들 안에서도 발견한다. 키르숍 레이크(Kirsopp Lake)의「사도 바울의 초기 서신들」(*The Earlier Epistles of St. Paul*, 1911)은 처음 발표된지 60년 이상 동안 많은 유익을 끼친 위대한 작품이다. 신약 성찬에 대한 그의 관점은 다음과 같은 주장에서 표현된다.

> 가톨릭과 개신교 신학자들 간의 논쟁의 많은 부분은 성찬 (Eucharist) 교리에 그 핵심을 두고 있다. 개신교는 그들의 견해를 지지하기 위해 원시 기독교에 호소해 왔으나, 성공하지 못했다. 성찬에 대한 가톨릭 교리가 개신교보다 훨씬 더 초기의 것이기 때문이다. 더 나아가 가톨릭 교리의 주창자는 자기가 지지하는 교리 형태가 초기의 것일 뿐만 아니라, 기독교 이전의 것이라는 것을 입증했다. 다른 관점에서 볼 때, 기독교는 신비 종교를 모방하지 않았다. 적어도 유럽에서는 기독교 자체가 언제나 신비종교였기 때문이다.[55]

"적어도 유럽에서는"이라는 언급은 고린도전서에서 나타나는 것처럼, 세례와 주의 만찬에 대한 바울의 가르침이 헬라인 개종자들에게 전통적인 신비 제사의 견지에서 쉽게 해석되었다는 것을 상기시켜 준다. 그러나 레이크는 한 걸음 더 나아가서, 바울이 개종자의 해석이 자신의 논점의 토대가 되는 한에서는 그 개종자의 해석에 동의하였다고 주장한다.

바울에 대한 새로운 관점을 통해 이러한 불균형은 수정되었다. 특히 메첸(J. G. Machen)은 「바울 종교의 기원」(*The Origin of Paul's Religion*, 1921)에서 증거를 내세워 공평한 평가를 내렸고, 데이비스(W. D. Davies)는 「바울과 랍비 유대교」(*Paul and Rabbinic Judaism*, 1948)에서 바울과 바리새인의 사상및 교훈이 얼마나 유사한지 보여주었고, 바울이 가말리엘 학파에서 기본적인 훈련을 받았다는 행 22:3의 언급을 확증하였다.

4. 사도행전과 초기 가톨릭교

1920년에 「기독교의 시작」이라는 제목의 백과사전식 작품의 첫 권이 발간됨에 따라 한 중요한 작업이 시작되었다. 이 책의 편집자들은(Foakes Jackson과 Kirsopp Lake) 공관복음의 문제가 "일반적인 해결점"을 찾았다고 주장하고, 그들의 다음 임무가 "그 결과들을 역사가의 언어로 번역하는 것, 즉 자료의 복합성과 차이들이 사상의 발전과정과 제도의 출현을 어떻게 드러내 주는지를 살펴보는 것"이라고 보았다. 특히 1세기의 기독교가 "그리스- 동방종교들과 로마제국내의 유대 종교 사이에서 하나의 종합(synthesis)을 이룬 과정"을 상세하게 추적하는 것이 필요하였다. [56] 이 임무를 수행하기 위한 첫번째 단계는 사도행전을 철저하게 연구하는 것이었는데, 5권에 달하는 이 작업(1920-33)의 제1부가 이 사도행전 연구에 할애되었다. 그러나 이 작업은 1부 이상 지속되지 못했다. 우리는 그 작업의 제1부를 사도행전 연구의 한 시기의 새로운 시작이 아니라, 오히려 그 시기 — 아돌프 하르낙과 램지(W. M. Ramsay) 같은 대가들이 뛰어난 공헌을 했던 한 시기 — 의 종말을 표시하는 기념비로 볼 수 있다. [57]

신기원은 「사도행전에 대한 논문들」(*Aufsätze zur Apostelgeschichte*, 1951)에 모아진 마르틴 디벨리우스(Martin Dibelius)의 논문들과 한스 콘첼만(Hans Conzelmann)의 「시간의 중심」(*Mitte der Zeit*, 1954)과 에른스트 헨첸(Ernst Haenchen)의 마이어 주석 시리즈, 「사도행전」(*Die Apostelgeschichte*, 1956)에 의해 나타났다. 더 이상 고고학이나 종교사가

사도행전 연구에 중심 역할을 하지 못했다. 디벨리우스의 손을 통해 문체 (Stylistic) 비평이 사도행전 해석의 열쇠가 된 반면에, 콘첼만의 눈을 통해 저자의 새로운 시간에 대한 관점(예수의 첫번째 추종자들에게는 종말의 시기 였던 "예수의 시대" 다음에 이제 기한이 확정되지 않은 "교회의 시대"가 왔 다)이 사도시대 후기의 "초기 가톨릭교"(Frühkatholizismus)의 확고한 표 시가 되었다.

　실제로 초기 가톨릭교는 후기 사도 시대의 시기와 저작자의 기준이 된 다. 가톨릭교는 기독교 공동체 초기의 긴장관계를 새롭고 포괄적인 연합(예 컨대, 바울과 야고보가 교회 안에 이방인을 허용하는 것에 대해 적절한 합의 에 도달한 것)으로 해결하는 과정과 관련될 뿐만 아니라, 지역교회에서 세계 교회로의 강조점의 이동, 카리스마적 사역의 제도적 사역으로의 대치, 초기 의 파루시아에 대한 영광의 소망의 퇴행과 교회와 그 사역을 통해 분배되는 현재적인 은혜의 수단에의 의존, 그리고 성문화된 신앙고백의 채택 등과도 관련된다. 유럽 대륙의 루터파 신학자들 가운데는 그러한 초기의 가톨릭교를 사도적 복음 ― 특히 바울복음 ― 으로부터의 불행한 타락으로 간주하는 경 향이 있다. 사도행전과 에베소서, 목회서신들과 같이 가톨릭교의 특징들이 발견되는 문서들은 시기에 있어서는 후기-사도 시대일 뿐만 아니라, 규범에 있어서도 속사도 시대를 반영하는 것으로 여겨진다. 실제로 한스 큉(Hans Küng)이 에른스트 케제만(Ernst Käsemann)과 그 밖의 사람들이 결과적으 로 "초기 가톨릭의 타락"의 기미를 반영하고 있는 성서문서들을 열등한 것으 로 취급함으로써 용인된 정경내에 축소된 정경을 설정한 것(Kanon im Kanon)에 이의를 제기한 것은 어느 정도 일리가 있다.[58] 불트만 학파의 뛰 어난 학자인 하인리히 슐리어(Heinlich Schlier)가 에베소서 주석(예컨대, 「그리스도와 에베소서 교회」(*Christus und die Kirche im Epheserbrief*, 1930)에서 탁월하게 지적한 초기 가톨릭교가 사도적 기독교 의 일부라는 것을 확신하게 되었을 때, 그는 루터교의 신앙고백에서 떠나 로 마 가톨릭으로 나아갔을 뿐만 아니라, 심지어 자신의 에베소서 주석을 고치 지 않고도, 에베소서를 참된 바울 서신으로 인정하는 것이 가능하다는 것을 알게 되었다. 「에베소서」(*Der Brief an die Epheser*, 1957, 1965). [59]

5. 새로운 해석학

"새로운 해석학"이란 신약의 메시지를 현대인들이 이해할 수 있도록 해석하려는 현대의 노력을 의미한다. 그것은 신약의 메시지가 현대인과 본질적으로 관련되는 인간 실존과 관계가 있다고 하는 루돌프 불트만의 끊임없는 주장과 밀접하게 연관된다. [60] 현대인이 자기의 머리 속에 가장 먼저 떠오르는 인간 실존의 문제를 가지고 신약에 접근한다면, 그는 신약에서 그 대답을 찾을 수 있을 것이다. 비신화화론(demythologizing programme)을 적용시켜서, 모든 비본질적인 걸림돌을 제거한다면 말이다. [61]

여기에서 의미하는 것은 기하학 연구나 천문학 연구에나 적합할 것 같은 신약에 대한 객관적인 접근이 아니다. 인간의 실존이 관계되는 경우에 그러한 객관성은 바람직하지도 못하고, 또 도달될 수도 없다. 불트만은 자신의 실존에 대한 강조나 지식과 이해의 본질에 대한 관점에 대해 마르틴 하이데거 (Martin Heidegger)에 의존하고 있다. 하이데거에게 있어서 알아가는 주체와 알려진 대상 간의 분명한 경계선은 존재하지 않는다. 즉 알아가는 과정이 시작되면, 주체와 객체가 서로 밀접하게 연결되어야만 한다. 이와 비슷하게 불트만은 "전제없는" 주석과 같은 것은 존재할 수 없다고 주장한다. [62] 해석자는 깨닫든, 깨닫지 못하든 자기의 전제들을 본문으로 가져가기 마련이다. 그는 자기 자신의 문제들을 가지고 본문에 다가가며, 그가 얻은 대답들은 부분적으로는 자기가 제기한 질문들에 의해 결정된다. 이러한 상황은 해석 과정이 주체에서 객체로 또는 객체에서 주체로 흘러가고, 서로 상호 작용하는 것으로 보여지는 "해석학적 순환"(Hermeneutical circle)이라는 개념의 기초가 된다. [63]

성경은 셈어 학자들이 처음으로 해독한 우가릿 본문과 같지 않다. 셈어 학자들은 실제로 자기가 관심을 갖고 있는 질문, 즉 기원전 18세기의 고대근동 지역 상황과의 관계 속에서 이 본문은 무엇이며, 이 저자는 누구인가? 라는 질문을 가지고 우가릿 본문에 접근한다. 그러나 이것은 성경의 독자가 성경의 본문을 통해 얻으려고 하는 실존적인 질문이 아니다. 성경의 독자는 오히려 "이 본문이 지금 여기에 있는 나의 상황에서 나에게 무엇이라고 말하고 있는가"를 묻는다. 그러한 질문(이 질문의 중요성은 슐라이에르마허에 의해 평가되었다)은 이미 내가 연구하고 있는 신약 본문이 그것이 처음 쓰여진 상황뿐만이 아니라, 오늘날의 현대 독자들에게도 관련된다는 커다란 전제를 포함하고 있다. 불트만과 그의 추종자들은 현대의 독자들에게 신약이 자신의 실존을 이해하는데 도움을 줄 뿐만 아니라, 실제로 그의 실존을 변형시키며, 그 실존에 대한 확실성(authenticity)을 주며, 그를 과거의 속박에서 해방시켜, 미래를 향해 자신을 "열 수 있도록" 한다고 확신있게 주장한다.

우리는 이 문제와 이신칭의에 대한 신약의 가르침 간에 유비를 볼 수 있다. 우리는 많은 사람의 경험을 통해 유비가 확인될 수 있다는데 동의한다. 그러나 그렇게 되기 위해서는 참된 실존의 메시지는 이신칭의에 관한 신약의 가르침만큼 그리스도의 인격과 사역에 참으로 관련되어야만 한다. 더욱이 실존주의의 어휘에 친숙하지 못한 사람들에게 거짓 실존과 참된 실존에 관한 말은 죄, 은혜, 자유, 응보(retribution), 영접, 소외(estrangement), 화해 등과 같은 바울의 어휘 못지 않게 이해될 수 없는 말이다. 그러므로 바울의 어휘가 개인적 관계의 견지에서 주어진 것이라면, 20세기 중엽에 사는 현대인에게는 실존적인 주석의 어휘보다는 오히려 친숙한 일상 용어로 말해야 하는 것이 당연하다.

새로운 해석학은 불트만이 남긴 점을 채워서 그의 입장을 상당히 진전시킨다. 그의 제자 에른스트 푹스(Ernst Fuchs)는 이 점에 있어서 주목할 만한 역할을 했다. 그에게 있어서 성경 본문은 하나님의 말씀으로 선포될 때, 적절하게 해석된다. 그 때에 성경의 언어는 믿음을 일깨운다. 그것은 단순한 언어가 아니라, 하나의 "언어 사건"(Sprachereignis)이 된다.[64] 비슷한 통찰력이 게하르트 에벨링(Gerhard Ebeling)에 의해 "말씀 사건"(Wortgeschehen)으로 표현된다.[65] 말하자면 하나님의 구원말씀이 지금 여기에서 효력을 발생하게 되고, 예수 안에서 표현된 것과 같은 믿음을 청중들에게 표현해 준다.

특히 예수의 비유들이 이 새로운 통찰력의 견지에서 조명되고, 해석되었다. 푹스에 따르면, 예수의 비유들 안에서 하나님의 메시지의 "가장 의미있는 표현"이 나타난다는 것이다. 왜냐하면 비유들을 통해 예수는 자기의 청중들의 경험으로 들어가 그들과 공동의 이해를 확립할 수 있기 때문이다.[66] 푹스의 두 제자는 이러한 스승의 사고를 더 진전시켰다. 에타 린네만(Eta Linnemann)은 「예수의 비유들」(Gleichnisse Jesu, 1961)에서 비유들이 말해진 상황에서 청중들이 차지하는 역할을 강조하였고, 에버하르트 융엘(Eberhard Jüngel)은 「바울과 예수」(Paulus und Jesus, 1962)에서 비유들이 바울이 이신칭의에 대한 그의 가르침에서 주려고 한 것과 동일한 메시지를 담고 있다는 견해를 피력했다.

새로운 해석학이 모든 신약의 메시지 — 예컨대, 구원사에 나타난 하나님의 목적에 대한 강조 또는 과거의 성취자이며 이전의 약속에 대한 아멘으로서의 예수의 역할에 대한 강조 등 — 를 정당하게 다룰 수 있을까 라는 질문이 제기될 수 있다. 또한 새로운 해석학이 미래의 화해된 우주는 말할 것도 없고, 신앙공동체보다는 믿는 자 개개인에게(물론 개개인이 자기의 이웃과의 사랑의 교제로 들어가긴 하지만) 더 적합하다는 견해가 제시될 수 있다. 그러나 새로운 해석학이 성서를 해석하는 그 방법(the way)으로서가 아니라, 다른 방법들 중의 유용한 한 방법(one way)으로 간주된다면, 그것은 긍정적인 결과를 초래할 수 있을 것이다.

6. 복음서 비평

20세기에는 공관복음서의 자료비평이 거의 진전을 보지 못했다. 여전히 마가와 흔히 Q라고 불리는 예수의 어록집 — 최소한의 설화 구조로 된 — 이 마태와 누가의 주요한 자료였다는 것이 일반적인 견해였다. 이 두 자료설은 「사복음서」(The Four Gospels, 1924)에서 네 자료설을 제안한 스트리트(B. H. Streeter)와 「공관복음 연구 II」(Synoptische Studien ii , 1929)에서 Q자료 내에 있는 두 자료, 즉 희랍어로 쓰여진 자료와 아람어로 쓰여진 자료를 구분한 빌헬름 부스만(Wilhelm Bussmann)에 의해 잘 다듬어졌다.

마가에 대한 마태 우선설을 재생하려는 시도들은 문제를 해결하기보다는 더 많은 난점들을 남기고 있다. [67]

요한복음에 관해서는 그 증언을 공관복음 전승과 분리시키려는 경향이 강하게 나타나고 있다. 불트만은 「요한복음」(*Das Evangelium des Johannes*, 1941)에서 요한복음의 주요 두 자료 ─ 하나는 계시 말씀자료 (Redenquell)이고 다른 하나는 "이적" 자료(Semeiaquell)이다 ─ 를 많은 편집자료와 함께 구분해 내었다. 가드너 스미스(P. Gadner-Smith)는 「성 요한과 공관복음」(*Saint John and the Synoptic Gospels*, 1938)에서 공관 복음에 대한 요한복음의 독자성(요한복음이 공관복음을 자료로 사용하지 않고, 독자적인 전승을 자료로 사용했다는 주장 ─ 역주)을 주장하였다. 이 주장은 다드(C. H. Dodd)의 「제4복음서의 해석」(*The Interpretation of the Fourth Gospel*, 1953)과 「제4복음서의 역사적 전승」(*Historical Tradition in the Fourth Gospel*, 1964)에서 설득력있게 전개되었다. 요한복음의 역사적 전승이 예수 사역에 대한 독자적인 증언이라면, 그 의미는 더 광범위해지고, 마가의 전승과 요한의 전승이 일치하는 점들에 대해 특별한 중요성이 부여된다.

일반적으로 증거가 허용하는 한, 문서자료들을 확정하고, 미정된 문제들에 대해서는 다른 비평 형태들을 적용하여 그 이전의 자료를 조사하려는 인상을 주고 있다.

전승비평은 식별할 수 있는 문서자료 이전에 있던 자료들을 탐구한다. 첫번째 기록 이전에 구전전승 시기가 있었다는 것(특히 복음서의 경우)을 받아들이는 곳에서는 이 구전전승의 과정을 추적하려고 노력한다. 전승비평이 매우 성공적으로 적용되는 많은 분야에서는 구전전승이 여러 세대, 심지어는 몇세기에 걸쳐 나타나지만, 신약해석에 있어서는 이 기간이 기껏해야 몇십년에 불과할 정도로 짧기 때문에 그 적용이 제한된다.

양식비평은 문서 이전의 전승을 재구성하는데 가장 쓸모있는 도구중의 하나이다. 양식비평은 자료를 여러가지 "양식들"(forms)에 따라서 분류하여, 이 양식들이 어떻게 전해졌으며, 현재의 모양과 상태를 취할 때까지의 삶의 정황은 무엇인지를 발견하기 위해 그 양식들을 조사한다. 궁켈 (H. Gunkel), 지버스(E. Sievers), 모빙켈(S. Mowinckel)은 양식비평 방법을 이미 구약의 여러 부분에 적용시켰었다. 또한 노르덴(E. Norden)은 *Agnostos Theos*(1913)에서 그 방법을 고전적 주제와 헬레니즘적 주제를 구분하는 데에 사용했었고, 알란 멘지스(Allan Menzies of St. Andrews)도「최초의 복음서」(*The Earliest Gospel*, 1901)에서 양식비평이라는 용어를 분명히 사용하지는 않았지만, 이 방법을 마가의 기록에 적용했었다. 그의 작품은 마르틴 디벨리우스의「복음서의 양식사」(*Die Formgeschichte des Evangeliums*, 1919)[68]와 슈미트(K. L. Schmidt)의「예수 이야기의 테두리」 (*Der Rahmen der Geschichte Jesu*, 1919), 그리고 루돌프 불트만의「공관복음 전승사」(*Die Geschichite der synoptischen Tradition*, 1921)[69] 가 이 분야의 선구자적 논문들로서 불려질 때, 기억되어야만 한다.

전승비평과 양식비평의 도움으로 주석가의 임무는 다음과 같이 3 단계로 나눌 수 있는데, 즉 1) 정경의 복음서들과 문서 자료들의 해석에서부터, 2) 이 문서들의 배후에 놓여있는 전승의 해석을 통하여, 3) 예수에 대한 선포나 예수 자신의 선포를 재구성하는 것이다.[70]

그러나 전승비평과 양식비평에 지나치게 집착하는 것은 자료비평에 지나치게 집중하는 것처럼, 복음서 기자 자신의 중요한 작업을 흐리게 하기 쉽다. 셰익스피어 자료의 연구와 다른 전통적인 자료의 연구가 셰익스피어에 대한 연구를 대치할 수 없는 것과 마찬가지로, 앞에서 언급한 비평방법들도 완성된 작품으로서의 복음서 연구를 대치해서는 안된다. 복음서 기자들 자신이 전승과 그 밖의 다른 방법으로 전해 받은 것을 전달해 준 것이라면, 개별적인 저자로서 그들은 자기가 전해받은 자료를 어떻게 사용했는가 하는 질문이 생겨난다. 어떤 특별한 관심이 그들로 하여금 지금의 형태로 자료를 배열하도록 했는가?

브레데는 "메시야 비밀" 문제와 씨름할 때, 이 질문을 진지하게 받아들였고, 멘지스(Menzies)는 ― 마가 이전의 전승상태에 대해 관심이 있었음에도 불구하고 ― 마가가 자신의 자료를 "생생하게"(lively) 다룬 것을 주의깊게 고려하였다. [71] 좀더 최근에 몇몇 복음서 기자들의 의도에 대한 연구가 "편집비평"이라는 명칭으로 불리게 되었다. 편집비평의 대두와 발전과정은 요아킴 로데(Joachim Rohde)의 「편집사적 방법」(*Die redaktionsgesc hichtliche Methode*, 1966)에 기록되어 있다. 편집비평의 중요한 독일 연구서들은 한스 콘첼만의 「시간의 중심」(1954)과 빌리 막셀(Willi Marxen)의 「복음서 기자 마가」(*Der Evangelist Markus*, 1959), 그리고 보른캄(G. Bornkamm), 바르트(G. Barth), 헬트(H. J. Held)의 「마태복음의 전승과 해석」(*Überlieferung und Auslegung im Matthäusevangelium*, 1960) 등이다.

또한 최근에 Paternoster Press에 의해 출판되고 있는 시리즈를 언급하지 않을 수 없는데, 이 심포지움에 기고한 기고자들, 즉 하워드 마샬(I. H. Marsall)의 「누가 : 역사가와 신학자」(*Luke : Historian and Theologian*, 1970), 랄프 마틴(R. P. Martin)의 「마가 : 복음서 기자와 신학자」(*Mark : Evangelist and Theologian*, 1972)는 이미 출판되었고, 스탠턴의 「마태」에 관한 작품과 스몰리의 「요한」에 대한 작품 —「요한 : 복음서 기자와 해석자」(*John : Evangelist and Interpreter*, 1977) — 이 있다.

7. 역사적 예수의 새로운 탐구

신약해석처럼, 복음서 비평의 주요목적은 예수, 역사적 예수에 대해 더 잘 알려는데 있다. 승귀된 그리스도는 십자가에 달린 예수와의 동일성에서만 올바른 의미를 지닌다.

로빈슨의 한 연구서의 제목인 「역사적 예수의 새로운 탐구」(*A New Quest of the Historical Jesus*, 1959)는 알버트 슈바이처의 위대한 작품의 제목을 되풀이 하는 것을 의미할 뿐만 아니라, 오늘날의 연구가 시기에 있어서 "옛 연구"와 다르며, 성격에 있어서도 다르다는 것을 의미하기도 한다. 새로운 연구는 루돌프 불트만이 복음서의 역사의 중요성을 극히 부정적으로 평가한데 대한 반응으로 진행되고 있다. 불트만의 이러한 부정적인 평가가 그리스도를 더 이상 "육체대로"(고후 5:16) 알지 않겠다는 바울의 말 가운데 나오는 한 사도적 본문에 단단히 묶여져 있지만, 바울의 이 말은 바울이 역사적 예수와 무관하다는 의미는 아니다. 불트만의 눈에는 역사에 대한 모든 호소가 계속적인 역사적 연구와 발견에 의해 어느 순간에라도 무너질 수 있을 만큼 불확실하게 보였다. 그것은 선행에 의한 칭의의 어떤 다른 형태와 마찬가지로 믿음에 의한 이신칭의를 부인하는 것이기에 적절하지 않다는 것이다. 그러나 예수의 정체와 의미는 역사에 의해서는 입증될 수도 없고, 부인될 수도 없기 때문에 믿음에 대한 실질적인 토대가 되지 못한다. 그래서 불트만의 동료중에는 그의 전제에 따르면, 다른 인물이나 현상도 역시 도전을 주고 실제적 존재로 이끄는 그 자유로운 결단의 반응을 이끌어 낼 터인데, 왜 그가 역사적 예수 ― 십자가에 달린 예수 ― 에 그렇게 집요하게, 그렇게 비논리적으로 매어달리는지 그 이유를 묻는 사람도 있다. 그렇게 볼 때, 예수는 영적인 구원을 일으키는 미지의 X 에 지나지 않는다.[72]

불트만의 가장 유명한 제자들 중에 몇 사람이 이 막다른 골목에서 길을 찾으려고 하였다. 보른캄(Günter Bornkamm)은 역사적 예수에 대한 비교적 긴 연구서인, 「나사렛 예수」(Jesus von Nazareth, 1956)라는 작품을 썼는데, 거기에서 그는 불트만이 제기했던 예수의 사역과 초기 교회의 선포 사이에서 어떤 틈도 찾지 못하고 있다. 불트만이 옛 시대로부터 새 시대로의 변화를 예수와 바울 사이에 놓고 있는 반면에 보른캄은 그러한 변화를 ― 초기의 한 복음서 전승에 따르면, 예수 자신이 그렇게 한 것처럼(눅 7:28; 16:16) ― 세례 요한과 예수 사이에 두고 있다.

슈바이처(Eduard Schweizer)는 예수 그리스도에 대해 훨씬 더 긍정적인 평가를 하고 있는데, 「예수 그리스도」(Jesus Christus, 1968)에서 그는 "예수: 어떤 공식에도 맞지않는 사람"이라는 제목을 지닌 제1장을 이 역사적 예수라는 주제에 할애하고 있으며, 신약 전체에서 발견되는 주요한 기독론적 모티브들은 "예수 자신에게로 돌아간다"고 결론내리고 있다.[73]

1953년에 에른스트 케제만은 마르부르크 대학에서 역사적 예수 문제에 대한 강연을 하였는데 거기에서 그는 학생들에게 그들의 존경받는 스승 ― 불트만 ― 이 끝났다고 생각한 문제를 재개해야 하며, 새로운 가현설에 빠지지 않으려면, 역사적 예수에 대해 알 수 있는 것을 찾을 필요가 있다고 주장했다.

그는(예수) 역사적 독특성의 견지에서 연구되어야 한다 … 바로 거기에서 그의 독특성이 역사적 예수가 항상 새롭게 나타나고 있는 믿음의 독특성과 일치하기 때문이다. 고양된 주님의 역사는 복음의 부름과 요구가 만나는 지상의 역사와 분리될 수 없다.[74]

또한 에른스트 푹스는 역사적 예수와 사도에 의해 선포된 그리스도 사이의 연속성에 대한 열쇠를 믿음 안에서, 즉 "하나의 언어사건"(language occurrence)으로서 보여진 믿음 안에서 발견한다.

우리가 이전에는 역사적 예수를 초기 기독교 케리그마의 도움으로 해석하려고 노력했지만, 오늘날에는 오히려 케리그마를 역사적 예수의 도움으로 해석하려고 노력한다. 이 두 연구 방향은 상호 보완적이다.[75]

신약 전체는 동일한 예수, 즉 성육신하고, 십자가에 달리고, 주로서 높여진 예수에 대해 증언하고 있다. 이 증언을 이해하고, 공유하고, 영원히 보존하는 것이 해석자의 임무이다. 이러한 임무를 수행하는 유일한 길은 확실히 역사적 예수에 대한 새로운 연구에 의해서만 제시될 수 있다.

마지막으로, 이 장의 교훈을 다음과 같은 두 개의 인용구로 요약할 수 있다. 첫째는 나의 선생인 알렉산더 수터(Alexander Souter)가 한 말이다.

성서를 진실로 사랑하는 사람에게는 성서의 의미를 연구하는 어느 시대, 어느 나라의 어떤 연구가의 주장도 중요하지 않은 것이 없다.[76]

다음은 알브레히트 벵겔의 말이다.

너 자신을 본문에 완전히 적용시키고, 본문을 너 자신에게 완전히

적용시켜라. [77]

주

1) Justin, *Second Apology* 10.
2) Irenaeus, *Haer.* i. 12. 2-4.
3) Hippolytus, *Ref* v. 8. 29.
4) Hippolytus, *Ref.* v. 9. 6.
5) Cf. D. de Bruyne, "Prologues bibliques d'origine marcionite", Rev. Ben. 24 (1907), pp. 1ff.; A. von Harnack, "Der marcionitische Ursprung der ältesten Vulgata-Prologe zu den Paulusbriefen", ZNW 24 (1925), pp. 205ff.
6) R. M. Grant, *A Short History of the Interpretation of the Bible* (London 1965), p. 55.
7) F. F. Bruce, *Tradition Old and New* (Exeter 1970), p. 116.
8) R. P. C. Hanson, *Allegory and Event* (London 1959), p. 360.
9) Cf. A. Souter, *The Earliest Latin Commentaries on the Epistles of St. Paul* (Oxford 1927).
10) Augustine, *Quaestiones Evangeliorum* ii. 19.
11) Augustine, *De doctrina christana* i. 36. 우리는 그가 "강권하여 그들을 들어오게 하라"(눅 14:23)는 말을 도나투스주의자들에 대한 강제성을 정당화하기 위해, 오용한 것을 진지한 주석으로 인정할 수 없다.
12) B. Smalley, *The Study of the Bible in the Middle Ages* (Oxford 1952²), p. 64.
13) Cf. M. Deanesly, *The Signifcance of the Lollard Bible* (London 1951).
14) M. Luther, *Werke*, Weimarer Ausgabe ii. 279.
15) W. A. vii. 838.
16) M. Luther, *On the Bondage of the Will*, ed. and tr. J. I. Packer and O. R. Johnston (London 1957), p. 69 = W. A. xviii. 604f.
17) W. A. xviii. 608.
18) W. A., *Deutsche Bibel* vi. 10.
19) Preface to Epistle of James (W. A., *Deutsche Bibel* vii. 384f.).
20) W. A., *Deutsche Bibel* vi. 2.
21) J. Calvin, *The Epistles of Paul the Apostle to the Galatians, etc.*, tr. T. H. L. Parker(Edinburgh 1965), pp. 24f.
22) 칼빈의 창세기 주석의 C. T. S판(Edinburgh 1847), pp. 71f. 에서는

'elohim 에서 삼위일체를 찾으려는 시도들이 "폭력적인 해석"과 "불합리한 것"으로 묘사되고 있다. 번역-편집자가 그러한 말을 좋아하지 않았다는 것은 창 1:1의 칼빈 주석에 대한 그의 풍부한 각주들에서 추정할 수 있다.

23) 그는 다음과 같이 계속한다. "상식이 존중되는 한, 나는 그의 「기독교 강요」 (*Institutes*)를 좀더 확대된 설명으로서 교리문답에 따라 읽을 것을 권유한다. 그러나 여기에서 내가 덧붙이고 싶은 것은, 모든 사람들의 글들은 잘 분별해서 읽혀야 한다는 것이다." C. Bangs의 *Arminius : A Study in the Dutch Reformation* (New York 1971), pp. 287-288. 에서 재인용.

24) P. Schaff, *History of the Christian Church* (1882-1910), vii, p. 211.

25) W. G. Kümmel, *The New Testament: The History of the Investigation of its Problems*, E. T. (London 1972), p. 27.

26) Arethas(약 850-약 945)는 갑바도기아 가이사랴의 대주교였다. 계시록에 대한 그의 주석은 앞서 있었던 Andrew (약 A.D. 600년경)의 작품을 확대, 재발간한 것이다.

27) J. Owen, *Works*, ed. W. H. Goold, xvi (London 1853), p. 347.

28) W. G. Kümmel devotes a chapter of *The New Testament: The History of the Investigation of its Problems* to "English Deism and its Early Consequences" (pp. 51-61).

29) A. Schweitzer, *The Quest of the Historical Jesus*, E. T. (London 1910), p. 48.

30) G. Tyrrell, *Christianity at the Cross-Roads* (London 1913), p. 44.

31) T. W. Manson, "The Failure of Liberalism to interpret the Bible as the Word of God", *The Interpretation of the Bible*, ed. C. W. Dugmore (London 1944), p. 92.

32) Quoted in T. and T. Clark's Prospectus to the English translation of the Meyer Commentary (Edinburgh 1873).

33) A. A. Hodge, Preface to revised edition of C. Hodge, *Commentary on the Epistle to the Romans* (New York 1886), p. iv.

34) This essay, "Die Christuspartei in der korinthischen Gemeinde", has been reissued in F. C. Baur, *Ausgewählte Werke in Einzelausgaben*, ed. K. Scholder (Stuttgart-Bad Cannstatt 1963), i (*Historisch-kritische Untersuchungen zum Neuen Testament*), pp. 1 ff. E. Käsemann's introduction to Vol. I is worthy of special attention.

35) L. Perlitt , *Vatke und Wellhausen* (Berlin 1965) 참조. 이 책의 전반부는 18세기 후기와 19세기 초기의 역사철학의 발전 과정을 연구하고 있다.

36) C. K. Barrett, "Joseph Barber Lightfoot", *The Durham University Journal* 64 (1972), p. 203.

37) *Essays and Reviews*, by F. Temple and others (London 1861⁴), pp. 358f.
38) Ibid., p. 373.
39) Ibid., p. 377
40) Ibid., p. 391.
41) *The Messianic Secret*, tr. J. C. G. Greig (London: James Clarke).
42) *The Mysticism of Paul the Apostle*, E. T. (London 1931), p. 113.
43) *The Kingdom of God and the Son of Man*, E. T. (London 1943), p. 59.
44) "Das innerweltliche Reich Gottes in der Verkündigung Jesu", *Theologische Blätter* 6(1972), pp. 120ff.; E. T. "The This-Worldly Kingdom of God in our Lord's Teaching". *Theology* 17 (1928), pp. 258ff.; and "Jesus as Teacher and Prophet" in *Mysterium Christi*, ed. G. K. A. Bell and A. Deissmann (London 1930), pp. 53ff.
45) *Parables of the Kingdom* (London 1935), p. 198.
46) *Parables of the Kingdom*, p. 75.
47) R. H. Fuller, *The Mission and Achievement of Jesus* (London 1954) p. 49.
48) *The Apostolic Preaching and its Developments* (London 1936), pp. 46f.
49) *The Interpretation of the Fourth Gospel* (Cambridge 1953), p. 447, n. 1.
50) J. Jeremias, *The Parables of Jesus*, E. T. (London 1954), p. 159.
51) Ibid.
52) O. Cullmann, *Christ and Time*, E. T. (London 1951), pp. 139ff.
53) See E. Yamauchi, *Pre-Christian Gnosticism* (London 1973).
54) See R. Bultmann, "Die Bedeutung der neuerschlossenen mandäischen und manichäischen Quellen für das Verständnis des Johannesevangeliums", ZNW 24 (1925), pp. 100ff.; *The Gospel of John*, E. T. (Oxford 1971), pp. 7ff. et passim.
55) K. Lake, *The Earlier Epistles of Paul* (London 1911), p. 215.
56) F. J. Foakes Jackson and K Lake, *The Beginnings of Christianity*, Part I, vol. i (London 1920), p. vii.
57) A. Harnack, *Luke the Physician*, E. T. (London 1907); *The Acts of the Apostles*, E. T. (London 1909); *Date of the Acts and of the Synoptic Gospels*, E. T. (London 1911); *Ist die Rede des Paulus in Athen ein ursprünglicher Bestandteil der Apostelgeschichte?* (Leipzig 1913); W. M. Ramsay, *The Historical Geography of Asia Minor* (London 1890); *The Church in the Roman Empire* (London

1895⁴); *Luke the Physician and Other Studies* ··· (London 1908); *St. Paul the Traveller and the Roman Citizen* (London 1920¹⁴); cf. W. W. Gasque, *A History of the Criticism of the Acts of the Apostles*, (Tübingen 1975; Grand Rapids 1975).

58) H. Küng, *The Structures of the Church*, E. T. (London 1965), pp. 142ff.

59) Cf. E. Käsemann, "Das Interpretationsproblem des Epheserbriefs", TLZ 86 (1961), pp. lff. (a review article on Schlier's commentary, which had originally been designed for the Meyer series).

60) R. Bultmann, "Das Problem der Hermeneutik", in *Glauben und Verstehen* ii (Tubingen 1952), pp. 211ff.; E. T. "The Problem of Hermeneutics" in *Essays Philosophical and Theological*, tr. J. C. G. Greig (London 1955), pp. 234ff.

61) R. Bultmann, "New Testament and Mythology"; E. T. in *Kerygma and Myth*, ed. and tr. R. H. Fuller (London 1953), pp. lff.; cf. *Jesus Christ and Mythology*, E. T. (London 1960).

62) R. Bultmann, "Ist voraussetzungslose Exegese möglich?" in *Glauben und Verstehen* iii(Tübingen 1960), pp. 142ff.; E. T. "Is Exegesis without Presuppositions Possible?" in *Existence and Faith*, ed. and tr. S. M. Ogden (London 1961), pp. 289ff.

63) M. Heidegger, *An Introduction to Metaphysics*, E. T. (Oxford 1959), pp. 146ff.; E. Fuchs, *Marburger Hermeneutik* (Tübingen 1968), pp. 79ff.

64) E. Fuchs, *Studies of the Historical Jesus*, E. T. (London 1964), pp. 207ff.

65) G. Ebeling, *The Nature of Faith*, E. T. (London, 1966), pp. 182ff.; cf. his *Introduction to a Theological Theory of Language*, E. T. (London 1973).

66) E. Fuchs, *Studies of the Historical Jesus*, pp. 125f.

67) Cf. B. C. Butler, *The Originality of St. Matthew* (Cambridge 1950); W. R. Farmer, *The Synoptic Problem* (New York 1964).

68) E. T. *From Tradition to Gospel* (Londen 1934). 독일어 3판(1959)은 G. Bornkamm에 의해 편집되었고, G. Iber가 부록을 첨가하였다.

69) E. T. *The History of the Synoptic Tradition* (Oxford 1963), based on the third German edition (1958).

70) Cf. H. Conzelmann, *An Outline of the Theology of the New Testament*, E. T. (London 1969), p. 98.

71) A. Menzies, *The Earliest Gospel* (London 1901), p. 33.

72) Cf. H. Braun's discussion of "The Meaning of New Testament Christology", E. T. in J Th. Ch. 5 (1968), pp. 89ff. (These words

were written before Professor Bultmann's death on July 30, 1976.)

73) E. Schweizer, *Jesus*, E. T. (London, 1971), p. 51.

74) E. Käsemann, *Essays on New Testament Themes*, E. T. (London 1964), pp. 46r.

75) E. Fuchs, *Zur Frage nach dem historischen Jesus* (Tübingen 1960), p. vii.

76) A. Souter, *The Earliest Latin Commentaries on the Epistles of St. Paul* (Oxford 1927), p. 7.

77) J. A. Bengel, *Novum Testamentum Graecum* (Tübingen 1734), preface.

제 3 장

신약 비평의 전제들

그래함 N. 스탠턴

신약학자들이 내린 결론들이 그렇게 다양한 이유는 무엇인가? 신약에 관한 책들을 읽는 사람이면 누구든지 유능한 학자들이 동일한 활기와 성실로 신약에 대해 매우 다르게 접근하고 있다는 것을 곧 깨닫게 된다. 이러한 다양한 관점들 때문에 신학생들은 물론이고 주로 교회가 많은 혼동을 일으키곤 한다. 경우에 따라서는 이러한 혼동 때문에 성서에 대한 진지한 역사 비평적 연구를 포기하고, 단순하고 직접적인 "신앙적인"(devotional) 접근을 선호하게 된다. 신학생들은 어떤 특정한 견해를 옹호하기 위해 여러 학자들의 관점들과 이름들의 목록을 열거하는 것을 진지한 주석으로 간주하려는 유혹에 빠지기 쉽다.

이 책의 여러 논문들이 보여주는 것처럼, 비평 방법에 관한 토론이 아직도 진행되고 있다. 그러나 그렇다고 해서 학문적인 결론들이 얼마나 다른지에 대해서는 설명하고 있지 않다. 최근에 주석에 사용되는 적절한 도구들과 방법들에 대해서 개신교 학자들과 가톨릭 학자들 간에 상당한 합일점에 도달하고 있다. 신약학계에서는 의식적이든, 무의식적이든 해석가가 채택한 전제들이 무엇이냐 하는 것이 방법상의 불일치보다 훨씬 더 많은 영향을 끼친다.

해석에 있어서 전제에 대한 문제는 모든 역사적 연구, 문학비평에서 뿐만이 아니라, 과학적 연구들에서도 제기된다.[1] 역사가들은 동일한 자료를 평가하는 데도 빈번히 상당한 견해 차이를 보이곤 한다. 문학 비평가들은 신약학자들처럼, 고대 문학이나 현대 문학을 해석하는데 일치된 견해에 도달할 것 같지 않다. 그러나 오직 성경해석과만 연관된 매우 민감한 형태의 문제들이 몇 가지 제기된다.

우리가 모든 학문적 연구에 있어서 전제들의 중요성을 인정하게 되면, 엄밀한 과학적 접근을 위해 그 전제들을 포기하는 것이 가능한지 아닌지 묻지 않을 수 없다. 만약 포기할 수 없다면, 해석을 위해 어떤 전제들은 허용되고 어떤 전제들은 허용되지 않는가? 이러한 질문들 뒤에는 지식의 본질에 대한 철학적 문제들이 숨어 있다. 실제로 철학의 임무는 "전제들의 논리적 분석"이라고 정의할 수 있다.[2] 전제들에 대한 논의는 훨씬 포괄적인 의미를 지닌다. 교회의 역사가 성서해석의 역사라고 해도 과언은 아니다. 교회의 모든 역사는 다양한 시대와 다양한 상황 속에서 성경 연구에 채택된 전제들과 관련되어 있다.[3]

전제들에 대한 논의가 슐라이에르마허 시대 이후로 신약의 학문적 연구와 함께 계속되어 왔지만, 특히 새로운 해석학과 관련해서 보다 더 현저하게 진행된 것은 최근의 일이다.[4] 브라텐(C. E. Braaten)이 강조한 것처럼, 해석학적 철학에 대한 새로운 관심이 주석가들로 하여금 자신의 전제들에 관해 스스로 자각하도록 고무하였다.[5]

전제들은 해석자와 본문에 관계되는 모든 면과 관련된다. 우리의 주제는 너무 광범위하고, 너무 복잡하여서, 모든 측면을 다 고찰할 수 없다.[6] 그래서 우리는 먼저 성서 주석과 관련된 선입견과 전제들을 몇 가지 논의하려고 한다. 전제들을 연구하는 것이 과학적 해석의 첫번째 단계임에 틀림이 없지만, 이것은 쉬운 일이 아니다. 한 사람이 사물을 보는 안경을 보기가 쉽지 않을 뿐만 아니라, 그 안경이 없으면 어떤 것도 전혀 볼 수 없기 때문이다. 우리는 다만 해석에 나타난 전제들이 얼마나 다양하며 광범위한지를 강조하고자 한다. 그러나 여기에서 여러가지 중요한 신학적 입장들을 전체적으로 비평하는 것은 가능하지 않다. 두번째로, 우리는 아무런 전제없이 주석이 가능한지의 여부를 고려해 볼 것이다. 소위 선입견이 완전히 배제된 중립적인 접근이 과거에는 자주 주장되어 왔고, 앞으로도 그럴 가능성이 얼마든지 있기 때문이다. 마지막으로, 우리는 해석에 있어서 반드시 수반되어야 할 전제들에 대해서 논의할 것이다. 특히 우리는 해석자의 전이해(pre-understanding)에 관해서 논할 것이다.

1. 선입견과 전제들(Prejudices and Presuppositions)

"선입견"과 "전제"는 종종 동의어로 사용되곤 한다. 두 단어가 완전히 분리될 수는 없다고 하더라도 해석자의 판단(선입견)에 영향을 주는 개인적 요인들과, 해석자가 시작하고 보통 다른 사람들과 공유하는 철학적 혹은 신학적 출발점 사이를 구별하는 것이 유익할 것이다.[7]

한 해석자의 작업은 늘 인간의 약점과 오류에 의해 영향을 받기 마련이다. 선입견은 모든 학문적 분야에서 나타난다. 개인의 성격은 흔히 무의식적이긴 하지만, 그의 작업에 중요한 역할을 한다. 따라서 낙천주의자와 염세주의자가 문학적 자료나 역사적 자료를 다르게 평가하는 것은 당연하다. 역사가들은 보통 자신의 정치적 입장이 무시될 수 없다는 것을 잘 알고 있다. 어떤 특정한 정치적 입장이 매우 신중하게 취해질 때가 있는 것이다. 또한 문화적 요인들도 중요하다. 해석자는 자기가 속한 환경에 의해 제약을 받으므로, 거의 무의식적으로 한쪽 방향으로 치우치거나, 여하튼 선택할 수 있는 모든 방향에 다 접근할 수는 없게 된다.

학문적 정책도 해석의 한 요인으로서 무시해서는 안된다. 젊은 학자들은 종종 자신들이 얻은 결과들을 될 수 있으면 빨리 발표하려는 상당한 압박을 받곤 한다. 그래서 흔히 지름길이 선택되고, 곤란한 증거는 무시되고, 가설에 불과한 것이 너무나 자주 입증된 결과처럼 되어버린다. 학자들은 좀처럼 자기의 동료나 친구들의 작업을 다른 작업만큼 엄격하게 비판하지 않는다.[8] 또한 시장성을 고려한 출판사로부터 혹은 성경학자의 경우에는 여러 가지 공식적인 진영이나, 교파적인 진영으로부터 오는 미묘한 압력들이 있을 수 있다.

신약학자들은 독창적인(original) 결과들에 대한 관심 때문에 종종 신약의 여러 다른 부분에 대한 독특한 신학적 관점을 지나치게 강조하곤 한다.[9] 최근의 복음서의 편집비평이 이것에 대한 몇 가지 실례를 제공한다.[10] 마태와 누가의 강조점이 다른 것은 의심할 여지가 없다, 두 복음서 기자는 자료들을 독자적으로 수정하고 재형성하였다. 그러나 많은 학자들은 새로운 신학적 전망이 오직 하나의 요인에만 연관된다고 너무 쉽게 주장해 버린다.[11]

이러한 다양한 압력들은 진지하게 다루어져야 하지만, 그렇다고 반드시 어떠한 희생을 치르고서라도 피해야 할 부정적인 요인들이 되는 것은 아니다. 논쟁이 없고 학문적 압력이 없다면, 진보는 그만큼 더 느리게 마련이다. 한 연주자가 베토벤 소나타를 해석하는데, 개인적인 모든 특성들이 제거된다면, 그 해석은 얼마나 빈약해질 것인가? 그러므로 개별적인 해석자의 선입견에서 생긴 여러 가지 다른 결론들도 반드시 바람직하지 못한 것은 아니다. 심지어는 유사한 전제들을 공유하는 경우에도 상이한 결론에 도달하기 쉽다.

해석자는 자기의 판단에 영향을 미칠 선입견을 경계하고 고려하여야 한다. 그러나 가다머(Gadamer)가 강조한 것처럼, 완전히 객관적이고 초연한 입장은 불가능하다. "아무리 역사적 비평의 대가라 할지라도 그의 시대와 사회적 환경, 그의 민족적 입장 등과 완전히 분리될 수는 없다. 그렇다면 그러한 선입견이 결함으로 여겨지는가? 비록 그것이 결함으로 여겨지더라도 나는 이러한 결점이 어떤 일을 행할 때마다 왜 나타나야 하는지에 대한 이유를 숙고하는 것이 철학적 임무라고 생각한다. 다른 말로 하면, 나는 당연히 그래야 한다거나, 그럴지도 모른다는 점에서 출발하는 것보다는 오히려 현재 있는 것을 인정하는 것이 유일한 학문적 길이라고 간주한다."[12]

여기에서 가다머는 상대자인 베티(E. Betti)와의 논쟁에서 자신의 입장을 약간 과장하고 있는 것은 사실이다. 그러나 그의 주된 논점은 타당하다. 한 개인의 선입견이 매우 깊이 뿌리박혀 있어서 결과적으로 증거가 고려되기도 전에 어떤 판단이 내려진다면, 그 선입견은 본문을 이해하는데 방해가 되는 것이 분명하다.

2. 전제들의 결과들

성서 해석사를 간략하게 읽어 보더라도, 고전적인 기독교 세계의 신조들과 특정한 교리적 전제들이 현재에 이르기까지 해석에 깊은 영향을 끼쳤다는 사실을 충분히 확인할 수 있다. [13] 성경해석이란 종종 이미 현존하고 있는 교리의 구조를 지지하는 증거 본문(proof texts)을 제공해 주는 것에 지나지 않았다. 나중에 생겨난 신학적 성찰들이 거꾸로 — 무의식적으로 — 신약문서들로 되돌아가 해석되어지곤 하였다. 브레데는 18-19세기의 신약학계의 역사를 교리적 선입견들로부터 벗어나기 위한 끊임없는 역사적 연구의 투쟁이라고 보았다. [14]

교리적 신념들이 역사적 연구와 주석적 연구에 영향을 끼친 것은 유대교 학계에서도 발견된다. 노이스너(J. Neusner)는 최근에 이 점에서 유대교 학계가 신약연구보다 150년 가량 늦는다고 주장했다. 노이스너는 랍비전승들이 엄밀한 역사적 관점에서 그것들을 연구하지 못한 유대교 학자들과 기독교 학자들에 의해 변증의 목적을 위해 종종 사용되어 왔다고 본다. [15]

신학적 전제들이 주석에 얼마나 중대한 영향을 끼쳤는가에 대한 실례를 열거하는 것은 거의 필요하지 않다. 그러나 우리는 전제들의 영향을 피하는 것이 가능한가 아닌가를 고려하기 전에 이 중요한 점을 간단하게나마 설명하고자 한다.

예수의 비유들은 늘 해석학적 논의에 있어서 핵심이 되어왔다. 비유의 의미가 복음서들 안에서 분명하게 드러나지 않기 때문에 이것은 놀랄 일은 아니다. 그러나 비유의 의미는 독자나 해석가 스스로가 발견하도록 남겨져 있다. 그러므로 전제들은 성경의 다른 부분들보다 비유 주석에 훨씬 더 많은 영향을 끼친다. 선한 사마리아인 비유의 알레고리적 해석은 초대 교회와 중세시대에는 거의 보편적인 것이었고, 현대에까지 지속되어 왔다. [16] 오리겐의 해석이 알레고리적 주석의 좋은 예이다. 오리겐(약 A.D. 185-254)에게 있어서, 강도 만나 쓰러진 사람은 아담이다. 예루살렘은 하늘을 의미하며, 여행자가 가려던 여리고는 세상이다. 강도들은 인간들의 적, 즉 악마와 그의 부하들이다. 제사장은 율법을 뜻하며, 레위인은 예언자를 의미한다. 선한 사마리아인은 그리스도 자신이다. 상처입은 사람을 짊어진 짐승은 타락한 아담을 짊어진 그리스도의 몸이다. 여인숙은 교회이며, 두 데나리온은 성부 아버지와 성자 아들이다. 그리고 다시 온다는 사마리아인의 약속은 곧 예수 그리스도의 재림에 대한 약속이다.

이러한 해석은 그 비유의 원래 독자들이 이미 체계적으로 구성된 "고전적인"(classical) 기독교 교리의 개요를 매우 잘 알고 있었다는 것을 전제한다. 이것이 그 비유의 의미를 푸는 전제이다. 우리가 열쇠를 가지고 있지 않다면, 그 비유는 미스테리로 남게된다. 이러한 종류의 알레고리적 주석에 있어서 본문은 해석자가 자기 자신의 생각을 걸어두는 외투걸이가 된다. 주석가는 그 비유로부터 원하는 것은 거의 모두 끌어낼 수 있다.[17] 해석은 하나의 "게임"(in-game)이 된다.

선한 사마리아인이 여인숙 주인에게 준 두 데나리온이 얼마나 상상력이 풍부한 주석을 가능하게 하는지 잘 보여준다. 초기 교부들 중에는 그것이 구약과 신약을 의미한다고 주장하는 사람들도 있었고, 사랑의 두 계명이라고 하는 사람도 있었고, 믿음과 행위, 또는 미덕과 지식, 그리스도의 몸과 피를 의미한다고 보는 사람도 있었다. 또한 빈번한 주장은 아니지만, 두 데나리온이 현재 생명의 약속과 미래 생명의 약속, 또는 역사적 해석과 영적 해석, 본문과 그 해석으로 언급되기도 했다.[18] 우리는 전제, 특히 교리적 전제들이 언제나 해석에 강한 영향을 끼친다는 것을 가능한 한 분명하게 강조하기 위해서 이러한 극단적인 예를 선택했다.[19]

New English Bible(NEB)에 대한 이언 패이슬리(Ian Paisley)의 귀에 거슬리는 공격도 동일한 점을 설명해 준다. 패이슬리는 자기가 NEB를 판단하는 교리적 입장을 분명하게 다음과 같이 채택한다: "소요리문답, 그 위대한 성서신학의 작은 개요."[20] 패이슬리는 NEB의 번역자들이 주요한 많은 기독교 교리들을 악마같이 기묘하게 고의적으로 공격했다고 주장한다. 즉 번역자들의 전제들이 그들의 본문 번역에 영향을 끼쳤다는 것이다.[21] 패이슬리의 비평들의 대부분은 분명히 불합리하다. 그러나 우리는 패이슬리 자신의 전제들이 명백하게 언급되는 것처럼, NEB의 번역자들 역시 자기들의 전제들을 제거하고 단순히 본문을 철저한 학문적인 방법으로 번역했다고 생각할 수는 없다. 모든 번역은 해석과 연관되며, 어떤 전제없는 해석이란 결코 도달할 수 없는 목표이다.

예수전(life of Jesus) 연구사는 전제들이 역사적 연구와 주석에 얼마나 영향을 끼치는지 좀더 확실하게 보여준다. 알버트 슈바이처는 예수전에 대한 그의 학문적 개관을 그 특성상 예수전을 쓰려는 시도보다 더 개인적인 역사적 작업은 없다는 말로 시작한다.[22] 이러한 입장은 슈바이처 시대 이후 아직까지 거의 변화되지 않고 있다. 저자의 가정들과 전제들이 일단 알려지기만 하면 그가 예수의 생애를 어떻게 묘사했는지 그 주요한 윤곽을 판단하는 것은 어렵지 않다.[23] 브라텐(C. E. Bratten)이 "학자들이 역사적으로 입증한다고 주장하는 것과 그들이 신학적으로 필요로 하는 것 사이가 이처럼 편리하게 자주 일치하는 것을 보는 것만큼 신약학계를 그렇게 회의적으로 만드는 것은 없다"라고 주장한 것은 냉소적이기는 하지만 올바른 지적이다.[24]

신약주석의 전제들은 교리적인 것만큼 철학적인 경우가 흔히 있다. 물론 양자간의 차이가 불가피하긴 하지만 말이다. 복음서와 사도행전에 나오는 이적 이야기들은 철학적인 전제들과 교리적인 전제들의 상호작용의 한 예를 제공해 준다. 이적이 가능한가, 불가능한가에 대해 미리 결정하는 해석가의 선결정(prior decision)이 전승에 대한 그의 자료 분석보다 기적의 역사성에 대한 결론에 더 많은 영향을 끼치기 마련이다. 교리적인 전제나 신학적 전제들이 해석자가 기독론의 의미를 평가하는데 영향을 끼칠 것이다.[25] 실존적 주석 또한 철학적이고, 신학적인 전제들과 관련된다.

불트만의 다음과 같은 논평은 적절하다. "교의적 선입견에 의해 안내된 모든 주석은 본문이 말하는 것을 듣지 못하고, 단지 듣고자 하는 것만을 들을 뿐이다."[26] 보수적인 학자도, 진보적인 학자도 전제들로부터 자유롭다고 주장할 수 없다. 그러나 이 말은 해석자가 중립적인 관찰자가 되려고 해야 한다는 것을 의미하지는 않는다. 반대로 본문의 주제와의 감정이입 (empathy)이야말로 본질적인 전제이다. 우리가 이 점을 좀더 상세히 언급하기 전에 선택할 수 있는 다른 접근, 즉 전제없는 주석이라는 접근을 간략하게나마 고찰하고자 한다.

3. 전제없는 주석이 가능한가?

해석자 자신의 가정 및 신념들과 그의 주석적이고 신학적인 결과들 사이의 밀접한 관계가 일단 충분히 평가되면, 본문에 없는 것을 본문으로 끌어들이지 않는 해석이 매력적으로 보인다.[27] 한 사람의 전제를 완전히 배제하고, 본문을 중립적인 관점에서 역사비평 방법을 가지고 접근하여, 교리(dogma)에 의해 때묻지 않은 과학적이고 객관적인 결과에 도달하는 것이 가능한가? 예컨대 예수에 대한 초기 기독교의 해석의 배후에 있는 예수의 생애와 가르침이라는 "순수한" 사실들을 찾을 수 있을까?

이러한 가능성이 성경학자들을 빈번히 괴롭혀 왔다. 실제로 19세기에 역사비평방법에 대한 확신이 증가하면서, 전제없는 주석에 대한 호소도 함께 강조되었다. 1860년에 벤자민 조잇(Benjamin Jowett)은 성서해석이 성서의 기원에 대한 견해와 아무런 관련이 없다고 말했다. 성서의 의미와 성서영감론은 별개의 것이라는 것이다.[28] "관찰자"(spectator)로서의 주석이 특히 19세기 후반부와 20세기의 첫 몇 십년과 연관될지라도, 지금도 몇몇 학자들에 의해 계속해서 옹호되어 왔다. 예컨대, 슈타우퍼(E. Stauffer)는 자기가 소위 예수의 역사를 쓰려고 할 때, 예수에 대한 복음서 기자의 해석, 교회의 도그마에 의해 제안된 해석, 심지어 예수에 대한 자기의 개인적 해석도 금했다고 주장했다.[29] 그 목적은 어느 정도 칭찬할 만하다고 여겨지지만, 결과들은 실망스러운 것이었다. 슈타우퍼 자신의 선입견과 가정들이 거의 모든 페이지에서 분명하게 드러났던 것이다.

학문적 결과들이 매우 다르고, 영향력있는 주석 "학파들"이 특정한 전제들에 강하게 의존할 때마다, 소위 완전히 객관적인 접근이 항상 매력적인 길을 제시해주는 것처럼 보인다. 안전하고, 견고하게 확정된 결과들은 아무리 미미하다 판명될지라도 언제나 많은 학자들과 평신도들에게 호소할 수 있는 법이다.

우리는 또한 주석적 판단들이나 신학적인 판단들이 전제들에 상당히 좌우되는 반면에, 역사적·문학적 문제들은 해석자의 입장을 왜곡할 염려가 없다고 생각할 수 없다. 역사가는 자기의 자료에 대한 특정한 질문들을 하지 않고서는 고대의 본문이나, 현대의 본문에 접근할 수 없다. 그런데 그의 질문 뒤에는 그의 전제들이 숨어있는 것이다.

완전히 편견이 없는 태도는 심지어 본문 비평에서도 가능하지 않다. 본문의 증거가 모호할 때마다, 학자들의 결정은 간접적이라도 자기 자신의 전제들에 의해 영향을 받게된다. 예루살렘 성경은 교리적 전제들이 본문 비평에 작용하고 있음을 흥미롭게 상기시켜준다. 요한복음 1:13에서 모든 희랍어 사본들은 복수동사를 가지고 있다. 예수님의 이름을 믿는 사람들은 혈통으로나 육정으로나 인간의 뜻으로 난 것이 아니라, 하나님께로 난 사람들이다. 신빙성이 비교적 약한 하나의 이본이 단수동사를 가지고 있다. 이렇게 되면 그 구절은 혈통으로나 육정으로나 인간의 뜻으로 난 것이 아니라, 하나님께로 난 예수를 가리키게 된다. 이 사본은 원본이 아닌 것이 거의 확실하다. 아마도 동정녀 탄생에 대한 언급이 초기의 필사자에 의해 제거되었다기 보다는 오히려 도입되었던 것 같다. 예루살렘 성경의 배후에 있던 학자들은 일반적으로 매우 수준이 높은 학자들이지만, 이 경우에 타당성이 적은 이본을 선호한 것은 궁극적으로 신약내에서 동정녀 탄생을 지지하는 또 다른 증거를 찾으려는 욕구에서 비롯된 것으로 보인다.

버나드 로너건(Bernard Lonergan)은 최근에 전제없는 주석을 "텅빈 머리의 원칙"이라고 불렀다. 그는 "이 견해에 따르면, 잘 모르면 모를수록, 더 좋은 주석가가 될 것이다 … 동일한 표시(signs)들을 동일한 순서(order)로 재현(re-issue)하지 못하는 것은 해석자의 경험과 지식과 판단에 의해 조정될 것이다."라고 쓴다.[30] 이 말은 확실히 옳다. 전제들의 영향을 최소화하는 것은 가능하다. 그러나 특정한 어떤 각도에서부터 본문에 접근하지 않고서 본문을 해석하는 것은 불가능하다. 본문에 대해 질문하는 그러한 최초의 태도의 선택 뒤에는 전제들이 놓여져 있다.

중립적인 입장으로부터, 엄격하게 과학적이라고 자부하는 방법으로 신약을 해석하는 시도는 주로 포기되어 왔다. 이러한 접근의 정점에도 또한 매우 광범위하게 공유된 나름대로의 가정들, 즉 고전적 자유주의의 가정들이 놓여 있다.

4. 전-이해(Pre-understanding)와 본문

불트만이 19세기 학자들의 가정들(assumptions)을 공격하고, 해석에 있어서 전제들의 역할에 대한 자신의 독특한 이해를 발전시켰지만, 해석의 새로운 방향에 결정적으로 첫걸음을 내디딘 사람은 로마서 주석을 출간한 칼 바르트였다. 1918년에 쓰여진 로마서 주석의 짧은 서문은 강력하고, 감동적인 신학적 진술이다. 서문에는 다음과 같은 말이 있다. "바울은 자신이 살던 자신의 시대의 아들로서 말했다. 그러나 이것보다 훨씬 더 중요한 진리가 있다. 그것은 바울이 하나님 나라의 예언자와 사도로서 모든 시대의 사람들에게 말한다는 것이다."[31] 20세기 초에 거의 모든 신약학자들은 주석의 임무란 본문이 본래의 시대(본문이 쓰여진 시대 — 역주)에 어떤 의미를 지녔는가를 가능한 한 정확하고, 충분하게 확정하는 것이라고 당연하게 생각했다. 그러나 칼 바르트에게 훨씬 더 중요하고, 위급한 문제는 본문의 현재 의미였다.[32] 서문에서 그는 계속해서 다음과 같이 말한다. "독자는 성경이 발견의 기쁨으로 쓰여졌다는 것을 스스로 깨닫게 될 것이다. 바울의 강력한 목소리는 나에게 새롭게 다가왔다. 나에게 그렇다면 또한 많은 다른 사람에게도 그럴 것이 분명하다." 바르트는 역사 비평 방법 자체를 거부하려는 욕구는 추호도 없었다. 그는 이같은 점을 로마서 주석 서문에서 뿐만 아니라, 후기의 문서들에서도 분명하게 밝히고 있다.[33] 바르트의 많은 비평가들이 주장하는 것처럼, 비록 바르트 자신이 말한 것만큼 자기의 원칙에 충실하지는 못했을지라도, 그에게 있어서 역사적 비평방법은 주석의 출발점이었다.

해석자는 본문을 안전한 거리에서 관찰하지 않는다. 해석이란 본문과의 대결을 의미한다. 이 말은 주권자이시고, 은혜로우신 하나님과 죄인과의 대결을 의미한다. 해석학과 전제들에 많은 관심을 가지고 있는 최근 학자들의 관점에서는 바르트가 해석자와 본문과의 관계를 좀더 상세하게 논평하지 않은 것이 놀랄 만한 일이다.[34]

불트만은 재빨리 바르트와 협력했다(물론 이들이 몇년 후에는 많은 기본적인 신학적 문제들에 대해서 의견을 달리했지만). 불트만과 바르트는 둘 다 본문을 단지 본래의 역사적 상황에서만 해석하는 주석으로는 본문의 의미를 발견할 수 없다고 주장했다. 1950년에 출간된 한 중요한 논문에서 불트만은 해석자의 전제에 대해서 비교적 길게 논의했다. 그는 전제없는 주석은 불가능하다고 강조했다. 본문의 문제들을 질문하는 명확한 방법에 의해 본문은 계속적으로 이해되어진다. 그런데 이러한 이해에는 본문의 주제에 대한 전 - 이해가 포함되어 있다.[35]

동일한 주제에 대한 두번째 논문에서 불트만은 결코 배제할 수 없는 하나의 전제가 바로 본문에게 질문하는 역사적 방법이라고 주장한다. 해석자는 단어들의 의미와 문법, 스타일, 본문의 역사적 배경 등에 주의를 기울여야만 한다.[36] 그러나 그 논문의 가장 중요한 부분은 불트만이 해석자의 전-이해(Vorverständnis)를 설명하는 부분이다. 만약 역사가 이해되려면, 어떤 특별한 관점이 늘 전제되기 마련이다. "경제와 사회의 일반적인 의미를 설명하는 개념을 갖지 않고서 경제사를 이해할 수 있는가? … 음악과 관련을 가진 사람만이 음악을 다룬 본문을 이해할 수 있다."[37] 이 말은 확실히 옳다. 전-이해에 대한 불트만의 개념이 최근의 신학적 작업에 강한 영향을 끼친 것은 놀랄 만한 일은 아니다. 소위 새로운 해석학은 불트만의 이러한 견해를 그 주요한 출발점의 하나로서 받아들인다.

해석자가 자기가 다룰 본문의 주제에 대해 전-이해를 가져야 한다는 것을 받아들인다면, 한 본문에 대한 명확한 해석은 결코 존재할 수 없다는 결론에 도달하지 않을 수 없다. 불트만은 또한 다음과 같이 주장한다. "성서의 의미가 모든 미래에 새롭게 나타나기 때문에 본문의 이해는 열려진 채로 있다 … 주석가는 역사 안에 존재하고, 성서의 말씀을 자기의 특별한 역사적 상황에서 말해진 것으로 듣기 때문에, 그는 언제나 옛 말씀을 새롭게 이해할 것이다. 성서는 주석가에게 인간이 누구이며, 하나님이 누구인지를 언제나 새롭게 말할 것이다 … "[38]

여기에서 우리는 우리가 처음에 제기한 질문에 대한 하나의 대답을 얻게 된다. 즉 역사비평적 방법을 사용하는 학자들에 의해 얻어진 다양한 결론들에 대한 대답이다. 만약 주석가가 본문으로부터, 즉 중립적인 입장으로부터 안전한 거리에서 행동할 수 없다면, 다양한 해석들이 나오지 않을 수 없다. 다양한 학자들과 다양한 독자들이 본문에게 질문하는 문제들이 다르기 때문이다.

각각의 해석자가 나름대로의 전-이해를 가지고 본문에 접근한다면, 우리는 어떤 종류의 전-이해가 타당하고, 타당하지 않은지 묻지 않을 수 없다. 불트만은 다음과 같이 주장하였다. 역사가는 "자기가 질문하는 방법이 일방적이며, 단지 특정 관점으로부터만 본문의 현상에 도달할 수 있다는 사실을 자각해야 한다. 역사적 관점은 질문을 제기하는 한 특정한 방법이 유일한 방법으로 제안할 때에만 ― 예컨대 모든 역사가 경제사(economic history)로 환원될 때 ― 왜곡된다."[39] 그러나 불트만은 이 건전한 이론 원칙을 늘 실행에 옮기지는 못했다. 실존적인 관점으로부터 본문에게 질문하는 그의 특정한 방법이 많은 다른 접근들 중의 하나가 아니라, 신약 전체를 개관하는 유리한 위치로 고양되었다.[40]

그러나 불트만이 자신의 원칙에 충실하지 못했지만, 해석자의 전-이해가 어떤 의미에서든 본문에 의해 수정될 수 있기 때문에 결정적인 것으로 간주되지 않는다고 주장한 것은 매우 정당하다고 볼 수 있다.[41] 이것은 또한 우리가 곧 되돌아갈 가장 중요한 논점이다.

5. 가능한 안전장치들

해석자가 본문의 주제에 대한 자신의 전-이해를 배제할 필요가 없다면, 교회역사상 교리적인 안경을 통하여 신약을 읽는 기독교 학자들의 경향으로 다시 돌아가는 것은 아닌가? 완전한 것은 아니지만, 이러한 위험성에 대한 중요한 몇 가지 안전장치들이 있다.

첫째는 위험성을 깨달은 해석자가 그렇지 못한 해석자보다 그 위험성을 더 잘 피할 수 있다는 것이다. 그러므로 신학자가 주석의 역사를 아는 것이 중요하다. 이러한 주석사의 연구는 본문이 교리적 구조에 따라 해석되는 것을 방지해 줄 뿐만이 아니라, 하나님의 말씀이 모든 세대에 새롭게 들려져야 한다는 점을 상기시켜 준다. 가장 최근의 주석이나, 가장 최근의 신학적 통찰력이라고 해서 그것이 본문을 새롭게 조명해 주는 처음이 아니며, 또한 마지막이 될 수도 없다.

두번째 안전 장치는 역사비평방법이다. 예컨대, 이 방법은 인위적인 알레고리적 해석을 배제한다. 최근의 성경의 학문적인 역사적 연구로부터의 이탈은 단지 일시적인 현상임에 틀림없다. 성서의 의미는 본문이 오늘 나에게 무엇을 말하고 있느냐에만 제한되어서는 안된다. 성서학자들에 의해 사용된 비평방법들은 해석자의 교의적 가정이나, 확신들을 저지하는 방어벽이 된다. 그러나 비평방법들 역시 본문을 유일한 입장으로 고정시키는 하나의 구조가 되지 않도록, 끊임없이 검토되고 재평가되지 않으면 안된다.

세번째 안전장치는 훨씬 더 중요하다. 해석자는 자기의 전제들과 전-이해들이 본문 자체에 의해 수정되고 심지어는 완전히 재형성되는 것을 허용해야만 한다는 것이다. 이것이 허용되지 않는다면, 해석자가 자신의 생각들을 본문에 투영하는 것을 피할 수 없을 것이다. 전-이해에 의해 엄격하게 안내된 주석은 해석자가 이미 아는 것만을 설정할 수 있을 것이다.[42] 해석자와 본문은 끊임없이 대화해야만 한다. 해석학적 순환은 피할 수 없을 뿐만 아니라, 또한 바람직하다.[43] 더 나아가 본문이 해석자가 지닌 현재의 전-이해를 깨뜨리고, 그로 하여금 계속해서 본문을 자세히 검토할 수 있는 새로운 유리한 위치로 이끌 수 있도록 해야 할 것이다. 일단 본문에 우선권이 주어지고, 해석자가 자신과 본문 사이에 장벽을 세우지 않는다면, 그가 본문을 해석하려고 하는 것처럼, 본문이 그를 해석할 것이라는 것을 알게된다. 이럴 때에 비로소 성경은 진지하게 다루어지는 것이다. 하나님의 말씀이 냉랭하게 지켜지는 죽은 문자가 아니라, 내가 처한 상황에서 나에게 말씀하시는 말씀이 된다.

이 중요한 해석학적 원칙이 주석자의 전제들을 논의할 때 종종 제기되곤 하는 문제를 새로운 빛에서 보도록 도와준다. 해석자가 신약저자들의 확신과 믿음들을 공유해야만 하는가? 아니면 신약이 비기독교인에 의해 해석될 수 있는가? 신약문서들이 예수 그리스도에게 열정적으로 깊이 헌신된 사람들에 의해 쓰여졌기 때문에 해석자가 본래의 저자들의 신앙을 공유해야 한다는 것을 주장하려는 사람들이 많을 것이다. 본문이 원래 의미했던 바 뿐만 아니라, 오늘날 의미하는 바도 밝혀 내는 것이 본문을 충분히 이해하는 것이라고 할 때, 본문의 의도를 알기 위해서는 믿음이 필요하기 때문이다.

다른 한편 신약의 많은 부분들이 믿음을 확인하기 위해서가 아니라, 믿음을 일깨우기 위해 쓰여졌다는 것을 강조하려고 하는 사람들도 있을 것이다. 예수의 비유들은 청중들이 예수의 입장을 공유한다는 것을 전제하지 않는다. 비유들 중의 많은 것들은 그것을 듣는 사람들의 방어벽을 뚫고 나가도록 의도되어 있다. 복음서 전승들 중에 많은 부분들은 주로 초대교회의 선교적 선포 안에서 사용되었다. 누가는 관심은 있지만, 아직 그리스도인이 아닌 독자들을 위해 두 권의 성경을 쓴 것이 거의 확실하다. 제4복음서(요한복음)는 내용에 있어서 복음전도적이다. 해석자가 본래의 저자나 본래의 청중들이 서 있던 곳에 서는 것은 확실히 합당하다. 그들은 반드시 저자나 화자의 확신들을 공유하지는 않았다. 그러므로 우리는 본문이 오직 믿음의 입장으로부터만 완전하게 이해될 수 있다고 주장해서는 안된다.

양쪽의 입장이 다 일리가 있다고 볼 때, 이러한 곤경을 어떻게 해결할 수 있을까? 우리는 본래 기독교 신자들에게 쓰여진 신약의 부분들이 믿음의 빛에서만 완전하게 이해될 수 있는 반면에, "복음전도적(Evangelistic)"인 부분들은 그러한 어떤 선험적인 언명들도 필요로 하지 않는다고 주장할 수는 없다. 신약은 이러한 두 개의 범주로 나누어질 수 없다.

해석이 본문과의 **대화**와 관계가 있다면, 해석자가 반드시 기독교 신자이어야 하는가 아닌가 하는 질문은 어떤 의미에서 잘못된 질문이다. 오히려 해석자가 객관적인 안전한 위치에서 자신을 본문으로부터 분리시키는 것이 가능한가 하는 것을 묻는 것이 타당하고, 중요한 질문일 것이다. 왜냐하면 그 경우에 그가 어떤 전제없이 연구한다고 주장한다고 할지라도, 자기 자신의 확신과 이해가 그가 본문을 언제나 바라보는 안경들이 될 것이기 때문이다. 그러나 우리가 앞에서 강조한 것처럼, 완벽하게 초연한 "관찰자(spectator)"로서의 주석은 불가능하기도 하지만 동시에 바람직하지도 못하다. 주석이 일단 해석자와 본문과의 계속적인 대화로서 여겨지기만 하면, 해석자의 출발점은 덜 중요하게 되고, 오히려 해석자가 본문에 접근하는 전-이해가 당연히 재정의되고 완전히 새롭게 될 수 있다는 해석자의 준비된 마음이 그보다 더 중요해진다. 해석자는 본문에 의해 해석될 준비가 되어 있어야 한다. 이것이야말로 해석자가 지녀야 할 필수적인 전제이다.

주석자는 자신의 개인적 편견이나 선입견이나, 전-이해가 본문을 지배하지 못하게 해야 한다. 그러한 선입견들을 완벽하게 피할 수는 없지만, 다만 그것들을 본문에 접근해 들어가는 통로로만 삼아야 한다. 본문이 우선이다. 해석자는 본문 앞에 겸손히 서서, 자기가 본문에 접근하는 학문적 방법과 질문들을 통하여, 하나님의 말씀이 새롭게 들려지도록 기도한다. 바로 이 임무를 위해 해석자가 부름받은 것이다. 그러나 이것은 또한 위험한 임무이기도 하다. 하나님의 말씀이 나의 안전한 전제들을 일소시킬 수 있기 때문이다. 하나님의 말씀은 은혜의 말씀인 동시에 심판의 말씀이다.

주

1) 표준이 되는 작품은 H,-G. Gadamer, *Wahrheit und Methode* (Tübingen 1973 : E. T. *Truth and Method*, London 1975)이다. 2판, 3판에서 가다머는 자신의 비평가들과 최근의 문헌들과 상호적으로 대화하고 있

다. 유용한 요약과 비평적 논의에 대해서는 E. D. Hirsch, *Validity in Interpretation* (New Haven 1967)을 참조, 특히 pp. 245ff.

2) A. Nygren, *Meaning and Method: Prolegomena to a Scientific Philosophy of Religion and a Scientific Theology* (London 1972), pp. 160ff.

3) Cf. G. Ebeling's lecture *Kirchengeschichte als Geschichte der Auslegung der Heiligenschrift*, Tübingen 1947); reprinted in G. Ebeling, *Wort Gottes und Tradition* (Göttingen 1964), pp. 9-27; E. T. *The Word of God and Tradition* (London 1966), pp. 11-31.

4) See J. M. Robinson, "Hermeneutic Since Barth" in J. M. Robinson and J. B. Cobb (ed.). *The New Hermeneutic* (New York 1964), pp. 1-77.

5) C. E. Braaten, *History and Hermeneutics* (London 1968), p. 52.

6) 이 장은 이 책 바로 앞 장에 있는 F. F. Bruce의 "신약 성서 연구의 역사"와 16장에 나오는 A. C. Thiselton 의 "신약해석학"의 논의와 매우 긴밀하게 연관시켜 읽어야 한다.

7) Cf. A. Nygren, op. cit., pp. 187ff.

8) Cf. for examples, W. R. Farmer's discussion of the history of synoptic source criticism, *The Synoptic Problem*, (New York and London 1964), esp. pp. 94ff. and pp. 287ff.

9) 그러나 이러한 위험성은 신약성서의 모든 저자들이 동일한 목소리로 말하고 있다는 광범위한 주장보다는 덜 심각하다.

10) See S. S. Smalley's discussion of redaction criticism in chapter Xl; also M. D. Hooker. "In his own Image?" in *What About the New Testament?* ed. M. Hooker and C. Hickling(London 1975), pp. 28-44.

11) 나는 어디에선가 누가의 자료 수정이 신학적인 것이 아니라, 문체적인 것도 더러 있다고 주장한 바 있다.

12) *Wahrheit und Methode* (3rd ed. 1973), pp. 483f. (E. T. pp. 465f.). I have used J. M. Robinson's translation, *The New Hermeneutic*, op. cit., p. 76.

13) 교의적인 전제들 또한 교회사의 해석에 깊은 영향을 끼쳤다.

14) See R. Morgan's interesting discussion of W. Wrede, *The Nature of New Testament Theology* (London 1973), esp. p. 22. (본사 역간 「신약신학의 본질」)

15) J. Neusner, *The Rabbinic Traditions about the Pharisees before 70* (Leiden 1970), Vol. III, pp. 320ff.

16) For valuable detailed studies, see W. Monselewski, *Der barmherzige Samariter: eine auslegungsgeschichtliche Untersuchung zu Lukas* 10, 25-17 (Tübingen 1967), and H. G. Klemm, *Das Gleichnis vom Barmherzigen Samariter: Grundzüge der*

Auslegung im 16./17. Jahrhundert (Stuttgart 1973).

17) 알레고리적 주석이라고 해서 예를 든 것처럼, 모두 상상적인 것은 아니다. 나는 비유 안에 나타난 알레고리의 흔적이 모두 다 예수 자신으로부터가 아니라, 초대교회로부터만 유래한다고 보는 주장을 받아들이지 않는다.

18) For the details and the references, see H. G. Klemm, op. cit., p. 22f., n. 23 and W. Monselewski, op. cit., pp. 45ff.

19) 전제들이 최근 비유해석에 끼친 영향에 대한 논의를 이해하기 위해서는 N. Perrin, "The Modern Interpretation of the Parables and the Problem of Hermeneutics" *Interpretation* 25 (1971), pp. 131-148. 참조.

20) Ian R. K. Paisley, *The New English Bible: Version or Perversion?* (Belfast, no date), p. 6.

21) Paisley는 자신이 친숙하지 못한 부분 — 본문비평 — 에서는 주로 NEB 번역가의 결정에 초점을 맞춘다.

22) *The Quest of the Historical Jesus* (London 1953³), p. 4.

23) See, for example, R. Slenczka's discussion, *Geschichtlichkeit und Personsein Jesu Christi* (Göttingen 1967). See also H. K. McArthur's useful collection of excerpts from a wide range of recent writing on the life of Jesus. *In Search of the Historical Jesus* (New York 1969).

24) *History and Hermeneutic*, p. 55.

25) For a useful discussion, see H. van der Loos, *The Miracles of Jesus* (Leiden 1965).

26) "Is Exegesis without Presuppositions Possible?", English translation in *Existence and Faith* ed. S. M. Ogden, (London 1961 and 1964), p. 343. Page references are to the 1964 paperback edition.

27) Cf. K . Frör's discussion, *Biblische Hermeneutik* (Munich 1967³), pp. 51ff.

28) "On the Interpretation of Scripture", in *Essays and Reviews* (1860), pp. 350f. I owe this reference to C. W. Dugmore (ed.), *The Interpretation of the Bible* (London 1944), p. vii. cf. the essay by T. W. Manson in the same volume, pp. 92-107.

29) *Jesus and His Story* (London 1960), p. 13.

30) B. J. F. Lonergan, *Method in Theology* (London 1972), p. 157.

31) *Der Römerbrief*, 1st ed. 1919; E. T. *The Epistle to the Romans* (London 1933), pp. 1f.

32) 나는 바르트의 입장을 명확하게 하기 위하여 지나치게 단순화시켰다. 바르트는 어디에선가 해석가가 본문 그 자체를 다루는 것이 아니라, 본문 배후에 있는 "실재"(reality)를 다루는 것이라고 주장한다.

33) See, for example, *Church Dogmatics* 1/2 (E. T. Edinburgh 1956),

pp. 464ff. and 722ff.

34) For more detailed discussions, see G. Eichholz, "Der Ansatz Karl Barths in der Hermeneutik" in *Antwort: Karl Barth zum siebzigsten Geburtstag* (Zollikon- Zürich 1956), pp. 52ff.; F.-W. Marquardt, "Exegese und Dogmatik in Karl Barths Theologie", *Die kirchliche Dogmatik*, Registerband (Zürich 1970), pp. 651ff. *Verstehen* II (Tübingen, 1952), pp. 211-235: E.T. *Essays Philosophical and Theological* (London 1955), pp. 236-261.

36) "전제가 없는 주석이 가능한가 ?", *Existence and Faith*, p. 334. Bultmann은 다음과 같이 주장한다. "역사적 방법은 다음과 같은 전제를 포함하고 있는데, 그것은 역사란 개별적인 사건들이 연속적인 인과론에 의해 연결된 긴밀한 연속성을 지닌 결과들이라는 의미에서 하나의 통일체라는 전제이다 ⋯ 이러한 긴밀성은 역사적 사건들의 연속성이 초자연적인 초월적 힘의 간섭에 의해 분리될 수 없다는 것을 의미한다 ⋯ " Bultmann의 주요 논점은 역사학 자체는 하나님이 역사 안에서 간섭한다는 것을 입증할 수도, 반대할 수도 없다는 것이다. "사건에 내재해 있는 역사적 원인들에 의해 이해되는 역사적 사건 안에서 하나님의 행위를 볼지, 안 볼지 결정하는 것은 오직 인간 각자의 자유에 맡겨둘 수밖에 없다." (Ibid., 345). Bultmann은 하나님이 역사 안에서 행동하신다는 것을 부인하려고 하지 않는다.

37) Ibid., p. 347. Similarly, "Das Problem", op. cit., p. 218f.

38) "Is Exegesis without Presuppositions Possible?", op. cit., p. 351.

39) Ibid., p. 346.

40) So also, among many others, C. E. Braaten, op. cit., p. 134, and A. Nygren. op. cit.. pp. 200ff. (cf. also pp. 131ff. and 299ff.).

41) "Is Exegesis without Presuppositions Possible?" op. cit., p. 347f.

42) Cf. D. O. Via, *The Parables* (Philadelphia 1967), p. 50.

43) 해석학적 순환에 관해서는, A. C. Thiselton의 논문을 보라. 본서 p. 471.

제 2 부

해석에서 비평방법들의 사용

제 4 장

의미론과 신약해석

앤소니 C. 씨슬턴

1. 의미론(Semantics)과 의미 이론들

1. 서 언

의미론이란 의미를 연구하는 것이다. 그러나 그것은 단순히 단어들의 의미를 연구하는 것은 아니다. 문제가 되는 것은 언어적인 문맥과 언어 외적인 문맥 안에서 나타나는 단어들과 문장들이 지닌 다양한 의미들이다. 존 리용 (John Lyons)은 자신의 책 「구조 의미론」(*Structural Semantics*)에서 "완전한 진술(utterance)을 포함하는 어떤 의미있는 언어적 단위(unit)는 문맥 안에서 그 의미를 가진다. 진술의 문맥은 그 말이 나타나는 상황이다 … '상황'(situation)이라는 개념은 의미를 가지는 진술에 있어 근본적인 것이다 … 상황은 의미 이론에서 언어적 형태와 똑같이 중요하게 다루어져야 한다."[1] 이 말은 한 진술의 의미를 그것의 역사적 문맥과 문학적 문맥과 관련시켜서 발견하고 해석하는데 목적이 있는 신약 주석의 전통적인 관심사와 그리 다르지 않은 것 같다. 그러나 의미론은 또한 동의어, 중복의미, 반의어 형태들, 일종의 모호한 의미, 의미변화, 의미의 인식적이고 정서적인 요인들 등과 같은 분명한 문제들을 제기한다.

의미론과 성서해석의 관계는 1961년 제임스 바(James Barr)의 획기적인 책인 「성서 언어의 의미론」(*The Semantics of Biblical Language*)이 출간되면서부터 — 처음은 아니지만 — 결정적으로 입증되었다. 그 때 이후로 의미론의 원칙들이나, 적어도 언어학의 원칙들을 성서해석에 적용시키려는 여러 다른 시도들이 있어왔다. 최근에 나타난 에르하르트 귀트게만스(Erhardt Güttgemanns), 르네 키퍼(René Kieffer), 존 소여(John Sawyer), 부레스(K. L. Burres)의 매우 다양한 접근들도 여기에 포함되어 있다.[2] 의미론의 연구가 언어학뿐만이 아니라 철학의 측면에서 접근될 수 있는데 반해, 제임스 바를 비롯한 위의 학자들은 자기들의 통찰을 오로지 언어학으로부터만 이끌어낸다. 최근의 작가들에 대한 바(Barr)의 지식도 대단하긴 하지만, 그가 공헌할 수 있도록 근본적인 영감을 준 사람은 소쉬르(Ferdinand de Saussure)였다. 소쉬르의 유명한 연구서인 「*Cours de linguistique generale*」는 그가 죽은 뒤, 1915년에 출간되었다. 필자에 의한 간략한 몇 개의 연구서를 제외하면, 아마도 철학적인 작업을 성서해석에 끌어들인 유일한 연구들로는 에반스(D. D. Evans)와 존스(O. R. Jones)의 연구들일 것이다.[3]

그런데 의미론이 신약해석에 그렇게 중요하다면, 왜 의미론의 통찰력과 가능성이 1961년 이후에야 비로소 분명하게 드러나게 되었는가? 주석가가 오직 어휘와 문법에 대한 전통적인 질문들만을 가지고도 잘 해낼 수 있었다거나, 아니면 성서 학자들이 왜 의미론의 통찰력을 늦게서야 이용하게 되었는가에 대한 설득력있는 설명이 필요할 것이다.

2. 언어에 대한 전통적인 가정들의 억제 결과들

위에 언급한 질문에 대한 대답의 일부는 스티븐 울만(Stephen Ullmann)에 의해 제안되었는데, 그는 의미론을 "현대 언어학의 가장 젊은 분야"로 묘사하였다.[4] 현대 의미론에 대한 가장 초기의 암시들은 19세기 말엽에 다메스테터(Arsene Darmesteter)와 특히 미셸 브레알(Michel Bréal)의 작업을 통해서 나타났다.[5] 그러나 이 기간의 의미론은 많은 잘못된 가정들로 인해 심각한 혼란을 야기시켰다. 이러한 잘못된 가정 중에 어떤 것은 오늘날의 몇몇 신약 해석가들에 의해서도 여전히 찾아볼 수 있다.

이러한 잘못된 가정들에는 다음과 같은 것들이 포함되어 있다.

⑴ **문장이나 언어행위(speech-act)보다는 오히려 단어**가 연구되어야 할 기본적인 의미단위(unit of meaning)이다.[6]

⑵ **어원**(etymology)에 대한 질문은 한 단어의 실제적인 의미 혹은 "기본적인" 의미와 관련이 있다.

⑶ 언어는 **상투적인 것**(conventional)**과는 다른** 세계와 관계를 맺으므로, 언어의 "규칙들"은 단순히 서술적이라기보다는 오히려 규범적이다.

⑷ **논리적인 구조와 문법적인 구조**는 기본적으로 유사하며, 심지어는 동일구조(isomorphic)를 지니기도 한다.

⑸ 의미는 항상 단어와 그것이 가리키는 대상의 관계에 의해 결정된다.

⑹ (단어 자체와는 달리) 연구해야 할 기본적인 언어 사용은 **서술적인 명제**(declarative proposition)나 문장이다.

⑺ 언어란 일종의 **형체화**(externalization)로서, 때로는 내적인 개념이나 생각들을 단순히 모방적이고 대략적으로 표현하는 형체화 작업이다.

막스 블랙(Max Black)은 이러한 가정들 중, 세 개를 논평하면서 다음과 같이 적고 있다. "비교적 최근까지 언어의 본질에 대한 일반적인 개념은 비교적 간단하고 단순하였다. 그것은 느낌과 태도를 간과한 사고의 전달을 강조했고, 문맥에서의 언어-행위보다는 단어를 중시했으며, 사고와 그것에 대한 상징적 표현이 뚜렷한 대조를 이룬다고 가정하였다."[7] 이러한 가정들이 지배하는 동안, 의미론에 대한 연구들은 기초적인 지점에서 더 이상 앞으로 진전될 수 없었다.

특히 의미론에 대해 불행을 안겨 준 가정은 논리-문법적인 비교법(logico-grammatical parallelism)이었다.[8] 언어구조와 민족성 간의 관계 속에서 18세기, 19세기에 언어학에 대한 관심이 고조되었을 때, 이러한 오류의 결과들은 특히 불행하였다. 임의적인(arbitrary) 문법의 차이들에 입각해서 개념적 사고의 차이들이 가정되었던 것이다.

그러한 견해의 영향은 보만(T. Boman)의 「헬라어와 비교된 히브리적 사고」(*Hebrew Thought Compared with Greek*)와 같은 연구서의 성서 연구에서도 계속 나타나고 있다. 반면에, 우리가 논리적 기능이나 의미가 전혀 문법에 의해 결정되지 않는다고 인정하게 된다면, 신약해석에 커다란 문제들이 나타나게 된다. 예컨대 "하나님이 마지막 날에 인간들을 심판하신다" 라는 객관적인 서술문이 실제로는 "지금 책임있게 행동하라"는 명령을 의미한다고 주장하는 불트만의 견해가 옳은 것인가? 물론 일상적인 언어에서 나는 명령법의 기능을 하는 직설법을 사용할 수도 있다. "이것은 독이다"라고 내가 외친다면, 나는 서술적이고 묘사적인 말을 하고 있지만, 그것은 또한 "빨리 의사를 데려와!"라는 긴급한 명령이나 "조심해! 이것을 마시지 마!" 라는 경고, 혹은 "너는 내 커피에 설탕넣는 것을 잊었어"라는 비난의 말까지도 포함한다고 할 수 있다.[9] 이처럼 단어들의 의미는 ─ 심지어 문법 이상으로 ─ 그것의 배경이나 비-언어적 상황에 달려있다. 그러나 전통적인 견해를 기초로 할 때, "이것은 독이다"라는 말은 단순히 하나의 서술문이다. 왜냐하면 "이다"(is)라는 단어가 문법에서 3인칭 단수 직설법 형태이기 때문이다.

전통적인 견해는 두 가지 면에서 치명타를 맞고 있는데, 하나는 언어학으로부터이고, 또 다른 하나는 철학으로부터이다. 언어학의 측면에서는 소쉬르가 문법적 형태가 지닌 임의적인 특성을 지적했다.[10] 또한 논리에 대한 철학적 논의에서 러셀은 자신의 묘사론(Theory of Descriptions)을 통해 "한 명제의 외관상의 논리적 형태가 반드시 실제적 논리 형태일 필요는 없다"라고 지적했다.[11] "현재 프랑스의 왕"이나 "*Waverley*의 저자"와 같은 외연을 나타내는 표현들은 단순한 외관상의 표현들로 축소될 수 없다. "외연을 나타내는 말들은 자신 안에 어떠한 의미도 가지지 않는다."[12] "원형의 정사각형은 존재하지 않는다"라는 언어형태는 논리적으로 원형의 정사각형이라고 불리는 존재하지 않는 어떤 실재를 주장하는 것이 아니다. 그 말은 "'둥글고', '네모난 것'의 속성을 동시에 지닐 수 있는 그러한 X가 존재한다"는 진술의 부정문(negation)이다.

언어적 표현 형태는 그것의 논리적인 기능을 숨긴다. 그러나 이러한 원칙이 일단 받아들여진다면, 신약해석가는 "이 단어는 직설법 형태이므로 하나의 서술문이다" 또는 "이 단어는 명령법이므로 하나의 명령을 표현한다"와 같은 공리들을 지나치게 중시하지 않도록 조심해야만 한다. 그 말이 명령인지 아닌지는 그 말이 언급하는 전체 맥락과 상황에 달려 있다. 따라서 우리는 한 특정한 구절이 명령이나 직설적인 특성을 이루고 있다는 사실을 너무 지나치게 의식하지 않도록 조심해야 할 것이다. 예컨대, 빌립보서 3:1과 4:4에 나오는 "주 안에서 기뻐하라"(χαίρετε ἐν κυρίῳ)는 말은 일반적으로 2인칭 복수 현재 명령형으로 받아들여진다. 이것을 토대로 해서 칼 바르트는 그것이 명령문으로 표현되었기 때문에 "기뻐하는 것이" "반드시 일어나야만 한다"고 기록한다. 그리고 헨드릭슨(W. Hendriksen)도 우리가 "명령에 순종하여 기뻐하도록" 명령받는다고 주장한다. [13)]

그러나 첫째로 "How do you do"가 의문형태가 아닌 것처럼, χαίρετε를 명령어 형태가 아닌 하나의 인사형태로 보는 것이 가능하다. 문법을 토대로 한다면, "How do you do?"를 자기 반성(self-examination)에의 외침으로 해석하는 주석가를 상상할 수도 있다. 그러나 마 26:49에서 유다가 예수에게 배반의 키스와 함께 인사할 때 사용한 χαῖρε는 단지 "hello"의 의미를 지니고 있지, 기뻐하라는 의미는 확실히 아니다. 빌 3:1과 4:4에서 베어(F. M. Beare)는 그 단어를 "안녕"(Farewell)으로 번역하고 있다. [14)]

둘째로 역사적, 문학적 배경(바르트와 헨드릭슨은 이 배경을 간과하였다)을 검토한 후에도 여전히 χαίρετε가 "기뻐하라"를 의미한다고 계속 주장할지라도, 그 말이 명령어 형태로 표현되었다고 하는 사실 때문에 그것을 반드시 "명령"으로 이해해야 하는 어떠한 보장도 없다. 만일 내가 명령어로 "Help!" 또는 "주님, 나를 구원하소서"라고 외친다고 할지라도 그 말은 하나의 탄원이다. 누군가 나에게 "즐겁게 지내라"라고 말했는데, 그날 오후를 비참하게 보냈다고 해서, 이것이 "하나의 명령에 불순종한 것"으로 여길 필요는 없는 것이다.

성경 번역의 임무에서도 역시 논리-문법적인 비교법(logico-grammatical Parallelism) 개념을 계속해서 고집하는 것은 완전히 불가능하다는

사실이 드러난다. 예를 들어, 요한1서 2:26에서 저자는 "너희를 미혹하게 하
는 자들에 관하여 내가 이것을 너희에게 썼노라(ταῦτα ἔγραψα ὑμῖν)"라고 말
하고 있다. 그러나 ἔγραψα는 "직설법"(내가 썼다) 형태이지만, 여기에서는
주로 쓰는 행위를 서술하기 위해 사용된 것이 아니다. 실제로 그 단어는 한
주제의 끝을 표시해 준다. 그래서 New English Bible에서는 그 구절을 "너
희를 유혹하려는 자들에게는 이쯤해 둔다"로 번역하고 있다.

성서번역에서 논리적-문법적 비교법의 거부는 구조 언어학(II. 2에서 논
의)과 문법 형태의 전통성의 인정(II. 3에서 논의) 뿐만이 아니라, 촘스키
(Noam Chomsky)의 "변형" 생성 문법(III에서 논의)의 영향으로부터 비롯
되었다. 니다(Eugene A. Nida)와 원덜리(William L. Wonderly)는 "핵
심적인" 문장의 견지에서 변형 원칙을 성서 번역의 원리(axiom)로 받아들인
다.[15] 이에 따라서 R. S. V.의 에베소서 1:7의 복잡한 문장인 " … 그의 피로
말미암아 구속, 곧 죄사함을 얻었으니"가 4개의 "핵심적인" 문장들로 분석된
다. (1) (하나님이) 우리를 구원하신다. (2) (그리스도가) 죽었다. (또는 그
의 피를 흘렸다.) (3) (하나님이) (우리를) 용서하신다. (4) 우리가 죄를 지
었다. "준-핵심적인" 구조는 다음과 같다: "우리가 죄를 지었다. 그러나 그
리스도가 죽었다. 그러므로 하나님이 우리를 구원하시고, 우리를 용서하신
다."

그리고 Today's English Version은 이것을 다음과 같이 번역한다.
"그리스도의 죽음으로 말미암아 우리가 자유롭게 되고 우리의 죄가 용서받는
다." 반면에 New English Bible은 "그리스도 안에서 우리가 해방되었고,
우리의 죄가 그의 피흘림을 통하여 사해진다." 어떠한 문법적인 구조도 헬라
어를 따르지 않는다. 본문을 이렇게 다루는 것이 정당한지의 여부는 본 논문
의 나머지 부분에서 논의될 문제들을 자세히 검토하지 않고서는 결정될 수
없다.

3. 단어들과 의미들

단어가 기본적인 의미 단위로서 간주되는 동안 의미론의 실제적인 진보

는 억제되었다. 그러나 문장들이 언어 요소들의 의미 가치의 정확한 총합 (sum)를 지니는 반면에 단어들이 가장 기본적인 의미의 전달자라는 가정은 몇 가지 주석형태의 배후에 여전히 숨어있다. 이것의 장점은 하나의 본문을 "단어별(word by word)"로 분석하는 방법에 있다. 그러한 주장과 더불어 철저한 해석은 언어를 점점 더 작은 단위로 자르고 **분석함으로써** 진행되어야 한다는 가정이 종종 대두된다. 그러한 접근은 "축자적" 영감설과 연결되는 것처럼 보인다. 그러나 실제로는 오히려 언어의 본질에 대한 무지에 기초하고 있는 것이다.

소쉬르와 비트겐슈타인이 결정적으로 보여준 것처럼, 한 단어의 의미는 단어 그 자체에 달려있는 것이 아니라, 그 단어와 문맥을 이루는 다른 단어들과 다른 문장들과의 관계에 달려 있다. 단어들에 대한 사전의 목록들은 전형적인 문맥들을 가정하여, 대략적으로 일반화(generalizations)시킨 것이다. 이러한 논평들이 어느 정도 타당하다는 것은 일반적으로 받아들여진다. 왜냐하면 실제로 단어들은 견고한 의미의 핵심을 가지고 있어서, 그것이 없으면 사전 편집은 불가능하며, 또한 단어 연구도 나름대로의 적합한 역할이 있기 때문이다. 그럼에도 불구하고 가장 긴급하고, 우선적으로 지적해야 할 것은 문맥에 충분히 주의를 기울이지 않는 분해 주석의 오류이다.

따라서 우리는 성서연구에 있어서 언어들의 역사적이고 문학적 문맥을 조명하려고 하는 모든 기술적 작업의 가치를 평가하는데 주력하여야 한다. 한 중요한 논문에서 소여(John F. A. Sawyer)는 언어학에서의 "상황의 문맥"에 대한 강조를 양식비평에서의 삶의 자리(Sitz im Leben)에 대한 강조와 비교하고 있다.[16] 실제로 그는 한층 더 나아가 의미론에 있어서 구약 문학 이론에서의 "장르(Gattung)와 삶의 자리(Sitz im Leben)와의 관계가 블룸필드(Bloomfield)로부터 펄스(Firth)까지 이르는 전문적인 언어학자들에 의해 제안된 많은 상황적 이론들보다 더 중요하다고까지 주장한다."[17]

따라서 신약연구에 있어서 표준이 되는 기술들(techniques)의 필요성과 가치는 단지 신학적 근거들만으로 결정될 수 있는 문제가 아니다. 언어로서의 성서 언어는 그것의 문맥과 언어 외적 상황과의 관련 속에서만 이해될 수 있기 때문에, 본문의 비평연구에서 제기된 문제에 유의하는 것이 순수한 언어적 근거들과 더불어 필요한 것으로 보인다. 신약의 "진술들" (propositions)을 그것이 언급된 특정한 상황과 분리하려고 하고, 그럼으로써 그 명제들을 "무시간적으로" 다루려고 하는 시도는 좋지않은 신학일 뿐만 아니라, 좋지 않은 언어학이기도 하다. 왜냐하면 그런 신학은 본문이 의미하는 바를 왜곡시키기 때문이다. 이 점은 뒤에서(II. 2) 소쉬르의 구조적 접근을 살펴볼 때 좀더 자세히 언급할 것이다.

언어에 대한 전통적인 접근 방법에는 뿌리깊은 또 다른 한계들이 있다. 예컨대 서술적인 주장들이나 "진술들"에 대한 뿌리깊은 선입견으로 인하여, 성서의 시와 은유, 비유, 묵시의 독특한 공헌들이 간과되고, 그것들이 산만한 "정보단위"로 축소되는 경향이 있다. 그러나 이 논문의 나머지 부분에서 논의된 문제들을 고려해 보면, 동사 형태와 명제적 형태에 관한 "기계적인" 강조가 성서 연구의 견지에서는 비평 이전의 과거의 일일 뿐만 아니라, 의미론의 견지에서도 의미의 본질에 대한 현대의 모든 통찰을 위반하는 진부한 것임을 알게 될 것이다.

2. 소쉬르와 현대 언어학의 근본적인 몇 가지 원칙들과 제임스 바의 작업에서 그것들의 위치

소쉬르(Ferdinand de Saussure:1857-1913)가 현대 언어학의 창시자로 간주되는 것은 지당하다. 그는 언어를 사회적이고 구조화된 체계로 봄으로써 구조적 의미론의 길을 예비하였다. 우리는 그의 사상의 개요를 다음과 같이 4개의 표제 하에서 추적해 볼 수 있다. 1) 언어연구의 공시적인 (synchronic) 방법과 통시적인(diachronic) 방법 간의 대조, (2) 언어에 대한 구조적 접근, (3) 언어와 사고의 관계에 대한 암시 및 구조주의와 관습의 결합, (4) 언어체계인 랑그(langue)와 실제적 언어인 파롤(parole) 간의 기본적인 대조.

이 4가지 원칙들은 의미론에 있어서 근본적인 원칙들이다. 그리고 이 원칙들 중에서 적어도 3가지는 제임스 바의 작업의 주요한 특징이 된다.

1. 언어에 대한 공시적인 접근과 통시적인 접근

소쉬르에 의하면, "통시적인(diachronic)" 언어학이란 시대에 따른 역사적 발전의 관점에서 언어를 연구하는 것을 의미한다. 또한 "공시적(synchronic)" 언어학이란 "시간의 개입이 배제된 … 공존하는(co-existing) 사물의 관계들 … 언어 상태학(the science of language-states) … 을 의미한다. 공시와 통시는 언어 상태와 발전 단계를 각각 지칭한다."[18] 소쉬르의 논점은 이 두 방법들 중의 하나는 옳고, 다른 하나는 그르다는 것이 아니라, 두 방법이 근본적으로 다르며, 다른 임무를 수행한다는 것이다. 물론 둘 가운데서 공시적인 언어학이 그 중요성과 적용순서에 있어서 우선권을 가지는 것은 분명하다. 그러나 두 방법이 서로 차이가 있는 한, 각자 나름대로의 역할을 가진다.

19세기에는 비교 언어학이 언어학적 관심의 핵심이었기 때문에, 언어-변화의 현상들을 일반 과학적 원칙들의 견지에서 설명하려는 그림(Grimm)의 법칙이나, 베르너(Verner)의 법칙 같은 발전 법칙들(laws of development)을 공식화하는데 많은 힘을 쏟았다.

소쉬르는 그러한 배경에 반대하여 다음과 같이 주장하였다. "하나의 언어 상태를 이해하려고 하는 언어학자는 그것을 초래한 모든 것에 대한 지식을 모두 포기하고, 통시성(diachrony)를 무시하지 않으면 안된다. 그는 과거를 완전히 억누름으로써만 화자의 마음 속으로 들어갈 수 있다."[19] 소쉬르는 그 원칙을 체스 게임을 가지고 설명한다. 한 게임의 상태(state)를 이해하기 위해, 선수들이 그 게임에 어떻게 도착했는지를 아는 것은 불필요하고 부적합하다는 것이다. 체스 문제는 단지 체스판의 상태를 묘사함으로써 시작된다.

소쉬르와 바(J. Barr) 사이의 기간 동안 의미론에 있어서 공시적 접근의 중요성이 일반적으로 받아들여진 근본적인 원칙이 되었고, 공시적 관점과 통시적 관점의 차이는 언어학에서 하나의 공리가 되었다.[20] 특히 통시적 원칙

은 의미론에서 어원을 연구하는 데에 적용된다. 성서학자들을 포함한 많은
저자들은 한 단어의 어원적 의미가 그 단어의 "기본적인" 의미 또는 고유한
의미라고 믿고 있다. 제임스 바가 논평한 것처럼, "우리는 때때로 '역사'는
'본래(properly)' '조사(investigation)' (헬라어 ἱστορία)를 의미하고, '인물
(person)'은 기본적으로 '가면(mask)' (라틴어 persona)을 의미한다는 말
을 들을 때가 있다."[21]

그러나 통시적 조사에 입각한 어원적 의미나, 먼 과거에 대한 추론이 통
시적 연구의 관점에서 볼 때, 한 단어의 "실제" 의미가 될 수 있겠는가? 영
어단어 "nice"는 라틴어 nescius(무지한)에서 유래했다고 말해진다. "무지한
(ignorant)"이라는 것이 "nice"의 기본적인 의미가 될 수 있을까? 영국사람
에게 "Good-bye"라는 말은 "본래" "하나님이 당신과 함께 하시길"이라는 의
미를 지니는데, 그것이 Good-bye의 적절한 의미로 타당한가? "hussy(말괄
량이)"라는 단어는 어원상 "가정주부"의 이중어인데, 내가 누군가를
"hussy"라고 부를 때, 그것이 "본래", "가정주부"만을 의미한다고 말할 수
있겠는가?[22] 제임스 바가 "중요한 것은 한 단어의 어원이 그 단어의 의미에
대한 진술이 아니라, 그 단어의 역사에 대한 진술이라는 점이다."라고 말한
것은 옳다.[23] 수많은 단어들이 그 어원과 다르며, 심지어는 그 어원의 반대
의미를 지니기도 한다.

사전 편집적인 면에서 어원을 고려하는 것이 중요할 때가 종종 있다는
점은 인정한다. 예를 들어, 다른 의미를 지닌 두 단어가 동일한 어휘 형태를
지니는 동음이의어(homonymy)의 경우가 그러하다. 그러나 성서학자들은
어원연구를 그러한 경우에만 국한시키는데 만족하지 않았다. 자콥(Edmond
Jacob)은 하나의 일반원칙으로서 다음과 같이 선언한다. "한 단어를 연구하
는 히브리어 학자의 첫번째 임무는 다른 단어들이 파생된 본래의 의미를 회
복시키는 것이다."[24] 브라운(Brown), 드라이버(Driver), 브릭스(Briggs)의
히브리어 사전의 배열이 그러한 방법을 고무시킨 것으로 여겨진다. 어떤 학
자들은 심지어 "holy"라는 단어를 영어 어원의 견지에서 해석하였다고 제임
스 바는 말한다. 히브리어와 헬라어의 실제 용례와는 반대로 그 학자들은

"holy"의 기본적인 의미를 "건강한(healthy)" 또는 "건전한(sound)"의 의미로 받아들인다. 그러나 바는 그것이 단지 "일종의 기회주의자의 설교 트릭"일 뿐이며, 그렇게 함으로써, "holy"라는 단어는 매력은 덜하지만 좀더 도전적인 특성들을 잃어버릴 수 있다고 주장한다.[25]

스네이스(Norman Snaith)는 시 1:1에 나오는 "복있는 사람은"의 의미를 알기 위해 영어가 아니라 히브리어에 접근한다. 그러나 그는 "happiness of"나 "blessed"가 어원적으로 "걸음걸이"(footstep) 또는 "앞으로 똑바로 가다"라는 개념과 관계가 있다고 주장한다. 이것에 근거하여 그는 "이것은 첫번째 단어의 사용이 얼마나 적합한지 보여준다 … 행복한 사람은 앞으로 똑바로 가는 사람이다."라고 결론내린다. 바는 "시편 기자의 마음속에 그러한 연상들이 있었다는 증거는 하나도 없고, 실제로 그러한 연상 중에는 그가 알 수 없는 것들도 있었다"고 주장한다.[26]

우리가 특히 신약성서에 접근할 때, 단어들의 의미를 — 어원에 기초하는 것은 말할 것도 없고 — 플라톤이나 호머의 용례에 기초하여 설명하려 한다면 심각한 오류에 빠질 수도 있다. 예를 들어, 바가 지적한 것처럼, λειτουργία가 제사장 또는 왕의 대리자들을 통하여 백성들(λαός)에 의해 행해진 행위(ἔργον)를 의미한다고 주장될 때가 있다. 그러나 최소한 아리스토텔레스의 시대에는 그 단어가 일종의 "봉사(service)"나 "기능(function)"을 나타내는 일반적인 단어로 사용되었었다.[27]

해석자들은 때때로 죽은 은유(dead metaphor)를 너무 지나치게 과장해서 해석하려는 경향이 있다. 그리하여, σπλάγχνα가 인간의 내부 기관(organs)이므로, "불쌍히 여기다"(σπλαγχνίζομαι)는 말이 인간의 가장 내적인 존재의 문제라고 말한다. 그러나 그 은유는 "낙담하다"(lose heart)라는 의미 외에는 더 이상 효력을 가지고 있지 않다. 마찬가지로 고전 4:1에 나오는 ὑπηρέτης라는 단어가 "문자 그대로는", "밑에서 노 젓는 사람"(ὑπό + ἐρέσσω)이라는 의미를 지닌다고 가끔 주장되곤 한다.[28] 그러나 그 단어는 죽은 은유가 되어 단순히 "종"이나 "조수"의 뜻을 지닌다. (이것은 민들레[dandelion]가 "문자 그대로는", "사자의 이빨"을 의미하는 경우와 유사하다.) 심지어 어떤 사람은 "증인"(μαπτύριον)이 "martyrdom"(순교)이라는 의미를 지닌다고 할 때나 — 이것이 더 나쁜 경우인데 — 신약에서 δύναμις라는 단어가 "본래", "dynamite"라는 의미를 지닌다고 할 때처럼, 통시적인 연구를 순전히 시대 착오적인 방법으로 사용하는 경우도 있다.

　　소쉬르나 바(Barr) 어느 누구도 통시 언어학을 불합리한 것으로 배제하지는 않는다. 실제로 헬라어 단어의 의미가 플라톤과 신약 사이에서 변화되었다는 것을 입증하기 위해 통시적 방법을 사용하는 것은 도움이 된다. 다음과 같은 두 가지 요인을 기억한다면, 한 용어의 역사적 발전과 그 변화되는 의미 가치를 추적하는 것은 적절하다. 첫째는 공시적 접근이 어떤 단계에서도 통시적 연구의 필요조건이라는 점이며, 둘째는 어의 변화에 충분한 주의를 기울여야 한다는 점이다. 크리스탈(David Crystal)은 이것을 다음과 같은 소쉬르의 말로 요약한다. "두 방법(공시적 연구와 통시적 연구)은 각각 연구 방법이 다르며, 연구 목적이 다르다. 어느 하나도 다른 것을 배제하지 못한다 … 그러나 … 공시적 접근이야말로 적절한 통시적 연구를 위한 필요조건이다."[29]

2. 언어에 대한 구조적 접근

　　소쉬르의 작품을 영어로 번역한 자신의 역서 서문에서 바스킨(W. Baskin)은 다음과 같이 논평한다. "소쉬르는 언어가 그 독자적인 부분들이 작용하여 전체와의 관계를 통해 가치를 획득하는 독립적인 체계라는 것을 발견한 최초의 사람들 중의 한 사람이었다."[30] 소쉬르 자신의 말로 표현하면, "언어란 각각의 용어 가치가 오로지 다른 용어의 가치들과 동시에 존재할 때에만 생겨나는 독자적인 용어들의 체계이다."[31] 그는 또 다음과 같이 덧붙인다. "동일한 언어권 내에서, 모든 단어들은 상호 관련된 사상들을 표현하는데 사용된다 … 따라서 어떤 용어의 가치는 그 용어의 환경에 의해 결정된다."[32] 단어들이나 다른 언어 부호들은 그들 간의 동일성이나 대조성의 관계 없이는 어떤 "효력"이나 타당성이나 의미도 가지지 못한다.

　　다시 한번 소쉬르는 위의 주장을 체스와 관련시켜 설명한다. 체스에 있어서 어떤 말〔馬〕의 "가치"는 그것이 전체 안에 있을 때에만 의미를 가진다. 하나의 말이 움직일 때, 전체 체스판의 상태에 따라 그 가치변화가 중요한 의미를 지니거나 혹은 어떤 의미도 지니지 못하거나 할 것이다. 하나의 말의 움직임이 전체 게임을 급전시켜 놓을 수 있으며, 다른 모든 말의 가치에 근본적인 영향을 끼칠 수 있다. "이것은 언어에도 그대로 적용된다."[33]

이러한 소쉬르의 주장을 통해 우리는 현대언어학에 있어서 근본적이고 핵심적인 중요한 두 개의 범주에 접하게 된다. 그것은 곧 **구문적 관계**(syntagmatic relation: 한 본문 안에서의 수평적, 직선적, 연속적, 통시적 관계 ─ 역주)와 **어형변화적 관계**(paradigmatic relation: 한 본문 내에서의 수직적, 연상적, 공시적 관계 ─ 역주)의 관계이다. 소쉬르가 지적한 것처럼, 하나의 언어 단위(unit)는 그것이 속한 체계(system)의 나머지 부분과 두 가지 방법으로 관계를 맺는다. 첫째로 그것은 다른 단어들이나, 그 단어들이 결합된 단위들과 수평적(linear) 관계를 갖는다. 수평적 요인들에 도움을 받는 결합이 **구문적 관계**(syntagm)이다.[34]

"하나의 가시 면류관"(a crown of thorn)이라는 구문에서 "면류관"이라는 단어는 "하나"(a) 및 "가시"(thorns)와 구문적 관계를 맺고 있다. 마찬가지로 "하나님은 의로우시다"(God is righteous)라는 구문에서 "의롭다"(righteous)는 단어는 "하나님은 … 이다"(God is)라는 단어와 구문적 관계에 놓여 있다. 의미론의 관점에서 볼 때, "먹다"라는 단어가 "빵"과 "고기"와 "치즈"들과는 구문적 관계에 있지만, "물", "차"(tea), "맥주"들과는 그렇지 않다면, 이것은 고체 음식물의 섭취라는 그 단어의 **의미**를 확정해 주는데 기여한다.

소쉬르는 어형변화적 관계를 연상적(associative) 관계라고 불렀는데, 언어학자들은 "**어형변화적**(paradigmatic)"이라는 용어를 더 선호한다. 이것은 하나의 단어나 언어적 단위와 ─ 실제적으로는 언급되지 않았지만, 그 자리에 집어넣을 수 있는 ─ 다른 단위와의 관계를 지칭한다. "하나의 가시 면류관"이라는 구문에서, "가시"라는 단어 대신에 "월계수"(laurel)나 "금"이라는 단어들을 집어넣을 수 있을 것이다. 그러므로 "가시"는 "월계수"와 "금",

"은" 등등의 단어들과 어형변화적 관계에 놓여 있다. 마찬가지로 "하나님은 의로우시다"라는 구문에서 "의롭다"는 단어는 "선하다"나 "자비롭다"라는 단어들과 어형변화적 관계를 맺고 있다. 이러한 원칙은 너무 중요해서 리용 (John Lyons)은 현대 구조 언어학의 두 가지 특징 중에 하나는 언어 단위들이 다른 단위들과의 구문적 관계 및 어형변화적 관계와 분리해서는 어떤 타당성도 지니지 못한다는 원칙이라고 말한다.[35]

이러한 원칙과 신약 해석과의 관계는 귀트게만스(Erhardt Güttgemanns)와 부레스(Kenneth L. Burres)에 의해 결정적으로 입증되었다.[36] 예컨대, 귀트게만스는 로마서에서 "의"(義)의 의미가 어떻게 부분적으로 "하나님의"(Θεοῦ)와 "믿음으로 말미암은"(ἐκ πίστεως)과의 구문적 관계에 의해서 결정되는지 보여준다. 부레스는 "계시하다"(ἀποκαλύπτω)의 의미를 한편으로는 "하나님의 의", "하나님의 진노"와 다른 구문들과의 구문적 관계의 견지에서, 또 한편으로는 φανερόω와의 어형변화적 관계와 γνῶσις와 προφητεία에 대한 이중 관계(고전 14:6)의 견지에서 논의한다. 부레스의 연구 목적은 바울의 "계시"라는 단어의 의미론적 가치에 관련된 의미론적 용어 분야를 구축하는 것이다.

어형변화적 관계의 개념은 의미란 선택을 뜻한다는 의미론의 원칙과 연관된다. 예를 들어, "pound"(무게단위)는 그 의미를 부분적으로는 톤(ton), 스톤(stone), 온스(ounce), 드램(dram)을 제외시킨다는 사실로부터 끌어낸다. 그것은 또한 그 의미를 부분적으로는 버터, 치즈, 사과와의 구문적 관계로부터 끌어낸다. 또한 "pound"(돈의 단위)는 그 의미를 부분적으로는 50페니, 100페니, 5파운드에 대한 어형변화적 관계로부터 끌어내고, 또 부분적으로는 "나에게 지불하다", "환전하다"라는 단어와의 구문적 관계로부터 끌어낸다. 이런 까닭에 귀트게만스는 "하나님의 의"와 "하나님의 능력" 및 "하나님의 진노"의 어형변화적 관계뿐만 아니라, "하나님의 의"와 "믿음으로 말미암은"과 "율법으로 말미암은"과의 구문적 관계를 조사하고 있다. 마찬가지로 κατὰ σάρκα(육체를 따라)라는 구문의 의미는 Ἰσραήλ("세상적" 이스라엘)이나, σοφοί(인간적 관점에서의 지혜로운)와의 구문적 관계와 κατὰ πνεῦμα(성령)와의 어형변화적 관계에 의해 결정된다.

주로 어형변화적 관계에 의존하는 소쉬르의 "연상적 분야들"(associa tive fields) 개념은 이렇게 해서 의미 분야(semantic field)를 연구하는 임무에 하나의 길을 열어준다. 부레스는 "계시"를 의미하는 단어들에 대한 바울의 용례들을 포괄하는 의미 분야를 탐구하기 위해 구문적 관계와 어형변화적 관계를 동시에 이용한다.[37]

이 분야의 중요성에 비추어 볼 때, 바(Barr)와 부레스는 각각 하나의 단어가 "자율적으로" 혹은 "독립적으로" 의미를 가지는 것이 아니라, "전체의 한 부분으로서만"(nur als Teil des Ganzen), 즉 한 분야(im Feld) 안에서만 의미를 지닌다는 트리어의 주장을 지지해 준다.[38]

그럼에도 불구하고 의미 단위들로서의 단어들에 대한 비평들이 너무 지나치게 받아들여져서는 안된다. 스테른(G. Stern)의 다음과 같은 주장도 그 못지 않은 권위를 가진다. "각각의 단어들이 다소간 영구적인 의미들을 가지고 있고, 실제로 어떤 분명한 대상에 대해 언급하며, 이러한 특징이 모든 의사전달의 필수불가결한 토대가 된다는 사실을 배제하지는 못한다."[39] 울만(Stephen Ullmann)은 이 점을 좀더 온건하게 표현한다. "보통 각각의 단어에는 비교적 안정되고, 문맥상 어떤 한계 내에서만 수정될 수 있는 견고한 핵심 의미가 있기 마련이다."[40] 이렇게 볼 때, 각각의 단어-연구 또한 무가치한 것으로 폐기되어서는 안된다.

제임스 바가 키텔(G. Kittel)의 여러 권으로 된 「신약 신학 사전」에 나오는 많은 항목 기사들을 혹독하게 비판할 때, 그가 주로 단어 연구 방법을 공격했다고 오해하기 쉽다. 그러나 그러한 단어연구 자체가 그의 비평의 주된 목표 대상이 아니었다. 그가 실제로 비판한 것은 소위 "불합리한 전체성의 이동"(illegitimate totality transfer)이었다.[41] 이것은 한 문맥에 나타난 한 단어의 의미 가치가 다른 문맥에서의 그 의미가치에 덧붙여질 때 일어난다. 그리고 이 과정은 이러한 의미가치들의 총합(sum)이 한 특정한 뜻으로 해석될 때까지 계속된다.

바는 이러한 오류를 신약성서에 나오는 교회(ἐκκλησία)의 의미와 관련시켜 설명한다. "만일 우리가 신약성서에서 ἐκκλησία의 의미가 무엇인가에 대해서 묻는다면, 그 대답은 여러 구절들에서 나오는 ἐκκλησία에 관한 다른 여러 말들을 첨부시키거나 혼합해서 주어질 것이다. 따라서 우리는 (1) '교회는 그리스도의 몸이다' (2) '교회는 하나님 나라의 첫 제도이다.' (3) '교회는 그리스도의 신부이다' 등등의 대답을 할 수 있을 것이다."[42] 바(Barr)도 한 가지 의미에서는 이것이 "교회"의 "의미"라는 것을 인정한다. 그러나 이것이 "마 16:18에 나오는 그 '교회'의 의미가 아닌 것"은 확실하다. 그럼에도 설교자들과 해석가들은 종종 여러 문맥들로부터 끌어온 단어의 의미들을 혼합하여 그것들을 특정한 절에 나오는 단어의 의미로서 "해석"하곤 한다. 바는 예컨대, 이러한 오류가 키텔의 사전에 포함된 ἀγαθός(선한)에 대한 그룬트만의 항목 기사에서 행해지고 있다는 것을 꽤 성공적으로 보여주고 있다.

　이러한 오류는 소쉬르 이후의 현대 언어학에서 특히 유진 니다(Eugene A. Nida)와 마틴 주스(Martin Joos)에 의해 밝혀진 원칙들과는 현저한 대조를 이룬다. 니다는 "전체 문맥에서 가장 적게 기여하는 의미가 한 용어의 올바른 의미이다."라고 주장한다.[43] 예컨대, 우리는 "green"이라는 단어의 의미를 몇 가지로 정의내릴 수 있다. 즉 하나의 색깔로서, 또는 무경험의 의미로서, 또는 "익지 않은"의 의미 등등으로 의미를 말할 수 있다. 또한 "house" 의미를 거주지나 혈통이나 상점의 의미로 정의내릴 수 있다. 그러나 우리가 "green"과 "house"를 서로 구문적 관계에 둘 때는, 즉시 각각의 의미가치가 최소화되어, "green"은 오직 색깔의 의미만으로, "house"는 오직 거주지로서의 의미만 가지게 된다. "greenhouse"의 경우에, "green"의 공헌도는 거의 사라진다. 그러나 "green house"가 신약에 나오는 구문이라면, 소위 각 용어의 "풍부함"을 따로따로 탐구한 다음에 각 성분을 결합하여 하나의 위대한 신학적 합성물을 만드는 해석가를 상상할 수 있을 것이다.

　한편 주스는 한 단어를 정의할 때, 추정된 어떤 어원이나, 의미론의 역사에 따라 정의하기보다는 오히려 그 단어가 들어 있는 구절로부터 끄집어낼 수 있는 전체 메시지에 기여도가 가장 적은 것을 취해야 한다는 것을 "의미론적 원칙 1번"이라고 부른다.[44] 니다는 "단어들이 다른 일련의 공동 관계

속에서 가지는 모든 의미들을 배제한다"고 결론내린다. [45] 이 때문에 단어-의미에 대한 전체 질문을 균형있게 논평하는 자리에서, 로빈스(R. H. Robins)는 "단어들이 문장에서 사용됨으로써 의미를 가지며, 한 문장의 의미가 개별적으로 나열된 구성 단어들의 의미의 총합(summation)으로서 생각되어서는 안된다는 사실을 기억한다면," 단어들은 의미를 말하는 편리한 단위들일 수 있다는 것을 첨부시킨다. [46]

3. 언어의 전통(conventionality)과 구조주의와의 관련성

소쉬르가 언어에 있어서 소위 "기호의 임의성"(arbitrary nature of the sign)을 보여준 최초의 사람은 분명 아니었다. "어느 누구도 기호의 임의성이라는 원칙에 이의를 제기하고 있지는 않지만, 하나의 진리에 적절한 위치를 부여하는 것보다 하나의 진리를 발견하는 것이 더 쉬울 때가 있다"라고 그는 기록하고 있다. 소쉬르의 평가에 대한 독특성은 첫째, 언어 연구에 있어서 임의성의 원칙을 "모든 언어학을 지배하는, 매우 중요한 첫번째 원칙으로 묘사하였다"는 점에 있었다. [47] 둘째는 이 원칙이 언어와 사고, 또는 단어와 개념의 관계에 끼치는 광범위한 영향은 구조주의적 배경에 의해서만 분명하게 나타날 수 있다는 점이다. 소쉬르의 구조적 접근은 전적으로 의미 단위로서의 단어에 토대를 두는 의미론에 의문을 제기한다. 이것을 통해 우리는 바(Barr)가 하나의 단어/하나의 개념 오류라고 불렀던 것을 알 수 있게 되고, 임의적(arbitrary)이라고 판명된 언어적 차이에 입각해서 민족의 "사상"을 추론해 낼 수 있다는 주장들에 도전할 수 있게 된다.

언어에는 언어와 세계와의 관계가 여러 면에서 "본질"이나 논리에 의존하기보다는 임의적 요인들이나 전통적인 요인들에 의존하는 것을 보여주는 일상의 현상들이 있다. 이러한 현상 중에는 동음이의어(다른 의미를 지닌 두 단어가 동일한 형태를 가질 때, 예를 들어 "그가 나를 떠났다"(left)와 "왼쪽(left)으로 돌아라"), 다의어(polysemy: 한 단어가 여러 의미를 지닐 때, 예컨대, "board and lodging"(식사를 겸하는 하숙), "board of directors"(간부회의), "board from the floor"(마루바닥)), 불투명한 어휘(예컨대 분

명한 의성어의 의미와 대조되는 어휘들), 언어의 통시적 변화 등이 포함된다.[48]

그러나 소쉬르는 논리적으로 동일한 의미론적 가치에 관해 말할 때는, 다른 언어들 간의 어휘와 문법상의 차이라는 매우 기본적인 사실만을 지적한다. 불어 단어 "soeur"와 sister의 관계는 독일어의 Schwester나 영어의 sister의 경우와 마찬가지로 "당연하지도"(natural), "내적이지도"(inner), "논리적이지"도 않다. 마찬가지로 문법의 관점에서 볼때, ces gants sont bon march(이 장갑들은 값이 싸다)라는 문장에서 bon march 는 논리적으로나 의미론적으로 형용사로서 기능을 하고 있지만, 임의의 문법적인 관점에서는 형용사가 아니다.[49] 더 나아가 형태론(morphology)의 관점에서 볼 때, bon march는 "cheap"라는 한 단어에 상응하는 두 단어의 합성어이다. 단어를 하나의 단위로 제한하는 것 역시 임의의 요소를 가진다. 라틴어와 헬라어에서 amo와 φιλῶ, 또는 ἀγαπῶ는 영어와 독일어에서는 "I love" "Ich liebe"처럼, 두 개의 단어로 번역된다. 소쉬르는 "단어들을 명사, 동사, 형용사 등으로 나누는 것이 부인할 수 없는 확고부동한 언어적 실재는 아니다."라고 결론내린다.[50]

우리는 앞에서 이미 논리-문법적 비교법(logico-grammatical parallelism)에 관련된 몇 가지 오류들을 지적한 바 있다. 동전의 다른 면처럼, 문법적 범주를 기초해서 한 민족의 독특한 사고 ― 예컨대, 히브리적 사고, 헬라적 사고 ― 를 추론해 내려는 시도 또한 마찬가지로 잘못된 것이다. 니다(Nida)는 다음과 같이 기록하고 있다. "히브리 백성이 다른 동사체계를 가지고 있었기 때문에 완전히 다른 시간관을 지녔다는 생각은 더 이상 지속될 수 없다. 마찬가지로 영어권의 민족들이 명사와 형용사에서의 성(gender) 차이가 대부분 제거되었기 때문에 성(sex)에 대한 관심을 잃어버렸다는 주장이나, 인도-유럽인들의 많은 언어들에는 시제-차이가 존재하기 때문에 그들은 시간의식이 철저하다는 주장은 근거가 없다. 일본인들보다 더 시간 지향적인 민족은 없는 것처럼 보이지만, 일본인들의 동사 체계는 히브리인의 시상(aspectual) 구조와 크게 다르지 않다. 더욱이 아프리카의 몇몇 종족보다 시간에 관심이 없는 민족도 거의 없지만. 그들 중의 많은 언어들은 어떤 인도-유럽언어보다 훨씬 더 시간 차이를 가진다."[51]

페더센(J. Pedersen)과 보만(T. Boman), 나이트(G. A. F. Knight)는 "히브리적 사고"를 문법적인 범주들에 입각해서 연구한 많은 성서학자들 중에 속한다. 예컨대 나이트는 "히브리인들은 거의 변함없이 구체성의 견지에서 사고하였다. 그래서 히브리어에는 추상명사가 거의 없다"고 주장한다.[52] 보만 역시 언어적 범주들의 문법적, 형태론적 조사를 토대로 하여, "헬라적 사고가 정적이고 평화롭고 온건하고 조화적인" 반면에, 이스라엘의 사고는 "역동적이고 활력있고 열정적이다" 라고 주장한다.[53] 예를 들면, 그는 심지어는 히브리어의 정적인 동사들까지도 정적인 상태를 묘사하는 것이 아니라 동작을 표현하고 있다고 주장한다. 가장 극단적인 그의 주장들 중에는 양과 숫자와 연관된 것들도 있다. 헬라적 사고나 현대의 사고에서 소위 "숫자의 개념"은 가시적인 표현을 통해 나타난다.

그러나 독특한 히브리어의 "개념"은 "둘"(two)이라는 단어의 "의미"로부터 분명해진다. 즉 "Shenayim(둘)은 shanah라는 동사 — 이중의, 반복의, 두번하다의 의미 — 에서 유래한다. 따라서 히브리인들은 수의 개념을 가시적인 지각을 통해서가 아니라 동일한 동작의 빈번한 반복을 통해서 이룬다."[54] 마찬가지로 "small"을 의미하는 두 단어들은 "to diminish", "to become less"를 의미하는 동사형태에서 유래하며, 비교급에서 "more than"을 표현하는 min은 실제로 "away from"(-으로부터 멀리 떨어지다)의 의미를 지닌다. 그래서 보만은 "수나 양의 다양성이 공간적이고 양적인 것이 아니라, 동적이고 질적인 것이다"라는 결론을 내린다.[55] 사울이 모든 사람들보다 "키가 크다"고 표현될 때, 그것은 그가 역동적으로 다른 사람들보다 뛰어나고, "멀리 떨어져 있다"라는 의미를 지닌다는 것이다.

그러나 이러한 주장은 소위 논리-문법적 비교법을 토대로 할 뿐만 아니라, 이러한 특정한 오류를 통시적인 특성이나, 어원적 특성을 지닌 다른 주장들과 결합시킴으로써, 의미론에 있어서의 문맥의 역할을 무시하는 주장이다. 예를 들어, min이 여러 문맥들에서 "멀리 떨어지다"의 의미를 지닌다면, 비교급에서의 그 문맥은 의미론적 가치를 "more than"에만 제한시키는 결과를 초래한다. 보만의 방법은 한편으로서는 구조주의 앞에서 지탱될 수 없으며, 다른 한편으로서는 바가 결론을 내린 것처럼, "보만의 언어 해석 방법은 주로 옛 문법의 논리-문법적인 불확실성에 의존하고 있기에, 현대 언어학의 좀더 엄격한 방법에 의해 제거된다."[56] 이것은 보만의 모든 결론들이 잘못되었다는 것을 말하는 것은 아니다. 바도 인정하는 것처럼, 그가 주석적인 관찰로서 독자적인 가치를 지니는 통찰력을 표현할 때도 있기 때문이다.[57] 바는 히브리적 언어 용례가 헬라어나 영어보다 더 "동적일" 때도 있다는 점에는 이의를 제기하지 않는다. 그러나 보만의 오류는 그러한 결론들을 언어에 있어서의 구조와 관습을 무시하는 애매한 언어적 주장들 위에 기초하려고 하는데 있다. 바는 이러한 접근을 체계적으로 비평하는데 귀중한 공헌을 하였다.

이상에서 볼 때, 우리는 의미론에 있어서 언어와 "개념"의 관계에 대한 근본적인 원칙을 알게 된다. 히브리적, 헬라적 "정신"이나 "사고방식"에 대한 주장들을 논평하면서, 크리스탈(David Crystal)은 결정적인 견해를 표명한다. 그는 다음과 같이 쓰고 있다: "우리는 종종 'X 라는 언어가 가지고 있는 단어를 Y 라는 언어가 가지고 있지 않을 때, X 는 Y가 표현할 수 없는 것을 말할 수 있다'거나, 또는 'X가 Y보다 더 나은 언어이다'라는 말들을 듣곤 한다. 이러한 주장들의 오류는 언어 간의 번역-상응(translation-equivalence)의 단위가 단어라는 잘못된 생각에서 비롯된다 … Y 언어에 어떤 대상을 표현하는 단어가 없다고 해서, 그것이 그 대상에 대해서 말할 수 없다는 것을 의미하는 것은 아니다. 그 언어는 대상을 표현할 동일한 기계적인 수단은 없지만, 동일한 목적을 위해 자신의 구조 내에서 선택할 수 있는 나름대로의 표현 형태를 사용할 수 있다."[58]

대부분의 언어학 저자들이 주장하는 것은 — 리용의 말로 표현하면 — "어떤 언어도 다른 언어보다 본질적으로 '더 풍부하다'라고 말할 수 없다. 각각의 언어는 그 언어를 사용하는 사람들의 독특한 욕구들에 적용된다."는 것이다.[59] "생명"이나 "세상"을 묘사할 수 있는 단어들의 수는 실제적으로 무한하다. 그렇다면 하나의 언어 안에 존재하는 차이들은 과거의 어떤 특정한 문화를 표현하는데 중요하였던 그런 차이들일 뿐이다. 그러나 그러한 차이들이 예컨대, 그 문화 안에 있는 창조적 사상가나 번역자에 의해 미래에 말해질 것을 절대적으로 제한을 결정하는 것은 아니다.

　　이 말은 훔볼트(Wilhelm von Humboldt)의 관점에 입각한, 유명한 워프(B. L. Whorf)의 가정 ― 즉 한 언어의 구조가 사상에 의하여 문화에 영향을 끼칠 수 있다 ― 에 진리의 요소가 전혀 없다는 것을 의미하는 것은 아니다. 그 이유는 첫째로 어떤 사상의 번역이나 표현이 이런 저런 차이에 의해서, 혹은 반대로 ― 이미 하나의 언어에 깊이 침투되어 ― 차이가 없는 것에 의해서 보다 더 쉽거나 어려워질 수도 있기 때문이며, 둘째로는 언어-사용의 습관이 비트겐슈타인이 지적한 의미에서, 어떤 사고방식들을 좀더 쉽거나 어렵게 만들기 때문이다. 그러나 그러한 어려움이 불가능을 의미하는 것은 아니다. 워프의 견해의 가장 큰 약점은 블랙(Martin Black)에 의해 다음과 같이 제시되었다.[60] 소위 원시적인 언어일지라도 "더 좋거나, 더 나쁜 것이 아니라, 다만 다를 뿐이다."[61]

　　그러나 성서학자들은 어휘들에 기초를 둔, 히브리적 · 헬라적 "사고"에 대한 광범위한 결론들을 너무 빠르게 추론하였다. 예를 들어, 페더슨은 "헬라어 단어가 200,000개나 되는 반면에, 히브리어 단어는 고작 10,000여개 밖에 안되기 때문에", 고대 이스라엘 백성들은 "어휘가 빈약했다. 따라서 히브리인들에게 단어 하나 하나는 조심스럽게 사용되어야 할 어떤 것이었다."라는 무리한 주장을 한다. 히브리인은 "단어들에 힘이 있다는 것을 알았고, 그러한 힘은 무분별하게 사용되어서는 안되기 때문에" 어휘가 많지 않은 사람들이었다는 것이다.[62] 나는 이러한 접근의 오류를 성서 문헌들에 나타난 단어들의 힘에 관해 언급한 연구에서 보여주려고 시도하였다.

　　바는 "성서신학에서 매우 광범위하게 퍼져있는 소위 '헬라어에는 단어가 풍부하다' 는 식의 주장들"을 몇 가지 인용하여, 비평하는 데 거의 어려움을 느끼지 않는다.[63] 예를 들어, 로빈슨(J. A. T. Robinson)은 다음과 같이 쓴다. "헬라어에는 두 가지 단어(σάρξ와 σῶμα)가 있는데, 유대인들은 여기에서

(육체와 몸에 대한 언어에서) 하나의 단어(basar)로 만족하는 이유가 무엇인지 묻는다면, 우리는 인간에 대한 히브리적 사고의 가장 근본적인 가정에 접하게 된다." 로빈슨에 따르면, 어휘군의 차이는 "히브리인들이 헬라인들처럼, '몸'(body)을 '육체'(flesh)와 구별하여야 할 필요성이 제기되지 않았음을 보여준다." 바는 이것에 대해 다음과 같이 논평한다. "이 주장은 언어의 의미론을 전체적으로 무시하지 않고서는 제기될 수 없는 주장이다."[65] 물론 이러한 바(Barr)의 비평은 워프 가정에 의해 표현된 반쪽의 진리(half truth)에 비추어 볼 때 누그러지지 않으면 안되지만, 바의 비평의 강조점이 정당하다는 것은 의심의 여지가 없다.

바는 또한 키텔의 「신약성서 신학사전」의 방법론적인 과정을 비판하는데, 그 사전에 따르면 결과적으로 "신약 헬라어의 어휘-군이 초대 그리스도인들의 개념-군과 서로 매우 밀접하게 연관될 수 있다는 것이다."[66] 그 사전은 실제적으로는 단어들의 사전이다. 그러나 그것은 "개념사" (Begriffsgeschichte)라고 칭해진다. 따라서 한 기고가는 "헬라어 단어"가 아니라, "헬라어 개념"에 대해 쓰고 있다. 이 때문에 "불합리한 전체성의 이동"이 초래된다(이것에 대해서는 2. 1에서 언급한 바 있다). 단어들과 개념들이 반드시 서로 동일 구조적으로(isomorphically) 일치하지는 않기 때문에, 그러한 용어들의 모호성은 오류를 유발할 수밖에 없고, 독일어 학자들이 Begriff를 "개념"과 "단어"를 동시에 의미하는데 사용할 때 혼동은 더욱 더 가중된다.

4. 랑그(Langue)와 파롤(Parole)

귀트게만스는 랑그와 파롤의 차이를 — 이 개념은 소쉬르에게는 매우 중요하다 — 복음서의 양식비평과 연관해서 설명하고 있다. 소쉬르에 따르면, 언어(language: 랑그, 또는 다른 의미에서에는 langage; Sprache 참고)는 말(speech)이나 실제적인 말(parole; sprechen 참고)과 혼동되어서는 안된다. 랑그는 언어 기능의 사회적 산물이며, 동시에 개인으로 하여금 그러한 기능을 행사하도록 사회 조직이 채택한 필수불가결한 관습의 수집물이다. 그것은 공동체 내에서 유전된다. 또한 그것은 "모든 개개인의 정신 속에 저장된 단어-표상(image)의 총합이다 … 일정한 공동체의 회원들에 의해 채워진 창고이다 … 언어는 어떤 (개인) 화자 안에서 완성되지 않는다. 그것은 오직 집단성 안에서만 완전하게 존재한다." 따라서 랑그는 말하자면, 언어행위를 준비하며 기다리는 언어-체계(language-system)이다. 반대로 파롤은 "화자의 실행적인 면이며 … 개인의 행위이다."[67]

개인의 편에서 실제적이고 구체적인 언어 행위인 파롤이 언어학자의 연구에 직접 사용될 수 있는 유일한 대상이다. 그러나 이러한 파롤의 연구를 통해 랑그의 구조에 관한 추론들을 끄집어 낼 수 있다. 양식비평에 대한 연구에서 귀트게만스는 파롤의 개인적 기원과는 대조적으로 랑그의 사회학적, 공동체적 특성을 강조한다.[68] 개인의 파롤은 개인만이 실제적으로 글을 기록할 수 있기 때문에, 기록된 양식들 안에서 구체화된다. 반면에 쓰여진 파롤들은 공동체의 랑그의 구전 전승을 반영한다. 귀트게만스의 논점 중의 하나는, 랑그가 파롤과 혼동되어서는 안되는 것처럼, 구전 전승의 발전과정에서 적용된 "법칙들"이 이미 개인에 의해 기록된 양식들에 적용되어서는 안된다는 것이다. 그는 독일의 전통적인 양식비평이 (1) 기록된 양식들, 개인적인 말, 파롤과 (2) 구전 양식들, 사회 공동체의 언어, 랑그를 충분히 구분하지 못했다고 믿는다.

소쉬르가 랑그와 파롤을 구별한 결과 중의 하나는 신약 해석가와 관련되어 있다. 우리는 이미 "의미란 선택이다"라는 것을 어형변화적 관계(2.2 참고)와 연관시켜 강조한 바 있다. 해석가가 자기가 어떤 선택을 해야 할지 알고 나서야 비로소 저자가 사용한 x라는 단어가 얼마나 중요한지 알 수 있게 된다. 예컨대, 신약에서 "사랑"을 의미하는 ἀγαπῶ와 ἀγάπη의 선택이 특히 중요하다. 왜냐하면 기독교 저자들이 ἐρῶ와 ἔρως나 φιλῶ와 φιλία보다 그것들을 더 선호하기 때문이다. agape는 통찰력이 있는 창조적 사랑이고, eros는 자기를 만족시키는 정열적인 사랑이며, philia는 간절한 사랑이나 친절한 경향에 대한 좀더 일반적 단어로 추정된다.

그러나 우리가 신약의 저자들이 ἀγάπη를 선택해서 사용한다고 확실하게 말하기 전에, 먼저 사랑에 대한 다른 두 단어들이 실제로 관련된 문맥에서 적합한 선택이었는지 아닌지에 대해서 물어야 한다. "사랑"에 대한 다른 단어들이 1세기 헬라어에서 일반적으로 사용되었는지의 여부를 묻는 것으로는 충분하지 않다. 이 점에서는 사전 역시 잘못 인도할 수도 있다. 우리는 또한 사랑에 대한 어떤 단어들이 문제가 되고 있는 신약저자의 언어적 레파토리에서 사용될 수 있었는지를 물어야 한다. 아마도 그가 알지 못했거나, 어떤 이유로 개인적으로 싫어하는 단어들이 헬라어에 존재할 수도 있었을 것이다. 그렇다면 신약의 저자가 다른 단어들 대신에 x 라는 단어를 의도적으로 선택하였다고 주장하는 것은 완전히 잘못된 견해일 수도 있을 것이다.

3. 의미론과 언어학, 철학 분야에서의 다른 기초적인 도구들

1. 분야 의미론의 도구들 : 반대어와 동의어 형태

우리는 앞에서 이미 트리어(J. Trier)가 규정한 원칙, 즉 단어는 "전체의 부분이 될 때만 의미를 가진다 ⋯ 그것은 하나의 분야(field) 안에서만 의미를 지닌다"는 원칙을 살펴보았다. 소쉬르의 구조주의에 따르면, 의미론을 연구하는 학자들의 임무는 의미의 유사성(동의어:synonymy)과 의미의 상반성(반대어:antonymy), 그리고 의미의 포괄성(집합어:hyponymy ― 한 단어〔'가구'〕가 여러 종류의 품목들〔'의자'나 '테이블'〕을 표현하는 경우)에 대한 의미론적 관계들을 통하여 어휘 체계(lexical systems: Wortfelder) 또는 하부체계(sub-systems)를 세우는 것이다. [69]

니다(E. A. Nida)는 성서 어의학(lexicology)에서 분야 의미론(field semantics)이라는 방법을 더 많이 이용하여야 한다고 제안하였다. 그는 다음과 같이 기록한다. "어의학에 대한 새로운 접근들이 도입되어야 한다 ⋯ 의미에 대한 비평연구는 주로 동일한 단어들의 다른 의미가 아니라 다른 단어들의 관련된 의미를 분석하는데 토대를 두어야 한다."[70] 전통적인 방법에 따르면, 사전편찬자는 예컨대, "run"과 같은 단어들을 구문적 관계의 견지에서 다음과 같이 구별한다. (1) 길을 따라 달리다(run) (2) 기업을 경영하

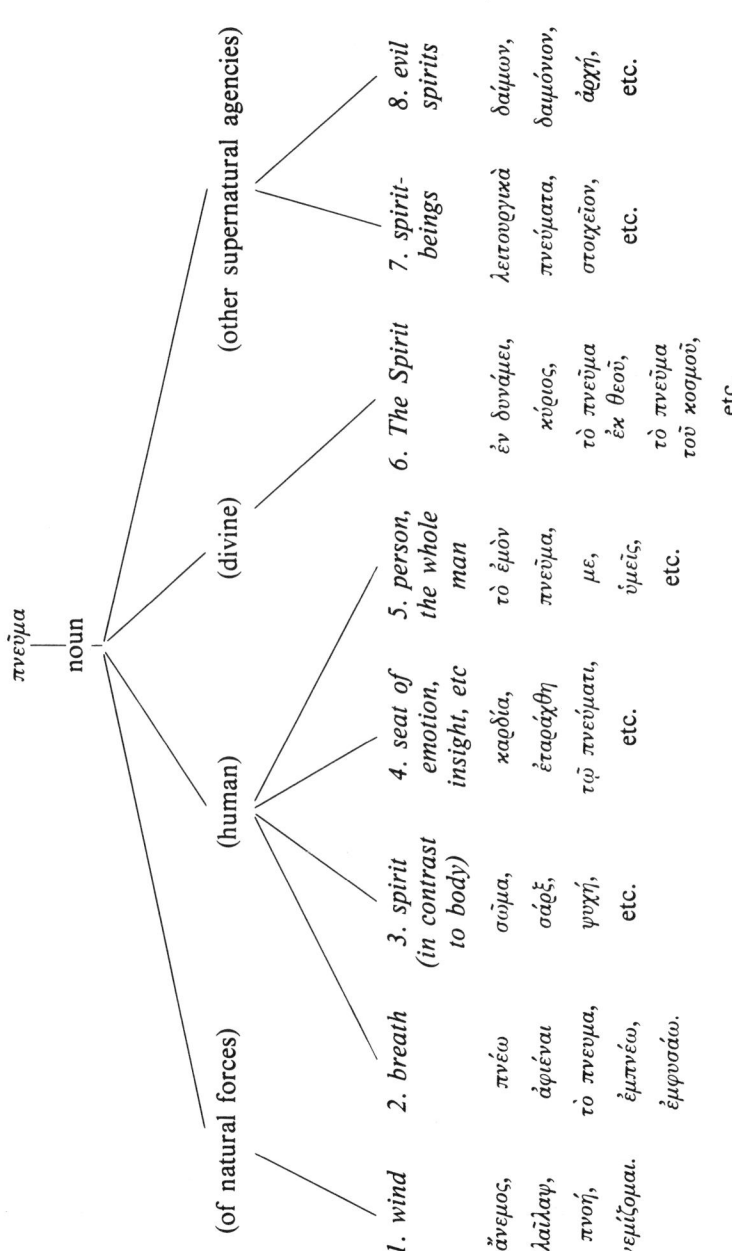

다(run) (3) 은행에 대한 지불청구의 쇄도(a run) 등등. 그러나 분야 의미론의 방법은 "run"을 첫번째 의미로 "walk", "skip", "crawl"과 같은 어형변화적 관계에 놓여 있는 단어들과 비교하고, 두번째 의미로 "control", "operate", "direct"과 같은 단어들과 비교한다. 이런 식으로 하나의 "분야"는 소쉬르의 "연상적 분야"(associative field)나 어형변화적 관계의 체계와 매우 유사하게 세워질 수 있다.

어의학에 있어서 전통적으로는 구문적 관계에 주목하였지만, 새로운 방법에서는 그것은 보조적인 역할을 한다. 예컨대, 신약 헬라어의 전통적 사전에서는 πνεῦμα라는 단어가 다음과 같이 분류될 것이다. (1) 바람 혹은 호흡 (2) 사람의 영 (3) 하나님의 영 (4) 영적 존재들. 그러나 "분야"적 접근은 첫번째 범주를 ἄνεμος, πνέω, λαῖλαψ와 관련시켜 조사하고, 두번째 범주를 σάρξ, ψυχή, σῶμα 등과 관련시켜 조사한다. 이 두 접근이 어떻게 보충될 수 있는지 다음 도표가 설명해 준다.

카츠(Katz)와 포더(Foder)는 어의학의 비교체계를 제시하는데, 거기에서 그들은 첫번째 설명 용어(noun)를 문법적 표시(grammatical marker), 두번째 용어들(예컨대, human, divine 등)을 의미론적 표시(semantic marker), 그리고 의미론적 표시 안에 있는 세번째 부류들(mind, breath등)을 의미론적 분류(semantic distinguisher)라고 각각 부른다. 그 다음에 의미론 분야의 구성을 시작하는 헬라어 단어들은 내가 첨가시켰다.

우리는 이제 다른 형태의 반의어들을 좀 더 자세히 살펴보아야 한다. 이 주제를 다루고 있는 책에서, 옥덴(C. K. Ogden)은 20여개의 실례를 들고 있는데, 그것들 대부분은 독특한 형태의 의미론적 반의어를 포함하고 있다.[71] 그러나 기본적인 차이는 소위 분리에 의한(by cut) 반의어와 정도(scale)에 의한 반의어 사이의 차이다. 분리에 의한 가장 뚜렷한 반의어는 **보충**(complementarity)으로 알려진 상호 보완적인 배척의 관계이다. 한 쪽의 부정이 다른 쪽의 긍정과 관련되며, 한 쪽의 긍정이 다른 쪽의 부정과 관련된다. 바울은 롬 11:6에서 이런 식으로 χάριτι(은혜로 말미암아)라는 단어를

ἐξ ἔργων(행함으로 말미암아)라는 말과 대립시킨다. "은혜"와 "행함"은 의미론적 가치를 그러한 보충의 관계에서 이끌어낸다. 그렇기 때문에 바울은 다음과 같이 기록한다. "은혜로 된 것이면, 행위에 근거한 것이 아닙니다. 그렇지 않으면 그 은혜는 이미 은혜가 아닙니다."

또한 귀트게만스도 이와 같은 방법으로 롬 1장에 나오는 δικαιοσύνη θεοῦ (하나님의 의)를 조명하고 있는데, 그는 1장에서 그 단어가 ὀργὴ θεοῦ(하나님의 진노)와 대립되어 있다는 것을 보여주고 있다.[72]

그러나 모든 반대어가 이러한 기능을 하는 것은 아니다. 엄밀한 의미에서 반의어(antonymy)라고 칭해질 수 있는 것은 정도(scale)에 의한 일방적인 반대 관계이다. 이런 반대어의 예가 롬 5:6-8에 잘 나타나 있다. 어떤 사람이 "선하다"(ἀγαθός)라고 하는 것은 그가 정말 악하다는 것을 부인하는 것이다. 그러나 반면에 "그가 선하지 않다"라고 말하는 것은 "그가 나쁘다"라는 것을 반드시 의미하는 것은 아니다. 왜냐하면 "선하다"는 것이 "법을 지킨다"(δίκαιος)는 말과는 대조될 수는 있지만, 법을 지킨다는 말이 반드시 선과 악을 구분할 수 없기 때문이다. 마찬가지로 복음서에서 "큰" 무리나 "많은" 무리의 반대는 "작은" 무리이다. 그러나 "많지 않은" 군중이 반드시 작은 무리를 나타내는 것은 아니다. "선하다"와 "많은"과 같이 정도나 등급을 표현하는 단어들과 관련된 반대 형태는 "은혜", "행위"와 같은 용어들이 포함된 반대형태와 다르다.

한 논문에서 나는 πνεῦμα(영)와 σάρξ(육체)에 대한 복잡한 의미론적 관계를 설명하려고 한 바 있다.[73] 어떤 문맥에서는 영에 따라 사는 것이 육신에 따라 사는 것에 상반 보충의 관계에 놓여져 있다(롬 8:9, 12). 반면에, 고린도 교회의 신자들은 어떤 의미에서는 영에 속한 사람들(고전 2:6-16; 12-14장)이지만, 또 어떤 의미에서 바울은 자신들이 "육적이지 않다"(3:1-4)는 고린도 교회 신자들의 생각을 받아들이기를 거부한다.

또 하나의 다른 반대 형태인 역(逆:converseness)의 반대어를 주목할 필요가 있다. "사다"와 "팔다"는 보통 역의 관계에 있다. a가 b로부터 x를 산다고 하면, b는 a에게 x를 파는 것이기 때문이다. 그러나 바울이 고전

6:19에서 고린도 교인들에게 값을 주고 사신 바 되었다(ἀγοράζω)고 말할 때, 우리는 그것을 "팔다"는 단어를 이용한 역 문장으로 변형시킬 수 없다. 여기에서 의미론을 적용시키는 것은 ἀγοράζω의 신학적 의미가 보통의 상업적 상황에서의 "사다"라는 의미와는 약간 다르기 때문에 위험하다는 것을 말해준다.

또한 여러 형태의 **동의어**(synonymy)들이 있다. 보통의 언어에서 완전하고 전체적인 동의어는 극히 드물다. 있다고 하더라도, 절대적인 의미에서의 완전한 동의어는 일반적으로 의학과 같은 분야에서나 사용하는 기술적 용어들이다. 아마도 "semantics"(의미론)는 "semasiology"의 절대적인 의미에서 동의어일 것이다. 동의어를 가늠하는 중요한 시험 기준은 "상호 교환성"(interchangeability)이다. 울만(S. Ullmann)은 다음과 같이 적고 있다. "어떤 일정한 문맥에서 인식적 의미와 감정적 의미가 변경되지 않고서도, 서로 교체할 수 있는 단어들을 동의어라고 지칭할 수 있다."[74]

대략 동의어에 대한 두 가지 원칙을 발견할 수 있다. 첫째는 대부분의 동의어는 문맥에 의존한다는 점이다. 많은 문맥에서 "jump"는 "leap"와 동의어가 된다. 하지만, "that noise made me leap"(그 소리에 나는 깜짝 놀랐다 : 이 경우에 "jump"를 써야 말이 됨 — 역주)라고 말할 수는 없다. "sick"는 종종 "ill"과 동일한 의미로 사용된다. 그러나 "a bird of sick omen" (불길한 징조를 가진 새 : 이 경우에는 "ill"을 사용해야 말이 된다 — 역주)라고 말할 수 없으며, 또한 "we are ill of repeating the same thing" (똑같은 일을 반복하는데 진력이 난다: 이 때는 "sick"를 사용해야 말이 된다 — 역주)고 말할 수 없다. 마찬가지로 신약 헬라어에서 καινός와 νέος는 둘 다 계약(διαθήκη, 히 8:8; 12:24)에 대해서 사용할 때는 "새로운"이라는 거의 동일한 의미로 사용된다. 그러나 어떤 저자도 καινὸν φύραμα (새로운 반죽)이라고 표현할 수 없을 것이며, 젊은 사람을 καινός로 표현할 수는 없을 것이다. 그렇다면, καινός와 νέος가 동의어인가 라는 단순한 질문에 "그렇다", "아니다"라고 대답하는 것은 잘못된 일이다. 의미론자들이라면 오히려 어떤 문맥에서 그것들이 동의어로 사용되는가를 물을 것이다.

동의어에 대한 두번째 원칙은 많은 단어들이 인식적인(cognitive) 차원에서는 다른 단어와 동의어로 사용되지만, 감정적인(emotive) 견지에서나, 인상적인 견지에서는 동의어가 아니라는 점이다. 초대를 "decline"(거절하다)라고 쓸 수는 있지만, 그것을 "reject"라는 단어로 표현할 수는 없다. 그러나 인식적인 면에서는 이 둘 사이에 커다란 차이를 발견하기는 어렵다. "decease"(죽음)란 단어는 "death"보다 더 공식적이고 전문적인 용어이다. 반면에 "pass on", "popped off", "was called to higher service"라는 표현들(모두 죽다라는 의미 ─ 역주)은 각자 나름대로의 특별한 강조점을 지니고 있다. 마찬가지로 어떤 문맥에서는 마가의 κράβαττος(침상이불)가 마태와 누가의 κλίνη(침상)와 인식적인 면에서 동의어로 사용되고 있다. 그러나 마가의 단어의 구어체적 강조를 마태와 누가는 부적당한 것으로 간주한다. 때때로 비슷한 행동이나 태도가 도덕적 인정이나 비난을 강조하려는 견지에서 서술될 수 있다. 여기에 착안해서 러셀(Bertrand Russell)은 그의 유명한 "감정적 어형변화"를 다음과 같이 시작한다. "나는 확고하다, 너는 완고하다, 그는 고집이 세다 … 나는 다시 생각하였다. 너는 마음을 바꾸었다, 그는 자신의 말을 취소하였다." 이처럼 신약에서의 "추론"은 비난(διαλογισμός)의 태도나 중립적 태도, 또는 찬성(νόημα, νοῦς 참조)의 태도를 강조함으로써 언급될 수 있다.

동의어에 대한 그 밖의 논평이 다음과 같이 세 가지로 제시될 수 있다. 첫째로, 문맥에 의존하는 동의어의 또 다른 검사기준은 반의어에 의해 제공될 수 있다. 예를 들어, "wide"는 "narrow"가 적용될 수 있는 문맥들(좁은 길, 또는 폭 좁은 판자 등) 안에서는 "broad"의 동의어가 된다. 그러나 우리는 "narrow accent"라는 말을 쓸 수 없고, 단지 "broad accent"(사투리 액센트)라는 표현을 쓸 수 있을 뿐이다. "deep"와 "profound" "thought(심오한 생각)"는 "shallow"(피상적인) 생각과는 상반된다. 그러나 "deep voice"(저음)의 반대는 "high voice"(고음)이다.

둘째로, 동의어는 통시언어학에서 탐구될 수 있다. 때때로 오랜 기간동안 두 단어의 의미가 점점 더 가까와져서 동의어가 된후, 실제로 한 단어는 사라지고마는 경우가 있다. 클라인스(David Clines)는 발간되지 않은 한 연구에서 이런 현상이 ἀγαθός(선한)와 καλός(좋은)에서 일어나고 있음을 밝히고 있다. 고전 헬라어에서 두 단어는 의미가 달라서, ἀγαθός는 주로 도덕적 선을 나타낼 때 사용된다. 그러나 신약 헬라어에서 두 단어는 거의 동의어로 사용된다. 현대어에서 ἀγαθός는 사라지고 없다. 그러나 때때로 그 반대 과정이 나타날 수도 있고, 한때는 동의어였던 것이 다른 방향으로 발전해 나갈 수도 있다.

셋째로, 동의어는 문체의 문제를 제기한다. 예컨대 많은 저자들이 동일한 단어의 반복을 피하기 위해 비슷한 용어들을 사용하고 있다.[75] 그러한 문맥에서 비슷한 단어들은 좀 더 명백하게 동의어가 된다. 요 21:15-17에 나오는 ἀγαπῶ(사랑하다)와 φιλῶ(사랑하다)의 경우가 이것에 대한 예가 될 수 있을 것이다.

2. 모호한 언어형태와 은유

일종의 애매모호한 언어 형태(vagueness)는 유용하고 바람직하다. 우리가 단지 "의자"와 "테이블"에 대해서만 말하고, "가구"에 대해서는 말할 수 없다면, 즉 우리가 "붉은" 것에 대해 말하고자 할 때는, 심홍색(crimson)인지 주홍색(scarlet)인지 자세히 설명하면서도, "붉은" 것에 대해 말할 수 없다면, 혹은 튜울립인지 장미인지, 아니면 둘의 혼합인지 상세히 설명하면서도 "꽃"에 대해서 말할 수 없다면, 우리의 언어는 매우 빈곤해질 것이다. 신약 해석자가 κακία(악)와 같은 특별한 용어를 발견할 때, 본문이 제시하는 것 보다 더 상세하게 그 의미를 주장하는 것은 잘못이다. 나는 이 점을 두 논문에서 밝혔는데, 하나는 비유의 적용에 대한 것이고, 다른 하나는 고전 5:5에 나오는 σάρξ의 의미에 대한 것이다.[76]

모호성(vagueness)의 한 형태는 상세성(specificity)의 결여에서 비롯된다. 예컨대, 노련한 정치가가 위기에 대처하기 위한 "조처를 취할 것"을 약속한다면 보편적인 지지를 얻을 것이다. 그러나 그가 어떤 조치를 취할 것인지 상세하게 설명하도록 강요받는다면, 그 선거에서 패배할 것이다.

모호성의 또 다른 형태는 명확한 기준점의 결여에서 비롯된다. "도시의", "따뜻한", "중년의" 같은 단어들은 매우 유용한데, 그 이유는 그 단어들이 "화씨 60도 이상"이나, "39세에서부터 61세까지의 나이"처럼, 정확히 양을 한정하지 않기 때문이다.

모호성의 세번째 형태는 특별히 철학에서 관심을 가지는 **다형적 개념**(polymorphous concepts)의 모호성이다. 이러한 형태의 단어의 의미는 일반적인 견지에서는 주어질 수 없고, 오직 그 단어가 다른 문맥들에서 사용된 실례들을 들 때만 주어질 수 있다. 비트겐슈타인(Ludwig Wittgenstein)이나 라일(Gilbert Ryle)과 같은 사람들은 "사유함"(thinking)이 무엇인지 일반적으로는 말할 수 없다고 주장한다. 그 의미는 오직 그 용어를 특정한 상황에서 사용한 실례들을 들 때만 말해질 수 있다는 것이다. 안스콤브(G. E. M. Anscombe)는 이런 방법으로 "개념"(intention)의 논리를 연구하고 있고, 화이트는 "유의"(attention)의 다형적 특성을 강조하고 있다. "유의"(attention)가 무엇인가 하는 것은 우리가 유의하고 있는 것이 무엇인지 아느냐에 달려있다.

내 생각으로는 πίστις(믿음)가 특히 바울에게 있어서는 다형적 특성을 지닌 것으로 보여진다. 그것은 상황이나 문맥에 의존하기 때문에 지적 동의나 실제적인 순종을 포함한다. 종말론적으로 믿음은 보는 것에 반대되며, 하나님의 선물을 그리스도 중심으로 소유하는 것을 의미한다. 그러므로 일반적인 정의를 가지고 이러한 모호성을 극복하려고 한다면, 그것은 "믿음"이 무엇을 의미하는지에 대한 오해를 불러일으키는 결과를 초래하게 된다.

성서를 해석할 때, 주석가들은 저자가 모호성을 선택한 곳에서 너무 자주 정확성을 찾곤 하였다. 막 13:14에 나오는 "황폐케하는 가증스러운 것"은 특별히 열심당의 폭력에 대한 언급인가, 아니면 디도의 동상, 칼리굴라, 혹은 하드리안에 대한 언급인가? "인자"라는 용어에서 예수를 의미하였을 모호성을 배제해야만 하는가? 신약의 저자들이 우리가 종종 그러는 것처럼 어떤 사상들을 열어둔 채로 놓아두기를 원하지는 않았을까?

우리는 이제 모호성의 문제와 무관하지 않은 **은유**(metaphor)에 대해

간략하게 살펴보아야 한다. 하나의 살아있는 은유는 확고부동한 언어 사용을
전제한 다음에, 신기하고, 논리적으로 기이한 방법으로 그 사용을 확대한다.
이러한 은유의 목적은 이중적이다. 첫째는 독자로 하여금 어떤 반응을 불러
일으킬 만한 긴장감을 조성하기 위해서이다. 둘째는 독자들이 문제점을 새로
운 방식으로 볼 수 있도록 모델이나 그림 혹은 좌표를 제공하기 위해서이다.
그러나 은유가 참으로 살아있을 때만 그런 목적을 이룰 수 있다는 점이 강조
되어야 한다. 대부분의 은유들은 곧 죽은 은유가 된다. 바로 이 점이 성서의
은유를 해석하는 신약 해석자들이 직면하는 결정적인 곤경이다. 엡 6:14-17
에 나오는 유명한 그리스도인의 전신갑주 은유는 죽은 은유가 되었거나, 심
지어는 단순한 유비나 직유가 되어 버렸다. 왜냐하면 "성령의 검" 같은 단어
는 확정된 언어 용례가 되었기 때문이다.

때때로 새로운 번역이 옛 은유를 그것과 밀접하게 관련된 새 은유로 대
체함으로써 어느 정도 힘을 회복시킬 때도 있다. 이런 까닭에 벧전 1:13에
나오는 "너희 마음의 허리를 동이고"가 NEB에서는 "행동하기 위해 옷을 벗
은 채로"(stripped for action)로 표현된다. 반면에 "영혼의 닻"(히 6:19),
"너희에게 젖을 먹였다"(고전 3:2), "산돌"(벧전 2:5) 등은 고치지 않고서도
여전히 본래의 긴장의 요소를 간직하고 있다.

해석자는 완전한 설명을 통해 은유의 힘을 소멸시킬 것인지 아니면 그
의미를 열어둔 채로 남겨두든지 신중하게 결정하여야 한다. 신약에서 하나의
은유가 이미 죽은 은유라면, 명료하게 설명하려다가 잘못을 저지른다고 해서
해가 될 것은 없다. 따라서 "주님의 손"(행 11:21)이 Today's English
Version에는 "주님의 능력"으로 표현되어 있고, "이 잔을 내게서 거두어 주
십시오"(눅 22:42)가 스페인 역에는 "이 시련의 고통으로부터 나를 벗어나게
하소서"로 표현되고 있다.

그러나 은유가 살아있는 은유일 때는 문제는 달라진다. 예컨대, 바울의
"그리스도로 옷입다"(갈 3:27)를 "그리스도 자신의 성품들을 취하다"
(Today's English Version)로 번역한 것은 정당화 되기 어렵다. 은유란 독
자들로 하여금 어떤 신중한 모호성을 수단으로 해서 스스로 생각하게 하려는

것이다. 그것은 어떻게 모범이 되는지 그 방법을 정확히 설명하지 않고, 어떤 것을 모범으로 제시해 주는 표현이다.[77]

와이즈만(F. Waismann)이 시학에 대해 다음과 같이 말한 것을 은유에 그대로 적용시킬 수 있을 것이다. "그것의 임무는 우리를 둘러싸고 있는 전통적인 가치들의 벽을 뚫고 들어와 우리를 깜짝 놀라게 하여 세상을 새로운 시각으로 바라보게 하는 것이다."[78] 은유가 제거되거나 직유(simile)로 변화된다면, 위에서 말한 은유의 전체적인 차원을 잃고 말 것이다.[79]

은유에 대해 서술하고 있는 문헌은 광대하다.[80] 그러한 문헌은 우리로 하여금 마치 은유적 언어가 비-은유적 강화(discourse)보다 약간 열등한 것을 의미하는 것처럼, 성서의 은유들을 "단순한" 은유로 보는 것에 대해 경계하도록 한다. 그러나 또한 이러한 광대한 문헌으로부터 여러 다른 목적을 지닌 여러 형태의 다른 은유들이 있으며, 은유와 비은유 사이의 선은 실제로는 선이 아니라, "죽은" 은유와 환유(metonymy)나 제유(synecdoche)와 같은 단순한 비유 언어를 뚫고 나가는 연속성 있는 척도(scale)라는 점이 분명해진다. 펑크(Robert Funk)와 테셀(Sallie TeSelle)은 예수의 비유가 은유의 기능을 가진다고 주장하였다. 그러므로 신학에서 ― 특히 불트만과 관련해서 ― 은유와 신화를 구분하는 것은 중요한 일이다.

3. 최근 언어학적 접근들의 결과들

지금 진행하고 있는 논의에 특별히 촘스키(Noam Chomsky)의 작업과 관련된 변형문법 연구를 포함시키면 매우 이상적일 것이다. 그러나 실제로 그 분야는 너무 복잡하고 기술적인 문제여서 몇 단락으로 간략하게 요약하는 것으로 만족하려고 한다. 그러므로 이 장에서 우리의 목적은 좀더 축소되어야 한다. 우리는 성서 번역에 관련된 사람들이 이러한 변형문법적 접근을 통해 제시한 용례들만 몇 가지 서술하고 평가하려고 한다. 이것은 특히 니다(Eugene A. Nida)의 연구와 관련되는데, 그는 변형문법의 통찰들에 대해 열정적으로 언급하며, 특히 언어의 표면 구조를 그것의 토대가 된 핵심으로 변형시키는 기술들에 집중한다.

니다와 타버(Taber)는 다음과 같이 적고 있다. "'변형문법'에서 생겨나는 가장 중요한 통찰 중의 하나는 모든 언어에는 6개에서 12개 정도의 기본 구조들이 있는데, 이 기본구조에서 소위 '변형'에 의해 더욱 더 상세한 형태들이 만들어 진다. 반대로 역-변형(back-transformation)은 표면구조를 그 기초가 되는 핵심으로 변형시키는 것이다."[81] 우리는 앞에서 엡 1:7의 배후에 있는 몇 가지 핵심적 형태들을 주목함으로써 이 원칙을 설명한 바 있다. 니다와 타버는 계속해서 엡 2:8, 9을 인용하여 예로 들고 있다. "여러분은 믿음으로 말미암아 은혜로 구원을 받았습니다. 이것은 여러분에게서 난 것이 아니요 하나님의 선물입니다. 구원이 행위에서 난 것이 아님은 아무도 그것을 자랑할 수 없게 하려고 하시는 것입니다." 이 구절은 일곱 개의 핵심 문장으로 환원될 수 있다. (1) 하나님은 너희에게 은혜를 보이셨다. (2) 하나님이 너희를 구원하셨다. (3) 너는 믿었다. (4) 너는 자신을 구원하지 못하였다. (5) 하나님이 그것을 주셨다. (6) 너는 그것을 위해 한 것이 없다. (7) 어느 누구도 자랑해서는 안된다.[82]

이 핵심 문장들은 원칙적으로는 촘스키의 "심층 구조"의 견지에서 보면 그 이상으로 변형될 수 있을 것이지만, 그것은 니다와 타버가 성경 번역자에게는 실제적으로는 가치가 없다고 본 이론 언어학의 관심이다. 그들은 번역자의 임무가 먼저 어떤 진술을 역-변형에 의해 핵심문장들로 변형시키고, 그 다음 마지막 과정에서 그 핵심들을 수용 언어에서 본래의 화자의 이해와 가장 잘 부합되는 언어 구조로 재형성하는 것이라고 주장한다.

이러한 접근의 장점 중의 하나는 표면 문법(surface grammer)의 임의성과 논리-문법 비교법에 관한 오류를 다시 한번 입증해 준다는데 있다. 최종 번역의 표면 문법이 반드시 본래 헬라어의 표면 문법과 일치하는 것은 아니다. 이런 점에서 번역은 단순히 기계적인 임무가 아니라 창조적인 임무이다.

그러나 우리는 또한 표면 문법과 심층 문법의 대조가 어떤 형태의 **모호성**을 제거하는 수단으로 사용된다는 위험성에도 주목하여야 한다. 1924년경 예스퍼슨(Otto Jespersen)은 "그 의사의 도착"과 "그 의사의 집" 같은 피상적 병행 구문 사이에 존재하는 근본적인 구조상의 차이에 주목하였다. 그 차이는 촘스키의 견지에서 "그 의사의 도착"이 명사구(그 의사)와 자동사(도착하였다)의 형태(NP/Vi)로 구성된 "그 의사가 도착하였다"라는 변형으로부터 파생된 반면에, "그 의사의 집"은 명사구와 타동사와 목적명사의 형태(NP/Vt//N)로 구성된 "그 의사가 한 집을 가지고 있다"라는 변형에서 파생되었기 때문에 생겨난다는 것이다. [83)]

이러한 변형 기술의 예는 신약 주석과 전통문법에서 이미 은연중에 사용되어 왔다. "목적적 속격"과 "주어적 속격"의 전통적인 차이가 일반적으로 변형적 견지에서 설명되곤 하였다. 예컨대, 고전 1:6에 나오는 "그리스도의 증언"(τό μαρτύριον τοῦ Χριστοῦ)이라는 말은 그대로 보면 그 의미가 애매모호하다. 여기에서 사용된 속격이 주어적 속격이라면, 그것은 "그리스도"가 주어인 "그리스도가 증언하였다"는 변형으로부터 파생된 것이다. 그러나 속격이 목적적 속격이라면, 그것은 "그리스도가" (간접) 목적어인 "바울이 그리스도에 관해 증언한다"는 변형으로부터 파생된 것이다.

마찬가지로 요한 일서에 나오는 "하나님의 사랑"이라는 말도 그대로 보면 애매모호하다. 따라서 그것이 "하나님이 사랑하신다 — "(주어적 속격)에서 파생된 것으로 해석되든지 아니면, " … 하나님을 사랑한다"(목적적 속격)에서 파생된 것으로 해석되어야 한다. Today's English Version은 하나의 특정한 변형을 분명하게 반영시킴으로써 이러한 모호성을 규칙적으로 제거한다. 그래서 "세상의 빛"(마 5:14)을 "세상에 대한 빛"(목적적 속격으로 "세상을 비춘다"는 변형에서 파생된 것으로 보아서)으로, "성령의 약속"(행 2:33)을 "그의 아버지가 약속하신 성령"("성령이 약속하셨다"는 주어적 속격을 배제하고, 목적적 속격으로서 "아버지가 성령을 약속하셨다" **변형**에서 파생된 것으로 보아서)으로 표현하고 있다.

변형문법은 문장에서 표현되지 않고 함축된 의미 요소들을 종종 밝히려고 한다. 촘스키는 다음과 같이 논평하고 있다. "표면상의 유사성들이 본질상의 차이들을 숨길 수 있다 … (그러므로) 화자의 지식의 실제적인 특성이 무엇인지 결정하기 전에 우리는 화자의 직관을 매우 세심하게 찾아볼 필요가 있다."[84] 번역이 불가피하게 해석이 될 수밖에 없다는 점을 다시 한번 인정한다면, 이 원칙은 성서 번역에서 긍정적인 가치를 지닌다.

그러나 언어적 요소들을 분명하게 해 주는 이 방법이 때로는 본문이 허용하는 것보다 더 멀리 나갈 때가 있다. 그래서 Today's English Version이 καὶ ἰδὼν ὁ Ἰησοῦς τὴν πίστιν αὐτῶν(막 2:5)을 "예수가 그들에게 믿음이 얼마나 있는지 보고."로 번역한 것이 올바른 번역인지 의심스럽다. R.S.V는 간단히 "예수가 그들의 믿음을 보고"로 표현하고 있다. 그러나 Today's English Version의 번역자들은 아마도 자기들이 본문에 함축되었다고 판단한 것을 분명하게 나타내기 위해 그렇게 표현하였다고 주장할 것이다.

언어 요소들을 분명하게 밝혀주는 이 변형 원칙에 대해 한 가지 더 언급할 점이 있다. 그 원칙은 단어의 출현-횟수에 대한 통계상의 진술들이 실제적인 개념들의 발생을 잘못 파악할 때가 종종 있다는 것을 입증해준다. 부레스(K. L. Burres)는 롬 3:27에 나오는 "자랑할 것"이라는 말을 예로 들어 이 점을 설명한다.[85] 본문은 이렇다. "그렇다면 우리가 자랑할 것이 어디에 있습니까? 전혀 없습니다. 어떠한 법으로 의롭게 됩니까? 행위의 법으로 됩니까? 아닙니다. 믿음의 법으로 됩니다."

이 본문의 형태에서는 "자랑할 것"이라는 단어가 단 한번 나타난다. 그러나 변형 분석을 통해, 함축되어 있지만 기능적으로는 작용하고 있는 발생 횟수를 열거해 보면, 다음과 같다고 부레스는 주장한다. "그렇다면 우리가 '자랑할 것'이 어디에 있습니까? 우리의 '자랑할 것'이 없습니다. 어떤 법으로 우리가 '자랑할 것'이 없습니까? 행위의 법으로 우리의 '자랑할 것'이 있습니까? 없습니다. 우리가 '자랑할 것'은 믿음의 법을 통해서입니다." 여기에서 "자랑할 것"이라는 말은 5번 나온다.

그러나 니다가 성서번역을 위해 변형적 접근들의 중요성들을 성공적으로 입증하고 있다고 할지라도, 나는 여전히 이러한 기술들의 사용을 주저한다. 첫째로 니다가 문제를 분명하게 자각하고 있다고 하더라도, 번역가는 단지 인식적인 차원에서만 의미론적 동일성(equivalence)을 생각하는 것은 경계하여야 한다. 이생으로부터의 떠남인 "decease"(죽음)가 온통 "그가 죽는다"라는 핵심문장으로 변형될 수 있다면, 본래 말에서는 중요했었을 감정적, 문화적, 종교적 의미의 강조점을 간과하기 쉬울 것이다. 니다는 이러한 문제를 놓치지 않기 위해 모든 노력을 다 해야 한다는데 동의할 것이다. 실제로 니다와 타버는 바로 이 점을 "함축적 의미"라는 장에서 강조하고 있다.

두번째로 핵심문장들의 개념은 「논리철학 논고」(*Tractatus*)에서 제시된 비트겐슈타인의 초기 개념들과 매우 흡사하다. 우리는 여기에서 「논리철학 논고」의 이론들을 평가할 수 없지만, 자신의 후기 저서에서 비트겐슈타인이 이런 식으로 도달된 의미 이론들에 깊은 불만족을 표하였다는 것을 지적하는 것으로 충분할 것이다. 대상, 사건, 발췌, 관계들의 "보편적"인 문법에 관한 이론들은 비트겐슈타인이 처음에 제안하였다가 나중에 거부한 언어이론을 상당 부분 상기시킨다. 물론 이러한 비평들이 변형적 접근 전체를 무효화하는 것은 아니지만, 그 방법을 조심스럽게 사용하여야 한다는 경각심을 불러일으키기에는 충분할 것이다.

4. 의미론적 탐구의 결론적 예 : 믿음에 의한 칭의

결론을 대신해서, 나는 신약해석의 특정한 일련의 문제들이 어떻게 해결되며, 적어도 의미론과 논리의 문제들에 대한 탐구를 통해 그 문제들이 어떻게 다르게 나타나는지 보여주려 한다. 지금까지 우리는 주로 일반 언어학에서 생성된 도구들을 살펴보았기 때문에 언어 철학의 배경 하에서 나오는 몇 가지 가능성을 고찰함으로써 결론을 내리고자 한다. 묘사적(discriptive) 언어와 평가적(evaluative) 언어의 차이에서 시작한다면, 나는 "seeing as"에 대한 비트겐슈타인의 개념과, 언어-게임의 "집" 배경("home" setting of a language-game)에 대한 그의 사상, 그리고 그 나름대로 이해한 분석, 또는 "문법성"(grammaticalness)의 개념에 의존할 것이다. 나는 이러한 개념들을 바울 사상에서 칭의에 의해 제기된 문제들에 적용시킬 것이다.[86]

1. 그리스도인들은 어떻게 "의인"이면서 동시에 죄인일 수 있는가? 케제

만(E. Käsemann)은 이 교리의 "논리적 당혹함"에 대해 언급하고, 프랏 (F. Prat)은 "어떻게 거짓이 진실일 수 있으며, 어떻게 하나님이 거짓이라고 아는 것을 진실이라고 선언하실 수 있는가?"라고 외친다.[87] 이 문제에 대한 여러 가지 대답들이 주어졌다. 예컨대, δικαιόω는 의롭다고 간주하는 것이지, 의로워진 것을 의미하지는 않는다는 주장, "의"는 오직 억압받는 자를 변호하시는 승리자로서의 하나님의 행위만을 가리킨다는 주장, 하나님의 "의"가 그의 구원하는 능력을 의미한다는 주장, "의로워진다는 것"은 윤리나 윤리적 위치에 대한 언급없이 "하나님과 올바른 관계 속으로 들어서는 것"을 의미한다는 주장들이 있다.[88] 그러나 나는 이러한 견해들 중의 어느 것도 전적으로 만족스러운 대답을 준다고 생각하지 않는다. 그리스도인은 "죄인"이면서도 하나님이 마치 그가 의인인 것처럼 간주하신다는 것은 여전히 "역설"로 남아 있다.

2. 칭의는 현재적인가 미래적인가? 많은 구절들에서 칭의는 현재적 실재로 지적되고 있다(롬 5:1, 9; 9:30; 고전 6:11). 그러나 갈 5:5에서 바울은 신자들이 미래에 "의롭게 하여 주심을 받을 소망"을 기다린다고 분명하게 말하고 있다. 바이스(Weiss)와 슈바이처(Schweitzer)를 따르는 많은 바울의 해석가들은 칭의가 엄격하게 말하면 미래에 속해 있지만, 또한 현재에도 효력을 지닌다고 생각한다.

3. 믿음이 ─ 화이틀리(Whiteley)가 지적한 것처럼 ─ "또 다른 종류의 행함"이 아니라면, 바울이 어떻게 믿음을 행함과 대립시킬 수 있을까?[89] 그것은 동일한 종류에 속하는 것이 아닌가? "믿음을 갖는다"는 것은 우리가 "선행"을 다 써버렸을 때 던질 수 있는 트럼프 카드와 같은 것은 아니다.

이러한 세 가지 문제를 모아서 나는 바울의 언어의 의미론에 관한 세 가지 제안을 하고자 한다.

(1) 신자들을 의인이면서 죄인이라고 할 때, 우리는 참이냐 거짓이냐 하는 두 개의 묘사적 주장을 다루는 것이 아니라, 나름대로의 법칙 내에서 모두 타당한 두 개의 다른 평가 혹은 판결을 다루는 것이다. 상호 배타적인 두 개의 주장들이 모순 또는 역설의 관계에 있는 까닭에, 대결하는 두 개의 평

가 간의 논리적 관계를 서술하는 것은 잘못된 방법이다. 만일 어떤 사람이 "X는 검다"라고 주장하고, 다른 사람은 "X는 하얗다"라고 주장한다면, 둘 중의 한 사람은 틀린 것이 분명하다. 그러나 어떤 사람이 "X는 만족스럽다", 또는 "X는 빠르다"라고 말하고, 다른 사람은 "X가 불만족스럽다" 또는 "X가 느리다"라고 한다면, 둘다 모두 다른 구조(frame of reference)와 관련된 타당한 평가일 수 있다.

특별히 비트겐슈타인은 "X를 Y로 보는 것"의 현상을 연구한다.[90] 어떤 사람이 퍼즐 그림을 볼 때, 때로는 점으로 볼 수도 있고, 때로는 면으로 볼 수도 있다. 그가 정육면체의 그림을 볼 때, 때로는 유리 정육면체로 볼 수도 있고, 때로는 열려진 상자로, 때로는 철사구조로, 때로는 각도가 정확한 세 개의 판으로로 볼 수도 있다. 보는 대상은 동일하다. 그러나 어떻게 보여지는지는 보는 사람에 의해 제공된 체계나 구조 안에서 그것이 어떻게 기능을 하는가에 달려 있다. 어떤 사물이 가능한 것 이상의 "무엇 무엇으로 보여질 수" 있다면, 그것이 보여질 수 있는 가능한 법칙이 존재함에 틀림이 없다. 에반스(Donald Evans)는 이 점을 우리가 X를 Y로 "간주하는" "간주" (onlooks)로 설명한다.[91] 바울의 사상에 있어서 그리스도인은 의로운 사람으로서 혹은 죄인으로서 "보여지고", "간주된다." 왜냐하면 그는 두 개의 법칙 안에 설 수 있기 때문이다.

(2) 이 두 법칙들은 각각 종말론과 역사에 속한다. 역사의 맥락에서 그리스도인은 현재와 과거의 견지에서 죄인으로 남아 있다. 엄밀하게 말하면, 칭의는 그리스도인이 마지막 심판 때에 내려질 미래의 문제이다. 그럼에도 불구하고 종말론적 구조는 미래의 실재와 일치하기 때문에 결정론적인 구조이다. 그것은 믿음에 의해 현재에 선취될 수 있다. 이런 의미에서 칭의는 "율법과는 상관없이"(롬 3:21; 갈 2:16; 빌 3:9 참고) 주어졌기 때문에 현재의 실재가 된다. 신자가 이미 자신의 종말론적 지위를 확보하는 한, 이 문맥에서 그는 의로워진다. 그러나 그가 여전히 일상 세상에서 사는 한, 그는 여전히 미래의 칭의를 기다리는 죄인으로 남아 있다. 역사와 종말론은 각각 그리스도인에 대한 다른 판결이 타당하고, 적절할 수 있는 구조와 논리적 문맥

을 제공한다. 비트겐슈타인의 언어 게임의 집 배경의 의미에서 종말론은 믿음에 의한 칭의의 논리가 통용되는 집 배경이다.

(3) 우리는 이제 "칭의"와 "믿음"이 그러한 배경 안에서 서로 내적이고, 문법적이고, 분석적인 관계를 맺고 있다는 것을 볼 수 있다. 칭의의 문맥에서, "믿음"이란 이러한 미래에 있을 간주함(onlook)을 현재에 유효하고 타당한 것으로 받아들이는 것을 의미한다. 외부의 역사 때문에 심판 때에만 유효할 수 있는 판결이 **믿음 때문에** 지금 유효해 진다. 외적 관점으로부터 볼 때 칭의는 미래에 남겨진다. 그러나 믿음은 그러한 순수한 역사의 구조로부터 나오게 한다. 이러한 의미에서 바울에게 있어서 믿음은 히 11:1("믿음은 바라는 것들의 실상이요")과 멀리 떨어져 있지 않다. 그러나 이것이 사실이라면, 믿음은 단순히 칭의를 "획득하는" 외적 수단이 아니라, **칭의의 일부로서** 간주될 수 있다. 비트겐슈타인의 용어로 말하면, "칭의는 믿음을 필요로 한다."는 말은 칭의의 **문법**이나 개념에 대한 분석적 진술을 하는 것이다. 그것은 "녹색은 색깔이다", "물은 섭씨 100도에서 끓는다"는 말과 같다.[92] 그것은 하나의 조건이 아니라, 칭의에 대한 자격의 의미에서 칭의와 연관된 그 어떤 것을 말하는 것이다.

나는 일부러 의미론의 철학적 측면에 의해 제안된 예를 가지고 결론을 내렸다. 언어학으로부터 끌어낸 많은 통찰들은 주로 신약 해석자에 부정적인 경고를 제공하고, 그로 하여금 활기있고 조심스럽게 진행하도록 촉구하며, 많은 귀중한 가정들에 도전하게 한다. 그러나 철학으로부터 이끌어진 많은 통찰들은 때때로 보다 더 긍정적인 새로운 관점을 제공해 주는 것처럼 보인다.[93] 본 논문에서는 우리는 또한 동의어와 은유에 끼친 철학적 공헌을 주목하였다. 그러나 언어학과 철학 양쪽 다 신약 해석자들이 언어와 의미에 관련되는 한 그에게 필수불가결한 공헌을 제공한다. 신약 해석자는 언어학과 철학의 방법과 결론들을 무시할 수도 있지만, 그러나 그것은 위험스런 모험이 아닐 수 없을 것이다.

주

1) John Lyons, *Structural Semantics. An Analysis of Part of the Vocabulary of Plato* (Oxford 1963), pp. 23-4. Cf. C. K. Ogden and I. A. Richards, *The Meaning of Meaning* (London 1923), pp. 306-7; cf. pp. 308-36, and also Stephen R. Schiffer, *Meaning*(Oxford 1972), pp. 1-5.

2) J. Barr, *The Semantics of Biblical Language* (Oxford 1961); E. Güttgemanns, *Studia Linguistica Neotestamentica. Gesammelte Aufsätze zur linguistischen Grundlage einer Neutestamentlichen Theologie* (Beiträge zur evangelischen Theologie Bd. 60; Münich 1971); R. Kieffer, *Essais de methodologie neotestamentaire* (Lund 1972); J. F. A. Sawyer, *Semantics in Biblical Research, New Methods of Defining Hebrew Words for Salvation* (London 1972) and Kenneth L. Burres, *Structural Semantics in the Study of the Pauline Understanding of Revelation* (unpublished Ph. D. Dissertation Northwestern University, Evanston. Illinois, 1970; University Microfilms Xerox, Ann Arbor, Michigan 71-1810). Cf. also the journal edited by Güttgemanns, entitled *Linguistica Biblica: Interdisziplinäre Zeitschrift für Theologie und Linguistik*, and published in Bonn: see also the discussions of Barr's work in: G. Friedrich "Semasiologie und Lexicologie", in TLZ 94 (1969) cols. 801-16, especially cols. 803-7; cf also T. Boman, ibid., 87 (1962), cols. 262-5; D. Hill, *Greek Words and Hebrew Meanings, Studies in the Semantics of Soteriological Terms* (Cambridge 1967); J. Barr "Common Sense and Biblical Language", in *Biblica* 49 (1968), pp. 377-87; and especially K. Arvid Tangberg, "Linguistics and Theology: an Attempt to Analyse and Evaluate James Barr's Argumentation ⋯ ", in *The Bible Translator* 24 (1973), p. 301-10. For other articles involving semantics see G. B. Caird "Towards a Lexicon of the Septuagint" in JTS 19 (1968), pp. 453-75

3) For my articles see notes 9, 48, 73, 76, 86. For D. D. Evans see n. 91 and for O. R. Jones see n. 93.

4) S. Ullmann, *The Principles of Semantics*, (Oxford 1957²,), p. 1.

5) A. Darmesteter, *La vie des mots etudiée dans leur significations* Paris, 1895⁵) especially in pp. 138-48 on synonymy; and M. Bréal *Semantics, Studies in the Science of Meaning*(London 1900), especially chapters 14 and 15 on polysemy.

6) "아마도 모든 중세 철학자들과 16-7세기의 저자들, 그리고 후대의 Johnson, Mill, 좀 더 후대의 Frege … Meinong, Russell, … Witgenstein 등은 사실상 이름들(names)의 의미에 대한 이론들을 세우고, 그것들을 모든 언어적 표현들, 특히 문장에까지 확장시켜, 적용하고자 하였다. 그들의 이러한 노력의 배후에는 문장의 의미는 … 문장을 이루고 있는 요소들의 의미들의 기능이라는 확신이 있었다." J. Pelc, *Studies in Functional Logical Semiotics of Natural Language* (The Hague 1971), p. 58.

7) M. Black, *The Labyrinth of Language* (London 1968), p. 9.

8) S. Ullmann, *The Principles of Semantics*, p 16.

9) 나는 이 예를 A. C. Thiselton, "The use of Philosophical Categories in New Testament Hermeneutics," in *The Churchman* 87 (1973), p. 96. 에서 사용하였다.

10) F. de Saussure, *Cours de linguistique gé né rale* (edition critique par R. Engler; Wiesbaden 1967, 3 fascicles), fasc. 2, pp 147-73 and 303-16; cf. E. T. *Course in General Linguistics* (London 1960, ed. by C. Bally et al.), p. 67-78, and 134-9.

11) Cf. L. Wittgenstein, *Tractatus Logico-Philosophicus* (London 1961), 4.0031; and B. Russell, "On Denoting", in *Mind* 14 (1905) pp. 479-93.

12) B. Russell, loc. cit., p. 480.

13) K. Barth, *The Epistle to the Philippians* (London 1962), p. 121; and W. Hendriksen, *Philippians* (London 1962, rp 1973), p. 192 (his italics). Similarly cf. J. J. Muller, *The Epistles of Paul to the Philippians and to Philemon* (Grand Rapids 1955), p. 140.

14) F. W. Beare, *The Epistle to the Philippians* (London 1959), pp. 100 and 145-6. Cf. W. F. Arndt and F. W. Gingrich, (W. Bauer) *A Greek-English Lexicon of the New Testament and Other Early Christian Literature* (Chicago 1957), p. 882.

15) E. A. Nida, *Towards a Science of Translating* (Leiden 1964), especially pp. 9-10 and 60-63 and chapters 8-10; and W. L. Wonderly, *Bible Translations for Popular Use* (London 1968), pp. 50-55 and 149-172.

16) J. F. A. Sawyer, "Context of Situation and Sitz im Leben. Some Questions concerning Meaning in Classical Hebrew", in *Proceedings of the Newcastle on Tyne Philosophical Society* 1(1967), p. 137-47. Similarly, cf. the important work of Erhardt Güttgemanns, *Offene Fragen zur Formgeschichte des Evangeliums* (Beiträge zur evangelischen Theologie, 54; Munich 1971²) p. 44-68;174-7; *et passim*

17) J. F. A. Sawyer, loc. cit., p. 140.

18) F. de Saussure, *Course in General Linguistics*, pp 80-81; cf.

Cours de linguistique generale, p 177-8.

19) F. de Saussure *Course in General Linguistics,* p 81 (Edition critique p. 181-2).

20) E. g. J. Lyons, *Introduction to Theoretical Linguistics,* pp 45-50; S. Ullmann, *The Principles of Semantics,* pp 144-52; A. Martinet, *Elements of General Linguistics* (London 1964), p. 37f; David Crystal, *Linguistics, Language and Religion* (London 1965), pp. 57-9; and K. L. Burres, *Structural Semantics in the Study of the Pauline Understanding of Revelation,* p 36-40.

21) J. Barr, op. cit., p. 108.

22) 이러한 예들 중에 몇 개는 S. Ullmann, *Semantics,* pp. 97-9와 *Principles of Semantics,* pp. 171-257.에 의해 제시된다.

23) J. Barr, op. cit., p. 109 (my italics).

24) E. Jacob, *Theology of the Old Testament* (London 1958), p. 159.

25) Ibid., p 113

26) Ibid., p. 116; cf. N. Snaith, "The Language of the Old Testament", in *The Interpreter's Bible* (Nashville 1952) vol. I, p. 224.

27) J. Barr, op. cit., p. 149-51.

28) As in C. Hodge, *The First Epistle to the Corinthians* (London 1958), p. 64.

29) D. Crystal, op. cit., p. 58.

30) F. de Saussure, *Course in General Linguistics,* p. xii.

31) Ibid., p. 114, and *Cours de linguistique generale* (edition critique) fasc. 2, p. 259 col. i (Baskin's translation has not been without criticism).

32) F. de Saussure, (*Course in General Linguistics,* p. 166 (édition critique, pp. 261-262).

33) Ibid., p. 89; cf. p. 110.

34) Ibid., p. 123.

35) J. Lyons, *Introduction to Theoretical Linguistics,* p. 75. Similarly, cf. R. H. Robins. *General Linguistics. An Introductory Survey* (London 1964), p. 47-50; David Crystal, *Linguistics* (London 1971), pp. 163-6; and Herbert E. Brekle, *Semantik. Ein Einführung in die sprachwissenschaftlich Bedeutungslehre* (Munich 1972), p. 81-8.

36) E. Güttgemanns, *Studia linguistica neotestamentica,* especially pp. 75-93; and K. L. Burres, op. cit., p. 59-123.

37) K. L. Burres, op. cit., p. 107-23 and 222-307; cf. especially charts 5-7 on pp. 282-3, 292 and 294-7

38) Trier, *Der Deutsche Wortschatz im Sinnbezirk des Verstandes*

(Heidelberg 1931), p. 6.

39) G. Stern, *Meaning and Change of Meaning. With Special Reference to the English Language* (Göteborgs Högskolas Arsskrift, 38, Gothenburg 1931), p. 85.

40) S. Ullmann, *Semantics*, p. 49.

41) Ibid., p. 218.

42) Ibid.

43) E. A. Nida "The Implications of Contemporary Linguistics for Biblical Scholarship", in JBL 91 (1972), p. 86 (cf. pp. 73-89).

44) M. Joos "Semantic Axiom Number One" in *Language* 48 (1972), p. 257 (cf. pp. 258-65, in which Joos acknowledges his indebtedness for this approach to Stern).

45) E. A. Nida, loc. cit., p. 86.

46) R. H. Robins, *General Lfngulstics*, p. 22.

47) F. de Saussure, op. cit., p. 68 (cf. edition critique, p. 152-3).

48) Cf. A. C. Thiselton, "The Supposed Power of Words in the Biblical Writings", JTS 2S(1974), pp. 283-299; J. Lyons, *Introduction to Theoretical Linguistics*, pp. 4-8, 59-75, 272 and 403; S. Ullmann, *Semantics*, pp. 80-115; L. R. Palmer, op. cit., p. 175-8; E. A. Nida, *Towards a Science of Translating* (Leiden 1964) pp. 46-51, P. Naert, "Arbitraire et necessaire en linguistique", in *Studia Linguistica* (1947), pp. 5-10.

49) F. de Saussure, op. cit., p. 109.

50) Ibid., p 110.

51) E A. Nida, "The Implications of Contemporary Linguistics for Biblical Scholarship". loc. cit., p. 83.

52) G. A. F. Knight, *A Biblical Approach to the Doctrine of the Trinity* (Edinburgh 1953), p.

53) T. Boman, *Hebrew Thought compared with Greek* (London 1960), p. 27.

54) Ibid., p. 165.

55) Ibid.

56) J. Barr, op. cit., p. 67; cf. pp. 46-88.

57) E.g. Boman's remarks about practical atheism in Psalm 14:1, op. cit., p. 48-9

58) D. Crystal, *Language, Linguistics and Religion*, p. 144 (my italics).

59) J. Lyons, *Introduction to Theoretical Linguistics*, p. 45.

60) Cf. M. Black, *The Labyrinth of Language*, pp. 63-90, and "Linguistic Relativity. The Views of Benjamin Lee Whorf", in *Philosophical Review* 68 (1959), p. 228-38, cf. also S. Ullmann,

"Words and Concepts" in *Language and Style* (Oxford 1964), pp. 212-28.

61) D. Crystal, *Linguistics*, p. 72; cf. p. 49.

62) I. Paterson, *The Book that is Alive. Studies in Old Testament Life and Thought as Set Forth by the Hebrew Sages* (New York 1954), p. 3.

63) J. Barr, op. cit., p. 35; cf. pp. 21-45.

64) J. A. T. Robinson, *The Body, A Study in Pauline Theology* (London 1952), pp. 12 and

65) J. Barr, op. cit., p. 35.

66) Ibid., p. 207; cf. pp. 206-19.

67) F. de Saussure, op. cit., pp. 9 and 13-14 (my italics); cf. H. E. Brekle, *Semantik*, pp.

68) E. Güttgemanns, *Offene Fragen zur Formgeschichte*, pp. 50-54.

69) J. Trier, op. cit., 61ff. 참조. 나는 Trier의 "언어학 분야"와 Ipsen 이나 Porzig의 "의미론 분야" 간의 차이를 지나치게 자세히 끌어내는데에는 관심이 없다. 차이에 대해서는 S. Ullmann, *The Principles of Semantics*, pp. 156-69 참조.

70) E. A. Nida, "The Implications of Contemporary Linguistics for Biblical Scholarship" loc. cit., p. 85 (my italics). cf. also E. Güttgemanns, *Offene Fragen zur Formgeschichle des Evangeliums*, pp. 54-7.

71) C. K. Ogden, *Opposition. A Linguistic and Psychological Analysis*, (Bloomington 1967²), especially p. 65-90. On the three most basic types of opposition, however, see J. Lyons, *Introduction to Theoretical Linguistics*, pp. 460-70.

72) E. Güttgemanns, *Studia Linguistica neotestamentica*, pp. 87-93. On antithesis in Paul see especially Norbert Schneider, *Die rhetorische Eigenart der paulinischen Antithese* (Tubingen 1970); J. Nelis, "Les Antitheses litteraires dans les epitres de S. Paul", in *Nouvelle Revue Theologique* 70 (1948), pp. 360-87; J. Weiss, "Beiträge zur Paulinischen Rhetorik" in *Theologische Studien Bernhard Weiss* (Göttingen 1897), pp. 165-247, and Willard H. Taylor, *The Antithetic Method in Pauline Theology* (unpublished doctoral dissertation for Northwestern University; Evanston, Illinois, 1959).

73) A. C. Thiselton, "The Meaning of Σάρξ in 1 Corinthians 5.5: A Fresh Approach in the Light of Logical and Semantic Factors", in SJT 26 (1973), p. 204-28.

74) S. Ullmann, *The Principles of Semantics*, pp. 108-9; cf. pp. 110-14, and *Semantics*, pp. 141-55 and J. Lyons, *Introduction to*

Theoretical Linguistics, p. 446-53. From the philosophical side cf. W. P. Alston, op. cit., pp. 44-7; J. Searle, op. cit., p. 5-12, N. Goodman, "A Note on Likeness of Meaning", *in Analysis* 10 (1950), pp. 115-8; and other contributions *in Analysis* by Rollins and Thomson, in 11 (1951), pp. 18-19, 38-45, and 12 (1952), pp. 73-6.

75) See S. Ullmann, *Semantics*, pp. 152-3.

76) A. C. Thiselton "The Parables as Language Event. Some Comments on Fuchs's Hermeneutics in the Light of Linguistic Philosophy" in SJT 23 (1970) especially pp. 450-58 and 461-7, and "The Meaning of Σάρξ in I Cor. 5:5", op. cit., especially pp. 207-8, 217-18

77) W. P. Alston, *Philosophy of Language* (Englewood Cliffs, N. J. 1964), op. cit., p. 102.

78) F. Waismann, "The Resources of Language", in M. Black (ed.), *The Importance of Language* (Englewood Cliffs, N. J. 1962), p. 116.

79) W. L. Wonderly, op. cit., pp. 121-8.

80) 아래의 책들이 특히 중요하다: W. P. Alston, *Philosophy of Language*, pp. 96 106; Mary A. McCloskey, "Metaphor", in *Mind* 73 (1964), pp. 215-233; C. S. Lewis, "Bluspels and Flalansferes", and O. Barfield, "Poetic Diction and Legal Fiction", both in M. Black (ed.), *The Importance of Language*, pp. 36-50, and 51-71; J. Pelc, *Studies in Functional Logical Semiotics of Natural Language*, pp. 142-94; C. M. Turbayne, *The Myth of Metaphor* (New Haven 1962); Marcus B. Hester, *The Meaning of Poetic Metaphor. An Analysis in the Light of Wittgenstein's Claim that Meaning is Use* (The Hague 1967), especially pp. 114-92; M. Black, *Models and Metaphors* (New York 1962), pp. 25-47; and J. de Waard, "Biblical Metaphors and their Translation", in *The Bible Translator* 25 (1974) pp. 107-116; cf. also V. Heylen "Les Metaphores et les metonymies dans les Epitres Pauliniennes", in ETL 8 (1935), pp. 253-90.

81) E. A. Nida and C. R. Taber, *The Theory and Practice of Translation* (Leiden 1969), p 39. Cf. also E. A. Nida, *Towards a Science of Translating.*

82) E. A. Nida and C. R. Taber, op. cit., pp. 53-4

83) N. Chomsky, *Aspects of the Theory of Syntax* (Cambridge Mass. 1965, rp. 1970), p. 21. Cf. also J. Lyons, *Chomsky* (London 1970), pp. 47-82, and *Introduction to Theoretieal Linguistics*, pp. 247-69.

84) N. Chomsky, op. cit. p. 24. Cf. pp. 179-82, on "deletion"

85) K. L. Burres, op. cit., p. 105.

86) A. C. Thiselton, "On the Logical Grammar of Justification in Paul", paper read at the Fifth International Congress on Biblical Studies (September 1973), forthcoming in *Studia Evangelica*.

87) E. Käsemann, *New Testament Questions of Today* (London 1969), p. 171; and F. Prat. *The Theology of St. Paul* (London 1945), vol. 2, p. 247.

88) L. Cerfaux, *The Christian in the Theology of Paul* (London, 1967), pp. 391-400, P. Stuhlmacher, *Gerechtigkelt Gottes bei Paulus* (Göttingen, 1965) J. A. Ziesler, *The Meaning of Righteousness in Paul* (Cambridge 1972), R. Bultmann, *Theology of the New Testament*, vol. I (London 1952) pp. 270-85; and other standard discussions.

89) D. E. H. Whiteley, *The Theology of St. Paul* (Oxford, 1964), p. 164. cf. C. Bornkamm, *Paul* (London 1972), pp. 141-6.

90) L. Wittgenstein, *Philosophical Investigation s*, sect. 74, and Ⅱ, xi, pp. 193-214; *The Blue and Brown Books*, pp. 163-74; and *Zettel*, sects. 195-235. (cf. especially *Zettel*, sect. 228

91) D. D. Evans, *The Logic of Self-Involvement*, (London 1963), pp. 124-41.

92) L. Wittgenstein, *Philosophical Investigations*, sects. 248-52; and *On Certainty* (Oxford 1969), seets. 292-3 and 604.

93) A. C. Thiselton, "The Supposed Power of Words in the Biblical Writings" and "The Parables as Language Event", op. cit., pp. 438-9. Cf. O. R. Jones, *The Concept of Holiness* (London 1961) and D. D. Evans, op. cit.

제 5 장

개론의 문제들

도널드 거스리

1. 일반적 고찰

어떤 문서에 접근할 때, 주석가가 본문 해석에 바로 들어가기 전에 먼저 해결해야 할 여러 가지 예비문제들이 있다. 주로 5 가지 사항들이 고려되어야 하는데, 이 사항들은 어떤 면에서 상호간에 서로 의존되어 있다. 이것들은 (1) 배경 (2) 기록 연대 (3) 수신자 (4) 통일성(integrity) (5) 저자 문제 등이다. 처음 4 가지 사항이 중요하긴 하지만, 본 논문에서는 주로 다섯번째 사항을 다루려고 한다. 과거에는 저자의 진정성 문제가 나머지 사항들보다 해석에 더 많은 영향을 끼치는 경향이 있었기 때문이다. 그러나 다른 사항들도 빈번히 저자의 진정성 문제에 영향을 끼치므로 처음에 약간 논의하게 될 것이다.

1. 배경

어떤 문서를 그 문맥 가운데서 고찰하기 위해서는 배경에 대해 유의하는 것이 필수적이다. 그렇기 때문에 1세기의 생활에 대한 정보를 얻는 것이 주석가에게는 유용하다. 동양의 관습과 사고방식을 아는 것이 동양적 배경을 지닌 문서들을 올바로 해석하는데 필수적이라는 것은 말할 것도 없다. 이러한 지식은 복음서뿐만이 아니라 서신들에서도 필수적이다. 여기에는 유대교와 헬레니즘 그리고 이교사상에 대한 지식도 포함된다. 사해사본의 발견은 이 신약해석의 배경분야에 있어서 결정적인 공헌을 하였다. 사해사본의 발견을 통해 특히 요한복음의 접근에 영향을 끼친 유대교 사상과 헬레니즘 사상의 관계가 새롭게 조명되었다. 요한복음은 더 이상 완전한 헬레니즘적 산물로서 해석될 수 없게 되었다. 마찬가지로 영지주의와 그것의 초기형태들에 대한 지식이 늘어남으로써 몇몇 신약문서들, 특히 골로새서를 더 잘 이해할 수 있게 되었다.

배경자료를 잘못 이용하는 것에 대해서는 적절한 경고가 주어져야만 한다. 병행자료들(parallels)이 있다고 해서 무조건 그것이 공통된 근거를 지니는 것은 아니다. 그러한 잘못된 방법을 사용하는 가장 주목할 만한 예는 종교사학파(religionsgeschichtlich school)에서 찾아볼 수 있다. 종교사학파는 신약본문의 참된 관점을 잃어가면서까지 신약본문의 유일무이성을 경시하였다. 또한 어떤 배경자료가 연구되는 문서들과 동시대의 것인지 — 예컨대 만다야교 자료들(Mandaic materials)의 이용에서 나타나는 것처럼 — 아니면 훨씬 후대의 것인지 신중하게 확인해 보아야 한다.

2. 기록연대

많은 신약 문헌들의 경우, 정확한 기록연대를 알아내기는 불가능하다. 연대를 추정할 만한 충분한 정보가 없기 때문이다. 그러나 대부분의 경우 이용할 수 있는 배경자료들과 시기를 표기하고 있는 역사적 언급들을 고려함으로써 어느 정도 적절한 연대추정은 가능하다. 주석에 있어서 기록시기가 얼마나 중요한지는 다음과 같은 예들에서 설명될 수 있다. 골로새서가 영지주의가 완전히 발전하였던 2세기에 쓰여졌다면, 해석자는 골로새서의 기독론과 이단에 대한 언급들을 해석할 때, 바로 그 점을 고려하지 않으면 안된다. 그러나 반대로 우리가 1세기의 초기 영지주의를 염두해 둔다면, 골로새서의 의미와 목적이 달라질 것이다. 더욱이 연대추정은 저자를 결정하는데 직접적인 영향을 끼친다. 골로새서가 2세기에 쓰여졌다면 바울이 저자라는 견해는 즉시 배제되기 때문이다. 그러나 이처럼 저자와 연대 문제가 상충될 경우 어느 것을 먼저 확정하느냐 하는 문제가 생기는데, 가장 만족스러운 해결책은 저자와 연대 문제를 상호보완적인 문제로 보는 절충안이지만, 먼저 저자에 우선권이 주어져야 한다.

3. 수신지

수신지 문제는 다음과 같이 두 가지 관점에서 다루어질 수 있다. 한편으로는 독자들의 지리적인 장소의 관점이고, 다른 한편으로는 독자들의 특성에 대한 관점이다. 지리적 요인이 주석에 많은 영향을 끼치지는 못하지만, 그렇다고 전혀 중요하지 않은 것은 아니다. 바울 서신들의 수신지를 예로써 인용할 수 있다.

예컨대, 에베소서의 정확한 수신지가 어디인가에 대한 문제들이 있다. 만일 이 서신이 회람서신으로 간주된다면, 이 점이 주석에 어느 정도까지 영향을 미치겠는가? 배경이 매우 일반적이므로 거의 영향을 끼치지 않을 것으로 보인다. 그러나 많은 신약문헌들은 수신지를 분명히 지적하고 있지 않다 (예컨대, 복음서들이나, 야고보서, 요한일서, 히브리서, 유다서와 같은 서신들). 어떤 경우에는 좀더 많은 정보자료가 주어진다면, 본문에 나오는 모호한 진술들을 좀더 잘 이해할 수 있겠지만, 주석가는 자기가 가지고 있는 자료만으로 작업할 수밖에 없다. 우리가 히브리서가 보내진 특정한 집단을 알면 도움이 되겠지만, 설령 그것을 알지 못한다 할지라도, 매우 만족할 만한 방법으로 히브리서를 해석하는 것이 가능하다.

오히려 독자들의 특성이 좀더 중요하다. 주석가는 본문에 나오는 진술들이 어느 정도까지 순수하게 지역적인 의미를 지니며, 또한 어느 정도까지 일반적 의미를 지니는지 결정할 필요가 있다. 고린도 서신이 그 적절한 예이다. 예컨대, 고린도 전서에서 바울이 여자에 대해 주는 충고들 중에는 지역적인 배경에서 비롯된 것들도 있을 수 있다. 일반적인 원칙이 특별한 예에서 어떤 일반적인 교훈을 끄집어 내는 것이 보통일지라도, 그러한 경우에 일반 원칙이 반드시 주어져 있다고 주장하는 것은 의문의 여지가 있다. 더욱이 본래 독자들의 상황이 당시의 관습(예컨대, 여자가 베일을 쓰는 것)에 조건지워져 있으므로, 현대의 관점에서는 이러한 점이 분명하게 설명되어야 한다. 고려해야 할 또 다른 중요한 문제는 영지주의가 본문의 배후에 어느 정도까지 놓여있느냐 하는 점이다. 주석가는 특히 영지주의적 영향이 지대했다고 알려진 수신지로 보내진 문헌들에서 그 문제를 고려해야 할 것이다.

4. 통일성

하나의 문서가 본래는 따로따로 존재했던 몇 개의 단편들로 구성되었다고 주장되는 경우에 그 문서의 통일성이 문제가 되며, 주석에 영향을 미치게 된다. 한 예로써 고린도후서가 인용될 수 있다. 주석가가 이 서신이 4 개의 다른 단편들로 구성되었다는 것을 믿고 접근한다면, 어떤 통일된 사상이나 어떤 구조를 추적하려고 하지 않을 것이다. 실제로 이 경우에 서신의 각기 다른 부분에서 상이한 강조점이 발견된다고 주장하는 학자들이 많다. 그러나 고린도후서를 하나의 통일성이 있는 문서로 믿고 접근하는 사람들은 외관상 드러나는 차이들을 그 서신의 전체적인 이해 안에 흡수시켜 해석하려는 경향이 더 크다. 이처럼 통일성에 대한 다른 견해로부터 해석의 차이가 초래되곤 한다.

2. 저자 문제

각각의 본문들은 모두 저자들의 개인적 특징들을 다양하게 반영하고 있다. 기록된 내용을 충분히 해석하는 일은 저자의 문제와 분리될 수 없다. 저자에 대해서 더 잘 알면 알수록, 그가 쓴 단어들을 더 잘 이해할 수 있게 된다. 그러나 신약주석의 분야에서는 신약의 많은 문서들의 저자들에 대한 확실한 자료가 없기 때문에 여러 문제들이 제기된다. 이같은 사실 때문에 저자를 알지 못하는 문서들을 저자가 잘 알려진 문서들과는 다르게 주석해야할 필요가 있는지에 대한 문제가 제기된다.

신약 문서 비평의 결과로서 제기되는 또 다른 문제는 익명의 사용 (theories of pseudonymity)이 한 본문의 주석에 어떤 영향을 끼쳤는가를 평가하는 문제이다. 예컨대, 주석가가 바울의 어떤 서신이 위명(僞名)을 사용하였다고 받아들일 때, 그 점이 해석에 영향을 끼치는가의 여부를 논의할 필요가 있다. 이 문제에 답변하기 전에, 1세기의 위명성에 대한 접근과 문학적 방법들의 타당성 등을 포함한 여러 요인들이 고찰되어야 한다.

1. 저자-비평의 정당성

비평의 역사를 대충 훑어보더라도 비평연구에 있어서 저자 문제가 얼마나 중요한지 충분히 알 수 있다. 성서의 신적 기원을 강조한 비평 이전 시대에는 인간 저자에 대한 문제에 별로 많은 관심을 두지 않았다. 본문에 대한 교의적 접근에 비추어 볼 때, 역사적 배경은 거의 무시해도 좋을 것으로 여겨졌다. 그러나 비평적 접근이 채택되자마자 주석 연구의 주제가 된 말씀들을 누가 기록하였는가에 대한 고려가 가장 중요한 문제가 되었다. 신약 문서의 저자에 대한 전통적인 견해를 거부하는 결과를 초래한 최초의 진지한 비평연구는 슐라이에르마허의 디모데전서 연구였다.[1] 그는 디모데전서의 저자가 바울이 아니라는 결론에 도달했기 때문에, 그 서신을 위명의 서신으로 해석하지 않으면 안되었다.

그의 뒤를 따라 아이히호른이 동일한 방법을 3 개의 목회서신에 적용하였다.[2] 이처럼 저자에 대한 전통적인 견해를 거부하고, 또한 본문 자체가 언급하는 저자들을 무시하는 분위기는 더 나아가 바우르(Baur)[3]와 그의 학파에까지 퍼졌다. 주목할 만한 점은 전통적인 저자설에 대한 도전들이 신약성서의 권위에 대한 거부와 결부되었다는 것이다. 다시 말해서, 초기의 비평가들은 저자성이 도전받으면서도 권위는 계속해서 유지될 수 있는 범주를 생각하지 못했다는 것이다. 바우르는 4개의 바울 서신만을 진정성이 있는 것으로 여겼는데, 이것은 곧 나머지 서신들은 덜 가치가 있다는 것을 의미했다. 그의 저자에 대한 이러한 평가가 바로 앞서서 행해진 그의 역사에 대한 재구성에 영향을 받고 있다는 점을 주목해야만 하지만, 저자에 대한 그의 견해는 주석에 지대한 영향을 끼쳤다.

바우르의 시대 이후로 비평의 역사는 저자에 대해 끊임없는 관심을 보여 왔다. 홀츠만(Holtzmann)[4]은 역사적 배경이야말로 주석가에게 가장 중요한 것이라고 간주한 전통을 이어받았다. 20세기에 들어서서 불트만[5]과 그의 동료들의 작업을 통해 역사적 배경을 재구성하는 것이 불가능하다는 견해가 전형화되었을 때, 저자에 대한 상세한 관심이 줄어들긴 하였지만, 완전히 사라진 것은 아니다. 비평의 발전과정에서도 여전히 남아있던 초기의 견해들을 토대로 한 많은 가정들이 아무런 논의없이 제시되고 있다. 그러므로 저자의 진정성을 수용하는 해석이 아무런 논의조차 없이 제시되기 때문에, 많은 현대의 주석가들은 비진정성의 관점에서 본문에 접근하고 있다.

현대의 주석가들이 저자의 비진정성의 관점에서 본문에 접근한다는 점을 설명하기 위해 몇 가지 예를 인용하고자 한다. 복음서들을 주로 초대교회의 신학적 창작을 담고 있는 문서들로 보기 때문에, 불트만[6]은 저자성을 논의하지 않는다. 엄밀한 의미에서 저자들은 전승들의 편집가나 수집가의 역할을 할 뿐이지 저자의 역할은 하지 못한다. 주석은 저자의 개인적인 공헌을 보지 못한다. 불트만의 해석방법의 이러한 비개인적인 측면으로 인해 편집비평이 발전하고,[7] 개인의 중요성이 회복되는 계기가 마련되었다. 그러나 많은 편집비평가들은 저자가 본래의 사건으로부터 두 단계 — 즉 전승의 단위들이 발전하는 첫번째 단계와 이러한 전승단위들을 신학적인 몸체로 형성하는 두번째 단계 — 정도 떨어져 있다고 여긴다.[8]

이러한 접근 중에 어느 것도 복음서들에 대한 전통적인 저자설을 중시하는 것은 없다. 예컨대 사도 마태가 마태복음의 저자였다면, 주석가는 그 복음서를 다른 관점에서 접근할 것이 분명하다.[9] 나름대로의 독특한 신학적 관점을 지닌 어떤 미지의 편집자가 마태복음을 기록하였다는 견해보다는 오히려 그의 기록을 역사적으로 옳은 것으로 다루는 경향을 보일 것이다.[10] 비슷한 차이가 사도행전 주석에서도 나타날 것이다. 사도행전을 한 신빙성 있는 역사가에 의해 기록된 것으로 간주하는 주석가는 그 책을 본질적으로 신학적인 구성물로 간주하는 주석가와는 다르게 평가할 것이기 때문이다.[11] 사도행전을 신학적인 구성물로 간주하는 견해는 동일한 저자론을 주장하는 학자들 가운데서 한 가지 문제가 제기될 수 있다는 것을 보여준다. 누가가 저자라는 것을 받아들인다고 해서 그것이 반드시 그의 작품을 신학이라기보다 오히려 역사로 받아들이는 것을 의미하는 것은 아니지만, 저자가 누군가 하는 것이 좀더 필요하다는 것을 보여준다.[12]

그럼에도 불구하고 많은 신약 문서들에 있어서 저자의 특성에 관한 정보는 문서 자체의 내용으로부터나 혹은 그 밖의 흩어진 ― 수정할 수 있거나 수정할 수 없는 ― 전승 자료들로부터 연역해 낼 수밖에 없다. 주석가는 신약의 모든 저자들에 대한 정보가 사도 바울에 대한 정보만큼 존재하기를 희망하지만, 대부분의 경우 자료가 매우 희박하다.

저자 비평의 정당성을 고려할 때, 그 문제에 대한 전통적인 견해들을 어느 정도 유의하여야 한다. 교부들의 자료들을 통해, 초대 기독교인들이 저자 문제를 대단히 중요하게 여겼다는 증거를 끄집어 낼 수 있는가? 이 질문에 대한 대답은 두 부분으로 구분된다. 즉 주석에 접근함에 있어서 저자의 중요성에 대한 어떤 논평이 붙어 있는 자료들과 그러한 논평없이 저자들에 대해 진술하고 있는 자료들을 고려해야 한다. 후자에 대한 증거가 전자보다 훨씬 더 많다.

터툴리안[13]이 4복음서들이 사도들 혹은 그들의 제자들로부터 유래한다고 주장할 때처럼 ― 이 주장은 그가 복음서에 접근할 때 저자 문제가 매우 중요했다는 것을 분명히 보여주는데 ― 저자성의 중요성을 암시해주는 몇 가지 논평들이 있다. 실제로 이러한 주장은 그가 저자와 사도성의 중요한 관계를 염두해 두고 있었음을 보여 준다. 이레네우스[14]도 복음서들의 저자에 대한 유사한 견해를 제시하는데, 마가를 "베드로의 제자이며, 통역자"로, 누가를 "바울의 추종자"로, 요한을 "주의 제자"로 각각 기술하고 있다. 이러한 진술들은 당시에 저자가 얼마나 중요했는지 보여주기에 충분하다. 그러나 이러한 초기의 무비평적인 논평들이 현대의 주석가에게 얼마나 타당성이 있는가 하는 문제는 여전히 남아있다.

많은 학자들은 그러한 주장들을 추측으로 보고 배제시킨다. 그러나 아직도 사도적 저작성에 대한 강한 신뢰가 남아있는 것에 대해서는 설명이 필요하다. 물론 초기 교부 작가들의 견해가 너무 단순해서 진지하게 고려해볼 만한 가치가 없는 것으로 취급할 수도 있고, 아니면 본문 접근을 위한 타당한 자료로 간주될 수도 있다. 가장 합리적인 접근은 그들의 논평들을 진지하게 고려하여, 정당한 경우에는 그들의 증거를 역사적 배경을 해결하는데 매우 중요한 신뢰할 만한 자료로 간주하는 것이다. 저자에 대한 교부들의 논평을 의심할 만한 분명한 이유가 없는데도 그 증거를 무시한다면 그것은 건전한 비평원칙에 어긋나는 처사일 것이다. [15]

저자에 대한 전통적인 논평들과 사도성과의 긴밀한 관계는 앞에서도 이미 언급되었지만, 이것은 가장 중요한 문제, 즉 사도성 자체의 문제를 제기한다. 사도적 기원이 권위있는 기독교 문서에 얼마나 중요한가? 사도적 기원을 지니지 않은 문서가 권위있는 것으로 간주될 수 있을까? 이 문제에 대한 증거로서 결정적인 것은 아니지만, 사도의 저자성이 일반적으로 어떤 문서의 권위를 보증해주는 것으로 간주된 많은 언급들이 있다. 사도적 기원을 지닌 것으로 알려진 외경문서들이 그렇지 못한 외경문서들보다 더 중요시 된다는 사실에서 소위 사도적 기원에 대한 중요성이 드러난다. [16]

사도의 저자성, 사도적 내용, 권위간의 관계를 올바르게 평가하는 것이 필요하다. 사도성은 저자보다도 오히려 사도적 내용과 동일시된다. 신약성서가 — 일반적으로 인정되는 것처럼 — 사도적 교리에 근거한다면, 비평연구가 사도적 저작권에 대해 이의를 제기할 때 문제가 생겨난다. 이 경우에 문제가 되는 책을 신약성서의 나머지 책들과는 수준이 다르게 위치시키거나, 아니면 정경에 대한 초기 기독교의 토대를 수정하든가 해야만 한다. 후자의 경우에는 위명으로 된 책들조차도 실제 사도적인 책들과 동등하게 다룰 수 있다는 견해가 일반적으로 뒤따른다. [17] 그러나 저자에 대한 문제는 이런 식으로 그렇게 쉽게 해결되지 못한다. 특히 어떤 특정한 저자의 이름이 언급되어 있지만, 그 진정성이 부정확하다고 믿어질 때는 더욱 그러하다. 비사도적 기원을 지녔다고 분명하게 언명된 문서들보다 사도적이라고 알려진 문서가 더 권위

있다는 점에 대해서는 의심의 여지가 없다. 예컨대, 목회서신이 이러한 차이을 잘 설명해 준다. 목회서신이 바울의 친서라는 것을 반대하는 사람들은 일반적으로 이 서신들을 2세기에 기록된 작품으로 간주함으로써, 실제로 사도시대에 있던 신학사상의 발전을 재구성하는데 덜 중요한 자료로 취급한다.[18] 이 경우에 목회서신들은 사도 바울의 친서로 다루어질 때와 동일한 중요성을 지닐 수 없는 것이 확실하다. 목회서신이 바울에 의해 쓰여진 것은 아니지만, 그 내용에 있어서는 바울적이라고 주장하는 견해들조차도 그 서신들의 권위에 대한 곤경을 피할 수 없다. 왜냐하면 바울 전승의 2차 문서들은 바울의 일차 문서들보다 덜 타당성을 지니기 때문이다. 그러므로 이 논의는 사도성과 익명성(anonymity), 위명성(pseudonymity)간의 관계를 고려하게 된다.

2. 사도성, 익명성(anonymity), 위명성(pseudonymity)

한 특정한 저자에게 돌려진 진정성을 부인하는 이론이 제기될 때마다, 위명성(거짓 이름)의 문제가 생겨난다. 또한 어떤 특정한 저자를 드러내지 않는 책들에게 저자라고 돌려진 전통적인 견해들이 거부될 때마다, 익명성(저자불명)의 문제가 발생된다. 양쪽 경우 모두 사도성이라는 용어를, 사도에 의해 직접 쓰여지지 않은 사도적 전승 작품들도 포괄하는 넓은 의미로 사용할 경우에만 비로소 사도성이 인정될 수 있다. 이 문제는 순수한 학문적 영역은 아니다. 위명성이 당시에 용인된 하나의 문학적 관습이라고 할지라도, 사도의 이름이 붙여진 위명의 작품들이 사도 자신의 문헌들과 동일한 권위를 지닐 수 있다는 견해의 근거들은 무엇인가? 여기에서 주된 문제는 위명성이 신약성서에서 발견된 문헌형태의 문학적 관습이었다는 점을 어느 정도까지 입증할 수 있는지 발견하는 일이다. 그러나 이 점이 확증된다 할지라도, 그러한 작품들이 저자 자신의 작품들과 동일한 지위를 얻는다고 입증하기는 여전히 어려운 문제가 아닐 수 없다.

우리가 첫번째로 고려해야 할 점은 익명성(저자 불명)의 문제이다. 신약성서에는 본래 저자 불명의 서신으로 돌려진 몇 가지 예 ― 특히 히브리서

― 가 나타난다. 이 경우에 그 서신이 저자 불명으로 밝혀졌다고 해서 어떤 권위를 잃어버린다고 가정할 수는 없다. 서구에서는 그 기원을 알지 못한다는 이유로 주저할지도 모르지만, 바울의 작품이라는 것을 의심한 교부들도 그것의 정경성을 의심하지는 않았다.[19] 오리겐[20]이 바울의 문헌이라는 것에는 이의를 제기했지만, 그럼에도 불구하고 사도적 내용을 인정한 것은 의미심장한 일이다.

히브리서의 경우, 위명성(pseudonymity)을 이해하기 위한 한 열쇠가 저자를 밝히지 않는 태도(익명성)에서 발견될 수 있다고 생각하도록 하였다. 예컨대, 알란트(K. Aland)[21]는, 실제 저자는 성령이라고 믿어왔기 때문에 저자를 밝히지 않은 것이 당연하였다고 주장한다. 인간 저자는 단지 성령이 말씀하시는 도구에 불과하였다. 이러한 이론하에서는 저자가 누구냐 하는 것은 대리자인 인간을 지나치게 강조하는 퇴보적인 문제로 보여지게 마련이다. 이 경우에는 익명성과 위명성이 정상적인 일로 간주되는 반면에, 명백하게 저자를 명시하는 것은 비정상적인 것으로 간주될 것이다.

실제로 알란트는 더 나아가서 무명의 저자들은 자신들이 성령의 지배하에 있었다고 믿었을 뿐만 아니라 실제로도 그러했다고 주장한다.[22] 만약 이 견해가 옳다면, 주석에 있어서 저자 비평은 거의 적절치 않은 작업이 될것이다. 어떤 방법으로 기록되었던 간에, 본문은 성령의 메시지로 간주될 것이기 때문이다. 그러나 이러한 이론의 타당성이 확정되기 위해서는 좀더 신중한 조사가 필요하다.

알란트의 이론에 대해 주목해야 할 첫번째 논점은 신약성서에서 가장 초기의 문헌들로 간주되는 바울 서신들이 저자가 명시되었다는 점과 그럼에도 불구하고 바울은 성령의 영감하에 있었다고 확고하게 의식하고 있었다는 점이다.[23] 알란트는 letter와 epistles 간의 차이를 주장함으로써 이 난점을 피하려고 시도한다.[24] 전자를 제외시키고, 후자에 집중함으로써 그는 자신의 견해를 곤경에 빠뜨릴 수도 있는 바울의 작품들을 조사하지 않고 그냥 넘어간다. 실제로 기독교 메시지는 바울이라는 인물에 의해 강하게 전달되었다. 이러한 인간적 요인의 중요성이 제대로 인정되지 않는다면, 본문의 어떤 주석도 강한 영향을 받을 것이 틀림없다.

알란트의 견해의 두번째 심각한 단점은 성령의 활동에 대한 그의 개념에 놓여 있다. 신약성서는 성령이 온갖 종류의 속임수를 배척하는 진리의 영이라고 말한다. 만일 성령이 위명이라는 방법을 사용했다면, 받아들일 수 있는 유일한 가정은 그 방법이 매우 보편적으로 인정되어서, 어느 누구도 기독교 메시지의 정당한 전달 수단으로써 그것의 타당성을 의심하지 않았을 것이라는 점이다. 그러나 이것은 증거없이 받아들이기에는 너무 지나친 가정이다. 이 가정이 받아들여지기 위해서는 1세기 세계에 위명의 문서들이 널리 통용되었다는 것에 대한 진술이 필요하다.

위명의 사용은 그 기간 동안에 유대인 사이에서도, 헬라인 사이에서도 널리 유행했다는 것은 확실하다. 그러나 가명이 광범위하게 사용되었다고 해서, 그것이 반드시 받아들여졌다는 사실이 입증되는 것은 아니다. 예컨대, 유대 묵시문학 작품들이 항상 존경받는 이름들에게 돌려지고 있지만, 이러한 위서(僞書) 형태가 언제나 공식적으로 받아들여졌다는 증거는 없다. 실제로 이 작품들은 히브리 정경의 어떤 단계에도 포함되지 않았다.[25] 한편 그 작품들은 당시에 상당한 인기를 누렸고, 최초의 독자들 가운데 그 위명들이 실제라고 생각한 사람들이 많았다고 믿기는 어렵다. 홍수 이전의 족장들이 묵시록을 쓴 것으로 명시될 때, 그 동기가 속이기 위한 것일 수 없다는 것은 매우 분명하다. 그러나 묵시작품들이 공식적인 유대교에 의해 권위있는 것으로 간주되었다는 암시는 없다.

더욱이 이러한 유대교 작품들은 형태면에 있어서 신약 서신들과 아무런 관계가 없으며, 심지어 요한 계시록과도 유사점이 미미하다.[26] 마찬가지로 헬라문헌에서 소위 신약에 있는 위명의 서신과 어떠한 밀접한 병행도 찾아볼 수 없는데, 이 서신은 이러한 위명이 당시에 용인된 관습이었다는 견해에 주요한 장애물이 된다. 실제로 위명의 서신은 위경을 기록한 사람들이 꺼렸기 때문에 가장 사용하기 어려운 형태였다.[27] 고린도3서와 라오디게아서와 같은 작품들은 명백하게 진정성이 없으므로, 그것들은 사실상의 위명의 작품처럼 분명한 실패작으로 간주되어야 한다. 그러므로 서신형태에서 실제적인 병행들을 발견할 수 없으므로, 위명의 서신을 가정하는 사람들은 위명성이 당시에 용인된 관습이었으며, 이 점이 자신들의 주석접근에 명백히 영향을 끼친다는 주장을 할 수 없다.

예컨대, 에베소서가 비-바울서신으로 간주된다면, 에베소서의 의미 해석은 그것을 바울의 친서로 이해하는 것과는 달라야만 한다.[28] 위명에 대한 충분한 설명이 필요한 것은 아니지만, 말씀이 위명 아래에 덮여져야만 했던 한 무명의 사람의 말로 축소될 때, 말씀 자체가 권위를 잃게 된다. 이러한 것이 그의 겸손의 표시라는 주장은 설득력이 없다.[29]

아시아에 있는 에베소 교회는 "바울에 대한 사랑 때문에" 바울 행전을 지은 장로의 매우 다른 견해를 받아들였다.[30] 물론 그 저자가 바울과 밀접한 접촉을 가져왔고, 바울의 사상들을 자기 나름대로 신실하게 재현했다면, 문제는 더 쉬워질 것이다. 그러나 이 경우에도 위명의 서신은 바울에 의해 쓰여진 친서와 동일한 가치를 지닐 수는 없었다.

3. 저자를 결정하는 방법들

신약 주석가들의 문제들 중의 하나는 저자 연구와 관련된 방법론이 단편적이었고, 각각의 해석가가 자기 나름대로 비평원칙을 결정해 왔다는 사실이다. 어떤 사람에게는 매우 중요한 것이 다른 사람에게는 중요치 않거나, 심지어는 부적합한 것으로 보인다. 이러한 상황에서 만족스러운 유일한 방법은 주석가가 결론을 끄집어 내려고 채택한 방법들을 기술해보는 것이다. 이 논문의 범위가 매우 제한되어 있으므로, 한 건전한 방법론을 진행하는 지침들을 간략하게 지적하는데 만족하려 한다.

(1) 하나 이상의 문서가 동일한 저자의 것으로 명시될 경우, 동일한 저자가 두 작품을 쓸 수 있었는지 입증하기 위해 언어와 사상을 비교하는 것이 가능하며 또한 바람직하다. 그러나 이 방법을 사용할 때는 매우 조심해야 한다. 문학적 평행을 가지고는 그것이 빌려온 증거인지 아니면, 다른 저자의 증거인지 결정하기가 대단히 어렵다. A라는 문서를 쓴 사람이 동일한 사상을 표현하기 위해 동일한 용어를 다르게 사용했거나 다른 용어를 사용했다고

해서 반드시 B문서를 쓰지 않았을 것이라고 주장하는 것은 건전한 비평원칙이 아니다. 실제로 그러한 결론에 도달하기 위해서는 A문서가 B문서와 명백히 모순될 경우에만 이다. 물론 이 경우에도 그 모순이 단지 외관상의 것이 아니라 실제적이라는 것을 보증하기 위해 많은 주의를 기울여야만 한다.

(2) 저자가 자료를 사용한 방식으로부터 저자의 특성을 이끌어낸다. 예컨대 사도인 저자가 사용하고 있거나 혹은 사용하고 있지 않다는 가정에 토대를 둔 논의들은 그것을 지지하는 어떤 증거도 없기 때문에 신빙성이 없다. 어떤 사람은 한 사도가 비-사도적 자료를 사용하지 않거나 인용하지 않는다고 주장할 수도 있고, 또 다른 사람은 그러한 가능성을 배제할 이유가 없다고 볼 수도 있다. 결국 어느 쪽이든 결정은 매우 임의적이기 때문에 비평에 대한 타당한 기초가 될 수 없다.

(3) 문체 자료를 기초로 하여 저자에 접근하는 방법은 좀더 객관적인 기초를 제시하는 것처럼 보이지만, 한 사람의 문체상의 성격을 규정할 수 없기 때문에 어려움이 발생한다. 문체가 저자성을 증명하기 위한 믿을 만한 시금석으로 사용되기 전에 그 특징이 무엇인지 결정하는 것이 필요하다. 예컨대 이러한 특징들이 저자가 사용하는 독특하거나 혹은 매우 두드러진 말들 가운데 있는가, 아니면 공통된 단어들을 사용하는 그의 무의식적인 패턴 속에서 나타나는가? 문장 구조들이 독특한 문체에 대한 확고한 길잡이가 되는가? 저자들은 좀처럼 벗어나지 않는 어떤 규범을 가지고 있는가?

맨 마지막 질문에 긍정으로 답변할 수 있다면, 그것은 효과적인 결론에 도달할 수 있는 ― 신뢰할 수 있는 ― 객관적인 시금석을 제공할 것이 분명하다. 몇몇 언어 통계학자들이 그런 주장을 하고 있지만, 그들의 방법들은 주의깊게 평가될 필요가 있다. 그들의 주장처럼, 모든 저자는 단어 횟수나 문장 길이와 같은 문제들에 있어서 기준이라고 생각되는 범위 내에서 더 이상 벗어나지 않는 통계적인 규범을 가지고 있다는 것을 증명할 수 있는가? 이런 견해를 자신있게 주장하기 위해서는 알려진 다양한 저자들을 상대로 폭넓은 연구가 행해질 필요가 있을 것이다.[31] 이러한 폭넓은 연구가 있고 나서도 그러한 증거는 극히 신중히 받아들여져야 한다. 저자들이 통계적인 규범을 가지는 경향이 있다는 점이 확정되었다고 하더라도, 현존하는 문헌이 충분한 견본을 제공하지 않는 경우에는 그 시금석을 적용하기가 여전히 어려울 것이다. 많은 신약성서 서신들이 그런 경우에 속한다.

마찬가지로 각각의 문서에 사용된 hapax(성경에서 단 한번 기록된 단어 — 역주)들의 수를 저자를 비교하는 수단으로 강조한 이전의 경향도 어떤 저자가 자신의 어휘를 어느 정도까지 확장시킬 수 있는지에 대한 범위를 철저히 입증하지 않으면 사용하기가 어렵다.[32] 문체를 비교하는 확실한 방법이 설정될 수 없다면, 주석가의 손에 — 확정적인 것은 아니지만 — 저자를 결정하는 도구가 여전히 남아있음에 틀림이 없다.

(4) 중요한 또 다른 문제는 교리(doctrine)이다. 동일한 저자임을 주장하는 두 개의 사건 기사에서 다른 쪽에는 없는 일련의 교리들이 한쪽에 두드러지게 나타난다고 해서, 두 기사가 동일한 저자에게서 비롯되지 않았다는 증거로 간주되는 것이 합당할 수 있을까? 이 문제는 한 저자가 자신만의 독특한 사상들을 자기가 쓴 모든 부분에 다 반영할 수 있겠는가 라는 논의로 귀착된다. 이 문제가 각 문헌의 목적에 대한 언급없이는 해결될 수 없음은 명백하다.

하나의 목적을 충족시킨다고 해서 다른 목적까지도 충족시킨다는 보장은 없다. 예를 들어, 바울이 자신이 한번도 방문하지 않았던 교회에 자기와 친밀한 교회와 똑같은 방식으로 편지를 써 보낸다는 것은 자명한 일이 아니다. 오히려 전자에 보낸 서신이 후자에 보낸 서신보다 바울 자신의 사상들에 대한 더 많은 설명을 담고 있다고 생각하는 것이 당연할 것이다. 그럼에도 불구하고 이 문제는 바울처럼 창조적인 사상가가 언제나 비창조적 방법으로 쓸수 있었겠는가 하는 문제에 직면하지 않으면 안된다. 결국 이 문제에 대한 결정은 주관일 수밖에 없다. 사실 어느 누구도 어떤 책이 나름대로의 독특한 교리가 없다고 해서 진정성이 없다고 단정할 권리는 없다. 왜냐하면 이것은 저자의 개인적 자유를 너무나 좁게 제한하는 것을 의미하기 때문이다. 저자가 자기의 문헌 모두에 반드시 어떤 특정한 교리를 반영하고 있는 것은 아나라고 추정하는 것이 온당할 것이다.

(5) 모든 저자는 하나의 역사적 상황 안에서 글을 쓰기 때문에, 작품의 역사적 배경과 저자로 알려진 사람에 대해 알려진 역사적 자료를 함께 조사하는 것은 한 쪽이 다른 쪽과 모순되는지의 여부를 결정하는데 유효한 방법론이 된다. 예를 들어, 한 작품의 역사적 배경이 2세기의 것으로 추정되는 반면에, 저자는 1세기의 사람으로 추정된다면, 단지 두 가지 설명만이 가능해진다. 저자에 대한 추정이 잘못되었거나, 아니면 그 작품의 역사적 배경을 다시 조사해 보아야만 한다. 특히 역사적인 언급들을 확인하는데 의견 차이의 여지가 있는 경우에는 후자의 경우가 더 타당할 것이다.

골로새서가 이에 대한 적절한 예가 된다. 골로새서에 반영되어 있는 이단이 2세기 영지주의라는 견해는 1세기에 영지주의의 초기 단계(pre-Gnosticism)가 존재했다는 것이 밝혀진 이후로, 이 서신이 바울의 서신이 아니라는 주장에 대한 근거로서는 거의 제외되고 있다. 영지주의에 대해 더 많은 사실이 알려짐에 따라, 골로새서가 바울의 친서라는 것을 거부하는데 있어서 그런 형태의 증거는 재평가를 받고 있다.[33] 신약성서에 나오는 여러 박해에 대한 언급들도 마찬가지이다. 그러한 불확실한 언급들이 교회사의 어느 시기에 속하는지 확정하기가 불가능하기 때문에, 어떤 언급이 어떤 시대에서 비롯되었다고 딱 잡아 주장하기는 어렵다. 예컨대 베드로전서가 좋은 예인데, 거기에 나오는 박해에 대한 언급들이 트라얀 황제 시대를 나타낸다고 여겨지지만, 그것을 입증할 수는 없다.[34]

(6) 지금까지 앞에서 언급한 사항들은 저자에 대한 어떤 긍정적인 접근도 가능하지 않다는 것을 암시해 주지만 그것이 전부는 아니다. 신약 본문이 저자를 밝히고 있지 않은 경우에는 외적인 증거(예컨대 누가-사도행전의 경우처럼)에 의지하지 않고서는 어떤 결론에 도달할 수 있는 수단이 없다. 그러나 나머지 경우에 대해서는 책 자체가 주장하는 바에 충분히 가치를 부여해야만 한다. 그 주장들이 더 이상 지지될 수 없다는 것이 알려져, 포기될 때까지는 그 입장들을 고수하는 것이 정당한 비평방법의 원칙일 것이다. 이것은 본문의 주장들에 대한 도전이 확고한 증거를 제시하지 못할 경우에는

그 주장들을 인정해 주어야 한다는 것을 의미한다. 이 경우에도 또한 외적
전승을 중요시하여야 한다.

주

1) *Über den sogenannten ersten Brief des Paulus an den Timotheus* (Berlin 1807).
2) *Historische-Kritische Einleitung in das Neue Testament* (Leipzig 1812) 111. 315.
3) *Die sogenannten Pastoralbriefe* (Stuttgatt (1835).
4) *Einleitung in das Neue Testament* (Freiburg 1885).
5) Cf. for instance, Bultmann's approach to history in his *The History of the Synoptic Tradition* (E. T., Oxford 1958²).
6) 전승 단위들이 강조됨에 따라, 저자에 대한 강조가 불필요한 것으로 간주되었다.
7) Maxen, Conzelmann, Bornkamm과 같은 학자들의 저서에서. 본서 11장에 나오는 편집비평에 대한 논문 참조.
8) 저작성이 신학적 특성에 관한 논의에서 중요한 것은 분명하지만, 이 경우에도 신학이 저자의 개인적 특성보다 더 중요하다.
9) G. Bornkamm의 접근과 R. V. G. Tasker 접근 간의 차이가 이 점을 잘 설명해 준다. Tasker, *The Gospel according to St. Matthew* (London 1961) 참조.
10) 물론 무명의 한 편집자가 실제 작품을 기록할 수도 었었을 것이다. 그러나 무명성 가지고 진정성을 확정하는 것은 보다 더 어렵다. (예. 히브리서)
11) Haenchen과 같은 주석가는 계속해서 "누가"에 대해서 언급은 하지만, 그가 바울의 동료 누가를 의미하지는 않는 반면에, Bruce는 누가의 저작성을 전적으로 받아들이고, 그것에 따라 누가복음을 해석한다. E. Haenchen, *The Acts of The Apostles* (Oxford 1971) 과 F. F. Bruce, *The Acts of The Apostle* (London 1952) 참조.
12) 누가의 저작성은 누가가 많은 친필 자료를 접할 수 있었다는 이유 때문에, 다른 진정성의 증거들을 보강해 준다고 말할 수 있다.
13) *C. Marcion* iv. 2.
14) *Adv. Ilaer.* iii. l.
15) 예를 들어, 특정한 저자에 대한 모든 주장들이 그가 단순한(naive) 견해를 표명하였다는 이유때문에 무시된다면, 그것은 건전한 비평이 아니다.
16) Cf. E. Hennecke, *New Testament Apocrypha* (ed. W.

Schneemelcher and R. M. Wilson; London 1963, 1965).

17) 위명성을 용인할 수 있는 문학적 도구로 간주하는 사람들은 이러한 위명의 기술을 통해 위명의 문헌들이 참된 저자성을 밝히는 책들과 동일한 범주에 놓여질 수 있다고 주장한다.

18) Consider, for instance, the dating of F. D. Gealy in his exegesis of these epistles in *The Interpreter's Bible* (New York 1955), Vol. 11, pp. 351ff. in which a post-Marcion period places them in a secondary category.

19) 가장 초기의 증거는 히브리서를 사도서신에 포함시킨 Tertullian (*De Pudicitia*)으로부터 나온다. 바나바를 저자로서 받아들인 것이 그의 이러한 판단에 영향을 끼쳤음에 틀림이 없다.

20) Cf. Eusebius, H. E. vi. 25.

21) JTS ns. 12, (196t), pp. 39-49, reprinted in SPCK *Theological Collections* 4 (London 1965), 1-13.

22) Aland는 당시에 기독교 작가들이 성령에 의해 움직이는 펜으로 간주되었다고 주장한다.

23) 바울이 자신의 견해(고전 7:12에 나타난 예처럼)에 주의를 기울였을 당시에는 그가 일반적으로 하나님으로부터 나온 말씀을 의식하고 있었다는 것을 시사해 준다. 성령의 사역에 대한 그의 모든 강조가 이 견해를 지지해준다.

24) Op. cit., pp. 3, 4.

25) 얌니아 회의에서 그것들은 정경으로 고려되지 않았고, 그 뒤의 어느 단계에서도 마찬가지였다.

26) 요한 계시록과 유대교 묵시록이 제목에서는 유사성이 나타나긴 하지만, 형태와 내용에 있어서는 현저하게 다르다. 요한 계시록은 위명적이지도 않고, 과거 역사에 대한 개관도 없으며, 보다 높은 수준(즉, 보다 더 영적인 차원)에서 진행된다.

27) Cf. my article on epistolary pseudepigraphy in my *New Testament Introduction* (London 1970), pp. 671ff. For a general discussion of canonical pseudepigrapha, cf. B. M. Metzger, JBL, 91 (1972), pp. 3-24.

28) A comparison between C. L. Mitton, *The Epistle to the Ephesians* (Oxford 1951), and F. Foulkes, *The Epistle of Paul to the Ephesians* (London 1963), will demonstrate this.

29) Cf. Mitton, op. cit.

30) According to Tertullian, *De Baptismo* 17.

31) 이 견해를 표명한 A. Q. Morton은 자신의 결론에 충분한 증거를 제시하지 못하고 있기 때문에, 일반 원칙으로 확정하기는 어렵다. (A. Q. Marton과 J. McLeman, *Paul the Man and the Myth* (London 1966)) 참조.

32) Cf. P. N. Harrison's approach in *The Problem of the Pastorals* (Oxford 1921).

33) Cf. R. M. Wilson's treatment in his *Gnosis and the New*

Testament (Oxford 1968).

34) Cf. the different approaches of F. W. Beare, *The First Epistle of Peter* (Oxford 1958). and C. E. B. Cranfield, *The First Epistle of Peter* (London 1950).

제 6 장

종교적 배경

존 W. 드레인

신약의 메시지를 이해하는 가장 중요한 방법 중의 하나가 그 사상이 나오게 된 종교적 배경을 적절하게 평가하는 것이라는 점은 신약의 독자라면 누구에게나 당연한 일임에 틀림이 없다. 예수 자신은 물론 그의 제자들, 그리고 신약 저자들 거의 모두가 유대인이었고, 초대 교회의 대부분이 매우 다양한 종교적 배경을 지닌 사람들로 구성되었다. 우리는 신약 성서를 읽을 때마다, 그것이 복음서 전승에서 나타나는 바리새인이나 사두개인이든 아니면 바울 서신과 사도행전에 언급되어 있는 이방종교 사상의 대표자들이든, 여러 종교의 대표자들을 만나지 않을 수 없다. 그러므로 신약을 연구하는 학생이 신약 사상의 종교적 배경을 자세히 알아야 하는 것은 필수적인 일이다.

1. 자료들

신약 문서들의 종교적 배경은 다음과 같이 세 가지 주요 요소로 구성된다.

1. 구약 성서

구약은 신약의 메시지를 올바로 이해하는데 대단히 중요하다. 신약의 각 페이지마다 예수의 오심이 오랜 역사를 지닌 한 종교적 경험에 대한 결정적인 귀결이었다는 사실이 상기된다. 그는 구약의 약속된 메시야(막 14:61f.)였으며, 그의 오심은 오랜 예언들의 성취(눅 4:21)였다. 그의 생애와 사역 속에서 일어난 비교적 사소한 사건들조차도 이러한 빛 아래서(마 2:16-23) 조명되고 있고, 당시에는 분명하게 드러나지는 않았지만 후에 그의 죽음과 부활 사건도 구약 예언의 성취(행 2:22-36)로서 보여졌다.[1]

예수 자신의 생애와 죽음과 부활이 구약의 맥락에서 보여졌을 뿐만 아니라 그리스도 교회의 새로운 삶 역시 구약의 범주에서 해석될 수 있었다. 사도 바울은 예수 그리스도와의 관계 때문에 이방 그리스도인들도 "아브라함의 자손"이요, 하나님의 선택된 백성으로서 구약에 약속된 약속의 상속자(갈 3:29)로서 묘사될 수 있다는 사실을 조금도 의심하지 않았다. 바울 서신의 거의 모든 페이지마다 구약의 인물들이 나타나고 재해석되고 있으며, 그의 세세한 언어까지도 어떤 구약 사건에 대한 암시를 은연 중에 나타내고 있다. 고린도 교회와 같은 세계교회조차도 자기들의 기독교 신앙이 구약에 철저하게 근거하고 있음을 깨닫고 있었다(고전 10:1 이하 참조).

2. 당시의 유대교

A. D. 1세기의 유대교는 일반적으로 생각하는 것보다 복잡했지만,[2] 세 가지 주된 흐름이 처음 그리스도인의 신앙에 중요한 영향을 끼쳤던 것으로 보인다.

(a) 바리새인

바리새인과 그 신앙이 신약 신학의 발전에 중요한 영향을 끼쳤음이 거의 확실하다. 마태복음서 기자의 관점에서 볼 때, 바리새인들이 예수와 그의 제자들에게 가장 커다란 적(마 22-23장)이었을지라도, 사도 바울은 바리새인으로서의 자신의 성장과 교육을 적어도 한번 이상 자랑하였다(빌 3:5; 갈 1:13 이하). 구약의 토라에 대한 그의 태도를 볼 때, 그가 바리새인의 가장 중요한 신앙의 많은 부분들을 포기한 것은 사실이지만, 계속해서 바리새인

선생에게 배웠던 것에 깊은 영향을 받았음은 틀림이 없다. 그가 산헤드린 앞에서 재판을 받을 때(행 23:6-10)처럼, 아그립바 왕 앞에서 재판을 받을 때(행 26:4-8)에도 사도행전의 저자는 그가 바리새인들도 공유하고 있는 미래의 부활에 대한 신앙에 호소한 것으로 묘사하고 있다. 또한 바울 자신이 바로 그 부활의 주제를 다루는 고린도전서 15장에서 우리는 그가 자신의 조상들에게 얼마나 의존하고 있는가를 볼 수 있다.[3]

(b) 쿰란 공동체

쿰란의 교리들 역시 신약의 종교적 배경을 이해하는데 중요한 도움을 준다. 기독교가 쿰란 공동체에서 연유되었다는 이론은 어떤 것도 거부해야 하지만 접촉점들은 상당수 있다. 최근에 학문적 견해의 가장 괄목할 만한 반전 중의 하나는 주로 쿰란 두루마리의 이원론이 요한복음의 이원론과 분명한 유사점을 가지고 있다는 발견으로 인해 생겨났다. 몇몇 학자들이 요한복음의 저술연대를 지금까지 제시된 것보다 훨씬 오래된 것으로 추정하고 있지만, 그 결과로 인해 요한복음은 지금 역사적으로 신학적으로[4] 완전히 새로운 빛에서 조명된다.[5]

(c) 헬레니즘적 유대교

헬레니즘적 유대교도 고려해야만 한다. 이것은 조상들의 신앙을 다른 상황의 요구에 적응시키려고 했던 디아스포라 유대인들 사이에서 발전된 유대교의 일종이었다. 헬레니즘적 유대교의 가장 설득력 있는 해석가는, 예수와 사도 바울의 동시대인으로서 자신의 임무를 헬라 철학의 견지에서 구약을 해석하는 것으로 여겼던 알렉산드리아의 필로(Philo)였다. 이러한 목적을 달성하기 위해 그는 구약의 거의 모든 것을 실제의 역사적인 영역으로부터 분리하여 알레고리화 해야만 했다. 그러나 그러는 과정에서 그는 모세가 고전 헬라 철학의 모든 최상의 것을 이미 예상했었다는 것을 입증하였다고 주장했다. 필로와 그를 따르는 사람들의 사상은 바울 신학을 해석하는데 있어서 매우 중요하게 고려되곤 한다. 예컨대, 갈 4:21-31에서 바울은 자신의 신학적 논점을 증명하기 위해 사라와 하갈의 알레고리를 사용한다. 당연히 바울이 알렉산드리아의 유대인들과 동일한 방법을 사용했는가 하는 문제가 생겨나

며, 만일 그랬다면 그가 동일한 전제들을 염두에 두고 그랬는지 하는 문제가
발생한다. 이 질문에 대한 대답은 우리에게 구약에 관한 사도 바울의 태도에
대해 중요한 통찰력을 줄 것이며, 그가 예수를 구약의 범주 안에서 이해하고
있다는 것을 보여줄 것이다.

3. 헬라 사상

초대 교회의 배경이 된 종교 사상의 다른 주된 영역은 헬라 세계의 종교
이다. 신약시대에는 고대 헬라 신들에 대한 제의가 힘을 잃은지 이미 오래였
고, 로마 제국의 주요 종교들은 신비 종교와 여러 형태의 초기 영지주의였
다. 이 두 형태의 종교는 모두 개인 구원에 관심을 가지고 있었다. 이 분야
에 대한 연구는 늘 위험한 작업이긴 하지만, 신비종교가 마법에 의한 개인
구원을 주장하는 반면에, 영지주의는 오히려 철학적-신학적 수단에 의한 개
인 구원을 주장한다고 양자를 구분한다면, 크게 틀린 것은 아닐 것이다. 이
러한 구분은 명쾌한 구분은 아니지만, 미래의 영적 안전을 확보하기 위해서
라면 기꺼이 지푸라기라도 잡을 준비가 되어 있었던 헬라 세계의 혼란한 상
황을 반영해 주고 있다.

이러한 헬라종교에 대한 우리의 지식은 두 개의 주요한 고고학적 발견에
서 비롯되었다. 1850년 경부터 상당한 양의 파피루스가 이집트에서 발견되
었는데, 그것들 중의 많은 것이 헬라세계의 마술 종교에 대한 내용을 포함하
고 있었다. 이러한 파피루스들은 1908년에 아돌프 다이스만(Adolf
Deismann)에 의해 「동방의 빛」(Licht vom Osten)이라는 제목으로 모아
져서 출간되었다.[6] 이 파피루스들을 통하여 헬레니즘 세계에 유행한 미신들
에 대해 많은 부분을 알 수 있게 되었다.

그러한 파피루스들 중의 어느 것도 기독교 시대 이전의 것은 없고, 대부
분 A.D. 2세기에서 6세기 경의 것들이다. 그러나 신약시대에 마술이 널리
퍼져있었다는 것을 알려주는 다른 많은 증거들이 있다. 여기에는 저주판
(cursing tablets)과 마술 부적, 그리고 마술사의 도구들이 포함되는데, 어
떤 것은 그리스도교 이전 시대에까지 거슬러 올라간다.[7]

영지주의 종교는 초기 교회 교부들에 의해 기록된 그리스도교 형태의 영지주의에 대한 문서들을 통하여, 그리고 1945년경 이집트의 나그 함마디(Nag Hammadi)에서 발견된 다량의 사본들(MSS)을 통하여 알 수 있다.[8] 콥틱어로 쓰여진 이 문서들 중에는 예수의 말씀으로 돌려지지만, 복음서 정경에는 없는 말씀(예컨대, 도마복음)과 사색적이고, 철학적인 영지주의 논문들이 포함되어 있다. 이 사본들은 아직도 학자들에 의해 편집되고 출간되는 과정에 있으나, 지금까지는 어느 것도 기독교 이전 시기의 것으로 밝혀진 것은 없다.

2. 배경자료들의 사용

이러한 다양한 자료들을 어떻게 사용할 수 있을까? 주석자에게 도움을 주기 위해 그러한 자료들을 비교하는 두 개의 주요한 논점이 있다.[9]

1. 비슷한 언어의 사용

비교하는 본문들을 대충 훑어보면, 동일한 용어가 몇 개의 다른 문맥에서 자주 나타나는 것을 발견하게 된다. "지식"(knowledge)이라는 개념을 예로 들어 보자. 이 개념은 앞에서 열거한 모든 자료의 실마리가 된다. 이 개념에 무비판적으로 접근한다면, 모든 종교적 본문들 안에서 그것이 동일한 의미를 지닌다고 생각할 수도 있다. 그러나 실제로 비기독교 자료 가운데서도 그것은 커다란 차이가 있다. "지식"이란 구약에서는 중요한 주제로 다루어지는데, 거기에서 하나님에 대한 지식은 하나님과의 긴밀한 계약관계 안에서 살아가는 사람들만이 가질 수 있는 특권이다.[10] 또한 쿰란 두루마리에서 "지식"이란 공동체의 종교적 우두머리가 소유할 수 있는 것이다.[11] 반면에 필로와 영지주의자들의 문서에서 지식(gnosis)이란 비밀스런 것으로서, 비밀스런 종교적 진리가 계시된 영혼에 의해서만 얻어질 수 있는 것이었다.[12]

이러한 강조점의 차이들을 볼때, 신약성서에서 gnosis의 의미는 본문에서 주의깊게 주석해야 할 문제라는 것을 알수 있다. 우리가 해야 할 일은 그 단어가 관련있는 모든 종교적 맥락에서 어떻게 사용되었는지 주의깊게 분석하고, 그 다음에 서로 다르게 사용된 것을 비교, 검토하는 것이다. 그렇게 할 때, 우리는 매우 빈번히 신약의 개념이 유대교와 헬라 종교들과 어느 정도 관련은 있지만, 나름대로의 독특한 특징을 지니고 있으며, 주어진 한 단어의 기독교적 의미가 보통은 그리스도의 종말론적 사실에 의해 결정되는 것을 발견하게 될 것이다. [13]

헬라세계의 마술적 내용들이 담긴 본문들이 발견된 직후에는 용어가 같다는 이유만으로 정도에서 지나친 주장들이 나오기도 했지만, 최근에는 용어를 다룰 때는 매우 조심해야 한다는 점이 일반적으로 인정되는 바이다. 1913년에 빌헬름 부세트(Wilhelm Bousset)는 유명한 저서인 「주 그리스도」(*kyrios Christos*)[14]의 1판을 썼다. 이 책에서 그는 첫번째 이방 그리스도인들이 자신의 이방신들을 κύριος라고 부르는 것에 익숙해졌기 때문에, 그들은 본능적으로 동일한 용어를 사용하여 예수를 섬겼다고 주장했다. 물론 그 단어 자체가 예수에 대한 신앙으로 변형되면서 많은 신학적인 결합으로 말미암아 실제는 훨씬 더 심오한 의미를 지니게 되었지만 말이다. [15]

그의 주장에 의하면 신약성서의 저자들이 예수를 κύριος로 부를 때, 그들은 역사적 예수와는 신학적으로 분리되어 있으며, 헬라세계의 이방 신학과의 밀접한 관련성을 보여주고 있다는 결론이 나온다. 그렇다면 사도들은 모든 사람들을 위해 단 한번 예수 그리스도에 의해 계시된 진리의 보증인들이 아니라, 한 보잘 것 없는 유대 묵시론자(예수:역주)의 누더기를 헬라신이라는 부유한 외투 아래 숨기고자 한 최악의 종교 표절자들인 셈이다.

오늘날 어느 누구도 이러한 주장을 전체적으로 받아들이는 사람은 없다. 새로 발견된 정보 자료들에 열광한 나머지 부세트는 일련의 사상이 한 문화에서 다른 문화로 넘어갈 때 관련된 중요한 의미론의 문제를 무시했다는 것을 알기 때문이다. 분명 초대 그리스도인들은 예수를 어떤 면에서는 이교도의 "주들"(lords)보다 뛰어난 주로 생각한 것은 사실이지만, 그 이상의 증거는 우리에게 없다. [16] 제임스 바(James Barr)는 여기에서 더 나아가, 고립된 단어들이 신학적 의미를 한 문맥에서 다른 문맥으로 전달하는 것은 언어적으로 불가능하다고 주장하였다. 그의 주장이 너무 포괄적이긴 하지만, 언어 비교가 효과적으로 수행되기 위해서는 매우 복합적인 분석이 필요하다는 것을 적절하게 상기시키고 있다고 볼 수 있다.[17]

2. 종교 신화의 사용

다음 문제는 이렇게 제기된다. 몇 개의 종교적 자료들이 자신들의 신을 유사한 방법으로 서술하고, 동일한 문맥에서 유사한 행위를 하는 존재로 묘사한다면, 둘 사이에는 관련성이 있다고 볼 수 있겠는가 하는 것이다. 신약성서의 경우에 이 질문은 결국 공관복음서의 기적 이야기들과 바울의 교회들의 그리스도론과 연관된 두 개의 주요 문제로 귀착되어 왔다.

(a) 기적 설화들

공관복음서에 나오는 기적 설화들이 마법사의 마술행위와 헬라세계의 "신적 인간"(divine men)과 어떤 유사점을 가지고 있다는 것은 처음부터 인정되었다. 이에 대한 증거는 신약성서 자체(마 7:22; 요일 4:1; 살후 2:9; 계 13:13 이하) 안에 풍부하게 있고, 후대에 알렉산드리아의 클레멘트는 기독교 신앙을 변증하는데 그 유사성을 이용하였다. 그는 이방인들이 자신들의 종교적 전통에도 비슷한 특성을 지닌 기적들이 많이 있기 때문에 예수가 행한 기적들을 부인할 하등의 이유가 없다고 말했다(Strom. 4:3). 또한 기적 이야기를 하는 유대 랍비들도 있었다.[18] 하지만 대부분의 학자들은 랍비들의 기적 이야기들이 공관복음서 전승과 어떤 관계가 있는지는 알아내지 못하고 있다.[19]

보다 더 많은 경우는 복음서의 기적설화들을 예수를 헬라적 마술세계에 친숙한 형태의 인물로 묘사하는 이야기로 다루는 것이다.[20] 이러한 주장의 일반적인 타당성을 부인할 이유는 없다. 마술사와 기적 행위자가 판칠만큼 미신과 마법이 철저하게 유포된 시대에[21] 초대 기독교가 기적 전승들의 변증적 가치를 곧 깨달았다는 것은 놀랄 일이 아니다. 이전에 지방 마법사를 추종했던 사람들에게 예수가 보다 더 강력한 초자연적인 능력을 행사했다는 사실을 아는 것은 중요하였다. 기적 전승 안에서 예수는 자주 헬라의 마법사들이 할 수 있다고 주장한 것과 똑같은 일을 한 것으로 묘사되곤 하였다. 마법적인 치료 방법과 연결된, 침을 사용하는 것과 같은 귀신 축출은 헬라세계에 살던 기적 행위자의 장사 수단이었다.[22]

몇몇 최근의 연구는 공관복음 전승의 이러한 측면의 중요성을 다시 강조하였다. 랄프 마틴(R. P. Martin)은 마가복음의 목적 중의 하나는 기적 설화들에서 매우 분명하게 나타나곤 하는, 이러한 마법적인 연관성을 누그러뜨리는 것이었다고 주장한다. 바울의 교훈을 오해함으로써 이방 교회들에 생겨난 가현설적 기독론에 직면해서 마가는 오해의 가능성을 배제하기 위해 기적 전승들을 편집하였다. 그는 예수가 헬레니즘의 평범한 마법과 매우 밀접하게 결합되어 있다는 인상을 피하려고 함으로써 자칭 가현설주의자들이 발붙이지 못하도록 하려고 하였다.[23]

헐(J. M. Hull)은 공관복음서를 분석한 뒤에 약간 다른 결론에 도달한다. 그에 따르면, 마가가 헬라적 "신적 인간"과 똑같은 방법으로 행동하는 예수를 묘사하는 반면에, 누가에서는 예수의 마법과 그의 적대자의 마법과의 차이가 매우 분명하게 드러나며, 마태에서는 예수가 기적 행위자가 아니라 오히려 믿음의 스승으로 묘사된다.[24]

우리는 더 나아가 공관복음의 기적 설화들이 기독교의 예수에 적용된 이교도의 신화라고 생각할 수 있는가? 이전의 양식 비평가들은 자주 그렇게 생각했지만, 그들은 그러한 역사적인 질문들에 대한 견해들을 매우 적절치 못한 근거로 제시하는 경향이 있었다.[25] 복음서 전승들이 헬라적 설화들과 동일한 "양식"을 지니고 있다는 사실은 처음 그리스도인들이 변증의 필요성을 잘 의식하고 있었으므로 그렇게 표현하였다는 것 외에는 아무 것도 입증해 주지 못한다.

그러한 거대한 주제를 다룰 때에 우리는 각각의 경우를 나름대로 진지하게 결정할 필요가 있지만,[26] 다음과 같이 몇 가지 지침을 간략하게 언급할 수 있다.

(i) 헬라 종교에 있어서 마법의 목적은 일반적으로 신들로 하여금 "거룩한 사람"이 원하는 바를 이루어 주도록 하는데 있었다.[27] 마법에 관한 파피루

스에는 이러한 목적을 위해 사용되는 주문, 기도, 의식들이 포함되어 있다. 각각의 모든 상황이 특정한 방법으로 다루어질 수 있어서, 끊임없는 압력으로 인해 마침내 신들이 마법사의 뜻에 복종할 수밖에 없게 되는 것이다. 신약성서의 기적 어느 것에도 이러한 현상은 없다. 예수는 하나님을 압박하여 자기의 뜻대로 행하는 방법 따위는 사용하지 않는다. 오히려 결정적인 순간에 하나님의 뜻에 대한 예수의 복종이 분명히 강조된다(막 14:32 이하). 예수가 마법에 관한 파피루스에 쓰여진 주문이나 마법 장치를 사용했다는 기록은 어디에도 없다.

(ii) 예수가 어떤 형태로든 그러한 능력을 가지고 있지 않았다면, 그러한 기적적인 능력을 예수에게 돌리는 것이 가능하지 않았을 것이다. 랍비와 헬라의 기적 설화들은 모두 오랜 기간 동안 발전되어 왔지만, 복음서의 경우 상황은 매우 달랐다. 왜냐하면 그 전승들은 사건들의 목격자들의 생애 동안에 문서화 되었기 때문이었다. 초대 그리스도인들이 예수를 그렇게 서술할 때, 자신들의 구주를 신뢰했다는 것은 의심할 수 없었다 하더라도, 이러한 사실이 반드시 예수가 실제로 자신을 헬라적 모델을 따르는 마법사로 생각했다는 것을 의미하지는 않는다.[28]

(iii) 복음서의 기적들은 이교도의 자료들이나 후기 기독교 자료들에서 그 유례를 찾아볼 수 없는 신학적인 역할을 한다.[29] 기적들은 하나님의 나라의 도래를 묘사하고, 그 자체가 예수가 가져온 구원의 일부가 되는 종말론적 사건들이다. 기적 안에서 그리스도 안에 있는 하나님의 행위가 드러나고, 그의 능력이 나타나며, 사람들은 믿음과 회개에로 부름받는다. 이것이 헬라적 마법이나 랍비적 마법의 목적과 매우 다른 점이다.[30]

(b) 그리스도론

몇몇 학자들은 더 나아가 초대 교회의 그리스도론이 주로 초기 헬라적 교리에 의존하였다고 주장하고 있다. 헬라 세계에, 특히 영지주의 내에 사람들의 영혼을 구하기 위해 스스로 물질의 형태를 입고 내려온 최초의 인간(Primal Man)에 대한 널리 보급된 신화가 있었다는 주장이 자주 언급되어 왔다. 이 신화의 존재는 많은 점에서 기독교의 예수와 동일하다고 언급된다.[31] 이러한 입장에서 보면 신적 존재로서의 예수의 전존재, 성육신, 그의 죽음, 부활, 승천 등은 모두 사도들의 미혹된 머리를 통해 나온 이방 종교성의 투영에 불과하게 된다.

이러한 주장은 2세기 이후에는 그러한 신화에 대한 증거가 풍부하지만, 기독교 이전 시대에는 그러한 증거가 하나도 없다는 사실에서 설득력을 잃는다.[32] 이 점에서 종교적 본문들을 비교하는데 있어서 적용될 수 있는 또 하나의 기본적인 고려사항이 강조된다. 매우 다른 시대에서부터 나온 본문들을 비교하는 것은 잘못된 결론에 도달하기가 너무 쉽기 때문이다. 자료들의 연대 비교가 이 연구에 매우 많은 혼동을 야기시켰으므로, 우리는 신약성서를 해석하기 위해 비기독교 자료들을 사용하는데 있어서 또 다른 문제에 주의를 기울이게 된다. 이 분야에서는 모든 학자의 태도가 자신의 전제들에 의해 결정되는 경향이 있기 때문이다. 특히 초자연적인 것은 존재하는가 라는 질문에 어떻게 답변하느냐에 따라 좌우된다.

그 질문에 부정적으로 대답하는 학자는 신약성서에서 나타나는 모든 신적인 개념을 이교도의 종교적 신화의 산물에 불과한 것으로 간주한다. 예수가 다른 사람과 조금도 다르지 않기 때문에 신약의 참된 메시지는 오늘날 우리 자신의 용어로 쉽게 이해할 수 없는 메시지이다. 그 메시지는 본질적으로 모호한 방법으로 기적을 믿었고, 고대인의 사고방식과 개념에 관련된 실존적인 메시지였다.

이 견해에 따르면, 기적의 개념은 그 시대에는 다른 설명이 불가능했던 문제들에 대답하기 위해 고안된 순진한 사람의 산물이다. 그러므로 기적이 일어난 사건과 관련된 신약성서와 같은 고대의 기록들은 인류의 발전 과정에서 순진무구한 단계의 반영으로 설명되어야만 한다. 헬라의 이교도들이 신약의 그리스도인들과 동일한 발전 단계에 있었으므로 신약의 기적적인 요소들과 이교도의 기적들은 모두 같은 종류의 것이며, 역사와는 무관한 동일한 현상의 여러 가지 다른 형태들에 불과하다.

이와는 달리, 기적의 가능성을 받아들이는 학자에게 문제는 다른 각도에서 보여진다. 그는 기적이 일어나서는 안되는 이유가 결코 없다는 가정을 자신의 출발점으로 삼는다. 실제로 예수가 분명히 신성을 주장하고 있는데도, 그가 신적인 존재가 되어서는 안된다고 하는 어떤 선험적 이유도 존재하지 않는다. 초자연주의자들은 완전히 다른 전제로부터 시작하기 때문에 자연주의자들과 매우 다른 결론에 도달하는 것은 놀라운 일이 아니다. 초자연주의자에게는 예수가 신적인 존재이며, 기적이 일어날 수 있다는 것이 가능하다. 실제로 예수가 신적인 존재였고, 기적을 행하였는지에 대한 여부는 역사적 연구와 문학적 연구의 규범들에 의해 결정될 필요가 있는 문제이다. 이러한 연구에서는 어떤 연구자도 자신의 선입견을 신약 본문에(실제로 헬라적 본문이나 랍비 본문에도 마찬가지로) 강요할 권리는 없다. 그러나 우리는 우리의 전제들을 자각하고, 그 전제들을 마땅히 고려할 필요가 있다.

이상의 간략한 연구에서 우리는 신약성서 주석에서 다른 종교적 본문들을 신중하게 사용하게 되면 유익이 많다는 것을 알 수 있다. 중요한 이점은 우리가 1세기의 사람의 관점으로부터 신약 문헌들을 볼 수 있다는 것이다. 오늘날 우리는 그것을 당연한 것으로 여기고 있지만, 신약의 올바른 이해를 위해서는 근본적인 것이다. 우리가 헬레니즘 시대의 이교도에 대해서 알지 못한다면, 신약의 대부분을 이해할 수 없을 것이다. 우리가 당시의 유대교에 대해 아무 것도 모른다면 공관복음서의 주석을 거의 시작도 할 수 없을 것이며, 바울 서신의 많은 부분도 해석할 수 없을 것이다.

현명하게 사용한다면, 이러한 자료들은 신약 이해의 차원을 넓히는데 공헌할 수 있다. 반면에 경솔하게 사용한다면, 그 자료들로 인해 우리는 맹목적인 곤경에 빠질 수도 있다. 그러나 신약의 어떤 독자도 그러한 자료들이 필요없다고 말할 수는 없다.

주

1) Cf. B. Lindars, *New Testament Apologetic* (London 1961). pp. 32-137.

2) W. Förster, *Palestinian Judaism in New Testament Times* (E.T. Edinburgh 1964).

3) W. D. Davies, *Paul and Rabbinic Judaism* (London 1970), pp. 303ff. 동시에 우리는 바울이 고린도 서신의 영지주의적 배경을 전혀 고려하지 않고 이의를 제기하였다는 주장도 이해할 수 없다. W. Schmithals, *Gnosticism in Corinth* (E.T. Nashville 1971), pp. 155-159.

4) Cf. J. H. Charlesworth (ed.), *John and Qumran* (London 1972).

5) 요한복음의 최근 논쟁에 관해 논의한 후, A.M. Hunter는 요한복음의 저작 시기를 A.D. 80년 이전으로 추정하고 있다. 그의 책 *According to John* (London 1968) 참조. J.A.T. Robinson은 심지어 훨씬 더 이른 시기를 지지하고 있다. 그의 책 *Redating the New Testament* (London 1976) 참조.

6) E.T. *Light from the Ancient East* (London 1927).

7) For a comprehensive account of all this material. see J. M. Hull, *Hellenistic Magic and the Synoptic Tradition* (London 1974), pp. 5-15, 20-44.

8) For an account of their discovery, cf. J. Doresse, *The Secret Books of the Egyptian Gnostics*, (E.T. London 1960).

9) See B. M. Metzger, "Methodology in the Study of the Mystery Religions", in *Historical and Literary Studies*, (Leiden 1968), pp. 1-24 (originally in *Harvard Theological Review*, 48, 1955, 1-20).

10) N.H. Snaith, *The Distinctive Ideas of the Old Testament* (London 1944), p. 9. 에 따르면, 하나님에 대한 지식이야말로 다른 고대 종교와 구별되는 구약 종교의 특징 중의 하나였다.

11) Cf. W. D. Davies, *Christian Origins and Judaism* (London 1962), pp. 119-144. F. F. Bruce, *Second Thoughts on the Dead Sea Scrolls* (Exeter 1966), pp. 115f.

12) Cf. Philo, *Somn.* 11.226.

13) The kind of study required is exemplified in J. Dupont, *Gnosis* (Louvain/Paris 1949).

14) E.T. Nashville 1970.

15) Op. cit., pp. 119-152.

16) 이 특정한 예를 충분히 논의하기 위해서는 J. G. Machen, *The Origin of Paul's Riligion* (London 1921), pp. 293-317와 V. Taylor, *The Names of Jesus* (London 1953), pp. 38-51. 참조. 초대교회의 기독론에 대한 최근의 논의에서, M. Hengel은 헬레니즘적 유사성은 거의 고려할 가치가 없으며, 그것의 참된 배경은 유대교와 구약에서 밝견할 수 있다고 주장한다. (*The Son of God*, E.T. London 1976).

17) J. Barr, *The Semantics of Biblical Language* (London 1961).

18) For the value of rabbinic parables, cf. P. Fiebig, *Jüdische Wundergeschichten des neutestamentlichen Zeitalters unter besonderer*

Berücksichtigung ihres Verhälnisses zum Neuen Testament (Tübingen 1911). SB *in loc.* cite a number of rabbinic parallels, while R. Bultmann often refers to them in his *History of the Synoptic Tradition* (E. T. Oxford 1972), pp. 209-244.

19) Fiebig (op. cit.)에 따르면, 고려할 만한 가치가 있는 것은 오직 랍비적인 유사성들 뿐이다. 왜냐하면, 헬레니즘적 병행들이 보통 다신교적인 반면에, 그것들은 적어도 신약전승의 유일신론을 공유하고 있기 때문이다. 그러나 Dibelius는 양식비평에 근거해서 랍비적 기적 사화들이 기독교 기적 사화들이나 헬라적 기적 사화들과 매우 다르다고 주장하였다. 랍비적 사화들에는 두 가지 양식적인 형태가 있다. 즉 하나님이 율법을 지키는데 관심이 있다는 것을 보여주기 위한 "신정론 전설"(theodicy legends)과 기적 행위자의 명성을 드높이기 위한 "개인적 전설"(personal legends) 이다. 신약성서에는 이러한 형태에 대한 양식적인 유사성이 없기 때문에, 그는 둘 사이에 어떤 실제적인 연관성도 없다고 주장한다. (*From Tradition to Gospel*, E. T. Greenwood 1971, pp. 133-151). 헬라적 병행과 랍비적 병행들의 전체 문제에 대해서는 L. Sabourin, "Hellenistic and Rabbinic 'Miracles'", *Biblical Theology Bulletin* 2 (1972), pp. 281-307. 참고.

20) Cf. H. D. Betz, "Jesus as Divine Man", in *Jesus and the Historian*, cd. F. T. Trotter (Philadelphia 1968), pp. 114-133.

21) Petronius(Sat. 17)에 따르면, 로마에서는 "신들이 우리의 거리를 활보하고 있기 때문에 우리는 사람을 만나는 것보다 신을 만나기가 더 쉽다."고 한다.

22) Cf. Hull, op. cit., pp. 61-72. Dibelius, op. cit., pp. 81-103

23) R. P. Martin, *Mark: Evangelist and Theologian* (Exetcr 1972), pp. 175f, 214ff.

24) Op. cit., pp. 142-145.

25) See p. 160.

26) For this kind of study, cf. H. van der Loos, *The Miracles of Jesus* (Leiden 1968² Supplement to Nov. T IX).

27) Hull, op. cit., pp. 42ff.

28) "우리는 감히 … 예수가 자신을 마술사로 생각하지 않았다고 주장할 수 있다. 그러나 초기 기독교인들에게 마술의 신화는 여러가지 면에서 도움이 되었다. 그것은 어떤 다른 신화도 할 수 없었던 방법으로 그리스도의 구원의 몇 가지 측면들에 도움을 준다." (Hull, op. cit., p. 145).

29) 예수와 그를 따르는 자들이 2세기에는 종종 헬라적 마술사로 묘사되곤 하였다. 그래서 많은 위경 복음서들이 헬라적 마법 전승에서 차용한 기적들을 서술하고 있다. 이것들과 비교할 때, 신약의 전승들은 그러한 기적 전승을 매우 억제하였고, 예수를 대마법사로 묘사하는 것이 예수의 중요성의 궁극적인 판단이 아니었다는 것을 보여주고 있다. Hull, op. cit., pp. 1-4. 참고.

30) Cf. R. H. Fullcr, *Interpreting the Miracles* (London, 1963), pp. 39-45. A. Richardson, *The Miracle Stories of the Gospels* (London 1941), pp. 38-58.

31) Cf. inter alia R. Bultmann, *The Gospel of John* (E. T. Oxford 1971), p. 102 n. 1.

32) For a full discussion of this theory, see E. M. Yamauchi, *Pre-Christian Gnosticism* (London 1973), pp. 163-169.

제 7 장

역사 비평

I. 하워드 마샬

1. 목적과 방법

"역사비평"이란 어떤 사화(narrative)에 대한 연구로서, 문제가 되는 구절에서 실제로 어떤 일이 일어났으며, 무엇이 언급되고 있는지 결정하기 위해서 역사적 정보를 전달해 주는 것이다. "실제로 무슨 일이 일어났는가" 라는 말이 결코 해석의 곤경으로부터 자유롭다는 의미는 아니지만, 이 논의 에서는 그 말의 상식적인 견해로도 충분할 것이다.

역사적 연구는 어떤 사화가 증언하고 있는 사건들의 본질을 좀더 정확히 파악함으로써 명료하지 않은 사화를 조명해 주기 위해 행해진다. 이 문제에 관한 유용한 연구에서 래드(G. E. Ladd)는 신약성서에 나오는 여러 가지 진 술들의 의미가 당시의 역사적 문맥 안에 놓여질 때 비로소 현대의 독자들에 게 잘 이해될 수 있다는 사실을 설명해 주고 있다.[1] 요 4:6에서 예수는 "6 시"에 수가성 근처의 우물가에 앉아 있었다고 서술되어 있다. 만약 이 시간 표기가 "역사적"(즉 실제 일어났던 일)이라면, 틀림없이 그것이 처음 독자들 에게 어떤 의미있는 정보를 전달하는 것이기 때문에 기억되었고, 또 기록되었을 것이다. 그러나 그것에 대한 어떤 설명이 없다면, 그것은 현대인들에게 단지 공허한 시간 표기일 뿐이다. 유대인의 연대기를 알게 되면, 현대의 시간으로 그때가 아마 정오쯤이었다고 말할 수 있게 된다.[2]

만약 그렇다면 이 시간 표기는 하루 중 가장 뜨거운 시간이었다는 것을 지적하는 것이며, 예수가 여행 중에 피곤을 느끼고, 갈증이 난 이유를 이해하는데 도움이 된다.[3] 여기에서 우리는 역사적 기술 — 고대 연대기에 대한 지식과 평범한 인간 감정에 대한 통찰력 — 이 현대의 독자들로 하여금 저자가 처음의 독자들에게 말하고자 했던 분명한 의미를 알 수 있도록 성경의 구절들을 설명하는데 어떻게 사용되는지 알 수 있다.

이러한 설명의 임무와 더불어 역사비평의 두번째 목적은 역사적 사화가 의미하는 바의 역사적 정확성을 검토하는 것이다. 사도행전에서 몇 개의 지역적 특성들 — 예를 들면, 지방 관리의 명칭들 — 은 비문들과 다른 역사문서들에서 얻은 확실한 증거에 의해 정확한 것으로 여겨져 왔다. 램지(W. M. Ramsay) 경이 사도행전이 2세기 문서의 경향을 띤다는 확신을 가지고 소아시아에서 고고학 연구를 시작한 것은 잘 알려진 사실이다. 그는 자신이 발견한 증거로 말미암아, 누가는 탁월한 역사가였다는 판단을 내리지 않을 수 없었고, 나머지 생애를 신약의 역사적 진리에 대한 확실한 증거를 찾는 연구를 하는데 할애하였다.[4]

앞에서 말한 이 두 가지 목적을 추구할 때 생기는 문제들은 확실히 역사학을 신약성서에 적용시키는 문제들이다. 이 방법은 주어진 이야기를 있는 그대로 주의깊게 관찰하고, 그 사화와 그것이 기록하고 있는 사건을 조명할 수 있는 다른 정보자료들과 비교하는 것으로 이루어진다. 그러므로 훌륭한 역사가란 관련된 모든 자료들에 대한 지식이 풍부하고, 그 자료들에 대한 신빙성을 검토하는데 능숙하며, 그 자료들이 말하는 것을 성공적으로 설명할 역사적 가설을 세울 수 있는 사람이다. 훌륭한 역사가는 본문에 반영된 사건의 진상, 역사적으로 일관성이 있으면서도 또한 자료들의 용어를 설명하는데도 도움을 주는 진상을 규명하기 위하여 본문에게 질문한다. 그의 도구에는 이 글 밖에서 논의된 여러 형태의 비평이 포함되어 있어서, 그는 그것들을

사용하여 역사적 사화에서부터 사용 가능한 자료들로, 그리고 그것들을 생성
시킨 사건으로 되돌아가 작업한다. 우리는 "사건"(incident)이라고 말하지
만, 이야기가 전달되는 여러 단계를 거치면서 여러 가지 역사적 상황이 그
이야기에 영향을 끼쳤을 것이라는 점을 기억해야만 한다. 그러므로 역사가는
이것들을 고려할 필요가 있다.[5]

역사가 과거를 재구성할 때, 많은 요인들이 작용하므로 항상 확실한
결론에 도달할 수는 없다. 자료들이 너무 단편적이고 불확실할 때가 많으며,
본래의 사건들이 너무 복잡해서 어떤 자료를 가지고도 완전히 재생시킬 수
없을 때가 많으며, 일어난 일의 몇 가지만 재구성할 수 있을 때가 많다. 따
라서 역사가는 심사숙고한 추측이나 비교적 개연성이 있는 평가를 하는 것으
로 만족하는 경우가 빈번하다.

2. 신약성서의 역사적 문제들

역사적 연구를 하다 보면, 사건들이 어떤 특정한 자료에서 보도하는 것
과 똑같이 일어난 것은 아니라는 것을 시사해 줄 때가 많다. 특히 신약성서
에서는 그러한 결론이 여러 면에서 내려질 수 있다.

1. 병행 사화들 간의 모순들

신약성서에서 동일한 사건에 대한 다른 보도들을 비교해 보면, 둘 또는
그 이상이 동시에 사실일 수 없다는 결론에 도달하게 된다. 예컨대, 마태복
음 8장에 나오는 사건들의 순서는 마가복음에 나오는 동일한 사건들의 순서
와 매우 다르다. 마태복음에서는 문둥병자의 치유 사건(마 8:1-4)이 베드로
의 장모의 치유와 저녁 부렵에 행해진 군중들의 치유 사건 앞에 나온다. 그
러나 마가에는 순서가 정반대이다(막 1:40-45, 29-34). 그리고 마태복음에서
는 호수를 건너는 장면과 폭풍을 잔잔케 하는 장면(8:23-27)이 13장의 비유
교훈보다 훨씬 앞에 나온다. 그러나 마가복음에서는 호수를 건너는 장면 바
로 앞에 비유 교훈(4장)이 등장한다. 하나 혹은 양쪽 이야기 둘다 연대기적

순서를 따르고 있지 않은 것이 분명하다.

마찬가지로 동일한 사건에 대한 병행 구절들의 보도가 서로 다를 수도 있다. 마 21:40-41에서는 예수가 포도원 주인이 자기의 소작인들을 어떻게 할 것인가를 질문하는데서, 악한 농부들의 비유가 그 절정을 이룬다. 그 질문은 청중들에 의해 대답되어지고, 그 다음에 예수는 시편 118:22-23을 인용함으로써 대답한다. 그러나 눅 20:15-17에서는 예수가 자신의 질문에 대답한다. 그리고 청중은 예수가 시편을 인용하기 전에 "그런 일이 없기를 바랍니다"라는 대답을 한다. 두 대화의 보도가 문학적으로 둘다 동시에 사실일 수는 없다.[6] 또한 예수가 12제자들을 파송할 때, 그들에게 지팡이를 허락했는가 아니면 금했는가?(마 10:10; 막 6:8 비교)

2. 성서 외의 자료와의 비교

신약성서의 사화들이 ― 기록된 보도이든, 고고학적 기록이든간에 ― 세속 역사로부터 얻은 증거와 비교될 때도 똑같은 문제들이 제기될 수 있다. 구레뇨가 총독이었고 헤롯이 죽은 後에 인구조사가 있었다는 요세푸스의 기록(요세푸스, 「고대사」 17:135; 18:1-2)과 비교해 볼 때, 구레뇨가 시리아의 총독이었고, 헤롯이 죽기 前, 예수가 탄생할 즈음에 인구조사가 있었다는 누가의 보도로 인해 제기될 수 있는 문제에 대한 완벽한 해결책은 여전히 없다(눅 2:1-2; 마 2:1 참조).[7]

3. 역사적 불개연성

어떤 사화들은 본래적으로 일어났을 법하지 않은 사건들을 담고 있다. 이것은 일상적이고 평범한 사건들과 함께 일어날 수 있다. 마가복음의 역사성을 반대하는 가장 진지한 공격은 브레데에 의해 제기되었다. 그는 예수의 가르침과 행위들을 비밀에 붙이라는 모든 명령들이 지켜질 수 없었고, 그렇기 때문에 비역사적이라고 주장하였다. 예컨대, 딸의 죽음이 이미 공공연히 다 알려졌는데 어떻게 야이로와 그의 아내가 딸의 치유를 비밀로 할 수 있었겠는가?(막 5:43)[8]

4. 초자연적인 사건들

기적이나, 천상의 환상, 미래의 예언들을 담고 있는 이야기들은 더욱 더 개연성이 없다. 이 문제는 양쪽으로 갈라진다.

한편으로는, 그러한 사건의 가능성에 대한 회의의 반응이 있다. 어떤 학자들은 초자연적인 것을 즉시 거부한다. 또 어떤 학자들은 이론적으로는 마음을 열어놓지만, 흄(Hume)의 원칙에 따라 행동한다. 기적들은 매우 드문 사건이지만, 증인들이 실수하는 경우는 비일비재하다. 특히 미신으로 가득차고 현대의 과학 지식이 결핍했던 시대에는 더욱 그럴 수 있다. 그러므로 초자연적으로 보이는 모든 사건들은 자연적인 설명이 가능한지 신중하게 조사되어야 한다. 이러한 태도 뒤에는 고대의 역사가 그 특성상 현대의 역사와 연속성이 있는 것으로 간주되어야 한다는 믿음이 깔려있다. 그러므로 하나는 다른 하나의 유비(analogy)로 해석될 수 있다는 것이다(유비의 법칙 — 역주). 이 법칙에 의하면 초자연적인 것이 오늘날에는 미지의 세계이므로, 과거에 대한 설명으로 인정할 수 없다는 것이다.[9]

다른 한편으로는, 어떤 사람이 초자연적인 것을 한 사람의 신앙인으로서는 믿지만, 역사가로서는 사건들을 초자연적으로 설명할 수 없다는 주장이 있다. 이러한 입장에서 본다면, 일반적인 자연의 인과 원칙을 포기하고, 비합리적인 원칙을 인정하는 셈이 된다. 이러한 접근 방법은 역사적 방법의 종말을 고하는 것이 될 것이다. 왜냐하면 과학적 방법과 같이 역사적 방법은 반드시 자연적인 인과관계를 토대로 하여 진행되어야 하기 때문이다. 초자연적인 것을 받아들인다는 것은 곧 역사적 개연성을 세우는 보통의 방법들을 포기하고, 역사적 연구를 위한 확고한 토대를 떠난다는 것을 의미한다. 한 사건에 대한 보도를 다른 보도보다 우선시 할 아무런 근거도 없기 때문이다.

5. 초대교회의 자료 창작(creation)과 수정

하나의 역사적 사화로 보이는 것이 공동체나 개인의 뛰어난 재능의 산물로서 설명될 때도 있다. 전승비평 방법을 사용하는 학자들은 자주 소위 선언 이야기의 처음 형태는 단지 예수께 속한 말씀이라고 주장한다. 이러한 말씀들이 초대 교회에 매우 중요했기에 기억되었고, 이처럼 고립되고 문맥이 없는 말씀에 배경을 만들어 넣은 것은 초대교회였다는 것이다. 전승의 발전과정을 추적하는데 많은 주의가 기울여졌고, 따라서 한 이야기나 말씀의 어떤 요소가 교회의 특정한 관심이나 복음서 기자의 편애를 반영하고 있는 것으로 여겨질 때마다, 교회나 복음서 기자가 그 요소를 만들어 냈다고 주장하려는 유혹이 생겨난다. 이 때문에 역사적인 것으로 보이는 것이 종종 역사적인 허구로 설명되곤 하여, 한 이야기의 기원이 그 안에 보도된 역사적 사건의 견지에서보다, 그 이야기를 만든 사람의 마음을 자극한 동기들(motives)의 견지에서 더 그럴 듯하게 설명되었다.

6. 문학 장르

역사가는 역사적 보도가 분명한 어떤 사화가 올바른 문학 장르로 분류되었는지의 여부를 물을 필요가 있다. 역사적 사화가 역사적 소설로 판명될 수도 있다. 복음서의 저자들은 복음서를 실제로 일어난 사건 그대로를 보도하는 역사적 문서들로 만들려는 의도가 있었는가? 아마도 예수라는 인물이 지닌 의미가 너무 커서, 하나의 역사적 사화 안에 다 표현할 수 없었을 것이다. 그러므로 우리는 결코 의도하지 않은 것을 역사로 오해하여 읽는 실수를 범하는 것은 아닌가? 예컨대, 광야의 시험의 역사적 위치는 무엇인가? 신약의 저자들은 역사를 가장하여 사건과 해석을 결합시킨 것은 아닌가? 성전 휘장이 찢어진 이야기(막 15:38)는 역사적 보도로 의도된 것인가, 아니면 모든 믿는 사람들에게 하나님의 임재의 개막을 의미하는 일종의 상징인가?

7. 불충분한 증거

마지막 질문은, 사건이 일어난 것을 증명할 수 있는 증거의 양과 관계가 있다. 어떤 사건에 대한 이야기가 하나 밖에는 없어서 다른 자료들로부터는 어떤 확실한 증거도 발견할 수 없다고 생각해 보자. 그 보도는 충분히 믿을 만한가? 특히 그 사건이 평범한 사건이 아니거나 초자연적인 사건일 때, 그 이야기는 믿을 만한가? 요한복음 11장에만 나사로의 부활 이야기가 나온다.

다른 복음서에는 보도하지 않고 있는 그러한 엄청난 기적 사건이 일어났다는 것을 그 보도만 보고 믿는 것이 정당한 일인가? 충분한 증거는 무엇인가? 예수의 생애 안에서 두드러지게 일어난 사건들을 역사적으로 입증하는 것이 가능한가? 확실한 가능성을 가지고 어떤 사건(예컨대, 나사렛 예수라고 부르는 사람이 있었다)이 일어났다고 말하는 것과 단순히 사건이 일어나지 않았다는 증거가 없다고 말하는 것 사이에는 분명히 차이가 있다. 만일 문제가 되는 사건들이 종교적 믿음의 토대가 된다고 할 때는, 그 문제는 분명히 매우 중요하다.

3. 역사적 연구의 정당성

역사적 방법을 적용하게 되면, 신약에 기록된 어떤 사건들이 실제로는 기록된 대로 일어나지도 않았거나 아니면 개연성이 매우 적은 사건들이라는 결론에 도달할까봐 많은 사람들이 염려하는 것은 놀라운 일이 아니다. 오류의 발견은 어떤 세속적인 역사 연구에서 생기는 문제와는 다르다. 유다 역사를 공부하는 사람에게는 폐가 될지 몰라도 어느 누구도 요세푸스에게서 오류를 발견하고 그 오류를 참작함으로써 특별히 혼란을 느끼지 않는다. 종교적 신앙의 문제는 전혀 일어나지 않는다.

이 문제는 오히려 성서가 어떤 면에서 참되고, 오류가 없다고 믿는 기독교 신자를 괴롭힌다. 이런 기독교 신자는 성서가 참되고 오류가 없다는 전제를 가지고 성경을 연구해 왔다. 적어도 그가 자신의 이러한 전제를 의식하고, 또한 그가 지적으로 정직한 사람이라면 그것의 타당성을 시험할 준비가 되어 있어야 한다고 말하는 것은 일리가 있다. 반면에 그 반대의 주장(즉 성경에 오류가 존재한다는 주장) 역시 그에 못지 않은 하나의 전제이지만, 성서 자체가 오류가 없는 하나님의 계시라고 주장하고 있고, 이 주장은 정당하다는 훌륭한 근거가 있으므로 실제로 어떤 중요한 관점에서 볼 때는 전자보다 훨씬 덜 가능한 전제라고 말하는 것도 가치가 있을 것이다.[10]

그렇다면, 역사적 연구에 대한 기독교 신자의 태도는 어떠해야 하는가?

많은 학생들이 그러한 염려되는 결론에 이르게 하는 방법은 분명히 잘못되었기에 그 방법은 타당하지 않다고 선언하는 유혹에 빠져왔다. 그러나 실제로 기독교인은 역사 비평의 정당성을 부인할 수 없다. 자기의 전제들이 옳다면, 그러한 비평의 결과들은 궁극적으로는 신약의 역사성을 확실하게 하는 것이어야 한다.

사실 신약을 이해하려는 사람이나, 어떤 조리있는 주장을 함으로써 회의적인 견해에 대항하여 그 역사성을 변호하려는 사람은 누구나 이미 역사적 방법을 사용하고 있는 것이다. 그 사람은 이런 일은 증거의 문제가 아니라 믿음의 문제이기 때문에 신약의 진리에 대해서는 어떤 증거도 필요치 않다고 주장하려고 할지 모르지만 그것은 잘못된 말이다. 그는 신약의 역사성에 회의적인 견해들을 극복하기 위하여 역사적 증거를 제시하여, 기독교를 위한 옹호론(역사적 논의가 가능한 한)을 펼칠 필요가 있을 뿐만 아니라 또한 신약에 나타난 역사적 진술들을 설명하기 위해서도 역사적 증거를 사용할 필요가 있다. 신약에는 역사적 연구와 분리되어서는 결코 해결할 수 없는 해석의 문제들이 있다. 따라서 역사적 연구가 필요한 그러한 해석의 문제들을 무시하고, 곧바로 한 구절의 영적이고 신앙적인 설명으로 넘어가는 것은 좋지 않다.[11] 예컨대, 공관복음과 요한복음에 나오는 십자가 처형 날짜는 누가 봐도 각각 다르다. 복음서들을 연구하면서 예수가 언제 십자가에 못박혔으며, 요한복음이 왜 그렇게 중요한 날짜를 다르게 기록하고 있는지 찾으려는 노력을 회피하는 것은 불가능하다. 역사비평은 정당하고 동시에 꼭 필요하다.

역사비평이 필요한 더 깊은 의미가 있다. 역사비평은 신약에 들어있는 진리의 본질을 밝히기 위해서 사용해야 한다. 이러한 진리의 본질이라는 문제에 대한 대답은 역사비평을 실제적인 현상들에 적용시킴으로써만 결정될 수 있다. 이를 위해 두 가지 예를 들고자 한다.

첫째, 우리가 앞에서 지적한 것처럼, 한 사화가 역사적 사실을 전달하고 있는지의 여부를 결정하기 위해서는 그 사화의 양식(form)을 고려해야만 한다. 예수의 비유들은 마치 실제 사건의 이야기들인 것처럼 말해진다. 그러나 어느 누구도 선한 사마리아인의 비유나 탕자의 비유가 "사실"이기 위해서는 선한 사마리아인이나 탕자가 역사적으로 존재했었어야만 한다고 주장하지는 않을 것이다. 비유양식은 이야기의 역사성을 요구하지 않는다.

두번째로 저자의 목적이 고려되어야 한다. 저자는 단지 한 사건의 요약만을 전하려고 하였을지도 모른다. 마태는 야이로의 딸의 이야기를 매우 단축시켜서 야이로가 예수에게 처음 접근하기 전에 이미 죽었다는 인상을 준다(마 9:18). 그러나 마가에 따르면, 야이로의 딸이 이때는 임종 직전에 있었고, 야이로가 딸의 사망소식을 들은 것은 나중의 일이었다(막 5:23, 35; 눅 8:42, 49 참조). 그러므로 마태가 보도하고 있는 것은 실제로 일어난 일이 아니기 때문에 마가의 보도와 다르게 서술되어 있는 것이다. 그러나 마태가 생략한 방법(아마도 자기의 복음서 어딘가에 추가 자료의 여지를 주기 위해서였을 것이다)을 고려해 보면, 그가 일어난 사건을 상세히 정확하게 보도하는 데 관심이 있었던 것이 아니라는 것을 알게 된다. 따라서 그가 하려고 하지 않은 일에 오류가 있다고 말할 수는 없다. 마찬가지로 우리가 국회 연설에 대한 간략한 뉴스 보도가 실제와 똑같다고 기대할 수 없는 것처럼, 1세기의 청중들도 사도행전에 나오는 여러 가지 설교들에 대한 간략한 보도들이 실제 일어났던 일에 대한 문자 그대로의 보도라고 기대하지는 않았을 것이다.

이러한 예들은 일견, 신약의 순진한 현대 독자들이 받을 수 있는 인상이 잘못될 수도 있다는 것과 역사비평이 신약성서가 가르치고자 하는 바를 명료하게 하기 위해서 필요하다는 것을 지적해 준다. 성서의 "진리"에 대한 믿음은 역사적 연구의 대체물이 될 수 없다. 우리는 하나님께서 어떤 현대인도 즉석에서 올바르게 이해할 수 있는 성서를 주셨다면 하고 바랄지도 모른다. 그러나 하나님은 본문 비평이라는 기술을 사용하여 결정해야 하는 본문 대신에 확실한 본문을 지닌 성서를 주시지 않은 것처럼, 또한 고생고생해서 많은 인간의 언어로 번역해야 하는 언어 대신에 현대의 공용어로 된 성서를 주시지 않은 것처럼, 그렇게 하지 않으셨다. 성경은 해석을 필요로 하고, 역사비평은 그 과정의 일부이다. 물론 이 말은 학자들이 작업을 완료할 때까지는 성서가 모호할 수밖에 없다는 의미는 아니다. 성서의 넓은 의미는 충분히 명료하다. 그러나 세밀한 해석은 학문적 기술을 필요로 한다.

4. 성서 영감에 대한 제안들

앞 장에서는 신약의 역사적 진리는 역사 비평의 빛에서 조명해야 한다는 점을 보여주려고 하였다. 그리고 이 역사 비평을 사용하게 되면, 신약성서를 역사적으로 신뢰할 수 있는 문서로 간주할 때 생기는 어려움들이 다소 해소될 수 있다는 점을 지적하였다. 이제는 그 정반대의 논점, 즉 역사비평의 과정이 성서영감론의 빛에서 진행되어야 한다는 점을 강조하지 않으면 안된다.

예컨대, 칼빈은 신약성서 내에 역사적 문제들이 있다는 사실에 민감하였으며, 그 문제들을 무시하지 않았다. 그는 공관복음과 요한복음의 십자가 처형의 날짜가 각각 다른 것에 따른 문제를 간파하였다. 그러한 모순이 있다는 것을 지적하는데는 아무런 잘못이 없다는 점에 주목하자. (만일 보수적인 학자들이 그러한 사실을 찾는데 매우 느렸다면, 그것은 아마도 그들이 좀더 회의적인 동료들이 제기한 문제들에 대한 답변을 찾기에 너무 바빴기 때문이었을 것이다). 잘못된 것은 여기서 멈춘다는 것이다. 칼빈은 유대인의 달력에 의거하여 그 차이를 해결하려고 한다. 그는 신약성서의 저자들의 역사적 정확성을 희생시키지 않는 범위에서 그 문제에 대한 해결책을 찾는다. 그는 역사적 지식의 빛에서 조화를 모색한다.[12]

이러한 방법은 매우 정당하다. 어떤 특정한 사건이 몇 명의 증언에 의해 기술되었다면, 관찰과 기억의 오류를 고려하더라도 그들이 일치할 것이라고 기대하는 것은 당연하다. 전체의 그림은 여러 다른 견해로부터 나온 증언들의 조각들을 결합함으로써만 얻어질 수있다. 만약 문제가 되는 자료들 중에 하나만 가지고 있다면, 우리는 예수 수난의 연대를 일방적으로 잘못 알 수도 있을 것이다.

그럼에도 불구하고 복음서들간의 조화는 많은 반대 주장을 불러 일으켰다. (두 명의 공관복음서 기자가 세번째 저자에 의존한 구절들에서처럼) 본래는 오직 하나의 문서만 있었을 것이고, 병행 구절들 간의 차이는 전승의 발전과정이나 편집자의 독자적인 수정 때문에 일어났을 것이라는 견해가 있다. 이러한 반대는 일리는 있지만 결정적인 것은 아니다. 왜냐하면 첫째, 그 주장은 복음서 기자들이 사용한 문서자료에서 빠진 특징들을 보존하였을지도 모르는 계속되는 구전의 증거를 무시하기 때문이고,[13] 둘째는 후대 복음서 기자의 작업이 자기의 자료에 대한 "주석"일 수도 있을 것이기 때문인데, 그 주석을 통하여 자료 안에는 모호하게 나타나 있지만, 그 안에 잠재되어 있던 특징들이 좀더 분명하게 드러날 수도 있는 것이다. 경향(Tendenz)이라는 것이 반드시 창조적인 상상력의 결과는 아닌 것이다. 조화를 잘못 적용한 사례가 많아서 그 평판이 나쁜 것은 사실이다.

백부장의 하인의 치유에 대한 두 이야기를, 백부장이 예수를 직접 찾아왔고(마 8:5-13) 그리고 두 명의 친구들을 그에게 보냈는데 이 친구들이 백부장의 메시지를 문자 그대로 반복하였다(눅 7:1-10)[14]라고 주장함으로써 조화시키려는 주장은 너무 무리한 해석으로, 거부하는 것이 온당하다. 조화는 정당한 것이지만, 오직 조화를 시키는데 필요한 가정들이 하나 혹은 그 이상의 자료에 나타난 비역사적 보도의 가정들보다는 더 가능성이 있을 때에만 그러하다.

따라서 보수적인 관점이 오히려 비평가로 하여금 자료들의 역사성을 좀더 진지하게 고려하도록 함으로써 다른 방법으로는 이해하지 못했을 역사적 자료를 발견하도록 이끈다는 것을 알 수 있다. 오직 진리에 대한 단순한 성실함 때문에 각각의 모든 주장을 기꺼이 점검하는 노력을 아끼지 않으며, 아무 것도 당연한 것으로 여기지 않게 된다. 그러나 신약성서 해석사를 통해서 볼 때, 보수주의자가 자기의 역할을 다하지 못할 경우에는 회의주의자가 종종 문제들에 대한 불충분한 해답을 내놓는 것에 만족하여, 그 문제들을 "그래도 성서는 권리를 가지고 있다 "(Die Bibel hat doch Recht)[15]는 가능성의 빛 아래서 자세히 섬토하지 않았나. 역사비평은 자료의 오류라는 견지에서 문제를 해결하려는 피상적인 해결책을 넘어서서, 역사적 상황에 대한 더 정확한 지식을 가지고 분명한 오류를 해결할 수 있는 더 깊은 차원의 해결책으로 나아가야만 한다.

5. 보수주의와 회의주의

보수주의적 태도가 몇 가지 약점을 가지는 것처럼 보이는 것은 당연할 것이다. 첫째로, 보수주의 학자들은 신약에 나오는 오류와 모순들을 지적하는 가정들을 받아들이길 거절함으로써 과도한 반응을 보이곤 한다는 점이다. 그렇게 함으로써 그들은 열매있는 연구의 가능성을 차단하는 것처럼 보인다. 예를 들면, 보수주의 학자들은 고린도 서신을 해체하는 것을 결코 좋아하지 않을 것이다. 특히 고린도후서 10-13장이 고린도후서 1-9장보다 앞선 다른 서신의 일부였다는 하우스라트(Hausrath)의 견해를 좋아하지 않을 것이다. 왜냐하면 그것은 곧 여러 가지 서신 단편들이 잘못된 순서로 틀리게 결합되었다는 것을 의미하기 때문이다. 비평학에서는 이미 "확고한 결과"가 되어버린 그러한 견해를 완고하게 거절함으로써, 그들은 고린도 교회의 역사적 발전이나 바울 사상의 발전과정에 대한 유익한 논의를 스스로 포기하고 있다고 주장할 수도 있을 것이다. 그러나 이 점에 대해 다음과 같은 두 가지 논평이 가능하다.

첫째로 최근의 연구에 의하면 이전의 보수주의자들이 (근거는 무엇이었든간에) 그처럼 주저한 것이 옳았다는 것을 시사해 준다. 최근에 점점 더 호평을 받고 있는 고린도후서의 수수께끼에 대한 하나의 해결책은 고후 10-13장을 고후 1-9장보다 뒤에 나온 것으로 간주하여 후기 서신의 일부로 보는 것이다.[16] 둘째로 역사적 증거가 고린도서신의 해체를 요구하고, 또 그것이 불합리한 것으로 간주되어야 할 교리적인 이유가 없다면, 현대의 학자들은 이전 세대의 태도에 의해 속박될 필요가 없다.

이러한 설명은 역사적 방법이 잘못되었다는 것이 아니라 오히려 보수주의자가 제안된 많은 해결책들이 추측적인 요소에 의존하고 있다는 점을 강조함으로써, 그것들을 회의적으로 받아들이는 것이 옳다는 것이다.

이 말은 보수적인 접근에 또 다른 약점이 있을 가능성을 제기한다. 어느 점까지 회의적이어야 하는가? 요컨대 고린도 후서의 최근 견해에 대한 토대가 ― 그것이 더 나은 해결책인지는 몰라도 ― 과거의 견해보다 더 낮게 세워져 있는 것은 아니다. 보수주의자는 문제들에 대한 보수적 해결에 대하여 충분히 회의적인가? 실제로 ― 이것이 더 결정적인 문제인데 ― 보수주의자는 신약의 본문에 대해 방법론적 회의라는 접근방법을 채택해야만 하는가? 보수주의자는 어느 한 지점까지만 역사비평의 원칙을 채택할 준비가 되어있다고 할 수 있을 것이다. 즉 그는 역사가의 표지인 전체적인 회의와 의문의 태도를 본문에 적용하는 것을 거부한다. [17]

보수주의자에 대한 이런 묘사는 올바르다. 논의해야 할 문제는 그러한 태도가 본문에 대한 불합리하고 비역사적인 접근방법인가 하는 것이다. 하나의 본문이 말하거나 의미하는 바를 하나도 빠짐없이 모두 발견하기 위하여 본문을 자세히 관찰하는 것과 본문이 사실임이 입증될 때까지 모든 진술을 믿지 않는 것은 매우 다르다는 것이 분명하다. 소위 보수적인 관점과 진보적인 관점의 분명한 차이가 바로 이 점에서 나타난다. 회의적인 역사가에 의해 채택된 입장은 철저하게 비현실적이다. 그는 일상생활에서 다른 사람이 그에게 건넨 온갖 평범한 말들을 회의적인 입장에서 관찰하려고 하는 사람과 같다. [18] 일반적으로 그 내용이 믿을 만하다고 알려진 저자가 역사적이라고 공인한 이야기는 그것에 반대하는 어떤 만족스런 증거가 있을 때까지는 신빙성 있는 이야기로 받아들이는 것이 더 온당하다. 반대되는 증거가 없을 때는 신뢰하는 것이 온당하다. [19] 한 학자가 신약의 확실성에 대한 자신의 믿음이 역사적 증거로 확인되는 것을 발견할 때, 그는 방법론적 회의론이 부당하다는 견해에 항의할 모든 권리를 가지게 된다. [20]

이것과 관련된 특별히 중요한 요인 중의 하나는 **초자연성**의 문제이다. 보수주의 학자는 초자연적인 일의 가능성을 받아들인다. "우주가 한 영(a Spirit)에 의해 지배를 받는다면, 기적은 가능하다. 사랑이신 영이 성육신하셨다면, 이 기적은 아마도 다른 기적들을 가능하게 만들 것이다." 기독교 역사가로서 그는 신약의 배후에 있는 현상들에 대한 역사적 기록을 제공하려고 할 때, 초자연적인 것을 하찮은 문제로 규정할 수 없다. [21]

만일 그렇게 한다면, 그것은 한 사람의 기독교인으로서 자기가 초자연적이라고 믿는 바를 자연적인 관점으로 설명하려는 것이 될 것이다. 그것은 바로 초자연성에 대한 자신의 신앙을 교묘히 변명하여 발뺌하는 행위일 것이다. 초자연적인 가능성을 믿는 역사가는 자기의 신앙을 자기의 역사적 판단과 분리시킬 수 없다.

그러나 이러한 태도를 비역사적인 접근 방법이라고 규정할 수 없다. 역사적인 판단은 그것이 증언하고 있는 사건의 증거와 본질이라는 질적인 차원에서 수행되어야 한다. 예수의 시대에 기적적으로 보인 것이 어떤 경우에는 정신신체 의학(신체의 병치료에 심리학의 원리와 방법을 적용하는 것 ― 역주)의 관점에서 더 잘 설명될 수 있을지도 모른다. 또한 역사적 증거는 본질상 한 기적사건을 문자 그대로 기록한 그런 것은 아닐 수도 있다.[22] 그럼에도 불구하고 역사 비평가가 성육신의 실재를 확신한다면, 어떠한 모순의 느낌이나 역사적 감각을 잃지 않고서도 어떤 사건들을 기적사건으로 간주할 준비가 되어 있어야 할 것이다. 역사가가 어떤 면으로든 역사적 방법의 원칙들을 포기하지 않고서도 초자연적인 것을 받아들일 수 있는 경우가 존재할 수 있다는 것은 판넨베르크(W. Pannenberg)가 충분히 입증하였다.[23]

6. 결론

지금까지 역사적 방법을 사용하게 되면 신약성서를 설명해 줄 수 있고, 신약이 담고 있는 역사적 문제들을 해결할 수 있다는 점을 보여주려고 하였다. 역사적 문제들을 해결하는데 있어서 신약 문서들의 불확실성(unreliability)을 가정하는 회의론은 그 결과에 의해 정당함이 인정된다. 신약의 보도들의 역사성을 부정하려는 의도가 있든, 아니면 확인하는 의도가 있든간에 역사적 추측들에 대한 학문적 경고를 받아들이는 것이 현명한 처사이다.

그러나 이러한 논점들은 신약성서에서 해결하기 어려운 역사적 난점들을 발견할 수 있다는 가능성을 배제하지는 않는다. 역사적 오류가 분명히 있는데도 변명할 때 생기는 난점들이 오류가 있다는 것을 인정할 때 생기는 난점들보다 더 큰 단계가 있을 수 있다. 여인들이 무덤에 몇 차례 방문했다고 가정함으로써 부활절 아침의 기사들을 조화시키려는 주장들이 그 기사들 안에 많은 혼동이 있다는 것을 허용하는 주장들보다 훨씬 더 가능성이 희박하다.[24] 이것은 마치 혹성들의 움직임을 설명하는 코페르니쿠스 이전의 견해가 — 수학적으로는 가능할지 몰라도 — 천체를 더 정확히 관찰한 결과 가정하지 않을 수 없던 주전원들(epicycles: 그 중심이 다른 큰 원의 둘레 위를 회전하는 작은 원)의 수의 무게 아래 깨어지고, 보다 더 단순한 코페르니쿠스 체계가 훨씬 더 가능성이 있게 된 현상과 같다.

좀더 일반적으로, 우리는 아직까지 해결되지 않는 소위 역사적 난점들이 많기 때문에, 보수주의 학자가 신약의 절대적인 역사적 신빙성이 신기루에 불과하다고 결론내려야만 하는 단계가 있는지 물을 수 있다. 즉 믿음만으로 단순히 신뢰할 수 있는 지점이 있는가 하는 것이다. 칼빈 자신이 복음서 기자들이 시간과 순서에 무관심했다는 것을 적어도 한 번 이상 지적했다.[25] 성령이 우리보다 그런 문제들에 덜 관심을 가졌겠는가?

이따금 난점의 올바른 해결책이 특정한 구절의 비역사적인 특성에 좌우될 수도 있다는 결론이 없이 역사적 방법을 사용하는 것은 거의 불가능하다. 앞에서 이러한 경우들을 몇 가지 언급하였지만, 많은 경우 우리는 하나의 특정한 진술을 비역사적이라고 확정짓는다고 해서 그것이 신약저자의 신빙성을 의심하게 하는 오류를 확정짓는 것은 아니라고 주장해 왔다. 독자들은 한 이야기로부터, 결코 의도되지 않았던 역사적 진리를 매우 자주 요구하는 경향이 있다.

물론 우리는 성서의 보통 독자와 이 점에서 공감해야 한다. 본문이 말하는 것이 실제로 일어나지 않았을 때, 독자가 그것이 오류이며, 본문을 생략된 이야기나 해석된 이야기의 견지에서, 혹은 일종의 상징으로서 설명하는 것이 불합리하다고 주장하는 것이 당연할 것이다. 그러나 공감이란 이성을 배제하는 논의가 아니다. 신약의 저자들이 평범하지 않은 문학 범주들을 의도적으로 또 적절하게 사용하였을 때, 평범한 독자가 그것을 깨달을 수 없는 것은 신약 헬라어의 평범한 독자들이, 잘 훈련된 학자나 발견할 수 있는 기

묘한 산문과 운문 리듬의 예들을 찾지 못하는 것과 같다.[26]

그러나 현재의 지식으로는 마음대로 변명으로 발뺌할 수 없는 외관상의 역사적 오류가 여전히 남아있다. 이러한 문제들에 대해 보수주의 경향의 학자들 간에 의견차이가 있다. 어떤 학자들은 성서가 교리적인 진술에 있어서는 오류가 없지만, 교리적인 확신에 영향을 끼치지 못하는 문제들에 대해서는 부정확한 역사적 진술을 담고 있다고 인정할 준비가 되어 있다. 성육신의 진리는 예수의 족보 기사들이 세세한 점에서 정확하지 않더라도 아무런 영향을 받지 않는다.

또 어떤 사람들은 그 견해에 동의하지 않고, 현재에는 어떤 해결책이 없지만, 해결책이 존재하며 언젠가는 밝혀질 것이라고 주장한다. 교리에 있어서는 이 두 견해가 명백히 다르지만, 그러나 실제로는 그렇게 다르지 않다. 왜냐하면 전자의 학자들이 실제상의 오류를 받아들인다면, 후자의 학자들은 외관상의 오류를 인정하기 때문이다.

중요한 점은 양측의 학자들이 똑같이 하나님의 진리를 찾는데 종사한다는 것이며, 따라서 양측이 모두 신약성서의 현상들을 조심스럽게 또 겸손하게 다루어야 할 필요가 있다는 것이다. 양 그룹은 상대방을 비방하거나 위험스런 이단자로 간주하는 것 대신에 상호 이해하는 마음으로 함께 일할 수 있고, 또 그렇게 해야만 한다. 상호 협력과 토론을 통해서만 우리는 아직 해결되지 않은 문제들을 해결할 수 있게 될 것이다.

주

1) G. E. Ladd, *The New Testament and Criticism* (London 1970), pp. 171-194.
2) 대부분의 주석가들은 요한이 낮의 시간을 아침 6:00부터 산정하고 있다는데 동의한다.
3) 요한이 다른 형태의 연대표를 사용하고 있다고 주장되어 왔다. (see N. Walker, "The Reckoning of Hours in the Fourth Gospel", Nov. T

4 (1960), pp. 69-73; also however, J. E. Bruns, "The Use of Time in the Fourth Gospel", NTS 13 (1966-67), pp. 285-290.

4) W. W. Gasque, *Sir William Ramsay : Archaeologist and New Testament Scholar* (Grand Rapids 1966).

5) V. A. Harvey, *The Historian and the Believer* (London 1967).

6) 막 12:9-10의 보도에는 군중들이 이 지점에서 개입하지 않는다.

7) 누가의 진정성에 대한 이의는 E. Schürer에 의해 매우 강력하게 제기되고 있다. *The History of the Jewish People in the Age of Jesus Christ* (B.C. 175 - A.D. 135).

8) W. Wrede, *The Messianic Secret* (Cambridge 1971). See, however, J. D. G. Dunn, "The Messianic Secret in Mark", Tyn. B. 21 (1970), pp. 92-117.

9) R. Bultmann, *Existence and Faith* (London 1961).

10) J. I. Packer, *"Fundamentalism" and the Word of God* (London 1958) ; J. W. Wenham, *Christ and the Bible* (London 1972).

11) 불행하게도 복음적인 학자들은 너무 자주 이러한 문제들을 무시하고, 그러한 문제들이 존재하지 않는다는 인상을 주고 있다.

12) J. Calvin, *A Harmony of the Gospels* (Edinburg 1972), Vol. III, pp. 126f. 칼빈의 해결책은 받아들일 수 없다. 우리의 논점은 단순히 그가 모든 증거를 정당하게 다룰 수 있는 해결책을 찾았다는 것이다. 현대 학자는 동일한 방법으로 좀더 나은 해결책을 찾을 필요가 있다.

13) 그러한 이론은 소위 "삼중 전승" 안에서 마가와는 다르지만, 마태와 누가는 일치하는 점을 설명하기 위해 필요한 것으로 보인다. T. Schramm, *Der Markus-Stoff bei Lukas* (Cambridge 1971). 참조.

14) N. Geldenhuys, *Commentary on the Gospel of Luke* (London 1950), pp. 220f.

15) W. Keller가 쓴 유명한 책이 *The Bible as History* (London 1956)라는 제목으로 번역되었다.

16) F. F. Bruce, *1 and 2 Corinthians* (London 1971), C. K. Barrett, *2 Corinthians* (London 1974). 확실히 이 이론은 아직도 고린도후서를 하나의 편집물로서 간주하여야 할 것을 요구한다.

17) See especially V. A. Harvey, op. cit.

18) 그러한 보통의 진술들은 역사적 사실들을 형성한다. 역사가가 떠나는 친구와 이별을 고할 때, "서둘러서 기차에서 내려라. 푸른색 신호다"와 같은 말을 의문시 하지 않는다면, 그는 그가 원하지 않는 곳으로 가게 될 것이다.

19) 이 원칙이 우리로 하여금 어떤 황당한 이야기들을 단지 그럴듯하게 들린다고 해서 믿도록 하지는 않는다. 그것은 저자가 역사적 사실을 전달하는 것으로 간주되는 것이 온당할 경우에만 적용된다.

20) 따라서 우리가 입증될 필요가 있는 것은 예수에게 속한 말씀의 진정성이 아니라(N. Perrin, *Rediscovering the Teaching of Jesus* (London 1967), p. 39), 오히려 비진정성이라고 주장하는 학자들에 동의한다. 예수

에게 돌려진 말씀은 그것이 진정성이 없다고 입증될 때까지는 진정성이 있는
것으로 인정될 수 있다. (C. Colpe, TDNT VIII, pp. 432, 434f ; W. G.
Kümmel, *Die Theology des Neuen Testament* (Göttingen 1969),
pp. 22-24 ; J. Jeremias, *New Testament Theology* (London 1971),
Vol. I, p. 37).

21) T. E. Jessop, cited by A. M. Hunter, *The Work and Words of
Jesus* (London 1950), p. 59.

22) 예컨대, 막 5:1-20에 의한 증거에 비추어 볼 때, 가다라인 지역에서의 귀신
들린 두 사람의 치유에 대한 마태의 보도(마 8:28-34)가 역사적인 것으로 간
주되기에는 거의 불가능하다. 거의 진보적이지 않은 N. Geldenhuys 조차
도, "마태가 ― 자기 나름대로 ― 여기에서 두 사건을 결합시킨" 가능성을 시
사하고 있을 정도이다 (Op, cit., p. 258).

23) W. Pannenberg, *Jesus ―― God and Man* (London 1968), p. 109;
cr. D. P. Fuller, *Easter Faith and History* (Grand Rapids 1964),
p. 251; R. J. Sider, "The Historian, the Miraculous and Post-
Newtonian Man". SJT 25 (1972), 309-319.

24) 이것은 사화들이 반드시 조화될 수 없다는 것을 말하는 것이 아니라, 지금까
지 어느 누구도 확실한 가정을 세우지 못하였다는 것을 말하는 것이다.

25) J. Calvin, op. cit., I, p. 168.

26) F. Blass, A. Debrunner and R. Funk. *A Greek Grammar of the
New Testament* (Chicago 1961), paras. 487, 488.

제 8 장

자료 비평

데이비드 웬햄

1. 자료비평의 정당성

누가복음/사도행전의 저자는 복음서의 서언에서 "우리 가운데서 일어난 여러 가지 일에 대하여 차례대로 이야기를 엮어가려고 손을 댄" 사람들이 자기 앞에 많이 있었다고 언급한다(1:1). 이 말을 통해서 그가 이러한 초기의 문서들을 알고 있었다는 것을 추론해 낼 수 있다. 또한 그는 자신의 복음서를 기록할 때 다소간 그러한 문서들의 영향을 받았을 것으로 보인다. 다른 복음서에는 누가복음의 서언과 비교할 만한 것은 없지만, 다른 복음서 기자들도 누가복음/사도행전의 저자와 비슷한 입장에 놓여 있었다고 추정할 수 있다. 적어도 복음서들이 A. D. 50년 혹은 60년 이후에 쓰여진 것이 옳다면 더욱 그러하다. 고도의 문학적 소양을 갖춘 1세기의 기독교 공동체가 아무리 임박한 종말을 기대하였을지라도, 공동체가 존재한지 첫 30년 동안 예수의 생애와 교훈 전승을 문서화하는 것을 억제하지는 않았을 것이다.

자료비평은 바로 그러한 선험적인 근거 위에서 이해될 수 있다. 그러나 신약성서가 자료들을 사용했다는 결정적인 증거는 신약문서 자체 안에 그 토대를 두고 있다. 복음서들이 흔히 상상하는 것보다 더 복잡한 편집과정을 겪었다는 것을 암시해주는 전위들(dislocation)[1]과 눈에 띄는 뚜렷한 중복들[2]이 있을 뿐만 아니라, 훨씬 더 중요하고, 더 분명한 증거는 여러 구절들이 공관복음서들 사이에서 현저하게 일치하는 현상이 나타난다는 점이다.[3] 이러한 일치는 너무 정확하여 독자적인 보도들의 우연한 일치라고 설명될 수 없다. 그러한 현상에 대한 유일한 설명은 여러 다른 이야기들의 배후에 하나의 공통자료가 있거나, 아니면 상호 의존하였다는 것이다.[4]

자료비평은 이러한 증거를 설명하기 위해 필요하기 때문에, 하나의 이야기나 말씀이 하나의 자료로 통합되기 전에 교회의 구전 전승에서 어떻게 사용되었는지를 설명하려고 하는 양식비평이나, 신약의 저자들이 자신들의 자료들을 어떻게 사용하였는지 분석하려고 하는 편집비평에 의해 대치되지 않고 있다. 실제로 양식비평가는 구전 기간에 대해 숙고하기 전에 가능한 만큼 뒤에 있는 전승들의 문서화 역사를 추적해야 하기 때문에 자료비평의 통찰력을 필요로 한다. 또한 편집비평가도 마찬가지이다. 왜냐하면 그는 저자가 사용하고 있는 자료가 무엇인지 알아야만 저자의 편집 경향들을 판단할 수 있기 때문이다.

2. 자료비평의 방법들

1. 둘 또는 그 이상 중복된 전승이 있는 경우

비평가가 단지 하나의 전승을 가지고 있을 때보다 세 개의 공관복음서처럼 몇 개의 병행전승들을 가지고 있을 때 자료연구는 더 용이해 진다. 이러한 상황이 주어질 때, 그 방법은 (a) 문서들 자체 내에 있는 내적 증거, 즉 병행 전승들에서 중복되는 부분과 다른 점들을 주목하고,[5] (b) 관계있는 외적 증거, 예컨대 복음서 기록에 관한 초대 교부들의 견해들을 주목하고, (c) 증거를 포괄적이고도 단순하게 설명하는 다양한 견해들을 제안하고 검토하는 순서로 이루어질 수 있다. 단순성은 증거의 실질적인 부분이 설명되지 않을 때는 효력이 없기 때문에 포괄성이 중요하다. 그러나 충분한 수정과 예

외가 허용된다면 거의 모든 주장을 포괄할 수 있기 때문에 단순성 역시 중요한 기준이 된다.[6]

a) 내적 증거

내적 증거에 관한 한, 비평가의 가장 기본적인 방법은 병행 구절들의 일치하는 부분과 불일치하는 부분을 결합시켜 보는 것이다. 복음서의 경우에 이 작업은 어휘, 순서, 내용, 문체, 개념과 신학들의 일치와 불일치를 포함한다.

(i) 어휘

마태, 마가, 누가복음의 여러 구절들이 서로 광범위하게 언어적으로 일치하는 것을 보고 대부분의 사람들은 직접적이든 간접적이든 공관복음서들 간의 일종의 문학적 관련성이 있다고 여긴다.[7] 좀더 정확히 공관복음서 서로 간의 관계를 물을 때, 세 복음서는 서로 병행하는 자료들을 상당히 많이 가지고 있으며, 소위 이 삼중전승(Triple Tradition)에서 마태와 누가가 ― 결합해서 나오든, 독자적으로 나오든 ― 마가의 어휘(그리고 순서도)와 빈번히 일치하지만, 마가와 다른 경우에는 서로가 거의 일치하지 않는 것을 관찰하게 된다.[8]

이러한 관찰에서부터 마가가 마태와 누가의 중간에 있다고 결론지어져 왔다. 예를 들어, 마태와 누가가 마가를 사용했지만, 서로는 알지 못했다고 생각할 수도 있고, 혹은 마가가 마태와 누가를 결합하였다고 생각할 수도 있다. 이 경우에 마가는 마태와 누가 둘다 일치할 때는 언제나 그것을 따르고, 그 둘이 불일치할 때는 둘 중의 하나를 따르면서 둘을 결합하였다고 볼 수도 있다는 것이다. 또는 마가가 마태를 이용하였다고 생각할 수도 있고, 누가가 마가를 사용했다고 생각할 수도 있을 것이다.

이런 저런 가설들을 통해 문제의 형태를 이해하게 된다. 따라서 어휘의 증거를 토대로 하여 선택의 범위를 줄이는 일은 쉽지 않고, 많은 경우는 다루기가 어렵다. 특히 전승의 다른 부분, 예컨대 마가에서는 찾을 수 없지만, 마태와 누가가 유사한 자료를 가지고 있는 구절들인 Q 자료에 나타나는 다른 차원의 일치를 설명하기는 어렵다. 어떤 사람들은 마태와 누가가 어떤 때는 매우 밀접하게, 어떤 때는 매우 느슨하게 일치하는 것은 그들이 하나의 공통자료를 사용하고 있다면 설명될 수 있다고 생각한다. 또 어떤 사람들은 Q 자료와 같은 많은 문서집이 있었다고 생각하기를 선호한다. 둘 중에서 어느 견해를 선택하느냐 하는 것은 쉽지 않다. 왜냐하면 복음서 기자들은 단순히 필사자나 풀과 가위로 하는 편집자가 아니라, 나름대로의 생각을 가지고 있고, 예수의 생애와 교훈에 대한 구전 전승을 알고 있었던 사람들이기 때문이다.[9] 그러므로 비평가는 복음서 기자들의 스타일과 관심에 대한 지식을 통해 어떤 특정한 차이가 복음서 기자 자신에 의한 편집적인 변경으로 설명될 수 있는지 스스로에게 물어야 하며, 또한 어느 복음서 기자가 어떤 구전 전승의 영향 하에서 자기의 문서자료로부터 벗어난 것은 아닌지 물어야 한다. 이에 대한 대답이 분명하지 않을 때가 많을 것이다.

(ii) 순서

마가가 마태와 누가 중간에 서 있다는 견해는 공통 자료에 대한 마태, 마가, 누가의 순서가 일치할 때도 있고, 불일치할 때도 있다는 사실에서 제시된다. 그러나 순서의 중요성은 몇 가지 면에서 분명하지 않다. 예컨대, Q 자료가 마태와 누가의 배열과는 다르다는 것은 오래 전부터 관찰되어 왔다. 마태에서는 그것이 복음서 전체에 퍼져있고, 누가에서는 두 개의 주요 부분에서 집중적으로 발견된다(6:20-7:35; 9:57-13:34). 이러한 현상을 보고 어떤 사람들은 누가가 마태를 알고 있었고, 마태를 사용했다는 주장을 배제하고, Q 문서와 같은 것이 반드시 존재해야 한다고 여긴다. 누가가 마태복음에서 Q의 말씀들을 발췌한 다음 그것들을 인위적으로 함께 모아두었다고 생각하는 것은 온당하지 않기 때문이다.

반면에 어떤 사람들은 동일한 현상을 보고 누가의 편집이 매우 분명하게 나타난다고 여긴다. 누가는 마가를 주요 자료로 사용하였다. 그러므로 마가와 다른 자료를 혼동하지 않게, 한데 모은 것은 그의 신중한 의도였다. 어떤 견해가 더 옳은지 판단하기는 어렵다. 따라서 이러한 문제에 대한 학자들의 불일치는 무엇을 믿을 수 있고, 무엇을 믿을 수 없는지 확실치 않다는 것을 보여준다. 위험은 한 학자가 어떤 것을 믿을 수 없다고 선언할 때, 그것이 단지 자신이 상상력이 부족하며, 복음서 기자가 쓴 상황과 공감하지 못한다는 것을 드러낼 것이라는 점에 있다.

(iii) 내용 — 생략, 이중어, 오해

복음서들 간의 내용을 비교해 보면, 삼중 전승에서 마가가 마태와 누가의 중간에 놓여있다는 견해를 확인해 준다. 하지만 그것이 다른 가설들을 계속해서 배제하도록 도울 수 있나?

어떤 사람들은 산상수훈과 같은 귀중한 자료를 빠뜨린 것을 보고, 마가가 마태를 알지 못했을 것이라는 것을 근거로 해서 마태 우선설보다 마가 우선설을 주장하고자 한다. 그러나 이 주장은 이미 많은 비판을 받아왔고, 다만 "내가 복음서 기자라면 어떻게 하였을까?"에 대한 가정에 기초를 둔 견해이다. 실제로 마가의 목적이 주로 이방 불신자들을 위해 복음을 쓴 것이라면, 마가가 마태의 커다란 교훈집들을 생략했을 것이라고 생각하는 것은 그렇게 어렵지 않다. 또한 이것이 그의 목적이 아닐지라도 마가의 생략은 편집자의 특별한 관심사의 견지에서 설명될 수 있다. 이 점은 다음과 같은 견해로 뒷받침 될 수 있다.

(1) 생략의 문제는 공관복음 기원에 대한 거의 모든 주장에 이런 저런 형태로 나타난다. 만약 누가가 마가를 사용하였다면 막 6:45-8:26의 "대생략" 역시 설명되어야 한다. (2) 마가가 첫번째 복음서이든 아니든, 포함시켜야 했을 자료를 생략했다고 믿을 이유가 있다.[10] 첫번째 복음서 기자가 자기의 복음서 안에 예수의 생애와 가르침에 대해 알고 있는 모든 것을 집어넣었다는 것은 매우 매력적이긴 하지만 가능성은 희박하다.

자료의 생략이나 삽입에 대한 논의들은 삽입이나 생략이 이야기의 순서를 중단시키거나 뒤죽박죽 만들어 버린다면 좀더 유효할 수도 있다.[11] 그러나 불행하게도 증거는 분명하게 한쪽만을 시적하고 있지 않다. 그래서 한 이야기의 매끄럽고 긴 본문이 이전의 뒤죽박죽된 본문에 대한 후대 작가의 수정이라는 주장이 종종 제기된다.

약간 비슷한 논의는 하나의 복음서 안에 중복본문들(doublets)이 있다는 가정에 기초를 둔 논의인데, 두 자료의 사용을 암시하는 것으로 여겨진

다. 예컨대, 마태에서 예수가 귀신의 두목으로서 귀신을 쫓아낸다는 비난이
두 번 나온다(9:34; 12:24). 이것은 단순히 마태가 그 말씀을 Q(눅 11:15
참고)와 마가(3:22) 양쪽에서 발견하였다는 가정에 의해 설명된다. 그러나
중복본문에 대한 논의들은 항상 보이는 만큼 단순하지 않다. 첫째로, 두 개
의 비슷한 이야기나 말씀이 실제로 동일하다고 확신하는 것이 늘 쉬운 것은
아니다. 예수가 여러 다른 상황에서 동일하거나 유사한 것들을 행하고 말하
였다는 것을 의심할 수 없다. 그러므로 초대교회가 특정한 형태를 지닌 오직
하나의 말씀이나 하나의 행위만을 전승 속에 보존했을 것이라고 주장할 이유
는 없다(예컨대 오병이어 등의 급식 이야기). 두번째로, 저자가 반드시 하나
이상의 자료를 사용하였다고 가정하지 않고서도, 스스로 반복해서 기록하였
을 가능성도 매우 크다는 점이다.[12]

중복본문에 대한 주장처럼, 오해들의 가능성 역시 주장되고 있지만, 자
료 이용을 추구하는 신빙성 있는 수단은 아니다. 물론 한 문서에 나타난 어
떤 것이 두번째 문서에서 오해되었거나, 잘못 배치되었다면, 두 문서 중의
어느 것이 이차적인 문서인지 결정하려는 비평가를 도울 수 있을 것이다. 문
제는 명쾌한 예들을 확인해 보는 것이다.[13]

(iv) 문체

자료 비평가들은 공관복음서들 간에 많은 문체의 차이가 있다고 주장하
고 있다. 이에 따라 마가복음이 가장 최초의 복음으로 판단되었다. 그 이유
는 그의 헬라어가 수준이 낮고, 많은 아람어 흔적이 남아있을 뿐만 아니라,[14]
마태와 누가가 중요하게 여기지 않아 생략한 것들, 즉 예수의 생애를 직접
본 목격자에게나 가능할 것 같은, 생생하지만 부적절할 정도의 상세한 표현
들을 마가는 담고 있기 때문이다.[15]

불행하게도 이와 같은 견해들은 — 적어도 일반적으로 제시되는 방법으
로는 — 전혀 설득력이 없다. 한 저자와 문체는 대부분 그 저자에 달려있다.
그러므로 저자가 하나의 자료를 정확하게 필사하지 않고, 자신의 문체를 억
누르지 않는다면, 헬라어 수준이 낮고 일상회화체나 아람어 계통의 헬라어를
구사하는 저자는 그가 자료를 사용하고 있든 아니든 그러한 헬라어를 사용할

것이다. 예컨대 마가는 자료를 가지고 쓰든 자료 없이 쓰든, καί를 반복적으로 사용하는 저자였다.[16] 마가의 생생한 표현들에 대한 주장도 설득력이 약하다. 초대교회의 복음전승의 발전과정을 연구해 보면[17] 그러한 표현들이 생략된 것 만큼이나 첨가되었을 가능성이 있다는 것을 알게 될 것이다.

문체에 대한 훨씬 설득력있는 논의는 한 문서 안에 있는 문체상의 차이들을 하나의 자료가 어느 특정한 지점에서 사용되었는가에 따라서 찾을 수 있는가 하는 점에 중점을 둔다. 예컨대 구약을 사용하는 마태의 방법은 마가와 병행을 이루기 시작할 때 변화되고, 마태는 그 어느 곳에서보다 소위 마가의 인용구들에서 훨씬 더 많이 70인역을 사용한다고 주장된다.[18] 그래서 문체에 대한 최근의 다른 논의는 복음서들의 통계적 분석을 토대로 하여 제기된다.[19] 지금까지 제기된 주장들은 설득력이 없을지 몰라도, 시도되고 있는 이 방법은 곧 성과를 보여줄 수 있는 방법이다.

문체에 대한 논의들이 성공적이지 못하다는 말은 그 논의들이 아무런 가치도 없다는 뜻은 아니다. 특별한 경우에 한 구절에는 나오지만 다른 병행구절에는 없는 문체상의 특징들이 특정한 관계를 말해준다고 주장할 수도 있다. 그러나 중요한 것은 그 증거에 너무 지나치게 의존하지 말고, 때때로 후대의 복음서가 가장 초기의 전승형태를 가질 수도 있다는 것을 기억하는 것이다.

(v) 사상과 신학

복음서들을 저자들의 특정한 사상이나 신학에 따라 연대기적 순서로 배열하려는 시도가 왕왕 있어 왔다. 이에 따라 마가는 예수의 나사렛 방문에 대한 가장 초기의 기록이라고 생각되어져 왔다. 그 이유는 마가가 (다만 몇몇 병자들을 고쳐주신 것 외에는) 예수가 기적을 행할 수 없었다고 표현하기 때문이다(막 6:5). 마태는 여기에서 좀더 단순하고, 공손하게 예수가 기적을 행하지 않았다고 표현한다(13:58). 그는 어떤 무능력한 주님의 모습을 표현하지 않는다. 마가는 후에 제자들이 예수의 죽음과 부활 예고를 이해하지 못했다고 말한다(9:32). 반면에 마태는 제자들이 최소한 조금은 이해하였다는 것을 의미하기 위해, 그들이 "크게 슬퍼했다"고 표현한다.

이러한 논의는 매력적으로 들리긴 하지만, 실제로는 생각하는 것만큼 단순하지 않다. 1. 그들에 의해 관찰되고 있는 차이가 실제적인 차이라고 확신하기가 어렵다. 예컨대, 앞에서 인용한 예에서 마가는 어떤 중요한 의미를 부여하기 위해 의도적으로 변경한 것이 아니라, 스스로 마태의 기사 대신에 지금의 예수의 나사렛 방문 기사를 선택했을 수도 있다. 2. 어떤 특정한 신학 사상을 초대교회의 특정한 기간에 제한시키는 것은 쉽지 않다. 예컨대, 마태복음이 가장 유대적이고 따라서 최초의 복음이라고 단순히 말할 수 없다. 또한 고등 기독론이 늘 후대의 기독론이라고 가정할 수도 없다.[20] 3. 복음서 기자들이 단순히 자기들이 살았던 시대와 교회의 사상을 반영하고 있을 것이라고 생각하는 것은 잘못이다. 마가가 제자들의 실패와 무력함에 특별한 관심을 보인다고 해서, 이것이 그가 사도들이 존경받기 이전의 기간에 복음서를 기록했다는 것을 입증하는 것은 아니다. 좀더 가능성 있는 생각은 마가가 제자들의 약함을 서술할 때에 어떤 특별한 가치를 보았다는 것이다. 만약 그랬다면, 그가 자료를 사용했든 안했든 이것은 ─ 그의 문체처럼 ─ 그의 머리 속에 문득 떠올랐던 생각이었을 가능성도 있다.

b) 외적 증거

내적 증거에 기초한 논의들의 한계성 때문에 외적 증거의 잠재적인 중요성은 더 커진다. 최근 몇년 동안 복음서와 관련된 교회 교부들의 언급들을 소홀히 하는 경향이 있어왔다. 그 이유는 부분적으로는 비평가들이 마가가 최초의 복음서였다고 결론지음에 따라, 만장일치로 마태 우선설을 주장하는 교부들의 증언을 논박하고, 그들의 증언들에 의구심을 갖게 되었기 때문이다. 그러나 많은 사람이 믿는 것처럼, 공관복음서 문제가 이전 세대보다 훨씬 더 개방된 상태에서 제기된다면 ─ 별로 광범위하지 않고, 의미가 분명하지 않을 때가 종종 있지만 ─ 외적 증거는 다시 진지하게 고려되어야 한다.

2. 중복된 전승이 없는 경우

비평가가 비교할 만한 병행전승들을 몇 개 가지고 있을 때에도 자료비평은 쉽지 않은데, 하물며 연구할 전승이 하나밖에 없을 경우에는 훨씬 더 어렵다. 그럼에도 불구하고, 자료이용을 지적할 수 있는 증거들이 꽤 많이 있고, 학자들은 그 증거들을 계속해서 찾고 있다.

a) 이야기의 단절과 순서 바뀜(전위:dislocations)

첫째로 이야기 진행상 어색한 단절과 명백한 순서 바뀜이 일어날 때가 있다. 이러한 현상은 저자가 여러 다른 자료들을 발췌하여 하나의 단일한 자료로 짜 맞추려고 했다면 설명될 수 있다. 요 14:31에서 예수는 마치 앞에 있는 강화(discourse)가 끝나고, 겟세마네를 떠나 죽음의 길로 가는 것처럼 "일어나라 여기에서 떠나자"라고 말한다. 그러나 그 다음에 강화는 다시 재개되고, 3장을 더 지나고 나서야 비로소 예수는 밖으로 나간다. 이것에 대한 가능한 설명은 요한복음 기자가 완전히 결합되지 않은 많은 자료집을 가지고 작업을 했다는 것이다.

자료비평가는 순서의 뒤바뀜이 본래의 저자가 자료들을 잘못 통합하였다는 데서 기인한다고 본다. 따라서 저자가 유능한 편집자였다면, 그 주장은 거의 유용하지 않다. 그러한 주장은 또한 본문의 순서바뀜을 정확히 해석하는 비평가의 능력에 달려있다. 자료비평가든 양식 비평가든 편집비평가든 비평가들은 문서들을 다룰 때에 상상력의 부족 때문에 외관상의 많은 순서바뀜이나 모순들을 발견할 때가 있다. 그래서 신약의 저자들이 간혹 어떤 것을 느슨하고 정확하지 않게 표현하였을 가능성을 허용하지 않는다. 만약 자료비평이 설득력이 있으려면, 문제가 되는 현상이 실제로 의미가 있으며, 자료비평의 설명이, 가능한 다른 설명보다 우월하다는 것을 분명히 밝혀야 한다.

b) 문체적 불일치

문서 안에 있는 문체적 불일치는 자료들을 이용했을 가능성을 지적해주는 두번째 표시이다. 예컨대, 누가의 탄생 설화는 매우 히브리적이다. 그래서 누가가 자료에 따라 문체를 선택할 수 있을 정도로 다재다능한 저자였다는 설명도 가능하지만, 구전이든 문전이든 이 점에서 자료들을 사용했다는 가정이 좀더 쉬울 것이다.[21]

c) 신학적 모순들

어떤 특정한 구절에서 저자의 전형적인 신학과 매우 다르거나 모순되는 신학 사상이 나타난 경우, 그 자료가 삽입되었거나 아니면, 저자가 어떤 자료에서 인용하였지만 적절하게 융합되지 않았다고 가정하는 것이 온당할 것이다. 예컨대, 학자들은 이러한 모순을 마가복음 4장에서 찾을 수 있다고 주장하고 있다. 거기에서 학자들은 비유의 목적에 대한 두 가지 다른 견해들이 같은 장에 나란히 나타나는 것을 확인하였다.[22] 이러한 논의의 난점은 실제의 의미있는 모순들을 확인하는데 있다. 아마도 문서들의 저자들 자신들이 그러한 모순들이 있다는 것을 의식하지 못했을지도 모른다. 그러므로 문제는 원저자가 어떤 모순도 가정하지 않은 것이 옳은 것인지, 아니면 현대의 비평가들이 어떤 모순들을 찾는 것이 옳은 것인지 둘 중의 하나이다.

d) 역사적 모순들

문서의 역사적 모순들은 — 예컨대 중복본문들 — 저자가 자료들을 사용했다는 사실을 알려주는 네번째 실마리이다.[23] 그러나 이러한 논의의 난점에 대해서는 앞에서 언급한 중복본문의 논의를 참고하라.

3. 자료비평의 유익성

1. 성서전승들의 역사

믿음에 있어서 가장 기본이 되는 기독교인의 역사적 사건들에 대한 지식은 신약성서에서 비롯된다. 그러므로 신약문서들의 역사 연구는 궁극적으로는 기독교인과 가장 많이 관련되어 있다. 신약 문서들의 역사에 대한 연구를 통해 그는 성서영감론에 대한 믿음처럼, 그러한 사건들에 대한 확신이 강해질 수도 있고 그 반대가 될 수도 있을 것이다. 기독교인은 복음서 기자들이 복음서를 쓸 때에 초기의 문서자료들을 사용했다는 결론에 도달할 수 있다면, 자료비평에 의해 용기를 얻을 수 있다. 자료의 중요성은 복음서의 저자가 자기가 기록한 사건들의 목격자였다고 여겨지지 않을 경우 특히 더 크다고 할 수 있다. 반면에 자료 비평을 통하여 복음서 기자들의 유일한 자료들이 모호하고, 오랜 기간에 걸쳐 전달된 믿을 수 없는 민속전승들이라고 판단되었다면, 오히려 신자들은 혼동될 것이다.

그러나 자료를 찾을 수 없는 경우에는 어떤 저자도 신뢰할 수 없다고 생각하는 실수를 저질러서는 안된다. 자료비평가들의 방법이 지니고 있는 한계는 명백하다. 항상 문서자료들만 사용되었다고 주장할 수는 없으며, 하물며 저자가 유능한 편집자였다면, 구전자료들만 사용되었다고도 주장할 수도 없다. 복음서 저자들이 자기들이 서술한 사건들의 목격자이었든 아니었든 간에, 그들이 복음서를 쓰기 오래 전에 기록된 많은 전승들을 잘 알고 있었다는 것은 분명하다. 따라서 그러한 전승들이 복음서 저자의 언어와 문체로 기록되었다는 사실은 그리 놀라운 일이 아니며, 전승의 신빙성에 대해서는 아무 것도 입증해주지 않는다.

2. 신약 저자들의 방법과 관점

특정한 저자가 자료들을 사용한 것이 확고하게 정해질 때, 현대의 독자들은 저자가 자료들을 사용한 것으로부터 — 예를 들어, 저자의 서술방식 등 — 많은 것을 알 수 있게 된다. 마태와 누가가 마가와 매우 광범위하게 일치하고, 특히 예수의 말씀 부분에서 거의 일치한다는 사실은 — 마가가 두 복음서의 자료로 사용되었다는 점이 받아들여진다면 — 마태와 누가가 전수된 전승을 보존하는데 관심이 있었고, 자기 자신들의 신학에 따라 원하는 것만큼 예수의 이야기를 기록하는데 자유로움을 느끼지 못했다는 것을 지적해준다.

다른 한편 복음서가 많은 부분에서 차이가 나는 것은 복음서 기자들이 역사적 세부사실들의 정확성에는 별로 관심을 두지 않았다는 것을 시사해 준다. 그렇기 때문에 누가는 예수가 여리고로 들어가는 길에 소경 바디매오를 고쳤다고 말하는 반면에, 그가 사용한 자료인 마가에는 여리고성 밖으로 나가는 길에 그 사건이 일어난 것으로 말하고 있다. 이 점으로 보아 누가의 관심사는 그러한 사건들이 정확히 어디에서 일어났는가 하는 것이 아니었다는 결론을 내릴 수 있게 된다. 이것이 옳은 결론이라면, 복음서들을 역사적으로 신뢰할 수 있는 문서들로 이용하고, 변호하려는 기독교인들에게는 혼란이 생길 것이 분명하다. 복음서 기자가 중요한 역사적·신학적 문제들에 의존하였으면서도, 역사적 사실들에 대해서는 자유했다는 주장은 필요할 수도 있고, 성서의 권위라는 고상한 견해와 양립할 수도 있지만, 복음서 기자들이 크고 작은 부분들에 똑같이 신실하였다는 주장보다는 솔직하지 못하다.[24]

실제로 복음서들 간의 차이를 설명하는 좀더 복잡한 견해가 필요한지는 불확실하다. 복음서 기자들이 — 그들이 주요 자료로 사용한 문서자료에서 그것들을 발견하기 오래 전에 — 복음서에 기록한 많은 전승들을 이미 잘 알고 있었을 가능성에 대해서는 앞에서 언급하였다. 이것은 곧 저자가 주요자료로부터 벗어난 현상이 반드시 즉흥적인 발상이 아니며, 따라서 서로 다른 이야기들을 조화시킬 가능성을 너무 성급하게 제외시켜서는 안된다는 것을 의미한다.[25] 이것을 깨닫고, 일단 (a) 한 사건의 다른 증인들과 화자들은 그 사건을 언제나 다른 관점에서 보는 경향이 있다는 점, (b) 문체상의 차이가 있을 수 있다는 점, (c) 개개 복음서 기자의 해석작업이 본래 사건의 의미를 밝혀주고, 특정 교회의 상황을 말해준다는 점을 허용한다면, 복음서 기자들이 역사적 사실에 정확하지 못했다는 가설을 초래하는 많은 차이들이 그다지 큰 문제는 아닐 것이다.[26]

자료비평 분석을 통하여 비평가는 저자의 서술방법뿐만 아니라 또한 그의 특정한 관심사나 사상을 알 수 있게 된다. 편집비평가가 저자가 사용한 자료들을 분명히 알 수 없을 때에도 문서에 나타난 주요한 모티브들을 발견할 수 있다고 하더라도, 그가 문서를 그 배후에 있는 자료와 비교할 때, 그의 임무는 말할 수 없이 용이해진다. 예컨대 마태가 마가와 비교될 때, 마태는 유대민족에 대한 특정한 강조점을 가지고 있다고 보여지는데, 이것이 분명한 마태의 관심사였는지 아니면 하나의 경향(Tendenz)이었는지 말하기 위해서 우리는 그가 사용한 자료들이 무엇이었는지를 알 필요가 있다. 만일 마가가 그의 자료였다면, 그 대답은 아마 긍정적일 것이다. 그러나 예루살렘 교회의 매우 강한 유대적 전승들이 그의 주된 자료였다면 그 대답은 부정이 될 수도 있다.[27]

자료비평은 때때로 저자가 한 특정한 구절에서 의도한 바가 무엇인지 조명해주기 때문에 특별히 편집비평에서 뿐만 아니라 일반적으로 성서주석을 위해서도 매우 중요하다. 예컨대 해석의 차이들은 하나의 문서가 그것의 자료와 비교되어, 다른 저자들이 한 전승을 어떻게 사용하고 있는지 알게 될 때 분명해 질 수 있다.[28] 그러므로 자료비평 분석은 동일한 전승의 다른 해석을 이해하려고 하는 주석가나, 해석간에 혹은 알려지지 않은 조화들 중에서 임의의 선택을 하기를 원치 않는 주석가에게 매우 중요한 가치를 지닌다. 그러나 자료비평은 이처럼 여러 유익을 주기도 하지만, 또한 성서저자가 자신의 자료에서 매우 많이 벗어날 경우, 해석자(expositor)에게 문제를 야기시킬 수 있다. 예컨대, 해석자는 예수의 말씀에 대한 자료비평가의 재구성을 전할 것인지, 아니면 복음서들 안에서 발견된 그 말씀이 오해 혹은 창조적 재해석이라고 전해야 할지 선택해야 할 입장에 놓일 수도 있다.

해석자는 아마도 성서전승이 어떻게 상이한 청중들에게 적용될 수 있었는지 알게 될 것이지만, 이 상황에서 말씀의 여러 다른 본문(version)의 권위라는 어려운 문제들이 발생된다. 그러나 그러한 문제는 자료비평가가 후대의 저자가 본래의 의미에서 매우 많이 벗어났다고 결론짓지 않으면 안될 때만 발생한다.

3. 교회사의 초기 시대

불행하게도 복음서들이 쓰여지기 전에 예수의 생애와 교훈 전승이 어떻게 생겨났는지에 대한 지식은 거의 없다. 그러나 Q 자료와 같은 말씀집이나 막 4장의 배후에 있는 — 가정된 — 비유모음집이 매우 초기시대부터 존재하였다는 것이 입증될 수 있다면, 이것들은 역사가에게 가장 중요한 증거가 된다. 그러한 문서들의 형태나 내용을 조사함으로써 역사가는 저자들의 관심사와 사상과 신학과 그 문서들이 편집되고 순환된 교회에 대해서 알게 될 것이다.[29] 그러나 우리가 현존하지 않은 문서들을 다룰 경우에는 그것은 용이한 작업이 아니다. 그 자료들이 처음으로 재구성되어야 할 경우에는 문제는 더욱 더 어려워진다.

주

1) 예컨대, 막 4:10-13의 어색함에 대한 한 설명은 복음서 기자가 11절, 12절이 없는 자료를 가지고 작업하였다는 것이다.

2) 마 9:32-34과 12:22-24를 비교하라.

3) 예컨대, 마 21:23-27, 막 11:27-33, 눅 20:1-8, 또는 마 8:8-9 과 눅 7:6-7을 비교하라.

4) 베드로후서와 유다서와의 일치점들에 대해서도 동일한 설명이 필요하다. 구약의 비슷한 현상에 대해서는 열왕기서와 역대기의 병행들을 비교하라.

5) 이를 위해 필수적인 것은 관련 본문들을 병렬시켜 놓은 공관대조표를 이용하는 것이다. 공관복음서 대조표를 이용하면, 일치점들과 불일치점들이 뚜렷하게 드러나기 때문에 학생들이 소위 공관복음 문제의 의미를 평가하는데 도움이 될 것이다. (F. C. Grant, *The Gospels Their Origin and their Growth* (London 1957), pp. 41ff.) 가장 유명한 헬라어 복음서 대조서는 *Synopsis Quattuor Evangeliorum*, ed. K. Aland (Stuttgart 1964) 와 *Synopsis of the first Three Gospels*, eds. A. Huck, H. Lietzmann, F. L. Cross (Oxford 1959) 이다.

6) 약 50년이 넘도록 상당히 많은 지지를 받아온 공관복음 문제의 해결책은 두 자료설이다. 이 견해에 따르면, 마가복음은 기록된 복음서중에 최초의 복음서이며, 마태와 누가는 마가를 중요한 자료로 사용하였다. 마태와 누가는 또한 현재는 전해지지 않는 Q(자료를 의미하는 독일어 Quelle로부터 따옴)라고 알려진 말씀자료를 사용하였다. 때때로 Q는 문서자료라기보다는 구전자료로 여겨지기도 한다. 이러한 두 자료설이 공관복음 문제에 대해 일반적으로 받아들여진 해결책이긴 하지만, 늘 반대하는 사람들이 있어왔다. W. R. Farmer's history of *The Synopic Problem* (New York 1964). 참조.

7) 일치점들이 구전 전승의 견지에서 충분히 설명될 수 있다는 견해에 대해서는 B. F. Westcott, *Introduction to the Study of the Gospels* (London) 참조. 확실히 고대인의 기억력을 과소평가하기 쉬운 것은 확실하다. B. Gerhardsson, *Memory and Manuscript* (Uppsala, 1961). 참조.

8) 두 자료설의 반대자들은 마가와는 다르고, 마태와 누가는 일치하는 부분들이 생각하는 것만큼 그렇게 드문 것도 아니며, 그렇게 사소한 것(minor)도 아니라는데 주목한다.

9) Eus. H. E. iii, 39, 4, 에 있는 파피아스의 한 인용문에 의하면 복음서가 기록된 이후에도 초대교회에 생생한 구전전승이 있었다는 것을 보여준다.

10) 4:1, 33, 12:1, 38에서 생략의 가능성에 대한 암시를 보라. 마가가 Q를 알았다는 것이 인정된다면, 마가의 생략범위는 대단히 광범위하다.

11) J. Chapman 은 마가가 마태에 포함되어 있는 것을 생략하는 지점에서 뒤죽박죽되는 표시를 보인다고 주장한다. 그의 책 *Matttew, Mark and Luke* (London 1937). 참고. E. De Witt Burton 은 직접 관계가 있다고

알려진 두 문서중의 두번째 문서를 찾는 기준을 다음과 같이 열거하고 있다. (1) 한 쪽의 다른 쪽에 의한 오해 (2) 다른 문서에서 사상이나 좌우균형의 연속성을 깨는 삽입 (3) 다른 문서의 연결을 깨는 분명한 삽입 (4) 저자의 목적에 따라 설명될 수 있는 삽입과 다른 쪽에 의해 설명될 수 없는 생략 (5) 4번항의 반대 (6) 일반적인 방법이나 다른 쪽의 경향을 따르는 변경. (*Some Principles of Literary Criticism and Their Application to the Synoptic Problem*, Chicago 1904).

12) 간단한 예는 누가의 끝과 행전의 처음에 나오는 중복이다. 누가가 2권의 시작 부분에서 1권의 근거에 대해 회고하는 것은 이해할만하다.

13) G. M. Styler는 마 14:9에 나오는 세례자 요한의 죽음에 대한 헤롯의 괴로움은 부적절하다고 주장한다. 마태는 헤롯이 요한을 죽이고자 하였다는 인상을 주었기 때문이다. 마태는 그 표현을 뜻이 잘 통하는 마가의 이야기로부터 인용하였다. (Excursus on "The Priority of Mark" in C. F. D. Moule's *Birth of the New Testament* (London 1966), p. 229). Styler의 관찰은 흥미롭기는 하지만, 마태를 마가와는 따로 분리해서 독자적으로 읽는다면, 그 표현을 이해하는 것이 어렵지는 않다.

14) 마가복음이 가장 셈족적인 복음인지에 대해서는 E. P. Sanders, *The Tendencies of the Synopic Tradition* (Cambridge 1969) p. 254 참조.

15) 예컨대, 막 6:39, 40에 나오는 5000에 대한 묘사 참고.

16) H. G. Jameson, *The Origin of the Synoptic Gospels* (Oxford 1922), pp. 91f. B. C. Butler, *The Originality of St Matthew* (Cambridge 1951), pp. 116f.는 문체를 기초로 해서 마태 우선설을 주장하는데, 그들에 따르면 마태가 마가를 기초로 해서 그렇게 우아하고, 질서정연하고, 시적인 복음서를 기록하였다고는 거의 상상하기 어렵다는 것이다.

17) Cf. Sanders, op. cit., *passim*.

18) See R. H. Gundry, *The Use of the Old Testament in St. Mathew's Gospel* (Leiden 1967), pp. 150f.

19) A. M. Honore, Nov. T 10 (1968) pp. 95-147.

20) 고등 기독론을 지닌 바울 서신 대부분이 첫번째 복음서가 기록되기 전에 쓰여진 것으로 추정되는 것이 보통이다. 복음서에 나오는 자료의 연대를 추정하기는 매우 어렵다. 마 27:8에 나오는 것과 같은 말씀("그 밭은 오늘날까지 피밭이라고 한다")의 시기는 얼핏보면 예루살렘 파괴 이전으로 추정된다. 그러나 이러한 추정을 피하는 것이 불가능하지는 않다.

21) E. E. Ellis, *The Gospel of Luke* (London 1966), p. 28. 동일한 것이 사도행전의 처음 장들에 나타나는 아람어적 특성에 대해서도 말해질 수 있다.

22) 초기의 견해로 추정된 33절을 마가의 견해로 추정된 11, 12과 34절과 비교하라.

23) A. Harnack은 행 2-5장의 배후에 두 자료가 있다고 주장하였다. 거기에서는 사도들이 두번 체포되어 옥에 갇히고, 두번 유대 당국 앞에 끌려간다. 그의 견해에 대한 논의는 J. Dupont, *The Sources of Acts* (E. T.

London 1964), pp. 35f. 참조.

24) 사도행전에 나타나는 누가의 세부사항에 대한 정확성은 잘 입증된다. 그리고 그의 서론은 그가 세부사항들은 배제하고, 오직 광범위한 사건들에만 관심을 가진다는 것을 암시하지 않는다.

25) 그것은 또한 복음서 기자가 종종 자기의 주요자료를 점검하고, 확인하였을 것이라는 점을 의미한다.

26) 바디매오의 치유가 나오는 누가의 위치에 대해서는 J. N. Geldenhuys, *Commentary on the Gospel of Luke* (London 1950), pp. 467f. 참조.

27) 베드로후서와 유다서에 대한 비평가의 분석은 그가 베드로후서가 유다서의 자료로 사용되었거나 또는 둘의 배후에는 공통자료가 있었다는 것보다는 오히려 유다서가 베드로후서의 자료로 사용되었다는 것을 믿는다면, 적어도 어떤 면에선 영향을 받을 것이다.

28) 14: 65에 나오는 마가의 προφήτευσον은 마태와 누가에서 설명된다.

29) 똑같은 논점이 복음서와 떨어진 신약의 다른 문서들에 적용될 수 있다. 예컨대, 영지주의적 자료가 요한일서의 배후에 있고, 이것이 교회의 편집자에 의해 편집되었다는 불트만의 주장이 받아들여진다면, 이것은 초기 기독교 교리의 역사가에게 분명히 흥미있었을 것이다.

부록

자료비평의 실례

자료비평가의 임무와 그 작업의 가치를 설명하기 위해 마 12:1-8과 병행구절(막 2:23-28; 눅 6:1-5)을 예로 들어 보자. 헬라어 복음서 대조표를 참고하기 바란다.

1. 자료비평가의 임무

이 구절은 소위 삼중 전승의 일부로서 마태, 마가, 누가에 광범위하게 중복되어 있다. 특히 마 12:3, 4과 병행구절들은 거의 일치하고 있다. 마태의 οἰκ ἀνέγνωτε τί ἐποίησεν Δαυίδ ὅτε ἐπείνασεν καὶ ἰ μετ᾽ αὐτοῦ ; πῶς εἰσῆλθεν εἰς τὸν οἶκον τοῦ θεοῦ καὶ τοὺς ἄρτους τῆς προθέσεως ἔφαγον을 마가와 누가와 비교해 보자. 세 복음서 간의 일치뿐만이 아니라, 누가와는 다른 마태와 마가의 일치(예를 들면, 마 12:1-2과 병행구절의 문법 구성의 여러 작은 부분들에서)가 눈에 띈다. 또한 마태와는 다른 마가와 누가의 일지가 나타난다(예를 들면, ἐγένετο 막 2:23과 병행구절, ἔδωκεν 26절, καὶ ἔλεγεν αὐτοῖς 27절). 대부분의 현대 비평가들은 여기에서 다른 곳과 마찬가지로 마가를 마태와 누가의 자료로서 취급하기를 원할 것이다. 그러나 마가와 다르고 마태와 누가가 일치하는 부분들에서는 혼란이 온다. 예컨대, 긍정적으로는 ἐσθίειν (마 12:1과 병행구절)과 μόνος (마 12:4과 병행구절), 그리고 Κύριος γάρ ἐστιν τοῦ σαββάτου ὁ υἱὸς τοῦ ἀνθρώπου (마 12:8과 병행구절)라는 말의 순서에서, 그리고 부정적으로는 막 2:27 전체와 마가 구문의 생략부분에서.

마가와 다르고 마태와 누가가 일치하는 이러한 부분들은 자료비평가에게 어려운 문제들을 야기시킨다. 이들의 일치는 우연의 일치인가? 마가의 사건 시기가 의문시 되고 잘못된 것으로 보이기 때문에 마태와 누가는 둘다 독자적으로 마가의 ἐπὶ Ἀβιαθὰρ ἀρχιερέως를 생략하였을 것이라고 추측할 수도 있다. 그러나 다른 일치하는 부분도 그렇게 단순하게 설명될 수 있을까?

그렇지 않다면, 선택할 수 있는 한 가지 견해는 마태와 누가가 이 지점에서 마가가 아닌 다른 공통의 자료를 가졌다는 것이다. 그렇다면 막 2:27(마가 특유의 애매하고 불완전한 말인 καὶ ἔλεγεν αὐτοῖς로 시작되는)은 문맥상 마가의 삽입으로 간주될 수 있을 것이다. 이 견해가 옳은지의 여부는 지금 우리의 논의에서 중요하지 않다. 이 예는 단지 자료비평가가 해석하려고 하는 자료들을 설명하기 위해 인용된 것이기 때문이다.

2. 자료비평의 가치

자료비평 문제들에 대한 답변이 주어질 때, 그 대답은 어떤 가치를 지니는가? 첫째로, 그것은 복음서 전승들의 역사와 복음서 기자들의 서술방법을 이해하는데 도움을 준다. 예를 들어, 막 2:27이 마가의 문맥에서 삽입된 말이라는 결론이 내려진다면, 이것은 마가복음이 부분적으로는 최소한 주제별이나 연대별로 배열된 것이 아니라는 견해를 지지해준다. 또한 복음서 전승들이 어떤 특정한 역사적 맥락없이도 회람되었다는 견해를 확인해 주는 증거가 될 수도 있다.

두번째로, 그것은 복음서 기자의 편집적인 관심사를 이해하는데 도움을 준다. 마가가 마태의 일차자료였다고 결론 내려진다면, 마태가 안식일은 사람을 위해 만들어졌다는 마가의 과격한 말을 생략한 것은 그가 안식일에 일하는 제사장에 관한 말과 "나는 자비를 원하고 제사를 원치 않는다"라는 호세아 6:6 말씀의 인용(9:13에서 재인용)을 첨가시킨 것처럼 매우 중요하다. (막 2:27에 대한 마태의 순서 변경 또한 의미있는 것으로 간주될 수 있다.) 마태가 막 2:27의 반율법적 경향에 대해 반대한 것으로 생각할 수도 있고, 예수의 관심사가 율법의 폐지에 있는 것이 아니라 율법의 적절한 해석에 있다는 것을 보여주기 위함일 수도 있다. 반대로 막 2:27이 전승(그 말이 예수에게까지 거슬러 올라가든 안가든 간에)에 대한 마가 자신의 첨가라면, 이것은 율법에 대한 마가의 자유로운 관점(막 7:19 참조)을 의미하는 것으로 지적될 수 있다.

세번째로, 자료비평 문제들을 해결하게 되면, 다양한 복음서들의 다양한 해석논점들을 결정하는데 도움을 준다. 예를 들어, 어떤 학자들은 막 2:27, 28을 매우 밀접하게 연결시켜 서로가 서로를 해석해 주는 것으로 본다. 그래서 한편으로는 막 2:27에서 언급된 ἄνθρωπος가 실제로 28절의 υἱὸς τοῦ ἀνθρώπου이며, 따라서 안식일을 만든 사람이 바로 예수 자신이라고 주장하는 반면에, 다른 한편으로는 28절의 υἱὸς τοῦ ἀνθρώπου가 27절에 나오는 ἄνθρωπος이므로, 안식일의 주인인 인자는 특정한 의미에서 예수가 아니라 일반적인 사람이라고 주장하였다.

이 두 개의 견해 중에 어느 것이 더 타당한지는 자료 비평의 가설로는 의문의 여지가 있다. 그러나 자료비평가 막 2:27이 복음서 기자 마가의 삽입이고, 마가의 자료는 26절에서 28절로 이어진다고 확정할 수 있다면, 이것은 27절과 28절을 분리해서 다루려고 하는 측에서는 중요한 또 하나의 논점이 될 수 있다.

마태에서도 마찬가지이다. 5-8절에 나타나는 마태의 일련의 사상은 직접적으로 연결되지 않는다. 예를 들어, 8절은 얼핏보면 7절과 연결되는 것처럼 보이지 않는다. 마태가 마가를 자료로 사용하였다고 주장하는 자료비평가가 옳다면, 이러한 어색함은 쉽게 설명될 수 있다. 마태가 5-7절에 자신의 자료를 첨가시켰다면, 그 결과로 8절은 공중에 뜨게 된다.

이 주장에 의하면 — 실제로 그것은 잘못이다 — 마 5-8절을 일관된 한 단위로 교묘하게 해석하려고 할 필요가 없다. 반면에 마태가 전승의 가장 오래된 형태로 간주된다면, 적어도 지금 그대로의 순서가 어떤 의미를 지니는지 알아보는 것이 온당할 것이다. 자료비평 문제들에 대답하게 되면, 주석가는 이런 식으로 복음서의 본문을 정확하게 해석하는데 도움을 받을 수 있게 된다.

제 9 장

양식 비평

스티븐 H. 트래비스

신약의 양식비평은 두 가지 목적을 가지고 있다. 하나는 여러 신약의 문서들을 문학 장르별(독일의 Gattungsgeschichte)로 분류하는 것이고, 다른 하나는 전승자료의 가장 작은 단위들을 문자 이전의 구전 시대에 지녔던 "양식(form)" 혹은 "모양"(shape)에 따라 분석하는 것이다. 독일어 단어 Formgeschichte(양식사)는 종종 구전 시대의 전승단위들의 발전과정을 추구함으로써 그 자료에 대한 역사적 가치를 판단하는 것을 뜻하는 좀더 넓은 의미로 사용되곤 하였다. 그러나 엄격하게 말하면, 이것은 "전승비평"의 기능이다. 전승비평은 다음 장에서 다루어질 것이다. 나의 이 글은 양식비평의 좀더 분석적인 면과 복음서의 전승단위들에 제한될 것이다. [1]

1. 양식비평의 몇 가지 원리들

양식비평 방법은 세 명의 독일 학자들 — 슈미트(K. L. Schmidt), 디벨리우스(M. Dibelius), 불트만(R. Bultmann) — 에 의해 처음으로 체계적으로 적용되었다. [2] 이 방법이 어떻게 진행되는지 이해하기 위하여 먼저 양식비평이 생겨난 몇 가지 원리들을 열거하고자 한다.

(1) 공관복음서들은 고전적인 의미에서 문학 작품이라기보다는 "대중" (popular) 혹은 "민속"(folk) 문학이다. 그리고 복음서 기자들은 ― 디벨리 우스에 따르면 ― "최소한의 의미에서만 저자이다. 그들은 주로 수집가들이 고 전승의 전달자들이며 편집자들이다."[3] 물론 이 두 개의 주장이 최근의 학 자들에게는 과장된 말로 간주되고 있긴 하지만, 복음서 기자들이 현대의 역 사연구 방법들을 사용하는 역사가가 아니라, 기독교 공동체에 의해 소중히 간직된 전승들의 수용자이며 전달자임을 강조하기 때문에 매우 중요하다.

(2) 예수의 사역 시기와 복음서 기록 시기 사이에 예수의 말씀들과 예 수에 대한 이야기들이 기독교인들 사이에 구전으로 전달된 기간이 있었다. "Q"가 A.D. 50년 이전에 문서로서 존재했었을지라도 교회는 2세기까지 계속 해서 구전전승을 중요하게 여겼다. 파피아스는 이렇게 말하고 있다. "나는 책에서 나온 어떤 것들도 살아서, 남아있는 말만큼 나에게 유익을 주지 못한 다고 생각하였다"(Eusebius, H.E. III. 39. 4)

(3) 이러한 구전 기간 동안 예수에 관한 전승들은 독립적인 단위들로 회람되었다. 예수의 말씀과 행위들이 전도자와 교사들에 의해 **필요에 따라** 이야기되었을 것이기 때문에 그럴 수밖에 없었을 것이다. 사도들이 성전에서 예수의 생애에 대한 일련의 강연을 하였다고는 상상할 수 없다. 오히려 그들 은 복음을 전파하는 과정에서 어떤 점을 충분히 이해시키기 위해 어떤 특정 한 이야기나 예수의 말씀을 사용하였을 것이다. 예컨대, 막 2:1-3:6에는 (pericopae〈단화〉라고 불리는) 짧은 구절들이 모여있는데, 이들은 자체로 완 전하며, 앞뒤의 말들과 본질적으로는 관련이 없다.

그러나 이러한 일반법칙에는 예외가 있다. 앞에서 언급한 세 명의 양식 비평가들은 모두 마가가 자신의 복음서를 편집하기 전에 단화들(pericopae) 의 결합과정이 있었다는데 동의한다. 그러나 이것은 보통 주제별로 모아졌는 데, 예컨대 막 2:1-3:6의 "논쟁 이야기들"과 막 4:35-5:43의 "기적 이야기 들"이 그러하다. 그러한 전승의 결합이 사건들의 연대기적 순서로 기억되어 보존되었을 가능성은 매우 희박하다. 이것에 대한 가장 많이 알려진 예는 야이로의 딸에 대한 이야기(막 5:21-43) 안에 혈루병에 걸린 여인의 이야기가 삽입된 경우이다. 이것은 아마도 "실제로 일어난 일은 이러하다"라는 회상에 기인하는 것 같다.[4]

독립적인 단화들로 존재했다는 법칙의 중요한 예외는 수난사화이다. 거기에서 구절들이 하나의 연속되는 이야기로 결합되어 있는 것을 볼 수 있다.[5] 아마도 수난 이야기는 초기부터 예배 시에나 외부인에게 변증할 때에도 하나의 전체로서 간주되었을 것이다. 그러한 연결된 이야기가 "예수가 어떻게 표적과 기사로 축복받은 사람들에 의해 십자가로 끌려갈 수 있었는가"에 대한 질문에 답변하기 위해서 필요하였기 때문이다.[6]

(4) 구전단계 동안 이러한 "전승단위들"은 기독교 공동체에서 수행한 기능에 따라서 특정한 양식을 취했다. 양식 비평가들은 복음서 전승에서 "선언 이야기"(pronouncement)와 기적 이야기와 같은 몇 가지 양식이나 범주들을 구분해 내었다. 그리고 그들은 이러한 독특한 양식들이 우연히 창작된 것이 아니라, 그것들이 생겨난 배경과 그것들이 사용된 목적에 의해 결정되었다고 주장한다. 이 배경을 가리키는 기술적인 용어가 Sitz im Leben(삶의 정황)이다. 어떤 특정한 치약의 품질에 대한 정보가 광고에 의해 독특한 방법으로 전해지지만, 과학적인 면에서는 또 다른 방법으로 보고되는 것처럼, 예수에 대한 이야기들도 삶의 정황에 따라 다른 양식을 취하게 된다. 그러므로 양식비평가들은 복음서 단화의 삶의 자리를 그 양식에 의해 추론해 낼 수 있다고 주장한다. 동일한 양식을 지닌 몇 개의 단화들이 있다면, 그것들이 모두 동일한 삶의 정황, 즉 그것들 모두가 교회 생활에서 — 그것이 예배든 변증이든 요리문답이든 그 밖의 다른 기능이든 — 동일한 기능을 수행하였다고 말할 수 있다.[7]

양식 비평가들에게 "삶의 정황"이라는 말이 주로 공동체의 삶의 "영역"이나 기능(예컨대 예배나 복음전파)을 의미하는 "사회학적" 용어라고 이해하는 것이 중요하다. 부차적인 의미에서만, 그 용어는 특정한 이야기나 말씀을 생성시킨 특정한 역사적 상황에 적용할 수 있다. 예컨대 불트만은 가이사에게 세금을 내는 것에 관한 단화(막 12:13-17)가 그 삶의 정황을 (일반적으로 사회학적 의미에서는) 팔레스타인 교회의 변증에 두고 있는 반면에, (특별한 의미에서는) 그 삶의 정황이 그리스도인들이 하나님에게 뿐만이 아니라 가이사에게도 의무를 지니고 있는지의 여부에 대한 문제였다고 말할 것이다.[8] 이 "특별한" 의미는 좀더 다듬어서 말하면, 하나의 전승이 만들어졌거나 전달된 초대교회의 삶의 정황(Sitz im Leben der alten Kirche)과 그 전승이 기원한 예수의 생애의 역사적 상황(Sitz im Leben Jesu) 사이에 차이가 있다는 것을 말하는 것이다.[9]

2. 여러가지 양식들[10]

그러므로 양식비평가의 중요한 목적은 복음서 단화들을 양식에 따라 분류하고, 그 양식들에 각각의 삶의 정황을 할당해주는 것이다. 수난사화를 제외하고 디벨리우스는 5개의 범주를 발견하였다. 이제 다른 학자들이 제시한 견해 차이에 주시하면서 그것들을 열거해 보려고 한다.

1. 범례들 (Paradigms)

범례들은 예수의 권위있는 말씀이나, 혹은 구경꾼의 반응에 대한 말에서 그 절정을 이루는 짧은 에피소드들이다. 전형적인 "순수한 범례"는 막 3:31-35이다.

> "그 때에 예수의 어머니와 형제들이 찾아와 바깥에 서서 사람들을 들여보내어 예수를 불렀다. 무리가 예수의 주위에 둘러 앉아 있다가 그에게 말하였다. '보십시오 선생님의 어머니와 형제들과 누이들이 바깥에서 선생님을 찾고 있습니다.' 예수께서 그들에게 대답하셨다. '누가 내 어머니이며, 내 형제들이냐?' 그리고 주위에 둘러앉은 사람들을 둘러보시며 말씀하셨다. '보아라 내 어머니와 내 형제들이다. 누구든지 하나님의 뜻을 행하는 사람이 곧 내 형제요 자매요 어머니다.'"

디벨리우스는 또한 "순수한 범례"로서 막 2:1-12, 18-22, 23-28; 3:1-5, 20-30; 10:13-16; 12:13-17; 14:3-9 등을 인용하고 있다. 그리고 그는 이야기에 나오는 인물들의 이름과 같이 관계없는 요소들을 담고 있는 "덜 순수한 범례"로서, 막 1:23-27; 2:13-17; 6:1-6; 눅 9:51-56; 14:1-6을 인용하고 있다.

디벨리우스는 범례들이 초기 선교사들이 복음을 전파할 때 예증이나 실례로써 사용되기 위하여 이러한 형태를 취하게 되었다고 생각하였다. 이것에 서부터 paradigms이라는 명칭이 생겨났다(헬라어로 파라다이그마는 "예 (example)"라는 의미이다). 그가 언급한 범례의 다섯 가지 특징들은 복음전파라는 목적에 범례들이 얼마나 이상적이었는지 보여준다. (1) 문학적인 문맥으로부터의 독립성 (2) 간결성과 단순성 ― 예수의 말씀을 부각시키기 위해 등장하는 인물들에 대한 전기에 별 관심이 없다. (3) 예술적이라기보다는 종교적이라는 점 (4) 이야기의 절정으로서 예수의 말씀이 분명하게 부각된다는 점 (5) 단화가 복음을 전파하기에 유용한 사상으로 끝난다는 점 ― 예수의 말씀이나 행동 혹은 구경꾼들의 반응.[11]

디벨리우스가 범례들의 삶의 정황을 초대 그리스도인들의 복음전파에서 찾는 것에 대해 불트만은 그것이 너무 편협한 판단이라고 비판하였다. 그는 paradigma라는 용어보다 "아포프테그마(apophthegm)"라는 용어를 더 선호하며, 이러한 형태의 단화들을 다음과 같이 두 가지로 세분한다. 하나는 논쟁이나 변증의 필요에서 생겨난 논쟁-대화(예를 들면, 막 3:1-6)와 율법학자와의 대화(예를 들면, 막 12:28-34)이며, 다른 하나는 예수에 대한 어떤 정보를 담고 있거나, "설교를 위한 교훈적인 범례들"(예를 들면, 눅 9:57-62)로 사용된 전기적 아포프테그마이다.[12] 테일러(V. Taylor)는 디벨리우스와 불트만의 용어사용을 둘다 반대한다. 그는 "선언 이야기 (pronouncement-story)"라는 용어가 좀더 단순하고 적절하다고 주장하는데, 어느 정도 정당하다고 여겨진다.[13]

2. 이야기들 (tales:Novellen)

이것은 범례와는 달리 "이야기 자체에 어떤 즐거움"을 드러내는 사실들을 담고 있는 예수의 기적 이야기들이다. [14] 디벨리우스는 이 이야기들 외에는 신약에 다른 증거가 없기 때문에 이것들을 한 특별한 계층의 이야기 전달자들이나 선생들에 의해 비롯되었다고 보았다. 이야기들은 귀신축출(예컨대, 막 5:1-20; 9:14-29)과 다른 치유이적들(막 1:40-45; 5:21-43), 그리고 자연이적들(막 4:35-41; 6:35-44, 45-52)로 세분화 될 수 있다. 이 이야기들은 모두 다음과 같은 패턴을 따르고 있다. (1) 질병의 묘사나 치유된 상황, (2) 예수의 치유나 문제 해결에 대한 진술, (3) 기적의 결과에 대한 언급 — 치유된 사람에게 끼친 영향이거나 아니면 본 사람들의 반응. 이것은 유대인들이나 이교도의 기적 이야기들에 의해 만들어진 유사한 종류의 이야기들에서도 볼 수 있는 자연스러운 패턴이다

이러한 이야기들(tales)에는 "헌신적인 신앙의 동기가 부족하거나 일반적으로 가치있는 예수의 말씀이 점진적으로 후퇴하는 내용"이 포함되어 있기에 "교훈으로는 거의 사용되지 못한다"고 디벨리우스는 말한다. [15] 따라서 이 이야기들은 범례와는 달리 설교를 예증하기 위한 목적으로 형성된 것이 아니다. 오히려 그것들의 삶의 자리는 "기적 행위자가 하나님의 현현이었다는 사실을 입증하기 위해" 이야기 전달자가 사용하였다는 데에 놓여 있다. 그러므로 이것은 설교에 포함되지 않고, 이야기(Tale) 자체로 행해진 것이다. 그것들은 특히 다른 신들이나 기적 행위자들보다 뛰어나다는 것을 보여주기 위해 헬레니즘적 배경에서 사용되었다. [16]

이 이야기들을 "기적-이야기"라고 부른 불트만은 특별한 계층에 속한 이야기 전달자들에 의해 비롯되었다는 디벨리우스의 견해에는 반대하였으나, 이 이야기들이 전도나 변증의 목적을 위해 형성되었다는 그의 견해에는 동의한다. [17]

3. 전설들(legends)

디벨리우스는 이 용어를 후대 기독교 세대가 "성자들의 전설들"이라는 용어를 사용한데서 따왔다. 물론 이러한 단화들을 "역사적 이야기들과 전설

들"이라는 제목으로 다루는 불트만이나 디벨리우스의 경우는 자주 그렇긴 하지만, 이것이 반드시 '기록된 것이 비역사적인 것이다'라는 것을 의미하는 것은 아니다. 중요한 것은 이러한 이야기들의 목적이다. 그것들은 "그 삶이나 행동이 관심을 끄는 거룩한 사람에 관한 종교적 이야기들"이다. 그러므로 이 전설들은 이중의 목적을 위해 교회 안에서 생겨났는데, 하나는 예수의 이야기에 나오는 거룩한 사람들의 업적과 운명에 대해 알기 위한 의도이고, 다른 하나는 점차적으로 예수 자신을 그런 식으로 알려는 의도이다.[18] 그러므로 여기에는 예수(막 2:41-49; 4:29-30), 베드로(마 14:28-33; 16:13-23), 유다(마 27:3-8)와 다른 여러 인물들의 전설들이 포함된다. 이와 같은 이야기에서 인물들은 — 범례에서처럼 — 단순히 예수의 말씀을 부각시키기 위한 존재들이 아니라 실제 사람들이 되어 따라야 할 모범적인 인물로서 표현된다.

4. 신화들(Myths)

신화는 인간이 아니라 신화적인 인물 간의 다방면의 상호작용을 묘사하는 이야기들이다. 초자연적인 것이 인간의 영역으로 뚫고 들어온 것으로 보여진다.[19] 세 개의 이야기만이 이 범주에 포함되는데, 세례 기적(막 1:9-11과 병행구절), 사단의 유혹(마 4:1-11과 병행구절), 변화산 사건(막 9:2-8과 병행구절)이 그것이다. 불트만은 이 범주를 "신화"(myths)라는 용어를 사용하여 표현하지 않고, 이 세 이야기를 "역사적 이야기들과 전설들" 안에 포함시키고 있다.

5. 권면들(Exhortations)

권면들(Paränesen)은 복음서에 있는 교훈자료를 가리키는 용어이다. 이것의 삶의 자리는 요리문답이다. 양식상, 예수의 말씀은 금언, 은유, 상징 이야기들, 예언적 도전들, 짧은 계명, 그리고 일종의 동기가 되는 절이 포함된 확대된 계명들로 나눌 수 있다(예컨대, 마 5:29-30, 44-48; 6:2-4).

불트만은 예수의 말씀들을 좀 더 광범위하게 다룬다. 그는 예수의 말씀들을 다음과 같이 세 가지 그룹으로 나눈다. (1) logia 혹은 지혜 말씀들, (2) 예언과 묵시적 말씀들, (3) 법칙과 공동체 규범들. 이스턴(B. S. Easton)은 다음과 같은 질문을 제기한다. "'로기온'(logion)(자신을 높이는 자는 누구든지 낮아질 것이요)과 '묵시적 말씀'(나를 부끄러워하는 사람은 누구든지 인자도 부끄러워할 것이다), 그리고 '교회 규범'(자기의 아내와 이혼하고 다른 사람과 결혼하는 사람은 간음하는 자입니까?) 사이에 있는 양식상의 차이는 무엇인가?"[20] 내용보다는 양식을 근거로 하여 불트만은 두 개의 형태만을 분리해 낼 수 있었다. 그것은 예수가 자신과 자신의 사역과 운명에 관해 말하는 "나-말씀"(I-sayings: 마 5:17; 막 10:45)과 "비유들"이다. 비유 자료에 대한 그의 분석은 특히 가치가 있다.[21]

3. 양식 비평의 몇 가지 한계들

우리는 이제 지금까지 언급한 양식비평의 한계와 아직 만족스럽게 해결되지 않은 몇 가지 문제들을 언급하여야만 한다.

(1) 양식비평가가 자주 언급하는 양식 혹은 범주들 중에 실제로 얼마나 많은 수가 만족스럽게 확정되었는가? 우리는 "범례들(paradigms)"과 "이야기들(tales)"이 — "선언 이야기"와 "기적이야기"라는 명칭이 영어로는 좀더 의미가 와 닿지만 — 독특한 형태라는 것에는 동의한다. 그리고 "비유들"이 말씀 전승 내에 있는 특정한 양식이라는 것에도 동의한다. 그러나 그 나머지는 어떤가? 디벨리우스가 언급한 "신화"는 문체나 양식이 아니라, 내용에 의해 분류된 것이다. 양식만을 근거로 할 때, 마 4:1-11에 나오는 유혹이야기는 논쟁대화로서 서술되는 것이 더 자연스럽다(이것은 막 10:2-9; 11:27-33; 12:18-27 등과 별로 다르지 않다).

실제로 알베르츠(M. Albertz)[22]는 그렇게 서술하고 있다. 마찬가지로 "전설"도 — 이것이 어떤 전형적인 특징들을 지니고 있을지라도 — 공통된 양식이나 형태를 갖는다고 거의 말할 수 없다. 레들리히(Redlich)는 "베드로의 고백 이야기, 예루살렘 입성, 변화산 사건, 12살 때의 예수의 성전사건에 어떤 공통된 양식을 찾을 수 있는가?"라고 묻는다. [23] 그러므로 그는 그러한 단화들을 "양식없는 이야기들"이라고 부르고, 테일러는 비슷한 이유로 단지 "예수에 관한 이야기들"이라고 부른다. 강화(discourse) 자료의 대부분 역시 양식에 따른 분류가 될 수 없다. 예컨대, 불트만의 범주들은 "문체적인 특징들을 서술한 것에 불과하다. 그것들은 개인이나 공동체가 무의식적으로 말씀을 입힌 대중적인 양식을 의미하지 않는다."[24]

양식과 내용 간의 차이를 너무 지나치게 강조해서는 안된다. 둘은 서로에게 영향을 끼친다. 따라서 기적 이야기들을 독특한 양식이라고 말하는 것은 — "기적"이 내용상의 명칭일지라도 — 정당하다. 왜냐하면 모든 기적 이야기들은 동일한 기본적인 양식 안에서 말해지기 때문이다. 그러나 인용된 여러 가지 예들에서 어떤 공통의 모양도 식별할 수 없는 데도, "전설"이나 "신화"를 양식으로 표현하는 것은 양식비평이 아니다. 따라서 양식비평을 영국에 도입하는데 많은 공헌을 한 라이트푸트(R. H. Rightfoot)는 양식비평가들이 두 가지 형태의 이야기, 즉 범례들과 기적 이야기를 구분하고 분류하는데 성공한 것에 만족해야지 다른 것은 인정할 수 없다고 말한다. [25]

더군다나 이 두 가지 형태도 주장된 것만큼 독특하지 않을 때도 있다. 예를 들어, 막 3:1-6(한쪽 손마른 사람 — 디벨리우스는 "순수한 범례"로 분류함)과 막 10:46-52(바디매오 이야기 — "덜 순수한 범례")과 막 5:25-34(혈루병 앓는 여인 — "이야기"(tale))를 비교해 보라. 디벨리우스가 분류한 대로 정말 이것들 사이에 그렇게 큰 차이가 있는가? 막 3:1-6이 매우 분명하게 (디벨리우스에 따르면, "tale"에는 없는) "교훈적 동기"를 담고 있기 때문에, 디벨리우스는 치유가 단지 부수적인 일이라고 말하면서, 그 구절을 범례로 분류한다. [26] 그러나 그 단화는 안식일에 대한 말이 아니라 기적과 그것이 바리새인에게 끼친 영향으로 끝나고 있다. "단순한 사실은 여기에 양식비평가들이 기적 이야기라고 결정한 것 이상의 기적 이야기가 나타난다는 것이다."라고 리처드슨(A. Richardson)은 논평한다. [27]

또 다른 예를 들어보자. 막 1:29-31은 병에 대한 묘사, 치유, 결과라는 패턴을 따르는 작은 치유 이야기이다. 그러나 그곳에는 디벨리우스가

"tales"의 특징으로 간주한 "이야기 자체의 즐거움"을 주는 요소가 하나도 나타나지 않는다. 그가 「전승으로부터 복음까지」라는 자신의 글 어느 곳에서도 그것을 논의하지 않은 것은 그것이 자기의 견해에 적합하지 않기 때문이 아닌가?

사실 복음서들 안에는 범주들에 딱 들어맞게 적합하지 않고, 혼합적 형태를 취하는 단화들이 많이 있다. 불트만은 이 문제에 대해 "한 편의 전승을 하나의 범주 안에 명확하게 분류시킬 수 없다는 점을 아는 것은 양식 비평 접근에 대한 어떤 이의가 아니라 오히려 그것은 양식비평의 성과를 입증하는 것이다."라고 주장한다. 그의 이 말은 같은 페이지에서 삶의 정황에 대해 한 그의 언급, 즉 "양식비평의 적절한 이해는 한 공동체의 삶을 형태화한 문학이 매우 명확한 문체와 매우 명확한 양식과 범주들을 발생시킨 매우 명확한 삶의 상황과 욕구에서 생겨난다는 판단에 달려있다."는 말과 어떻게 조화될 수 있는지는 이해하기 어렵다.[28] 살아있는 전승을 다룰 때, 과도한 체계화(분류)는 거부되어야 마땅하지만, 체계화를 더 거부하면 할수록, 우리는 양식비평 자체를 과소평가하게 된다.[29]

확실하고, 명확한 "양식"을 설정하는 것이 어느 정도까지 가능한가 하는 문제는 주석적인 의미를 지니고 있다. 예를 들어, 많은 학자들은 막 2:19b-20이 초대교회에 의해 18-19a에 나오는 금식에 관한 선언 이야기에 첨가된 것이라고 주장한다. 그들이 이렇게 주장하는 이유는 부분적으로는 18-19a가 분명히 완전한 범례 혹은 논쟁대화의 형태를 띠기 때문에, 예수의 남은 말씀들이 본래부터 거기에 있었다고 볼 수 없다는 것이다.[30] 그러나 그러한 결론을 내리게 한 범례에 대한 정의가 너무 엄격하고, 독단적이면 문제는 어떻게 되겠는가? 비유들의 경우도 마찬가지이다. 예수의 가르침 속에는 알레고리적인 특성이 없어서, 하나의 비유는 반드시 하나의 논점만 가지는 것으로 고안되었음에 **틀림없으므로** 다른 논점은 교회의 삽입일 뿐이라고 주장한다면 그것은 너무 경솔한 판단일 것이다.[31]

(2) 복음서 자료가 기록되기 전에 "구전 시기"가 있었다는 견해는 쉬르만(H. Schürmann)에 의해 의문이 제기되고 있다. 그는 예수가 사역하는 동

안 그의 제자들이 가르침의 중요한 부분들을 메모하였을 것이라고 주장한다.[32]

(3) 예수에 관한 전승들은 어떻게 생겨났으며, 어떻게 발전하였는가? 이 문제들은 양식비평이 충분할 만큼 진지하게 다루지 않는 문제들이다. 디벨리우스와 불트만은 "전승의 법칙들"에 대해서 확신있게 기록함으로써 이 법칙들이 성서의 사화들 뿐만 아니라, 성서의 나머지 자료에도 구전 전승의 발전과정을 밝히는데 과학적으로 적용할 수 있는 잘 증명된 규칙들이라는 인상을 주었다. 그들의 주된 논지는 전승들이 단순한 것으로부터 더 복잡한 것으로 발전해 갔다는 것이다. 이런 이유 때문에 일반적으로 전설이 범례보다 후대에 만들어졌다고 간주되었다. 그러나 실제로 어느 누구도 이러한 "전승의 법칙"들을 철저하게 조사한 사람이 없으며, "민속 전승"에 관한 전문가들 사이에서 이 문제에 대한 어떤 일치도 존재하지 않는다.[33] 샌더스(E. P. Sanders)는 사본전승과 위경 복음서들 안에 단순한 것에서 복잡한 것으로의 발전뿐만이 아니라, 반대로 복잡한 것으로부터 단순한 것으로의 발전도 있었다는 것을 보여주었다.[34] 상황은 일관적이지 않다.

더욱이 리젠펠트(H. Riesenfeld)와 게르하르드손(B. Gerhardsson)은 초대교회의 전승 전달과정이 유대 랍비들에 의한 전승 전달과정과 유비시켜 이해되어야 한다고 주장하였다. 랍비들의 관심은 자신들이 받은 전승을 정확히 전달하는데 있었기 때문에, 그리스도교 교회들도 마찬가지로 — 양식비평이 종종 생각하는 것처럼, "창조적인 공동체"가 되기보다 오히려 — 정확한 전달에 관심을 가졌다고 주장할 수 있다는 것이다.[35] 이 주장은 많은 부분에서 비판받고 있긴 하지만, 기독교 전승의 전달을 유대 전승들이 1세기에 전달된 방식하에서 이해하여야 한다는 논지는 진지하게 주목할 만한 가치가 있다.[36]

예수 전승들이 어떻게 발전하였는지에 대한 이 문제는 복음서에 나오는 "중복본문"(doublet)의 문제와 관련을 가진다.

달란트의 비유 (마 25:14-30; 눅 19:12-28)

기적적인 어획고 (눅 5:1-11; 요 21:4-14)

기름부음 받은 예수 (막 14:3-9 = 마 26:6-13; 눅 7:36-50;
　　　　　　요 12:1-8)

5000명/4000명을 먹이심 (막 6:30-44; 8:1-10)

백부장 하인의 종/고귀한 사람의 아들의 치유 (마 8:5-13 =눅 7:1-10;
　　　　　　요 4:36-54)

　　양식비평은 이러한 중복본문들의 현상을 상이한 전승들이 하나의 본래 이야기로부터 발전해 나온 것으로 보통 설명하곤 하였다. 그러나 양식비평 자체가 동일한 형태의 다른 이야기들이 서로에게 비슷한 방법으로 말해졌기 때문에, 본래 두 개의 다른 이야기들이 전승과정에서 서로의 특성들을 흡수하였다는 것도 가능하지 않을까? 이 질문에 대한 대답들이 모두 똑같지는 않겠지만 그 문제는 반드시 고려해야 할 문제이다.

　　하나 이상의 "교훈"이 포함된 비유들(예컨대, 눅 16:1-9, 혹은 마 18:10-14과 눅 15:3-7에 나오는 잃어버린 양의 비유에 대한 색다른 적용들)에 대해서도 비슷한 질문이 제기될 수 있다. 이러한 현상이 예수의 마음이 변화된 결과가 아니라, 언제나 초대교회에서의 발전과정의 결과라고 주장해야만 하는가?[37] 바울이 운동경기 은유나 노예상태의 비유에서 한 것처럼, 예수가 다른 경우에 다른 논점을 설명하기 위해 유사한 이야기들을 사용하였을 가능성은 없는가?

　　(4) 성서 외의 자료에서 병행구를 찾으려는 것은 주석에 도움을 주기보다는 오히려 왜곡시킬 수 있다. 이러한 왜곡은 기적 이야기들에 대한 양식 비평가의 잘못에서 비롯될 때가 많다. 헬레니즘적 "신적 인간"과 기적 행위자들의 이야기들과의 형식적인 병행구에 주목함으로써, 그들은 기적 이야기들의 교훈적 목적을 경시하고, 그것들을 이 땅에 하나님의 나라를 가져온 예수의 선포와는 다른 것으로 간주하였다.[38] 이것은 불트만이 예수가 자신의 기적을 하나님 나라에 대한 메시지와 관련시키고 있는 마 11:4-6과 12:28의 말씀을 예수의 진짜 말씀으로 간주하는 것을 볼 때 아이러니컬하다.[39]

기적 이야기들이 "어떤 교훈적 동기"도 가지고 있지 않다고 주장하는 것은 오해를 일으키기가 매우 쉽다. 행 3:1 이하와 요한복음의 많은 구절, 그리고 기적이 포함된 범례들(paradigms)에 보면, 기적들이 교훈을 위한 도약판으로 사용된다. 또한 리처드슨은 많은 기적 이야기들이 단지 예수를 기적 행위자로 고양시킬 의도만 아니라, 기독교 메시지의 여러 가지 측면들을 지적하는데 얼마나 적합한지 보여주었다.[40]

4. 양식 비평의 몇 가지 통찰들

양식비평에는 여러 가지 한계가 있고, 해결되지 않은 몇 가지 질문들이 있다는 것을 앞에서 지적하였다. 그러나 양식비평은 또한 신약을 이해하는데 다음과 같은 실질적인 도움을 줄 수 있다.

(1) 양식비평은 신약문서들이 기록되기 전, A.D. 30년-50년 사이의 과도기를 이해하는데 도움을 주고 있다. 예컨대, 양식비평은 초대 기독교인들의 설교와 교육 방법들과 유대인들과의 논쟁들에 대한 실마리를 제공하였다.

(2) 전승의 삶의 정황에 대한 연구는 주석에 도움을 준다. 하나의 특정한 이야기가 왜, 어떻게 초대교회에서 사용되었는가를 발견할 수 있다면, 우리가 사는 현상황에서 어떻게 그것을 사용해야할지 좀더 확실하게 알게 될 것이다. 추정된 삶의 정황이 단지 임시적일 때가 자주 있고, 특정한 구절의 삶의 정황에 대한 학자들의 견해가 일치하지 않을 때가 많은 것이 사실이다.[41] 그러므로 자기 주장을 너무 지나치게 고집하지 않도록 조심하여야 한다. 삶의 정황에 대한 연구가 다음과 같이 순환 논리에 빠질 수 있다는 것도 사실이다. "문학 전승의 양식들은 공동체의 삶에서 작용하고 있는 영향력이 무엇인지 확정하는데 사용되어야 하며, 공동체의 삶은 그 양식들을 이해할 수 있도록 하는데 사용되어야 한다."[42]

그러나 그렇다고 해서 양식비평 방법이 가치가 없어지는 것은 아니다. 왜냐하면 모든 역사적 진보는 어떤 의미에서든 방법상의 순환성을 포함하고 있기 때문이다. 사도행전과 서신들에 나오는 증거 또한 어떤 가정된 삶의 정황을 외적으로 조사하게 해준다. 그러므로 많은 약점들에도 불구하고 양식비평은 삶의 정황 문제에 주의를 기울여 왔다. "양식비평을 통하여 복음서들은 — 몇 가지 한계들을 신중하게 고려해야 하지만 — 초대교회의 희망과 열망, 문제들과 곤경을 비쳐주는 거울이 된다."[43]

(3) 초대 그리스도인들이 예수의 이야기들과 말씀들을 보존한 것은 단순히 고대에 대한 관심(antiquarian interest) 때문이 아니라, 그것들이 예배와 설교, 교육 또는 다른 상황에 유용하였기 때문이다. 이것은 또한 복음서들이 왜 예수의 전기로 간주되어서는 안되는지 그 이유를 이해하는데 도움을 준다. 교회의 실제적인 중요성 때문에 전달된 독립적인 단화들은 예수의 내면 발전보다는 오히려 교회에서 그가 어떤 의미를 지녔는가에 대해서 말해준다.[44] 이것은 곧 복음서를 통해서 우리는 예수의 생애의 최소한의 연대기적 윤곽만 얻을 수 있다는 것을 의미하기도 한다.[45]

(4) 한 단화를 정확히 주석하기 위해, 그것의 양식을 이해하는 것이 매우 중요하다. 앞에서 이미 비유양식 이해의 주석적 가치 — 물론 그것을 너무 엄격하게 적용할 때 생기는 위험성도 함께 — 를 언급한 바 있다.[46] 양식의 분석이 주석에 도움을 준다는 것을 보여주는 또 다른 예는 마 5:3-12의 복(福)선언에 대한 코흐(K.Koch)의 연구이다. 그는 이러한 "복"들이 구약 지혜-말씀에서 발견되는 매우 다양한 형태의 복이 아니라 오히려 구약과 유대문서의 "묵시적 축복"의 형태를 따른다고 본다. 그러므로 형식을 근거로 할 때 이 복 선언은 일반적인 세속적인 행복을 말하는 것이 아니라 예수의 종말론적 교훈 — 그 내용이 이러한 인상을 확인해 준다 — 과 연결되어야 한다고 주장될 수 있다.[47]

(5) 양식비평은 각각의 단화 속에 있는 "껍질 속의 복음"에 주의를 기울인다. "아마도 전승들 자체가 보존되었던 것은 역사적 관심을 넘어서서, 역사적 전승들이 삶과 죽음, 심판과 구원이라는 커다란 주제들을 조명해 줄 수 있었기 때문이었을 것이다. 만일 양식비평이 이러한 면에서 복음서들(gospels)과 복음(Gospel)간의 생생한 관계를 다시 한번 보여줄 수 있다면

그 가치가 입증될 것이다."[48] 이러한 통찰은 지나친 면이 없지 않다. 사실, 하나의 단화에 담겨진 메시지는 독자가 그것을 다른 단화들에서 끌어낸 예수의 전체 인상과 연관시키지 않는다면 별로 의미가 없다. 그러나 그 한 단화의 메시지는 복음서의 해석자들에게 올바른 방향, 즉 복음서 전승 안에 담겨 있는 권위있는 구원의 메시지를 가리켜 준다.

5. 오늘날의 양식비평

양식비평은 단순히 현대신학의 한 면으로 연구될 수 있는 것이 아니다. 양식의 평가는 어떤 문헌을 이해하는데 반드시 필요한 것이므로, 양식비평은 복음서들을 주석하는 기본적인 도구로 남을 것이다. 학자들이 앞선 선구자들의 통찰 위에 서서, 초기의 약점들을 수정해 나가려고 하기 때문에, 그 작업은 계속해서 진행되고 있다. 좀더 최근의 경향에는 제4복음서의 배후에서 공관복음서에서 발견된 것과 유사한 기본적인 양식들을 찾아내는 시도[49]와 그것들을 랍비문헌에 나타난 유대 양식들과 비교함으로써 복음서 단화들을 밝히려는 시도가 포함되고 있다.[50] 이 모든 작업이 복음서 연구를 좀더 복잡하게 만들기도 하지만, 또한 복음서 연구를 더 열매있게 할 수 있다.

주

1) 전승비평에 대해서는 본서 10장을 참조하고, 서신들과 계시록에 있는 문학장르와 전승 단위의 연구에 관해서는 본서 13장을 참조하라.
2) Schmidt's book, *Der Rahmen der Geschichte Jesu* ("The Framework of the Story of Jesus", Berlin 1919), has never been translated into English. Dibelius's book, *Die Formgeschichte des Evangeliums*, also appeared in 1919, but the English translation, *From Tradition to Gospel* (London 1934; reprinted 1971), is based on the much enlarged second German edition (Tübingen 1933). Bultmann's *History of the Synoptic Tradition* (Oxford 1963) is a

translation of the third German edition(1958) of *Die Geschichte der synoptischen Tradition* (originally published Göttingen 1921).

3) From *Tradition to Gospel*, pp. 3-6.

4) 그러나 불트만은 야이로의 딸이 "죽게 되었다"(23절)는 말과 "당신의 딸이 죽었다"(35절)는 말 사이에 필요한 경과 시간을 제공하기 위해 삽입이 들어갔다고 생각한다. (*History of the Synoptic Tradition*, p. 214).

5) Bultmann only partly agrees (op. cit., p. 275).

6) Schmidt, op. cit., p. 305.

7) For typical statements, see Dibelius, op. cit., pp. 13f; Bultmann, op. cit., p. 4.

8) See Bultmann, op. cit., pp. 26, 48.

9) 그러나 H. Schürmann은 그 용어를 특정한 역사적 상황에 적용시키는 것이 적절치 못하다고 하면서 사회적 의미를 고수한다.

10) 이것들을 상세히 논할 공간이 없다. 디벨리우스와 불트만의 책과는 별도로 E. V. McKnight, *What is Form Criticism?* (Philadelphia 1969), pp. 20-33.에 있는 양식 분류에 대한 요약과 V. Taylor, *The Formation of the Gospel Tradition*(London 1933)의 논의들, 그리고 E. B. Redlich, *Form Criticism : its Value and Limitations*(London 1939) 참조.

11) Dibelius, o. p. cit., pp. 24-26, 37-69. 이런 이야기들이 초기 설교자들에게 어떻게 사용되었는지에 대한 실례는 G. R. Beasley-Murray, *Preaching the Gospel from the Gospels*(London, 1965²), pp. 11ff.

12) Bultmann, op. cit, p. 61.

13) Op. cit., p. 30.

14) Dibelius, op. cit., p. 70. 범례로 분류되지만 치유 이야기를 포함하는 단화들이 있다. 왜냐하면 관심의 중심이 치유 자체가 아니라 그에 따르는 예수의 선언이기 때문이다(예. 막 1:23-27; 2:1-12; 3:1-6).

15) Op. cit., p. 79.

16) Op. cit., pp. 95f.

17) Bultmann, op. cit., p. 368.

18) Dibelius, op. cit., pp. 104, 115.

19) Op. cit., p. 271.

20) *The Gospel Before the Gospels* (New York 1928), p. 74.

21) For details see Bultmann, op. cit., pp. 166-179, 188-192.

22) *Die synoptischen Streitgespräche* (Berlin 1921), pp. 41-48.

23) op. cit., p. 180.

24) Taylor, op. cit., p. 31.

25) *History and Interpretation in the Gospels* (London 1935), p. 43.

26) Op. cit. p. 55.

27) *The Miracle-Stories of the Gospels* (London 1941), p. 77.

29) Cf. P. Benoit; "Reflections on 'Formgeschichtliche Methode'", in

Jesus and the Gospel, Vol. I (London 1973) pp. 24f.

30) 예. D. F. Nineham, *The Gospel of St Mark* (Harmondsworth 1963), pp. 103f.

31) 이러한 가정의 비판은: J. A. Baird, *Audience Criticism and the Historical Jesus* (Philadelphia 1969), pp. 167f. 예수께서 씨뿌리는 자의 비유의 알레고리적 해석을 의도하셨다는 이 교조주의적 부인에 대한 최근의 비판을 위해서는: B. Gerhardsson, "The Parable of the Sower and its Interpretation", NTS 14 (1967-68), pp. 165-193- C. F. D. Moule, "Mark 4:1-20 yet once more", in *Neotestamentica et Semitica* Studies in Honour of Principal Matthew Black, ed. E. E. Ellis and M. Wilcox (Edinburgh 1969), pp. 95-113; J. Drury, "The Sower, the Vineyard, and the Place of Allegory in the Interpretation of Mark's Parables", JTS 24 (1973), pp. 367-379.

32) Op. cit., pp. 342-370.

33) See Baird, op. cit., and literature cited there. Also E. Güttgemanns, *Offene Fragen zur Formgeschichte des Evangeliums* (Munich 1971²).

34) E. P. Sanders, *The Tendencies of the Synoptic Tradition* (Cambridge 1969).

35) H. Riesenfeld, *The Gospel Tradition and its Beginnings* (London 1957); B. Gerhardsson, *Memory and Manuscript: Oral Tradition and Written Transmission in Rabbinic Judaism and Early Christianity* (Lund and Copenhagen 1961).

36) 가치있는 비판은: W. D. Davies, "Reflections on a Scandinavian Approach to the Gospel Tradition", in *The Setting of the Sermon on the Mount* (Cambridge 1964), pp. 464--480. Gerhardsson은 다음 책에서 그에 대한 비판에 응답했다. *Tradition and Transmission in Early Christianity* (Lund and Copenhagen 1964).

37) See Baird, op. cit., pp. 166-168.

38) 예. Dibelius, op. cit., p. 80; Bultmann, op. cit., p. 241.

39) Bultmann, op. cit., pp. 128, 162.

40) Op. cit., *passim*. 또한, L. J. McGinley, *Form Criticism of the Synoptic Healing Narratives* (Woodstock, Maryland 1944); W. Nicol, *The Semeia in the Fourth Gospel* (Leiden 1 972).

41) 이것의 좋은 예는, S. Neill, *The Interpretation of the New Testamert*, 1861-1961 (London 1964), pp. 247f.

42) Bultmann, op. cit., p. 5.

43) R. H. Lightfoot, *The Gospel Message of St Mark* (London 1950), p. 102.

44) 물론 이것은 초대 기독교인들이 역사적 예수에 관심이 있었고, 그의 지상적 삶에 대한 정보를 정확히 전달할 수 있었다는 점을 부인하지 않고서는 — 실

제로 많은 양식비평가들이 부인한다 ― 주장될 수 없다. G. N. Stanton, *Jesus of Nazareth in New Testament Preaching* (Cambridge 1974). 참조.

45) For an attempt to establish the reliability of the Marcan outline see C. H. Dodd, "The Framework of the Gospel Narrative", in *New Testament Studies* (Manchester 1953), pp 1-11; and D. E. Nineham's criticisms in "The Order of Events in St Mark's Gospel ― an Examination of Dr Dodd's Hypothesis", in *Studies in the Gospels*. Essays in Memory of R. H. Lightfoot (Oxford 1955), pp. 223-239. G. E. Ladd는 그의 책에서 균형잡힌 논의를 한다: *The New Testament and Criticism* (London 1970), pp. 165-168.

46) See notes 21 and 31.

47) Koch, *The Growth of the Biblical Tradition* (E. T. London 1969), pp. 6-8; cf. pp. 17f.

48) Lightfoot, *The Gospel Message of St Mark*, p. 105.

49) 예. B. Lindars, *Behind the Fourth Gospel* (London 1971).

50) See D. Daube, *The New Testament and Rabbinic Judaism* (London 1956), pp. 55-201: and B. Gerhardsson, *The Testing of God's Son* (*Matt. 4:1-11 and par.*) (Lund 1966).

제 10 장

전승사

데이비드 R. 캐치폴

독일어 "Traditionsgeschichte"(전승사)는 흔히 영어로 "전승비평"(tradition criticism)으로 번역되곤 한다. 그러나 이 용어는 "Formgeschichte"(양식사)가 "양식비평"(form criticism)이라는 용어로 번역될 때와 동일한 결점들을 가진다. 여기에서 "Geschichte"(역사)란 말은 "비평"을 의미하기보다는 오히려 "의미있는 과정" 혹은 "변화무쌍한 운동"을 의미한다. 그러므로 신약 연구에서 "전승비평"이라는 용어를 그만 사용하고, 그 대신 자료의 개념이나 단어, 말씀 등의 형태와 의미가 계속해서 발전되어 가는 과정으로 해석되는 "전승사"(tradition history)라는 용어를 사용하는 것이 더 좋을 것이다. 물론 그러한 발전의 패턴과 한계와 범위는 다양하다.

한 저자의 사상의 발전이 하나의 예가 될 것이다. 초기 바울서신(고전 12:21)에서는 "머리"(head)라는 용어가 그리스도의 몸의 한 지체를 의미하는데 사용되지만, 후기 서신(골 1:18; 엡 4:15)에서는 그 용어가 그리스도에게만 적용된다. 또 다른 예는 예수가 "인자"(Son of man)라는 용어를 사용할 때, 자신과 그 표상(figure)을 동일시 하지 않은 반면에, 후기 단계의 전승과정에서 둘은 확고하게 동일시 되었다는 주장일 것이다. 전체 전승사의 범위는 일반적으로 역사적 예수로부터 아람어를 말하는 팔레스타인 기독교 공동체와 헬레니즘 유대인 기독교 공동체를 경유하여 이방 기독교까지 뻗쳐 있다. 1)

이상의 간략한 설명에서 볼 때, "전승사"가 "편집비평/편집사" (redaction criticism/history)를 포함하고 있다는 결론이 나온다. 복음서의 경우 신학적으로 뛰어난 복음서 기자가 자료를 개작하고 편집하였다는 것을 뜻하는 편집비평은 전승사의 한 특별한 경우에 속한다. 그러나 편집비평은 나름대로 본문 내에서 다른 이형들(versions) 사이의 비교와 대조를 허용하는 증거에 주의를 기울인다. 편집비평은 발전과정이 있었다는 사실을 입증해 주며, 전달 과정 안에 어떤 경향들이 있었다는 것을 지적해 준다. 그 결과로서 전승사 연구 자체가 낯선 형태(alien pattern)를 본문에 강요한다는 비난으로부터 보호된다. 즉 우리는 선험적인 전제들이나, 어떤 일이 일어났을 것이라는 진술들에 제한받지 않는다. 우리는 실제로 무슨 일이 일어났는지 우리의 눈으로 반복해서 볼 수 있는 것이다. 그러므로 전승사는 — 자체의 특별한 부분인 — 편집비평이 제공한 증거에 의해 테스트 될 수 있다.

그러나 전승사는 훨씬 더 멀리까지 나아간다. 그것은 한 사람과 그의 자료의 상호작용에 관심을 둘 뿐만 아니라 — 관계는 있지만 — 직접적인 문학적 의존성이 없는 자료의 발전 과정에도 관심을 둔다. 예컨대 편집비평은 겨자씨 비유(막 4:30-32와 병행구)에 대한 초기의 마가와 Q의 본문을 마태와 누가가 어떻게 사용하였는지에 관심이 있다. 이런 식으로 편집비평은 전승사의 한 단계를 밝혀주는데 공헌한다. 그러나 전승사는 그 비유의 본래 형태가 어떻게 마가와 Q의 기초가 된 그러한 이형들(variant forms)로 발전해 나갔는지에도 관심을 둔다. 또 한 예로써, 편집비평은 요한이 요 2:13-22의 기초가 된 자신의 자료를 어떻게 사용하고 있는지 관심이 있다. 그러나 전승사는 그러한 관심을 포함할 뿐만 아니라, 또한 요한의 자료와 막 11:15-18, 27-33; 14:58에서 그 자료의 다른 형태들이 발생한 과정에도 관심을 둔다.

편집비평과 전승사의 관계가 이처럼 밀접한 것처럼, 양식 비평과 전승사의 관계도 마찬가지로 밀접하다. 양식비평의 선구자들의 작업2)과 그들 전에 이미 슈트라우스(D. F. Strauss)와 19세기의 튀빙겐 학파가 그것을 분명히 보여준다. 부활 이후의 교회들이 복음서 전승들 안에서 창조적으로 작용하고 있다는 것이 알려지자마자, 그러한 초대교회 간의 관점상의 차이들이 탐지되자마자, 여러 가지 자료들과 상황들이 각각 독특한 개념들과 독특한 전승을 지니고 있다는 것이 밝혀지자마자, 종교사적 비교연구가 이런 목적을 위해 적용되자마자, 실제로 양식사는 전승사가 되었다. 이렇게 볼 때, 역사-비평 방법 전체가 전승사적 비평으로서 묘사될 수 있다고 해도 과언은 아니다.

신약연구의 다른 영역에서처럼, 전승사적 연구에서도 해결 방법과 기준에 대한 중요한 문제들이 제기된다. 어떤 전승이 동일한 전승사적 발전과정에 속하는지를 결정하는 기준이 무엇인지 묻는 것이 필요하다. 또한 어떤 자료의 배경이 역사적 예수의 선교냐 아니면 부활 이후의 공동체의 삶이냐 하는 것을 결정하는 기준에 대해서 묻는 것도 필요하다. 그리고 모든 단계에서 역사성의 여부에 관한 문제들도 제기된다.

1. 부활 이후의 자료

첫째로, 눅 22:27("나는 섬기는 사람으로서 너희 가운데 와 있다")과 막 10:45("인자는 섬김을 받으러 온 것이 아니라 섬기러 왔으며, 많은 사람을 위하여 자기 목숨을 대속물로 내주러 왔다")과 딤전 2:6("그는 모든 사람을 위해서 자기를 대속물로 내주셨다") 사이에 어떤 관계가 있는 것처럼 보인다. 예레미야스(J. Jeremias)가 주장한 견해가 가장 유력한데, 그에 따르면, 막 10:45이 팔레스타인 전승에 속하는 반면에, 딤전 2:5은 "각각의 단어가 좀더 뚜렷한 헬라어풍"을 띠고 있다.[3] 그러면 눅 22:27은 어떤가? 이 말씀은 막 10:45과 직접적인 문학적 관련성이 없지만, 누가의 형태와 마가의 형태 간의 이형(variations)이 복음서 전승 전체에서 전형적으로 보여지는 일종의 변이(fluctuation)로 나타난다면, 둘 사이에 어떤 비(非)문학적인 관계가 존재한다고 볼 수 있을 것이다. 덜 발전된 신학적 내용으로 봐서 눅 22:27은 막 10:45의 후기 형태가 아니라, 흔히 주장되는 것처럼, 좀더 초기 형태일 가능성이 더 크다. 반면에 이러한 형태들이 서로 아무런 관계가 없고, "예수가 두번 말했을 가능성"의 견지에서 설명될 수도 없다는 것이 판명된다면, 우리는 여기에서 전승사적 발전의 원자료(raw material)를 가질 뿐만 아니라, 또한 별 수고없이 복음서 말씀들이 예수의 진짜 말씀(ipsissima verba)이 아니라는 증거 앞에 직면하게 된다.

두번째로, "당신은 메시야입니다"(막 8:29)라는 베드로의 고백에 두드러진 차이가 있다. 마태는 "살아계신 하나님의 아들"이라는 용어를 덧붙이고, 누가는 "하나님의"라는 단어를 첨가시킨다. 이러한 변화는 어떻게 설명될 수 있을까? 조화의 방법을 적용한다면, "당신은 하나님의 메시야이며, 살아계신 하나님의 아들입니다"는 형태가 될 것이다. 그러나 이러한 접근 방법은 즉각적으로 곤경에 빠진다. 첫째로 지나치게 중복된 말이 어색할 뿐만 아니라, 병행구인 요 6:69의 "하나님의 거룩한 자"라는 말을 첨가한다면 더욱 더 그러하다.[4] 둘째로 복음서기자들이 베드로의 말을 축소하거나, 예수에 대한 그의 선언을 생략하였다고는 상상할 수 없다. 좀더 가능성 있는 접근 방법은 마태와 누가가 메시야에 대한 개념에 나름대로의 해석을 첨가시켰다는 견해이다. 그러나 이 경우에 그들이 첨가한 말이 역사성을 가질 가능성은 매우 감소되며 따라서 우리는 다시 철저하게 전승사적 연구에 관여하게 된다.

셋째로, 어떤 문구나 뉘앙스가 비역사적이라는 주장이, 어떤 말씀이 전체적으로 진정성이 없다는 견해에 의해 심하게 혼란을 느끼는 많은 사람들을 근심하게 하지 않는다. 다시 말해서, 그러한 사람들에게는 한 말씀이 복음서 전승에 있다는 사실만으로도 그것이 예수에게까지 거슬러 올라가는 충분한 증거가 된다. 그러나 전승사의 논의에 진정성의 기준에 대한 연구가 포함되지 않으면 안되기 때문에, 그러한 식의 접근은 조사되어야 한다. 그리고 그것이 조사될 때, 복음서 전승의 실제적인 내용들은 (많은 견해차이가 있지만,[5] 현재 저자의 관점에서 볼 때) 이러한 접근이 심각한 결점을 가지고 있으며, 따라서 그 전승 내에 예수 이후의 창작이 상당 부분 있다는 것을 고려할 필요가 있다는 것을 시사해준다.

마 18:17을 예로 들어보자. "그러나 그 신도가 그들의 말도 듣지 않거든

교회에 말하여라. 교회의 말조차 듣지 않거든 그를 이방사람이나 세리처럼
여겨라." 이 말씀은 곡식과 가라지의 비유(마 13:24-30)나 그물 비유(마
13:47-8)의 메시지와는 약간 다른 공동체의 규율 의식을 염두에 두고 있다.[6]
더욱이 이 말씀은 이방인들과 세리들을 배척하는 유대인 청중을 전제하고 있
다.[7] 이것은 거의 역사적 예수의 말처럼 보이지 않는다. 이방인들의 배척은
그의 의도와는 맞지 않다. 그는 말씀(마 8:11-2)과 행동(막 11:15-17)으로
이방인들의 수용을 선언하였고, 계속적으로 그들을 유대인들이 하나님의 말
씀과 호소에 응하여 따라야만 할 본보기로 끌어 올렸다(눅 7:9; 10:12-14;
11:31-2). 또한 이방인들에게 적용하는 것을 훨씬 더 강력하게 세리에게 적
용시킨다. 예수가 수많은 혹평에도 불구하고 방어하려고 하였던 것은 그들의
수용이요, 그들의 식탁공동체의 참여요, 그들의 참된 회개였다(눅 7:34;
15:1-2; 막 2:15-17).[8] 따라서 마 18:17은 진정성이 있는 것 같지 않다. 실
제로 그 말씀은 예수 자신이 저항하였던 태도를 후대에 가서 받아들인 것으
로 보이게 한다.[9]

　　비슷한 문제들이 마 23:2-3에서 제기된다. "율법학자들과 바리새인들은
모세의 자리에 앉은 사람들이다. 그러므로 그들이 너희에게 말하는 것은 무
엇이든지 다 실행하고 지켜라 … ". 이 말씀은 바리새인의 전통적인 가르침
과 모세의 권위를 결합시키며,[10] 모세를 최종 재판장으로 받아들인다. 율법
과 전통의 어떤 차이는 커녕,[11] 이 말씀은 페아(Peah) 2:6에서 표현된 것과
동일한 랍비적 사고방식을 담고 있다. "서기관 나훔은 다음과 같이 말하였
다. '나는 므아사(R. Measha)로부터 한 전통을 받았고, 그는 자기 아버지로
부터 그것을 받았으며, 그의 아버지는 그것을 zugoth로부터 받았고,
zugoth는 그것을 시내산으로부터 모세에게 주어진 할라카(halakah)로서
예언자들로부터 받았다'" (Aboth 1:1 참고).

　　그러나 역사적 예수는 전통이나 율법에 대해 그렇게 보수적인 태도를 취
했을 것 같지는 않다. 오히려 마 5:21-48과 눅 9:60[12]의 기초가 된 전승들인
막 7:15; 10:2-9의 증거를 연결시켜 볼 때, 예수가 하나님의 뜻을 율법으로
부터 직접 이끌어 낸 것이 아니라, 그것(하나님의 뜻)을 권위있게 선언하였

고, 그것을 토대로 하여 율법을 평가하였다고 보는 것이 더 타당하다. 이 경우에 우리는 부활 이후의 어떤 상황이 마 23:2-3에 부합되는지의 여부를 물어야만 할 것이다. 행 15:5; 21:20에 증언된 것처럼, 교회 내에 바리새파에 속했던 사람이나 바리새인의 신학적 영향을 받은 사람들이 있었다는 것을 볼 때, 대답은 그렇게 어렵지 않을 것이다.

그러므로 우리는 복음서 전승 자체가 전승사 연구에 몰두하지 않으면 안 되도록 요구한다는 결론을 내리게 된다. 복음서들을 예수의 말씀과 행위에 대한 자료로 간주할 때, 우리는 자료의 편집과 — 때때로 — 자료의 창작을 부활 후기 단계에 속한 것으로 볼 수밖에 없다. 그러나 우리는 여전히 전승사적 작업을 견제하기 위하여 흔히 사용되는 두 개의 관련된 주장의 정당성을 논의하여야만 한다. 첫째는 조화적으로 일치시키려는 관심 하에서 또는 목격자의 증언이라는 가정을 매우 신뢰함으로써 병행전승들 간의 차이를 부인하는 견해이다. 둘째는 차이들을 극대화하여, 관련된 사건이나 상황, 말씀들의 개별적인 차이를 받아들이는 견해이다. 본문에 대한 이러한 두 견해는 진지하게 다루어져야 하며, 그것들이 제기하는 방법의 문제들을 정당하게 다루기 위해 본문 자체의 검토를 거쳐야만 한다. 그러므로 우리는 몇 가지 적절한 예들을 들어, 이러한 접근들을 평가할 뿐만 아니라, 또한 전승사적 방법도 설명할 수 있기를 바란다.

2. 유일무이한 말씀들과 사건들

상이한 형태에도 불구하고, 예수가 어떤 말을 두 번 했거나, 어떤 사건이 한 번 이상 일어났을 가능성은 원칙적으로 존재한다. 문제는 전승의 실제적인 현상들이 어떤 경우에도 그러한 원칙을 통하여 충분히 설명될 수 있는가 하는 점이다. 우리는 전승사적 방법을 사용하기 위한 지침들이 유일무이하고, 반복되지 않는 상황이 등장하는 경우에 분명히 나타나는 것을 볼 수 있다. 이 유일무이성은 문학적인 면과 역사적인 면에 기초를 둘 수 있다.

1. 문학적인 유일무이성의 한 예

신약성서에는 예수 = 지혜라는 등식을 전제하는 구절들이 몇 개 있다. 요한의 서언에서 뿐만 아니라, 빌 2:6-11과 골 1:15-20에 나오는 바울 이전의 자료가 이 경우에 속한다.[13] 실제로 요한복음에서 이 등식은 예수에 관한 말씀에서 뿐만 아니라, 예수의 말씀에서도 추정될 수 있다(특히 4:14; 6:35 참고). 그러나 공관복음서 전승에서는 어떤가?

마태와 누가의 공통자료인 마 11:2-19 = 눅 7:18-35에 보면 지혜에 대한 말씀으로 절정에 이르고 있는 것을 볼 수 있다. 마태의 경우에는 "지혜는 그것이 한 일로 그 옳음이 증명된다"(11:19)로, 누가에는 "지혜의 자녀들이 지혜가 옳다는 것을 드러냈다"(눅 7:35)로 표현된다. 여기에서 우리의 관심을 끄는 것은 전승의 발전과정에서 예수와 지혜 사이의 관계이다. 첫째, 그 말씀의 각각의 본문의 문학적 배경을 통해 볼 때, 두 말씀이 동일한 말씀을 언급하고 있다는 것을 분명히 해야만 한다. 즉 "예수가 그 말을 두 번 하였을 것"이라는 가능성은 매우 희박하다. 둘째로 신학적으로 혼란을 주는 혼합 본문을 피하기 위해서는 둘을 결합하기 보다는 둘 중에 하나를 선택하여야만 한다.[14] 셋째로 누가에 나오는 "지혜의 자녀들"이 누군가 하는 것은 이미, 부정적으로는 세례자 요한과 예수를 방해하고 긍정적으로는 7:29에 나오는 "요한의 선포를 들은 모든 사람들($\pi \hat{\alpha}\varsigma$ $\acute{o}$ $\lambda\alpha\grave{o}\varsigma$) … 심지어 세리까지도" 포함하는 "모든"($\pi\acute{\alpha}\nu\tau\omega\nu$: 헬라어 본문에는 7:35의 "지혜의 자녀들"이라는 말 앞에 $\pi\acute{\alpha}\nu\tau\omega\nu$이라는 단어가 있음 — 역주)이라는 단어를 통해 알 수 있게 된다. 7:29과 7:35의 관련성은 $\delta\iota\kappa\alpha\iota\hat{o}\hat{\nu}$이라는 단어를 공통으로 사용한다는 점에서 강화된다.

누가에게 있어서 요한과 예수는 지혜의 사자들이므로, 일반 사람과 세리들이 지혜의 자녀들이다.[15] 아마도 이러한 누가의 이해는 (7:35의 $\pi\acute{\alpha}\nu\tau\omega\nu$이라는 단어가 그의 문체의 전형적인 표현이며, 자신의 편집적 삽입일 가능성이 크지만) Q의 이해와 상통할 것이다. 왜냐하면 7:29-30에는 비 누가적인 특징들이 포함되어 있으며, 실질적으로는 Q로부터 끌어온 것처럼 보이기 때문이다.[16] Q 단계에서 그 말씀에는 $\pi \hat{\alpha}\varsigma$ $\acute{o}$ $\lambda\alpha\acute{o}\varsigma$라는 말이 포함되지 않았고,

눅 7:29-30과 관련된 마 21:32과 바로 뒤에 나오는 7:36-50의 누가의 삽입 부분에 비추어 볼 때, 대신 창녀라는 말이 언급되어 있었을 것이다.[17] 죄인이 었던 여자가 중심에 나오는 눅 7:36-50은 눅 7:29의 Q 형태의 회상으로 여기에 도입되었을 것이다. 여하튼 누가처럼 Q 도 요한과 예수를 지혜의 사자들로 보았고,[18] 그들의 사명에 응답하는 사람들을 지혜의 자녀들로 보았다. 이러한 "지혜의 자녀들"이라는 개념은 지혜의 자녀들을 지혜의 가르침을 주의깊게 경청하는 사람들로 언급하는 구약 전승과 일치한다(잠 8:32-3; 집회서 4:11; 15:2).

그러나 이러한 재구성은 지혜의 "행위"에 대한 마태의 언급이 이차적(삽입)이라는데 의존한다. 이것은 매우 가능성이 있다. 마 11장이 전체적으로 "행위"에 관심을 두는 일관된 패턴을 보여주고 있기 때문이다. 11:2에 나오는 "그리스도께서 하신 일"(τὰ ἔργα τοῦ Χριστοῦ)이라는 말들이 Q에 있었다면, 누가가 생략하지 않았을 것이므로, 그것이 마태의 삽입이라고 볼 수 있다.[19] 또한 마태가 11:2-19 후에 첨가한 부분으로 예수가 자신의 능력있는 행위를 보고도 거절한 회개하지 않는 도시들을 꾸짖는 11:20-23도 마찬가지이다.[20] 그러므로 마 11:19의 형태 역시 복음서 기자의 삽입의 산물이며, 이러한 삽입은 신학적으로 중요한 강조점을 지니고 있다.

무엇보다 "그리스도의 행위"(τὰ ἔργα τοῦ Χριστοῦ)와 "지혜의 행위"(τα ἔργα τῆς σοφίας) 사이의 상호관계가 자동적으로 메시야 예수와 지혜의 화해(rapprochement)를 강조한다. 이러한 화해는 "αὐτῆς"(헬라어 본문 마 11:19[21] 참고)의 관점에서 볼 때, 아직은 완전한 일치는 아니다. 그러나 이것은 마태가 예수를 지혜에 의해 보냄을 받았지만 지혜[22]와 동일하지는 않은 존재로 간주하는 어떤 전승들과 둘의 등식이 이미 확정된 것처럼 보이는 다른 전승들(예컨대, 마 11:28-30 [23])을 결합할 때 우리가 보다 더 가까워짐을 볼 수 있는 화해이다.[24] 더욱 더 흥미로운 것은 우연하게도 누가가 덜 발전된 기독론적 관점을 단호하게 신봉한다는 것이다.

이상에서 볼 때, 문학적 배경이 동일한 말씀의 전승이 달라진 과정을 추적하게 해주며, 결과적으로 확대된 전승사적 발전과정을 추적하게 해주는 것을 알 수 있다. 그 과정에서 방법에 대한 중요한 문제들이 제기되고, 대답될 뿐만이 아니라, 동시에 시간과 공간의 견지에서 너무나 긴밀하게 연속성을 구성하려는 시도도 억제되지 않으면 안된다는 것이 밝혀진다. 이 말은 다음과 같은 의미를 지닌다.

(1) Q와 누가는 예수가 지혜의 사자라는 개념을 넘어서서 예수 = 지혜라는 도식으로까지는 나아가지 않는 반면에, 마태는 두 개의 도식이 — 더 발전된 패턴이 덜 발전된 패턴을 말살시키지 않고 — 동일한 공동체에 공존하고 있었다는 것을 증언해 준다.

(2) 예수 = 지혜라는 도식이 성립된 상당한 초기 단계를 증언해 주고 있는 바울 이전의 자료를 통해, 도식들이 시간적으로 후대에도 더 원시적인 내용을 지니고 있을 수 있다는 것을 아는 것이 중요하다. 공관복음의 예수가 바울 이전의 자료와 후대의 요한의 예수처럼, 선재나 창조의 대행자임을 주장하고 있었음에도 불구하고, 공관복음 기자들은 여전히 그것을 자제하였다.

(3) 누가(이방 기독교인들)와 Q(아마도 헬라적 유대 공동체 배경에 속했던 기독교인들)는 예수가 단순히 지혜의 사자라는 견해를 공통으로 가지고 있는 반면에, 마태의 공동체는 이것이 한데 모이는, 좀더 발전된 견해의 지점에 서 있다. 그러므로 우리는 예수에게서부터 아람어를 말하는 팔레스타인 유대 기독교 공동체와 헬라적 유대 기독교 공동체, 그리고 끝으로 이방인 기독교 공동체의 입장으로 발전된 연속적인 과정을 생각할 때 나타나는 것보다 비교적 덜 깔끔하게 발전된 과정에 익숙해져야 한다. 초기 공동체들은 구성 멤버가 혼합적이었을 뿐만 아니라(바울서신이 보여주는 것처럼), 또한 구성 멤버의 신학적 관점이 매우 다양하였을 것이다.

2. 역사적 유일무이성의 한 예

첫번째 부활절 날 아침, 막달라 마리아의 무덤 방문을 예로 들어 보자. 이것은 반복될 수 없는 사건이므로 원칙적으로 다른 여러 보도들이 하나의 전승사적 순서를 형성할 가능성을 지닌다. 전승들이 조화될 수 있음을 입증할 수 있다고 해서 이 가능성이 배제되지는 않는다. 왜냐하면 여러 가지 전승들의 다른 관점들이 그러한 연속성을 이룰 수 있기 때문이다. 그러나 슈트라우스[25]가 오래 전에 주장한 것처럼, 조화가 불가능하다는 것이 입증된다면 그러한 연속성은 확실히 요구된다.

막 16:1-8과 요 20:1-2에서 마리아가 무덤에 간 시간을 보면 그 구절들이 동일한 사건을 묘사하고 있음을 보여주고 있으며, 각 전승의 내용들이 이러한 견해를 뒷받침해 준다. 요 20:1-2의 사건이 마 16:1-8의 사건 이전에 일어났을 가능성은 매우 희박하다. 왜냐하면 여인들이 돌이 이미 옮겨진 것을 보았다면(요 20:2), 그들이 돌을 어떻게 굴려 옮겨 놓을까 숙고하는 것은(막 16:3) 앞뒤가 맞지 않을 것이기 때문이다. 마찬가지로 적어도 여인들 중의 한 사람에 의해 예수의 시체가 거기 없다는 사실이 밝혀졌는 데도(요 20:2), 여인들이 예수의 몸에 기름을 바르기 위해 갔다고 보도하는 것은(막 16:1) 문맥상 맞지 않는다. 그러나 요 20:2의 사건이 막 16:1-8의 사건 이후에 일어났을 가능성도 매우 희박하다. "누가 주님을 무덤에서 가져갔습니다. 어디에 두었는지 모르겠습니다"라는 마리아의 말이 부활을 알리는 천사의 메시지(막 16:6)를 전제하기는 커녕 오히려 "부활에 대한 생각이 그의 머리 속에 떠오르지 않았다는 것"을 보여주고 있기 때문이다.[26]

부활절 아침의 여러 다른 전승들을 조화시키려는 시도들이 있었던 것은 사실이다. 하지스(Z. C. Hodges)는 마리아가 천사의 환상에 대해 말하지 않으려고 결심하였다고 주장하지만,[27] 그것은 마 28:9-10은 물론 눅 24:23과 맞지 않는다. 또한 그러한 주장은 나중 단계에서 마리아가 여전히 고통과 슬픔으로 가득 차 있는 것과 여전히 예수의 몸을 도둑맞은 것(요 20:11, 13)으로 확신한 이유를 설명하지 못한다.

그와 비슷한 근거로 거스리(D. Guthrie)는 마리아가 무덤으로 간 다음에 돌이 옮겨진 것을 보고 제자들에게 뛰어갔고, 남아있던 그녀의 동료들이 천사를 보고, 그 음성을 들었다고 주장하였다.[28] 그러나 이 주장은 눅 24:9-10과의 부조화를 초래할 뿐이다. 그러므로 우리가 동일한 사건이 다른 전승들에 의하여 표현되었고, 각각의 전승의 형태나 기능들이 전승사적 과정 안에서 결정되어야 한다는 것을 받아들이는 것이 각 전승의 의도나 내용을 더 잘 존중하는 것으로 여겨진다.

그러한 전승의 형태와 기능을 결정한다는 것은 곧 많은 가능성들을 고려하여, 그 가운데에서 우리가 여기에서 조화시키는 것보다 더 확대된 연구를 선택한다는 것을 의미한다.

두 가지 가능성을 언급하는 것으로 충분할 것이다. (1) 요 20:3-10을 부활사화인 요 20:1-2로부터 분리된 별개의 것으로 본다면, 11절 이하는 그 사이에 있는 구절과 조화시키기 위해 개작된 한 단위(unit)로서 취급될 수 있을 것이다. 마리아와 천사에 대해 언급하는 이 구절은 막 16:1-8과 병행으로 취급될 수 있지만, 그것보다는 후대에 구성된 것이다. 막 16:1-8 자체가 편집적 수정이 가해졌기 때문에 — 예컨대, 7절, 혹은 1,4,5,7과 8b[29]에서 갑작스런 삽입(intrusion)과 어떤 결합이 이루어진 것을 탐지할 수 있다 — 이 구절의 전승사적 연속성은 마가의 이전 자료가 있었고, 그것이 문학적 수단에 의해 현재의 마가 구절(마지막 결말이 있든 없든간에)로 수정되었고, 이것은 또한 — 직접적인 문학적 개입에 의해서는 아니지만 — 요한의 형태로 발전해 나간 것으로 볼 수 있을 것이다.[30] 그렇다면 각 단계마다 작용하였던 신학적이고 변증적인 특징들이 밝혀질 필요가 있을 것이다.

(2) 또 한편으로, 요한 20장 전체에서 중요한 역할을 하지 못하는 요 20:11-14a이 일반적으로 공관복음 자료를 알고 있었다는 주장을 토대로 할 때, 개별적이고 독자적인 전승 단위인 마 28:9-10에서 언급된 사건, 즉 마리아로 하여금 부활한 예수를 만나게 해주는 편집적인 삽입 구절일 가능성이 있다. 이럴 경우 요 20:1-2 또한 자체로 완결된 별개의 독자적인 단위로 볼 수 있는데,[31] 이것은 그 다음에 막 16:1-8과 전체적으로 상호 관계를 맺었을 것이다. 그렇게 본다면, 고려할 만한 가치가 있는 한 가지 가능성은 요 20:1-2이 그 전승의 초기 형태이며,[32] 부활절 이후의 신앙에 영향을 받지 않은 — 흔히 막 16:1-8에 관련된 것으로 여겨진 역사비평적 반대[33] 때문에 혼란을 겪지 않은 — 형태라는 것이다. 그러므로 전승사적 발전단계는 요 20:1-2에서 마가 이전의 형태로, 그 다음에 현재 마가의 형태로, 그 다음에 마태와 누가의 형태로 발전되었을 것이다.

여기에서 우리는 전승사적 연구의 또 다른 예를 발견할 수 있다. 전승사적 발전의 실제적인 형태에 대한 학자들 간의 의견 차이가 충분히 있을 수 있다는 것은 사실이나, 복음서 전승의 내용 자체가 전승사적 연구를 요구한다는 것은 의심의 여지가 없다.

3. 어떤 공동체가 있었는가?

어떤 전승이 예수에게 속한 것인지, 아니면 팔레스타인 공동체에게 속한 것이지, 헬라적 유대 공동체에 속한 것인지, 혹은 이방 기독교 공동체에 속하는 것인지 그 기준을 확정하는 것은 매우 어려운 작업이기 때문에, 확고한 결론을 얻는 것은 불가능하다. 이러한 어려움은 당시의 유대교와 원시 기독교 공동체의 본질을 분명하게 파악할 수 없기 때문에 생겨난다. 우리가 양쪽에 대해서 어느 정도 알 수 있다고 하더라도 매우 유동적으로만 그들의 상황에 대해서 알 수 있을 뿐이며, 우리가 양쪽에 대해서 충분히 알지 못하면 어떤 주장도 시험적인 것일 수밖에 없다. 확고한 결론을 얻는 것보다는 이전의 확신들을 새로운 확신으로 대체하는 것이 더 쉽다는 것이 거듭해서 분명해진다. 그러므로 열려진 태도가 중요하다. 다음과 같은 몇 가지 지침이 도움이 될 것이다.

(1) 팔레스타인 유대교와 헬라적 유대교의 차이가 절대화 될 수는 없다. 팔레스타인 안에 오랫동안 뿌리박힌 "헬레니즘"적 영향은 기독교 운동이 시작될 무렵에는 이미 하나의 견고한 사실이 되어 있었다. 이것은 중요한 유대교 지도자들이 비팔레스타인 지역출신이었으며(대제사장 아나넬〔Ananel〕과 위대한 학자 힐렐〔Hillel〕은 바벨론 출신이었다), 두드러진 랍비들의 운동이 팔레스타인 안과 밖에서 일어났으며(예를 들면, 여호수아 벤 페라야〔Joshua ben Perahjah〕), 비셈족 차용어가 광범위하게 채택되었으며, 쿰란에서 소위 헬레니즘적 용어와 사고 형태들이 사용되었으며, 예루살렘에 헬라적 회당이 있었다(행 6:9)는 사실들만 보아도 충분히 알 수 있다.[34] 양쪽에 서로 전달 통로들이 열려 있었다는 것 역시 디아스포라에서도 예루살렘의 권

위가 지켜졌다(행9:2; 28:21)는 증거에 의해 암시된다. "헬라적" 사상의 모든 영향을 한 사람이 팔레스타인의 국경을 넘을 때, 발에 먼지를 털어버리듯 떨어뜨릴 수 있다고 생각하는 것은 오산이다. 또한 유대교가 딱 부러지게 나누어질 수 없다면, 초기의 기독교 역시 명확히 구분할 수 있다고 생각하는 것은 잘못이다. 유대교의 다양한 현상이야말로 기독교회가 처음 발생하여 점점 발전해 나갔던 당시 상황의 가장 현저한 특징이었으며, 신학적 발전은 적어도 부분적으로는 그러한 상황의 반응이었기 때문이다.

(2) 공동체들 내의 차이가 공동체와 공동체의 외적 차이보다 더 중요할 수도 있다. 내부적 차이들로 인하여 다양한 강조점들 간의 창조적인 상호작용과 심지어 대결과 논쟁까지 일어나는 한편, 다른 한편으로는 복음서들 안에는 조화와 화해의 과정들이 있었다는 분명한 표시들이 나타나 있다. 그러한 과정들이 반드시 성공한 것은 아니지만, 그러한 과정들이 필요하였다는 사실은 하나의 공동체 안에 다양한 견해가 주장될 수 있었다는 점을 확인해 준다. 마 5:18-19(앞에서 언급한 마 23:2-3에 대한 주석 참고)과 같은 자료에서 나오는 가장 엄격한 경향들이 이것에 대한 한 예다. 이러한 경향은 Q와 마태에 의해 — 심지어 누가의 축소된 형태에서도(눅 16:17) — 억제되기보다는 오히려 보존되고 있다.[35]

그러나 이 모든 문서들에서 이러한 특성을 가진 자료는 관점이 전혀 다른 자료와 나란히 나타난다. 이것은 특히 중요한 문제인데, 왜냐하면 마태(비-팔레스타인 유대인?) 공동체 내에 존재한 다양한 견해는 초기 예루살렘 공동체 안에 존재한 다양한 견해를 반영하고 있는 것처럼 보이기 때문이다. 박해로 인해 율법과 성전에 "진보적인" 입장을 취했던 사람들이 흩어지고 난 후에도 지도 계층이 예루살렘에 안전하게 머물러 있을 수 있었다는 사실(행 8:1)은 그들이 공격받지 않을 만큼 보수적이었고, 마 5:18-19과 같은 입장의 옹호자였음을 강하게 시사해준다. 우리가 예수에 대한 사도들의 신실성과 스데반 그룹의 신실성에 대해 어떤 판단을 내리냐에 따라 마 5:18-19의 진정성에 대한 결정이 내려지겠지만, 여기에서는 예루살렘 박해 이전에 하나의 기독교 공동체 안에 다양한 관점들이 공존하였다는 것을 아는 것으로 충분하다. 따라서 다른 패턴들을 다른 구멍에다 맞추는 것보다는 오히려 다양한 신학적 관점이나 발전 경향에 대해 말하는 것이 더 바람직하다고 할 수 있다.

(3) 셈족어를 포함하고 있는 자료라고 해서 예수에게 속한 것이거나, 아람어를 쓰는 공동체에 속한 것이라고 자동적으로 결정하는 수단은 없다. 마찬가지로 셈족어가 없거나 70인역을 사용하였다고 해서 비-셈족어적이니, 예수에게 속하지 않는 것이니 하고 결정할 수도 없다. 어떤 저자가 전승을 자신의 언어나 방언으로 재표현할 수도 있고, 또한 성경 인용구나 표현들을 자신의 공동체에서 사용하는 용인된 성서 본문에 맞추기 위해 조정할 수도 있을 것이다.

요약해 보면, 기독교는 극히 다양한 사상의 세계에서 태어났고, 스스로 그러한 다양성에 — 실제로 선교적인 상황 안에서 반응하지 않을 수 없었다. — 응답하면서 발전하였다. 당시의 환경이 그러했던 것처럼, 기독교도 명확히 구별된 특성을 보존할 수 없었다. 전승사적 관점에서 우리는 신약의 본문을 신학적 성찰의 발전들과 계속적인 단계들을 재구성할 수 있다. 그러나 이러한 계속적인 발전들을 어떤 특정한 지역이나 시대에 할당하는 일에 너무 자신감을 가져서는 안될 것이다.

4. 예수의 말씀에 대한 기준들

예수-자료를 후대 교회의 발전 형태와 구분하는 기준은 지금도 활발히 논의되고 있다.[36] 이러한 근본적인 방법상의 문제가 불확실한 것은 여러 학자들이 내린 결론의 다양성 때문이 아니라, 궁극적으로는 "신앙이 역사적 연구의 변화와 불확실성에 의존할 수 없고, 의존해서도 안된다"는 염세적인 선언 때문이다.

비유사성의 기준(the criterion of dissimilarity)은 풀러(R. H. Fuller)에 의해 다음과 같이 명확하게 규정되어 왔다. "전승사적 비평은 한편으로는 유대 전승과 유사한 전승들(외경과 랍비 문헌)과 복음서 외부에서 발견할 수 있는 것처럼, 부활 후기의 믿음과 관습과 상황을 반영하고 있는 전승들을 예수의 본래 말씀으로부터 배제한다."[37] 이 견해는 비유사성을 필요한 조건으로 규정하고, 복음서 외부에 있는 자료들을 교회 생활에 대한 기본자료로 간주하고 있다. 그러나 이것들은 비유사성의 기준을 의심하게 하는 두 가지 고려사항이다.

첫째로 이러한 기준의 단순성에 현혹되어 이 기준이 기껏해야 독특한 예수(distinctive Jesus)를 보여줄 수 있을 뿐, 특징적 예수(characteristic Jesus)를 보증해 줄 수는 없다는 사실을 숨겨서는 안된다. 예수가 당시의 유대교와 조금도 일치하지 않았고, 원시 기독교에 아무 것도 기여한 것이 없다는 어떤 확신이나 어떤 가능성도 없기 때문에, 독특한 예수는 거의 역사적 예수라고 할 수 없다.[38]

둘째로 "독특한 예수"(역사적 예수라고 잘못 주장된)를 "특징적 공동체"(characteristic community)로서의 기능과 분리시킴으로 말미암아, 공동체의 구성원들이 자신들의 삶과 믿음을 본래의 예수-자료에 근거하지 않았기 때문에, 그것(예수자료)을 꼭 필요한 것으로나 중요한 것으로 간주하지 않았을 것이라는 점이 방법상의 꼭 필요한 전제가 된다. 그렇게 됨으로써 부활은 불연속점이 되고 만다. 그러나 이 주장은 다음과 같은 두 가지 이유 때문에 매우 의문이 간다. (a) 쉬르만(H. Schürmann)이 예수와 그의 말씀에 대한 반응에 기초해서 공동체가 부활절 이전에 시작되었다는 점과 계속적인 사회학적 연속성에 주의를 기울인 것은 정당하다.[39] (b) 부활은 예수와 그의 부활 이전의 사상, 부활 이전의 말씀들의 정당성을 입증하는 것이 분명하다.

셋째로 예를 들어 부활 이전의 내재적인(implicit) 기독론에서부터 부활 이후의 명백한(explicit) 기독론으로의 발전을 주장함으로써 연속성을 획득하려는 것은 가능하지 않다.[40] 왜냐하면 주장된 것처럼, 부활 이후의 공동체 구성원들이 예수의 말과 행동을 토대로 하여, 그를 메시야로 간주한 것이 옳았다면, 당연히 그러한 암시들은 예수에 의해 고의로 의도된 것이 틀림이 없으며, 제자들도 똑같이 부활 이전에 올바르게 추측할 수 있었을 것이기 때문이다.

넷째로 복음서 자체가 공동체의 살아있는 경험일진대, 복음서 안에 있는 어떤 것이 어떤 한 공동체의 입장을 표현하지 못한다는 말은 매우 의심스럽다.[41] 결과적으로 비유사성의 원칙은 논리적으로 다음과 같은 유일한 결과만을 초래한다. 즉 역사적 예수에 관하여 우리는 전혀 아무 것도 알지 못한다는 것이다. 비유사성의 기준이 불가피하게 초래하는 이러한 급진적인 결과에 비추어 볼때, 원칙적으로는 그 기준이 계속 존재하지만, 실제로는 무언의 포기와 연관되어야 했다는 점을 아는 것은 그리 놀랄 일이 아니다.

그래서 (a) 풀러는 'Αμήν이라는 권위있는 말을 통해 "예수는 자신의 전인격을 걸고 진리를 선포한다. 이 양식(formula)은 공관복음 대조표에서 볼 수 있는 것처럼, 몇몇 예수의 말씀에 이차적으로 첨가된 것이 확실하다. 그러나 그것이 역사적 예수의 특징이었다는 것은 의심될 수 없다."고 선언한다.[42] 그러나 이차적인 첨가들은 그 단어가 공동체의 신학을 나타낸다는 것을 의미하며, 따라서 풀러가 의심할 수 없다고 말한 것이 비유사성의 원칙을 따르면 의심될 수 있으며, 실제로 의심되어야 한다는 것을 의미한다.

(b) 콘첼만(H. Conzelmann)은 "아버지", "나의 아버지", "너희 아버지"를 언급한 말씀들을 각각 분석하고 평가하였다.[43] 첫번째 그룹(아버지)에 속하는 말씀 중 어느 것도 예수에게로 소급될 수 없다고 그는 주장한다. 약간 놀랍게도 그는 "이 호칭이 예수에게로 소급된다면, … "이라고 기록하고는 있지만, 두번째 그룹(나의 아버지)에 속하는 말씀들도 역시 마찬가지로 예수에게로 소급될 수 없다고 주장한다. 세번째 그룹(너희 아버지)에 대해서 그는 매우 신중하게 마태 5:48, 6:32, 23:9이 예수에게로 소급될 수 있다고 인정한다. 그러나 그 다음에 그는 훨씬 더 자신있게 다음과 같이 단언한다. "예수가 하나님을 '아버지'라고 지칭한 것은 의심의 여지가 없다." 그러나 비유사성의 기준을 따르면, 몇 가지 의문이 제기되지 않을 수 없다. "아버지"에 대한 언급들은 유대교와 중복되기 때문에 진정성이 없는 것으로 다루어야 하며, "아바"(Abba)라는 언급도 그것들이 아람어를 말하는 기독교 공동체와 바울의 교회(롬 8:15; 갈 4:6)와 중복되어 사용되기 때문에 진정성이 있다고 볼 수 없다.[44]

(c) 페린(N. Perrin)은 하나님 나라의 도래가 예수의 선포에 포함된 실

제적인 요소라고 주장하였다. 이 주장을 정당화하기 위해 그는 다음과 같이 세 가지 점에서 비유사성의 기준을 적용하였다. 첫째, 하나님 나라의 "도래" (comming:예수)와 하나님 나라의 "설립"(being established:유대교) 사이의 언어적 차이. 둘째, 예수 전승에서는 하나님의 나라가 구원의 축복이라는 매우 광범위한 용어로 사용되는 반면, 유대교에서는 거의 그런 의미로 사용되지 않는다는 점. 셋째, 하나님의 나라가 "그의 백성을 찾아오셔서 구원하시는 하나님의 마지막 행위"로 사용된 점.[45] 그러나 하나님 나라의 미래적 도래에 대해서 유대교와 예수의 차이가 여기에서 지나치게 강조된 반면에, 예수를 이 점에서 교회 공동체와 구별하는 것은 거의 불가능하다.

실제로 페린이 다음과 같이 쓴 것을 보면, 그는 자신의 주장이 지니고 있는 그러한 아킬레스 건을 정확히 알고 있는 것처럼 보인다. "그것에 대한 온당한 설명은 초대교회의 특징이 아니라, 예수의 교훈의 전형적인 특징인 '하나님의 나라'라는 말의 용례들이 공관복음 전승에서 살아남았다는 것이다. 이 말은 물론 하나님 나라의 말씀들 속에서 그 전승이 갑자기 역사적으로 신빙성있게 된다는 의미는 아니다. 교회가 그 말씀들을 나름대로 사용하지 않았다면, 그것들을 보존하지 못했을 것이며, 그것들이 복음서 기자의 목적을 표현할 수 없었다면, 어떤 복음서 기자도 그것들을 사용하지 않았을 것이다."[46]

여기에서 그의 치명적인 양보는 마지막 문장이다. 하나님 나라의 도래가 초기 기독교 신학의 한 주제였다는 것이 인정된다면, "당신의 나라가 임하옵시며"(마 6:10 = 눅 11:2)라는 말이 비록 페린이 열거한 세 가지 특징에 모두 해당된다 할지라도, 교회의 기도라는 것을 누가 의심할 수 있겠는가? — 오직 두 가지 선택만 남게 된다. 즉 비유사성의 기준을 배제하는 예수와 교회의 연속성을 받아들일 것인지, 아니면 둘(예수와 교회)의 연속성을 배제하는 비유사성을 적용하든지 둘 중의 하나이다. 후자를 선택한다면, 더욱 더 많은 자료가 실제적인 예수-전승에서 제외될 뿐만 아니라, 또한 앞에서 언급한 다음과 같은 매우 급진적인 결론에 도달하게 된다. 즉 역사적 예수에 관해서 아무 것도 알 수 없다는 것이다.

하나의 말씀이 독립적인 복음서 전승들 속에서 반복해서 나타나는가에 따른 반복적 증언의 기준(the criterion of multiple attestation)은 비유사성의 원칙의 평가와 분리해서 검증될 수 없다. 문학 용어들과 관련이 없는 전승들은 유사한 문제들이나 통찰에 대한 독자적이면서도, 공동의 응답으로 나타날 수 있기 때문이다. 그러나 예수와 교회의 연속성이라는 논리적 가능성이 용납된다면, 반복적 증언은 중요한 역할을 할 것이다. 반복적 증언은 하나의 특정한 말씀과 주제에 깊은 인상이 지어졌다는 것을 시사해 주거나, 초기의 원형 ― 즉 전승의 시초에 시간적으로 더 가까운 원형 ― 이 여러가지 형태들의 배후에 존재한다는 것을 시사해 주기 때문이다. 물론 여기에서도 전승사적 연구가 ― 앞에서 인용된 예들이 보여주는 것처럼 ― 어떤 단계에서 적용되어야 한다. 전승사적 연구가 필요하다는 것은 예컨대, 기름부음의 전승(막 14:3-9; 눅 7:36-50; 요 12:1-8)이나, 성령의 모독에 대한 말씀(막 3:28-9; 마 12:31-2 = 눅 12:10)의 반복적 증언에 나타난 이형들(variations)에 의해 분명하게 지적될 수 있다. 그러나 우리는 또한 반복적 증언과 연관해서, 그 기준이 필요 조건으로 규정된다면, 그것의 적용은 오직 정도에서 벗어난 결과만 초래할 것이라는 것을 덧붙이지 않으면 안된다.

내적 연관성의 기준(the criterion of coherence : 이미 확보된 오래된 예수 전승과 내용적으로 상호 깊이 관련되어 있는가에 따른 기준 ― 역주) 또한 중요한 기준으로서 사용하기에는 부적합하다. 왜냐하면 그것은 이미 본래의 예수 전승으로 입증된 자료가 있다는 것에 의존하여, 그것을 기준해서 다른 자료와 일치하는지의 여부를 살피는 방법이기 때문이다. 그러나 내적 연관성의 기준은 그러한 입증된 자료가 있는 상황에서는 유용하다. "인자"(Son of man) 말씀들의 특징들이 ― 그 말씀들의 유일한 특별한 요소(extra element)가 "인자"라는 실제적인 용어일 경우 ― 예수의 사명에 대한 특징 중의 하나를 보여줄 수 있다면, 그러한 "인자" 말씀들 전체를 진정성이 없는 것으로 폐기하기는 어렵다. 부정적인 면에서, 내적 연관성이 없다는 주장들은 조심하여 사용해야 한다.[47] 후커(M. D. Hooker)와 바버(R. S. Barbour)가 지적한 것처럼, 실제로 역설이 나타날 때, 내적 연관성이 없다고 주장할 위험성이 있기 때문이다.[48] 그러나 마찬가지로 조화시킬 수 없는 것을 조화시키려고 너무 지나치게 역설에 의존할 위험성도 존재한다.

이처럼, 예수의 본래 말씀에 대한 몇 가지 기준들을 비평적으로 조사하는 과정에서 나타나는 문제들을 볼 때, 염세주의자나 논쟁주의자가 아니고서는 그 기준들을 계속해서 연구할 만한 가치가 없다고 주장할 수도 있다. 그러나 예수의 메시지의 내용이나 그의 선교의 형태를 재구성하는 것이 시험적인 많은 요소들을 포함한다는 것을 인정할지라도, 그러한 주장은 필요 이상의 너무 회의적인 태도라고 생각한다.

이미 앞에서 주목한 것처럼, 비유사성의 기준은 예수와 부활 후기 교회 사이의 관계를 자세히 조사해 볼 때 의문이 가는 도구이다. 그 기준은 또한 예수와 유대교와의 관계를 논의할 때도 몇 가지 결점들을 지니고 있다. 그러나 유대교에 대한 우리의 이해가 언제든지 수정되고, 보충될 수 있겠지만, 우리는 기껏해야 우리가 실제로 아는 것을 토대로 해서만 작업할 수밖에 없다. 그렇다면, 우리는 전승사 연구를 통해 전승의 가장 초기 형태를 확정한 후, 유대교의 기본 원칙들로부터 벗어나는 복음서 자료를 고려함으로 작업을 시작할 수 있다.

전승의 초기 형태가 부활 이후의 어떤 사람이나 공동체의 관점을 표현하고 있는 것은 확실하다. 그러나 부활 사건 자체에 전승을 만들어 낸 것과 같은 본질적인 어떤 것이 없다면, 어떤 추진력으로 인하여 그러한 발전과 유대교로부터의 벗어남이 일어날 수 있었는지 묻지 않을 수 없게 된다. 그 질문에 대한 가장 가능성 있는 대답은 예수이다. 우리가 무엇을 하고 있는지에 대해서 분명히 아는 것이 중요하다. 즉 비유사성의 기준은 반드시 필요한 것으로 간주되고 있지 않다. 그것은 단지 전승과 유대교 간의 관계를 논의하는 출발점으로 취급되며, 동시에 예수와 교회 간의 관계에 있어서 (비유사성이 아니라) 발전해 나간 연속성을 고려함으로써 보충된다.

율법 자료를 이에 대한 한 예로 제시할 수 있다. 일반적으로 막 7:15은 율법과 철저하게 대립하는 말씀으로 간주된다.[49] 롬 14:14에서 표현된 관점과 비교해 볼 때, 이 말씀은 이론적으로는 바울의 영향을 받은 것으로 볼 수 있다. 그러나 율법으로부터의 이러한 이탈이 ― 비유사성의 기준이 반드시 필요하다는 의미에서 그 기준을 일관적으로 적용할 경우 나올 수밖에 없는 결과인 ― 부활 이후의 구성이라고 주장하는 것 대신에, 우리는 무엇이 마가와 바울로 하여금 그러한 관점을 갖도록 하였을까 하는 것을 묻는다. 가장 가능한 대답은 예수이다. 그러므로 이 자료의 뒤에서 예수의 고유 육성(ipsissima vox)을 들을 수 있다.

같은 방법으로 이혼과 제자도에 대한 급진적인 입장들(고전 7:10b, 11b; 막 10:2-9; 눅 16:18; 마 8:22 = 눅 9:60)도 예수의 것으로 돌릴 수 있게 된다. 율법과 전통을 비판하는 이러한 말씀들 안에서 우리가 예수의 목소리를 들을 수 있다는 주장을 보강해 주는 반복적 증언의 기준을 통해 우리는 그러한 입장을 표현하는 광범위한 복음서 자료를 신뢰할 수 있다. 또한 이 방법을 통해 우리는 부활 이후의 현상들을 충분히 설명할 수 있는 입장으로까지 나아갈 수 있게 된다. 이것이야말로 실질적인 진보이다.

이러한 수정된 비유사성의 원칙에 내적 연관성의 기준이 덧붙여져 사용될 수 있다. 즉 우리는 그 다음에 자료의 매우 원시적인 형태가 신학적인 전제들과 일치하며, 이미 진정성 있는 전승으로 확인된 자료에 나와 있는 분명한 주장들과 부합되는지를 평가한다. 물론 그러한 과정의 모든 단계에 오류의 가능성이 있긴 하지만, 그런 부정적인 측면만 있는 것은 아니다. 내적 연관성의 기준은 자칫 엉뚱한 데로 빠지기 쉽기 때문에 복음서들이 어떤 종류의 문헌인지 분명히 이해하고 나서야 사용할 수 있다는 것은 확실하다. 또한 내용적 연관성은 물론이고, 한 전승에 의해 전제된 상황이 예수의 선교 상황과 연관성이 있음은 분명하다.

그러나 적어도 유대교와의 비유사성이 탐구된 이후에 내적 연관성의 기준을 적용하게 되면 다음과 같은 몇 가지 이점이 제공될 수 있다. (a) 그것은 예수와 유대교 사이의 유사성을 반영해 주는 다른 자료의 편입(incorporation)을 허용한다. (b) 그것은 예수와 ― 적어도 몇 부분에서 ― 부활 이후의 기독교 발전들 사이의 연속성을 허용해 준다. 우리가 관찰한 것처럼, 이러한 기준들이 그러한 요인들을 미리 금지시켜 버리면, 역사적 예수, 즉 한 사람의 인간으로서, 자신의 시대의 사건들과 사상들에 직접 참여한 예수를 정당하게 다룰 수 없다.

이 모든 것은 단지 힘들고 어려운 과정의 시작일 뿐이다. 앞에서 언급된 주장들은 단지 지침에 불과하므로, 그것들을 수행하는 과정에서 개개인마다의 다른 판단으로 인해 다른 주장들처럼 개인의 의견 차이가 생길 수 있다. 이것이 복음서들의 특성상 이전의 불확실성과 비교됨으로써 해결하지 못할 것으로 보인다 할지라도, 우리는 그것을 해결해야만 한다. 그러나 이 작업은 적어도 복음서들이 예수에게도 속하고, 교회에도 속한다는 것을 인정하게 하는 장점을 갖는다. 이것은 예수가 사실적으로(historisch: 사실 그대로의 역사 ― 역주) 과거의 인물로서 보여질 뿐만 아니라, 참으로 역사적으로 (geschichtlich : 해석된 역사 ― 역주) 전승의 발전과정 안에서 볼 수 있는 존재, 즉 A.D. 30년 이후에 갈릴리와 예루살렘에서 멀리 떨어진 곳에서 거듭해서 그 타당성이 탐구된 인물로서 보여진다는 것을 의미한다.

주

1) 특히 그러한 도식을 토대로 하여 진행된 방법의 예는 H. E. Tödt, *The Son of Man in the Synoptic Tradition* (E. T. London 1965) ; R. H. Fuller, *The Foundations of New Testament Christology* (London 1965); F. Hahn, *The Titles of Jesus in Christology* (E. T. London 1968) 등에서 발견될 수 있다.
2) See R. Bultmann, *The History of the Synoptic Tradition* (E. T. Oxford 1963), p. 4
3) *New Testament Theology 1: The Proclamation of Jesus* (E. T. London 1971) pp. 293f.
4) 막 8:29과 요 6:69이 같은 것은 널리 인정되고 있다. Cf R. E. Brown, *The Gospel according to John I-XII* (London 1966), pp. 301-303.
5) See, for example, note 11 on p. 348.
6) J Jeremias, *The Parables of Jesus* (E T London 1963)
7) Cf. 또한 마 5:46f.
8) O Miehel, τελώνης TDNT8(1972), pp. 103-105; J. Jeremias, *Theology*

I pp. 113-118

9) 이 결론은, 그 말씀이 진정성이 있으며, 죽음 후의 시기를 예상하여 예언적으로 예수가 한 말이라는 논증에 의해 결코 방해받지 않는다. 그런 논증에 의해 회피되는 많은 의문들을 제쳐두더라도, 여기서는 예수가, 부활 후의 교회가 부활 이전 시기에 그 분이 그렇게 결정적으로 행하신 원리를 무시하거나 거부하는 것을 거의 인정하지 않으리라고 기록하는 것으로 충분하다.

10) E. Klostermann, *Das Matthäusevangelium* (Tübingen 1927²), p. 181; R. Hummel, *Die Auseinandersetzung zwischen Kirche und Judentum im Matthäusevangelium* (Munchen 1966). pp. 31f.

11) 그러한 차이가 마 23:4, 16ff, 23f과 23:2f 에 나타난다는 것은 N. B. Stonehouse (*The Witness of Matthew and Mark to Christ*(London 1944), pp. 196f.)의 주장이다. 그러나 이러한 주장은 πὰντα(마 23:3)라는 단어를 올바르게 다루지 못한 것이다. G. Strecker, *Der Weg der Gerechtigkeit*(Göttingen 1966), p. 16. 참조. 더욱이 차이들을 다듬지 않고 여러가지 다른 신학적 입장들을 조화시키는 마태의 경향으로 판단하건대, 마 23:2-3의 제한성은 기각되고, 그러므로 그것의 타당성이 충분히 허용되어야 한다.

12) On this material, see H. Merkel, "Jesus und die Pharisäer", NTS. 14 (1967-68), pp. 194-208; M. Hengel, *Nachfolge und Charisma* (Berlin, 1968), pp. 3-17; H. Merkel, "Markus 7, 15 — das Jesuswort über die innere Verunreinigung", ZRGG 20 (1968), pp. 340-363; D. R. Catchpole, "The Synoptic Divorce Material as a Tradition-historical Problem", BJRL 57 (1974-75), pp. 92-127.

13) 빌 2:6-11에 관하여: see D. Georgi, "Der vorpaulinische Hymnus Phil. 2:6-11", in E. Dinkler (ed.). *Zeit und Geschichte* (Tübingen 1964), pp. 263-293; R. P. Martin, *Carmen Christi* (Cambridge 1967); E. Käsemann, "A Critical Analysis of Philippians 2:5-11", JTh. Ch. 5 (1968), pp. 45-88. On Col. 1:15-20, E. Schweizer, "The Church as the Missionary Body of Christ", NTS 8 (1961-62), pp. 1-11. 요한복음 서언에 관하여: R. E. Brown, *The Gospel according to John* I-XII, pp. 519-524; R. Schnackenburg, *The Gospel according to St. John* (E. T. London 1968), pp. 481-493, E. Käsemann, *New Testament Questions of today* (London 1969), pp. 138-167.

14) So, rightly, R. V. G. Tasker, *Gospel according to St. Matthew* (London 1961), p. 119.

15) H. Schürmann, *Das Lukasevangelium I* (Freiburg 1969), p. 423.

16) H. Schürmann(op. cit., pp. 420f.)은 눅 7:29f. 가 Q(마 21:32참조)에서 유래하지만, 누가는 그 위치를 변경시켜, 그것으로 Q의 순서대로 일어난 마 11:12-3을 대신하였다고 주장한다. 그는 마태가 11:12f.를 삽입하여야 할 특정한 이유가 없기때문에, 특별한 마태의 해석이 11:14f.에 처음으로 나

타난다고 주장한다(막 9:13의 인용과 마 11:10=눅 7:27에서 인용). 그러나 마 11:11과 11:12f.에 공통으로 나오는 예언, 하나님의 나라, 요한의 주제들은 마태가 이 지점에서 11:12f.를 왜 삽입하여야 하였는지 그 이유를 충분히 설명해 준다. 반면에 마태는 Q자료를 누가보다 더 자유롭게 사용하는 경향이 있음을 보여준다. (마: 8:11f. 참조).

17) Schürmann, op. cit., p. 423.

18) Lührmann(op. cit., p. 99.), U. Wilkens(σοφια TDNT VII (1971), p.515). 이들은 예수와 지혜의 일치가 이미 Q에서 이루어진다고 생각한다.

19) Lührmann, op. cit., pp. 29f.

20) 마 11:20-23은 언급된 인물들이 다르기 때문에 본래 11:2-9과 같은 부류에 속할 수 없다. 두 단락을 τότε로 연결하는 것은 마태의 전형적인 편집기술이다.

21) αὐτῆς라는 단어가 마태의 편집을 "예수가 지혜의 성육신이다"라는 주장까지 이를 만큼 철저하고, 완전한 것으로 다루는 경향을 억제하고 있음이 틀림없다. 실제로 그는 거기까지 나아가지 않았다.

22) 예수를 지혜의 대표자로 보는 Q전승에 대해서는 G.N. Stanton, "On the Christology of Q ", in B. Lindars and S.S Smalley (edd.), *Christ and Spirit in the New Testament*(Cambridge 1973), pp. 27-42, esp. 36-38. 참조.

23) U. Wilckens, op. cit., pp. 516f; H. D. Betz, "The Logion of the Easy Yoke and of Rest", JBL 88 (1967), pp. 10-24.

24) 여기에서 얻어진 결과들은 마 23:34 = 눅 11:49에 대한 비슷한 연구에 의해 확인되고 보강될 수 있다. 거기에서 예언자와 다른 사람(Q에서 처럼)의 파송자로서의 지혜의 역할이 마태의 편집에 의해 예수에게 넘겨지고 있다. Suggs, op. cit., pp. 13-29 참조.

25) *The Life of Jesus Critically Examined* (E.T. London 1973), pp. 709-718.

26) L. Morris, *The Gospel according to St. John* (London, 1972), p. 831.

27) "The Women and the Empty Tomb", *Bibliotheca Sacra* 123 (1966), pp. 301-309, esp. pp. 305.

28) *Jesus the Messiah* (Glasgow 1972), p. 359.

29) Thus, L. Schenke, *Auferstehungsverkündigung und leeres Grab* (Stuttgart 1969²), pp. 54f.

30) Thus, C. F. Evans, *Resurrection and the New Testament* (London 1970), pp. 120 124.

31) 요한 이전의 단계에서 요 20:1-2에 나오는 자료는 베드로의 무덤 방문 이야기로 직접 삽입되었을 것이다. G. Hartmann, "Die Vorlage des Osterberichte in joh. 20", ZNW 55 (1964), pp. 197-220. 참조.   ·

32) So, P. Benoit, "Marie-Madeleine et les Disciples au Tombeau selon Joh 20:1-18", in W. Eltester, (ed.) *Judentum*

Urchristentum Kirche (Berlin 1964), pp. 141-152.

33) 이러한 특정한 문제들에 대한 요약은 Evans, op. cit., pp. 75-79. 참조.

34) 이러한 개방된 상황에 대한 풍부한 증거는 J. Jeremias, *Jerusalem in the time of Jesus* (E. T. London 1969); M. Hengel, *Judaism and Hellenism* (E. T. London 1974).에서 쉽게 찾아볼 수 있다.

35) 마 5:19이 Q에서 유래한다는 견해에 대해서는, *Traditionsgeschichtliche Untersuchungen zu den synoptischen Evangelien*(Düsseldorf, 1968), pp. 126-136. 참조.

36) See N. Perrin, *Rediscovering the Teachlng of Jesus* (London 1967), pp. 15-53; M. D. Hooker, "Christology and Methodology", NTS 17 (1970-71), pp. 480-487, id., 'On using the Wrong Tool', *Theology* 75 (1972), pp. 570-581; J. Jeremias, *New Testament Theology.* 1 pp. 1-41; R. S. Barbour, *Traditio-historical Criticism of the Gospels* (London 1972), pp. 1-27; D. G. A. Calvert, "An Examination of the Criteria for Distinguishing the Authentic Words of Jesus", NTS 18 (1971-72), pp. 209-219.,

37) *The Foundations of New Testament Christology* (London 1965), p. 18; cf. E. Käsemann, "The Problem of the Historical Jesus", *Essays on New Testament Themes* (E. T. London 1964), pp. 31-37; N. Perrin, op. cit., p. 39; H. Conzelmann, "Jesus Christus", RGG III, p. 623.

38) … 이들은 또한 유대교와 기독교에 대한 우리의 지식의 한계를 올바르게 지적하고 있다.

39) "Die vorösterlichen Anfänge der Logientradition", *Untersuchungen.* pp. 39-65.

40) Thus, Käsemann, op. cit., pp. 37-45.

41) G. Bornkamm(*Jesus of Nazareth* (E. T. London 1960), p. 14)의 다음과 같은 논평이 숙고할 만하다. "우리는 교회의 신앙고백을 담지 않았거나, 적어도 고백이 그 안에 삽입되지 않은 한 마디의 예수의 말씀도, 예수에 대한 하나의 이야기도 가지고 있지 못하다."

42) Op. cit., pp. 104f.

43) *An Outline of the Theology of the New Testament*(E. T. London 1969), pp. 102-106.

44) R. S. Barbour(op. cit., p. 17.)은 Abba가 "초대교회의 기도의 특징"이라는 사실에 주목하여, 비유사성의 기준에도 불구하고 그 진정성을 받아들이는 사람들은 주로 그것이 좁은 의미에서 기독론적이지 않고, 케리그마적이지도 않기 때문에 그렇게 주장한다. 우리는 다만 비유사성의 원칙이 기독론과 케리그마에만 적용하려는 의도로 제안된 것이 아니라는 것에 주목하기만 하면 된다. 비유사성의 원칙을 적용하는 과정에서 실제로 모순들이 수반된다는 확신을 철회하기는 어렵다.

45) Op. cit., pp. 54-63.

46) Op. cit., p. 62.

47) 이러한 접근은 I. H. Marshall의 논문 "The Synoptic Son of man sayings in Recent Discussion", NTS 12 (1965-66), pp. 327-351. 에서 볼 수 있다.

48) M. D. Hooker, "Christology", p. 483; R. S. Barbour, op. cit., pp. 9f.

49) See n. 12.

제11장

편집 비평

스티븐 S. 스몰리

지난 세기의 신약 비평가들은 복음서 자료들, 그 중에서도 주로 공관복음서 자료들에 몰두하였다. 20세기 초에 그들은 복음서 전승사의 첫번째 단계, 즉 예수의 교훈의 본래 형태로 주의를 돌렸다.[1] 전승 비평은 양식비평의 한 특별한 부분이었다. 오늘날 복음서의 분석과 연구에 대한 비교적 새로운 접근에 의하면, 신약성서에 대한 관심의 핵심이 자료비평과 양식비평에서부터 복음서 구성의 마지막 단계에서 어떤 일이 일어났는지에 대한 연구로 이동되고 있다. 이에 따라 편집비평(Redaktionsgeschichte)이 대두되었다.[2]

이러한 비평 방법들은 서로 깊이 연관되어 있어서, 그것들의 차이를 명확히 구분하는 것은 불필요한 일이다. 그러한 방법들은 복음서의 기원에 대한 연구에서 서로를 보충해 주는데 사용될 수 있다. 편집비평 역시 이러한 관점에서 고려되어야 할 것이다.

편집비평이란 무엇인가? 복음서 비평에서 "편집"(redaction)이라는 용어는 복음서 기자들이 복음서를 구성할 때, 그들이 수행한 편집 작업을 의미한다.[3] 헨첸(Ernst Haenchen)[4]은 "구성비평"(composition criticism)이라는 용어가 그러한 작업과정을 좀더 잘 설명해준다고 주장하였다. 그러나 실제로 "편집"비평과 "구성"비평은 매우 밀접한 관계를 지니고 있긴 하지만, 엄밀하게 말하면 서로 다른 분야이다. 편집비평은 복음서 저자들이 이전의 전승자료를 받아서 어떻게 사용하였는지에 대해 관찰할 수 있는 변화를 연구하는 것이다. 구성비평은 이 자료의 배열(arrangement), 즉 복음서 기자들의 신학적 이해와 의도에 따른 배열을 연구하는 것이다. 이러한 문맥에서 어떤 학자들은 "구성"이라는 용어를 확대시켜, 복음서 기자들이 완전히 새롭게 만들어 예수의 입에 넣은 말씀들을 그 안에 포함시켰다.[5]

편집비평이 최근에 양식비평과 구별된 것처럼, 조만간 구성비평도 편집비평과 구별될 필요가 있을 것이다. 그러나 그때까지는 편의를 위해서 "편집비평"이라는 용어를 기독교 전승을 전달한 복음서 기자들의 창조적인 공헌들을 찾아내는 작업이라고 이해할 수 있다.

복음서 연구에 있어서 양식 비평을 넘어서 편집비평으로 나아가야 할 이유는 무엇인가? 두 분야 모두 ― 단계는 다르지만 ― 예수에 대한 전승의 편집과 형태에 관심이 있는데, 분리할 필요가 있는가? 이 질문에 대한 대답은 간단하다. 양식비평과 편집비평은 기독교 전승사에 있어서 서로 다른 단계에 관심을 가진다는 사실 이외에도, 사용하는 방법과 결론 도출에 있어서 중요한 차이가 있다.

양식비평은 복음서들을 독립적인 단위들로서 생겨난 자료의 수집으로 간주하는 경향이 있다. 이러한 입장에 따르면 복음서 기자들은 그러한 단위들을 특별한 해석 관점에 따라 결합한, "가위와 풀"로 편집을 한 사람들에 지나지 않는다. 그러나 편집비평은 복음서들을 완전한 문서로 보고, 복음서 기자들을 독자적인 개개의 신학자로 (심지어는 "저자"로) 간주한다. 양식비평이 복음서 전승의 기원을 다룬다면, 편집비평은 그 다음 단계를 다룬다.

따라서 편집비평은 양식 비평 방법을 통해 복음서 기자들 자신의 작업을 더 분명하게 찾을 수 있다는 의미에서 양식비평에 의존한다. 그러나 최근의 편집비평은 복음서 기자들의 신학적 독특성과 **그들이 사용한 자료들과의 관**계를 발견하려고 한다는 점에서 양식비평으로부터 벗어나고 있다. 이런 점에서 편집비평은 양식비평의 실제적인 일부가 아니다. 그러나 두 분야를 일단 분리시킨다고 해서, 편집비평이 단순히 복음서 기자들의 "신학" 연구가 되지 않는다는 점에 주목하는 것이 중요하다.[6] 오히려 그것은 이 저자들이 마지막 구성단계에서 자신들의 자료들을 다룬 창조적 방법을 고려하는 것이다.

복음서에 나오는 말씀이나 이야기들은 본래 다음과 같은 세 가지 기본적인 "배경들"(settings: Sitze im Leben)에서 형성되었다고 추정된다. 첫째는 역사적 예수의 가르침에서, 그 다음에는 초대교회의 생활에서, 그 다음에는 복음서 기자들의 사상에서.[7] 마지막 세번째 배경에서 복음서 저자들의 이해, 즉 복음서 전승이 전달되는 새롭고, 결정적인 전진 운동이 분명하게 나타난다. 복음서들이 출현한 그 순간부터 기독교 전승의 구전시대가 사라지고, 개개인의 저자들(아마도 "학파"나 교회의 맥락에서)이 다른 위명의 공동체로부터 뒤를 이어받는다.

복음서 기자들의 개별적인 주석들, 그들의 편집적 연결과 요약들, 그리고 그들이 사용한 자료의 선별, 수정, 확대(예컨대 마태나 누가를 마가와 비교할 때)를 자세히 살펴봄으로써, 각 저자가 자신이 받은 전승을 어떻게 이해하고, 해석했는지 ─ 또 편집했는지 ─ 발견할 수 있다. 이것이 바로 편집비평이다.[8] 우리는 앞으로 편집비평의 간략한 역사를 살펴본 후에 이 방법의 실제, 전제들, 그리고 이 방법에 대한 몇 가지 암시들을 살펴볼 것이다.

1. 편집비평의 기원

편집비평은 2차 세계대전 이후 전면에 나타났으며, 처음으로 세 명의 저명한 독일 신약 학자들의 이름들과 연관된다. 보른캄(Günther Bornkamm), 콘첼만(Hans Conzelmann), 막센(Willi Marxen)[9] ─ 이 세 명의 비평가들은 독자적으로 세 개의 공관복음서, 즉 마태, 누가, 마가에 대해 각각 편집비평을 적용시켰다. 이러한 연구들로부터 유래한 공동의 접근

방법에다 편집사(Redaktionsgeschichte)라는 독일어 명칭을 붙인 것은 막 센이었다.[10]

마태복음에 대한 보른캄의 작업이 편집비평의 시작을 알린다. 불트만의 제자로서 그는 양식 비평적 가정들로부터 시작하여 전승자료를 다루는 방법 에서 드러나는 마태 자신의 신학적 관점과 의도를 분석하는 그 이상의 단계 로 나아간다. 나중에 「마태의 전승과 해석」(*Tradition and Interpre - tation in Matthew*)[11]으로 번역된 책에 포함되어 있는 두 개의 논문에서 보른캄은 첫번째 복음서 기자와 그의 작품에 대한 결론을 내리고 있다. 그 첫번째 논문[12]은 마 8:23-27에 나오는 폭풍을 잔잔케 하는 기사에 대한 연구 로서, 여기에서 그는 마태가 막 4:35-41에 나오는 단화를 어떻게 다루고 있 는지를 보여주려고 한다. 그 사건에 대한 새로운 문맥과 표현을 통해 복음서 기자는 그 사건에 독자적인 의미를 부여한다고 보른캄은 주장한다. 이렇게 해서 폭풍을 잔잔케 한 기적은 마태에게 "제자도의 위험과 영광에 대한 케리 그마적 모형(paradigm)"이 된다.[13]

보른캄[14]의 또 하나의 논문은 마태복음에 나오는 예수의 강화들 (discourses)의 구성을 다루며, 이 강화들이 교회와 종말, 율법, 그리스도 자신, 그리고 이 네 개의 상호작용에 대한 복음서 기자 자신의 이해에 의해 통제되고 있음을 논의하고 있다. 이 두 논문은 모두 마태가 독특한 편집자라 는 보른캄의 강한 확신을 반영하고 있다.[15]

편집비평가로서 콘첼만의 작업은 주로 누가와 사도행전과 관련되어 있 다. 1954년에 처음으로 출간되었고, 「성 누가의 신학」(*The Theology of St. Luke*)[16]이라는 제목으로 영어로 번역된 그의 책 「시간의 중심」(*Die Mitte der Zeit*)은 복음서 연구에서 분수령을 이룰 뿐 아니라, 편집비평 방 법 자체에 중요한 진보를 가져왔다. 이 연구서는 신학자로서의 누가의 독특 한 역할을 분석하고 있기 때문이다.

아마도 페린(Norman Perrin)이 콘첼만의 연구결과를 통해 "역사가 누 가가 자의식이 있는 신학자가 되고, 그의 구성이 신학적인 동기에서 비롯되 었다는 것을 확신있게 보여줄 수 있다"고 결론 내린 것은 너무 지나친 감이 없지 않다. [17] 어느 누구도 누가가 누가복음과 사도행전을 쓴 역사적 토대를 그렇게 쉽게 폐기할 수는 없기 때문이다. [18]

그러나 콘첼만이 성서의 구원사를 적절히 이해한 누가의 특별한 공헌을 밝혀냄으로써 우리를 도운 것은 의심의 여지가 없다. 성서의 구원사는 세번째 복음서 기자(누가)에 의해 다음과 같이 세 단계로 표현되고, 발전된다: 이스라엘 시대, 예수시대, 교회의 시대. 누가가 — 실현된 종말론에 가까운 — 그러한 세 단계의 도식으로 대답하는 문제는 소위 파루시아(재림 — 역주)의 연기라고 주장된다. [19] 그러나 콘첼만의 가정들과 마지막 결론들을 어느 정도 관찰해 보면, 적어도 그가 역사와 신학이 누가복음과 사도행전에서 공존하고 있다는 것을 이전보다 더 분명하게 볼 수 있도록 우리를 도왔다는 것을 알 수 있다.

이 분야에 선구자적 역할을 한 세번째 편집 비평가는 막센인데, 그의 저서 「복음서 기자 마가」(*Der Evangelist Markus*: 1959) [20]에는 편집 비평방법을 사용하여 마가를 분석한 네 개의 연구가 포함되어 있다. 보른캄과 콘첼만처럼, 막센도 양식 비평의 방법과 결론을 자신의 작업의 토대로 받아들인다. 그리고 앞에 언급한 두 학자들처럼 그도 역시 다시 한번 양식비평을 넘어서서 마가가 독자적인 복음 전승의 단위들을 수집하여, 그것들을 자신의 신학적 관점에 의해 특징지어진 하나의 복음서로 기록할 때, 마가 자신에 의해 행해진 중요한 공헌을 강조한다. [21] 막센의 주장에 따르면 그 신학적 관점은 특히 마가가 세례자 요한의 전승과 그의 이야기들에 나타난 지리적 언급들(예컨대 갈릴리는 "복음서 기자 자신의 창작임이 분명하다" [22])과 같은 특징들을 다룰 때 잘 나타난다. 책 전체를 통하여 막센은 마가를 신학적 동기를 지닌 편집자로 보고 있는데, 그에 따르면 마가의 교의적 해석은 마태와 누가가 마가의 전승을 사용하여, 해석할 때 좀더 분명하게 나타난다.

편집비평 전체에 대한 논의에서 막센이 끼친 좀더 중요한 공헌 중의 하나는 앞에서 지적한 것처럼, 모든 복음서 자료에서 삼중의 배경 — 예수의 가르침, 초대교회의 생활, 복음서 기자들의 기록과 의도 — 을 분류해 낸 것이다. 이 점에서 막센은 다른 편집비평가들이 따른 방법론적인 선례들을 세

운 셈이다.[23]

보른캄, 콘첼만, 막센 ― 이 세 학자들의 뒤를 이어 다른 여러 학자들에 의해 공관복음서에 대한 편집-비평적 연구들이 나타났다. 마태의 경우에는 보른캄의 뒤를 그의 두 제자였던 바르트(Gerhard Barth)와 헬트 (H. J. Held)가 이어 받았다.[24] (다른 두 제자인 퇴트(H. E. Tödt)[25]와 한 (F. Hahn)[26] 역시 신약 기독론이라는 좀더 일반적인 영역에서 이 방법을 사용하였다.)

마가의 경우에는 막센의 뒤를 영어권의 로빈슨(J. M. Robinson)[27]과 베스트(E. Best)[28], 스위스 학자 슈바이쳐(E. Schweizer)[29] 등이 이어 받았다. 그리고 누가의 경우에는 플렌더 (H. Flender)[30]가 콘첼만의 뒤를 따랐다. 편집비평은 공관복음 연구에서 처럼, 요한복음 연구에는 그렇게 자주 적용되지는 않았지만, 마틴(J. L. Martyn)[31], 린다스(B. Lindars)[32], 니콜 (W. Nicol)[33] 등에 의해 시작되고 있다.

2. 편집비평의 실제

편집비평의 예를 들어 보면 이 방법의 목적과 가치는 물론 그 결과를 분명하게 알 수 있을 것이다.[34] 시작하기 전에 잠깐동안 편집 비평의 원칙들을 좀더 자세히 개괄하는 것이 유용할 것이다. 그 다음에 편집비평의 예를 들어보자.

복음서 기자가 자신의 자료들을 가지고 어떤 독특한 공헌을 하였는지를 연구하는 가장 좋은 방법은 그가 자료를 모으고, 취급한 방법을 정확히 조사하는 것이다.[35] 이것은 자료들을 결합한 "이음솔기"(seams)와, 요약, 수정, 삽입, 생략, 그리고 일반적으로는 자료의 선별과 배열 등을 자세히 관찰하는 것을 의미한다. 또한 복음서 기자의 어휘, 그의 신학적 입장(특히 그의 기독론과 예수의 칭호들에 대한 사용에서 알 수 있는 입장), 그의 복음서의 서론과 결론 등을 고려하는 것도 도움이 될 수 있다. 이러한 접근 방법들이 반드시 동일한 가치를 지니거나, 똑같이 중요한 결과들을 가져오지는 않을 것이다. 그러나 이들은 모두 편집비평 연구를 수행하는 확고한 방법을 제공한다.

우리가 제시하려는 실례는 마태복음에 국한될 것인데, 먼저 복음서 전체를 고려하고, 그 다음에 그 안에 있는 한 단화를, 마지막으로 하나의 로기온을 고려할 것이다. 편집 비평방법이 각각의 경우에 복음서 기자 마태의 접근을 이해하고 조명하기 위해 사용될 것이다. 더욱이 각각의 예는 복음서 연구에 있어서 자료비평, 양식비평, 편집비평이 함께 사용될 수 있다는 것을 보여줄 것이다.

1. 마태복음

사복음서 문제[36]에 대한 한 견해는 마태의 저자가 마가와 Q 자료 그리고 마태의 특수자료를 편집함으로써 자신의 복음서를 구성하였다는 것이다. 그러나 그의 자료의 선택과 배열을 통해 볼 때, 그가 케리그마에 대한 자신의 이해와 해석을 자신이 사용한 전승에 주입하였다는 것을 알 수 있다. 예컨대, 마태의 특징적인 기독론(왕과 종으로서의 예수, 마 1:1; 12:15-21 등 참조), 율법에 대한 그의 태도(초월하지만 아직 잔재가 남아 있는, 5:38-9; 5:17-20 참조), 복음 자체에 대한 그의 표현(배타적이면서도 또한 보편적인, 15:24; 8:5-13 등 참조)[37] 등은 바로 그러한 결과이다.

일반적으로 이 복음서 기자는 성취의 주제를 염두에 두고 작업을 한다. 그가 예수를 모세의 기능들을 가지면서도 그것들을 넘어서는 메시야, 그리스도로서 표현하기 위해 복음서를 기록한 것이 분명하다.[38] 그러므로 그의 편집의 특성을 전체적으로 고려해 보면, 우리는 그의 독자가 처한 입장과 필요를 감히 추측해 볼 수 있다. 아마도 그는 소위 율법폐기론자(antinomianism)로 몰려 정통 유대교의 압박을 받은 세포-형태(cell-type)의 유대인 기독교도 공동체를 위해 복음서를 기록하였으며, 이같은 사실이 마태 특유의 독특한 양면성을 어느 정도 설명해 줄 수 있을 것이다.[39]

2. 마태의 한 단화(pericope)

동일한 방법이 첫번째 복음서의 한 단화에 적용될 수 있다. 마 17:1-8에 나오는 변화산 사건 기사를 예로 들어보자. 자료비평 분석을 통해 이 부분이 막 9:2-8에서 유래하였다는 것을 알 수 있다. 편집비평은 ― 두 이야기를 비교함으로써 ― 마태가 가한 편집적 변화를 보여주며, 좀더 연구해 보면 이러한 수정의 이유들을 알게 된다.

마태는 변화산 사건에 대한 마가 자료를 개인적으로 다룸으로써, 자신의 복음서 전체를 통해 분명히 드러나는 신학적 이해와 일치시킨다. 첫째 그는 예수를 "모세의 뒤를 따르는 분"으로 표현한다.[40] 예컨대 그는 마가의 자료를 수정하여 엘리야보다 모세를 먼저 언급함으로써, 모세에 대한 언급을 좀더 강조한다(마 17:3). 그는 예수의 얼굴이 "해와 같이 빛났다"(2절)는 말을 실제적인 변형사건에 첨가시킴으로써, 모세가 시내산에서 율법을 받은 후 얼굴이 빛난 것(출 34:29-35)을 상기시키고 있다.

공관복음서 기자들 중 그만이 산 위에 있는 사람들을 뒤덮은 구름이 "빛난다"(bright:5절)라고 묘사하는데, 그렇게 함으로써 그는 그의 독자들에게 이스라엘 백성이 광야 생활에서 체험한 쉐키나(Shekinah)의 영광을 회상시키고 있다. 마태는 또한 변모 후, 모세와 엘리야가 사라진 후에 예수만이 홀로 남았다는 사실에 주의를 기울인다. 그래서 그는 8절에서 마가의 본문에다 αὐτὸν(μόνον)이라는 말을 첨부한다. 예수는 이제 유일무이한 선생(5b)이며, 또한 새로운 모세로 보여진다.

그러나 데이비스(W. D. Davies)가 지적한 것처럼,[41] 새로운 모세/새로운 출애굽 주제가 여기에서 ― 또한 마태의 다른 부분에서도 ― 나타나긴 하지만, 극히 억제되어 있는 것이 사실이다. 마태는 예수가 결국 모세보다 뛰어난 분임을 분명히 알기 때문이다. 예컨대 변모 사건의 절정에서 마태는 막 9:7("이는 내 사랑하는 아들이다,[42] 너희는 그의 말을 들어라")의 말씀에다 "내가 그를 즐거워한다"라는 문장을 덧붙인다. 이 말씀은 사 42:1과 시 2:7을 인용한 것으로서,[43] 우리에게 마태의 특별한 기독론 (종)뿐만 아니라, 그의 개인적인 구원론을 회상시켜 준다. 이러한 편집을 통해 예수가 (사 42:4

처럼) 민족들에게 올바른 법을 가져오기로 된 분임이 암시되기 때문이다. 이렇게 해서 변화산 사건의 보도에서 첫번째 복음서 기자의 동기는 ― 아들의 말을 들으라는 하나님의 명령이 들려진 후 곧 제자들이 두려워(awe)했다는 언급이 있지만 ― 단순히 경의의 동기가 아니다.[44] 그는 특별한 기독론적 이해와 특정한 청중의 필요를 염두에 두고 그 사건을 기록한 것이다.

3. 마태의 한 말씀(saying)

편집비평의 방법은 또한 마태복음에 나오는 개별적인 로기온 연구에도 사용될 수 있다. 마 16:16에 나오는 가이사랴 빌립보에서의 베드로의 신앙고백을 간략하게 예로 들어보자. 마태의 기록에 따르면 "당신은 그리스도요, 살아계신 하나님의 아들입니다"로 표현되어 있다. 반면에 마가(8:29)는 "당신은 그리스도이십니다"로 누가는 "(당신은) 하나님의 그리스도이십니다"로 각각 표현하고 있다.

이러한 차이에 대한 한 설명은 마태가 단순히 마가를 확대하였다는 것이다. (물론 이 주장은 베드로가 같은 경우에 다른 고백을 하지 않았다는 것을 전제한다.) 이 경우에 그러한 확대는 고백의 양 요소(그리스도와 하나님의 아들)를 다 가지고 있던 Q 전승의 결과이거나 ― 이것이 누가의 본문에 반영되었다 ― 아니면 마태의 단순한 설명적 편집 때문에 일어났을 것이다.[45] 여하튼 마태가 이와같이 중요한 순간에 자신의 기독론을 강조하고, 심화시켜 그의 독자들에게 복음서의 중심인물의 참되고 고양된 지위를 상기시키려 했다면, 그러한 편집은 그리 놀라운 것은 아니다.[46]

3. 몇 가지 전제들

우리가 지금 검토하고 있고 마태복음의 견지에서 조명하고 있는 편집비평 방법은 많은 전제들에 의존하고 있다. 이러한 진제들을 인정하고, 편집비평의 결론들이 (양식비평의 결론들처럼) 어느 정도 주관성을 띠므로, 무비판적으로 받아들여서는 안된다고 하는 사실을 자각하는 것이 중요하다. 여기에서는 편집비평에 속하는 두 가지 중요한 전제를 고려할 것이다.

(1) 양식비평은 소위 "전승사적 접근"에 의존하는데, 이것은 예수의 말씀들에 대한 두 가지 기본적인 가정과 관련을 가지고 있다. 첫째는 복음서를 포함하는 신약의 기독론이 예수 자신의 본래 가르침에서 나온 것이 아니라, 예수에 대한 처음 기독교인들의 반응으로부터 나온 것이라는 점이다. 두번째는 복음서 기자들에 의해 보전된 예수의 본래 가르침은 교회 발전의 여러 단계에서 가해진 첨가와 삽입들을 확인하여 제거함으로써 뽑아낼 수 있다는 것이다.

전승사적 접근은 양식비평에서 유래한 편집비평에서도 사용된다. 이 경우에도 기본적으로 동일한 가정이 성립된다. 유일한 차이는 편집비평의 경우에서는 그 전 과정이 복음서를 기록하는 마지막 단계에서, 복음서 기자들이 받은 이미 해석된 전승에다 그들이 어떤 것을 첨가시켰는지 연구하는데 사용된다는 점이다. 그러므로 복음서 기자들이 창작할 수 있었고, 형태를 부여할 수 있었던 예수의 말씀들이 그렇게 창작되었고, 형성되었다는 결론도 그리 놀라운 것은 아니다. 초기 유대 기독교와 헬라 기독교의 사고 방식과는 다른 복음서 기자들 특유의 사고방식이 확인될 때, 우리는 각 복음서 기자의 특정한 공헌을 인정할 수 있게 된다. 예수의 본래 말씀을 회복하기 위하여 ― 복음서 기자들 자신들이 만든 층으로부터 시작하여 ― 이러한 다양한 층들 (layers)을 벗겨낼 수 있을 것이다. [47]

이러한 가정들이 편집비평가들의 결론을 위한 토대로서만 사용된다면 의문의 여지가 있다. 어느 누구도 저자들의 배경과 그들의 청중이 복음서 전승의 형성과 최종의 복음서 구성에 중요한 영향을 끼쳤다는 사실을 부인할 수는 없다. 그러나 앞에서 언급된 기독교 전승의 기본적인 본질과 그 전달에 대한 전제들은 의문의 여지가 있다. [48]

(2) 편집비평 방법을 사용하는 일단의 학자들 가운데서 복음서 기자들의 특별한 공헌은 그들이 물려받은 자료들을 아무런 수정없이 재현할 때보다

오히려 그 자료들로부터 이탈하거나, 그 자료들에 전혀 의존하지 않을 때에
만 발견될 수 있다고 주장하는 경향이 있다. 이 가정은 페린으로 하여금 복
음서 기자들의 편에서의 편집은 예수에 관한 역사적 전승을 보존하는 것과는
다른 어떤 것과 관련된다는 결론에 이르게 한다. 페린에게 있어서 복음서에
있는 한 이야기를 역사적인 것으로 간주하는 "옛 방식"은(그는 막 8:27-9:1
과 병행구를 예로 사용한다) 편집비평적 접근과 대립된다.[49] 그러나 기독교
전승을 편집을 가하지 않고, 현 상태 그대로 사용하였다면, 그것은 곧 복음
서 기자들의 신학적 관점을 지적해 주는 것일 수 있다. 그러한 경우에 전승
이 그의 의도와 이해를 매우 분명하게 표현하였으므로 선택은 불필요하다고
주장해야 한다.[50] 말하자면 우리는 복음서들에서의 "편집"과 비역사적인 신
학화를 동일시할 필요가 없다. 그것은 자료들을 현재 상태 그대로 사용할 수
있다는 것을 의미한다.[51]

4. 몇 가지 암시들

편집비평에 내재해 있는 위험성들을 깨닫는다면, 특히 회의적이고 주관
적인 전제들을 가지고 출발한다면, 그것은 복음서를 이해하는데 매우 유용한
도움이 될 것이다. 편집비평은 그 자체를 목적으로 하거나 단순히 학문적 분
야로 사용될 의도도 없고, 또 그렇게 사용되어서도 안된다. 그러나 반대로
그것을 적절하게 사용한다면 많은 이점을 줄 수 있을 뿐만 아니라 복음서 자
료에 대한 몇 가지 광범위한 암시들을 제공해 준다. 이제 그 중에서 세 가지
만 언급할 것이다.

1. 역사적 예수 논쟁

첫째, 편집비평은 "역사적 예수" 논쟁과 충돌된다.[52] 역사적 예수에 대
한 "새로운 탐구"를 통해 우리는 예수 전승의 중심인물에 대한 어떤 탐구도

역사만이라는 극단이나, 신앙만이라는 극단에 의존되어서는 안된다는 것을 알게 되었다. 그것은 (복음서 기자들처럼) 둘 사이의 균형을 유지해야만 한다.

편집비평 방법은 이러한 기독교의 기원에 대한 문제에 있어서 매우 중요하다. 복음서들이 1세기의 특정한 환경 안에서 나사렛 예수가 하나님의 그리스도이고, 죽음으로부터 부활하였다고 확신하였던 사람들에 의해, 즉 믿음의 한 집단에 의해 쓰여진 것이 분명하기 때문이다. 그러므로 복음서 기자들이 예수 전승을 자신의 이해로부터 보도하였고, 그것을 자신의 관점으로 채색한 것은 불가피하였다.

이러한 견해는 기독교 신앙의 핵심에 영향을 끼친다. 복음서 기자들에 의해 편집된 예수전승의 본문이 도무지 역사적이라고 생각할 근거들이 있는가? 만일 그들이 부분적으로 편집하였다면, 전체를 편집할 수는 없었을까? 그들이 표현한 예수의 모습이 해석된 것이며, 예수에 대해 알려 주기는 하지만, 본질적으로는 인간의 상상력에 의한 비역사적인 산물이 아닌가? 실제로 역사적 예수와 신앙의 그리스도 사이에 어떤 연속성이 존재한다는 것을 어떻게 알 수 있는가?

역사적 예수와 신앙의 그리스도 사이에 어떤 연속성도 존재하지 않는다는 주장은 주로 복음서 기자들이 역사와 신앙의 차이를 알지 못했고, 후자 (신앙)의 관심에서 전자(역사)를 완전히 무시할 준비가 되어 있었다는 가정에 의존하고 있다. 실제로 우리는 이러한 가정을 반드시 믿을 필요는 없다.[53] 그 반대로 복음서 기자들이 역사적인 것과 케리그마적인 것에 민감하였다면 ─ 이렇게 생각할 만한 실제 근거들이 있다[54] ─ 그들이 물려받은 예수의 말씀과 행위들에 관한 전승 자료들을 오로지 존경으로만 다루었을 가능성은 희박하다. 목격자들이 아직도 주위에 있었다면, 복음서 기자들은 더욱 더 큰 존경을 표현하였을 것이다.

2. 복음서들의 권위

두번째 암시는 첫번째 암시에서 비롯되며, 여러 가지 면에서 예상되어

왔다. 편집비평은 복음서의 권위문제(신약 전체의 권위문제와도)와 명백한 관련을 가지고 있다. 복음서 기자들이 자신들의 전승을 편집하였다면, 복음서들이 (불트만의 추종자들이 주장하는 것처럼) 단순히 부활 이후의 상황의 빛에서 그 당시의 문제들에 대답하기 위해 쓰여진 초대교회의 산물이 아니라고 확신할 수 있는가?

이 중요한 도전에 대답하기 위해 세 가지 점들이 간략하게 지적될 것이다. 이것들은 복음서 전승에 대한 실존적 접근이라기보다는 역사적 접근을 토대로 한다.

(a) 첫째, 사복음서들의 신학적 내용을 인정할지라도 신학과 역사가 예수 전승의 모든 전달 단계에서 결합되어 있다는 것이 분명해진다. 모든 복음서 기자들은 신학이나 역사중 하나를 배제하는 것이 아니라, 자기들이 보도한 역사의 신학적 의미를 끄집어내는 것이 분명하다. 이러한 점은 요한복음 내에 그동안 비평되어 온 것보다 더 많은 신빙성이 있고, 역사적인 전승이 있다는 발견과 함께 요한복음에 대한 최근 논쟁에서 매우 쉽게 설명될 수 있다.[55]

(b) 둘째로, 복음서의 편집적 요소가 반드시 역사적 요소나 전승적 요소와 대립되는 것은 아니다. 편집은 어떤 편집도 가하지 않고, 전승을 있는 그대로 사용하는 것을 의미할 수도 있다. 마가복음의 처음 부분(2:1-3:6)에서 이것에 대한 예를 발견할 수 있다.[56] 양식비평은 마가가 본래 독자적으로 존재하였던 자료 단위들을 여기에다 수집해 놓았는데, 아마도 복음서 기자들은 예수의 가르침이라는 그 자료들의 일차적인 정황을 알지 못했을 것이라는 점을 우리에게 지적해 줄 것이다. 그런데 편집비평은 마가가 이러한 사건들을 예수의 인격과 행위에 대한 자신의 신학적 이해에 따라 어떻게 해석하였는지를 우리에게 보여준다. 이 부분을 해결하는 열쇠는 권위라는 개념에서 발견될 수 있다. 여기에서 예수의 권위는 계속해서 의문시 되기도 하고, 정당화 되기도 하기 때문이다(2:6-7, 10-11 등). 실제로 (마가의 기독론에 대한 해석인) 이 부분은 예수 전승에서는 다른 곳에 있었을 단화들의 유일한 수집록이다. 그러나 이런 방법으로 자료에 대한 마가의 특별한 접근방법을 알 수

있는 반면에, 우리는 또한 그의 공헌이 (대부분 그의 신학적 목적에 적합한 초기의 "선언 이야기"로 구성된) 전승을 변경시키는데 있는 것이 아니라 전승의 분리된 요소들을 결합시키고, 그 요소들에 문맥과 특정한 의미를 부여하는데 있다는 사실을 깨닫게 된다.[57] 그러므로 이 점에서 전승의 진정성과 권위는 마가의 편집에 의해서 감소되는 것이 아니라 오히려 증가된다.[58]

(c) 셋째로, 예수의 말씀들의 권위를 확정하기 위해서 반드시 부활 이전의 로기온에 제한될 필요는 없다. 복음서 기자들을 통해 언급된 부활한 예수의 말씀은 여전히 권위가 있을 수 있다. 이런 의미에서 복음서 기자들의 편집 활동은 계시에 대한 장애물이라기보다는 오히려 계시에 대한 매개물로서 간주될 수 있다.

이러한 논점을 설명하기 위해 마 5:32과 19:9 (= 눅 16:18; 막 10:11-2)에 나오는 이혼에 대한 유명한 말씀을 고려해 보자. 마태의 본문에서만 παρεκτὸς λόγου πορνείας라는 예외 조항(19:9, μὴ ἐπὶ πορνείᾳ)이 나온다. 그러므로 자연스럽게 이 말의 기원에 대한 문제가 발생한다. (바울에게서조차 이혼 금지는 절대적이다.; 고전 7:10-13 참고)

이 문제에 대한 한 가지 견해는 마태가 당시의 기독교 법령과 조화시키기 위해 직접 편집을 가했다는 것이다. 이스라엘의 마음이 완악하였던 것처럼(막 10:4-5), 새 이스라엘의 마음도 완악해질 수 있을 것이다. 그러나 마찬가지로 마태가 예수와 다른 복음서 기자들의 주장, 즉 이스라엘의 율법에는 결혼 전이나 후에 파트너가 간음을 저지른 것이 발견되었을 경우 이혼이 성립되었다는 것을 명확히 밝히고 있다고도 볼 수 있다. 요셉과 마리아의 경우처럼(마 1:19), 약혼한 한 쌍은 행실에 의심이 갔을 때 이혼할 수 있었다. 또한 엄격한 히브리인들은 금지된 혈족 간의 결혼이 발견되었을 때 이혼을 주장하였다.

한편으로는 마태는 예수가 규정한 원칙, 즉 결혼은 하나님이 주신 계명이므로 신성한 것으로 간주되어야 한다는 원칙을 보도하고 있는 것일 수도 있다. 그러나 그의 설명적인 편집은 그의 독자들에게 예수의 본래 가르침의 중요성과 그것으로부터 벗어날 수밖에 없는 유일한 근거, 즉 유대인들에게 이미 인정되고 받아들여진 근거를 동시에 이끌어 낸다고 볼 수 있다. 어떤 경우에도 우리는 마태의 편집이 그가 보존하고 있는 가르침의 권위를 약화시키거나 그리스도의 마음으로부터 분리시킨다고 주장할 수 없다.[59]

이상에서 볼 때, 복음서 기자들이 기본적인 전승을 편집하였다는 사실을 고려해도 여전히 그것에 대한 본질적인 권위와 신뢰성을 확신하며 복음서에 접근할 수 있다. 왜냐하면 저자들의 관점과 그들의 공동체의 요구에 따라 예수 전승을 편집하였다고 해서 그 전승의 근거가 된 역사적 기초가 제거되는 것은 아니기 때문이다. 또한 예수 전승을 편집하였다고 해서 부활 이후의 그리스도의 말씀들이 들려지지 않거나, 전달되지 않는 것이 아니다.[60]

3. 복음서 기자의 의도

복음서 연구를 위한 편집작업의 마지막 암시는 복음서 기자의 의도와 관련된다. 이 문제는 또 다시 앞에서 이미 상세하게 논의된 문제들 중에서 생겨난다.

보름캄과 막센과 콘첼만과 같은 편집비평가들의 작업은 앞에서 언급한 것처럼, 복음서 기자들이 복음서를 기록할 때, 그들에게 동기를 부여했던 신학적 주제와 관심사를 평가하는데 도움을 준다. 양식비평이 그 전달과정에서 예수의 개별적인 말씀들이나 그에 대한 단화들의 형태를 발견하는데 도움을 주는 것처럼, 편집비평은 전체적으로 복음서 각각의 형성과정을 발견할 수 있게 해 준다.

이러한 견해는 한쪽 방향으로 좀더 발전할 수 있다. 복음서 기자의 신학적 관점과 그가 자료를 선택하고 사용한 방법을 조사함으로써, 그가 자신의 복음서를 최초에 기록한 이유가 무엇인지 알 수 있게 된다. 우리는 이러한 테스트를 이미 마태에게 적용시킨 바 있다. 다른 복음서들의 목적도 이와 유사하게 조사될 수 있다. 편집비평적 접근을 토대로 할 때, 마가는 자칭 제자 또는 현재의 제자들을 위해 바울의 케리그마를 보충하려고 마가 복음서를 기록하였고,[61] 누가의 의도는 주로 비기독교 이방인 독자들을 위해 복음서 역사를 케리그마적이고, 교육석으로 표현하는 것이었다고 추측할 수 있다.[62]

또한 요한은 종말에 처해 있다고 생각한 청중들에게 예수가 그리스도이며, 하나님의 계시된 영광스러운 영생의 말씀이라는 것을 "보여"주기 위하여 요한 복음서를 기록하였다고 추측해 볼 수 있다.[63]

일반적으로 말하면, 각 복음서의 의도는 복음적이지만, 편집비평은 자신들의 신학에 개별적인 특성을 부여한 네 명의 저자들이 행한 케리그마의 정확한 해석과 표현에 주의를 집중한다.[64] 결국 우리는 복음서를 "조화시키기 위해" 시간을 낭비할 필요가 없다. 편집비평적 접근에 의해 밝혀진 복음서들 간의 차이들은 저자들의 독특한 관점과 예수 전승 및 그 증언에 대한 그들의 독특한 이해를 밝혀주는 긍정적인 암시로 작용한다.

5. 결론

복음서를 연구하는 한 방법으로서 편집비평에 대한 우리의 논의는 적어도 한 가지는 분명하게 하였다. 그것은 편집비평이 장점과 단점 둘 다 가지고 있다는 것이다.

우리는 다음과 같이 단점들을 요약할 수 있다. (1) 편집 방법이 보통 의존하는 전승비평적 기준들이 그것들과 관련된 전제들 때문에 자주 의문시 된다. (2) 복음서 기자의 편에서 편집이 "구성" — 창작의 의미에서 — 을 의미한다는 점이 지나치게 자주 전제된다. 이것은 근거가 없다. (3) 편집비평가들이 너무 민감하고, 주관적으로 복음서에 접근해서, 복음서 기자들의 동기와 방법들을 평가할 때가 종종 있다. 아직 초기단계임을 감안하면 놀랄 만한 일은 아니지만, 바로 이것이 편집비평가들의 결론들이 그렇게 다양한 이유이다.[65] 그러므로 특히 복음서의 경우에서처럼, "편집자"가 누구인지 혹은 그의 자료의 본질이 정확히 무엇인지 확실하지 않을 때는, 편집 행위를 분석하는데 많은 주의가 필요한 것은 당연하다.[66]

반면에, 편집비평 방법에서 얻을 수 있는 긍정적인 장점들은 다음과 같다. (1) 편집비평은 복음서 전체를 다루므로 복음서 기자들이 전승들에 어떤 공헌을 하였는지 정확히 발견할 수 있는 방법이다. 이런 점에서 그 방법은 주석을 할 때, 그리스도에 대한 복음서 기자들의 다양한 증언을 좀더 분명히 아는데 매우 유용한 도움이 된다. (2) 그것은 또한 복음서 기자들이 자신의 자료들을 어떻게 다루었는지 정확하게 보는데 도움을 준다. (3) 이 방법을 통해 우리는 또한 복음서 저자들의 의도를 좀더 용이하게 발견할 수 있을 뿐만 아니라, 한 주제에 대해 네 개의 변형들이 존재하는 근거를 발견할 수 있게 된다. 즉 사복음서는 하나의 복음을 다양한 입장에서 조명한 것이다.

　　복음서를 진지하게 연구하려면 우리는 편집비평을 사용해야만 한다. 그러나 또한 그것을 조심스럽게 사용하지 않으면 안된다. 신약은 편집만의 문제나 역사만의 문제가 아니라 둘 다의 문제이다. 우리가 이 점을 받아들인다면, 편집사의 방법은 사복음서를 이해하고, 그것들을 이용하여 기독교의 선포와 교육을 이해하는데 긍정적인 도움이 될 것이다. 이 방법은 또한 전체적인 문제의 수수께끼인 기독교 자체의 기원들을 밝히는데 더 많은 빛을 던져줄 수 있다.

주

1) See P. Benoit, *Jesus and the Gospel*, vol. I (E. T. London 1973), pp. 11-45.
2) 편집비평의 번성은 독일과 영어권의 신약학계에 의해 오래 전부터 예상되어왔다. 예컨대, F. C. Baur는 「그 기원과 특성에 따른 마가복음」(Tübingen 1851)에서 마가를 유대인과 이방인 간의 차이들을 조화시키기 위해 누가와 마태에 의존하여 쓰여진 (비역사적인) 후대의 편집서로 보았다. 20세기 초에 W. Wrede은 자신의 마가 연구서인 「복음서 안에 나타난 메시야 비밀」(Göttingen 1901)에서 마가에 나타난 소위 "메시야 비밀"이 역사적 사건이 아니라, 교리적 삽입이었다고 주장하였다. 또한 불트만의 양식비평연구서인 「공관복음 전승사」((Göttingen 1958), pp. 347ff. 특히 393-400)의 후반부인 "전승자료의 편집"을 참조. 영국에서는 R. H. Lightfoot의 작업 ― 그의 유명한 1934년의 Bampton에서의 강연 (출판 : *History and Interpretation in the Gospels*, London 1935.) ― 이 편집비평방법을 예

고한다. 또한 다음과 같은 편집비평서를 언급할 수 있다. B. W. Bacon(e. g. *Studies in Matthew*, London 1931), N. B. Stonehouse(e. g. *The Witness of Luke to Christ*, London 1951), P. Carrington(e. g. *According to Mark: A running commentary on the oldest Gospel*, Cambridge 1960), A. M. Farrer(e. g. *St. Matthew and st. Mark*, London, 1966²). See J. Rohde, *Rediscovering the Teaching of the Evangelists*(E. T. London 1968), pp. 31-46.

3) 편집비평 방법은 또한 신약의 다른 부분, 특히 사도행전과 계시록의 연구에도 적용될 수 있다.

4) E. Haenchen, *Der Weg Jesu* (Berlin 19682), p. 24.

5) So N. Perrin, *What is Redaction Criticism?* (London 1970), p. 66. See the whole section on "Redaction and Composition", pp. 65-7.

6) Dr. Ernest Best의 편집비평적 논문, *The Temptation and the Passion : the Markan Soteriology* (Cambridge 1965). 이 "마가신학의 이해"라 는 공언된 목적에서 마가 자신을 본질적으로 "저자이며 신학자"로 취급함으로 써 이런 함정에 빠진다.

7) 양식비평 학자들 가운데서, J. Jeremias(*Die Gleichnisse Jesu* (Zürich 1947), p. 15.)는 주님의 강화의 본래 문맥(여기에서는 비유적 가르침)과 그 뒤에 나오는 배경 사이를 유용하게 구별한다. 또한 C. H. Dodd, *The Parables of the Kingdom* (London 1936), pp. 111-53) 참조.

8) See further R. H. Stein, "What is *Redaktionsgeschichte?*", JBL 88 (1969), pp. 45-56, 역사적 개요와 그 방법의 설명이 있다. 일반적 원리를 위한 책: D. Guthrie, *New Testament Introduction* (London, 1970³), pp. 214-9(본사 역간 ―「신약서론」); and J. Rohde, op. cit.

9) N. Perrin(op. cit., p. 25)은 세 명의 독일 신학자들(K. L. Schmidt, M. Dibelius, R. Bultmann)의 작업이 1차 대전 이후에 양식사 방법을 일 으킨 것처럼, 다른 세 명의 독일 신학자들의 작업이 2차 세계 대전 이후에 편 집사의 방법을 일으켰다고 지적한다. 그러나 우리는 앞에서 이 편집사적 방법 이 F. C. Baur, R. H. Lightfoot 등등의 학자들에 의해 예상되었다고 이 미 말한바 있다.

10) W. Marxsen, *Der Evangelist Markus* (Göttingen 19592) p 11 E. T. *Mark the Evangelist* (New York and Nashville 1969), p. 21.

11) G. Bornkamm, G. Barth and H. J. Held, *Überlieferung und Auslegung im Matthäusevangelium* (Neukirchen 1960; E. T. *Tradition and Interpretation in Matthew*, London 1963) = Tradition. 앞으로 참조 페이지는 영어판에 의함.

12) G. Bornkamm, "The Stilling of the Storm in Matthew", in *Tradition*, pp. 52-7.

13) Ibid., p. 57.

14) G. Bornkamm, "End-Expectation and Church in Matthew", in

Tradition, pp. 15-51.

15) Ibid., p. 49. See also J. Rohde, op. cit., pp. 11-13, 47-54.

16) H. Conzelmann, *Die Mitte der Zeit* (Tübingen 1964⁵, ; E.T. *The Theology of St. Luke*, London 1960). 앞으로 참조 페이지는 영어판에 의함.

17) N. Perrin, op. cit., p. 29.

18) See, for example, C. K. Barrett, *Luke the Historian in Recent Study* (London 1961), pp. 9-26; also I. H. Marshall, *Luke: Historian and Theologian* (Exeter 1970), esp. pp. 21-76.

19) H. Conzelmann, op. cit., esp. pp. 131f. But see S. S. Smalley, "The Delay of the Parousia", JBL 83 (1964), pp. 42-7. On Conzelmann's work generally, see J. Rohde, op. cit., pp. 154-78.

20) 각주 10번 참조. 마가복음의 본질에 대한 실마리로서 마가의 신학적 (특히 기독론적) 활동의 연구에 대해서는 N. Perrin, "The Literary Gattung 'Gospel' — Some Observation" Exp. T 82 (1970-71), pp.4-7 참조.

21) W. Marxsen, op. cit., pp. 18-23, *et al.*

22) Ibid., p. 59.

23) See further J. Rohde, op. cit., pp. 113-40; also N. Perrin, *What is Redaction Criticism?*, pp. 33-9.

24) See *Tradition*, pp. 58ff. Note also E. Schweizer, *Das Evangelium nach Matthäus* (Göttingen 1973; E.T. *The Good News according to Matthew*, London 1976); J. D. Kingsbury, *Matthew: Structure, Christology, Kingdom* (London 1976).

25) Cf. H. E. Tödt, *Der Menschensohn in der synoptischen Überlieferung* (Gutersloh 1963, E.T. *The Son of Man in the Synoptic Tradition*, London 1965).

26) Cf. F. Hahn, *Christologische Hoheitstitel: Ihre Geschichte im frühen Christentum* (Göttingen 1964²; E.T. *The Titles of Jesus in Christoiogy* (London 1969). Note also R. H. Fuller, *The Foundations of New Testament Christology* (London 1965), for a similar theological approach in this area from beyond Germany; and cf. the useful review article of this book by I. H. Marshall, "The Foundations of Christology", in *Themelios* 3 (1966), pp. 22-34.

27) J. M. Robinson, *The Problem of History in Mark* (London 1957).

28) E. Best, *The Temptation and the Passion.*

29) E. Schweizer, *Das Evangelium nach Markus* (Göttingen 1967; E.T. *The Good News According to Mark*, London 1971; 앞으로 참조 페이지는 영어판에 의함). Cf. also for studies in Markan redaction, D. Blatherwick, "The Markan Silhouette?", NTS 17 (1970-71), pp. 184-92; R. H. Stein, "The Proper Methodology for

Ascertaining a Markan Redaction History", Nov. T 13 (1971), pp. 181-98; F. Neirynck, *Duality in Mark: Contributions to the Study of the Markan Redaction* (Louvain 1972); R. P. Martin, *Mark: Evangelist and Theologian* (Exeter 1972), esp. pp. 84-162.

30) H. Flender, *Heil und Geschichte in der Theologie des Lukas* (München 1965; E. T. *St. Luke: Theologian of Redemptive History*, London 1967). Cf. also I. H. Marshall, *Luke Historian and Theologlan* (Exeter 1972).

31) J. L. Martyn. *History and Theology in the Fourth Gospel* (New York 1968); also id. "Source Criticism and *Redaktionsgeschichte* in the Fourth Gospel", in D. G Miller and D Y. Hadidian (ed.), *Jesus and Man's Hope*, Vol. 1 (Pittsburg 1970), pp. 247-73. Cf. also M, Wilcox, "The Composition of John 13:21-30", in E. E. Ellis and M. Wilcox (ed.), *Neotestamentica et Semitica: Studies In Honour of Matthew Black* (Edinburgh 1969), pp. 143-56.

32) B. Lindars, *Behind the Fourth Gospel* (London 1971); id., *The Gospel of John* (London 1972).

33) W. Nicol, *The Semeia in the Fourth Gospel: Tradition and Redaction* (Leiden 1972).

34) See also N. Perrin's redaction-critical analysis in *What is Redaction Criticism?*, pp. 40-63.

35) Cf. R. H. Stein, "The Proper Methodology for Ascertaining a Markan Redaction History", loc. cit.

36) 최근의 요한에 대한 "새로운 조망"에서, 이것은 복음서들의 상호관계를 이해하는데 있어서, "공관복음서 문제"보다 더 받아들일만한 입장이다.

37) Cf. the study of Matthew's theology in D. Hill, *The Gospel of Matthew* (London 1972) pp. 60-72.

38) Cf. W. D. Davies, *The Setting of the Sermon on the Mount* (Cambridge 1964), pp. 92f.

39) So C. F. D. Moule, "St. Matthew's Gospel: Some Neglected Features", in F. L. Cross(ed.), *Studia Evangelica 2* (TU 87, Berlin 1964), pp. 91-9, esp. 92-4.

40) Cf. W. D. Davies, op. cit., p. 56.

41) Ibid. For this whole section, see pp. 50-6.

42) Οὗτός ἐστιν ὁ υἱος μου ἀγαπητός는 또한 "this is my Son, my(or the) Beloved" (이 사람은 나의 사랑하는 아들이다)라는 의미를 지닐 수도 있다.

43) Cf. the *bath qol* in Mt. 3:17, at the baptism of Jesus.

44) 마가에서 제자들의 반응에 대한 언급은 변형과 그 뒤에 나오는 환상 이후에 나온다. 누가에서는 그것이 구름이 덮인 후에 나온다. 그러나 마 17:4에서 Κύριε를 사용하는 것을 주목하라(마가는 ῥαββέι로, 누가는 Ἐπιστάτα로 표현한다.)

45) 마 16:16의 "그리스도"와 "살아계신 하나님의 아들"의 연결에 대한 또 다른 설명으로는 O. Cullmann, Petrus, Jünger - Apostel - Märtyrer : *Das historische und das theologische petrusproblem* (Zürich 1952), pp. 190-206. 참조. 편집비평을 사용할 때마다 자료비평적 전제들이 결론에 어느 정도 영향을 끼칠 것이다.

46) G. M. Styler, "Stages in Christology in the Synoptic Gospels", NTS 10 (1963-64), pp. 404-6) 참조. 고양된 기독론에도 불구하고, 마태는 이 사건에 마가처럼 절정의 의미를 부여하지 않는다.

47) 다른 측면에서는 B. Gerhardsson, *Memory and Manuscript* (Uppsala 1961), esp. pp. 324-35. 참조. Gerhardsson은 복음서 자료의 원시적 전달에서 차지하는 (유대-기독교) 전승의 위치와 중요성에 대해 찬성한다.

48) 전승사적 접근과 관련된 주장들의 기준에 대해서는 D. Guthrie, op. cit., pp. 208-11; also I.H. Marshall, "The Foundations of Christology", loc. cit., pp. 29-34.

49) N. Perrin, *What is Redaction Criticism?*, p. 40.

50) See I. H. Marshall, *Luke: Historian and Theologian*, pp. 19f

51) 편집비평가들이 자신들의 결론을 그러한 전제들에 기초할 때 초래되는 위험은 Dr. Norman Perrin의 작품, *Rediscovering the Teaching of Jesus* (London 1967)에서 강조되어 있다. 편집비평 방법을 사용하면서 페린은 예수의 교훈의 참된 요소를 확정하기 위해 설득력이 있는 동시에 의문의 여지가 있는 세 개의 기준을 세우고(비유사성, 내적 일관성, 중복적 증언), 그것을 토대로 하여 가장 초기 형태의 예수의 비유들, 하나님 나라의 말씀들, 주의 기도 전승 등이 주의 교훈의 실제 부분으로 받아들일 수 있다는 (의문이 가는) 결론에 도달한다. 페린의 일반적인 방법의 기준과 그 결과에 대해서는, M.D. Hooker, "Christology and Methodology", NTS 17(1970-71), pp. 480-7.

52) See F. F. Bruce's article in this volume.

53) Against e.g. N. Perrin, *Rediscovering the Teaching of Jesus*, pp. 234-48.

54) See further C. F. D. Moule, *The Phenomenon of the New Testament: An Inquiry into the Implications of Certain Features of the New Testament* (London 1967), pp. 43-81, for a positive discussion of the continuity between the Jesus of history and the Lord of faith.

55) See, *inter alios*, J. A. T. Robinson, "The New Look on the Fourth Gospel", in K. Aland (ed.), *Studia Evangelica*, Vol. 1(TU 73, Balin 1959), pp. 338-350, reprinted in J. A. T. Robinson, *Twelve New Testament Studies* (London 1962), pp. 94-106; also S. S. Smalley, "New Light on the Fourth Gospel", *Tyn.* B 17 (1966), pp. 35-62.

56) 이 구절은 마가복음의 완전한 단락(막 1:1-3:6)의 일부이다.

57) 막 2:20(신랑이 빼앗길 것이라는 언급)의 말씀은 아마도 예외로서 후대의 배경에서 유래한 것일 것이다. 이 구절에 대한 마가의 편집적 사용에 대해서는 R. P. Martin, op. cit., pp. 184-8. 참조.

58) 막 2:1-3:6에 나오는 "수집록"은 마가 이전 자료의 부분이었을 가능성이 있다. (V. Taylor, *The Formaion of the Gospel Tradition*, London 1935, pp.177-81 참조) 그 경우에 우리는 마가가 이 수집록을 인용한 편집 자적 관심에 대해서는 확신할 수 없다. 그러나 이 수집이 마가 이전에 있었을 지라도 마가가 자기의 관심에 정확히 맞는다고 해서 하나도 변화시키지 않고 그것을 이어받았을 가능성은 희박하다.

59) See further on this passage D. Hill, op. cit., pp. 124f., 280f.; also R. Bultmann, op. cit.. E.T. pp. 132, 148.

60) 신약성서의 권위에 관한 일반적 문제에 관해서는, see R. E. Nixon's article in this volume.

61) Cf. R. P. Martin, op. cit., pp. 140-62 esp. 161f.

62) T. Schramm의 연구, *Der Markus-Stoff bei Lukas : Eine Literarkritische und Redaktionsgeschichtliche Untersuchung* (Cambridge 1971)는 누가의 의도를 발견하기 위해 편집사적 방법을 이용 하는데 있어서 주의할 점을 말하고 있다.

63) Cf. S. S. Smalley, "Diversity and Development in John", NTS 17 (1970-71), pp. 289f.

64) See further, C. F. D. Moule, "The Intention of the Evangelists", in A. J. B. Higgins (ed.), *New Testament Essays* (Manchester 1959), pp. 165-79; reprinted in C. F. D. Moule, *The Phenomenon of the New Testament*, pp. 100-14.

65) 이것은 J. Rohde의 책, *Rediscovering the Teaching of the Evangelists* 을 대략 읽어봐도 분명해진다.

66) Cf. C. F. D. Moule, "The New Testament", in F. G. Healey (ed.), *Preface to Christian Studies* (London 1971), pp. 50f.

제 3 부
석의의 과제

제 12 장

신약 성서의 구약 사용 방법

E. 얼 엘리스

1. 신약의 용례의 성격

1. 총론

신약 성서에서 구약 어법은 종종 신약 저자 자신의 표현 형태가 구약의 영향을 받은 관용 어법의 형태로 나타나기도 한다(살전 2:4; 4:5). 그러나 가장 빈번하게 나타나는 것은 구약의 인용, 의도적 암시, 혹은 회상의 형태이다. 하트만(Hartman) 박사는 어떤 저자가 다른 글을 인용하는 이유를 아래의 세 경우로 제시한다: ① 권위에 있어 지지를 얻기 위해서(마 4:14), ② 연상을 불러 일으키기 위해(막 12:1f), ③ 문학적인 효과나 문체의 효과를 위해(딛 1:12). 하트만은 암시는 때때로 그 단락의 전체 문맥이 고려되고 나서야 식별될 수 있다고 보았는데, 그의 관찰은 옳은 것이었다.[1]

다른 헬라 저작들에서 기대되는 것과 같이, 신약의 구약 인용도 1세기에 일반적으로 사용되던 헬라어 역본인 70인역과 일치하는 경우가 많다. 그러나 반드시 그런 것은 아니다. 때로는 다른 헬라어 역본, 아람어 타르굼, 또는 저자가 히브리 본문을 독자적으로 번역한 것 등을 반영하고 있다.[2] 상이한 본문 형태를 사용한 것은 접어두고, 70인역을 사용하면서도 다르게 인용한 경우가 있는데 이것은 기억의 실수에 의해서 일 수도 있다. 그러나, 이런 설명이 과거에는 타당성이 있어 보였지만, 지금은 그렇지 않다.[3] 아래에서 자세히 살펴보겠지만, 70인역의 인용이 다르게 나타나는 것은 고의적인 변경인 경우가 훨씬 많다. 즉, 특별한 번역과 정교화에 의해 또는 다양한 본문 전승들의 사용에 의해 신약 기자들의 의도에 부합하는 변경이 행해진 것이다. 그렇다면, 이러한 변화들은 구약 성서의 개별 문단에 대한 신약 기자의 해석뿐만 아니라, 구약 전체에 대한 그의 시각을 보여주는 중요한 실마리가 되는 것이다.

2. 도입 문구

일반적으로 "말하다" 혹은 "기록하다"라는 동사를 사용하는 신약의 인용 문구들은 다른 유대 문헌들, 즉 구약 성서나[4], 쿰란 문서들[5], 필로와 랍비의 저작들[6] 같은 데서 발견되는 인용 문구와 일치한다. 이 인용 문구들은 인용문을 책이나 저자 또 빈번하지는 않지만 이야기에 대한 언급과 같이 위치시키는 기능을 한다(롬 11:2의 "엘리야를 가리켜"; 막 12:26의 "가시 떨기에 관한 글에"). 때로는 특정한 예언자가 명기되기도 하는데(행 28:25), 이러한 명기가 신약 성서의 가르침에 있어서 중요한 것인 때도 있다.[7] 어떤 책의 이름이 언급되면서도 실지로는 다른 곳에서 인용되는 경우, 그 도입 문구는 우연한 실수일 수도 있겠지만, 인용된 본문이 언급되어진 책에 나오는 문구에 대한 해석이거나(마 27:9)[8] 정교화한 가필일(막 1:2) 가능성이 더 많다.

도입 문구는 추상적으로가 아니라 구약의 교훈을 적절히 해석하고 적용함으로써 구약의 신적 권위를 강조하는 경우가 많다. 그러므로 "경(γραφή)에 이르기를"이라는 문구는 구약의 종말론적, 다시 말해서 기독교화된 성취, 또는 정교화한 가필을 도입할 수 있다(요 7:38; 갈 4:30). 그리고 γραφή는 전통적인 해석들과 대조될 수 있다(마 22:29). 말하자면 (성)경(Scripture)의 계시적인 "하나님의 말씀"으로서의 성격이 현재의 해석 가운데 현존한다는 것을 함축한다는 것이다.

르네 블로흐(Renee Bloch)의 말에 의하면, (성)경이라는 단어는 "언제나 하나님의 백성과 그 개개의 구성원에게 인격적으로 말씀하시는 살아있는 말씀과 관련된다 … ."[9] "기록되었으되"라고 하는 문구 역시 (성)경에 대한 특별하고도 옳은 해석이라는 의도적 내포(intended connotation)를 가질 수 있다(롬 9:33;11:26) 물론, 이런 내포가 언제나 옳은 것은 아니다(마 4:6).

때때로 성경을 읽는 것과 아는 것 내지 듣는 것 사이에 명백한 구별을 하는 선이 그어지기도 한다. 그것은 에디오피아 내시 이야기에서 명백히(행 8:30), 그리고 나사렛 회당에서의 예수의 이사야 주해(눅 4:16f.)에서 함축적으로 나타난다. 랍비문서들에서처럼 "너는 읽지 못(οὐκ)하였느냐?"[10]라는 문구가 전제되어 있는 것 같다. 그것은 "너는 읽기는 했으나 깨닫지는 못하였다"는 말이다. 이 문구는 신약 성서에서는 예수 자신의 말로만 나온다. 그것은 대개 성경에 대해 논쟁할 때나 성경을 주해할 경우에서이다.[11]

몇몇 문구들은 기독교 공동체내의 특정 집단과 관련되어 있다. 아홉번의 λέγει κύριος("주께서 가라사대") 인용들은 기독교 예언자들의 활동을 반영하는 것 같다.[12] 마태복음과 요한복음에서 많이 발견되는 ἵνα πληρωθῇ("이루려 함이라") 인용들도 같은 기원을 갖는다.[13] 이 두 종류의 인용문은 구약의 단락을 초대 교회의 경험과 이해에 종말론적으로 재적용하기 용이하도록 창조적으로 변형시킨 본문 형태들을 포함한다.[14] 이와 비슷한 변형은 쿰란 사본에서도 발견된다. 1세기 유대교에서는 이러한 활동이 교사들뿐만 아니라 예언자들에게도 적합한 것으로 여겨졌다.[15]

목회서신에 나오는 πιστὸς ὁ λόγος("미쁘다 이 말이여")가 이끄는 단락들도 거의 비슷한 경우이다.[16] 이 단락들은 바울도 편지를 쓸 때 사용한 것으로서, 기독교 예언자들(딤전 4:1, 6 참조. τοῖς λόγοις τῆς πίστεως), 그리고/혹은 영감받은 교사들의 교훈으로 나타난다. 비록 그 단락들이 구약 성서의 인용을 포함하지 않는다고 하더라도, 이러한 "미쁜 말씀들" 중 몇은 구약의 주해를 언급한 것일 수 있다.[17] 그것은 가르침의 사역에 참여한 예언자 집단에서 연유한 것으로 보인다.

3. 인용의 양식들과 기법들

(a) 두 개 혹은 그 이상의 본문들이 결합된 인용은 다양한 양식으로 자주 나타난다: 구절들의 연결(롬 15:9-12), 주석적 형태(요 12:38-40; 롬 9-11), 그리고 복합적이거나 뒤섞인 인용(롬 3:10-18; 고후 6:16-18). 세 번째 경우를 제외한 앞의 두 형태는 유대교에서 흔히 사용되는 것들이었다. [18] 이 형태들은 주제를 발전시키는데 기여하는데, 아마도 신명기 19:15에서 두 증인이 있어야 사건이 성립된다는 원리를 확대 적용한 것으로 보인다. 때로는(롬 10:18-21) 랍비들의 인용 형태와 같이 율법서에서, 예언서에서 그리고 성문서에서 동시에 인용하는 경우도 있다. 이러한 결합은 보통 구성어들(catchwords)의 연결로(예:벧전 2:6-9의 "돌" "택한") 이루어진다.

(b) **증언**. 예수의 메시야성을 "증언"하는 인용들은 초대 교회의 특별한 관심사였다. 그것들은 결합된 인용으로 나타나기도 하는데(히 1), 다른 신약 인용들 배후에 있었던 어떤 결합체들이 있었을 수도 있다. [19] 이런 "증언들"은 무엇보다도 교훈적인 그리고 변증적인 목적을 위한 주제의 결합이었다. 쿰란의 증언들이 보여주는 바와 같은데(4Qtest) 그 중의 몇몇은 문서 형태로 사도시대에 유포되었을 것이다. 그러나 교회가 반(反)유대적 변증에 사용한 정경 이전의 "증언집"이 있었다는 가설은[20] 별로 타당성이 없다.

그 "증언들"은 특정한 구절들에 대한 기독론적으로 작업된 이해를 분명히 전제로 하는 것이며, 아무렇게나 뽑아낸 단순한 증빙 본문(proof text)은 아니었다. 20세기의 유대인들과 마찬가지로 초대 기독교인들은, 지금 우리가 하는 것처럼 전통적 용례로부터 성경의 단어나 구절에 대한 "기독교적" 해석을 쉽게 끌어내 올 수는 없었다. 그래서 고립된 증빙 본문들이 그들에게는 무의미하지는 않다고 하더라도 임의적인 것으로 보였을 것이다.

다드(C. H. Dodd)의 논문에 의하면[21] "증언" 인용들은 그 전체가 이미 기독론적으로 해석되어진, 더 큰 구약의 문맥들을 가리키는 것으로 모아졌고, 또 그렇게 사용된다. 예를 들면, 이사야 7:14을 인용하고 있는 마태복음 1:23은 이사야 6:1-9:7이라고 하는 전체 단락의 관점을 갖고 있다. "하나님이 우리와 함께 하신다"(사8:8, 10 LXX)는 추가 구절로 보아서나, 신약의 다른 곳에서도 이사야 6-9장이 자주 쓰인다는 점을 봐서도 그러하다. 다드는 증언들은 "어떤 성서 연구 방법"(p. 126)의 결과라고 정확하게 보았다. 그렇다면 그 방법이라는 것은 구체적으로 무엇이었는가? 다드가 생각하듯이 그것은 구약의 어떤 단락에 대한 조직적인 기독론적 분석을 포함할 수 있다. 그러나 그 방법은 그 이상이다. 그것은 우리에게는 미드라쉬라고 알려진, 당대의 유대교에서 사용되던 영적인 주해 형태와 방법에 상응하는 것일 것이다.

4. 인용과 미드라쉬

(a) "미드라쉬"라고 하는 히브리 용어는 "주석"이라는 뜻을 가지며(참조: 대하 13:22; 24:27), 과거에는 구약 성서에 대한 특정한 랍비적 주석과 관련해서 사용되었었다. 최근에는 문학의 장르로서 뿐만 아니라 주석 행위까지, 또 주해의 결과뿐 아니라 해석의 방법까지도 가리키는 것으로 폭 넓게 사용되고 있다.[22] 그래서 "미드라쉬의 집"(시락 51:23)이라고 하면 이러한 주해가 행해지는 장소를 말한다(주석서들을 모아놓은 도서관이 아니라). 블로흐 양(Miss Bloch)에 따르면(op. cit., 주9), 미드라쉬 절차(procedure)의 핵심은 성경을 적용하거나 당면한 상황 속에서 의미있게 하기 위하여 당시대화하는 것(contemporization of Scripture)이다. 그 예는 히브리어 본문에 대한 해석을 가한 번역(암시적 미드라쉬, implicit midrash), 예를 들자면 헬라어 칠십인역이나[23] 아람어 타르굼 같은 것, 그리고 좀더 공식적인 "본문+ 주해" 형태(explict midrash), 예를 들면 랍비 주석[24] 같은 것에서 보여진다. 양자 공히 1 세기 유대교에서 나타나는 것으로서, 쿰란 공동체의 문서를 통해서 볼 수 있다.

(b) 신약의 구약 사용에 있어서, 암시적 미드라쉬는 두 가지 의미로 나타나는데, 하나는 구약을 인용하면서 해석적 입장에서 변경을 가하는 것이고, 다른 하나는 보다 정교한 형태이다. 첫번째 형태는 언어 유희를 포함한다. 마 2:23은 메시야를 Ναζωραῖος(= ?나실인, 삿 13:5,7 LXX) 혹은 netzer (= 가지, 사 11:1; 참조 49:6; 60:21)와 동일시하여 예수가 나사렛 지방에 거주하게 된 것을 예언의 성취로 보았다.[25] '매단다'와 '높인다'는 의

미를 동시에 갖는 요한복음 3:14; 12:32ff.의 "든다(lift up)"는 역시 두 의
미를 동시에 갖고 있는 이사야 52:13의 아람어의 번역(z^ekaph)을 암시하는
것으로 보인다; 이 용어 사용은 공관복음에서는 예수가 자신이 "죽임을 당하
고 부활해야"(막 8:31; 참조. 눅 18:31) 할 것이라고 예언하는 곳에서 분명
히 볼 수 있다.[26] 비슷한 이중 의미가 "세운다"는 말이 메시야의 부활 이전의
사역과 부활을 동시에 의미하는 것으로 사용되었음이 분명한 사도행전
3:22-26에서 나타난다.

두 번째 형태는 로마서 10:11에서 볼 수 있다: 성경에 이르되 "누구든
지(πᾶς) 저를 믿는 자는 부끄러움을 당하지 아니하리라" 하니.

구약의 본문에는 "누구든지"라는 말이 없다: 이는 바울이 자신의 해석을
인용구 속에 집어넣어서 자신의 논지에 더 알맞게 만든 것이다(10:12f.). 마
찬가지로 갈라디아서 4:30에서 창세기 21:10의 "나의 아들 이삭"을 "자유한
여인의 아들"로 바꾼 것도 인용문을 바울 자신의 적용에 잘 들어맞도록 하기
위함이었다. 이러한 원리들의 좀더 정교한 사용에 대해서 살펴보자.

암시적 미드라쉬의 좀더 복잡한 형태는 (1) 다양한 구약성서의 본문이
병합된, 혹은 복합된 인용을 하면서, 그것들을 현재의 상황에 맞도록 수정하
는 것과 (2) (구약) 성서의 상용구들을 사용하여 현재의 사건을 묘사함으로
써 그 사건을 구약의 본문과 연결시키는 데서 나타난다. 상황화된 복합적 인
용구의 예로는 고린도전서 2:9; 고린도후서 6:16-18 등이 있다. 현재와 미
래의 사건을 묘사하고 그 의미를 설명하기 위해 성경의 상용구를 사용하는
것은 좀더 미묘한 것이며, 조금 다른 초점을 갖는다: 주관심은 그 사건 자체
에 있으며, 구약성서의 암시는 그것을 조명해거나 설명해주기 위해서 도입될
뿐이다. 이러한 형태의 미드라쉬는, 예를 들면, 누가의 유아 설화에서, 예수
의 묵시적 강화에서, 재판받을 때의 예수의 응답에서, 그리고 성 요한의 계
시록에서 나타난다.[27]

유아 설화에서 수태고지는(눅 1:26-38) 이사야 6:1-9:7 — 보기. 7:13f.
(27, παρθένος, ἐξ οἴκου Δαυίδ); 7:14(31); 9:6f(32, 35) — 를 암시하는데 다드
(C. H. Dodd)는 이 부분이 초대 교회 석의를 위한 일차적인 자료임을 밝힌

바 있다.[28] 그것은 또 창세기 16:11 (31) ; 사무엘하 7:12-16 (32, ?35, υἱὸς Θεοῦ) ; 다니엘 7:14(33:b) ; 그리고 이사야 4:3 ; 62:12 (35, ἄγιον κληθήσεται)를 암시하는 것 같다. 마리아의 찬가(1:46-55)와 베네딕투스 (1:68-79) 역시 비슷한 원리를 따라 형성된 것이다. 아마도 초대 예루살렘 교회의 예언자들이 예수의 탄생을 둘러싼 사건들에 관한 가족 전승에 이러한 문학적 공식화를 부여했을 것이다.[29]

복음서들은 재판 때의 우리 주님의 반응에(막 14:62과 병행구절) 시편 110:1 과 다니엘 7:13을 부여하고 있다. 그것은 알려진 예수의 반응의 요약을 대표하는 것으로 보이는데, 이러한 "메시야적" 석의는 기독교 공동체에 의해서 만들어졌을 수도 있다. 그러나 예수가 제자들에게 가르쳤던 것이었을 가능성이 더 높다. 예수가 부활 이전의 가르침에서 시편 110:1과 다니엘 7:13을 사용했을 개연성은 매우 크다.[30]

역시 다니엘 7:13의 사용을 포함하고 있는 묵시적 강화는(마가복음 13 장과 병행장) 다니엘서의 특정 구절에 대한 예수의 미드라쉬로 구성되었음이 분명하다. 이 미드라쉬에 주님의 다른 말씀이 보충되었고, 복음서 기자와 그 이전의 전승자들은 이를 다듬어서 교회의 경험과 연결된 "예언적 영역에로" 편입시켰다. 전달의 과정에서 그 미드라쉬는 "한 때는 명시적이었던 구약과의 관계를 많이 상실한 것으로 보인다."[31] 이러한 재구성이 정확하다면, 그것은 예수의 가르침이 구약성서 본문의 미드라쉬적 취급과 유사한 방식으로 당시대화 되어진 방법뿐만 아니라, 우리 주님의 명시적 미드라쉬가 많이 수정되어서 구약성서의 언급들이, 비록 상실하지는 않았지만, 그 시대에의 적용에로 상당히 많이 동화되었다는 것도 같이 보여준다. 이러한 과정은 위에서 언급된 복합적 인용문들의 경우에서보다 더욱 전면적이다.

이러한 예들은 암시적 미드라쉬가 때로는 구약의 직접적인 주석, 즉 명시적 미드라쉬를 전제하며, 또 그것으로부터 발전되어졌다는 것을 제시해준다. 이제 초대 교회의 용례들 가운데 이러한 형태들을 살펴보도록 하자.

(c) 신약 성서의 명시적 미드라쉬는 쿰란의 페쉐르 미드라쉬, 그리고 랍비적 주해들에서 보이는 일군의 미드라쉬와 유사성을 갖는다. 고대의 랍비들

의 주해들을 보존하고 있는 자료들은 신약성서보다 수 세기 이후의 것으로 추정된다.[32] 그렇지만, 그 주해들은 일반적 구조에 있어서 초대 기독교 주해와의 중요한 병행을 제공해 주고 있다. 왜냐하면 (1) 랍비들이 그들의 주해 방법을 기독교에서 차용해 갔을 것 같지는 않고, (2) 비슷한 형태들이 1 세기의 유대인 저술가 필로에게서도 관찰되기 때문이다.[33] 그 기원은 "설교"나 "훈계"에서 뿐만 아니라 "주석"에서도 찾을 수 있을 것 같다. 즉 회당 예배의 요소일 뿐만아니라 회당 학교의 산물이기도 하다는 것이다.[34] 신약성서의 주해들과 가장 큰 유사성을 갖는 강화의 형태는 "프로엠"(서문) 미드라쉬이다.[35] 회당에서 사용될 때, 그것은 보통 다음과 같은 모양을 가졌었다:

> 오늘의 본문(오경에서).
> 두 번째 본문, 강화의 서론(proem)이거나 도입부.
> 구약의 추가 인용, 비유나 다른 주석을 포함하는 주해. 이 부분을 연결어(catch words)를 통해서 최초의 본문과 관련짓는다.
> 마지막 본문, 대개는 '오늘의 본문'을 되풀이 하거나 암시한다.

이러한 일반적 윤곽이 약간 변형된 형태로 신약에서 자주 나타난다. '오늘의 본문'이 빠진 채로 나타나는 히 10:5-39을 보자:

5-7 ― 최초의 본문 : 시 40:7-9

8-36 ― 추가 인용(16f., 30)을 포함하는 주해. 연결어 θυσία (8, 26), προσφοράν (8, 10, 14, 18), περὶ ἁμαρτίας (8, 18, 26), ἁμαρτία (17)에 의해 최초의 본문과 연결된다.

37-39 ― 마지막 본문, 동사 ἥκειν과 εὐδοκεῖν을 이용하여 최초의 본문을 암시하는 적용: 사 26:20; 합 2:3f

보다 특수한 형태가 로마서 9:6-29에 나타난다:

6f. ― 주제와 최초의 본문 : 창 21:12

9 ― 두번째, 보충적 본문 : 창 18:10

10-28 ― 추가 인용을 포함하는 주해 (13, 15, 17, 25-28). 연결어 καλέω
과 υἱός로 최초 본문과 연결됨

29 ― 연결어 σπέρμα로 최초 본문을 암시하는 마지막 본문

좀 덜 복잡한 형태가 고린도전서 1:18-31에 나타난다. 여기서는 두번째, 보충 본문이 최초 본문과 합쳐져 있다; 그리고 그 후에는 인용이 하나 뿐인데, 이 마지막 본문은 최초의 본문을 암시하고 있지 않다:

18-20 ― 주제와 최초의 본문들 : 사 29:14 그리고 19:11f. ; 참조 33:18

20-30 ― 최초 본문과 마지막 본문이 연결된 주해. 연결어 σοφός (26f), σοφία (21f., 30), μωρός (25, 27), μωρία (21, 23) καυχᾶσθαι (29) 로 연결됨.

31 ― 마지막 본문. 참조. 렘 9:22f.

고린도전서 2:6-16에서는 최초 본문들이 복합적이며 상당한 해석이 가해진 인용이다:

6-9 ― 주제와 최초 본문. 참조. 사 64:4; 65:16, LXX.

10-15 ― 최초 본문, 마지막 본문과 연결된 주해. 연결어 ἄνθρωπος (11, 14; 참조. 13절), ἰδεῖν (11f.), γινώσκειν (11, 14).

16 ― 마지막 본문과 적용 : 사 40:13

갈라디아서 4:21-5:1에 있는 주석의 최초 본문에서는 복합적 인용 대신에 그 자체가 창세기의 구절로서, 핵심 단어 ἐλευθέρα로 도입되는 암시적 미드라쉬이다. 이는 아마도 바울의 요약일 것이다. 그러나, 요벨서(Jubilees)

나 쿰란의 "Genesis Apocryphon"과 비슷한 창세기 미드라쉬로부터 나온 것일 수도 있다:[36]

21f. — 서론과 최초 본문. 참조. 창 21장.

23-29 — 추가 인용으로 주해. 연결어 $\epsilon\lambda\epsilon\upsilon\theta\epsilon\rho\alpha$ (22, 23, 26, 30), $\pi\alpha\iota\delta\iota\sigma\kappa\epsilon$ (22, 23, 30, 31) 그리고 ben/$\upsilon\iota\delta\varsigma$ = $\tau\epsilon\kappa\nu o\nu$ (22, 25, 27, 28, 30, 31)에 의하여 최초 본문, 마지막 본문과 연결됨

30ff. — 마지막 본문과 적용, 최초 본문을 언급하고 있음: 참조. 창세기 21:10

베드로후서 3:5-13도 조금 불분명하긴 하지만 비슷한 형태이다. 갈라디아서 4 장의 경우처럼 최초 "본문"은 성경의 한 부분을 선별적으로 요약한 것이다:

5f. — 최초 본문(종말론적 적용과 함께). 참조. 창 1장, 6장

7-12 — 최초 본문, 마지막 본문과 연결된 주해(추가 인용과 함께 : 8절). 연결어 $o\dot{\upsilon}\rho\alpha\nu\delta\varsigma$ (5, 7, 10, 12), $\gamma\dot{\eta}$ (5, 7, 10), $\dot{\alpha}\pi\delta\lambda\lambda\upsilon\mu\iota$ (6, 9, 참조. 7), $\dot{\eta}\mu\epsilon\rho\alpha$ (7, 8, 10, 12)에 의해 연결됨,

13 — 마지막 본문과 적용들.[37] 참조. 사 65:17

위의 예들은 복합적이며, 해석된 인용과 성경의 더 큰 단락의 해석적인 요약이 미드라쉬 안에서 "본문"으로 어떻게 기능하고 있는가를 보여준다. 보다 정교한 주석 형태 안에서 짧고 명시적인 미드라쉬들을 "본문"으로 사용하는 것은 똑같은 작업이 확대된 것일 뿐이다. 이러한 경우의 한 예를 고린도전서 1:18-3:20에서 볼 수 있다.[38] 그것은 아래와 같은 단락으로 구성되어 있고, 모두가 연결어로 연결되어 있다. 예, $\sigma o\phi\iota\alpha$, $\mu\omega\rho\iota\alpha$:

1:18-31 — 최초 "본문"

2:1-5 — 주해/적용

2:6-16 — 추가 "본문"

3:1-17 — 주해/적용

3:18-20 — 결론짓는 본문들: 욥기 5:13; 시편 94:11

공관복음 역시 랍비들의 석의와 비슷한 형태의 석의 형태를 보여주고 있다.[39] 마 21:33-44은 회당 연설 고대 형태와 상응한다:[40]

33 — 최초 본문 : 사 5:1f.

34-41 — 비유를 사용한 주해, 연결어 λίθος (42, 44, 참조. 35; 사5:2 saqal)에 의해 최초 본문, 마지막 본문과 연결됨. 참조. οἰκοδομεῖν (33, 42).

42-44 — 결론짓는 본문들: 시 118:22f. ; 단 2:34f., 44f.[41]

누가복음 10:52-37에서는[42] 다소 다른 형태인, 랍비 문서에서 yelammendenu rabbenu("우리의 랍비께서 우리를 가르치소서")라고 불리는 형태가 나타난다. 여기서는 질문이나 문제가 제기되고 답변이 주어진다. 의문문인 시작부만 제외하면 그것은 대체로 프로엠 미드라쉬의 구조를 따른다 (위의 p. 297을 보라):

25-27 — 질문과 최초 본문들을 포함한 대화: 신 6:5; 레 19:18.

28 — 두 번째 본문 : 레 18:5.

29-36 — 최초 본문과 연결된 주해. 연결어 πλησίον (27, 29, 36)과 ποιεῖν (28, 37a, 37b)에 의해.

37 — 두번째 본문을 암시하는 (ποιεῖν) 결론.

마 15:1-9도 이와 비슷하다:[43]

1-4 — 질문과 최초 본문들을 포함하는 대화: 출 20:12; 21:17.

5-6 — 본문 그리고/혹은 대화와 연결된 주해/적용. 연결어
τιμέιν (4, 6, 8), παράδοσις (3, 6) — 참조 ἐντολή / ἔνταλμα (3, 9)
— 에 의해.

7-9 — 결론짓는 본문 : 사 29:13

또 마 19:3-8과도 비교해 보라: [44]

3-5 — 질문, 그리고 이 질문이 최초 본문에 의해 답변됨 : 창 1:27;
2:24.

6 — 최초 본문과 연결된 주해. 연결어 διο, σαρξ μία에 의해.

7-8a — 추가 인용(신 24:1). 이는 주해와 동시에 문제를 제기한다.

8b — (삽입 수정된!) 최초 본문(ἀπ' ἀρχῆς)을 암시하는 결론.

복음서들이 일치하게 증언하는 바와 같이, 성경의 의미에 관한 서기관들, 즉 신학자들과의 논쟁들은 예수의 공적 사역의 중요한 부분을 구성한다. 실제의 논쟁들은 형태에 있어서는 성서에 기록된 것과 같겠지만, 실제로는 더 확대된 내용을 갖고 있었음에 틀림없다. 이 경우에 있어서 랍비들이 익히 알고 있으면서 사용했던 yelammedenu 형태가 복음서 전승자들이 자주 사용했던 문학적 양식이었다.[45] 이런 형태는 랍비들의 저술에서는 대개 대화가 아니라 한 랍비가 성경을 강해하는 데서 나타난다. 이런 점에서 보면 로마서 9-11장의 석의적 구조는 복음서 전승들(이 랍비들의 모델에 가까운 것: 역자 첨가)보다 랍비들의 모델에 더 가깝다.[46]

랍비들의 석의와 신약의 석의의 분명한 차이점들도 같이 언급되어야 한다. 일상적인 랍비들의 석의와는 달리 신약성서의 미드라쉬들은 (1) 오경으로부터의 최초 본문이 없는 경우가 많다. 말하자면, 회당의 성서읽기표의 안식일 본문을 채택하지 않는다는 것이다. (2) 두번째, 서문(프로엠) 본문을 결여하고 있는 경우도 많다. (3) 마지막 본문들이 최초 본문과 상응하거나

그것을 암시하지 않는 경우가 많다. (4) 종말론적으로 정향된 경우가 많다 (아래의 p. 306f.를 보라). 그럼에도 불구하고 일반적인 구조에서 그것들은 랍비들의 용례와 유사성을 갖고 있다. 이 유사성은 명백한 것이며, 우연의 일치라고 보기에는 너무 밀접한 것이다.

(d) 페쉐르 미드라쉬라고 알려진 종류의 주해는 쿰란 문서에서 ─ 예. 하박국 주석에서 ─ 나타난다. 페쉐르라는 이름은 설명하는 문구, '그 해석 (pesher)은 이러하다'에서 사용되던 히브리 단어이다. 이 문구, 그리고 이와 동등 어구인 '이것은 … 이다'(hu' h)는 때로는 구약의 인용문을 도입할 때에 쓰이며(CD 10:16), 보다 전형적인 경우는 인용문에 이어 나오는 주석을 도입할 때 쓰이는 것이다. 두 문구가 다 구약에서도 나타나며,[47] LXX에서는 후자를 οὗτος (ἐστίν)라는 어구로 번역하고 있다.

이런 문구 외에도, 페쉐르 미드라쉬는 미드라쉬 절차에 있어서는 일반적인 다른 특징들도 갖고 있다. 위에서 논의한 미드라쉬들과 마찬가지로, 그것은 주석에서의 적용에 본문을 맞추기 위해 고안된 다양한 구약의 본문 형태들을 사용하거나, 혹은 창조하고 있음이 명백하다. 또한 그것은 본문과 주석을 연결어들을 통해서 연결하기도 한다. 뿐만 아니라, 다양한 종류의 주석 형태들이 발견되기도 한다: 성구 모음집(4Qflor), 하나만 인용하는 경우 (CD 4:14), 그리고 구약 성서의 한 책을 계속해서 주석해 나가는 것이 (1QpHab) 있다.

쿰란의 페쉐르는 랍비들의 미드라쉬와는 달리 초대 교회의 미드라쉬에 훨씬 더 가까운데, 신약성서 연구에 있어서 중요한 이유는 그것이 카리스마적이며 동시에 종말론적이기 때문이다. 종말론적 석의로서, 쿰란 페쉐르는 구약을 약속과 예언으로 보면서 그것이 저자 자신의 시대에 자신의 공동체 내에서 성취되었다고 보았다. 그 공동체는 "마지막 때(' ah³rit)"의 "새 언약"으로 시작되었으며,[48] 메시야의 오심과 하나님의 나라 도래 이전의 "마지막(' ah³ron) 세대"를 구성하는 공동체라고 생각했다.[49]

이러한 특징적인 형태, 종말론적인 전망과 결합된 페쉐르 문구는 상당히 많은 신약의 인용들에서도 나타난다:

"이삭에게서 난 자라야 네 씨라 칭할 것이다"(창 21:12) 하셨습니다. 이것은(τοῦτ᾽ ἔστιν) ··· 오직 약속의 자녀라야 씨로 인정받는다는 의미입니다. 왜냐하면 그것이(οὗτος) 약속이기 때문입니다. " ··· 사라에게 아들이 있을 것이다"(창 18:10).   로마서 9:7-9

네 마음에 "누가 하늘로 올라가겠느냐"(신 30:12) 하지 말라. 이는 (τοῦτ᾽ ἔστιν) 그리스도를 모셔 내리려는 것이요 ··· .   로마서 10:6-8

"이러므로 사람이 부모를 떠나 그 아내와 합하여 그 둘이 한 육체가 될지니"(창 2:24). 이(τοῦτο ··· ἐστιν) 비밀이 크도다. 내가 그리스도와 교회에 대하여 말하노라.   에베소서 5:31f

기록된 바 "아브라함이 두 아들이 있으니"(참조. 창 21장) 이것은 (αὗται ··· εἰσιν) 두 언약이라.   갈라디아서 4:22-24

우리 조상들이 다 구름 아래 있고 ··· 그러나 저들의 다수를 하나님이 기뻐하지 아니하신 고로 저희가 광야에서 멸망을 받았느니라(참조. 출 13f. ; 16f. ; 민 20; 14) 이 일들이(ταῦτα) 우리에게 거울이 되어 ···   고린도전서 10:1-5, 6f

저희가 다 성령의 충만함을 받고 성령이 말하게 하심을 따라 다른 방언으로 말하기를 시작하니라 ··· 이는(τοῦτο ἐστιν) 곧 선지자 요엘로 말씀하신 것이니 "말세에 내가 내 영으로 모든 육체에게 부어 주리니 ··· ."   사도행전 2:4, 16f

나사렛 예수 ······ 이는(οὗτός ἐστιν) "너희 건축자의 버린 돌이 집 모퉁이의 머릿돌이 된 것"(시 118:22)이다.   사도행전 4:10f
(성서 번역은 개역을 기본으로 하면서, 필요한 부분만 역자가 따로 번역했

음 — 역자주)

쿰란 페쉐르는 공동체에 의해서 카리스마적 석의로, 의의 교사나 다른 지혜로운 교사들(maskilim)과 같이 영감받은 이들의 작업으로 간주되었다. 구약의 예언들은 다니엘의 경우에서처럼(9:2,22f.; 참조. 2:19,24), 해석(페쉐르)하는데 있어서는 "신비"(raz)로 이해되었고, 그것은 마스킬림에 의해서만 해석될 수 있다고 생각되었다.[50]

(e) 미드라쉬에서 증언(testimonia)으로 : "성경의 문맥에서 떼어낸 말씀은 유대인들에게는 결코 증언이 되지 못한다. 말씀이 무엇을 위한 증언이 될 수 있는 것은 오직 그 의미가 성경의 다른 부분들의 도움으로 끌어낸 것일 때 뿐이다."[51] 이런 예리한 관찰을 가지고 더브(J. W. Doeve)는 앞에서 언급된 다드의 이론을 넘어서, 신약의 '증언' 인용은 미드라쉬들로부터, 즉 특정한 구약 구절의 주해들로부터 나온 것이라고 했다.

기독교적 본문 해석 중에 어떤 본문을 주해하면서 확립되었고, 다른 곳에서 동일한 본문의 "증언" 인용 가운데 전제되어 있는 다음과 예들이 있어 더브의 주장을 뒷받침해 주고 있다.[52] (1) 사도행전 2:17-35에서의 주해는 시편 110:1을, 마가복음 13장에 함축되어 있는 주해는 다니엘 7:13을 예수에게 적용한 것이다. 이 해석이 마가복음 14:62의 사용에서 전제되어 있다. (2) 히브리서 2:6-9은 미드라쉬적 작업에 의해 시편 8편이 예수에게서 성취되었음을 확립한다; 시편 8편(그리고 11편)에 대한 이러한 이해는 고린도전서 15:27과 에베소서 1:20,22에 전제되어 있다. (3) 사도행전 13:16-41은 사무엘하 7:6-16을 예수에게 적용한 것에다 다시 손질을 가한 미드라쉬인 것 같다.[53] 사무엘하 7장에 대한 이러한 이해는 히브리서 1:5과 고린도후서 6:18의 증언에 전제되어 있다.

물론 미드라쉬적 주해의 이러한 예들이, 인용된 증언 본문들의 직접적인 선례는 아니다. 그러나 이 예들은 "증언" 사용이 여기서 유래한 것으로 보이는, 일종의 모체임을 보여준다. 또, 이러한 예들을 통하여 우리는 초대 교회의 선지자들과 교사들이 구약을 단순히 증빙 본문으로 인용하는데 만족하지 않았으며, 석의 절차를 통하여 기독교적 구약 이해를 확립하는 데에 관심이 있었다는 것을 알 수 있다. 그리스도의 비유 역시 석의적인 문맥 안에서 발견된다(예. 마 21:33-44; 눅 10:25-37). 비유들이 독립적으로나 주제 중심의 비유군으로 나타나는 경우에도 구약의 구절들을 암시하고 있는 경우가 종종 있다.[54] 이러한 독립적인, 그리고 군을 이루는 비유들은 처음에는 주해의 문맥에서 기원하였다가 나중에 거기서 분리된 것으로 보인다. 그렇다면, 그 비유들의 현재 문맥은 복음서 전승 형성의 한 단계를 보여준다. 이는 명시적 주석의 체제 안에서 그것들이 사용되던 단계 다음의 단계이다.

2. 신약성서 해석의 전제들

1. 총론

신약의 구약 해석은 유대인들에게는 말할 것도 없이, 많은 기독교인들에게도 상당히 자의적인 것으로 보일 것이다. 예를 들면, 호세아 11:1("내가 내 아들을 애굽에서 불러내었다")은 이스라엘의 출애굽 경험을 언급한 것이다; 그런데 마 2:15는 어떻게 그것을 예수의 애굽 체류에 적용할 수 있는가? 시편 8:4ff.에서 "영광"과 "주권"을 부여받는 "사람의 아들"(ben-'adam)은 아담이나 이스라엘의 왕을 암시하는 것이다;[55] 어떻게 이것이 히브리서 2:8f.와 고린도전서 15:27에서 예수에 관한 본문에 적용될 수 있는가? 창세기 15:6과 사무엘하 7장이 이스라엘의 장래에 관한 예언이라면, 신약성서 기자들은 어떻게 이것을 예수와 그의 제자들에게 — 유대인들 뿐만 아니라 이방인들도 포함하는 — 적용할 수 있는가?

우리가 위에서 살펴보았듯이 구약성서의 이러한 기독교적 해석들을 정당화하기 위해 사용된 방법은 본문들을 해설하는 데 있어서 진지하고 일관성 있는 노력을 보여준다. 물론 그 방법 자체가 비판받을 수는 있다. 그러나 우리의 현대적 역사-비평 방법 역시 한계가 있다: 그것은 어떤 해석이 틀렸다는 것을 보여줄 수는 있었지만, 사실 어떤 성서 본문에 대해서도 일치되는 해석을 만들어내지 못하고 있다. "방법"이라는 것은 본래 제한된 도구이기 마련이며, 사실 해석의 기술에 있어서 이차적인 단계이다. 보다 기본적인 것은 해석자가 본문에 접근할 때 가지고 있는 안목과 전제들이다.

신약의 기자들이 구약을 해석하는 안목은 때로는 명시적으로 서술되나, 신약의 용례를 통하여 추론할 수 있을 뿐인 경우도 있다. 그것은 부분적으로는 당시대 유대교의 시각에서 연유한 것이며, 예수의 가르침과 그의 부활에 대한 실제적 경험에서 유래한 것이기도 하다. 그것이 기독론적 초점을 갖는다는 것 이외에, 그것을 주로 지배하는 네가지 요소들이 나타나고 있다: 특별한 역사 이해, 인간 이해, 이스라엘 이해, 성경 이해가 그것이다.

2. 역사로서의 구원

예수와 제자들은 역사를 두 세대, 곧 이 시대와 다가올 시대의 틀 안에서 이해했다.[56] 이러한 전망은 구약의 예언자들을 그 배경으로 갖는다. 그 예언자들을 하나님의 백성의 최종적인 구원과 그 대적들의 멸망으로서의 "마지막 날"('ah^{a}rit)과 "주의 날"을 예언했었다.[57] 이는 묵시 기자들에서 더욱 두드러지는데, 그들은 구원의 우주적 차원과 임박함, 두 시대의 교리와 함께 현 시대와 다가올 시대의 날카로운 대립을 강조했었다. 이러한 관점은 "하나님의 나라가 가까왔다"고 하면서 자기 뒤에 오는 분인 예수는 마지막 심판을 행하시고 민족의 구원을 완성할 것이라고 했던 세례 요한의 메시지에서 분명하게 볼 수 있다(마 3:2, 10ff.).

묵시적 유대교의 중요한 특징을 이루던 심판과 구원이라고 하는 "양면적(two-fold) 성취"가 예수와 그의 제자들의 가르침에서는 "두 단계의(two-stage) 성취"로 바뀌었다. 유대교가 세상 끝날에 있을 것으로 기대했던, "구원"으로서의 하나님의 나라는 예수의 인격과 사역 속에서 이미 현존하는 것으로 여겨졌다.[58] "심판"으로서의 (그리고 최종적 구원으로서의) 하나님의 나라는 메시야의 영광스러운 재림 때를 위해 남겨져 있다.[59] 이러한 전망은 플라톤주의, 그리고 묵시적 유대교와 함께 아래와 같이 비교될 수 있을 것이다.

```
Platonism
(and Gnosticism):      Eternity
                          ↑
                        Time

                     This  Age        Age  to  Come  (Kingdom  of  God)

Judaism:     C                         P
           └─────────────────────────────────────────────────────────→

New          C          ┼ ⌐ ─ ─ ─ ┐ P
Testament:  └──────────────────────↓─ ─ ─ ─ ─ ─ ─ ─ ─ ─ ─ ─ ─ →
```

플라톤주의와 그 후의 영지주의 사상은 물질로부터의 구속, 죽음으로써 시간과 역사로부터 탈출하는 것을 기대했다. 유대인의 소망은 시간 내의 물질의 구속을 포함하는 것이었다: 창조(C)로부터 메시야가 오기(P)까지의 현시대 후에는 하나님의 통치 아래서의 평화와 의의 미래 시대가 올 것이다. 유대 묵시사상의 신약성서적 변용은 메시야이신 예수의 사역, 죽음, 그리고 부활 안에서 다가올 시대, 하나님의 나라가 현재의 악한 시대 한 가운데 감추어진 형태로 현존하게 되었다는 생각에 기초한다. 비록, 그것의 공적인 선언은 예수의 파루시아(P)를 기다리고 있지만.

따라서, 예수에게 있어서 "하나님의 나라는 의미없는 역사를 끝내버리는 것이 아니라 하나님의 계획 가운데 있는 한 과정이다"[60] 마찬가지로, 신약 기자들에게 있어서 예수에 대한 믿음이란 예수 이야기에 대한 믿음을 의미하며, 이 이야기는 예수 안에서 그 최고점과 성취를 보게 되는, 이스라엘 역사 안에서의 하나님의 구속적 행동의 이야기를 말하는 것이다.

이런 이유로 해서, 예수의 사역과 그 의미는 신약성서에서는 "특별히 하나님에 의해 선택되어진 일련의 사건들로 구성되고, 역사의 틀 속에서 일어나는" 구속사라는 용어로 표현될 수 있을 것이다.[61] οἰκονομία 라는 개념이 에베소서 1:10에서 이런 의미로, 말하자면 하나님에 의해 정해진 계획이라는 의미로 사용되고 있기는 하지만, "구속사"라는 용어 그 자체는 신약성서에 없는 말이다. 이 개념은 신약성서가 현재와 미래의 사건들을 구약의 사건들, 인물들, 제도들에 관련시키는 데서 가장 명백히 나타난다. 이러한 관련성은 보통 모형론적인 상응을 보여준다.

3. 모형론(Typology)

(a) 모형론적 해석은 "구약성서에 대한 초대 기독교의 기본적 태도"를 가장 선명하게 보여준다.[62] 그것은 하나의 해석 체계일 뿐만 아니라, 고펠트 박사의 말을 빌리자면, 그것으로부터 초대 교회 공동체가 자기 자신을 파악한 "영적인 안목"[63]이기도 했다. 해석학적 방법으로서의 모형론은 헬라 세계에서 널리 사용되던 τύπος라는 말과는 구별되어야만 한다.[64]

모형론적 해석은 — τύπος라는 용어 자체는 이따끔씩만 사용된다 — 넓게 이야기하자면 언약 모형론과 창조 모형론으로 나타난다. 후자는 로마서 5장에서 관찰될 수 있을 것 같다. 여기서 그리스도는 "오실 자의 표상(τύπος)인"(5:14) 아담과 비교되고, 또 대조된다. 전자는 고린도전서 10장에서 나타나는데 여기서는 출애굽 사건을, "실례로써"(τυπικῶς) 일어났으며, "말세를 만난 우리의 경계로 기록"되어진 "우리의 거울들(τύποι)"이라 말하고 있다 (10:6, 11). 언약 모형론은 하나님의 모든 구속적 행동들이 출애굽의 패턴을 따른다는 유대인들의 확신과도 일치한다;[65] 그래서, 그것은 예수와 그의 공동체가 메시야의 결정적인 구속행위를 설명하는 방법으로 사용하기에 적당했다. 보다 일반적으로, 언약 모형론은 구약 성서 전체를 예언으로 보고 접근한다. 구약의 인물들이나 사건들뿐만 아니라 그 제도들도 "다가올 좋은 것들의 그림자"였다.[66]

신약성서의 모형론은 그 초점에 있어서 철저하게 기독론적이다. 예수는 "모세와 같은 선지자"(행 3:22f.)로서, 고난 가운데서 옛 언약을 그 합당한 목적과 결말로 가져가며(롬 10:4; 히 10:9f.), 새로운 계약을 세우는 분이다. 메시야적 "다윗의 자손"으로서, 즉 "하나님의 아들"로서, 그는 다윗왕조

의 왕들에게 주어진 약속들과 복들의 수혜자이다. [67]

(b) 예수의 죽음에 의해 완성된 새 계약이 그의 부활에 의해 시작된 새 창조의 근거가 되기 때문에, 언약 모형론과 창조 모형론은 결합될 수 있었다. "종말론적 아담"과 "사람의 아들," 즉 "아담의 아들"로서[68], 예수는 현재의 질서와 비교되고 대조될 수 있는 새 창조의 질서의 맨 앞에 서 있다. 바울 서신과 히브리서에서의 이 결합은 예수의 부활 안에서 그 직접적인 배경을 찾는다. [69] 그러나 그것은 예수 자신의 가르침, 즉 성전에 관한 말씀, 강도에 대한 약속, 이혼에 관한 교훈에서 이미 암시되어 있었다. [70] 이는 또, 예수가 자신을 인자라고 지칭한 말(막 14:62) — 이러한 지칭은 시편 8:4와 다니엘 7:13f., 27 에서 온 것인데 — 에서도 암시되어 있는 듯 하다. 시편 8편에서의 인자는 이스라엘의 (메시야적-이상적) 왕뿐만 아니라 아담도 가리키고 있다;[71] 마찬가지로 다니엘 7장의 인자도 국가의 회복뿐만 아니라 새 창조와도 관련되어 있다. [72] 묵시적 유대교에서도 이스라엘은 아담과, 새 계약은 새롭게 되는 창조와 연결되어 있다. [73] 예수와 그의 제자들은 이러한 확신들을 공유하고 있었으며, 이에 기초하여 예수의 사역과 인격을 설명했다.

(c) 구약의 모형은 새로운 시대의 실재에 상응할 뿐만 아니라, 그것에 반대되기도 한다. 예수는 아담과 같이 인류의 대표자이다; 그러나 그는 죽음을 가져온 아담과는 달리 용서와 생명을 가져온 분이다. [74] 예수는 "모세와 같은 선지자"이지만, 모세의 정죄하는 사역과는 달리, 그의 사역은 의를 수여하는 것이다. [75] 비슷하게, 율법도 "거룩하고 의롭고 선한"것이며, 그 명령들은 믿는 자들에 의해서 "성취"되어야 할 것이다;[76] 그러나 인간에게 주어진 요구로서 그것은 인간을 정죄할 뿐이다. [77] 그렇다면 우리는 새 시대의 실재에 상응하거나, 또는 그것과 다른 실재를 갖는 모형을 구별하기 위해서 "정"과 "반"의 모형론으로 나누어 말해 볼 수 있다. [78]

(d) 구원의 역사는 동시에 멸망의 역사이기도 하기 때문에, [79] 그것은 심판의 모형론도 포함한다. 홍수와 소돔은, 또 아마도 A. D. 70년의 예루살렘 멸망은 하나님의 종말론적 심판의 모형들이 되었다;[80] 불신앙의 이스라엘인은 불신앙의 그리스도인의 모형이다;[81] 이스라엘의 적들은 교회(유대인)의

적들의 모형이며,[82] 적그리스도의 모형일 수도 있다.[83]

　(e) 신약 해석학에 대단히 중요한 공헌을 한 레온하르트 고펠트는 모형론적 해석의 분명한 특징들을 아래와 같이 제시한다.[84] (1) 알레고리와는 달리, 모형론적 석의는 성경의 언어들을 더 깊은 뜻이 숨겨져 있는 은유들로 보지 않고, 그 문자적 의미로부터 본문의 뜻이 나오는 역사적인 사건의 기록으로 본다(pp. 18f., 243ff.). (2) "종교사"적 석의와는 달리, 모형론은 특별한 역사 ― 즉, 이스라엘의 구원사 ― 에서부터 신약 기록 당시 상황에서의 의미를 추구한다. 구약의 과거 사건들로부터 구원의 현재에서의 의미를 해석해 내고, 또 현재의 사건들에서 미래의 완성에 대한 모형론적인 예언을 읽어 낸다(pp. 235-248). (3) 랍비들의 미드라쉬와 같이 모형론적 석의도 본문을 현재 상황의 용어들로 해석하기는 하지만, 본문을 다룰 때 역사적인 구별을 해 가면서 다룬다. 이는 랍비들의 해석이 결여하고 있는 부분이다(pp. 31-34). (4) 모형론적 석의는 모형론을 역사적 상응과 상승이라는 두 가지 기본적인 성격을 가진 것으로 정의한다. 이는 하나님이 정하신 예정이 후속되는 더 큰 사건 안에서 성취되었다고 보는 틀을 이룬다(p. 244).

　불트만은 자신의 탁월한 논문에서[85] 구속사가 모형론적 석의에서 구성적 요인이라는 고펠트의 결론을 거부하면서, 모형론의 기원이 오히려 순환- 반복의 역사관이라는 것을 증명해 보이고자 했다(참조. Barnabas 6:13). 유대교는 이 두 역사관을 하나로 결합했지만, 신약성서는 아담/그리스도 모형론에서 볼 수 있듯이 처음 때와 마지막 때를 병행시키는 순수한 순환론적 형태를 보여준다는 것이다.

　그러나 불트만 교수가(pp. 369f.) 신약의 해석학적 용례를 전통적 헬라적 개념 가운데서 해석하는 것을 보면,[86] 그가 신약 모형론의 반복적 요소가 단순한 반복이 아니라 언제나 초점이 변경된 채로 나타나며, 그래서 모형의 어떤 측면은 간과되고 또 어떤 측면은 강화되고 있다는 점을 알지 못하고 있는 것 같다. 석의적으로 볼 때, 고펠트가 더 좋은 답을 제시하였으며, 신약의 구약 사용 방법을 이해하기 위한 중요한 틀을 확립했다고 본다.

4. 다른 전제들

(a) 구약과 마찬가지로, 신약도 인간을 개체적이면서 동시에 공동체적인 존재로 본다. 현대의 서구인들이 가장 이해하기 어려운 측면인 인간의 공동체성은 신약에서는 무엇보다도 예수와 그의 교회에 관한 표현들에서 잘 나타난다.[87] 신약성서에서 예수를 믿는다는 것은 그와 연합한다는 것을 포함한다:[88] 그의 살을 먹으며(요 6:35, 54) 그의 몸을 이루며(고전 12:27) 그와 합하여(롬 6:3) 혹은 그의 이름으로(고전 1:13; 행 8:16) 세례를 받고, 또 그와 동일시되며(행 9:4f.), 하늘의 "장막"(히 9:11)이며 "집"(고전 5:1), 즉 하나님의 종말론적 성전인 그리스도와 연합하여 존재하는 것이다.

공동체적 존재는 '모세에게서 세례받음'(고전 10:2), '아브라함(히 7:9f.) 또는 아담(고전 15:22) 안의 존재' 등에서 나타나며, 이러한 연합의 가장 기본적 단계는 남편과 아내의 연합을 "한 육체"(마 19:5; 엡 5:29ff.)라고 표현하는 데서 볼 수 있다. 우리는 이를 은유로 해석하고자 하는 유혹을 받게 되지만, 이는 단순한 은유가 아니라 인간이 누구이며 무엇인가에 대한 존재론적 진술이다. 이러한 개념의 실재성은 "공동체적인 개인성"이라는 말로 잘 표현될 수 있다.[89]

지도자 개인을 그에게 속한 다른 사람들에게까지 확대시키는 것은 상당히 많은 구약성서 구절들을 이해하는 데에 빛을 비춰준다. 이로써 솔로몬에게 주어진 약속이(삼하 7:12-16) 어떻게 메시야에게서 (히 1:5), 또 그의 제자들에게서 성취되는(고후 6:18) 것으로 여겨질 수 있는가를 알 수 있다. 종말론적 성전이 개인인 그리스도(막 14:58; 요 2:19ff.), 그리고 그리스도와 연합한 자들과(고전 3:16; 벧전 2:5) 동일시 될 수 있는 것도 비슷한 이유에서이다. 이러한 이해는 초대 그리스도인들이 이스라엘의 메시야적 왕인 그리스도에게 속한 자신들이 참 이스라엘을 구성한다고 확신하는 근거가 되었을 것이다.[90] 이렇게 보면, 본래는 이방인들에게 해당되던 성경의 구절들을 믿지 않은 유대인들에게 적용한 것,[91] 그리고 본래는 유대민족에게 해당되던 것들을 교회에 적용시키는 예들이 이해될 수 있다.[92]

이러한 공동체적 인간관은 개인의 실존적 결단이 그 민족이나 종족의 구속사의 틀속에서 이해되는 데 대한(막 1:17; 고전 6:2) 이론적 근거를 제시한다. 이 두 관점들이 긴장관계에 있거나[93], 혹은 상호 배타적이라고 하는 학자들도 있다.[94] 그러나 오스카 쿨만의 말에 따르면,[95] 신약성서에서 "결단의 현재"는 구속사와 갈등 관계에 있지 않고, 구속사에 종속되고 있다: "구속사에 대한 바울의 신앙은 매순간 실존적인 결단을 만들어 냈다." 개인의 결단이 행해지는 것은 정확하게 공동체의 정황 속에서 이기 때문이다: 보편적 역사와 개인의 역사는 서로 분리될 수 없는 성질의 것이다.[96]

구속사가 개인들의 — 아담, 아브라함, 모세, 다윗, 예수 — 역사로 나타나는 경우가 신약에는 많이 있다; 그러나 그들은 민족이나 종족을 포괄하는 공동체적 차원을 가진 개인들이다. 그것은 고립된 개인과 하나님 사이의 결단이 아니라, "옛 사람을 벗어버리고" "새 사람을 입음"으로써, "모세"와 "아담"에 속한 형체에서 해방되어 그리스도에게로 "빠져 들어가며" 그를 "입는" 것, 즉 구속사가 완성되는 점인 "모세 같은 선지자", 곧 새 창조의 종말론적 아담에 연합되는 것이다.[97]

(b) 초대 기독교 선지자들이나 교사들의 구약 해설은 카리스마적 석의, 혹은 세르뽀(L. Cerfaux)가 말한 대로[98] 영적인 해석이라고 부를 수 있을 것이다. 쿰란의 교사들과 마찬가지로 그들은 구약성서의 의미는 인간의 이성에 의해서가 아니라 성령에 의해서만 "해석"이 가능한 하나의 "신비"라는 확신에서 출발했다.[99] 자신들은 성령의 계시에 기초하여 성경을 바르게 해석하는 능력을 소유했다고 확신했다.[100] 그래서, 은사를 받지 못한 사람은 하나님의 말씀의 참 뜻을 "알" 수가 없다고 결론지었다.[101]

신약성서 기자들이 자신들의 임무에 관해 이러한 관점을 가지고 있었다고 해서 그들이 논리적, 해석학적 법칙들이나 방법론들을 배제한 것은 아니었다. 그러나 그들의 해석의 궁극적인 호소력과 권위가 어디에 있었는가는 분명하다. 따라서 우리가 고대나 현대의 다른 해석들보다 신약기자들의 성경해석을 더 선호하여 받아들인다고 할 때, 그 궁극적인 이유는 그들의 논리적 절차나 석의 방법의 뛰어남이 아니라 그들의 예언자적 특성과 역할에 대한 확신이어야 할 것이다.

주

1) L. Hartman, "Scriptural Exegesis in the Gospel of Matthew and the Problem of Communication," *L'evangile selon Matthieu*, ed. M. Didier (Gembloux 1972), pp. 131-152, 134.

2) Cf. E. E. Ellis, *Paul's Use of the Old Testament* (Edinburgh 1957), pp. 11-16, 150-152; R. H. Gundry, *The Use of the Old Testament In St. Matthew's Gospel* (Leiden 1967), pp. 9-150; K. Stendahl, *The School of St. Matthew* (Lund 1969 (1954)), pp. 47-156.

3) Cf. Ellis, *Paul's Use*, pp. 14f.

4) E. g. 왕상 2:27; 대하 35:12.

5) E. g. I QS 5:15; 8:14; cf. J. A. Fitzmyer in NTS 7 (1960-61), pp. 299-305.

6) E. g. Philo, *de migr.* 118. Cf. Ellis, *Paul's Use*, pp. 48f.

7) E. g. 막 12:36; cf. R. T. France, *Jesus and the Old Testament* (London 1971), pp. 101f., 163-169.

8) Cf. J. W. Doeve, *Jewish Hermeneutics In the Synoptic Gospels and Acts* (Assen 1954), pp. 185f.; Gundry, *Matthew*, p. 125n.

9) R. Bloch, "Midrach," *Dictionaire de la Bible: Supplement* (Paris) 5 (1957), 1266. Cf. B. B. Warfield, *The Inspiration and Authority of the Bible* (Philadephia1948), p. 148: "성경은 그 모든 부분들이 독자들에게 직접 말하는 하나님의 살아있는 음성인 것처럼 여겨진다." M. Barth, "The Old Testament in Hebrews," *Current Issues in New Testament Interpretation,* ed. W. Klassen (New York 1962), pp. 58ff.

10) Cf. D. Daube, *The New Testament and Rabbinic Judaism* (London 1956), pp. 423-436.

11) Cf. Doeve, *Hermeneutics*, pp. 105f., 163f. Cf. 마 12:3, 5; 19:4.

12) Ellis, *Paul's Use*, pp. 107-112.

13) Stendahl, *School*, pp. 163, 200f, : "마태의 문구 인용들은 실재화하는 특성의 본문 해석의 요소들의 근거를 제공한다. 이는 복음서 내의 정황과 밀접하게 관련되어 있는 경우가 많다." "(그것들은) … 우리가 마태 학파를 가정해야 할 것을 강력히 시사하는 것 같다."

14) Cf. Ellis, *Paul's Use*, pp. 139-47. See notes 48, 49.

15) Cf. E. E. Ellis, "The Role of the Christian Prophet in Acts," *Apostolic History and the Gospel*, ed. W. W. Gasque (Exeter 1970), p. 58; " 'Wisdom' and 'Knowledge' in I Corinthians," Tyn. B 25 (1974), pp. 93-96.

16) Cf. G. W. Knight, *The Faithful Sayings in the pastoral Epistles*(Kampen 1968).

17) 딛 1:9 14; 3:5f., 8; 딤전 2:13-15; 3:1a

18) 고전 문학에서의 실례는 F. Johnson, *The Quotations of the New Testament from the Old* (London 1896) 을 참조하라. 혼합되어 있는 인용들에 관해서는 본서의 p. 296f. 를 보라

19) Cf Ellis, *Paul's Use*, pp. 98-107; P. Prigent, *L'épitre de Barnabe'l-XVI et ses sources*(Paris 1961).

20) So, J. Rendel Harris, *Testimonies*, 2 vols. (Cambridge 1916, 1920).

21) C. H. Dodd, *According to the Scriptures* (London 1952), pp. 78f., 107f., 126.

22) Cf. E. E. Ellis, "Midrash, Targum and New Testament Quotations," *Neotestamentica et Semitica*, edd. E. E. Ellis and M. Wilcox (Edinburgh 1969), pp. 61-99; M. P. Miller, "Targum, Midrash and the Use of the Old Testament in the New Testament," *Journal for the Study of Judaism* 2 (1970), pp. 29-82.

23) 예. 이사야 9:11(12)의 "아람사람들과 블레셋 사람들"이 LXX에서는 당시대의 "시리아와 그리스 사람들"로 바뀌어 나온다. 블로흐에 동의하여, G. Vermes 는 (*Scripture and Tradition in Judaism* (Leiden 1961), p. 179) LXX 와 타르굼의 성격을 본문 안에 현재의 상황을 집어넣어 "성서를 재서술한 것"이라고 본다. 그는 이러한 미드라쉬의 두 가지 의도를 구별한다. 하나는 성서 본문의 모호성을 감소시키는 것이고, 또 하나는 현재의 신앙과 실천의 정당성을 성경에 근거하여 확보하려는 것이다. 그의 "Bible and Midrash" *Cambridge History of the Bible*, ed. P. R. Ackroyd (Cambridge 1970), p. 221 를 참조하라. LXX와 타르굼의 다른 미드라쉬적 요소들에 대하여는 D. W. Gooding in JTS (1974), pp. 1-11 를 참조하라

24) A. G. Wright (CBQ 28, 1966, 105-38, 517-57)는 그 용어를 명시적 미드라쉬에만 제한하여 사용하고자 한다. 타르굼과 미드라쉬의 관계를 규정하는 것과 관련된 문제에 관하여는 R. Le Deaut in *Biblical Theology Bulletin* 4(1974), 18-22: Ellis, "Midrash, Targum," pp. 63f; A. Diez-Macho in *Revue des Science Religieuses* 47 (1973), 171-175 를 참조하라.

25) Cf. H. H. Schaeder in TDNT 4 (1967/1942), pp. 878f.; Stendahl, *School*, pp 198f., 다양한 해석들을 보기 원하면, Gundry, Matthew, pp. 97-104. 를 보라

26) Cf. M. Black in BJRL 45 (1963), 315ff.

27) 요한 계시록에서는 공식적인 인용은 나타나지 않지만, 전체의 70%에 가까운 절들이 구약성서를 암시하고 있다.

28) 주 21을 보라

29) E. E. Ellis, *The Gospel of Luke*(London 1974²), pp. 27ff., 67f.를 보라. 누가복음 1:5-2:40은 하나의 문학 단위이며, 히브리어 자료, 그리고 최소한 부분적으로는 예루살렘의 설화자의 전망으로부터 구성된 자료들을(예. 2:38) 반영하고 있다. 예루살렘 교회에 동정녀 마리아와 예수의 형제들이 있었다는 신약성서의 증거는 이 문제에 관하여 소홀히 할 수 없는 중요성을 갖고 있다. 비록 그들이 디아스포라 교회에 있었다는 근거도 있긴 하지만 (고린도전서 9:5; Epiph., *Panarion* 7 8, 11, 2).

30) 시편110:1이 예수에 의해 사용된 예에 대해서는 Cf. D. M. Hay, *Glory at the Right Hand; Psalm 110 in Early Christianity* (Nashville 1973), p. 110 (on Mk. 12:35-37); France, *Jesus*를 참조하라

31) L. Hartman (*Prophecy Interpreted* (Lund 1966), 235-52, 242) 은 마가복음 13:5b-8, 12-16, 19-22, 24-27. 을 원형적인 미드라쉬와 동일시했다. 그의 정확한 분석은 널리 받아들여지고 있다.

32) E. g. W. G. Braude, *Pesikta Rabbati*, 2vols. (New Haven 1968). 그는 7세기에 수집되어진 이 주해들을 3, 4 세기의 팔레스타인 랍비들에서 연유한 것이라 추정했다.

33) Cf. P. Borgen, *Bread from Heaven* (Leiden 1965), pp. 59-98.

34) 유대에서 회당은 성전 멸망 이전에는 무엇보다도 성경 연구를 위해 사용되었고, 예배의 중심지로 사용된 것은 그 이후의 일이다. J. Bowker, "Speeches in Acts," NTS 14 (1967-68) pp. 96-99과 여기에 인용된 문서를 참조하라

35) 참조. Pesikta Rabbati 33:7: 본문 (사51:12) + 두번째 본문 (호6:1) + 주해 (비유와 적용으로, 언어적으로 두번째 본문과 연결되어 있음) + 추가 본문 (애 1:13) + 결론 본문 (사 51:12). 그리고, Pesikta Rabbati 44:7. 사도행전 2장과 13장에 관하여는 Bowker ("Speeches," pp. 96-111) 와 Doeve (*Hermeneutics*, pp. 168-86)을 참조하라; 요한복음 6:31-58, 로마서 4:1-22, 갈라디아서 3:6-29 에 관해서는 Borgen (*Bread*, pp-52)를 참조하라; 고린도전서 1:18-3:20 , 로마서 1:17-4:25에 관해서는 E. E. Ellis ("Exegetical Patterns in I Corinthians and Romans," in *Grace upon Grace, Essay as in Honor of L. Kuyper*, ed. J. I. Cook (Grand Rapids 1975) pp. 137-42를 참조하라.

36) 참조. Ellis, "Midrash, Targum," p. 63. 약간 다른 형태가 고린도 전서 19장에 나타난다. : 암시적 미드라쉬 (1-5, 참조. 출1f. ; 민 14; 20) + 적용 (6) + 추가 본문 (출 32:6) + 주해/ 적용, 앞에 나온 미드라쉬와 다른 본문들을 암시하고 있음 (8-13). 이러한 미드라쉬적 요약들은 유다서가 주석을 행하고 있는 "본문들"을 형성하는 데서도 나타난다. 예. 유다서 5절(민14), 6절(창6), 7절(창19), 14절 이하(에녹 1서 1:9; 참조. 창 5:22). 사실, 이것은 미드라쉬에 대한 미드라쉬이다. 우리는 유다서와 또 다른 문서들이 에녹서를 반드시 경전으로 간주하지 않으면서도 성서자료를 해석하면서 그것을 (예. 에녹1서) "본문"으로 사용했다는 것을 알 수 있다. 타르굼들은 유대교의 실례 가운데서 같은 예를 보여준다 : 그것들은 그 자체에 경전의 지위를 부여

하지 않으면서 회당의 청중들을 위한 경전의 해석을 제시하고 있다.

37) 위에서 많은 예를 들었던, 최종 본문에 이어 나오는 적용은 필로와 랍비들의 저작들에서 병행을 볼 수 있다. 참조. Pesikta Rabbati 5:4; 9:2; 22:1.

38) 각주 35 참조. 고전 1:18-31, 2:6-16의 구조는 p. 299 참조.

39) Cf. E. E. Ellis, "New Directions in Form Criticism," *Jesus Christus in Historie und Theologie. Festschrift für H. Conzelmann*, ed. G. Strecker, (Tubingen 1975), pp. 299-31 5; B. Gerhardsson, *The Testing of God's Son* (Lund 1966) (on Mt. 4:1-11). Cf. also J. A. Sanders in *Essays in Old Testament Ethics*, ed. J. L. Crenshaw (New York 1974 pp. 247-271) (on Lk).

40) So SB IV, 173 citing Mek Exod. 19:2 (69b). See note 35.

41) 이사야 5:1f. 가 복음서들에서 나타나는 것을 보면, "돌을 제하고"라는 말이 빠져 있다; 그러나 그것이 미드라쉬의 원래 형태였던것 같다. 여기서 복음서 전승은 구약의 언급들은 축소하는 경향이 있다. 누가는 더 축소했고, 도마복음은(65f.) 아예 전부를 빼 버렸다. 이 부분에 관하여 도마복음을 기초해서 누가에 대해 보려면 E. E. Ellis in ZNW 62 (1971), p. 102; (다른 예들), H. Schürmann in BZ 7 (1963), pp. 236-260 을 참조하라: H. Montefiore and H. E. W. Turner, *Thomas and the Evangelists* (London 1962). pp. 62ff. 를 보는 것도 좋겠다.

42) 이 단화들의 원래적 통일성에 관하여는 마태복음 21:33-44 과 누가복음 10:25-37을 보라. 참조. Ellis, "New Directions," pp. 309-315. 더 이상 보고 싶으면 J. D. M. Derrett, *Law in the New Testament* (London 1970), pp. 208-227 = NTS 11 (1964-65), pp. 22-37; B. Gehardsson, *The Good Samaritan* (Lund 1958), p. 28을 참조하라

43) D. Daube (*The New Testament and Rabbinic Judaism* (London 1956), p. 143)는 이 단락을 원래적인 단위로 간주한다. Gn. Rabba 8:9 (창세기 1:26에 관한) Nu. Rabba 19:8 (민수기 19:2에 관한)들과 구조에 있어서 밀접한 병행을 이루는 "처음부터 하나의 전체"였다는 것이다. 그렇다고 하더라도, 마태복음 15:1-20은 상대적으로 독립적인 원래적 문학 단위로, 거기서부터 나머지 단락들이 나오는 미드라쉬로 남는다.

44) 문제에 대한 보다 복잡한 서술은 마태복음 22:23-33 = 마가복음 12:18-27, 부활에 대한 사두개인들의 질문에서 나타난다.

45) 위의 예들이 보여주듯이 복음서들에서는 마태복음의 양식들이 좀더 명확하며 유대적, 랍비적 형태들에 더 가까운 형태가 많다. 아마도 더 초기의 것이라고 볼 수 있을 것이다; 마가복음의 양식들은 파손되고 흐트러진 경우가 많다. 여기서 복음서들의 자료비평에 관한 문제가 제기되지만, 여기서는 다루기 어렵겠다.

46) 로마서 9:13, 14-23의 미드라쉬를 참조하라 (Ellis, "Exegetical Patterns," pp. 140f.).

47) 참조. 사 9:14; 겔 5:5; 슥 1:10; 5:6; 단 4:21(24); 5:25f. ; 쿰란문서에서

는 4 Qflor 1:2f., 11f., 14; IQpHab 3:1ff. 참조. E. E. Ellis, 'Midrashic Features in the Speechs of Acts' Melanges bibliques en hommage au B. Rigaux, ed. A. Descamps (Gembloux, 1969), pp. 306=309. 랍비 문서에서의 이 공식의 사용에 관해서는 Die Proömien der alten jüdishen Traditionsliteratur (Darmstadt 1965 (1899, 1905)), pp. 173f., 177f. 를 참조하라.

48) 렘. 31:31: 1QpHab 2:3-6; cf. CD 6:19; 8:21; 19:33; 20:12f. ; 고전. 11:25; 히. 8:7-13.

49) CD 1:12; 1QpHab 2:7; 7:2; 4QpIsaᵃ 8; 막 13:30; cf. 마 4:14-17; 행 2:17; 고전 10: 1 1 .

50) Cf. 1QpHab 7:1-8; 1QH 12:11ff. ; R. N. Longenecker, Biblical Exegesis in the Apostolic Period (Grand Rapids 1974), pp. 41-45; F. F. Bruce in Neotestamentica et Semitica, ed. E. E. Ellis and M. Wilcox (Edinburgh 1969), pp. 225ff. ; O. Michel, Paulus und seine Bibel (Darmstadt 1972²), pp. 215ff. ; H. C. Kee, "The Function of ⋯ Quotations ⋯ in Mark 11-16", in E. E. Ellis and E. Grässer (ed.), Jesus und Paulus (Gottingen 1975), pp. 179-82.

51) Doeve, Hermeneutics, p. 116.

52) 참조. Ellis, "Midrash, Targum", pp. 65-69; "Exegetical Patterns", p. 137 (cf. 고전 1:31 과 고후 10:17); Michel, Paulus, p. 213. 히브리서 2:4은 약간 다른 것으로 보인다; 그것은 로마서 1:17-4:25에 이르는 미드라쉬의 최초 본문으로서의 창세기 15:6=로마서 4:3과 같이 나타난다. 또 그것은 갈라디아서 3:6-29에서와 같은 본문에 대한 주해로서 해석되는 것이 명백하다.

53) See note 35.

54) E. g. 막 4:1-22 (on 렘 4:3) ; 눅 15:3-6 (on 겔 34:11).

55) Cf. F. Delitzsch, The Psalms (Grand Rapids 1949 (1871)), pp. 154-157; (re the king) A. Bentzen, Fortolkning ⋯ Salmer, (Copenhagen 1939, cited in H. Ringgren, The Faith of the Psalmists (Philadelphia 1963), p. 98.

56) E. g. 마 12:32; 막 10:30; 눅 20:34f.

57) 민 24:14; 사 2:2; 단 10:14; 호 3:5; 암 5:18ff. ; 미 4:1; 슥 14; cf. 학 2:9; G. Kittel and G. von Rad, TDNT 2 (1964/1935), pp. 697, 944f. ; U. Luz, Das Geschichtsverstandnis des Paulus (München 1968), pp. 53ff.

58) Cf. 눅 7:19-22; 11:20-22; 31 par; 롬 14:17; 갈 1:4; 골 1:13; O. Cullmann Christ and Time (London 1952), pp. 81-93; Salvation in History (London 1967), pp. 193-209; Luz, Paulus, p. 5.

59) Cf. 눅 11:2; 21:27; 22:16, 28ff. ; 마 25:31.

60) Cullmann, Salvation, pp. 233, 236.

61) Ibid., p. 25. Cf. F. F. Bruce, "Salvation History in the New

Testament," *Man and His Salvation*, ed. E. J. Sharpe (Manchester 1973), pp. 75-90; W. G. Kümmel, *Promise and Fulfilment* (London 1957), p. 148: … "결단의 시간으로서의 현재와 관련된 또는 하나님의 영적인 근접성에 관한 무시간적 메시지가 종말론적 미래와 미래에 의한 현재의 결단의 선포를 대신하게 되면, 신약성서의 메시지 자체가 폐기되어 버린다. 그 것은 인간을 … 끝을 향해 나아가는 구원사의 특정한 상황 속에 놓는 예수의 메시지의 완전한 퇴행이며, 그렇게 함으로써 예수라는 인물과 그 행동은 [하나님]의 역사적 행동으로서의 근본적인 특성을 잃어버리게 될 것이기 때문이다 … "

62) W. G. Kümmel, "Schriftauslegung," RGG V, 1519.

63) "pneumatische Betrachtungsweise." L. Goppelt, *Typos : Die typologishe Deuting des Alten Testaments im Neuen* (Darmstdt 1969 (1939)), pp. 183, 243f.

64) Cf. Luz, *Paulus*, p. 53.

65) D. Daube, *The Exodus Pattern in the Bible* (London 1963); G. von Rad, *Old Testament Theoloy*, 2 vols. (London 1960), 1965, 11, 272.

66) 히브리서 5:1-10; 9:9; 10:1; 골로새서 2:17; 참조. 마태복음 7:11; 요한복음 3:14f.; 6:32. 히브리서 8:5 (참조. 9:24; 출애굽기 25:40을 반영하고 있는 사도행전 7:44 은 일반적인 모형론의 심상을 역전시키면서, τύπος를 구약성서의 제도들이 "원형(anti-type)"으로 삼는 천상의 모델과 동일시하고 있다. 요한복음과 같이 (6:31-39; 14:1-3) 그리고 필로와는 달리, 히브리서는 "천상"을 다가올 세대와 동일시 함으로써, 수직적 모형론을 수평적인 두 세대 구조에 통합시킨다. 참조. 히브리서 9:24-28; 10:37; L. Goppelt, TDNT 8 (1972), p. 258; 요한계시록 21:2; 갈라디아서 4:25f.: "지금의 예루살렘 … 위에 있는 예루살렘" 또, C. T. Fritsch, "TO ANTITΠON", *Studia Biblica [for] T. C. Vriezen*, ed. W. C. van Unik (Wageningen 1966), pp. 100-110. 을 보라

67) 사무엘하 7:12ff.; 시편 2:16;110; 아모스 9:11f.; 참조. 요한복음 7:42; 사도행전 3:25-36; 13:33ff.; 15:16ff.; 고린도전서 15:25; 히브리서 1:5; E. Rohse, TDNT 8 (1972), pp. 482-487. Re Moses 참조. J. Jeremias, TDNT 4 (1967/1942), pp. 856-873. Re Son of God 참조. M. Hengel, *The Son of God* (London 1976), pp. 42-5.

68) 시편 8:4, ben-' adam; 고린도전서 15:27-45; 에베소서 1:21f.,; 히브리서 2:5-10; 참조. 누가복음 3:38; 사도행전 6:14; 7:44, 48.

69) 베드로전서 3:21f.; 베드로전서 2:7, 26f. 도 참조하라.

70) 마가복음 14:58 (ἀχειροποιητός); 15:29; 누가복음 23:42f. ("나라", "낙원"); 마태복음 19:4-9; 참조. 누가복음 16:16-18.

71) 주 55를 보라. 참조 W. Wifall, "Gen, 3:15…", CBQ 36 (1974), p. 365; 야휘스트 기자는 이스라엘의 전역사를 "다윗적" 또는 "메시아적" 틀 속에서 표현한다.

72) 다니엘 7:14 ("권세" "영광"); 참조. M. Hooker, *The Son of Man in Mark* (London 1967), pp. 17ff., 24-30, 71

73) 다니엘서 7:13f., 27;

74) 고린도전서 15:22; 로마서 5:12, 15

75) 사도행전 3:25; 고린도후서 3:6-9

76) 갈라디아서 5:14; 로마서 7:12; 13:8: "사랑"(레위기 19:18)은 계명들(출애굽기 20)에 대한 대체물이 아니라. 그 계명들이 그것에 의해서 해석되고 성취되는 도구이며 안내자이다. 참조. 히브리서 10:1

77) 고린도전서 3:6; 참조. 갈라디아서 3:10-13. G. Klein(*Rekonstruction und Interpretation*(München 1969), p. 210 = Evangelishe Theologie 24 [1964], 155)은 다른 것들 가운데서, 하나님의 의의 표현으로서의 율법과 — 이는 지금까지도 계속되는 것이다 — 인간 구원의 수단으로서의 율법(의 행위)를 — 이는 지금 그렇지 않을 뿐만 아니라, 그랬던 적도 없다 — 구별할 줄 몰랐기 때문에, 바울에게 있어서 율법의 수여자 모세는 "하나님을 대적하는 세력이며 … 그에게 기초한 역사의 영역은 부패했을 뿐만 아니라 분명히 악마적인 것"이라는 완전히 잘못된 결론에 도달했다. 참조. C. E. B. Cranfield, "St. Paul and the Law", SJT 17 (1964), pp. 43-48; "Notes on Rom. 9:30-33". in E. E. Ellis and E. Grsser (ed.), *Jesus und Paulus* (Göttingen 1975), pp. 35-43.

78) Luz, *Palus*, pp. 59f. 예, 아브라함은 합의 모형(synthetic typology) (즉, 그의 믿음) 이지 반모형(antithetic typology) (즉, 그의 할례, 갈 3)이 아니다. 모세와 출애굽은 둘 다 나타낼 수 있다 (히브리서 11:28f., 고린도전서 10:1-4, 6-10; 고린도후서 3:9); 예루살렘도 마찬가지이다 (갈라디아서 4:25f.; 요한계시록 11:8; 21:2). 옛 언약, 즉 율법이 반모형으로 쓰이는 예는 많다.

79) Cullmann, *Salvation*, pp. 123; cf. 127-135.

80) 누가복음 17:26-30; 베드로후서 2:6; 유다서 7 (δεῖγμα); 마태복음 24:3

81) 고린도전서 10:6-11; 히브리서 4:5, 11.

82) 데살로니가후서 2:3f.; 요한계시록 13:1-10.

83) 살후 2:3f.; 계 13:1-10.

84) Goppelt, *Typos*. 참조. Cullmann, *Salvation*, pp. 127-135; J. C. K. von Hoffman, *Interpreting the Bible* (Minneapolis 1972(1880)). 이에 대한 대안들이 R. E. Brown (*The Sensus Plenior of Sacred Scripture*(Baltimore 1955)), 실존주의 신학자들 (e. g. M. Rese, *Alttestamentliche Motive in der Christologie des Lukas* (G ütersloh 1969), p. 209; A. Suhl, *Die Funktion der alttestamentliche Zitate … im Markusevangelium* (Gütersloh 1965), pp. 162-186), 그리고 A. T. Hanson (*Jesus Christ in the Old Testament* (London 1965), pp. 6f., 172-178)에 의해 주창되었다. Hanson은 대부분의 경우에 "선재하는 예수의 실제적 현존"은 이러한 영역의 신약 성서 석의를 가장 잘 설명해준다고 생각한다. 참조. 그의 *Studies in*

Paul's Technique and Theology (London 1974), pp. 149-158. sensus plenior가 알레고리적 해석의 한 종류에 불과한 것인지 아닌지는 J. L. Mckenzie가 생각한 대로(JBL 77, 1958, pp. 202f) 사용된 기준에 달려 있다; 참조. R. E. Brown, CBQ 25 (1963), pp. 274ff. Hanson의 시각은 스스로 인정하듯이(p. 177) 모형론적 해석에 대한 절대적인 대안을 제안하는 것은 아니다; 또, 그것은 두 시대의 측면들, 즉 신약 사상의 묵시적 틀을 공정히 다루고 있지도 않다. 구속사의 반대로 실존적인 결단을 설정하는 것은 (Shul), 내 판단에는 그릇된 이분법이다. 아래의 pp. 312을 보라.

85) R. Bultmann, "Ursprung und Sinn der Typologie als hermeneutische Methode," TLZ 75 (1950), cols. 205-212 - *Exegetica* (Tübingen 1967), pp. 369-380.

86) 주 64를 보라

87) 막 14:22ff.; 골 1:24; J. A. T. Robinson, *The Body*, London 1952; R. P. Shedd, *Man in Community* (London 1958); Ellis, *Paul's Use*, pp. 88-98, 126-135; B. Gärtner, *The Temple and the Community in Qumran and in the New Testament* (Cambridge 1965), pp. 138-142.

88) "믿음 안에서"라고 하는 말도 실존의 영역 즉, "그리스도 안에서"를 가리키는 경우가 많다. 참조. 사도행전 14:22; 16:5; 고린도전서 16:13; 고린도후서 13:5; 골로새서 1:23; 2:7; 디모데전서 1:2; 2:15; 야고보서 2:5; 베드로전서 5:9. 그러나 세례에 관하여는 L. Hartman, "Batism 'into the name of Jesus,'" *Studia Theologia* 28 (1974), pp. 24-28, 35f. 를 참조하라.

89) H. W. Robinson, *Corporate Personality in Ancient Israel* (Philadelphia 1964 (1935)); Cf. *Deutronomy and Joshua* (The Century Bible) (Edinburgh 1907) p. 266. Cf. Pedersen, *Israel* (London 1959 (1926), I - II, pp. 263-269, 474-479; III - IV, pp. 76-88; A. R. Johnson, *The One and the Many in the Israelite Conception of God* (Cardiff 1961), pp. 1-13. 1-16) J. W. Rogerson은 (JTS 21, 1970, pp. 1-16) 로빈슨의 개념이 원시인의 생각에 대한 최근의 이론에서 끌어온 것이 아닌가하는 의혹을 제기한다. 최근의 심리학 이론이 성서에서의 인간을 정신 신체의 합일체로 보는 시각을 자극한 정도로, 그 이론이 Robinson의 저작에 영향을 미쳤을 수는 있다. 그렇지만, 상당한 개연성을 갖고 확립된 Robinson, Pederson, Johnson 그리고 다른 이들의 석의적 결론에 대해 그렇게 말하는 것은 다소 무책임하다고 본다. 이런 비판을 따로 제쳐놓고, 우리는 본문에 대한 보다 설득력있는 해설을 필요로 한다. 이 과제는 Rogerson은 제기하지 않았던 것이다.

90) 참조. Ellis, *Paul's Use*, pp. 136-139; 누가복음 19:9; 사도행전 3:22f; 15:14ff.; 로마서 9:6; 갈라디아서 6:16; 빌립보서 3:3; 히브리서 4:9; 요한계시록 2:14. 그 외에: J. Jervell, *Luke and the People of God*, (Minneapolis 1972), pp. 41-69; P. Richardson, *Israel in the Apostolic Church* (Cambridge 1969)

91) 예. 사도행전 4:25ff.; 로마서 8:36; 9.25; 10:13; 참조.

92) 예. 고린도후서 6:16ff.; 히브리서 8:8-12; 베드로전서 2:9f. 쿰란종파는 그 자신을 이와 비슷하게 생각했다. 1QM 1:2 에서는 유대인 "대적자들"이 이방인 적들 가운데 포함되어 있다. 참조. 1QpHab 2:1-4; 4Qtest 22:29f.

93) E. Dinkler, "Earliest Christianity," *The Idea of History in the Ancient Near East*, ed. R. C. Denton (New Haven 1955), p. 190.

94) Klein, *Rekonstruktion*, pp. 180-204.

95) Cullmann, *Salvation*, p. 248.

96) Luz, *Paulus*, p. 156.

97) 에베소서 4:22ff.; 고린도전서 10:2; 15:22,45; 갈라디아서 3:27; 사도행전 3:22ff.

98) P. Auvray *et al.*, *L'Ancient Testament et les chrétiens* (Paris 1951), pp. 132-148.

99) 고린도전서 2:6-16. 주 15, 50을 보라

100) 참조. 마태복음 16:17; 마가복음 4:11; 로마서 11:25f.; 12:6f.; 16:25f.; 에베소서 3:3-6; 베드로후서 3:15f.

101) 마태복음 22:29; 고린도후서 3:14ff.

제 13 장

신약 석의에 접근하는 방법들

랄프 P. 마틴

1. 신약해석의 다양한 방법들

석의는 해석을 의미한다. 이 용어를 신약성서의 책들에 적용시킴으로써
우리는 석의라는 과제에 대한 잠정적인 정의를 갖고 시작할 수 있다. 신약
문서들과 관련한 석의의 실행은 그 원 저자가 의도한 의미가 무엇인지를 질
문하는 것이다. 그 과정은 의미를 찾아내는 과정이며, 그 기법은 발견적 교
육법(heuristics), 즉 성경 구절의 의미를 발견하는 방법을 설명하는 연구이
다. 이것이 해석자의 일차적 목적인데, 여기서 해석자의 성경에 대한 접근이
솔직한 탐구가 되어야 하며, 아울러 그의 시대를 위한 저자의 내재된 의도를
발견하려는 결연한 노력이 요구된다.

그러나, 얼핏 보기에 자명하고 상식적으로 보이는 방법으로 표현된 이런
접근도, 공개적으로 승인되어질 필요가 있는 몇 가지 가정에서 출발한 것이
며, 또 몇 가지의 함정을 숨기고 있기도 하다. 왜 그런지는, 여태까지 신약
해석의 이해를 위한 접근에 사용되어져 왔던 각기 다른 방법들 몇 가지를 아

래에서 살펴봄으로써 알 수 있게 될 것이다.

1. 교의적 접근

이 제목하에서 언급하고자 하는 것은 신약성서의 문학적 양식, 역사적 정황, 신학적 의도, 심지어는 가장 잘된 현대어 번역이 무엇인지도 제대로 고려하지 않은 채 신약성서를, 증거들의 조직망(network)을 형성하기 위해서 배열하는 증거 본문(proof-text)들의 공급지 정도로 여기는 시각에 대해서이다.

이러한 시각에서 보면, 성경의 의미는 핵심 단어들, 핵심 구절들을 담고 있는 것으로만 취급되어 원자화 되거나, 인접한 문맥과의 관련을 상실한 채 개별 절들로 고립되어진다. 개별 본문들이 나타나는 구절이나 책의 가르침에 대해서는 거의 주의를 기울이지 않는다. 이러한 방법의 위험성은 명백하다. 이 방법은 성서의 본문을 좀더 의미가 잘 이해될 수 있는 큰 단위에서(저자의 의도에 따라서 한 단락 또는 좀더 긴 단위일수 있다) 이해하려 하지 않고, 잘려진 부분(절)에만 매달림으로써 성서를 오용하게 된다. 고립된 절들이 그들의 "어떤 논점을 증명"하는 데 있어서의 적합성 때문에 선택되어진다면, 그것은 주관주의라는 비난을 면하기 어렵다. 그리고 그것은 하나님이 자신의 말씀을 인간들에게 주실 때 단편적 조각으로나, 무상황적인 받아쓰기로 전달하지 않으시고, 고대인의 한 집단(이스라엘 또는 초대 교회)의 역사적 환경의 전체적 정황 속에서 비규범적인 표현 양식을 사용하는 일련의 언어를 통하여 전달하신 섭리를 망각하는 것이다. 이 점을 망각한 결과는 신약성서를 법조문, 또는 전화번호부 같은 차가운 사실들로 보게 되는 것이다.

교회의 권위가 성서의 해석을 규정하던 시대에는 또 다른 차원에서 교의적 접근의 한 형태가 나타났다. 예를 들자면, 트렌트 회의는 다락방에서 제자들에게 주신 예수의 성찬 말씀에 대한 분명한 교령을 내렸다.

그는 자신의 살과 자신의 피를 그들에게 준다는, 명백하고, 오해의 여지가 없는 말씀을 하셨다.

이 말씀들은 적절하고 명백한 의미를 갖고 있었고, 교부들도 그렇게 이해했다.[1]

교회의 가르치는 권리(Magisterium)의 이러한 지배는 하나의 고도로 특수화된 성서 해석에 권위를 부여하게 했고, 그것이 교의적 도구로서 사용됨으로써 교회의 교리를 확립하게 되었다. 앞에서 말한 바와 같이 프로테스탄트에 의해서 다시 성서가 증빙 본문으로 사용됨으로써 성서가 마치 법전(法典) 같은 성격을 띠게 되었다.

2. 인상주의적 접근

인상주의적 접근은 위에서 말한 교의적 접근과 정반대의 것으로 보인다. 그것의 주요한 특징은 독자가 자기 앞에 놓여 있는 구절의 메시지를, 그것을 읽을 때 자신의 마음을 채운 생각들과 동일시하여 신약성서에 접근하는 방법이다. 이런 실행은 본문으로부터 인상들을 얻는 것이다. 이 때 본문의 기능은 문제가 되는 절들에 의해 촉발되는 일련의 "생각들"을 자극하고 생성하는 것이다. 이 방법은 최근의 몇몇 복음주의적인 젊은이들의 단체, 예를 들면 Jesus People 같은 데서 많이 사용되는 방법이다.[2]

이러한 접근이 심각한 반대를 받을 여지가 있다는 것은 자명한 사실이다. 여기서는 성서가 인간 감정에 의해 좌우되는 것으로 취급된다. 그것은 본문을 역사적 정황 속에 위치시킴으로써 본문의 평범한 의미를 인정하게 하는 객관적인 통제에 복종하는데 실패한다. 그러므로 그것은 성경이 역사적인 옷을 입고 우리에게 왔으며, 그것이 처음 주어졌을 때의 정황적 배경을 존중할 것을 본문이 우리에게 요구하고 있다는 사실을 간과한다. 게다가 이 접근은, 우리가 성서의 참 의미를 꿰뚫고자 한다면 성서가 이해하기에 그렇게 쉬운 책이 아니며, 성서 연구는 우리 앞에 있는 말들의 의미를 파악하기 위해 집중적으로 노력하는 지적 훈련을 필요로 한다는 너무나도 명백한 사실을 무시하고 있다. 성서가 어렵다는 이유로 진지한 성서연구는 제쳐놓고, 인상주의의 쉬운 방법만 선호하는 것은 절망적인 계획이다.

3. 언어적 역사적 방법

언어적 역사적 방법은 위에서 언급한 두 가지 접근법의 결점에 대한 대안으로 추천할 만한 장점을 갖고 있는 방법이다. 이 방법은 성경의 지면 위에서 언어적 형태로 의사 소통하시기를 기뻐하셨던 하나님의 계시를 진지하게 고려한다. 신약성서는 인간의 말들 속에 있는 하나님의 말씀이다.[3] 이러한 이유에서 독자는 그 말들(헬 grammata)이 역사적 배경 안에서 의미했던 바를 알기 위해 의식적인 노력을 하면서 구절의 의미에 대한 탐구를 시작해야 한다. 그것은 독자가 특정한 구절이 채택하고 있는 언어적 형태를 통해서 본문에 대한 이해를 얻고자 애쓴다는 것을 의미한다. 성경이 무엇인지, 하나님이 어떤 방법으로 그것을 그의 백성들에게 주시기를 기뻐하셨는가에 대한 이러한 생각은 몇 가지 추론들을 낳는다.

하나는, 원래의 헬라어로 쓰여진 가장 좋은 신약의 본문에 관한 문제이다. 학생은 그 자신이 할 수 있는 한 자신이 갖고 있는 헬라어 성경이나 그것에 기초한 번역본이 "가장 좋은" 것이라고 단정하면서 만족하고 싶을 것이다. "가장 좋은 것"이라는 말이 의미하는 바는 본문 비평이라는 학문을 통하여 도달할 수 있는 만큼 최대한 원본(original autograph)에 가깝다는 것이다. 신약성서 본문의 전달은 역사적 상황의 우연성에 의해 영향받았다. 우리가 조사를 위한 저자의 친필 원본을 갖고 있지 못하기 때문에, 원본에 가장 가까운 본문을 회복하기 위해 가능한 모든 수단을 다 사용하는 것은 우리의 의무이다.

다른 하나의 문제는 우리 자신이 사용하는 언어로 번역하는 데 있어서 헬라어 단어들의 의미와의 등가어를 확정하는 것이다. 이 작업에는 문법 책들, 렉시콘과 사전들 그리고 성구사전의 도움이 필요하다. 물론, 문법적 문장론적 의미가 불분명한 부분이 남아있을 수 있다. 요한일서에는 이러한 모호성의 예 몇 가지가 나오는데, 전치사구, 종속절 그리고 부사적 표현들이 어떻게 서로 관계되는 것이 저자가 원래 의도인지가 확실하지 않다(요일 4:17). 여러 경우의 순열, 조합이 가능하다.[4]

그래서 하나님 자신의 구원 계시가 역사적 사건들과 그것들에 대한 해석으로 옷입고 있다는 것은 현대의 학생들이 역사를 진지하게 고려해야 한다는 것을 의미한다. 또, 신약성서가 1세기의 그리스-로마 사회의 세계와 관련되어 있는 만큼 성경 이야기의 배경에 대해서도 민감해야 한다. 누가복음에서 저자의 언급은(눅3:1f) 복음의 사건이 일어난 역사적 틀을 기술하는 저자의 의도를 보여준다. 이렇게 구원의 메시지로 하여금 역사 안에 닻을 내리게 하는 것은 엄청난 중요성을 갖는다. 초대 교회의 그리스도인들은 복음에서 역사적 내용을 제거해 버리는 것과 복음을 역사라고 하는 정박지로부터 떨어져 나가게 하는 것을 거부함에 있어서 ― 이것은 영지주의적 이단의 영향들에 대한 거부로 이어졌다(참조. 벧후 1:16ff.) ― 이러한 역사의 중요성을 올바르게 인정했다.

나아가서, 언어적 역사적 방법은 인상주의적 방법이 의도하는 관련성에의 과도한 욕망에 대해 적절한 항의가 되기도 한다. 인상주의적 방법의 목적에 따르면, 독자는 성경에서 신학적 영적 가치로 쉽게 전환될 수 있는 부분들과 생활에의 적용점이 아주 명백히 보이는 부분들에만 주의를 기울이고 연구하고픈 욕망을 고백한다. 성서의 일부분만을 적절하고 영적인 가치가 있는 것으로 받아들이는 이러한 경향은 최근 수년동안, 특별히 바(J. Barr) 같은 이에 의해서 신랄하게 비판받았다.[5]

그러나 이러한 경향은 우리가 언어적 역사적 연구의 요구들을 적절히 인정할 때 제어될 수 있다. 언어적 역사적 요구들은 성서의 영역이 삶의 전영역을 포괄하고 있다는 것을 상기시켜 주며, 포괄적인 세계관을 제공해 준다. 만약 우리가 성서를 우리의 기독교적 경험의 주어진 어떤 시간에서의 우리의 개인적 관심 속에 제한시키려 한다면 그것은 그 세계관을 왜곡한다. 참된 교정은 성서를 진지한 의도를 가진 한 몸체로 취급하려는, 그리고 성서의 메시지를 원래 배경과 문자적 의미 안에서 해명하려고 노력하는 엄격하고도 학문적인 적용에 의해 성서 전체의 메시지가 무엇인가를 들으려는 우리의 결심에 의해서 주어진다.

4. 20세기를 위한 의미

이번의 질문은, 신약성서를 읽는 그리스도인 독자가 과연 그 목적을 1세기에서의 의미를 확증하는 데만 두는 이런 종류의 연구에 만족하고 있을 수 있겠는가 하는 것이다. 그것이 정당하고 필요한 출발점이라는 것은 인정하더라도, 우리는 오늘 우리 자신을 향한 본문의 의미에 관한 탐구를 요구할 수는 없는가? 탐구의 이 두번째 단계는 "본문이 의미했던 바가 무엇인가?"라는 질문을 "본문이 지금 무엇을 말하고 있으며 그 본문을 어떻게 오늘 나 자신을 위한 것으로 이해할 것인가?"로 옮기는 데 필요한 전이점을 결정하는 단계이다. 이 논제는 딜타이(W. Dilthey)가 설명(explanation)과 해석(understanding)을 구분함으로써 처음으로 정확히 지적된 것이었다.[6]

이러한 점에서 우리는 본문의 1세기 때의 의미에 머무르는 어떠한 시도도 전적으로 만족스럽지 않은 것으로 여기는, 신약성서 해석의 접근법에 주목할 필요가 있다. 그것은 실존주의적 접근으로 이 책의 뒷부분에 좀더 충분한 설명과 비판이 실려있다(pp. 438-447). 여기서는 그러한 접근의 주된 강조점만을 언급하는 것이 좋겠다. 왜냐하면 이것은 바로 위에서 언급한 언어적 역사적 접근의 가장 강력한 라이벌이기 때문이다.

이 접근은 가다머(H. G. Gadamer)가 말한, 현대의 독자는 고대의 저자가 의도한 바와는 다른 방식으로 저자가 의미한 것을 이해하게 할 수밖에 없다는(그의 책 *Wahrheit und Methode*, Tübingin 1973[3]에서) 명제를 수용하는 것을 출발점으로 한다. 이러한 장벽은 가다머로 하여금, 해석이란 불가피하게, 한 상황에서 다른 상황에로의 번역을 포함하며, 현대의 해석자는 그 본문이 그 자신의 상황 속에서 자신에게 무엇이라고 말하고 있는지를 물어야만 한다는 원리를 선언하게 하였다. 실존주의적 해석학은 기본적으로 이러한 것이다: 본문이 원 저자와 첫 독자들에게 나름의 의미를 가졌을 것이라는 것은 인정하면서, 내가 그 고대 상황의 전제를 공유하지 못하고 있으며 고대 세계와 나는 세계관적 문화적 장벽에 의해 분리되어 있는 이런 경우에, 본문이 오늘 나에게 의미하는 것은 무엇인가?

달리 말하면, 이러한 석의 방법은 만약에 고대의 저자가 우리와 같은 시대 상황에서 살았다면 그의 말은 무엇을 의미하게 되었을까, 그리고 그는 오늘 우리를 향하여는 어떻게 말할까 하는 질문을 던지는 것이다. 우리는 오래 전에 주어진 저자의 의미를 취하여서, 그것을 우리의 사고의 틀 안으로 옮겨 놓음으로써(trans-lating) 그의 메시지를 들을 수 있다. 이렇게 성경을 관찰하고 그 음성을 듣는 방법의 대표적인 해석자는 푹스(E. Fuchs)이다. 더 이상의 설명은 pp. 459 이하를 보라.

그러나 이러한 방법이 그 한정된 지지 기반을 벗어나 일반적인 지지를 획득했다고 상상한다면 잘못이다. 불트만의 반대자들은(예를 들면, O. Cullmann 같은 이가 있다. 구속사에 대한 그의 이론은 언어적 역사적 연구의 우선 순위에 기초해 있다) 우리는 신약성서가 그 처음 독자들에게 의미했던 바에 대해서 귀를 기울여야 하며, 그 메시지가 우리의 입맛에 맞지 않고, "이상한" 경우라도 거기에 기꺼이 복종해야 한다고 주장한다. 케제만(E. Käsemann)은 실존주의적 석의 방법이 신약성서가 말하는 바를 심하게 왜곡할 수 있으며, 그것에 의해서 신약성서가 평가 받게 되는 새로운 규범을 세우게 될 가능성이 있다고 말했다.[7]

1세기에서의 의미를 확증하기 위하여 신약성서를 읽는 것과 그 메시지의 현대적 적용에까지 도달하려는 것, 이 두 극사이의 간격을 메우기 위한 중요한 방법 한 가지는 sensus plenior로 알려진 방법이다. 이 용어는 본문의 보다 깊은 의미라는 말인데, 이는 저자가 명백하게 의도했다는 것이 아니라, 발전하는 계시에 의해서 본문에 비춰지는 더 밝은 빛으로 본문을 볼 때 하나님이 의도하신 것을 볼 수 있다는 의미이다.[8]

이 방법의 좋은 예는 구약의 "메시야적" 예언(예. 이사야 7:14)에 대한 석의이다. 기독교 신자들이 구약의 예언을 신약성서 기자들에 의해 행해진 해석(예. 마 1:23)의 빛 하에서 읽었을 때 그것은 완전한 의미를 산출했다. 신약성서 자체가 그 독자들에게 구약의 계시에서 맹아적으로나 부분적으로만 나타났던 것의 더 큰 성취로 신약을 볼 것을 요구하고 있는 만큼(히 1:1-3), 이러한 방법은 상당한 가치를 지닌다. 그러나 몇 가지 명확한 통제가 필요하다. 그리고 sensus plenior 의 원칙은, 그것이 성경과 전통을 나란히 놓는 생각들에 개방되거나(Y. M. -J. Congar의 입장,[9] 그의 입장은 조금 완화된 것이기는 하다), 후대의 교회가 성경 안에 숨어있다고 여겨지는 기독교 교리들을 확정할 권한을 가진 것처럼 주장되어지면서 그것들이 "신앙의 조항들"의 지위에까지 높아질 경우에, 오용되는 것이다.[10)]

sensus plenior 를 구성하는 것이 무엇이냐에 대해 우리가 결정해야 할 기준은 (a) 구약의 구절들과 조화되면서, "더 깊은 의미"를 보장하는 권위를 신약성서에 부여하는 것. 이러한 신임장은 구약의 교훈을 더 넓은 맥락에 위치시키는 효과를 가질 것이며 그것을 구속사와 적절히 관련되게 할 것이다 (예. 이사야에 나오는 임마누엘 예언). 그리고 (b) 신약성서의 "더 넓은 성취"는 문자적 의미와 조화되어야 한다. 두 구절이 동질성을 갖는 가능한 예로는 예언시인 시편 2편과 110편을 들 수 있겠다. 이 시편들의 원래 배경은 이스라엘 왕조였지만, 더 깊게 더 넓게 "위대한 다윗왕의 더 위대한 자손"에게 적용될 수 있었다.

그리스도에 대한 구약의 준비와 신약의 성취의 상호관계의 틀을 만드는 보다 신중한 방법은 모형론(typology)이라는 용어로 표현된다.[11)] 이 방법에서는 숨겨진 진리를 포함하고 있다고 생각되는(그리고, 후에는 더 넓은 계시에 의해 명확하게 되는) 구약성서 본문의 단어들에서, 신약성서의 해석적 주석의 주제가 묘사되어있는 구약의 사건들이나 사물들로 강조점이 옮겨진다. 여기서 우리는 일련의 역사적 사건들과(유월절, 만나, 구리뱀) 인물들(아담, 멜기세덱, 모세, 다윗) 안에서, 후의 예수의 사역에서 나타난 사건들의 모형들을 (typos라는 단어에 대해서는 롬 5:14을 보라. typikos라는 부사는 고전 10:11을 보라), 또 그의 인격과 사역이 이해되어지는 방법들의 설명을 보도록 고무된다.

5. 구속사

이상의 논의는 우리로 하여금 성경에 대한, 특별히 신약에 대한 기독교적 관심의 핵심으로 직행하는 방법이 없을까 하는 생각을 갖게 한다. 우리는 그것을 구속사라고 말할 수 있을 것이다.[12)] 성경은 하나님의 구원 행위와 그것에 대한 해석의 기록이다. 이것은 그의 백성들에게 주어진 것이며, 그들의 순종, 사랑 그리고 섬김의 반응을 불러 일으키기 위해 의도된 것이다. 이런 의도를 확인하는 것이 중요한 이유는 "구속사"를 하나님의 구속이라고 하는 극적인 사건의 무대라는 좁은 의미로 생각하면서, 그것이 구약의 지혜 문학 또는 신약의 바울서신의 권면 단락이나 야고보서 등을 위한 여지는 남기지 않고 있다고 비난하는 일이 종종 있어 왔기 때문이다. 바울 서신의 권면 단락이나 야고보서 같은 부분은 하나님의 은혜와 그의 구원에 대한 인간의 총체적 응답에 관한 것으로 분류되어야 할 것이다. 그 응답은 하나님의 계시만큼이나 폭넓은 것이며 삶 전체에 관계되는 것이다.

그러나 신약성서 자체의 다양한 성격은 우리가 "정경 속의 정경"을 정해 놓고, 예수 그리스도의 인격과 그 자리에 명백히 관련되지 않은 성서의 어떤 부분들을 배제해 버리는 것을 허락하지 않는다는 것은 여전히 유효한 경고로 남는다. 우리가 (루터가 말한 바와 같이) "그리스도를 확실하고 선명하게 나타내고", 그래서 "그리스도를 고양하는" 신약의 어떤 부분들을 강조하기를 원하는 것은 무방하다. 그리고 주어진 어떠한 구절들에 대한 연구에서도 세상과 교회를 위한 하나님의 구원 계획의 초점인 예수 그리스도에 관해서 그 단락이 무엇을 말해야 하는가 하는 질문에서 시작하는 것은 바람직한 일이다.

그러나 때에 따라서는 기독론적 가르침을 결여하고 있는 본문도 있다는 것을(예. 야고보서) 솔직히 인정해야 할 것이다. 그렇지만, 우리는 그런 구절도 정당하게 인정해 주면서, 신약성서 전체의 관점에서 그것을 보아야 한다. 이 경우에 우리가 야고보가 "행함이 없는 믿음은 죽은" 것이라는 반대를 제기했던 이유를 탐구한다면, 야고보서가 우리에게 말하고자 하는 바를 알 수 있을 것이다. 아마도 그것은 "오직 은총으로", "오직 믿음으로"라는 바울의 가르침을 오해해서 "율법으로부터의 자유"를 율법폐기론이나 방종으로 떨어뜨려 버렸던 상황과 관련되어 있을 것이다(롬 3:8; 6:1ff. 와 같이).

여기서 중요한 원칙은 우리가 먼저 원래의 배경 속에서 본문 연구를 시작해야 하며, 그 가르침의 정황에 대해 우리가 할 수 있는 모든 것을 확증하기 위해 노력해야 한다는 것이다. 그 후에 우리는 그 가르침에서 우리의 상황에 대한 적용을 읽어낼 수 있는 유리한 위치에 서게 될 것이다. 각각의 문맥 속에서 취해진 독립된 절들은 주의깊게 다루어져야 한다(비록 성경의 주님이 그의 백성들에게 예외적인 방법들로 말씀하실 수 있다는 것에 대한 부정은 없을지라도. 또 성서 구절을 아무렇게나 뽑아서 사용하는 것을 제한하고 부주의한 자들이 그러한 함정에 빠지지 않도록 가르쳐 주기를 우리가 아무리 간절히 원한다 할지라도).

더 안전한 것은 성경의 더 큰 단위에서 — 한 단락, 사건 전체 혹은 신약성서의 한 권 — 의미를 발견하는 것이다. 우리가 성경에 주목하기 오래 전부터 그 구절은 그 독자들에게 메시지를 갖고 있었다는 사실을 인정한다면 우리는 선입관과 오만으로부터 벗어날 수 있을 것이다(성경이 우리의 유익을 위해 쓰인 것이기는 하지만: 고전 14:36을 보라). 이 유익한 조언은 교리주의나 인상주의 양자에 대한 효과적인 대답이다.

언어적 역사적 방법의 엄격한 적용은 본문이 말하였으면 하고 우리가 바라는 것을 집어넣어서 읽고자 하는 개인적 습벽이나, 성서의 메시지를 허공 중에 떠다니게 하고 하나님의 구원 행위의 과정의 역사적 사건들과는 무관하게 만드는 경향들을 제지할 수 있다. 하나님의 구원행위는 예수 그리스도와 사도적 교회의 역사라고 하는 시·공간의 틀 속에 위치해 있다; 우리가 그것을 좋아하든지 않든지 간에, 구원 사건이 발생하고 그것에 대한 영감받은 해석이 행해지던 역사의 이 부분은 우리에게 닫혀있다. 그러나, 신약성서는 그 이야기를 들려주며 또 그 이야기를 푸는 열쇠도 제공한다. 신약성서가 우리의 하나님에 대한, 그리고 하나님이 인간을 대하시는 방법에 대한 지식의 필수 불가결한 원천으로 남아있는 것은 바로 이 이유에서이다.

2. 석의의 몇가지 원칙들

이제 우리는 주어진 본문에 접근할 때 견지해야 하는 해석의 원칙 몇 가지를 살펴보고자 한다. 먼저, 그 원칙들은 질문의 형태로 표현될 것이다; 그리고 나서, 신약성서에서 발견되는 문학 모형에 대한 설명들 몇 가지를 살펴보기로 한다.

1. 문학 양식

먼저 우리는 신약 문서들의 문학 양식(전문 용어로는 genus litterarium)은 무엇인가 하는 일반적인 질문을 할 수 있다. 신약성서 27권은 모두 똑같은 장르로 쓰여진 것이 아니며, 따라서 신약 "문고" 책들의 주요 분류 방법을 아는 것은 중요하다. 분류에 관한 질문 중 하나는 "복음서"라고 알려진 저작들의 정확한 모형은 무엇인가 하는 것과 관련된 것이다. 그것은 고대 세계의 다른 병행 문학들(예를 들면, 플루타크의 영웅전)과의 유비로 이해될 수 있는 "예수전"을 시도한 것인가? 아니면 첫번째 기독교 복음서는(일반적으로 마가복음이라고 함) 고대의 저작들이 병행을 산출할 수 있는 그 어떤 범주에도 속하지 않는 것인가? 그렇다면 그것은 마가의 전체적인 틀을 따르면서 마가가 갖고 있지 않는 좀더 "전기적인" 성격을 가미한 그 후의 복음서들의(예. 누가복음) 분류에 해당하는 독특한 문학 모형인가?

"편지"라는 표제가 붙은 신약 문서의 다른 단편들을 고려할 때 비슷한 질문에 직면하게 마련이다. 그것들은 바울과 교회들 사이의 개인적인 편지들의 단편인가? 아니면 그것은 출판을 위하여 의식적으로 구성된 것으로 "서한"이라는 범주에 속할 수 있는 것인가(다이스만이 헬라 세계의 서한 문서의 두 종류에 대한 자신의 잘 알려진 논문에서 주장했던 것과 같이)? 이 문제에 관한 연구결과에 따르면, 바울의 구성 방식에 관한 질문들이 고려되어야 한다. 그것은 그의 편지들이 그 순간의 급박성 때문에 쓰여진 "임시적인 글들"인가, 아니면 그 당시의 문학 형태로 증명되어진 모형들과 잘 다듬어진 문체의 증거를 고려해 볼 때 강화들의 주의깊은 배열에 의한 구성인가 하는 것이다.

어느 쪽이든, 바울의 구두 메시지를 받아 쓴 대필자가 있었을 가능성에 대한 문제가 있다. 사실 대필자가 있었다는 것이 로마서 16:22에도 나타난다. 그렇다면, 바울이 더디오같은 대필자에게 얼마나 많은 자유를 부여했는지, 말하는 형태나 실지로 쓰인 단어까지 바울 자신의 것인지 아니면 바울이 골격만 제시하고 대필자에게 내용을 채우도록 한 후에 마지막으로 서명을 함으로써 그 편지를 승인했는지 하는 문제가 중요하게 된다. 대필자의 자유 문제에 있어서, 후자의 방법은 우리가 알고 있는 그리스-로마 세계의 저술들에서 찾아볼 수 있는 방법이다. [13]

2. 배경

이제 신약성서의 책들 중 한 권에 속한 주어진 본문이나 구절에 나타난 문학적 문제를, 그 말들이 그것의 직접적인 배경 속에서 의미하는 바가 무엇인가를 질문함으로써 고찰하는 것에 대해 살펴보기로 한다. 이 본문이 구약 시편의 시들을 의식적으로 인용하면서 또는 칠십인역의 문체나 셈어적인 것으로 취급될 수 있는 표현들(예. 과장, 금언이나 간결한 속담들, 예배시의 문구들)을 사용하면서 쓰여졌을 때에, 본문의 배경은 명확히 구약성서일 경우가 있다. 그렇지 않으면, 헬라 철학이나 그리스 연극의 대사 또는 비문학적 파피루스의 언어 사용을 조금만 살펴보아도 알 수 있듯이 그 배경이 그리스-로마 세계인 경우도 있다. [14]

3. 문화적 배경

해당 구절의 문화적 배경은 무엇이며, 그 이야기에 등장하는 인물들이나 그 저술의 청중으로 의도되었던 사람들의 관습, 전통, 민속 등에 대한 지식이 본문에 대해 조명해 줄 수 있는 것이 무엇인가?[15] 좀더 깊이 들어가자면, 이야기 속의 사람들이 속해 있는 종교적, 신학적 배경에 대해서도 탐구해야 하고, 그러한 종교적인 신앙들이 알려주는 전제들에(예를 들면, 우주에 대한 생각, 마귀에 대한 믿음 등) 대해서도 알아야 필요가 있다.

4. 신학적 의도

무엇보다도 우리는 저자의 신학적인 의도가 무엇이며 그가 그것을 어떻게 표현하고자 했는가를 물어야 할 것이다. [16] 우리가 시도하는 주석에 기본적으로 깔려있는 의도는 저자가 어떤 신학적 동기에서(Tendenz 라고도 하

는) 이 글을 썼는지를 알고자 하는 욕구이다. 이러한 방법에 의해서만 우리
는 예수의 비유나 묘사적 설화의 한 부분 또는 종교적 확신의 서술을 기록하
는 데 있어서 저자가 의도한 의미를 알아내기를 기대할 수 있을 것이다. 그
렇다고 해서 신약성서의 기자들이 그들의 표현에 있어서 표면에 드러나지 않
는 동기를 가지고 있었다는 것은 아니다. 반대로, 신약의 기자들 중에 명확
한 의도를 갖지 않고 글을 쓴 사람은 없다는 말이다. 때로 그 의도는 명시적
으로 표명되기도 한다(예. 눅 1:1-4; 요 20:31; 골 2:2-4; 딤전 1:3ff.; 요
일 2:1, 7, 12; 5:13). 때로는 이 의도가 각 절들의 상황적 배경에 대한 면밀
한 조사에서, 또 때로는 저자의 작품 전체를 통해서 밝혀지는 경우도 있다.

현대의 복음서 독자들에 의해 예리하게 제기되는 또 하나의 문제는 복음
서 기자들이 자신의 고유 권한을 가진 신학자이기도 했다는 것이다. 초연하
고 중립적인 방식으로 예수의 삶과 가르침을 단순히 재생하는 것이 그들의
목적은 아니었다. 그들은 독자들의 믿음을 견고케 하기 위해 글을 썼으며,
교회 속에 나타난 잘못된 가르침을 반박하기 위한 목적도 있었음이 거의 확
실하다. 한 예로, 요한복음은 예수의 인성을 특별히 강조하고 있는데 그것은
가현설에 대한 반박의 필요라고 하는 배경이 있었기 때문이다.

그렇지만, 복음서 전승 이해의 다른 부분에서 문제점들을 발견하는 학생
들이 많다. 자료비평은 복음서 기자들이 그들이 전달 받은 전승에서 온 자료
들을 사용했다는 것을 어느 정도 확실하게 보여 주었다. 편집 비평은 여기에
복음서 기자들이 단순한 전승의 전달자가 아니라 전승에 대한 최초의 주석가
들이었다는 것을 첨가했다. 복음서 기자들의 편집자로서 작업이란, 글을 쓰
면서 자신들의 신학적 의도에 알맞게 하기 위해 전승을 적응시키고 다듬었다
는 것을 말한다. 복음서 기록의 전(前) 역사에 대한 이런 연구는 중요한 몇
가지 질문을 야기한다. 특별히 우리의 석의가 이야기의 기록 속에서 "실지로
일어난 일"을 회복하여 재생하는 것, 또 (편집비평적 시각에 의하면) 복음서
기자의 해석과 편집 작업이 포함되어 있는 복음서 기록의 배후까지 추적하여
"실지로 예수가 말한 것"을 찾아내는 것과 관련되어 있는 것인가 하는 물음
이 제기된다.

한 예로 많은 현대 학자들이 예수의 비유를 연구하는 방식을 들 수 있겠다. 우리는 예수 자신의 사역에 있어서 이야기들의 회복 가능한 배경을 만나기도 한다. 그렇지만 본문에는 이러한 원래의 배경만 있는 것이 아니라, 초대 교회의 생활과 활동을 반영하는 전이된 배경이 포함되어 있으며 예수의 원래 메시지를 후대의 교회가 자신들의 상황에 맞게 윤색한 것도 나타난다. 문제는 현대의 석의가가 초대 교회의 관심에서 연유한 것으로 돌릴 만한 적응과 변경에 대해 얼마 만큼의 관심을 갖는가 하는 것이다.

일반적 법칙으로는 — 자세한 것은 이 책의 다른 부분을 참조할 수 있을 것이다 — 우리의 관심이 이중적인 관심이 되어야 한다는 것을 인정할 수 있다. 우리가 예수 자신의 말(ipsissima verba)을 복원해 낼 수 있는, 또는 그것이 똑같이는 아니라고 하더라도 최소한 예수 자신의 음성(ipsissima vox)의 분위기를 감지해낼 수 있는 한도 내에서[17] 우리는 그것을 해야 한다. 이러한 탐구의 과정에서 우리는 우리 신앙의 역사적 핵심과 접촉하게 될 것이다. 그러나 초대 기독교인들이 의도를 갖고 그 본문을 구성했으며 때로는 그것 때문에 원형으로의 회복이 불가능한 경우가 있다고 하더라도 우리는 그들의 증언을 무가치한 것으로 배제해서는 안 된다. 해석되어진 자료도, 그것이 일단 영감되었고 권위있었던 것이라면, 1세기의 기독교인들이 무엇을 믿고 가르쳤는가 또는 예수의 원래적 가르침에 대한 그들의 반응은 어떠했는가를 보여주는데 있어서, 나름의 가치를 갖고 있다. 이렇게 본다면, 복음 전승의 두 층은 제각기의 역할을 하고 있으며, 그것들이 서로 반립되는 위치에 있는 것은 아니다.

신약성서의 몇 부분들이 다양한 배경들에서 쓰여졌다는 것을 간과하는 것도 바람직하지 않다. 한 예로 바울 서신과 야고보서에서의 "믿음"과 "행위"라는 용어의 사용을 들 수 있을 것이다. 두 저자가 정확하게 같은 의미에서 이 단어들을 사용하고 있지는 않다. 우리가 이미 언급했듯이 아마도 야고보는 바울의 제자들이 바울의 가르침을 잘못 이해한 것을 교정하려 했을 것이다. 또 마태복음이 "의"에 중요한 위치를 부여하고 있는 것을 예로 들 수 있겠다. 마태의 의도에는, 이방인 기독교인들은 자신들이 원하는 대로 자유

롭게 살아도 된다고 하여(롬 3:31; 6:1ff.; 갈 5:13-15; 그리고, 벧후 3:16
을 고려하여 벧후 2:17-22을 보라) 바울의 가르침을 무율법주의의 면허증으
로 바꾸어 버렸던 그리스도인들의 "이신칭의"에 관한 잘못된 생각에 대한 의
식적인 반박이 있는 것으로 보인다.[18]

사실, 이러한 주의를 기울여야 한다는 것은 신약성서의 각 부분들이 그
책이 형성되어진 전체적인 의도와 계획의 더 큰 맥락에 비추어서, 그리고 그
책이 의도하는 목적에 따라서 해석되어져야 한다는 것을 말한다. 때때로 개
별 절들의 의미는 전체 책이나 서한의 의도로써만 알 수 있을 경우도 있으
며, 또 (역설적으로) 저술의 특별한 의도는 각 절들의 의도의 총합에 기초한
것이기도 하다. 이것은 현대의 해석자 스스로가 발견하는 해석학적 순환이
다.[19]

부분과 책 전체의 상호관계의 좋은 예는 계시록이다. 이 책이 묵시의 장
르에 속한다는 전제(이것은 각 장들을 연구해보면 알 수 있는 것이기도 하
다)에서 시작하여, 우리는 이 책의 일차적인 의도는 환난과 박해를 당하는
하나님의 백성들을 격려하고 그들에게 힘을 주는 데에 있다고 말할 수 있다.
이 결론은 개별 절들(예. 2:10; 13:10; 14:12)을 검토해서 나온 것이다. 그
리고 이것은 책 전체의 메시지를 해석하는 데 도움을 주는 원리가 된다.

3. 문학 양식과 문체

우리는 이제 신약성서에서 발견되는 주요한 문학 양식들의 실례를 들고
자 한다. 이 실례를 고르기 위해서는 몇 가지 분명한 선택이 필요하다. 그리
고 이 선택을 좌우하는 것은 우리가 석의를 하면서 도움을 받고자 할 때 다
소의 설명이 요구되는 그러한 자료들을 뽑아내야 할 필요이다. 그렇다면, 문
학 양식들은 그것 자체가 독립적으로 고대 문학에서의 예를 들어 토론되기
보다는 사람을 향한 하나님의 말씀으로서의 성경의 보다 온전한 이해에 공헌
하는 자료들로서 논의되어야 한다. 신약성서는 1세기 저술의 문체와 방식으
로 기록되었다. 이 장의 과제는 보다 명료한 석의를 돕기 위해 신약성서 기

자가 사용한 문학적 용례들을 규명해 보는 것이다.

1. 장르

문학적 장르에 따라 분류해 볼 때 신약의 문서는 네 가지 범주로 나누어 진다: 복음서, 행전, 서신, 계시록.

(a) 본 장의 목적상 "행전"이라는 문학 형태에 대해서는 크게 신경쓸 필요가 없다. πράξεις라는 말은 고대에서 전기 작품에 해당되는 용어였는데, "데오빌로에게"라는 표제의 글을 쓴 저자는 이 단어를 사용하지 않고 있다. 그는 책의 첫 장에서 λόγος라는 말을 쓰고 있고 (행 1:1), 그에 앞선 작품은 "이야기들" διηγήσει이라는 제목으로 부르고 있다. "사도행전"이라는 정경으로서의 제목은 누가 전집의 제 2 권에 대한 표제로서 후대에 붙여진 것이며, 그것은 "문학 양식이 아니라 내용을 표현하려는 의도인 것으로"[20] 보인다. 외경에 속하는 후대의 행전들이 누가의 모델을 따라 이름 붙여졌는데, 두 경우 다 전형적인 문학 양식에 따라 이 제목이 붙여진 것 같지는 않다.

(b) "복음"이라는 용어는 신약성서에서 초대 교회의 선포의 활동과 그 내용에 한정되어 쓰인 말이다. "복음을 전한다" (막 1:14; 고전 1:17; 갈 1:11)는 것이 일반적인 표현이다. 신약성서는 "복음" (즉, 좋은 소식의 선언)을 항상 말하고 응답한다는 동사와 결부시키고 있지, 쓰고 읽는다는 동사와 연결시키고 있지 않다. 그 뜻이 약간 모호한 경우에서조차도 (고전 8:18, AV) 초대 기독교인들이 복음을 기록된 구성물로 생각했다고 볼 여지는 없다. "복음전도자" (Evangelist: 오늘날 사용되는 '복음서 기자'와 같은 말 — 譯註)라는 말도 당시에는 좋은 소식을 전하는 사자 (使者), 선포자의 뜻이었지, 결코 갈대 펜을 들고 기록에 몰두했던 서기관을 가리키는 말이 아니었다.

복음서 기록들에 대한 가장 오래된 명명은 "기록들" (memoirs: Justin the Martyr)이다. 그러나 이 말은 계속 사용되지 못했다. 그 대신에 제 2 세기와 3세기의 기독교인들은 "복음서"라고 하는 이 책들의 제목을 만들어 냈다.[21]

그 이유는 중요한 것이며, 오늘날 "복음서"를 읽는데 있어서 결정적인 열쇠를 제공한다. 어떤 기독교인 "전기 작가"도 자신이 기록하지 않으면 예수에 대한 기억이 망실될지도 모른다는 생각에서 그 자료들을 보존하려는 목적으로 글을 쓰지는 않았다. 그렇게 가정하는 것은 부활하신 주의 살아있는 현존이 모든 세대의 교회들에 보증되어 있다고 믿는 기독교 신앙을 과소 평가하는 것이다. 그리스도인들이 예수의 지상 생애, 말씀들, 그리고 활동에 대한 고정된 기록을 갖기 원했던 것은 사실이다. 기독교의 제 1 세대가 지나가면서 예수의 처음 제자들이 하나 둘 죽어가기 시작했을 때에는 더욱 그러했을 것이다. 그러나 우리의 원시 기독교에 대한 이해에 있어서 여전히 중요한 것은 예수가 그들 가운데 있었던, 잃어버린 "황금시대"를 뒤쫓아가야 할 정도로 초대 교회의 사상과 삶이 과거에 얽매여 있었던 것은 아니라는 점이다. 그의 살아있는 현존은 성령에 의해 실현되었고, 그들이 예수의 약속에 따라 행할 때마다(마 18:20; 28:19, 20) 그리고 그들이 그를 "기념하여" 떡을 뗄 때마다(고전 11:24f.) 현실적 실재가 되었다.

그래서 예수의 사역에 대한 첫번째 기록(그 전체의 개요는 행 10:37-41에 개략적 형태로 나타난다)은 그냥 그 제목이 되었다 : 하나님의 아들 예수 그리스도의 복음의 시작 (막 1:1). 그 후로 계속해서 마가가 사용한 "복음"이라는 용어는 예수 안에서의 하나님의 구원 행위와 그것에 대한 인간들의 응답의 이야기를 전하기 위해 고안되어진, 선포되어진 메시지의 내용을 가리키는 말이 되었다. 이렇게 해서 "복음서들"은 그것들이 로마서 1:16에서 모든 믿는 자를 구원하는 하나님의 능력으로 선언되어진 "복음"의 본질을 담고 있다는 이유에서 그렇게 명명되었다.

이는 우리가 수긍할 수 있는 것으로서, 복음서 해석의 첫번째 원칙이다. 이 네 책이 사도들의 복음의 기초를 형성하는 구원 사건의 정수(精髓)를 담고 있기 때문에, 우리는 이 책들의 가치를 높이 평가한다. 그것은 그 본질에 있어서 선포적이며(즉, 좋은 소식을 선포하고 그에 대한 결단으로 부르는 것) 그 목적에 있어서 전도를 위한 것이다(요 20:31에 따르면 복음서는 예수 그리스도를 믿게 하려는 의도로 쓰여졌다). 복음서들은 1세기의 유대교의 세

계와 그리스-로마 문명의 시대에서의 예수의 생애 이야기에 뿌리박고 있다는
점에서 역사적이다. 그러나 복음서가 역사적이라고 할 때, 거기에는 조금 다
른 의미가 있다.

예수의 역사는 그 역사의 선포적 측면을 보여주려는 특별하고도 개인적
인 시각하에서 보도되어졌다. 결국, 개별 단락들(페리코프들)과 전체로서의
복음서들은 독자들에게 살아있는 한 사람에 대한 믿음을 심어주기 위해 쓰여
졌다는 것이다. 그 사람은 한때 갈릴리와 예루살렘에 있었으나 지금은 모든
지상적 한계를 초월해 있으며, 오직 그 안에서만 우리가 구원을 발견할 수
있는 분, 하늘과 땅의 주님으로 높임을 받았다. 우리는 그 역사를 구속사,
좀더 정확히는 "해석되어진 역사"라고 할 수 있을 것이다. 이 역사는 그를
부르는 모든 사람들의 가슴에 와 닿는 살아있는 주님으로서의 예수, 또 모든
시대에 그의 제자들이 따라야 할, 고난의 길을 거쳐 마침내 승리에 이르는
믿음의 모범으로서 예수의 현재적 의의를 나타내기 위해 손질이 가해진 역사
이다.

복음서 이야기의 이 마지막 성격에 근거해 와일더(A. N. Wilder)는 기
독교 복음서의 진정한 장르는 그리스도가 믿는 자들을 위한 의미나 정향의
패턴으로서 회상되어지는 믿음의 이야기를 중심으로 재생된 역사라고 했
다.[22] "모사(模寫: mimesis)" 또는 재생의 요소는 역사란 그 자체의 목적에
입각한 과거의 가치에 따라 기록되어지는 것이 아니고, 과거를 벗어나 현재
에 사는 그의 백성들에게 다가오는 그리스도를 현재화하기 위해 회상된다는
것을 의미한다.

(c) 분량으로 보면 신약성서의 가장 많은 부분이 "서신"[23]이라는 범주로
분류될 수 있다. 초대 기독교가 지중해 연안으로 퍼져 나가고 각지에 교회가
세워지면서 다양한 중심부들 사이의 의사 소통의 방법이 확장되어질 필요가
생겨났다. 서신 형태의 통신문이 이러한 역할을 담당했다는 것을 폴리캅이
그의 글에서 바울과 빌립보 교인들과의 접촉을 묘사한, 중요한 언급에 의해
가정해 볼 수 있다:

그가 여러분과 함께 있을 때 그는 그 당시의 사람들에게 분명하고
건전한 진리의 말씀을 교훈했습니다. 그가 여러분 가운데 머물고 있을
때 말입니다. ; 그는 떠난 후에도 여러분을 잊지 않고 편지를 보냈는데,
여러분들이 그것을 주의깊게 읽는다면 여러분은 여러분이 전달받은 그
믿음에 있어서 진보를 이루게 될 것입니다. (빌립보 교인들에게 3:2)

사도들의 교훈이 편지로 쓰여지면서 고대의 유례(類例)를 찾아볼 수 없
는 새로운 저술 형태가 생겨났다. "기독교적 교훈의 편지는 사실 복음서가
새로운 문학 형태를 창출한 것에 비길 수 있을 만큼 특징적인 문학 형태였
다." [24]

교훈적 목적으로 구성된 편지들에 관한 엄밀한 정의에 비추어 본다면 위
의 말이 맞겠지만, 형태와 문체에 있어서는 바울의 편지들도 헬라 세계의 편
지 작성 방법으로 알려진 관습적인 모형을 따르고 있다. 서신에는 네 개의
부류가 관련되어 있다; 저자, 비서, 전달자, 그리고 수신자이다. 신약성서의
서신들의 이해를 위한 석의적 과제에 부딪히면 아래의 세 가지 중요한 질문
이 대두된다.

첫째로, 다이스만이 말한 통신문의 두 가지 종류를 염두에 둘 필요가 있
다. 그는 출판을 위해 의식적으로 문학적 노력을 기울여 쓰여지는 "서신"과,
특정한 상황에서 쓰여져서 단시일만 읽혀지고 마는, 개인적 특성을 갖는 "편
지"를 구분했다. 우리가 이러한 구분을 받아들인다면 통신을 위한 신약의 문
서들은 전부 예외 없이 서신으로 분류되어져야 할 것 같다. 서신들에 나오는
많은 증거들이 이러한 분류를 지지한다. ① 바울과 베드로는 주의깊게 고려
되어진 문체를 쓰고 있다. 구체적인 예는 후에 살펴볼 것이다. 요한일서는
생각들이 반복되어지는 패턴을 보여 주석가들을 당황하게 하지만, 전체적인
인상으로는 요한이 주도면밀한 의도를 갖고 목회적 충고를 제시하는 일정한
방향을 추구하고 있다고 볼 수 있다. ② 사도의 권위는 바울이 자신의 가르
치는 직무를 "이방인의 사도"로서 이해하고 있었다는 것을 보여주는 바울의
주요 서신을 통해 알려진다. 사도직의 권위는 바울 서신의 주요 부분을 관통

하고 있는데, 여기서 바울은 "이방인의 사도"로서 자신의 가르치는 직무를 자각하고 있었다는 것을 보여주고 있다. 바울의 통신문 중에 그의 "친근한" 목회적 편지들(빌: 1:1; 2:12; 3:17을 보라)과 사적인 의사전달들(빌레몬서는 그의 가정에 모인 교회에 주어졌다, 2절. 바울을 대사 — ambassador, 개역성경은 '나이먹은 자'로 번역하고 있다. 본문 비평상의 차이이다(역주) — 로 이야기하고 있다, 9절)로 간주되어진 부분들까지도 이러한 공적인 성격을 갖고 있다. ③ 바울은 자신의 편지가 교회의 예배에서 낭독되어지기를 원했다(살전 5:27). 또 자신의 편지를 다른 교회들에도 돌려서 읽을 것과 다른 교회에 보내진 편지도 받는 대로 읽을 것을 부탁했다(골 4:16). ④ 그는 글을 쓰면서 공적인 예배로 모이는 교회를 마음에 그리고 있었으며(고전 5:1ff.; 골 2:5) 그의 서신에서 한 지역 교회에 문안을 하면서도 각지에 있는 더 넓은 공동체를 염두에 두고 있었다. "에큐메니컬" 교회에 대한 이러한 비전은(벧전 1:1; 5:9; 약 1:1) 이 서신들이 내용이 온 세계의 그리스도인들을 형제로 끌어안는 데까지 이르는 만큼, 서신들의 성격도 "보편적" (catholic)이라는 생각을 갖게 했다. 이러한 성격에 해당되지 않는 것은 개인적인 성격을 갖는 것으로 보이는 요한이서와 요한삼서뿐일 것이다.

두번째로, 바울과 베드로, 둘다 대필자에 대해 언급하고 있다(롬 16:22; 벧전 5:12); 그렇다면 실지로 서신을 써 내려가는 데 있어서 대필자들이 얼마나 많은 자유를 가졌었는가 하는 물음이 제기된다. 이 물음에 대해서는 롤러(O. Roller)의 이론이 언급되곤 한다. 그에 따르면, 고대 세계의 편지 작성은 전문 대필자들에게 맡겨졌었는데, 그들은 저자의 생각을 주요 요점만을 속기해 놓았다가, 나중에 따로 시간을 내어 편지를 쓰는 사람들이었다는 것이다. 기록하는 작업이 상당히 힘드는 것이었기 때문이다. 다 쓴 후에 저자가 그것을 보고 최종적인 승인의 표시로 서명을 했다고 한다. 이에 착안하여 롤러는 바울의 서신들 중 몇몇이 쓰여진 방식을 재구성했다. 그러나, 그는 바울 자신이 편지 전체를 다 썼다는 증거가 있는 서신도 있다고 주장한다. 골로새서 4:18과 같은 데는 대필자에 대한 언급이 없기 때문이다. 그러나 그 증거는 아래의 다른 증거들에 의해 상쇄된다. 그렇게 보이는 곳에서 바울은 마지막 말을 덧붙이고(갈 6:11), 친필을 추가하고(골 4:18), 또는 바울 자신의 글이라는 증거로서 서명을 하고 있기(살후 3:17) 때문이다. (예를 들면) 고린도 후서 8:23 이하의 맞지않는 구문이나, 문장에서 주동사가 없는 것은 바울의 손질이 가해진 명백한 흔적이라는 주장이 있다.

베드로 전서가 목회 서신과 같이 비일상적인 단어를 사용하면서 능숙한 문체를 보이고 있다는 사실은 "대필자 가설"을 더욱 설득력있게 만들었다.[25] 분명히 베드로전서 5:12은 바울 서신에서의 대필자의 지위에 대해서보다 더 많은 정보를 제공해 주고 있다. 물론, 몇몇 학자들이 여기에 근거해서, 가설에 기초한(ex hypothesi) 대필자가 편지의 작성에 참여하고 있다는 이유로, "사용한 어휘나 문체는 진정성을 논하는데 있어서 결정적인 것이 아니다"라고 주장하는 것은 너무 지나친 것이다.[26] 큄멜(W. G. Kümmel)은 이 이론에 대해 중요한 반론을 했는데, 서신의 글의 흐름에 빈번한 중단과 삽입이 있다는 사실은(예. 빌 3:1f.) 대필자가 바울의 입에서 나오는 말을 바로 받아 썼다는 것을 보여준다는 것이다. 또 그는 바울의 호모로구메나(진정성에 관한 시비가 없는 친서 ― 역주)를 통해 나타난 그의 언어적 일관성에 근거하여, 바울이 대필자의 도움을 입긴 했지만 그의 다양한 통신문들에 관철되고 있는 것은 바울 자신의 인격과 가르침이라고 했다.[27] 이와 반대로, 롤러는 바울의 문체도 "섞여" 있으며 서기의 문체를 관통해 흐르고 있다는 것을 거부한다.[28]

셋째로, 바울 서신 석의에 좀더 직접적인 도움을 주는 문제가 있다. 서신의 서두에서 서한에 쓰이는 감사의 형태를 사용하는 것이 사도의 관습이라는 것이다. 슈베르트(P. Schubert)의 연구는[29] 바울이, "나는 … 를 인하여 하나님께 감사드립니다" 또는 "나는 하나님께 … 를 감사드립니다" 등의 문구를 사용하고 있다는 것에 주목하게 했다. 이 연구가 확립한 두 가지 요점은 (a) 바울이 감사가 드려지는 이유를 도입하는 방법으로 동사에 전치사 + 여격이 결합된 형태를 일관되게 사용한다는 것, 그리고 (b) 서신에서는 감사 부분이 "편지의 실제적인 주제" 또는 "서신의 상황"을 도입하고 있다는 것이다. 이 연구는 빌립보서 1:3을 석의하는 데 중요한 빛을 던져주고 있는데 여기서 바울은 빌립보 교인들이 자신에게 베풀어 준 일 즉 그의 사역을 지원해

주고 그에게 선물을 보내 주었던 일을 회상하면서 하나님께 감사하고 있다 (마펫 譯 성서를 참조하라). 이러한 견해가 받아들여진다면 바울이 왜 4장에 가서야 에바브로디도를 통한 선물에 대해 "감사"하다고 말하는가 하여 빌립보서의 통일성을 의심하던 이론에 대한 대응이 가능하게 된다. 이렇게 본문을 읽으면, 그의 서두는 감사 표시의 일종이며 "서신의 상황"을 보여주고 있는 것이 된다.

샌더스(J. T. Sanders)는 이 방면의 연구를 계속하여, 서신의 감사는 쿰란 공동체의 찬송가 형태를 따른 공동체의 예배 기도문을 빌려 쓴 것이라고 주장한다.[30] 하나님께 감사를 표현하는 이 호다야(hodaya) 문구는 바울이 자신을, 그리스도의 예배하는 몸의 일원으로 자각하고 있었음을 보여준다.[31] 그리고 바울의 호다야(내가 하나님께 감사한다)와 베라카(beracha: (하나님을) 찬양하라) 사용은 유대인의 기도 형식(마카베오 상 4:30-33; Genesis Apocryphon col. 20, 12째 줄 이하)을 본떴다가 후에 초대 기독교 예전의 형태로 자리잡은(예. Polycarp, *Mart*. 14; Didache, 9, 10; Acts of Thomas; 1 Clement 59-61; Apostolic Constituions 7) 교회의 예배의 어휘들에서 끌어온 것임을 알 수 있다.[32]

이 연구의 결과는 바울의 기도와 공동체에 대한 그의 요청이 종종 추측되듯이 그렇게 즉흥적인 것이 아니라는 것을 보여준다. 바울은 자신이 기독교 복음에 대한 설명에 맞게 변형시킨 유대교적 형태의 틀을 주의깊게 따르고 있다. 그리고 바울은 이 모든 것을 교회의 공동 유산인 예배의 문구들을 통해 회중을 가르치려는 교육적 목적으로 사용하고 있다. 이러한 결론이 얼마나 중요한 것인가는 바울 서신에서의 기독교 찬송의 사용을 살펴보면 알 수 있다.

(d) 네 번째 문학 장르는 묵시이다. 이러한 종류의 유대 자료는 공관 복음의 묵시장들(막 13장; 마 24장; 눅 21장), 데살로니가전서 2장, 그리고 요한 계시록에 나타난다. 묵시적 구절들을 이해하기 위해서는 구약 성서와 신구약 중간기의 배경을 알 필요가 있다(예. 구약 정경에서는 이사야 24-27; 스가랴 9-14; 요엘 2, 3 그리고 특별히 다니엘 7-12; 예수 이전의 두 세기

혹은 예수 시대 정도까지도 포함될 수 있는 정도의 시기에 나온 "묵시적" 문학의 예로서는 에녹서, 바룩, 에스라 4서, 모세의 승천 등이 있다).[33]

신약의 묵시와 유대의 묵시 사이에는 중요한 차이점이 있긴 하지만, 일단은 그 유사성에 주목해 볼 필요가 있다. 비슷한 점은 두 문학 장르가 갖고 있는 종교적인 목적이 같다는 것이다. 즉 ① 환난 가운데 있으면서 역사의 종말과 온 세계에 걸친 하나님의 통치를 가져올 하나님의 결정적인 개입을 기대하고 있는 하나님의 백성들의 신앙을 북돋우기 위한 것이다. ② 이원론적인[34] 배경에 반대하여 위로와 희망의 메시지를 주기 위해서이다. 이 이원론은 현 시대는 악의 시대, 하나님의 성도들이 박해를 받는 시대이며 다가올 시대는 승리와 신원의 시대라는 두 단계의 시간관을 갖고 있다. 그래서 묵시 문서에는 이중의 비전이 있다. 세상의 세력들이 충돌하는 역사적 상황을 통해서[35] 독자들에게 하나님과 우주의 악 사이의 실제 대결의 본질을 보여주기 위한 것이다.[36]

그들이 본 환상은 그들이 묘사하고 있는 언어로 볼 때 지상적이면서도 또 천상적이다. 왜냐하면 그들은 지상의 장면에 상응할 수 있는 언어를 사용하면서, 천상의 일을 묘사하는 것으로 가장해야 했기 때문이다(예. 만약 계 12:7 같은 구절이 피안의 세계에만 적용된다면 무슨 의미가 있겠는가?). 여기서 의사 소통의 문제가 발생하며 묵시서 기자는 이 문제를 상징의 언어, 心象(imagery)의 사용, 신화적인 형태와 신인동형론의 활용으로 해결했다. 요한 계시록은 이러한 조절(예. 상징은 7:4; 11:3; 12:6, 그리고 20:3의 숫자의 묘사에 나타난다; 색깔의 심상은 4장과 17장에서 나타난다 ; 신화적 개념은 12:7의 용과 뱀에서 볼 수 있는데 독자들은 이것을 20:2에 비추어서 해석할 수 있다. 또 천상의 그리스도가 인간의 모양을 하고 있는 1:13-16; 19:11-16에서도 신화적 표현이 나타난다)의 예들로 가득차 있다.

만약 우리가 이런 글들의 극적인(dramatic) 요소와 그 언어들이 종교적 진리들을 표현하기 위한 도구로 사용되었다는 것을 인정하지 않는다면, 유감스럽게도 우리는 묵시를 이해하는데 실패할 것이며, 그 환상들을 마치 문자적인 산문인 것처럼 해석하고 그 사건들을 경험적이며 사실적인 역사로 여기는 오류를 범하게 될 것이다. 이같은 오류는 거의 모든 종류의 해석 문제들에서 나타나고 있다. 이는 묵시의 본래적인 의미를 심각하게 왜곡하는 것이며, 그리스도 안에서의 하나님의 주권과, 힘과 사랑이 조화된 그의 통치의 역설을 신화적이며 시적인 언어로 표현하여 극적인 삽입을 한 신약성서의 이 부분들의 중대한 가치를 놓치게 되는 것이다(5:5, 6을 보라; 사자는 어린양이다).

2. 찬송과 시적인 양식들

현대의 역본으로 구약성서를 읽는 큰 이점 중의 하나는 본문의 어떤 부분이 시체 그리고 찬송체인가 하는 것을 금방 알아차릴 수 있다는 것이다. 정경의 시편이 훌륭한 예가 되겠지만, 시와 찬송을 결코 그 시편들만으로 제한시킬 수 없다. 사사기 5장은 아마도 히브리 성서에서 가장 오래된 시의 예가 될 수 있을 것이며, 미리암의 노래도 시와 유사한 형태로 되어 있다.

(a) 신약성서의 독자들에게도 어느 부분이 시로 된 부분인가를 한 눈에 알 수 있게 해 주는 같은 안내가 필요하다. 명백한 실례로 누가복음 1, 2장을 들 수 있겠는데, 이는 유대인 기독교 공동체에서 보존된 오랜 찬송가의 일부를 담고 있는 것이 틀림없으며, 그들의 예전적인 예배에서 형성되었을 가능성도 있다. 마리아의 송가 Magnificat(눅 1:45-55), 베네딕투스 Benedictus(눅 1:68-79), 그리고 신부송 Nunc Dimittis(눅 2:29-32)들이 그것이다. 이 라틴어 제목들은 모두 그 시가 시작하는 첫 마디를 딴 것이다. 히브리 시 형식의 예들이[37] 이 찬송가들에서 발견되어진다. 동의어들의 병행이 누가복음 1:46, 47에서 나타난다.

내 영혼이 주를 찬양하며
내 마음이 하나님 내 구주를 기뻐하였음은.

이런 용례를 알면 본문에 나오는 "영혼"과 "마음"을 인간학적으로 구분해 보려는 실수를 피할 수 있게 된다. 두 용어는 동의어로 쓰이고 있기 때문이다.

（ⅰ）대조 병행이 마리아의 송가（Magnificat）의 뒷 절에（1:52） 나온다. 대영광송（Gloria in Exelsis）으로 알려진 천사의 환호에서는 감사의 두 영역에 상응하는 두 행이 직접적인 대조를 이루고 있다.

> 지극히 높은 곳에서는 하나님께 영광이요!
> 땅에서는 사람들에게 평화로다!
> To God in the highest, glory!
> Peace to his people on earth!

이 대강절 축하의 단편에 추가로 두 언급이 더해진 것이다. 그것은 교차 대구법의 실례를 포함한다 ; 시행들은 일치를 이루는 부분이 교차되고 헬라어 문자 키（X） 모양의 그림으로 그려질 수 있는 형태를 이룬다. "지극히 높은 곳（천국）에서는"이라는 구절은 "땅에서는"과 상응하면서 대조를 이루고 있다. 그러나 행 내에서의 위치가 다르기 때문에 십자 모양으로 교차되는 것이다（우리말의 어순과는 다르다. 영어의 어순을 보라. ― 역주）. 이외에도 복음서들에 있는 독립된 구문으로부터（예. 마 7:6.[38]） 골 1:15 -20 을 교차 대구로 만든 정교한 시도에[39] 이르기까지 신약성서의 여러 곳에 교차 대구법으로 추정될 만한 것들이 있다.[40]

문학적 형식을 고려할 때 누가복음 2:14에서 드러나는 또 하나의 요소는 이러한 구성에 의해 결정되어지는 헬라어 *ἐν ἀνθρώποις εὐδοκίας*의 의미이다. 본문 비평상의 어려움을 별도로 한다면, 그 뜻이 "선한 의지를 가진 모든 사람에게" 또는 "그를 기쁘시게 하는"（The Living Bible）이 아니라 "땅에서는 하나님이 그의 자비를 보여주시는 사람들에게 평화"라는 데에 의심의 여지가 없다. 강조점은 분명히 하늘과 땅의 두 영역을 연결하고 그들을 "화해시키시는" 하나님의 행위에 있는 것이다. 이 화해의 주제는 교차 대구적 장치가 우주적 구속자의 회복사역에 대한 심오한 신학적 해석에 기여하도록 만들어진 골로새서 1:15-20과 디모데 전서 3:16의 고백 찬송들을 통해 나타난다.

대조적 병행은 최근의 연구에서 꼼꼼히 탐구되고 있는 주목할 만한 하나의 문장 형태를 산출해 내었다. 이것은 "거룩한 법의 판결들"[41]이라고 알려진 형태인데, 이것들은 모두 동해복수법(lex talionis)의 법적 원리의 변형들이다. 기본적인 형태는 고린도 전서 3:17에 나타난다:

> 누구든지 하나님의 성전을 더럽히면
> 하나님이 그 사람을 멸하시리라

이것은 반(反)명제이면서 교차 대구이다. 그리고 묵시적 심판 문구의 두드러진 형식으로 표현된다 : 파괴자를 파괴한다는 것이다. 이것은 아나니아와 삽비라에게 내려진(행 5:1-11) 요약 판결문을 설명해 주는 "법"의 적용이다. 이러한 가정에서 출발하여 케제만은 신약 교회에서 카리스마적 예언자들의 역할과 사도적 권위에 대해 전반적인 토론을 시작하였고, 많은 규범적 기준들(예. 복음서에서 막 8:38; 바울 서신에서 고전 14:37; 묵시서에서 계 22:18f.)에서 전제되는 종말론적인 차원에 어느 정도 빛을 던져 주었다.

(ii) 두 줄을 나란히 위치시키는, 또는 두 행(stichos)을 같은 줄에 두는 히브리 관습을 라틴 용어로 parallelismus membrorum 이라 한다 ; 이러한 요소를 가진 몇 가지 예가 바울서신과 베드로서신에 있다. 초대 그리스도인들이 그리스도의 "실존"의 두 단계를 나란히 위치시켜 기독론적 구조를 발전시킴으로, 그 장치는 중요한 신학적인 기능을 갖게 되었다. 이를 위한 문구는 κατὰ σάρκα / κατὰ πνεῦμα와 같이 주어진다. 로마서 1:3 이하의 예를 들어보자.

> 육신으로는 다윗의 혈통에서 나셨고
> 성결의 영으로는 죽은 가운데서 부활하여
> 하나님의 아들로 인정되셨으니

더 길이가 긴 것으로는 디모데 전서 3:16과 베드로전서 3:18-22이 있다. 베드로전서 1:20은 선재 / 성육신의 주제를 활용하고 μὲν ⋯ δὲ ⋯ 라는 고전적인 대조 형식을 살린 parallelismus membrorum 의 한 예이다:

창세 전부터 알리신 바 되시고
이 말세에 너희를 위하여 나타내신 바 되셨다

신조 형식의 한 두 단편이 구원론적 진술의 같은 양식에 적용된다. 고린도전서 15:3b 이하에서는

성경대로 그리스도께서 우리 죄를 위하여 죽으시고
성경대로 사흘만에 다시 살아나사
(영어의 어순을 참고하라. 譯者)
Christ died for our sins
                according to the Scriptures
Christ was raised on the third day
                according to the Scriptures

또 로마서 4:25에는 다음과 같은 병행이 있다.

그는 우리 죄를 위하여 내어줌이 되고
또한 우리를 의롭다 하심을 위하여 살아나셨느니라

    (iii) 마지막에 언급한 절은 중요한 석의적 가치를 가진 구약적 요소를 가지고 있기도 하다. 그것은 "신적 수동"(divine passive)이다.[42] 이 절을 그러한 유의 표현으로 보는 데에는 적절한 근거가 있다. 즉, 행동의 책임적인 주체로서 하나님의 숨은 행동을 나타내기 위한 수동태 동사의 사용은 예수의 특징적인 화법이다. 거룩한 하나님의 이름의 사용을 삼가려는 존경의 의미에서 시작된 이 화법은 묵시 문학에서 하나님의 비밀들의 표현을 숨기는

방법으로 사용되었다; 그리고 예수의 입에서는 더 확대된 용법으로 습관적으로 사용되었다. 예수는 그것을 100회 이상이나 사용하였다(예레미야스, p.11). 가장 좋은 예는 마 5:4 "애통하는 자는 복이 있나니 저희가 위로를 받을 것임이요." 누가복음 12:7 "너희에게는 오히려 머리털까지도 (하나님에 의해서) 세신 바 되었나니" 등이다. 여기에 관련된 원리를 일단 이해하고나면, 그 설명은 아주 명백하게 된다.

좀 덜 분명한, 그러나 같은 신학적 비중을 갖고 있는 것은 마가복음 1:14이다. "요한이 (하나님에 의해서 그의 운명에로) 넘겨짐을 당한 뒤에 예수께서 오셔서 … ."[43] 여기서 마가의 의도는 요한의 운명과, 하나님에 의해서 죄인들의 손에 넘겨질(막 9:31; 14:41) 인자의 운명을 의도적으로 병행시키고자 하는 데에 있다. 로마서 4:25과 고린도전서 11:23 "주께서 잡히시던 밤에 (하나님에 의한 운명에 따라)"도 이와 비슷한 성격으로 이해해야 한다.[44]

(iv) 구약성서의 모델에 기초한 찬송가의 단편들이 요한 계시록에 나타난다. 천상 세계의 노래들은 일련의 환상들 속에 산재해 있다(계 4:11; 11:7,18; 14:7; 15:3,4). 이 시행들은 천상의 예배자들의 입술에서 나온 것으로 되어있지만, 그 형태는 헬라어를 말하는 세계에 살던 디아스포라 유대인들의 회당의 영향을 보여주고 있다.[45] 그렇지만 이 경우에 대한 가장 적절한 설명은 후대 교회의 기독교 예배에 삽입되어진 환호라는 것이다. 요한 계시록 4:8은 그것의 첫 말을 따서 Ter Sanctus — 삼성송 — 으로 알려지게 되었다.

거룩하다 거룩하다 거룩하다 주 하나님 곧 전능하신 이여
전에도 계셨고 이제도 계시고 장차 오실 자라[46]

(b) 시와 찬송의 형식은 교회가 헬라 세계로 뻗어 나가던 시기에 좀더 주의깊게 손질되었고 신학적 표현의 도구가 되었다. 이런 스타일의 글의 세 가지 주요한 예가 바울의 글에서 나타난다. 각 경우마다 바울이 자신의 가르

침을 강화하기 위해 다른 독립적인 자료를 인용하고 있으며 기독교 예전의 한 부분을 사용하고 있다고 (어떤 경우에는 바울에 의해서 알맞게 편집된 경우도 있다) 생각할 만한 충분한 근거가 있다.

(ⅰ) 디모데 전서 3:16

여기서 주요한 문학적 요소는 그리스도의 실존의 두 단계를 나타내기 위해 반명제(antithesis)를 사용한 것이다. 그것은 우리가 이미 살펴 보았듯이 육/영 이라는 용어로 나타난다 (이 문구에 대해서는 고후 5:16 을 참조하라).

노던 (E. Norden)의 [47] 선구적인 작업 덕분에 이 짧은, 신조 형식의 진술문에서 다른 문학 양식들이 발견되어졌다. 이러한 양식들로 볼 수 있는 근거는 수사학자 퀸틸리안의 책 *Institutio Oratoria* 에 있다. 매 행을 시작할 때마다 또, 같은 문법형태 안에서 동사를 반복하는 것은 파리손(parison) 또는 호모이오프토톤(homoioptoton)이라고 알려진 리듬의 종류들을 만들어낸다(*Ins. Or*, ⅳ. 3. 76, 78). 첫 두 행에서 동사들은 음절 길이가 같은데 (다섯 박자) 이는 아이소콜론을 이끈다(Ins. Or, ⅳ. 3. 80.). 게다가 대구로 마치는 구절들은:

$$\dot{\epsilon}\nu \ \sigma\alpha\rho\kappa\acute{\iota} \ \ (육체로)$$
$$\dot{\epsilon}\nu \ \pi\nu\epsilon\acute{\iota}\mu\alpha\tau\iota \ \ (영으로)$$

끝 부분에 비슷한 소리를 갖고 있으며 이러한 장치는 호모이오텔류톤이라고 알려졌다(*Ins. Or*, ⅳ. 3. 77). 이러한 시 양식은 이 짧은 절을 신약성서 전체에서 가장 귀중한 문학 단편의 한 예가 되게 했다. [48]

(ⅱ) 에베소서 5:14

이 한 절도 그리스 시 구조에 있어서 또 다른 좋은 예를 제공한다. 이 세례 송가의 본문은 세 행으로(유감스럽게도 RSV는 이를 간과하고 있다)

나뉘어지며, 영어로는 정확히 재생될 수 없는 강한 강약격(trochee)의 리듬을 갖고 있다. 가장 가깝게 재생한 번역은 아래와 같다

> Awake, O sleeper
> From the grave arise.
> The light of Christ upon you shines.

위의 번역 조차도 1행과 2행의 마지막 음절들의 유운(類韻)을 포착할 수는 없었다:

> ὁ καθεύδων
> ἐκ τῶν νεκρῶν

이는 호모이오프토톤의 장치를 이용한 것이다. 재미있는 것은 이런 것들이 헬라의 신비종교에서 사용되던 입회 송가들과 (특별히 아티스의 문구)[49] 연금술 문서에 사용되어진 삼행의 양식과 정확하게 일치한다는 것이다.

(iii) 빌립보서 2:6-11

이 본문도 같은 문학적 분석을 산출한다. 로마이어(Lohmeyer)의 연구 [50] 이래로 이 구절은 양식에 있어서 찬송이며, 절(節:strophe 또는 stanza)로 구분될 수 있다고 여겨져 왔다. 로마이어는 그러한 스탄자 6개를 가정했다. 이 배열을 개선해 보려는 후대의 시도는 3절의 찬송을 만들어 냈는데, 그 찬송에서는 parallelismus membrorum 이 사용되었고, 완벽한 문학 구성이 될려면 "시작, 중간, 그리고 끝"이 있어야 한다는 아리스토텔레스의 판단이(Poetics 1450b 26) 암묵적으로 받아들여지게 되었다. 이것은 그리스도의 세 상태와 상응하게 되었다; 선재, 성육신, 그리고 즉위이다.[51] 예레미야스의 분석은 근거가 불충분하다는 공격을 받긴 했지만, 이 찬송 전체가 이행대구를 이루고 있다는 것은 그가 남긴 항구적인 공헌이 될 것이다. 그러나,

이 찬송이 스탄자를 이루고 있으며, 교창을 위한 대구의 형태로 구성되어 있는 것으로 이 구절을 파악하려는 또 다른 시도는 거부되어져야 한다.[52]

그렇게 되면, 우리가 디모데전서 3:16에서 보았던 몇 가지 수사학적이고 서정적인 요소가 이 그리스도 찬가(carmen Christ)에서 나타나게 된다; 운율과 음절의 길이와 같은 시적인 구조의 항목들을 발견해내려는 시각에서의 연구 대상이 되어져 온 골로새서 1:15-20도 마찬가지이다. 메슨(Ch. Masson)에 따르면 골로새서 1:15-20에는 음절과 강세를 규칙적으로 배열한 결과로 나타나는 운율의 패턴들이 있다. 그의 주장이 환영을 받으려면, 우주적 그리스도를 노래하는 이 찬송이 신약성서 중에서 그리스 시와 리듬과 운율의 면에서 가장 유사한 것이 되어야 한다. 그러나 그의 주장은 그리 많은 독자들을 설득하지 못했다.[53]

(iv) 신약성서의 찬송들에 대한 몇 가지 설명

신약성서의 어떤 부분들을 시와 찬송의 양식에 따라 분류하는 것은 재미있는 작업이기는 하나 그 이상은 아니라고 생각되는 듯 하다. 그렇지 않다 : 최소한 우리의 결론으로부터 나온 세 가지 귀결들은 이 구절들이 서정시의 형태라는 것을 보여준다.

첫째로, 우리는 사도시대 교회의 예배 생활을 알 수 있었고, 우리가 신약성서를 통해 만나는 교회는 남녀 신도가 모여서 예배하는 공동체라는 것을 상기해 보았다. 이는 바울이 편지에서 언급하고 있는 것 뿐만 아니라(고전 10-14) 사도행전의 기록들을(1:42; 2:42, 46; 4:31; 5:12, 42; 13:1-3; 20:7-12) 보아도 확실하다. 오순절 이후의 교회와 바울이 선교한 교회가 초기의 열광적 경험의 격정과 새로이 확립된 하나님에 대한 자각의 역동성을 여전히 간직하고 있었기 때문에, 성령에 의해 승귀하신 주에 대한 믿음 안에서 주어진, 그리고 "넘치는 새 기쁨"으로 표현되는 새로운 삶이 종교적인 노래에서 그 출구를 찾았다는 것은 의외의 일이 아니다.[54]

우리의 초대 교회 문서에 대한 연구가 단순한 학문적 탐구의 한 부분이거나 기독교 신앙이나 행태의 원리와 실행을 임상적으로 분리된 그리고 "과학적인" 방법으로 조사하는 것만은 아니라는 것은 현대의 독자들에게는 중요한 사실이다. 오히려 우리는 하나님의 특별한 은총의 시기에 살고 있다는 의식을 갖고 있으며, 영적인 힘이 충만한 가운데 하나님의 현존과 능력에 대한 자각을 반영하는, 고양된 종교 운동의 문서를 읽고 있는 것이다. 이런 운동의 문서적 흔적은 문서의 표면 아래에 놓여있는, 그러면서 우리로 사도 시대교회의 격동적인 삶과 접촉할 수 있게 하는 신조 형태의 찬송가나 고백문들이다.

그리고 나서, 우리는 찬송가의 언어는 단조로운 산문체보다는 대부분 깊이있는 영적인 실재를 표현하는 시적 언어라는 것을 볼 수 있다. 초대 기독교인들은 성령에 의해 고무된 그들의 가장 깊은 감정을 표현의 출구를 찾으면서(우리가 고전 14:13ff., 26ff. ; 엡 5:19 그리고 골 3:16에서 이미 본바와 같다 : 방언은 "성령으로 노래하는" 열광적인 기도-말의 형태라는 것이 주장되어져 왔다) 그리스도 안에서 얻은 하나님의 구원에 대한 그들의 이해를 이성적이고 일관된 진술을 배제한 방법으로 해석하기를 시도했었다. 그래서 그들은 상징과 "신화"의 언어에 의지했다. 찬송에 사용된 상징의 예로 금방 떠올릴 수 있는 것 중의 하나는 빛과 어두움의 심상이다 : 그리스도는 어둠과 그늘진 것을 물리치는 태양에 비유된다; 총체적 우주를 "하늘에 있는자들과 땅에 있는 자들과 땅 아래 있는 자들로 모든 무릎을 꿇게 하시고"(빌 2:10) "혹은 보좌들이나 주관들이나 정사들이나 권세들이나"(골 1:16) 같은 구절에 요약되고 있다.

바울의 언어가 상당히 시적이었다는 것을 기억한다면 이런 과장된 묘사에 의해 제기되는 석의적 문제는 좀더 만족스럽게 해결될 수 있을 것이다. 그렇지 않다면, 우리는 지중해 지방에 위치한 마귀의 세력이 정확하게 무엇을 이야기하는지 말하는 데 있어서, 또 어떻게 역사 속의 특정한 시점에 예루살렘의 갈보리에서 일어난 그리스도의 십자가의 죽음이 헬라인들이 자신들의 운명을 좌우한다고 믿었던 일월성신에게 영향을 미칠 수 있는가를 설명해내는 데 있어서 대단한 어려움을 겪을 것이다.

바울은 매우 실제적인 문제를 다루고 있다 ─ 특별히 악을 극복하고, 그의 독자들이 "세상의 초보적인 영들"(골 2:8, 20)의 통치 아래 있는 사악한 종교의 희생자로 있을 때 그들에게 힘을 발휘하던 행성들의 지배력을 약화시키고자 하는 것이었다. 그러나 그는 자신의 생각을 그의 동료 신자들이 익히 알고 있고 배워왔던 언어로 표현하였다; 또 때로는 그의 대적자들의 어휘에서 용어나 개념을 빌어오기도 했으며, 또 그의 교회를 위하여 개인적인 공격을 하기도 하고, 그 용어들을 자신의 사고의 틀에 넣어 살균하여 사용하기도 한다. 이런 예는 골로새서 1:15-20 에 잘 나타난다. 주 53과 58에 있는 참고 자료를 보라.

이런 논의는 "신화"에 대한 난해한 문제를 야기한다. 몇몇 학자들은 신약성서가 신화를 조금이라도 사용하고 있다는 것, 그리고 이러한 확신에 분명한 근거가 있다는 것을 공공연히 부정한다.[55] 신화는 진리의 반대 개념으로 여겨지며, 신약성서는 전적으로 "역사적 실재로서의 완전한 비중을 갖는 신적인 사실"의 기록에 관계된 것으로 보인다는 것이다(Stählin, loc. cit., p. 786). "신화"가 비역사적이며 믿음 만들기, 동화 또는 인간 창의성의 산물이라는 강력한 주장을 부인할 도리가 없다. 또, 신약 기자들이 복음을 그런 식으로 해석했다는 증거도 없다. 목회서신들이 보여주고 있는 것은 정반대이다(딤전 1:4, 4:7; 딤후 4:4).

그러나 "신화"라는 용어가 다르게 정의되고 하나님, 천사들 그리고 영들 같은 초월적 세계를 인간의 용어로, 인간적인 유비로 표현하는 데 필요한 언어로 취급된다면, 우리는 그림 언어와 신화시적인(mythopoetic) 언어에 의지할 수밖에 없다는 것이 드러난다. 문제는 우리가 혼란을 피하기 위해서 새로운 용어를 사용해야 할 것인가, 아니면 최소한 "신화"라는 단어를 재규정해야 하는가 하는 것이다.[56] 이러한 제한된 개념을 갖고 우리는 바울과 요한이 높은 신으로부터 "내려 와서" 그의 구속 사역을 완성하고 거기로 돌아가는(빌 2:6-11; 요 3:31; 6:62) 천상의 구속자의 이야기를 도구로 사용했음을 알 수 있다. 그러나 그 틀의 사용이 중요한 것이 아니며, 또 카타바시스(내려가다)나 아나바시스(올라가다)의 운동을 외연으로 갖는 동적인 심상의 존재가 결정적 요소도 아니다. 바울과 요한은, 팔레스타인 땅에 굳게 섰으며, 인간 고통의 쓴 맛을 보았고 우주의 주로 높임을 받기 전에 죽음까지 참아낸 지상적 예수의 생애를 재서술하는 자신들의 목적을 위해, 1 세기의 무대 소품들을 활용하면서, 단순히 "신화"를 사용한 것 뿐이었다. "신화적" 틀에 넣어진 "복음의" 내용은 실지로 그것을 파괴했다. 그래서 신약성서에 "신화파괴적(mythoclastic)" 요소가 있는 것이다.[57]

셋째로, 이 논의는 이 "그리스도에 대한 찬송들"의 연구에 의해 제공된 석의에 커다란 공헌을 했다. 그 찬송들은 잘못된 기독론적 개념들로부터 복음을 수호하고 유아기의 교회를 이단의 공격으로부터 지켜내려는 사도들의 관심에 의한 논쟁적 맥락에서 이해되어져야 한다. 특별히 바울은 이 찬송에 있는 기독교 가르침의 공통된 보고에 호소하여 어떻게 교회가 견고히 설 수 있는가를 보여주려 한다; 그리고 그는 찬송의 "기존 본문"을 실으면서 그 찬송을 자신의 목적에 맞게 수정함으로써 자신의 가르침을 강화시켰다. 바울이 이미 존재하던 찬송을 그의 가르침의 행간 속에 집어넣기 위해 편집했던 골로새서 1:15-20도 같은 경우일 것이 확실하다.[58] 비슷한 경우가 빌립보서 2:8에 있는데, 대부분의 석의가들은 십자가의 죽음을 의미하는, 그래서 대속의 의미를 갖는(갈 3:13) 죽음에까지 예수가 복종한 것을 강조하기 위해 바울이 θανάτου δὲ σταυροῦ(죽기까지)를 첨가했다고 보고 있다.

3. 예전적인 표현

신약성서의 몇몇 단어들과 구절들은 기독교의 초기에 실지로 사용되던 예전적 어휘에 속한다. 그 어휘들은 신약성서의 헬라어 안에서도 원래의 셈어적 표현으로 그대로 남아 있으며, 때로는 그것에 상응하는 번역투의 헬라어로 되어 있는 경우가 있는데, 이것만으로도 예전적 어휘에 대한 충분한 근거가 된다. 가장 재미있는 예들은 아바, 아멘, 호산나, 그리고 마라나타 등이다.

아바는 예수가 가장 즐겨 부르던 하나님의 호칭이다. 그것은 육체적 아버지를 부르는 자녀들의 호칭이었지만("사랑하는 아버지"라는 뜻), 경건한 유대인들이 사적인 기도에서나 공적인 예배에서 하나님을 부르면서 정확히 이런 형태의 호칭을 사용했다는 흔적은 없다.[59] 대신에 그들은 '아비'나 '아비누'(나의 아버지, 우리 아버지) 등의 변형된 형태를 사용했다. 그러나, 아바라는 말은 인간이 감히 하나님을 그렇게 친숙하게 부를 수 없다는 생각에서 사용을 피하려고 했다.

하나님을 이렇게 부르는 것의 신비는 예수가 자녀로서 아버지께 순종하는 대목에서 이 말을 사용한다는 것과(막 14:31-9) 그의 제자들에게 하나님께 나아갈 때 이 호칭을 사용하라고 가르쳤다는 것이다(눅 11:2). 이 말은 의심할 여지없이 예수 자신의 말(ipsissima vox)이다; 그리고 아버지로서의 하나님에 대한 그의 독특한 가르침은 아버지를 부르는 이 정겨운 형식에서 잘 표현되었다. 그리고 그것이 빨리 포착되어서 이방 교회의 예배생활에까지 전달되었다는 것은 바울이 바로 그 단어를 사용하고 있다는 것을 보아 알 수 있다(롬 8:15; 갈 4:6). 여기서 바울은 하나님을 아바라고 부르는 것은 성령이 함께 하신다는 증거이며 그리스도인의 새 생명의 보장이라고 말한다.

아멘은 구약시대부터 회중들이 연사의 말에 찬성할 때 응답하던 소리로서 알려져 있다(예. 느 8:6). 이 부르짖음에 내포된 동사는 "굳건하다, 진실하다"는 의미이며, "믿는다"는 동사와도 관련이 있다. 아멘은 회당 예배에서 유래했는데, 선창자의 부름이나 성직자의 기도에 회중이 응답할 때 사용했고, 회중들이 예배나 기도를 믿고 받아들인다는 찬성의 표시 기능을 했다. 신약성서에는 아멘의 용례가 많은데, 주로 송영의 끝이나 찬송의 끝 송영구에 나타난다(예. 롬 1:25, 9:25, 11:36; 엡 3:21; 딤전 1:17, 6:16; 히 13:21; 벧전 4:11 등). 하늘의 성소와 그 예배의 장면에서도 아멘을 볼 수 있다(계 5:13, 14). 물론 이것은 소아시아 교회들의 예배를 반영하는 것으로, 요한과 그의 독자들이 이미 익숙해 있는 예전을 삽입해 넣은 것으로 볼 수 있다.

바울 서신에는 특별한 중요성을 갖는 아멘 사용의 독특한 두 가지 예가 있다. 첫째로, 고린도후서 1:20 이하로서 여기 쓰인 말들은 예전적으로 볼 때 강한 표현이다. 바울은 성령에 의해 인쳐진 표로서의 세례를 암시하고 있는 듯하다. 그 생각은 이렇다 : 하나님이 그를 믿는 자들, 세례 받음으로 그리스도를 주로 고백하는 모든 자들에게 자신의 약속을 지키는 데 있어서 신실하시기 때문에, 우리는 그의 신실하심을 우리의 아멘으로 확증한다. 그래서 하나님의 사도요 사자인 우리들은 기독교인들과의 신뢰를 지키는데 있어 믿을 만하며 거짓된 행위를 하지 않는다는 것이다.

고린도전서 14:16에서 바울은 고린도 교회의 예배 장면을 묘사하면서 외부인이 예배실에 들어와서 교회가 기도하는 것을 듣더라도 혼란을 일으키지 않고 그들의 감사기도를 이해하고 ("아멘"이라고 말함으로써) 동의를 표할 수 있도록 예배가 지성적이어야 할 필요성을 지적하고 있다. 아멘이 바울의 교회들에서 예배자들이 동료 신자들의 입에서 나온 말을 동의할 때 일반적으로 사용되었다는 것은 이런 우연한 암시를 통해서 알 수 있다.

예수가 사적인 그리고 공적인 가르침의 서두로서 아멘을 한 번 내지 두번 사용한 것은 특별한 흥미거리이다. 아바와 마찬가지로, 정확하게 이런 문구는 예수에게서만 나타나는 것이다 ; 유대교와 초대 기독교에 병행을 가진 기록들을 엄격한 기준으로 제외해 나가더라도,[60] 이런 아멘의 용례가 담긴 말씀은 예수의 말씀으로 남을 수 있다. 복음서에서 그리고 복음서 전승의 모든 층 가운데서 아멘이 서두에 쓰이는 것(여기서는 부사로 취급되면서 "확실히"의 뜻을 갖는다)은 예수의 말씀 뿐이다(요한복음에서는 "진실로, 진실로"의 낯익은 형태로).[61]

헬라어 λέγω ὑμῖν 앞에 아멘이 셈어 표현을 그대로 유지하고 있다는 사실은 복음서 기자가 그 표현을 중요하게 생각했음을 보여준다. 그 의도는 예언자들을 계승하면서도(예언자들은 자신의 말이 영감받은 것이라는 것을 주장하면서 "여호와께서 가라사대"를 사용했다), 동시에 모세의 율법까지 무효로 하고 하나님의 유일한 아들과 사자로서 자신의 이름으로 신탁을 발하는 최고의 권위로 예언자들을 넘어서는 사람으로서의 문구를 채택한 예수의 실감있는 언어에 주의를 끌기 위한 것이다.[62]

호산나는 "지금 구원하소서!"라는 뜻을 가진 유대인들의 외침으로, 구주이신 하나님께 탄원하는데 쓰인다(시 118:25). 이 히브리 표현의 다른 언급이 사무엘하 14:4과 열왕기하 6:26 에도 나오지만, 그것은 사람을 대상으로 한 부르짖음이기 때문에 우리의 목적과 관련하여서는 별 중요성이 없다.

시편 118편은 장막절과 유월절에 사용되었는데, 장막절 축제 때는 순례자들이 나뭇가지를 가져와서 흔들었다. 이 나뭇가지에는 이 축제에서 이름이 붙여져서 "호산나"라고 불리게 되었다. 이것은 마가복음 11:1-10과 병행구절들의 가장 자연스러운 배경이다.[63] 그 외침이 무슨 의도였는지에 대해 복음서 기자가 침묵하고 있기 때문에, 하나님의 도우심을 구하는 호소로 봐야 할지 아니면 예수에 대한 인사와 축복인지 분명하지는 않다. 그러나 이 단어는 기독교의 예배에서 발견되고 있다. 디다케 10:6에는 단시(短詩) 형태의 예배 대화 한 토막이 실려있다.

초청으로 —
은혜여, 오소서! 이 세상은 사라지게 하소서
하면, 회중은 이렇게 응답한다:
다윗의 하나님께 호산나 [64]

할렐루야는 또 다른 히브리 찬송의 송영구이다 ("야를 찬양하라"는 뜻. '야'는 이스라엘의 언약의 하나님이다). 신약성서의 계시록 19:1, 6에서도 하늘의 주인의 승리를 축하하는 승전가로 나타나고 있다.

마라나타는 주목할 만한 기독론적 관심을 갖고 있기 때문에 더 중요한 용어이다. 고린도전서 16:22의 문맥에서는 그리스도의 재림과 현존을 호소하는 공동체의 목소리로 나타나는데, 이 단어의 삶의 정황(Sitz im Leben)은 성찬식에서 주고 받는 대화였던 것이 거의 확실하다. 이에 관하여는 리츠만(H. Lietzmann)과 보른캄(G. Bornkam)의 제안을 따랐다고 할 수 있는 로빈슨(J. A. T. Robinson)이 내린 두 가지 결론이 있다.[65]

(a) 고린도전서 16:20-24에서 마라나타는 "서신에 쓰이는 단순한 관습이 아니라, 한 예배 공동체에서 다른 공동체로 이어지는, 성찬과 관련된 성도들의 대화라는 것이다." (b) 이 단화에서 우리는 우리가 갖고 있는 최고(最古)의 기독교 예배 순서를 추적해 볼 수 있으며, 그것은 그 기원에 있어서

바울 이전의 것이라는 것이다.

현재 이러한 결론은 널리 받아들여지고 있다;[66] 이 공인된 이론에 대한 확신을 갖고 우리는 석의에 도움을 줄 만한 몇 가지 사항을 끌어낼 수 있을 것이다.

우선, 아람어 표현 마라나타의 뜻이 논쟁 거리이다. 이 복합어를 어떻게 나누느냐에 따라서 그 뜻이 달라지기 때문이다.[67] 대부분의 석의가들은 '마라나-타'로 나누는데에 동의한다. 그러면 "우리 주여, 오소서"의 뜻으로(참고. 요한계시록 22:20; 디다케 10:6; 두 경우 다 명령형으로 해석해야 한다) 주의 재림을 간청하는 표현이 된다. 고린도전서 16장의 성찬식의 배경을 감안하여 보면 그 부르짖음은 부활 승천하신 그리스도가 성찬상에서 그의 백성을 만나 주실 것과 그의 이름을 기념하는 자리에 함께 해 주실 것을 원하는 일종의 초청으로 볼 수 있다.[68] 그렇지만, 종말론적인 "재림"도 배제되지 않는다(참조. 고전 11:26). 오히려 그것이 부르짖음의 지배적 주제가 되었을 가능성이 많다.[69]

마란(우리 주)의 기독론적 의미 역시 논쟁적인 주제이다. 이 명칭은 성부 하나님에게는 해당되지 않으며(수 년 전에 몇몇 독일 학자들이 주장한 대로)[70], 아람어를 말하는 팔레스타인 교회 외에서는 그 기원을 찾을 수 없다(부세트[Bousset]는 안디옥이나 다메섹 혹은 다소 등, 두 개 언어를 사용하는 지역의 헬라적 공동체에서 그 기원을 찾으려 했는데. 그것은 옳지 않다고 본다).[71] 이 구호는 언어학적으로나 사상적 기반으로나 팔레스타인 기독교에 속한 것이며 초기 기독론적 신앙의 한 형태를 대변한다는 것이 현재 널리 받아들여지고 있다.[72]

그러나, 이를 인정한다고 하더라도, 이 용어가 초대 유대 기독교인들의 예수에 대한 제의적 숭배를 보여주는 것인지(쿨만의 주장)[73] 아니면 예수가 주-인자로서 돌아와 주기를 바라는 희망의 표현에 지나지 않는지(풀러의 주장)[74]에 대해서는 논쟁의 여지가 있다. 후자와 같이 이 말의 중요성을 경감하려는 견해는 받아들이기 어렵다. 그리고, "헬라교회에서도 승귀하신 예수는 결코 예배의 직접적 대상이 아니었다"라는 풀러의 말은, 사도행전 7:56-

60; 로마서 9:5 그리고 기독교의 예배에 대해서 "그리스도를 마치 하나님같이 경배한다"라고 한 플리니의 보고서 같은 본문들의 중요성을 간과하고 있다.

마라나타는 예수가 현재도 주님이시라는 믿음과 또 재림하실 것이라는 소망을 보여주는 기념비와도 같다. 그것은 하나님께 붙이기에 적절한 명칭을 예수에게 적용시키는 독특한 방법으로 예수를 하나님의 자리에 놓고 있으며, 교회가 그 초기에서부터 한 하나님을 고백하는 것과(고린도전서 8:6), 동시에 우리와 함께 계시는 하나님으로 예수를 찬미하는 것 사이에 아무런 모순도 느끼지 않았음을 보여준다.

4. 담화의 특징들과 문학적 장치들

여기서는 신약 성서를 읽으면서 마주치게 될 그리고 간략한 설명이 어느 정도 필요한 다양한 문학 형태를 살펴 보고자 한다.

(a) 지혜 말씀과 비유들

우리는 복음서의 담화 양식이 구약의 선례에서 온 것이 많다는 것을 살펴 보았다. 그것은 예수와 그의 청중들이 구약의 전통에 서 있기 때문일 것이다. 예수 자신이 "교사"와 "선지자"로 여겨졌으며, 기록된 그의 가르침의 한 가지 이상의 양상이 유대 민족의 지혜 문학을 모델로 하고 있다.

이러한 배경하에서 가장 기본적인 "양식"은 마살(māšal)인데, 이 단어는 몇 가지 의미를 갖고 있다. 그것은 어떤 금언적 지혜, 법률적 공리, 삶의 지혜나 처신법 등을 간결하게 표현하는 금언(aphorism)을 가리키는 말이다. 예수의 가르침은 이 예의 모든 경우를 제공하고 있다.

마 6:34 내일 일이 너희의 오늘을 침범하게 하지말라
막 8:38 누구든지 나를 부끄러워하면 나도 그를 부끄러워 하리라
눅 12:48 특권이 크면 책임도 큰 법이니
막 2:27 안식일이 사람을 위하여 있는 것이요 사람이 안식일을 위하여 있는 것이 아니니

때로는 마살은 또 다른 구약의 뉘앙스를 갖는 양식을 취하기도 하는데 , 말하자면 수수께기 같은 것이다. 산상설교에서 예를 들어 보면 : 마 5:13 (소금이 그 맛을 잃으면 무엇으로 짜게 하리요?) ; 6:27 (너희 중에 누가 염려함으로 그 키를 한 자나 더할 수 있느냐?) ; 7:16 (엉겅퀴에서 무화과를 따겠느냐?) 등이 있다. 이것들은 경험에서 나온 수수께끼들이다. 그러나 이 므살림(마살의 복수)들에 더 깊은 차원의 관심이 주어지게 되었고, 질문자나 청중들로 하여금 하나님과 그의 나라, 그리고 삶의 의미에 대해서 생각하게 만들었다. 이것들은 예수의 해석을 필요로 하는 "비밀스러운 말"이었다(막 4:11, 34) ; 그리고 제자들은 이 말에 종종 당황하기도 했다(막 8:17; 9:6, 11;10:10, 24; 그리고 요한복음에 나오는 다락방 강화).

예레미야스는 이러한 종류의 말씀이 예수 자신의 말씀이라고 한다. 그것이 교회의 창작이라고 할 수 없는 것은 교회는 설명하는 데 관심이 있었지 수수께끼를 내는 데 관심이 있었던 게 아니기 때문이다. [75]

마살이 좀더 긴 이야기나 실생활에서 가져온 비교로 확장되면, 그것은 비유의 형태가 된다. 랍비들은 비유를 사용하였으며, 일상 생활에서의 유비를 가지고 자신들의 가르침을 조명했다. [76] 그러나 예수의 비유는 구분되는 한 부류를 이루고 있다고 볼 수 있는데, 그 이유는 아래와 같다. [77] (a) 동물이 주요인물이 되거나 나무가 행동하고 덤불이 말하는 것과 같은 우화가 아니다(참조. 삿 9:8- 5; 왕하 14:9; 겔 17:3-8, 31:3-14) ; (b) 외연적인 알레고리를 덜 사용하고 있다(에녹서 85-90 에서는 이스라엘 역사가 말하는 동물을 매개로 하여 아주 상세하게 이야기되고 있다; 참조. 다니엘서와 계시록에서의 짐승과 파충류(龍을 말하는 것 ― 譯註]의 사용). 마가복음 12:1-11은 예수의 비유 중 알레고리 형태에 가장 가까운 것이다 (c) 예수의 비유들의 주요 부분은 이야기라기보다는 주로 절정 부분에 나오는 "급소를 찌르는 문구(punch-line)"이다(참조. 삼하 12:1-7는 "당신이 그 사람이라!"는 따끔한 풍자로 마치고 있다) ; (d) 예수는 청중을 웃기거나 주의를 끌기 위해 비유를 사용한 것이 아니라, 현존하는 실재로서의 하나님의 나라를 선포하기 위해서 사용했다. 이러한 점에서 그의 말은 왕국에 대한 그의 메시지가 그

왕국과 동시에 가져온 하나님의 은혜를 실행하는 것이었다 (특별히 누가복음 15장을 보라). 이 메시지가 거절되는 곳에서는 그의 말이 하나님 나라의 현존을 선포할 뿐만 아니라, 심판의 힘을 지니었고 바리새인들의 교만을 공격하는 "전쟁의 무기"(예레미야스)[78]로 사용되었다. 그리고, 무엇보다도 (e) 예수의 비유들은 청중들로 하여금 자신들이 그 이야기의 행동에 관련되어 있다는 느낌을 받도록 의도되었다. 비유는 듣는 사람에게 예수의 가르침의 "실존적" 차원을 절감하게 하며, 결코 피해서는 안 될, 직접 참여해야 할 바로 지금 여기서의 상황에 듣는 사람들을 직면하게 만든다. 마가복음 4:24, 25을 보라.

(b) 게마트리아

게마트리아(Gematria)라고 알려진 장치는 현대의 해석자들에게는 어려움을 야기시키는 것 같다. 히브리어와 헬라어는 독립된 수사를 갖고 있지 않기 때문에, 알파벳 글자에 숫자에 해당하는 값을 부여해서 사용한다. 그 글자들을 합하면 총계를 계산해 낼 수 있다 ; 이 절차를 역산하고 집합적 수를 진법으로 사용하면 비밀스러운 방법으로 메시를 담는 것이 가능하게 된다. 가장 명백한 예는 요한계시록 13:18인데, 여기서 요한은 땅에서 나와 성도들에 대한 핍박에 착수하려는 짐승을 무시무시하게 묘사한 뒤에 독자들에게 말한다. "여기에 열쇠가 있다; 누구든지 총명한 자는 그 짐승의 수를 셀 수 있다. 그 숫자는 어떤 사람의 이름을 나타낸다. 그 이름의 문자에 해당하는 숫자는 육백 육십 육이다"(NEB).

이 본문에 관해서는 주석서들에 자세하게 나와 있을 것이다. 해결책의 제시는 "예수"라는 이름이 헬라어로 888이어서 777에서 하나씩 남는데, 666은 "완전한" 수인 777에 모자란다는 단순한 생각에서부터 시작되었다. 그러면 그 메시지는 예수의 이름이 최고이며, "사람"의 이름은 (일반적인 의미에서) 모자랄 수밖에 없다는 것이 된다.[79] 다수의 견해는 치명적인 상처를 입은 짐승의 형상으로 언급되어진(13:3, 15) 네로 황제에 대한 숨겨진 암시를 여기서 볼 수 있다는 것이다. 이 이름을 히브리어로 쓰고 모음 문자(yôdh)를 뺀다면, 그 합은 666이 된다. 라틴어로 이 이름을 계산해 보면 616이 나온다 ; 이 것은 13:18 본문의 다른 읽기이다. 그러나, 교회의 적의 대표로서 환생 네로의 신화가 아시아 교회에 보내는 묵시적 메시지의 배후에 숨겨있다는 것을 충분히 인정한다고 하더라도, 이런 방법으로는 해결점에 도달하기까지가 너무 복잡한 것 같다.

슈타우퍼(E. Stauffer)에 의해 제기된 좀더 복잡한 해결책이 있다. 그는 도미티안 황제를 공적으로 부르던 다섯 이름을 취하고, 그 헬라어 첫 글자들을 사용하여 666이라는 합계를 만들어 냈다.[80] 이런 생각은 초대 교부들이 계시록이 쓰여진 때라고 말하고 있으며, 계시록의 가장 자연스러운 배경이 되는 도미티안 통치 시기와 부합한다는 장점이 있다. 그러나 여기에도 어려움은 있다. 그러므로, 이 구절의 비밀이 아직도 다 밝혀지지 않았다는 것이 분명한 사실이다.

게마트리아의 다른 예는 쉽게 관찰될 수 있다. 마태복음의 족보에는(1장) 예수의 조상들의 기록은 다윗왕 주위의 14이름으로 그룹을 지어 시기를 선택적으로 구분하는 틀 속에 들어있다. 그 이름들을 계산하는 것을 살펴보면 이것이 인위적으로 고안되었다는 것을 알 수 있다 ; 그리고 복음서 기자가 이러한 식의 점명(1:17)[81]을 위해, 또 예수야말로 "위대한 다윗의 더 위대한 자손"이라는 것을 증명해 보이기 위해, 다윗의 이름을 그에 해당하는 숫자 14와 함께 일부러 맞추어 사용하고 있다는 생각을 하게 된다.

(c) 그리스 수사학적 양식들

그리스 수사학적 양식들은 우리가 앞서 언급한 것 외에도 바울이 화자인 몇 구절들에서 그 예가 나타난다.[82]

사도행전 17:22ff. (바울의 아레오바고 연설)이 이 경우에 해당하는데 그 연설은 서두(exoridium 22절), 서술(narratio 23절), 구분(divisio 24절 이하), 그리고 결론(conclusio 29절 이하)으로 된 수사학자들의 모델을 따라 정확하게 단락이 구분되어진다; 그리고 바울이 적대적인 청중에게 몇가지 직접적인 질문을 하고 있는 로마서 2, 3장도 같은 예이다. 그것은 디아트리베

(diatribe 본래는 그리스 철학자들의 토론이나 대화, 강의, 세미나 등을 일컫는 말이었다. — 역주)의 방법인데, 여기서 화자나 필자는 대화 상대자와의 가상적인 토론에 들어가서, 강조하고 싶은 것을 강조하고, 대답되어지고 또 논박당할 것에 대해 반박하기도 한다.[83] 또 다른 간단한 예들이 바울서신에서 나타나며(고전 9장과 15:35, 36), 야고보서에서도 이런 견유-스토아 학파의 논쟁법의 영향이 발견되어진다. 특별히 2:2f. 를 보라.[84]

작가로서 바울의 능숙함이 로마서에서 잘 나타난다. 그는 디아트리베 같은 헬라적 토론 문체를 사용하다가도 순식간에 구약성서의 석의에 기초한 주의깊은 서술로 넘어간다. 그의 석의 방법은 gezera sawah 라는 랍비적 원리와 "가벼운 것과 무거운 것"과 같은 설명을 따르고 있다. 이것들은 힐렐이 일곱 가지 석의 방법을 열거한 목록(the middoth)에 나오는 것 중 두 가지이다.

"유비"의 원리(히브리어로 gezera sawah, 문자적인 뜻은 "비슷한 결정") 같은 단어나 구가 구약의 다른 두 단락에서 발견될 때, 하나가 다른 하나를 설명하는데 쓰이는 것이다. 바울이 창세기 15:6을 로마서 4장에서 채택하여 기독교적으로 사용했던 것은 이 원리에 의한 것이었다.[85]

a minori ad maius (여기에 해당하는 히브리어를 문자적으로 번역하면 "가벼운 것과 무거운 것"이 된다)의 원리도 로마서에 나타난다(5:15; 8:32).

아마 이 마지막 예는 그 자체로 비유가 될 수 있을 것이다. 이러한 예들은 바울의 석의 방법이 매우 다양하고 암시적이어서 그의 사고 안에서 예기치 못할 전환을 하는 경우가 많다는 것을 상기시킨다; 그리고 그러한 능숙함은 성서를 읽는 우리가 그 문제와 문화적 배경에 대해 귀를 닫을 수 없게 만들며, 성서를 해석하는 우리의 자세가, 성서가 구성되어 질 때 인간 편에서 갖추어졌던 것들 만큼이나 생동적이어야 할 것을 요구하고 있다.

주

1) Denzinger and Schönmetzer, *Enchiridion Symbolorum* (1963) 1637, quoted by R. E. Brown, *The Jerome Biblical Commentary* (London 1968) 71:87.

2) Cf. R. M. Enroth, E. E. Ericson, Jr., C. B. Peters, *The Jesus People. Old-Time Religion in the Age of Aquarius* (Exeter/Grand Rapids, 1972), p. 167.

3) 이 진술의 정교화를 위해서는, see G. E. Ladd, *The New Testament and Criticism* (London/Grand Rapids, 1967), ch. 1.

4) I owe this example to Dr. J. P. Kane.

5) J. Barr, *Old and New in Interpretation* (London 1966), pp. 192-96: "성서해석의 신학적 기능들 중의 하나는 무엇이 적절한가에 대한 우리의 생각들을 넓혀주고 새로운 지각들을 소개해주어야 한다는 것이다. 연구의 처음 단계에서 적절성을 판단하려고 하는 모든 시도는 우리가 이미 받아들이고 있는 가치 체계를 영속화할 뿐이다. 그렇게 되면, 적절성이라는 개념은 부정적인 의미에서의 전통과 같은 역할을 하게 된다" (p. 193).

6) 딜타이의 입장에 관해서는 뒤의 pp. 467-470를 보라. 또, R. Kieffer, *Essais de methodologie neo-testamentaire* (Lund 1972), pp. 46-50. 을 보라. 그는 본문의 "의미(sence)"와 "의의(significance)"를 구분하고, 이 둘은 따로 취급되어야 한다고 옳게 주장한다: "우리가 본문의 '의미' (설명)를 탐구함에 있어서, 그 본문의 '의의' (해석)에 있어서 요구되는 해석으로부터 나온 어떤 전제들을 무리하게 주장하는 것보다 더 해로운 것은 없다" (p. 50). 신약성서의 문제를 이같은 빛 아래에서 본 설명은 W. Marxen, *Introduction to the New Testament* (Oxford 1968), p. 27 를 보라. 그의 *The New Testament as the Church's Book* (Philadelphia 1972)는 더 상세하다.

7) P. J. Achtemeier, *Theology Today* 23 (1966), pp. 101-19의 푹스와 에벨링에 대한 비판을 보라.

8) sensus plenior 의 개념에 관한 논의는 R. E. Brown, *The Sensus Plenior of Sacred Scripture* (Baltimore 1955)를, 특히 pp. 92f. 를 보라. 여기에는 CBQ 25 (1963), pp. 239-45 와 ETL 43 (1967), pp. 460-69 에 있는 같은 저자의 논문들도 실려있다.

9) Y. M. -J. Congar, *Tradition and Traditions* (E. T. London 1967), 특히 pp. 63f. 를 보라. 전승들이 보충적인 방법으로 성경으로부터 진리를 산출해 내는 해석적 기능을 가진 것으로 보는 이런 시각에 대하여는 R. P. C. Hanson, *Tradition in the Early Church* (London), pp. 239-45. 가 정당하게 비판하고 있다. 참조. EQ 40 (1968), pp. 79ff.

10) Congar cites the Immaculate Conception of Mary, Papal Primacy and Infallibility, the Assumption of Mary as dogmas which the

Magisterium has decreed "either come from, or are based on, Scripture" (op. cit., p. 64 n. 2).

11) See G. W. H. Lampe and K. J. Woollcombe, *Essays on Typology* (London 19S7); and the several contributions to *Essays on Old Testament Interpretation* ed. C. Westermann (London 1963). (본사 역간 ― 「구약 해석학」)

12) 이 용어에 관해서는 O. Cullman, *Salvation in Historty* (London 1967) 을 보라.

13) For many of these questions we may refer to the study of G. A. Deissmann, *Light from the Ancient East* (New York 1927), O. Roller, *Das Formular der paulinischen Briefe* (Stuttgart 1933), and B. Rigaux, *The Letters of St. Paul* (Chicago E. T. 1968). For a discussion of Roller, see C. F. D. Moule, BJRL 47 (1964-5), p. 449.

14) 본서 중에 J. W. Drane 과 E. E. Ellis 가 쓴 신약성서 기자들의 배경에 관한 장들을 보라.

15) 잘 알려진 예를 하나 들어 설명해 보자. 동방에서 양을 치는 방법은 서양 국가들의 전원에서 행해지던 것과는 차이가 있다. "목자의 인성의 숭고함"에 대한 George Adam Smith의 묘사를 (*The Historical Geography of the Holy Land*(London 1966 ed.) p. 210) 읽어보면, 요한복음 10장의 의미가 굉장히 실감날 것이다.

16) 복음서 기자들의 신학적 관심에 대한 탐구와 관련된 편집 비평의 의미에 대해서는 본서에 실린 S. S. Smally의 글을 보라.

17) 예레미야스에 의한 구별을 보라. J. Jeremias, *New Testament Theology*(London 1966 ed.), Vol. I. ch. 1

18) 마태가 율법의 유효성을 강조하면서 더 나은 의를 요구하고 있다는 관점에 대해서는 G. Bornkamm, G. Barth, H. J. Held 의 *Tradition and Interpretation in Matthew* pp. 159ff. 에 있는 "Matthew's Understanding of the law" 를 보라.

19) See R. S. Barbour, *Traditio-Historical Criticism of the Gospels* (London 1972), p. 19. See also J. I. Packer, "Biblical Authority, Hermeneutics and Inerrancy" in *Jerusalem and Athens: Critical Discussions on the Philosophy and Apologetics of Cornelius van Til*, ed. E. R. Geehan (Philadelphia 1971), pp. 146ff.

20) H. J. Cadbury, *The Making of Luke-Acts* (London 1958 ed.), pp. 135ff. (p. 136).

21) 이 용어가 발전한 이유들에 관해서는 나의 책 *Mark Evangelist and Theologian* (Exter 1972), 1장을 보라.

22) A. N. Wilder, *Early Christian Rhetoric* (London 1964), pp. 36f.

23) See now W. G. Doty, *Letters in Primitive Christianity* (Philadelphia 1973)

24) E. J. Goodspeed, *The Formation of the New Testament* (Chicago 1926), p 25.

25) J. N. D. Kelly, *The Pastoral Epistles* (London 1963), pp. 25ff. 를 보라. 그는 이 편지들의 언어적 문학적 요소들은 바울이 그의 생애의 이 시점에서 새로운 비서를 채용했다는 가정하에서 고려되어야 한다고 주장한다. 그 비서는 "헬라적 유대인 그리스도인으로서, 랍비의 역할에도 익숙할 뿐만 아니라 코이네 희랍어에도 능숙한 사람이었다"는 것이다.

26) So A. Wikenhauser, *New Testament Introduction* (Dublin 1958), p. 348.

27) W. G. Kümmel, *Introduction to the New Testament* (London 1966), pp. 178.

28) O. Roller, *Das Formular der paulinischen Briefe*, p. 148.

29) P. Schubert, *Form and Function of the Pauline Thanksgivings* (Berlin 1939), pp. 71-82.

30) J. T. Sanders, "The Transition from Opening Epistolary Thanksgivings to Body of the Paulin Corpus", JBL 81 (1962) pp. 348ff. 곧 출간될 논문 P. T. O'Brien on "Pauline Thanksgiving". 을 보라. 또, H. Boers, NTS 22 (1975-76), pp. 140-158을 보라.

31) L. G. Champion, *Benedictions and Doxologies in the Epistles of Paul*(Oxford 1934) 이 이러한 결론을 보여주고 있다.

32) 이 예들은 J. M. Robinson 이 "Die Hodajot-Formel in Gebet und Hymnus des Frühchristentums", *Apophoreta: Festscfrift für E.Haenchen* (Beriln 1964)에서 논의하고 있는 주 자료들이다.

33) 좀더 자세한 것을 원하면 D. S. Russell, *The Method and Message of Jewish Apocalpyptic* (London 1964)을 보라

34) C. E. Bratten 은 이원론을 묵시의 특징으로 본다. *Christ and Counter-Christ* (Philadelphia 1972)

35) 공관복음의 묵시의 경우에는, 그것은 A. D. 66-73년에 있었던 로마와 제 1차 유대전쟁 이전의, 그리고 그 발발을 포함한 일련의 사건들이다.

36) 이중의 비전을 이해하기 위해서는, Karl Heim, *Die Königsherrschaft Gottes*(Stutgart 1948), pp. 55ff.를 보라. (C. E. B. Cranfield, "Mark 13", SJT 6 (1953), p. 300 에도 인용되어 있다): "그럼에도(예루살렘의 멸망과 그와 관련 사건들을 말함) 불구하고, 그(대문자 Him)에게는 앞으로의 명백한 존속이 있을 뿐이다. 그것을 통해서 그는 세상 끝날 이전에 올 마지막 사건들을 바라보았다. 그때가 되면 이 모든 것들이 마침내 완전한 성취를 이룰 것이다." Daniel Lamont 가 Heim에 근거하여 말하는 것도 참조하라. *Christ and the World of Thought* (Edinburgh 1934), 특히 16장: Ethic and Apocalyptic.

37) 이 양식들에 관한 논의는 K. Koch, *The Growth of Biblical Tradition* (New York 1969), pp. 91-100, 그리고 T. R. Henn, *The Bible as Literature* (London 1970), pp. 128ff.

38) 이 로기온의 셈어적 배경을 보려면 M. Black, *An Aramaic Approach to the Gospel and Acts* (Oxford 1967³), pp. 200-2. 를 보라. Cf. Schwarz, "Matthaus vii 6a. Emandation und Rückübersetzung", Nov. T. 14. 1 (1972), pp. 18-25.

39) E. Bammel, "Versuch zu Col. 1:15-20", ZNW 52 (1961), pp. 88-95. 가장 확실한 예는 16c 와 20 절에 있다.

> a τὰ πάντα   b καὶ δι αὐτοῦ
> b δι αὐτὸν καὶ   a τὰ πάντα

그러나, Bammel이 이 방법을 적용시키는 조직적 방법에 대한 반대도 있다. H. -J. Gabathuler, Jesus Christus. *Haupt der Kirche-Haupt der Welt* (Zülich/Stuttgart 1956), pp. 118-21.

40) N. W. Lund 의 자세한 연구. *Chiasmus in the Biblical Tradition* (Chapel Hill 1942) 를 보라. 이 책은 아래와 같은 그 이후의 연구결과들에 의해 보충되어야 할 필요가 있다. 예. E. Schweizer, TDNT6, pp. 416f. J. Jeremias, "Chiasmus in den Paulusbriefen" ZNW 49 (1958), pp. 145-56. 에는 Lund에 대한 비판이 실려있다,

41) E. Käsemann 의 논문이 이 제목으로 그의 책 *New Testament Questions of Today* (London 1969), pp. 66-81 에 실려 있다. 이에 대한 논의는 K. Berger, "Die sog. 'Sätze heiligen Rechtes' im N. T.", Th. Z. 28 (1972), pp. 305-330 를 보라.

42) See J. Jeremias, *New Testament Theology* Vol 1 pp. 9ff. and W. Popkes, *Christus Traditus; Eine Untersuchung zum Begriff der Dahingabe in Neuen Testament* (Zürich/Stuttgart 1967).

43) See Popkes, op. cit., pp. 144.

44) J. Jeremias, *The Eucharistic Words of Jesus* (London 1966²) pp. 112.

45) See A. Hamman, *La Prière 1: Le Nouveau Testament* (Tournai 1959).

46) See W. D. Maxwell, *An Outline of Christian Worship* (Oxford 1936), pp. 8f. But see W. C. van Unnik, "I Clement and the 'Sanctus'", VC 5 (1951), pp. 204-48.

47) E. Norden, *Agnostos Theos.* (Stuttgart 1923), pp. 254ff., 272.

48) J. Schmitt, *Jésus ressuscité dans la prédication apostolique* (Paris 1949), p. 100 은 "un rythme hieratique" 에 대해 말하고 있다. 이 찬송에 관한 보다 상세한 연구는 R. H. Gundry, "The Form, Meaning and Background of the Hymn Quoted in 1 Timothy 3:16", in *Apostolic History and the Gospel* 을 보라. 이 논문집은 F. F. Bruce 에게 헌정된 것이다. (ed. W. W. Gasque and R. P. Martin, Exter 1970), pp. 203-22.

49) H. Schlier의 주석, *Der Brief an die Epheser* (Düsseldorf 1957), p. 241. 에 실린 자료들을 보라.

50) E. Lohmeyer, *Kyrios Jesus* (Heidelberg 1926).
51) So J. Jeremias, "Zur Gedankenführung in den paulinschen Briefen", in *Studia Paulina in honorem J. de Zwaan* (ed. J. N. Sevenster and W. C. van Unnik, Haarlem 1953), pp. 154.
52) See R. P. Martin, *Carmen Christi: Philippians ii.* 5-11 (Cambridge 1967), pp. 36ff. and *idem, The Epistle to the Philippians* (New Century Bible) (London 1976), pp. 109-112.
53) Ch. Masson, *L'épitre de S. Paul aux Colossiens* (Neuchatel 1950) pp 105. Cf. C. F. D. Moule, *The Epistles to the Colossisns and to Philemon*(Cambridge 1957), p. 61: "리듬, 병행, 그리고 가정에 기초한 행의 일치에 대한 논쟁은 최선의 경우에라도 아주 임의적이며, 특별히 판단할 근거가 되는 상당한 양의 운율이 없을 때는 더욱 그러하다." 골로새서 1:15-20의 문학적 배경에 관한 논의는 R. P. Martin, *Colossians and Philemon* (New Century Bible) (London 1974), pp. 61-66.
54) A. B. Macdonald, *Christian Worship in the Primitive Church* (Edinburgh 1934) 는 이 입장에 대해 보다 정교하게 기술하고 있다.
55) G. Stälin, in TDNT 4, pp. 781ff. 또, C. K. Barrett, "Myth and the New Testament ", EXP. T. 68 (1965-57), pp. 345-8, 359-62. 신약 성서에서의 "신화"의 의미에 대하여는 J. D. G. Dunn이 본서에 기고한 글을 보라.
56) T. R. Henn, op. cit., p. 19 borrows the term "mythologem" in place of "myth" from G. C. Jung and C. Kerenyi, *Introduction to a Science of Mythology* (New York 1951).
57) 이 의미심장한 용어는 A. N. Wilder, *Early Christian Rhetoric* (London 1964), p. 129 의 것이다.
58) 상세히 논의는 논문 *Reconciliation and Hope* (Exter 1974) p. 129. 를 보라
59) J. Jeremias는 몇 개의 책에서 이런 결론을 내리고 있다. 가장 최근의 것은 그의 *New Testament Theology*, Vol. I, pp. 61-8. 이다.
60) 이 기준에 관하여는 본서에 실린 D. R. Catchpole 의 논문을 보라.
61) J. Jeremias, *New Testament Theology.*, p. 35 를 보라. 하나의 예만으로도 충분할 것이다. 누가복음 4:24 "진실로 내가 너희에게 이르노니, 자기 고향에서 환영받은 선지자가 없느니라."
62) 그러므로, 산상설교에서 ἐγὼ δὲ λέγω ὑμῖν이 나타나는 것은 예수가 모세의 권위를 대치하고 있다는 것으로써 아주 중요하다. Käsemann, "The Problem of the Historical Jesus", *Essays on New Testament* (London 1964), pp. 37f. 를 보라.
63) 예루살렘 입성의 날짜를 수전절로 (마카베오 상 10:8의 사건에서 유래한 축제) 보려는 시도가 있긴 했지만 (F. C. Burkitt, JTS o. s. 17 (1915), pp. 139-52) ; 또 J. S. Kennard (JBL 67 (1948), pp. 171-76) 는 이 상황이 민족주의적 정서가 최고조에 달할 때였다는 점에 기초하여 군중의 외침은 분

명한 정치적 성격을 갖고 있었다고 했다. 이 말에 관련된 의미들의 발전에 관하여는, E. Werner, "'Hosanna' in the Gospel", JBL 65 (1946), pp. 97-122.

64) For the textual question here, see. J-P. Audet, *La Didache. Instructions des Apotres* (Paris 1958), pp. 62-7, Audet supports the reading. "Hosanna to the house of David", and argues that the liturgical prayers of Did. 9, 10 belong to a special breaking of bread service modelled on a Jewish precedent (op. cit., pp. 422f.). For the later liturgical usage of Hosanna, see J. A. Jungmann, *Missarum sollemnia* ii (Vienna 1949), pp. 161-67 (E. T. *The Mass* (New York 1951), pp. 379-84).

65) J. A. T. Robinson, "The Earliest Christian Liturgical Sequence?" JTS n. s. 4 (1953), pp. 38-41, reprinted in *Twelve New Testament Studies* (London, 1962), pp. 154-7. H. Lietzmann, *Mass and Lord's Supper Fasc.* i (Leiden 1953) pp. 186f., 192f. and G. Bornkamm, "Das Anathema in der urchristlichen Abendmahlsliturgie", TLZ 75 (1950), cols. 228f., reprinted in *Das Ende des Gesetzes: Paulusstudien* (Munich 1961), pp. 123-32.

66) 그러나, C. F. D. Moule, "A Reconsidering of the Context of Maranatha" NTS 6 (1959-1960) pp. 307-10을 보라. 그는 마라나타가 파문과 같은 저주-선언의 일부였다는 E. Peterson의 견해를 부활시켰다. 그래서 고린도전서 16:22에서 용어는 성찬의 기원이 아니라 "식탁을 지키기 위해" 성찬 전에 행해지는 裁可(sanction) 문구라는 것이다.

67) See K. G. Kuhn TDNT 4, pp. 467-9.

68) So O. Cullmann *Early Christian Worship* (London 1953), pp. 13f.

69) H. Conzelmann, *Early Christian Worship* (Nashville 1973), p. 51; "만찬은 주의 재림을 대망하는 것으로 바뀌어 진다; 따라서 그는 간청한다, '오소서!' - '어서, 오소서.'"

70) 예를 들면, R. Bultmann, *Theology of the New Testament* (E. T. London 1952), Vol. I, p. 52.

71) W. Bousset, *Kyrios Christos* (E. T. Nashville 1970), p. 129. Bousset's position was vigorously opposed by A. E. J. Rawlinson, *The New Testament Doctrine of the Christ* (London 1926), pp. 231-7.

72) R. H. Fuller, *The Foundations of New Testament Christology* (London 1965), pp. 156ff.

73) O. Cullmann, *The Christology of the New Testament* (London 1959), p. 214; cf F. F. Bruce, " 'Jesus is Lord'" in *Soli Deo Gloria. New Testament Studies in Honor of William Childs Robinson* (Richmond 1968), pp. 31f.

74) R. H. Fuller, ibid.; S. Schulz, "Maranatha und Kyrios Jesus", ZNW 53 (1962), p. 138. Schulz 는 마라나타라는 문구가 현존하는 하나님 인 주님으로서의 예수를 환호하는 것이 아니라, 인자와 심판주로서의 그의 오심을 기원하는 것이었다고 주장한다.

75) J. Jeremias, *New Testament Theology* Vol. 1 p. 31.

76) See R. A. Stewart, "The Parable Form in the Old Testament and the Rabbinic Literature", EQ 36 (1964), pp. 133-47.

77) See M. D. Goulder, "Characteristics of the Parables in the Several Gospels", JTS n. s. 19 (1968), pp. 51-69.

78) J. Jeremias, *The Parables of Jesus* (London 1954), p. 19.

79) L. Morris, *The Revelation of St. John* (London 1969), p. 174.

80) E. Stauffer, "666", *Coniectanea Neotestamentica* 11 (1947), pp. 237 ff.

81) See G. H. Box, "The Gospel Narratives of the Nativity", ZNW 6 (1905), p. 85; and M. D. Johnson, *The Purpose of the Biblical Genealogies* (Cambridge 1969), pp. 223ff.

82) J. Weiss, *A History of Primitive Christinity* (New York 1937), pp. 399-421 그리고 J. Nelis, *Nouvelle Revue Theologique* 70 (1948), pp. 360-87. 에 다른 예들이 논의되고 있다. H. D. Betz, NTS 21 (1974-75), pp. 353-79, 의 갈라디아서의 수사적 특성에 관한 연구를 보라. 신약성서 가운데 그리스 문학을 암시하는 몇 예가 여기에 포함되어 있다. 사도행전 17:28에서 바울이 "우리도 그의 소생이라"고 말한 것은 시실리아인 Aratus 의 인용이다(*Phainomena* 5). 그리고 그 앞에 나오는 "우리가 그를 힘입어 살며 기동하며 있느니라"는 말은 Epimenides의 시에서 온 것이 분명하다. 디도서 1:12에서 그레데 시인은 완벽한 헥사미터(hexameter)로 인용되고 있다. Cleanthes 의 *Hymn to Zeus* 도 Aratus 인용의 회상을 포함하고 있다. 고린도전서 15:33에는 아테네의 희극 시인 Menander(4th cent., B. C.)는 윤리적 교훈의 저자를 인용하고 있다. 나쁜 친구는 가장 고상한 사람이라도 망친다(JB). 그의 회곡 *Thais.* 에서 나온 것이다.

83) See R. Bultmann, *Der Stil der paulinischen Predigt und die kynisch-stoische Diatribe*(Tübingen 1910).

84) Cf. M. Dibelius - H. Greeven, *Der Brief des Jakobus*(Göttingen 1957), pp. 120-22.

85) See J. Jeremias, "Zur Gedankenführung", *Studia Paulina* pp. 149ff., on rabbinic exegesis in Romans 4.

제 14 장

석의 실습 — 두 실례

R. T. 프랑스

이 장은 독자들의 발을 땅에 붙이게 하기 위해 쓰여진 것이다. 이 책의 앞 부분에서 많은 신학적 요점들이 제시되었고, 많은 사상이 표현되었는데, 거기서는 논의되고 있는 요점을 잘 보여주는 예들이 신중하게 선정되고 있다. 그러나 석의가는 전문가이든지 초심자든지간에 실제에 있어서 이렇게 신중하게 선정된 구절들을 다루는 것이 아니고 실제 신약성서를 전체적으로 다루게 된다. 그는 자신이 봉착하는 과제는 여기저기에 나오는 이상한 단어들의 의미를 밝히는 것이 아니라, 단락 전체의 뜻을 결정하는 것이라는 사실을 알게 된다. 그 단락은 꽤 복잡한 사상 형태에 관련되어 있을 수도 있다. 그는 곧 자신이 원하든 원하지 않든 간에 개개의 단어들과 구들을 그 문맥속에서 읽어야 한다는 것을 발견할 것이다.

그래서 이 장은 올바른 석의 지침의 목록이 아닌 실지 신약성서의 두 단락(마 8:5-13 과 베드로전서 3:18-22)에 대한 전체적 해석을 시도하는 것으로 구성되어 있다. 두 단락은 완전히 다른 두 문학 장르에서 선택되었으며, 석의가가 실습을 해 나가는 중에 이 둘 사이의 많은 방법론상의 문제점에 직면하게 될 것이다. 석의를 해나가면서 매순간에 정확하게 어떤 방법이 사용되고 있는지 언급하지는 않을 것이다. 어디에서 그리고 어떻게 본문 비평, 문학 비평, 어휘 연구, 종교적 문학적 배경의 다양한 기법들이 사용되고 있는가를 밝히는 것은 독자를 위한 배려이다. 이런 다양한 기법들은 논리적인 순서에 따라서가 아니라, 본문 자체가 요구하는 대로 사용되어질 것이다. 이는 석의의 실행에 있어서 반드시 따라야 할 방법이다 ; 사용되어져야 할 방법을 스스로 지시하는 것은 우리 앞에 놓여있는 본문이기 때문이다.

선택된 본문에 들어가기 전에 몇 가지 예비적 지식만 짚어보자.

(1) 우리는 "석의"를 본문이 그 자체로서 무엇을 의미하는가, 즉 저자의 원래 의도와 그 단락이 그 저자가 상정한 독자들에게 의미하려고 했던 바가 무엇인가를 밝히는 것이라고 여기고 있다. 그것이 적절한 석의이다. 이 원래 의미를 우리 자신의 상황에 적용시키는 그 다음의 단계는 엄밀히 구분하자면 다른 분야이다(J. E. Goldingay가 쓴 장을 보라). 물론 우리의 신약 연구가 단순한 골동품 연구에 머물러서는 안된다는 것을 감안할 때 적용은 필수적인 단계이며, 석의를 실행하는데 있어서 석의가는 현재와의 관련성을 처음부터 염두에 두어야 할 것으로 보인다. 그러나 이 두 단계가 혼동되어서는 안 되며, 둘을 한 묶에 하는 지름길로 가려고 해서는 안 된다. 바른 석의는 될 수 있는 한 객관적 작업이어야 하고, 그것은 신약성서 메시지의 실존적인 적용을 위한 필수적인 전제이다. 본 장에서 다루고자 하는 것은 이런 의미에서의 석의이다.

(2) 석의에서, 정직한 학자들이라면 모두 같은 결론에 도달할 수 있는 그런 단순한 흑백의 경우는 좀처럼 없다. 이 장에서 제공되고 있는 석의도 다루는 본문에 관한 최종적인 결론으로 제시되는 것은 아니다. 독자는 몇 가지 점에서 동의하지 않을 지도 모른다. 그러나 이 글은 본질적으로 방법에 관한 것이다. 만약 제시된 석의에 대해 독자가 동의하지 못할 부분이 있다면, 필자가 그 문제에 관해서 잘못된 방법을 채택했는지, 아니면 옳은 방법을 가지고 사용을 잘못했는지 질문해 보아야 할 것이다. 물론, 분명히 둘다 있을 수 있는 경우이다 !

(3) 이 장은 석의란 본질적으로 "스스로 해야 하는" 과제임을 보여줄

것이다. 진지한 석의가라면 그 누구도 다른 유명한 주석이나 번역본들이 이 끄는 대로 그대로 따라가는 것에 만족하지 않을 것이라는 것이 필자의 생각이다. 석의가는 그 작업이 제대로 되어졌는가에 대하여 스스로를 만족시킬 수 있어야 한다. 그렇다고 해서 주석, 사전, 성구사전이나 역본들을 사용하지 말고 헬라어 성서만 갖고 씨름하라는 말은 아니다(아니면, 원 필사본이 더 이상적일까?).

분명히 필자 스스로도 주석들이나 다른 참고 도서에 많이 의존하고 있다. 아래에 석의할 두 본문의 경우에는 더욱 그러하다. 석의가는 정보를 필요로 하며 그가 필요로 하는 정보의 상당 부분은 신약 성서 자체에서는 찾아볼 수 없는 것들이다. 석의가에게는 비평적, 어휘적, 그리고 본문에 관련된 여러 원리들의 안내가 필요하다. 그는 논의되고 있는 문제에 대해 제기되었던 다양한 제안들을 알고 있어야 한다. 그러면서도, 최종적인 결론은 자신의 것이어야 한다. 그는 근거를 고찰하고, 여러가지 가능성 중에 스스로 선택해야 한다. 이 책임을 회피하는 사람은 석의가라고 할 수 없다.

그러면 잔소리는 그만 하고 선택된 두 본문에 들어가 보자. 이 논의가 우리가 실제의 석의를 주관하는 주요한 원리들과 방법들을 쏟아내 줄 것을 기대하면서. 앞 장들에서 언급된 다양한 연구 방법이 실제에서 어떻게 사용되고 있는지에 주의하면서 읽어 주기를 바란다.

1. 마 8:5-13

이 단락은 똑같은 자료를 다른 복음서 기자들이 어떻게 사용하고 있는 가를 비교하여 작가의 특별한 관심을 밝혀낼 수 있는 공관복음 단화의 한 예로 선정되었다. 말하자면 석의가 비평적 도움, 특별히 편집비평의 도움을 받아야 할 부분이다.

백부장의 하인을 고치는 사건은 마태복음과 누가복음에만 기록되어 있다.[1] 그러므로 일단 "Q 자료"라고 말할 수도 있을 것이다 ; 그러나 공관복음에 대해 조금만 더 살펴 보면 마태복음과 누가복음에만 나온다는 것과 Q 자료에 속한다는 것이 완전히 똑같은 말은 아니라는 것을 알게 될 것이다. 8b-10의 대화에는 거의 언어적 일치까지 보인다(눅 7:6b, 7b-9). 그러나 나머지는 이야기의 주요 요소는 같지만 아주 다른 방식으로 서술되고 있다. 마태는 간단명료하지만, 그러면서도 11-12절을 포함하고 있다. 11-12절은 Q의 것인데 누가는 전혀 다른 문맥에 기록하고 있으며(13:28-29), 그래서 이것은 아마도 독립적으로 보존되어 오던 것을 마태가 이 문맥에 관련된다고 판단하여 여기에 삽입한 것으로 보인다.[2] 한편, 누가는 좀더 여유있고 다채롭게 이 부분을 이야기한다. 백부장의 유대인들에 대한 동정에 대한 기록도 있고, 마태에서는 백부장이 직접 예수에게로 나아가는 데 비해 누가에서는 친구들을 통해서 예수에게 접근한다는 등이 상세하게 나타난다. 다른 세부적인 차이점들은 본문을 다루면서 언급하기로 하자.

Q가 단일한 문서였다고 확신있게 주장하는 사람들은 아마도 Q는 이 대화를 간략한 상황 묘사와만 함께 보존했을 것이고, 따라서 구두전승을 이용하여 이 이야기를 세부적으로 묘사하는 일은 복음서 기자들에게 맡겨졌을 것이라고 한다. 그러나, 단일한 Q 라는 것을 상정하기 힘들다고 보는 학자들은 여기서 중요한 말씀들을 아주 신빙성있게 보존했었던 구두 전승의 증거를 찾아낸다. 이 과정에서 기억을 돕기 위하여 간단히 메모하는 정도는 있을 수 있었겠지만, 설화의 축어적 형태의 기록은 아니었을 거라는 것이다.

어쨌든, 이 사건에서 초대 그리스도인들에게 의미가 있었던 중요한 점은 무엇보다도 사건에 잇달아 나오는 대화이다. 공론을 일삼는 편집비평가들은 이것을 기적 이야기가 아니라, 선언 이야기(pronouncement-story) 또는 아포프테그마라고 이름 붙였다; 그들은 그것이 왜 양자에 다 속할 수 없는가라는 질문이 생길 수 있다는 것에 대해서는 그리 신경쓰지 않은 것 같다.[3] 그렇지만, 그것은 분명히 **단지** 기적 이야기는 아니다: 관심의 초점은 권위와 믿음에 관한 말씀에 맞추어져 있기 때문이다.

세부적 단어배열과 강조점의 차이는 접어두고, 두 기록 사이에 중요한 사실의 불일치 하나는 백부장이 그의 유대인 친구들을 통해서 예수께 나아갔느냐(누가복음) 아니면 직접 나아갔느냐 하는 것이다(마태복음). 어떤 것이 원형인가? 누가복음이 백부장의 겸손을 강조하기 위해서 전달자를 첨가했는가(눅 7:7a 를 보라), 아니면 마태복음이 덜 중요한 세부묘사라고 생각되는 것을 생략하여 그 이야기를 줄였는가? 여기에 관하여 주석가들은 각기 다른 견해들을 갖고 있다. 그들의 결론은 "전승의 법칙"에 대한 전제의 차이, 그러니까 구두 자료가 전달의 과정에서 덜 중요한 세부묘사를 잃어버리는 경향이 있는가, 아니면 이야기를 하는 과정에서 그 때 그 때의 관심사에 의해 추가되는 경향이 있는가 하는 차이에 의해 좌우되는 경우가 많다.

　　그러나, 반드시 기억해야 할 것은 각 복음서 기자들이 사건의 문서 기록을 앞에 놓고 앉아 줄이든지 늘이든지 할 때는 신중했었다는 사실은 의문의 여지가 없다는 것이다. 문제가 되는 것은 각 사람이 자신의 방식대로 자신이 느끼는 만큼의 세부묘사를 섞어 전달하게 마련인, 구두로 보존된 이야기가 복음서 기자의 요점을 구성하는 데 있어서 필수적인가 하는 것이다. 뒤에서 보게 될 것이지만, 마태는 백부장의 **믿음**을 강조하는데 관심이 있었다. 그래서 전달자에 대해서는 개의치 않았다. 한편 누가는 백부장의 **겸손**을 드러내기를 원했다. 그래서 전달자를 보내는 것이 중요하다. 그래서 실지로 전달자가 있었는가 없었는가라고 질문한다면 우리는 "있었다"라고 대답할 수 있을 것이다.

　　그러나 여기서 사실을 왜곡하고 있다고 마태를 비난한다면 우리는 중요한 요점을 놓치고 있는 것이다. 그의 의도적인 생략은 이야기의 중심 주제인 백부장의 믿음을 선명하게 강조하기 위한 유용한 문학적 장치이다. 그가 이것을 생략했다고 해서 기적이나 중요한 대화에 큰 차이점은 발생하지 않는다. 차이가 있다면, 그것은 기적보다 대화가 더 강조되고 있다는 것 뿐이다.

　　바로 앞의 문단에서 논의한 것은 이런 특정한 경우에 있어서 석의에 대한 편집 비평의 공헌이다. 같은 이야기를 두 복음서 기자가 각각 어떻게 다루고 있는가를 비교해 보면 우리는 이야기를 하는데 있어서 마태의 일차적인 관심이 믿음에 대한 교훈이라는 것을 알 수 있다. 이러한 통찰은 세부적인 석의로 들어가면 더 중요해진다.

5 절

가버나움에 관해서 약간의 설명이 필요하다. 성경 사전을 보면 이 곳이 갈릴리의 주요 마을중 하나로서 번성한 호숫가 지역이었고, 예수의 갈릴리 사역의 거점으로 활용되었다는 것을 알 수 있다. 여기서 백부장이 예수의 치유능력을 어떻게 알 수 있었는가를 이해할 수 있게 된다: 의심할 여지없이 가버나움에 퍼진 소문으로부터 이다.

성서 사전은 백부장들에 대해서도 설명을 제공하고 있다. 그들은 로마 군대의 중추로서, 훈련을 맡고 있는, 신뢰할 만하고 존경받는 장교들이었다. 팔레스타인에는 로마 사단의 주둔지가 없었으나, 헤롯 안티파스가 작은 규모의 외인 부대를 거느리고 있었다. 이들은 모두 비 유대인으로 레바논과 시리아의 광범위한 지역에서 충원된 군인들이었다. 그러므로 이 백부장은, 누가가 그의 유대 종교에 대한 깊은 공감을 보도하고 있음에도 불구하고, 분명히 유대인이 아니다. 그가 믿음을 가진 이방인이었다는 것이 마태의 기록에서 그가 중요성을 갖는 이유이다(마태는 11-12절을 추가하여 거기에 초점으로 둠으로써 유대인과 이방인의 대조를 주도적인 요소로 만들고 있는데, 이런 날카로운 대조를 흐트리지 않으려는 것이 마태가 유대 친구들을 기록하지 않은 또 다른 이유가 아닐까? 누가의 관심은 오로지 그 사람의 인물됨에만 있다. 그러나 마태는 그 국적에도 관심이 있다.)

6절

이 절은 번역상 두 가지 문제가 있는데 둘 다 석의에서는 중요한 점이다. 첫번째는 백부장이 예수를 κύριε라고 부르는 것이다(이 호칭은 8절에서 다시 반복된다). 이것을 "주"로 번역해야 할까, 아니면 마펫역, NEB, Jerusalem Bible 에서와 같이 "선생님(Sir)"이 좋을까? 다시 말하면, 그것은 단순히 정중한 호칭에 불과한가, 아니면 그 이상의 의미를 담고 있는가? AG를 보면 κύριε는 "일반적으로 존경하는 사람을 부르는 말이다"라고 되어 있다. MM은 세속 헬라어에서는 신에 대해 사용하는 경우가 아니라고 하더라도 그것은 분명히 우위성에 대한 인정을 포함하며, 특별히 높은 관리를 부르는 말일 때 그렇다고 한다. 그러나 이것이 예수에 대한 호칭 형태로 사용될 때, 이 유연성있는 단어가 정확하게 어떤 내포를 갖는가는 사전에 의해서 결정될 것이 아니라, 이 문맥이 보여주는 예수에 대한 그 사람의 태도에 따라서 결정되어져야 한다. 8-9절에서 보는 바와 같이, 백부장은 예수를 우월한 권위를 가진, 기적을 행하는 치유자로 보았으며, 따라서 "선생님"이라는 번역은 약한 것 같다. 반대로, "주"라는 번역이 함축하는 것처럼 백부장이 예수를 신적인 존재로 여겼다고 볼 근거도 없다. 그것이 어떻게 번역되든, κύριε가 예수의 우위성에 대한 인정으로 여겨져야지, 백부장의 기독론적 이해를 보여주는 언급이라고 억지로 몰고 가서는 안 된다.

더 중요한 단어는 "어린 아이(child)" 혹은 "종"을 의미하는 παῖς이다. 전통적으로 이 말은 "종"으로 번역되어졌으나, 그것은 혼돈의 여지가 없는 δοῦλος를 사용한 누가복음의 영향이었다(누가복음도 7:7 에서는 παῖς를 쓰고 있다). 그러나, 그것이 마태가 의미하고자 하는 것이었을까? 불트만은[4] "의심할 여지없이 마 8:6의 παῖς는 어린아이로 이해되어져야 한다 ; 누가복음 7:2의 δοῦλος는 재생산 과정에서의 실수가 분명하다."라고 말했다. 불트만이 "의심할 여지가 없다"고 말하는 다른 많은 말들이 그렇듯이, 이를 지지해주는 어떤 근거도 없다. 아무리 존경할 만한 학자의 말이라고 하더라도, 석의가는 근거없는 도그마적 단언들을 경계해야 한다! 증거가 무엇인가?

παῖς는 신약성서에 24회 나온다(성구사전을 보라). 이 중에 한 번만 "아들(son)"을 의미하고(요 4:51) ; 다른 여덟 번은 분명히 "어린 아이"를 의미한다. 그러나 여기서는 이야기 속에서 어린 아이라고 지칭된 사람과 화자와의 관계에 대한 암시는 없다. 또, 네 번은 사람의 "종"을 의미하고, 여덟번은 하나님의 "종"을 의미한다.[5] 따라서, 마 8:6, 8, 13의 παῖς가 백부장의 "아들"을 의미한다면, 그것은 신약의 모든 다른 용례와는 달리(사실 전부 마태복음와 누가복음-사도행전의 용례이다) 요한복음에 나오는 유일한 용례와 일치되는 것이다. MM 은 세속 헬라어의 일반적 의미는 "어린 아이"와 "종"이며, "아들"은 분명히 아니라고 말하고 있다. 이 단락 외의 마태복음에서는 세 번은 "어린 아이"("아들"이 아닌)의 뜻으로 쓰이고, 두 번은 "종"으로 쓰이는

데 그 중에 하나는 여기서 묘사된 것과 같은 "가신(家臣, retainer)"과 거의 병행을 이룬다. 그러므로 이 점에서 마태복음과 누가복음 사이에 쐐기를 박아넣을 이유도, 또 마태가 παῖς를 누가복음 7:7 에서와 ― 여기서는 7:2의 δοῦλος와 병행이다 ― 똑같은 의미로 쓴다는 것을 의심할 이유도 없다.[6] 몇몇 주석가들은(예. 로마이어, 슐라터) δοῦλος는 노예를 가리키는 공식적, 사무적 용어이고, παῖς는 인격적으로 친밀한 관계에 있는 노예에 사용되었다고 주장한다(눅 7:2의 ἔντιμος를 보라). 식민지 시대에 종을 "아이 (boy)"로 부르던 것과 어느 정도 병행이 된다고 볼 수 있을 것이다.

마태복음은 누가복음과는 달리 백부장의 종에 대한 호감을 강조하지 않는다. 이런 호감은 비 유대권에서는 독특한 것이기는 하지만, 유례가 전혀 없는 것은 아니다. 마태는 백부장의 인물됨에 대해서보다는, 그의 믿음에 관심이 있었다. 백부장의 자상한 마음, 유대 공동체와의 친밀한 관계 등은 이 의도와는 별 관련이 없었기에 마태는 이야기에 필수적인 것만 보존하고 있다.

7 절

이 간단한 절이 실지로는 중대한 문제를 야기한다. 그것은 구두점의 문제인데 예수의 이 말이 약속이냐 아니면 질문이냐 하는 것이다. 헬라어 사본에는 구두점이 없기 때문에 이런 문제가 빈번히 제기된다. 그 문제가 중요한 석의적 의미를 지니는 경우도 많다. 때로는 언어적 고찰이 문제 해결에 도움을 주기도 한다. 그러나, 문맥에만 의존해서 문제를 풀어야 할 때가 더 많다.

인상적인 언어적 특징 하나는 아주 두드러진 ἐγώ이다. 헬라어는 동사 변화로 인칭을 표시할 수 있기 때문에, 주어를 강조할 필요가 있을 때 외에는 보통 인칭대명사를 사용하지 않는다. 게다가 그 대명사가 문장의 처음에 오는 것은 너무도 확실한 강조이다. 그래서 이것이 평서문으로 취급되면 ἐγώ는 모호해진다. 그것은 동어반복이거나 이상하게 과장된 것으로 보인다. : "나, 나 자신이 가서 그를 고칠 것이다." (혹자는 롱펠로우의 시 "나 자신, 나 자

신! 나를 보라!"를 생각하게 될 것이다)

그렇지만, 이것이 질문이라면, 강조형 ἐγώ가 실질적인 기능을 가지는 것이다 : "내가 가서 고쳐 주랴?" 헬드(H. J. Held)는[7] 이런 질문은 "놀라서 혹은 화가 나서 묻는 경우"라고 보았다. 이것은 주로 민족적 차별에 기초하여 설명되어졌다. 유대인이 이방인의 집에 들어가는 것은 부정하게 되는 것이었다. 사실 예수가 이방인의 집에 들어갔다는 기록뿐만 아니라, 치료를 위해 이방인에게 손을 댔다는 기록도 없다. 예수가 이방인을 고친 두번은 다 멀리서 말로 행한 것이다. 민족적 기초를 갖는 이러한 명백한 망설임은 수로보니게 여인에 대한 예수의 거친 응답(마 15:24, 26)과 긴밀한 병행을 이룬다고 볼 수 있다. 이렇게 보면 이 두 이야기가 아주 밀접하게 관련되면서, 이러한 유비가 마 8:7에 있는 것과 같은 예수 쪽에서의 명백한 꺼림을 지지해 주게 되며, 그래서 이 문장을 평서문으로 해석하여서 예수가 기꺼이 응답했다고 보는 것보다 더 타당한 것으로 보인다.

또 민족적 뉘앙스가 석연치 않다고 해도, 의문문으로 보는 것이 대화의 흐름을 더욱 자연스럽게 만들기도 한다. 6절에는 백부장이 아무런 공식적 요청을 하지 않고, 단지 상황에 대해 말하고 있을 뿐이다. 그러면 예수의 질문은 이런 논리적 함축을 갖게 된다 : "그러면 너는 내가 가서 고쳐 주란 말이냐?" 8절에 나오는 백부장의 애원도 자연스럽게 연결된다.

우리가 7절을 질문으로 본다면 그것이 함축하는 바는 무엇일까? 수로보니게 여인의 이야기와의 병행이 여기에 빛을 던져준다. 예수는 외견상으로 거절함으로써(최소한 마지못해) 애원하는 사람의 믿음을 시험한다. 두 경우 다 믿음은 이 장애를 넘어 승리하며, 믿음은 인종적 벽보다 더 강하다는 것이 증명된다. 그리고 두 경우 다 예수는 이 믿음에 대한 명시적인 반응으로서 치유를 실행한다. 이렇게 이야기를 구성하는 것은 예수가 백부장의 믿음에 놀라는 것을 설명해 주며(10절), 이로써 민족적 차별을 넘어서는 시각이 가능해지고, 이는 또 자연스럽게 11-12절의 보편주의적 선언으로 이어진다. 이렇게 의문문으로 보는 것으로 이 이야기의 함축하는 바가 설명된다 : 예수의 이 말을 질문으로 인정하는 것과, 백부장의 믿음에 대한 시험이 함축하는 바는, 벌써 유대인들의 민족 차별과 이방인의 믿음과의 대조를 도입하고 있다. 이 대조는 여기서 뿐만 아니라 마태복음의 여러 부분에서 나타나는 그의 관심사이다. 의미심장하게도 누가는 이 질문과 예수의 외견상의 주저함을 기록하지 않는다. 병행하는 이야기인 수로보니게 여인 이야기에서도 마찬가지이다.

8 절

백부장의 만류하는 대답(다시 κύριε를 주목하라)은 민족적 차별을 의식한 것인가? 그리고 예수가 이방인의 집에 들어가는 것을 주저하는 것을 존중하는 것인가? 아니면 예수의 위대함에 대조되는 자신의 개인적 무가치함에 대한 생각이 더 강한가? 8-9절의 그의 대답 전체를 봐도 민족에 관계되는 말은 없다; 그런 개념은 그에게는 부차적인 것으로 보인다. 그의 말은 모두 예수의 압도적인 권위와 치유능력과 관계되어 있다. 이러한 권위 앞에서 그는 예수를 받아들이기에는 개인적으로 자신이 너무 무가치하며, 또 말씀만으로 충분하기 때문에 예수가 직접 방문해야 할 필요는 없다고 생각했다. 따라서 이 문맥은 그가 스스로 무가치하다고 느끼는 것이 개인적인 것이지 민족적인 것이 아니라는 것을 보여준다.

문맥에 근거한 이러한 주장은 ἱκανός라는 헬라어 단어에 의해 더 강화된다. 이 단어의 어원은 "충분한"이라는 뜻이며, 따라서 지위보다는 성품에 관계되는 말이다. 성구사전을 보면 비슷한 용례가 나오는데, 마 3:11; 고전 5:9; 고후 2:16 등 모두 개인적인 가치나 적절함과 관련되어 있다. 렝스토르프는 결론내린다: "이 말은 예수에 대한 이방 백부장의 인상을 나타낸다 … . 그가 유대인으로서의 예수가 비 유대인의 집에 들어갈 수 없다는 의식적인 부정(ritual uncleanness)을 생각하고 있는 것은 아니었다. 그가 보았던 것은 예수 자신을 인간적인 모든 것 위에 있게 하는 ─ 특별히 비 유대지역에서 ─ 예수의 위엄과 권위였다 … . 그러므로 백부장의 입에서 나온 οὐκ εἰμὶ ἱκανός라는 말은 예수의 메시아성에 대한 고백이다."[8] 그가 "메시아성"이라는 단어를 잘못 이해하고 있는 것 같긴 하지만, ἱκανός에 대한 주석은 어휘적으로나 문맥적으로 바른 것이다.

멀리서 말씀만으로 고쳐달라는 요청에서 우리는 백부장의 믿음의 분량을 보게 된다. [9] 우리가 갖고 있는 기록에 의하면, 아직 그러한 치유는 일어나지 않은 시점이다. 백부장은 예수의 치유 행위에 관해서 들었을 것이며, 보았을 수도 있다. 그러나 그의 믿음은 이러한 감각의 증거를 넘어서는 것이었다. 이 곳 외에 이런 식의 치유에 대한 기록은 수로보니게 여인의 딸을 고치는 것과, 요한복음 4장의 귀족의 아들을 고치는 것뿐이다. 말씀은 치유 과정의 정상적인 부분이다. 그러나 환자에게 직접 말씀하는게 보통이다. 다음 절을 보면 백부장이 신뢰했던 예수의 무제한의 능력이 명백하게 나타난다.

9 절

백부장의 고백은 이 이야기의 두 가지 중요한 선언 중의 하나이다. 그것의 주 의도는 명백하다 : 그는 예수의 권위를 군대 장교의 권위에 비기고 있다. 군대 장교는 말만으로 즉각적으로 자신에게 복종시킬 수 있다는 것이다. 그러므로, 예수는 말씀만 하시면 되었고, 치유는 성취될 것이다. [10]

그러나, 그 비교가 얼마나 정확한가 하는 데 있어 약간의 논쟁이 있다. 일반적인 읽기는 백부장에 관해 두 가지 대조되는 관찰점을 제공한다. (1) 그가 권위 아래 있다는 것과 (그래서 명령에 복종해야 한다는 것) (2) 그도 역시 자기에게 복종해야 하는 병사를 휘하에 거느리고 있다는 것이다. 그래서 그는 그 자신의 위치를 권위로 연결된 고리속에서 이해할 수 있었다.

그러나 다른 읽기, 특별히 고(古)시리아역에 의하면(결코 가볍게 취급될 사본이 아니다) ὑπὸ ἐξουσίαν 대신에 ἐν ἐξουσίᾳ이나 ἐξουσίαν ἔχων 등이 나온다. 이렇게 보면, 복종의 의미는 감소되고, 비교는 전적으로 백부장 자신이 행사하고 있는 권위로만 한정된다. [11] 그렇지만, 왜 "권위 아래"라는 읽기가 (누가복음에서는 논쟁거리가 되지 않는다) "권위 안에(즉, 권위를 갖고 있는. ─ 역주)"로 바뀌었어야 했는지에 대한 타당한 이유가 있다; 첫째, 깔끔한 성격의 필사자가 이런 간단한 방법으로 대조적인 요소를 배제하고 이 절 전체를 단일한 비교로 만들었을 가능성이 있다; 두번째로, 백부장의 복종에 대한 언급이 모든 면에 있어서 정확하게 상응하는 것으로 여겨질 경우 어떤 오해가 — 예수는 누구의 "권위 아래"에 있는가? — 있을 수도 있다.

그래서 우리가 "권위 아래"라는 읽기를 받아들인다면, 그러한 오해가, 특히 καὶ γάρ ἐγώ … 를 고려해 보면 문제되지 않는가? 그것이 "왜냐하면 저도 (당신처럼) 권위 아래 있는 사람이고 … "를 의미하는 것은 아닌가? 그러면 예수도 한낱 인간에 지나지 않게 되고, 무엇엔가 예속되어 있다는 말이 아닌가 ? 그러나, AG에 나와있는 καὶ γάρ의 용례를 살펴보면(γάρ항에서), 그것이 단순히 "왜냐하면" 혹은 "왜냐하면 사실은" 정도의 의미만 가지고 있으면서, " … 도 역시"라는 뜻의 여지가 없는 경우가 많다는 것을 알 수 있다. [12] 그래서 여기서는 백부장의 지위와 예수의 지위의 직접적 비교를 초래하지 않는, "왜냐하면 사실 제가 권위 아래 있는 사람이고 … " 정도의 번역이 가능할 것 같다.

뿐만 아니라, "왜냐하면 나도 역시 …… "이라는 의미라고 주장하고 싶은 사람이 있다고 해도 — καὶ γάρ 바로 뒤에 ἐγώ가 나오기 때문에 이런 번역이 더 자연스러운 번역일 수 있다 — 비교되는 점을 첫 번째 절(verse가 아니라 clause : "권위 아래")에만 한정한다는 것은 온당하지 않다. 왜냐하면 사실 이 절의 주요 주제는 명령에의 복종이 아니라 명령을 발하는 것이기 때문이다. καὶ γάρ는 문장 전체에 걸리는 것이지 처음 몇 단어에만 해당되는 것이 아니다. "나 같은 사람도 권위의 고리에 속해 있는 사람이고, 명령이란 것이 무엇인지 아는데 … ." 라고 다소 의도적인 투로 의역하는 것이 이 절을 제대로 이해하는 것이 될 것 같다 .

물론, 위의 두 문단에서 다룬 본문과 번역의 부차적인 점들은 이 단락의 기본적 석의에 있어서 주요한 부분은 아니다. 중요한 점은 의심할 여지없이 군대 지휘관의 권위와의 유비에 의한 예수의 절대적 권위에 대한 확언이다. 그러나 부차적인 세부사항이라고 해서 무시할 권리가 석의가에게는 없다. 특별히 여기서 처럼 교리적 혼란을 가져올 수 있는 경우는 더욱 그러하다.

10 절

이 절은 두 번째 주요 선언이다. 이 설화 전체가 이 선언을 향해 형성되어 있다. 이 결정적인 구는 예수가 그 말을 듣고 "놀랐다"는 진술로 시작한다. 성구 사전을 보면 θαυμάζω가 가볍게 쓰이는 동사가 아니라는 것을 알 수 있다. 특별히, 이 단어가 예수 자신에게 쓰인 것은 이 곳과 마가복음 6:6, 단 두번이다. 여기서 예수의 놀라움의 대상은 믿음이고, 마가복음에서는 '믿지 않음'이다. 이 얼마나 훌륭한 설교 자료인가!

이 말씀은 엄숙하고 강조된 선언의 표시인 ἀμὴν λέγω ὑμῖν으로 도입된다. 당시의 다른 유대 교사가 이런 어구를 사용한 적이 없기 때문에 이 말은 독특한 권위를 가진 교사인 예수 특유의 수사학적 장치로 설명되어지곤 한다. 그러므로 이 진술은 주의깊게 다루어져야 한다.

이 선언은 **믿음**에 관한 것이다. 우리가 이미 보았듯이, 마태에게는 이 믿음이 이야기의 초점이며, 특별히 마태는 13절에서 "네 믿은 대로 될지어다"로 끝맺는다. 여기서 믿음은 예수의 압도적인 권위에 대한 확신에 기초한, 그의 치유능력에 대한 실질적인 신뢰이다: 우리는 예수로 하여금 이러한 칭찬을 하게 한, 8-9절의 백부장의 말에서도 위와 같은 추론을 해 낼 수 있다. 이 설화의 상황에서 이 믿음이 바울적인 의미에서 구원의, 칭의의 믿음인가, 또는 예수의 신성에 대한 교의적 수용을 포함한 것인가를 묻는 것은 상당히 부적절한 질문이다. 그런 질문들은 신약성서 시대 후기의 신학적 발전에서 나온 것으로 예수의 사역 시기에 적용시킨다는 것은 시대착오이다. 마태가 이 이야기를 기록하면서 믿음에 대해서 어떤 생각을 했는지에 대해서는 간략하게 살펴 볼 필요가 있다. 그러나, 이야기 자체와 예수의 선언의 원래 배경에서는, "믿음"은 예수의 치유능력에 대한 확신에 기초한 실질적인 신뢰라고 하는, 그 자체의 맥락에서 해석되어져야 한다. 문맥이 허용하는 범위를 넘어가서는 안 된다.

예수를 놀라게 하고, 그로 하여금 백부장을 칭찬하도록 만든 것은 예수의 권위에 대한 이러한 무제한적인 신뢰와 수용이었다. 예수가 선민 이스라엘 가운데서 마주쳤던, 의심이나 판단의 유보같은 것이 그에게는 전혀 없었다. 그야말로 어떤 유대인들보다도 예수가 어떤 분인지 가장 잘 이해한 사람이었으며, 그러한 이해에 기초하여 단호한 행동을 할 준비가 되어 있던 사람이었다.

그리고 그 사람은 **이방인이었다.** 예수의 선교는 먼저 이스라엘을 향한 것이었다. 예수는 그의 생애 동안에 자신의 활동을 의도적으로 선민에게만 제한시켰고, 그 시기 동안에는 제자들이 이방지역에서 전도하는 것도 금지했다(마 10:5-6; 15:24). 그러나 여기서는 예수가 유대에서 사역하는 동안에 불러일으키고자 했으나 실패했던 바로 그 반응이 자연스럽게 이 이방인에게서 나타난다. 이는 민족적인 장벽을 무시하고 또 그것을 넘어가게 한다. 마태에게 있어서 이 사건의 중요성도 앞으로 살펴보겠지만, 예수와 그의 제자들에게서 그 중요성은 엄청난 것이었다. 완전히 새로운 지평이 열렸다. 이 사건은 중요한 통찰을 주는 것으로서, 후에 또 다른 백부장의 믿음을 통해 나오는 사건에 대한 전조이다, "그러면 하나님께서 이방인에게도 생명얻는 회개를 주셨도다"(행 11:18). 선민 이스라엘과 나머지 백성들과의 장벽이 무너지기 시작한 것이다.

예수의 말씀에 대한 정확한 표현은 마태와 누가가 약간 다르다. 누가복음에서는 "내가 이스라엘 중에서도 이만한 믿음은 만나보지 못하였노라"라는 익숙한 형태로, 마태복음에서는 좀더 원형에 가까운 것으로 보이는 "이스라엘 중 아무에게서도 이만한 믿음은 만나보지 못하였노라"로 나타나고 있다.[13] 그룬트만(W. Grundmann)은 누가와 비교할 때 마태의 것을 "더 본래적인 형태"라고 한다.[14] 마태는 전체로서의 이스라엘과 백부장을 일반적으로 비교하는 대신, 이스라엘 중 어떤 개인도 백부장의 수준에 미치지 못한다고 한다. 그러므로 이것은 이스라엘의 불신앙을 총체적으로 꾸짖는 것이며, 마태에 의해 덧붙여진 11-12절의 신랄한 비판과도 잘 연결되고 있다. 누가의 형태에서는 이스라엘에 대해 감추어진 찬사가 있다고까지 말할 수 있다 : "내가 이스라엘 중에서도(내가 가장 기대하는 곳인데) 이만한 믿음은 만나보지 못하였노라." 그러나 마태의 형태는 그런 찬사의 여지를 남겨놓지 않는다. 뒤에서 보게 될 것이지만, 그의 강조점은 오로지 선민으로서의 이스라엘의 자격 박탈에 있을 뿐이다.

11-12절

이 부분은 다른 상황에서 말한 것이 거의 분명한 예수의 몇 마디를 마태 자신이 첨가한 것이다. 누가는 이 말을 다른 부분에서 보존하고 있다(눅 13:28-29). 마태의 첨가는 그가 생각했던 이야기의 주안점이 무엇인가를 잘 보여준다. 그것은 이중적이다 : (1) 백부장은 이방인들이 하나님의 나라를 차지하게 될 것이라는 근거를, 자신의 믿음으로 제시한 것이다. (2) 역시 믿음이 기준이 되어, 믿음을 갖지 않는 유대인들은 그 나라에서 거부당할 것이다. 이렇게 마태는 하나님 나라에 들어갈 자격은 믿음이며, 어느 민족이냐 하는 것은 중요하지 않은 것으로 본다. 선민의 시대는 끝났다. 이제 하나님의 백성은 민족에 상관없이 모든 믿는 자로 이루어 진다.

이 마태의 이야기를 지나치게 멀리 밀고 나가는 것은 옳지 않다. 이 이야기에서는 **구원**의 믿음이나 하나님 나라에 들어간다는 등의 언급은 없다. 백부장의 믿음은 단순히 예수의 치유 능력에 대한 신뢰일 뿐이었다. 분명히, 마태는 설화의 실제 상황을 벗어나서 주제를 발전시키고 있는 것이다. 이렇게 발전시키는 것은 부당한 것인가? 예수가 유일무이한 권위를 가진 인물이라는 것을 인식한, 그리고 그 믿음이 모든 유대인들보다 나은 것으로 칭찬받았던 그 사람을 다가오는 이방 교회의 상징으로 여기는 것은 바른 것이 아닌가 ? 마태가 이야기를 잘못 이해하거나 알레고리화 한 것이 아니다; 그는 이야기의 초점이 되는 주요 선언으로부터 논리적인 결론을 이끌어 낸 것이다.

11 절

이 절은 이방인이 하나님의 나라에 들어갈 것을 묘사하고 있다. 물론, πολλοί가 명시적으로 이방인을 말하는 것은 아니다. 그러나, 유대인을 의미하는 것이 분명한 "그 나라의 아들들"(12절. 설명은 아래를 보라)과의 대구를 고려한다면 그것은 이방인을 가리킨다고 볼 수밖에 없다. 그리고, 백부장의 믿음을 이스라엘의 믿음과 대비하는 예수의 선언의 맥락도 이를 뒷받침해 준다.

"동서로부터 와서"라는 말은 구약에서 자주 반복되는 문구를 옮긴 것이다. 시편 1-7:3; 이사야 43:5-6; 49:12 등이 그 예이다. 그러나 유의해서 보아야 할 점이 있는데 구약에서는 이 말이 하나님이 흩어진 유대인들을 다시 모으실 것이라는 예언(혹은 회상적인 기록)으로 쓰인다. 이방인들에 관해서도 비슷한 구절들이 있는데 그들이 하나님을 인정하고 예배하게 될 것이라는 것이다(사실, 이런 언급들도 흩어진 유대인에 관해 다시 말하는 것으로 볼 수도 있는 것들이다). 그러나, 세계 모든 곳에서 그렇게 할 것이라고 말하지, 이방인들이 "올 것"이라고 하지는 않는다(예. 사 45:6; 59:19; 말 1:11). 물론, 이방인들이 예루살렘으로 올 것이라는 예언도 있다(예. 사 2:2-3; 60:3-4), 그러나 여기서 예수가 사용하고 있는 용어와는 다르다. 그러니까, 예수는 이방인들이 올 것이라는 예언을 하면서(이런 사상 자체는 구약에서 온 것이다), 의식적으로 이스라엘을 다시 모으실 것이라는 구약의 희망을 상기시키는 표현을 사용하고 있는 것이다. 여기서 벌써 다른 사람들이 택한 백성을 대신하게 될 것이라는 사상을 발견하게 된다. 이런 사상은 석의를 해 나가면서 더욱 명백해질 것이다.

이방인들은 잔치를 위해 모이게 될 것이라고 표현된다. ἀνακλιθήρονται는 문자적으로 "기대어 눕다"라는 뜻인데, RSV가 "식탁에 앉다"라고 바르게 번역하고 있다. 고대 세계에서는 식탁을 대할 때 의자에 앉는 것보다, 침상 같은 것에 기대어 눕는 것이 일반적인 관습이었기 때문이다(예. 최후의 만찬 때 한 제자가 ἀνακέμενος ἐν τῷ κόλπῳ τοῦ 'Ιησοῦ, 요 13:23).[15] 그러나, 여기서는 일상적인 식사가 아니라 아브라함, 이삭, 야곱과 하늘의 나라에서 함께 하는 식사이다. 여기서 예수는 메시야 시대의 기쁨이 잔치로 표현되는 유대인들의 일반적인 종말론 사상을 취하고 있다. 이 주제는 이사야 25:6; 65:13f. 같은 구절에서 나와서, 묵시 전통과 랍비 전통 양자에 속한 유대 작가들에 의해서 세련되고, 풍부해졌다.[16] 그 예를 세세히 드는 것은 지겹겠지만, 아브라함, 이삭, 야곱이 잔치에 함께 한다는 말이 랍비 문헌의 두 곳에(Pes. 119b; Ex. R. 25:8) 나타난다는 것은 언급할 필요가 있다. 여기서 "복을 비는" 것이 누구를 위한 것인가에 대해 약간의 논란이 있을 수 있겠지만, 결국 영예는 다윗에게로 돌아간다.

그러나 중요한 점은 이 구절들과 다른 관련 구절들에서 잔치는 유대인만을 위한 것으로 여겨지고 있다는 것이다: 그것은 "그(하나님)가 그의 백성을 기쁘게 맞아들일 그 날은 이삭의 자손들을 위한 것이다"(Pes. 119b). 때때로 잔치 참석자들을 그냥 "경건한 자들"로 언급하기도 하지만, 명백하게 이스라엘 가운데 경건한 자들을 생각하고 말하는 경우가 더 많다.

그러면, 예수는 유대인들이 자기 민족의 권리라고 생각하여 갈망하고 있는 족장들과의 종말론적 잔치에 사실은 이방인도 같이 포함되게 될 것이라는 예언을 의도적으로 하고 있는 것이다. 유대인들에게는 이방인과 식탁에 같이 앉는 것은 제의적인(ritual) 불결을 의미하는 것이었다. 그러므로, 이방인들과 함께 하는 종말론적 잔치 같은 것은 상상조차 할 수 없는 것이었다. 그러나, 예수는 모든 민족적 장벽을 거부했다. 이스라엘 민족의 시조인 아브라함과 이삭과 야곱 자신들이, 더럽혀진다는 생각없이, 이방인들과 식탁을 같이 하는 것을 기뻐하리라 생각하였다. 예수가 예언은 이방인들이 유대교로로 개종할 것이라는 정도의 것이 아니었다. 그런 정도의 생각은 예수 시대에 많은 사람들에게 받아들여질 만한 것이었다. 그는 그 나라의 기쁨에 그들이 **이방인으로서**, 족장들과 같은 자격으로 참여하게 될 것을 그리고 있다. 얼마나 혁명적인 생각인가? 이는 12절로 가면 더 심해진다.

12절

"그 나라의 자손들"이라는 말은 유대인들에게는 당연히 자신들을 가리키는 것으로 이해되었을 것이다. " … 의 자손들"은 흔히 " … 에 속한" " … 할 운명인" 등의 의미로 쓰인다. "혼인집의 자손들"(개역에는 "손님들"로 번역하고 있다) (마 9:15) ; "지옥 자식들"(마 23::15) 등의 예를 보라. 탈무드는 "다가 올 세대의 자손"이라는 표현을 자주 사용한다(참조. 눅 16:8; 20:34-35). 그래서 "그 나라의 자손들"이란 그 나라가 당연히 그들의 것인 사람들을 말한다. 그것은 유대인들의 자기 평가였다: 아브라함의 자손이라는 것인데, 그것은 그들의 생득적 권리였다. "예수 시대의 일반적인 견해에 따르면, 이방인에 대한 이스라엘의 우위성은 그들이 아브라함의 직계 자손이라는 덕택으로 족장들의 공로를 같이 누리며 그 결과로 최종적인 구원을 보장받는다는 데에 있었다. 아브라함의 자손 중 하나도 잃어버린 바 되지 않으리라는 것이 당시에 팽배한 신앙이었다"[17]

그런데 예수는 유대인들이 그 왕국을 이방인들과 공유하게 될 것이라고 말했을 뿐만 아니라, 상속의 권리를 가진 그들 자신은 거기에서 배제될 것이라고 말한 것이다. 문자적으로 그의 말은 모든 유대인들이 배제될 거라는 것이겠지만, 아브라함과 이삭과 야곱은 거부되지 않고 있는 것이 분명하다. 초점은 민족적인 구별은 부차적이라는 데에 있다. 아브라함의 자손이라고 주장하는 것은 아무런 소용이 없게 될 것이다. 세례 요한이 이런 말을 한 적이 있긴 하지만(마 3:9), 다른 어떤 유대인도 감히 그런 말을 하지 못했다. 그들을 "그 나라의 자손들"이라고 부름으로써 예수는 역설적인 역할의 반전을 강조하고 있다. 그 반전은 유대인들이 양도할 수 없는 권리로 여기던 것을 이방인들이 받게 될 때 일어날 것이다.

민족으로서의 이스라엘이 하나님의 택한 백성으로서의 지위를 빼앗길 날이 임박했다는 주제는 예수의 가르침에서는 일반적인 것으로서, 이스라엘에 관한 구약의 구절들을 자신의 제자들에게 적용시키는 형태의 암시로 종종 나타난다.[18] 또, 명시적으로 나타나는 경우도 있는데, 소작인의 비유나(막 12:1-9) 예루살렘을 향한 예수의 통곡(눅 13:34-35; 23:28-31) 같은 것들이다.[19]

"바깥 어두운 곳", 슬피 욺, 이를 갊 등의 심상은 모두 유대의 묵시적 또는 미드라쉬의 자료들에서 발견되어진다.[20] 한 가지 다른 점은 유대 묵시 문학에서는 고통받을 자가 "죄인들" "불경건한 자들" 그래서 결국 비유대인들인데, 여기서는 "그 나라의 자손들" 자신이 고통 받을 자가 된다는 것이다. 어두움은 잔치 자리의 환한 빛과 대조를 이룬다고 언급하는 주석가들도 있다. 쫓겨난 자의 고통은 그들이 낙원의 복된 장면을 볼 수 있음으로 더 커진다는 것이 묵시 문학의 일반적인 주제이기 때문이다.[21]

그렇다면, 11-12절은 어떤 민족에 속했건 믿기만 하면 하나님의 나라에 들어갈 수 있게 되는 반면, 비록 아브라함의 자손이라고 하더라도 믿지 않는 자는 그들의 조상과의 잔치에 참여하지 못하게 되는, 택한 백성이 더 이상 특권을 가질 수 없게 되는 시대, "먼저 된 자가 나중되고 나중 된 자가 먼저 되는 시대"가 이제 하나님의 경륜 속에서 임박했다는 변화를 가장 충격적인 방식으로 표현하기 위해 고안된 것이다.

13 절

마태는 이제 설화로 돌아와서 간단한 몇 마디로 결론을 맺고 있다. 누가의 것과 비교해 보면, 이 짧은 결론도 마태의 철저한 관심사인 믿음을 나타내고 있다. 마태만이 백부장의 요청에 대한 응답으로서의 예수의 치유 말씀을 삽입하고 있다; 10 절의 주제를 이어 받으면서 다시 백부장의 놀라운 믿음에 초점을 맞추고 있다: "네 믿은 대로 될지어다." 공관복음의 기록에서 치유는 믿음에 의존하고 있는 경우가 많다 ; 그렇다면 멀리서 행하는 치유에 ― 마 15:21-28 과 요한복음 4:46-54 에서만 병행되고 있다 ― 믿음이 필요하다는 것은 두말할 필요가 없지 않은가 ! 마 15:27과 이 본문의 병행관계는 아주 밀접한데, 두 이야기는 전체적인 주제뿐만 아니라, 둘 다 예수가 이방인인 탄원자를 만나는 것과 관계된 이야기이고, 인종적인 장벽이라는 시련에도 불구하고 좋내는 믿음이 승리한다는 초점이 같다는 점, 그리고 멀리서의 치유가 이야기의 절정을 이룬다는 점에서 병행을 이루고 있다. 요한복음 4:48, 50 도 아버지의 믿음을 지적하고 있다.

결 론

이방인 백부장의 치유요청은 권위와 믿음에 관한 예수와의 중요한 대화로 이어졌다. 이야기의 세부사항을 묘사함에 있어서, 특히 그 나라 백성의 자격에 관한 예수의 독립적인 말씀을 삽입함으로써 마태는 여기서 더 나아갔다. 이는 이야기의 중심주제인 치유만이 아니라 구원과도 관계되는, 즉 하나님의 종말론적인 복을 받을 만한 진정한 하나님의 백성에 포함되느냐 하는 문제와도 관계되는 믿음의 중요성이 예수의 가르침에서 차지하는 비중을 알기 쉽게 보여주기 위한 것이다. 유대인을 대상으로 복음서를 쓴 마태는 이 주제에 대하여 할 말이 많았다. 이방인의 종이 고침을 받은 사건은 예수의 사역의 보편적 적용을 위한 훌륭한 범례가 되는 것이었다. 그래서 그는 자신의 이야기 전개에 의해서, 특별히 예수의 신랄한 말씀을 첨가하는 것에 의해서 그 메시지가 상실되지 않는다고 확신했다.

이러한 이해는 이 단화를 누가복음의 병행과 비교한 "편집 비평적" 석의의 결과이다.[22] 이러한 차이를 무시하거나, 제거하려고 한다면 마태복음이 강조하기를 원하는 역동적인 메시지를 상실하게 되는 것이다. 기적 이야기만으로도 단화는 충분한 가치를 지닌다. 그러나, 마태가 가르치고자 한 것은 기적을 행하는 예수의 능력 이상의 것이다. 현대의 독자가 마태의 특별한 강조점을 인식한다면, 그는 마태의 최초 독자에 못지않게 많은 것을 얻어 낼 수 있게 될 것이다.

2. 베드로전서 3:18-22

위에서 석의한 마 8:5-13은 설화-말씀이 이어지는 복음서 단화로서 비교적 명확한 본문이었다. 이와는 달리, 이제는 서신의 교리적-권면적 가르침 중의 한 부분에 관심을 집중시켜 보자. 여기서는 일부러 뜻이 아주 모호한 단락을 골랐는데, 이는 적절한 석의 방법이 본문의 명확한 이해에 얼마나 큰 도움이 되는가 하는 것을 보여주기 위함이다. 신약의 서신들이 종종 그러하듯이 사상이 고도로 집중되어 있고, 논리적 연관에 따라 파악하는 것이 결코 쉽지 않은 부분이다. 한 생각이 다른 생각으로 이어질 때, 주요 주제의 가시적인 관련없이 연결되어 있어서, 차분하게 접근하고자 하는 서구인 독자를 당황하게 하기도 한다. 이 단락은 지독한 논쟁의 중심이 되어 왔던 교의적인 함축을 포함하고 있고(19절에 "영들에게 전파하고") 상당히 모호한 모형론도 (홍수를 그리스도교의 세례의 모형으로 본 점. 20-21절) 포함하고 있다. 이 단락 전체는 다른 어떤 단락들보다도 많은 연구 논문, 추가 설명, 부기(附記)의 대상이 되었다. 그럼에도 불구하고, 현재의 상황은 과거 어느 때보다도 이 부분의 석의에 관한 불일치가 많은 것이 현실이다.

　　이러한 단락의 석의에는 많은 주석서들을 참고하는 것이 필수적이다. 초심자는 그렇게 함으로써만이 어떠한 논쟁점이 있는가, 또 이러한 논쟁을 이끄는 논거(論據)는 무엇인가 하는 것을 파악할 수 있게 된다. 한 권의 주석서로는 불충분하다. 참고하는 주석이 너무 적으면 그 주석가들이 선택한 해결점을 지지하는 논거에만 머무르면서(물론, 나의 이 글도 예외가 될 수 없다), 다루기 힘든 사실들은 경감시키거나 무시하고 싶은 유혹에 빠질 위험이 크다. 독자는 유명한 주석서를 몇 권을 참고하면서 흡족한 대답을 찾으려 할 것이 아니라, 논쟁점들에 대한 주의깊은 이해에 기초한 — 이 논쟁점들을 무시해 버리면 편하기야 하겠지만 — 자신의 석의를 향하여 공정한 입장을 갖도록 노력해야 할 것이다. 이 글을 써나가면서는 독자들이 그런 주석서를 활용하고 있다는 것이 전제될 것이며, 따라서 기본적인 정보의 출처는 대체로 밝히지 않고 서술할 것이다.[23]

　　"이 본문의 어려움은 저자의 사상에 있지 않다. 그의 사상은 이상하지도 환상적이지도 않다. 다만 우리가 그의 사고의 배경과 장을 모르고 있다는 것이 문제이다."[24]라는 것을 곧 발견하게 될 것이다. 이렇게 말한 주석가는 계속해서 다음과 같이 쓰고 있다. "후기 유대교의 외경 문서와 초기 유대-그리스도교 문서에 대한 최근의 연구로 신약성서의 기자들에게 강하게 영향 미치던 전체 사상 세계가 잘 드러나게 되었다. 석의가는 … 자신이 성서 저자의 정신적인 분위기, 그의 전제들, 그의 사고의 범주들, 그의 문학적 관습들에 가능한 한 깊이 빠져들려고 애쓸 필요가 있다."[25]

　　묵시 문서와 랍비 문서를 연구하는 힘든 작업을 할 각오가 되어 있지 않다면, 신약성서의 많은 부분은 모호한 채로 남을 수밖에 없다. 에녹서의 사본을 갖지 않고 베드로전서 3:19-20을 잘 이해해 보려고 아무리 노력한다고 해도, 실패는 불을 보듯 뻔한 것이다.

　　문학 비평의 표준적인 질문들을 논의할 여유는 없다. 이 서신은 제1세기의 후반부에(아마도 후반부 중에서는 초기에), 베드로 혹은 베드로와 밀접한 관련이 있는 누군가에 의해 쓰여졌고(실루아노, 베드로를 대신하여?), 전

부는 아니지만 이방인이 다수인 소아시아 북부의 교회들에게 보내진 것으로
가정하기로 한다. 그 때는 이 지역에서 그리스도인들에 대한 박해가 일어날
무렵이었는데, 이 서신을 하나의 통일적인 글로 본다면 박해는 이미 시작되
었고, 심각한 환난을 가져왔다고 볼 수 있다. 이 서신은 세례와 특별한 관련
이 있는 것으로 보이는데, 정확하게 어떤 형태로 관련되고 있는지는 분명하
지 않다. 이 서신이 단순히 세례 예식문이나 설교였다는 견해가 예전에 있었
으나, 지금은 별 인정을 못 받고 있는 주장이다. 또 이 서신은 공동 서신 또
는 (전문적 개념으로는) "서한"(書翰, epistle)으로 받아들여지고 있다.

그러므로 우리 본문의 전반적인 문맥은 박해하에 있는 그리스도인들을
격려하는 것이다. 이 박해가 얼마나 심각한 것이었나도 논란이 되는 문제다.
많은 주석가들이 순교 상황이 아니라, 그리스도교 개종자들에 대한 어떤 지
역에 한정된 가벼운 차별이었다고 쓰고 있다. 그렇지만, 상황묘사에는 매우
강한 표현들도 쓰이고 있으며, πάσχω가 박해하에서 죽어가는 것을 묘사하는
데 쓰인다는 것을 감안하면 더욱 그러하다(참조. 이 말이 2:21에서는 그리스
도의 고난을 말하는 것으로 쓰인다). 3:17-18과 4:1에서의 그리스도의 고난
과의 병행과, 4:19에서 "고난" 가운데 있는 자가 영혼을 하나님께 맡긴다는
것은 순교 상황을 말하는 것 같다. 또, 살인자로 고난받는 것이 죽음보다 더
약한 것일까(4:15)? 게다가, 4:6을 복음을 전해들은 후에 죽은 사람을 가리
키는 것으로 해석하는 것이 옳다면, 순교의 상황이 이 절에 가장 잘 들어맞
는다. 그러면 "육체로는 심판을 받는다"와 "영으로는 산다"가 대조되는 것이
다 ; 따라서, 이 절은 자연스럽게 이미 순교한 사람들의 궁극적인 운명에 대
한 보장으로 읽혀지게 된다. 그러므로 우리는 순교의 실제적인 가능성이 존
재했던 상황을 전제하기로 한다. 앞으로 보게 될 것이지만, 이렇게 하면
3:18과 그 뒷 절들과의 관련성도 증대된다.

우리의 본문이 속한 문맥도 동일한 주제, 박해하에서의 그리스도인의
행동 지침을 전해주는 주제와 관련되어 있다. 3:13-17에서 그리스도인은 박
해자와 맞대면하고 있는 것으로 그려지고 있다. 그는 그리스도에 대한 충성
에 있어서 타협해서는 안되며, 그들에게 벌을 받을 만한 구실을 제공해서도

안 된다: 만약, 그가 고난을 받아야 한다면 그것은 선한 행위로 인한 것이어야지, 나쁜 짓을 하고 벌을 받아서는 안 된다. 고난 가운데서도 그리스도에게 비타협적으로 충성하라는 주제는 우리의 본문 뒤에, 4:1-6에서 다시 다루어진다.

우리의 석의는 이러한 문맥과 조화되어야 할 것이다. 18-22절은 격렬한 적대 행위에 직면한 사람들에게 예수 그리스도의 이름으로 말하는 것과 관련되어 있음이 틀림없다. 이러한 요구를 무시하고, 저자가 관련도 없는 교의적 진술을 권면 가운데 삽입함으로써 옆으로 새고 있다고 비난하는 것은 잘못이다. 이 단락이 적절한 의미를 갖는다면 이 문맥이 비난받을 수 없다. 우리의 주석에 있어서 문맥에 대한 논의의 중요성은 곧 명백해질 것이다.

여기서 우리는 많은 학자들이 베드로 전서의 다양한 부분들이 문체가 다듬어지고, 기억하기 좋도록 된 초대교회의 찬송가나 신조들이었음을 밝혀냈다는 사실을 기억할 필요가 있다. 이런 "찬송"에 해당하는 예로 종종 18절과 22절이 지적된다; 그러나 그 사이에 있는 절들은 지루하고 산문적이다. 그러므로 단락 전체를 찬송으로 보는 것은 불가능하다. 18절과 22절이 찬송 혹은 신조로부터의 기원했다는 것도 확실하지 않으며, 또 그것이 석의에 있어서 큰 중요성을 갖는 것도 아니다.[26]

18절[27]

이 절의 주 흐름은 최소한 끝에서 두 번째 구절(clause)까지는 분명하다. 이것은 신약성서 가운데 그리스도의 죽음의 대속적 의의에 관한 가장 직접적인 진술 가운데 하나이다. 그러나 이런 진술이 지금의 문맥과 어떤 관련을 갖는가? 대부분의 주석들이 제안하고 있는 명확한 대답은 예수의 죽음이 무죄한 자의 고난을 본보기로 제시한다는 것이다. 소아시아의 박해받는 그리스도인들은 그들의 스승이 그랬듯이 부당한 고난을 받아들일 준비가 되어있어야 했다.[28]

저자가 이러한 적용을 의도하고 있다는 것은 의심의 여지가 없다. 그리고 예수가 자신의 고난 가운데서도 의로웠다고 하는 것은 이런 교훈을 강화하기 위한 고안으로 보인다. 그러나, 그렇게 본다면 예수의 죽음의 속죄적 의미를 강조하는 것은 무엇 때문인가? 예수의 제자들도 사람들의 죄를 담당하고 그들을 하나님께로 인도하기 위해서 부름받았는가? 아마도 그것은 아닐 것이다 — 여기서 베드로가 신약성서 전체의 교훈들의 맥락에서 벗어나고 있지 않다면.

그렇다면, 베드로가 죽음과 그 결과의 의미를 탐구하는 주제에 입각하여 일단 예수의 죽음을 언급한 후에, 서술하는 과정에서 그것을 도입했던 애초의 목적을 잊어버린 것으로 결론지을 수 있다.[29] 또, 그가 본문의 맥락과 거리가 있는 세부 묘사들이 포함된 신조문이나 찬송을 사용했기 때문이라고 볼 수도 있을 것이다. 그렇게 본다면, 베드로는 그의 교의적인 관심에 의해 한참동안 주제를 이탈했다가, 4장에 가서야 본 주제로 돌아오는 것이 된다.

연구를 진행해 가는 가운데, 문맥을 무시하는 석의는 아주 부적절한 것임이 확실하게 입증되기를 원한다. 이 절들의 강조점은 모든 적대 세력에 대한 예수의 승리에 있다. 그 승리는 그의 죽음에서 시작되었고, 그의 부활을 통해 확립되었다. 그리고 지금은 그의 승귀와 하나님 우편에 앉아계심을 통하여 효력을 발휘하고 있다. 18절은 이러한 이야기의 시작이다. 이 절의 문맥과의 관련성은 악의 세력과 맞서 싸우면서 박해 받는 그리스도인에게, 악의 세력은 이미 패배했으며, 모든 권세가 그 아래 복종하는 그들의 스승의 승리를 그들 자신도 공유하고 있다는 것을 알려주는 데 있다고 볼 수 있다. 죽음을 확실히 패배시킴으로써 예수의 승리가 시작되었다.

그래서 그리스도인 순교자에게는 죽음이 부활과 승리로 인도해 주는 것이 된다. 왜냐하면 예수가 대속적 죽음을 통하여 단번에 그리고 영원히 죄와 모든 악의 세력을 정복했기 때문이다. 이것은 문맥에서의 이탈이 아니라, 순교자들로 하여금 죽음까지도 감수하게 한 그리스도인들의 소망의 기초 그 자체를 말하는 것이다. 이러한 총체적 석의의 타당성은 연구가 진행되면서 더 분명해 질 것이다.

지면이 모자라긴 하지만, 그래도 18절의 표현에는 충분히 연구해 볼 가치가 있는 세부사항들이 있다. 그것은 구약 성서의 제사 개념과 관련을 갖는

다. ἅπαξ는 예수의 속죄가 결정적이며 영단번의(once-for-all) 특성을 갖고
있다는 사상을 도입한다. 이는 히브리서에서 더욱 강조되고 있는 사상이다.[30]
περὶ ἁμαρτιῶν은 속죄제를 가리키는, LXX 에 번역되어 있는 대로의 구약성
서의 전문 용어를 상기시킨다.[31] 계속해서 δίκαιος ὑπὲρ ἀδίκων도, 흠없는 동물
이 요구되는 대속의 원칙을 상기시키면서 제사를 암시하고 있다. 또, 이사야
53:11 "나의 의로운 종이 자기 지식으로 많은 사람을 의롭게 하며 또 그들의
죄악을 친히 담당하리라"를 암시하는 것 같다. προσαγάγῃ는 속죄의 화해적
측면을 도입한다. 이는 로마서 5:2 과 에베소서 2:18에서 바울이 언급한
προσαγωγή를 상기시키기도 한다. 이 용어의 구약 배경은 석의적으로 제시하
는 바가 매우 크며, 특별히 제사 언어의 맥락에서 볼 때 그러하다. 그러나,
여기서 그것까지 파헤칠 여유는 없다.[32] 그래서, 18절은 끝에서 두번째 구절
까지는 예수의 죽음에 집중하고 있으며, 그 죽음을 결정적, 희생적, 속죄적,
화해적 행동으로 보고 있다. 그것은 껍질 속에 들어있는 속죄론이다.

18절의 마지막 절은 주제가 예수의 죽음에서 이에 뒤따르는 승리로 전
이되는 부분의 시작이다. 리듬의 조화를 잘 이루고 있는 이 구절은, 부활절
의 주요 두 사건에 초점을 맞추고 있는데, 전승되어진 문구에서 온 것이 분
명한 것으로 보인다. 이런 견해는 디모데전서 3:16과의(참조. 로마서 1:3-4)
양식상의 밀접한 병행에 의해 뒷받침된다.

"육체"와 "영"이라는 용어는 주의깊게 다룰 필요가 있다. 그리스 철학
의 세계에서 이 용어들은 인간의 물질적, 그리고 비물질적 "부분"을 의미하
는 것이었을 수 있다. 전자는 죽어도 후자는 존속한다. 이러한 구별이 유대
인의 사고에서는 낯선 것인데도, 그리고 우리의 저자가 서 있는 곳은 구약성
서의 세계와 후기 유대 문헌들 사이인데도, 많은 사람들이 위에서 말한 그리
스적 사고로 이 구절을 읽는다. 여기에는 그리스도의 신적 그리고 인간적 본
성에 대한 언급도 없다 : 우리의 본문은 5세기의 교의적 작품이 아니라 신약
성서이다. 신약성서는 — σάρξ와 πνεῦμα의 사용은 고사하고 — 결코 그리스도
의 두 본성을 이야기한 적이 없다. 신약성서에서 σάρξ는 인간 존재의 자연적
영역을 가리키고, 그것과 대조되는 πνεῦμα는 초자연적인 영역을 가리킨다.[33]

이러한 사용의 가장 가까운 병행은 고린도전서 15:42ff. 에서 바울이 ψυχικός와 πνευματικός로 존재의 두 가지 양식을 구별하고 있는 것이다. 그의 구별은 "몸"과 "영혼"의 구별이 아니라, 각기 다른 존재 양식에 적용되는 두 종류의 몸을 이야기하는 것이다. 그래서 여기서도 자연적인 영역에서의 그리스도의 죽음과, 영원한 영적인 영역에서의 그의 부활의 삶이 대조되는 것이다. 그의 지상적인 삶은 끝났다. 그러나 그의 삶은 하늘에서 계속 이어지고 있다. 그래서 "영으로는 살리심을 받으셨으니"라는 말은 그리스도가 육체를 빠져 나왔다는 것을 의미하는 것이 아니라, 그의 부활한 삶의 새로운 국면을 말하는 것이다.

내가 이런 주장에 지면을 할애하는 이유는, ζωοποιηθείς πνεύματι를 부활 보다는 열등한, 육체가 없는 부활 이전의 중간 상태로 보는 주석가들이 있기 때문이다. 이런 해석은 19절에서 그리스도가 죽음과 부활 사이에 하데스에 내려갔다는 말과 잘 들어맞는다. 우리는 곧 19절도 주석하게 될 것이지만, 그러나 그 전에 분명히 해 두어야 할 것은 ζωοποιηθείς πνεύματι라는 표현은, 그것이 아무리 어색하게 보인다 해도, 그리스도의 부활 외에 다른 아무 것도 아니라는 것이다. 초대 교인들이 예수의 죽음과 "살림 받음"의 대조를 읽으면서 부활이 아닌 다른 것을 생각했을 리가 없다.[34] 또 육체가 없는 상태라는 생각 자체가 그들에게는 낯선 것이었다. 그러므로, 19절이 무엇을 의미하든지 관계없이, 18절의 마지막 구절은 예수의 죽음과 부활을 의미한다.[35]

이 마지막 구절은 박해받는 교회와 선명한 연관을 갖는다. 예수는 "죽임을 당하셨다"(θανατωθείς는 재판에서의 사형과 관련된, 강한 단어이다). 그러나 이것이 마지막은 아니다. 그것이 그의 지상적 삶(σάρξ)을 끝나게 했지만, 그러나 "영으로의" 새로운 삶이 이어졌다. 그러므로 순교에 (θανατάω는 매우 적절한 단어인 것 같다) 직면하고 있는 그리스도인들은 그 죽음이 "육체의" 죽음일 뿐이라는 것을 확신할 수 있었다 ; 부활의 새로운 삶이 뒤따라 올 것이다. 19절과 22절은 예수의 죽음이 승리의 길이라는 것을 보여줄 것이다. 그것은 예수를 따르는 자들도 같이 공유하게 될 승리이다.

19절

이 절의 아홉 단어는 논쟁의 중심이 되는 부분이다. 이 절이 중세의 "지옥의 고통"[36] 교리의 선조인가? 그렇지 않다면, 무엇에 대하여 말하고 있는가? 왜 이렇게 모호하게 표현되고 있나?

세부사항에 들어가기 전에 기억해야 할 것은, 베드로가 그의 독자들에게는 이해되어질 수 있도록 썼을 거라는 사실이다. 우리에게 모호하다고 해서 그들에게도 그러리라는 법은 없다. 문제는 베드로와 그의 독자들이 공유하고 있었기 때문에 달리 언급하여 설명할 필요가 없었던 당시의 상식과 사상의 일반적인 배경을 우리가 모르고 있다는 데에 있다. 그래서 우리는 이 절이 지옥의 고통, 연옥, 두 번에 걸친 죽음 등을 의미한다거나, 그렇지 않다거나 하고 우길 것이 아니라, 이러한 사상의 배경을 발견하려고 노력해야 한다. 우리 자신의 교리적 선호에 따라 해석하는 것은 부적절하다 : 우리가 원하는 것은 베드로가 의미한 바가 무엇인지를, 그가 우리에게 제공하는 불충분한 말들에 근거하여 찾아내는 것이다.

관련된 쟁점의 대부분은 이 절의 단어들을 차례로 다루면서, 그에 따라 제기되는 질문들을 중심으로 살펴보게 될 것이다.

(1) Ἐν ᾧ 무엇 안에서? (개역 성경을 따르면 "무엇으로?"가 된다 — 역주) 대부분의 현대 역본들과 주석가들은 "영 안에서"라고 한다. 이는 바로 앞에 나오는 명사인 πνεύματι를 선행사로 본 것이다.[37] 이러한 견해가 자신의 석의와 양립할 수 없는 경우가 아니라면, 누구라도 이 견해를 반박하려 하지 않을 것 같다. 이미 살펴본 대로, 18절의 πνεύματι는 그리스도의 부활한 상태를 가리킨다. 그러므로, ἐν ᾧ를 "영 안에서"로 본다면, 19절은 그리스도의 부활 후의 행동을 가리키는 것이 된다. 만약 이것을 죽음과 부활 사이의 기간으로 보고자 한다면, 위의 해석은 적절하지 않다. 그래서 몇몇 주석가들은 ἐν ᾧ를 특별한 문법적 선행사를 갖지 않는, "when"의 뜻을 가진 접속사로 취급한다. 즉, 앞의 구절에서 언급되어진 사건, 즉 죽음-부활의 과정을 말하는 것이다. 이러한 해석에 근거를 대기 위해 그들은 이런 의미로 쓰인 ἐν ᾧ가 베드로전서의 다른 부분에서도 나타난다고 한다(1:6; 2:12; 3:16; 4:4). 그러

나 이 예들 가운데 선행사로 취급될 수 있는 것들이 남성이나 중성 명사인
경우는 없다는 것을 기억해야 한다. 여기서는 ἐν ᾧ 바로 앞에 있는 선행사가
있기 때문에 단순한 관계사로 번역하는 쪽이 강한 근거를 갖는다. 교의적인
관심을 떠나서도, ἐν ᾧ는 18절에 쓰여진 그 의미대로의 "영 안에서"를 의미
하는 것으로 볼 수 있다. 즉, 19절은 부활하신 그리스도의 활동을 의미하는
것이 분명하다.

(2) τοῖς ἐν φυλακῇ πνεύμασιν. 이것이 결정적인 어구이다. 누구를 말하
는 것인가 ? 이 πνεῦμα에 대해서는 두 가지의 해석이 제안되었는데, 죽은 사
람을 말한다는 것, 그리고 초자연적인 세력들을 말한다는 것이다. πνεῦμα가
분명하게 전자의 의미로 쓰인 예는 신약성서에서 히브리서 12:23 뿐이다.[38]
또 다른 명확한 예는 "거룩한 세 아이의 노래" 64장에 있다. 에녹 1서 22:3-
13에는 "죽은 자의 영"에 대한 언급이 많이 나온다. 그러나 그 중 어떠한 경
우에도 πνεῦμα가 독립적으로 쓰이지는 않고 있다 : 그것은 언제나 "죽은 자
의" 또는 "의로운 자의" 등에 의해 한정되고 있다. 만약 여기의 τὰ πνεύματα
가 "죽은 자들"이라는 의미로 쓰였다면, 독립적으로 이런 의미로 쓰인 예로
는 유일한 것이 된다. 그렇다고 죽은 자로 해석할 가능성이 완전히 배제되는
것은 아니지만, 강한 의구심이 드는 것은 사실이다. 게다가 그렇게 보면 20
절의 ἀπειθήρασιν과의 연결도 이상하게 된다 : "불순종한 영"들이라기보다는
"불순종한 사람들의 영"이라고 번역해야 하는 것이다. 이렇게 번역해야 그들
이 불순종한 것이 영으로서가 아니라 살아 있을 때라는 것이 반영된다.

초자연적 존재를 — 대개는 악한 존재 — 의미하는 πνεῦμα는 신약성서
와 당대의 문헌에서는 일반적 용법이다.[39] 에녹 1서에서 하나님의 칭호로
"영들의 주"가 쓰이는 것을 보라. 당시의 독자들, 특히 유대 묵시 문서나 다
른 신구약 중간기의 문서에 익숙한 독자들이 독립적으로 쓰인 πνεύματα를 그
런 의미로 이해했다는 것은 의심할 여지가 없다. 다시 말하거니와, 위의 해
석을 받아들이는데 있어 유일한 장애는 19절이 그리스도가 하데스에 있는 죽
은 자들에게 전파했다는 것을 말하고 있다는 선입견이다. 4:6이 종종 이런
견해의 버팀목으로 쓰인다. 그러나, 거기서는 πνεῦμα라는 말이 쓰이지 않고

있으며, 이 두 절이 동일한 사건을 가리킨다고 볼 아무런 이유도 없다는 것을 기억해야 할 것이다.[40]

πνεύμασιν을 초자연적 존재로 보는, 사전적 연구에 기초한 해석은 다음 절에 의하여 확고하게 된다. 그들은 "노아의 시대에 이미 한 번 불순종했던 자들"이다. 여기서 우리는 대부분의 현대 독자들에게는 생소한 유대 신화의 세계로 들어가 볼 필요가 있다. 유대의 묵시 문헌들, 그리고 다른 유대 문헌들은 "하나님의 아들들"의 죄에 관한 창세기 6:1-4의 본문을 빈번히 언급하고 있다. 그들은 이 죄 때문에 하늘에서 쫓겨나 옥에 갇히게 된, 최후의 심판에서의 형벌을 기다리고 있는 천사들이라 생각되었다("Watchers"로 불리기도 한다). 그래서, 그들 자신이든, 아니면 그들의 자손이든, 그들은 이 세상의 악의 근원이라 생각되었다.[41] 이 타락한 천사와 그들이 받을 형벌은 신약 성서의 유다서 6절과 베드로후서 2:4에도 언급되고 있다. 베드로후서 2:4에서 타락한 천사들은 노아, 그리고 홍수와 관련되어 있는데, 이러한 관련은 창세기 6장에서 두 사건이 서로 연관되어 나오기 때문에 만들어진 것이다. 납달리의 유언 3:5은 그들이 "홍수 때" 하나님의 저주를 받았으며, 홍수는 그들 때문에 일어났다고 말한다. 요벨서 10:5도 그들의 죄가 노아의 시대에 행해진 것이라고 한다.

그러나 천사들의 범죄와 형벌에 대해서 가장 상세한 기록을 거듭하여서 전하는 것은 에녹서이다. 에녹 1서 6-16에는 그 이야기가 아주 상세하게 기록되어 있고, 천사들이 갇힌 감옥은 18:12-19:2; 21:1-10에 묘사되어 있다. 54:3-6; 그리고 64-69장 전체를 통하여서도 언급되고 있다. 86-88장에는 이 이야기가 상징적인 형태로 나오고 있고, 106:13-17에서도 나타나고 있다. 이렇게 언급된 구절들만 나열하는 것으로는 에녹 문서 저자가 이 신화에 대해 알고 있었던 것이 무엇이었나를 제대로 설명하기에 부족하다 : 베드로전서(그리고 적어도 베드로후서와 유다서)의 저자와 원래 독자의 머리 속으로까지 파고들어가기를 원하는 석의가는 에녹 1서의 관련 부분 전체를 읽어야 할 것이다. 그 작업은 베드로전서 3:19-20과 많은 접촉점을 발견하게 해 줄 것이다. 타락한 천사가 πνεύματα로 불리는 것 하며(15:4, 6, 8), 그들의 투옥에 대한 많은 언급들,[42] 그들의 불순종이 노아와 홍수와 관련되어 있다는 것 등을 발견하게 될 것이다.[43] 그러나 가장 놀라운 사실은 에녹서 12장에 이 타락한 천사들에게 가서 그들에게 형벌을 선포하는 임무가 나온다는 것이다 ; 이 사명이 12-16장의 주제이다. 이것은 베드로전서 3:19의 그리스도의 임무와 현저한 병행을 이룬다. (πορευθεὶς ἐκήρυξεν을, 에녹서가 임무를 묘사하고 있는 12:4의 πορεύου καὶ εἶπε … 와 비교해 보라).[44]

이런 묵시문학 전승에 따라, τὰ ἐν φυλακῇ πνεύματα를 노아 시대에 죄를 지었고, 갇힌 가운데 최후의 심판을 기다리는 타락한 천사로 볼 근거는 충분하다. 이 절이 우리에게는 모호하지만, 에녹서를 알고 또 그 책을 존중했던 교회에게는 (유다서의 저자도 분명히 그렇게 했다) 이 절의 의미는 설명이 필요없을 정도로 명백했을 것이다.

(3) πορευθεὶς 그는 어디로 갔는가? 그리고, 언제 갔는가? 그리스도가 죽음과 부활 사이에 하데스에 간 것을 말한다고 주장하는 이들은 당연히 πορευθεὶς가 "내려갔다"를 가리키는 것이라고 한다. 그러나 이 단어는 그렇게 말하고 있지 않다. 22절에서는 똑같은 분사가 하늘에 들어갔다고 할 때 쓰인다. 이 단어 자체로는 중립적인 표현이다. 어디든지간에 그가 영들이 있는 감옥으로 간 것은 분명하다. 그리고 이 점에 관하여서 유대 전승은 두 가지 견해로 나뉘고 있다. 요벨서 5:6, 10은 지하에 있는 감옥을 말하고 있는데, 이 전승은 요한계시록 20장에서 계승되고 있다. 요한계시록 20:7의 φυλακή는 1절과 3절의(개역 성경은 무저갱으로 번역하고 있다 ― 역주) ἄβυσσος와 같은 것으로 보인다.[45] 그러나, 에녹 1서 17-18에서는 서쪽 끝으로 가면 도달하게 되는, 하늘과 땅이 만나는 곳이 나온다. 거기에 가서 큰 구렁을 넘어서면, "위로는 하늘이라고 하는 궁창도 없고, 아래로는 땅이라고 하는 바닥도 없는", "하늘과 땅의 끝"(18:12, 14)이라고 묘사되는 곳에 있는 감옥을 발견할 수 있다는 것이다.[46] 천사들의 감옥은 조금 후대에 쓰여진 에녹 2서에 의해 좀더 올라가서, 두번째 하늘에 있는 것으로 나타난다(에녹 2서 7:1-3; 18:3-6;참조. Test. Levi 3:2).

이는 헬라 세계에서 발전된 우주관에 의한 것인데, 이 우주관은 후기 유대교 문헌들과 초기 그리스도교 문헌들에 상당한 영향을 끼쳤다(고후 12:2을 보라). 베드로전서 3:19은 이런 시각을 갖고 있으며, 따라서 그리스도가 승천하는 도중에 타락한 천사들을 방문한 것으로 간주했다고 하는 주장이 있다 (πορευθείς를 22절에서의 의미와 똑같이 보는 것이다). 낮은 단계의 하늘을 지나서 일곱번째 하늘에 올라가는 중에 들렀다는 말이다. 이 해석이 매력적이기는 하나, 이 본문이 칠층천 우주론에 익숙하다는 어떤 근거도 없다. 그러므로 우리는 그 감옥의 정확한 위치를 추정하는 데 있어 최대한 신중해야 한다. 분명히 해두어야 할 것은 내려간다거나, 스올, 하데스 등의 (성서에서는 이런 장소를 φυλακή라고 하지 않는다) 언급이 여기에는 없다는 것이다. [47] 그리스도는 죽은 자들이 있는 곳이 아닌, 타락한 천사들이 있는 감옥에 갔었다. 이 둘은 결코 동일시 될 수 없는 곳이다.

예수가 언제 거기에 갔었는가에 대한 질문은 위에서 ἐν ᾧ를 살펴보면서 이미 제기되었던 것이다. 거기서 우리는 예수가 부활한 상태에 간 것을 가리키는 것으로 보았다. 이를 반대할 근거가 없다면, 그 방문은 부활로부터 조금 후의 어느 때인 것이 틀림없다. 승천을 가리키는 22절의 πορευθείς의 사용과 관련하여 이해하고자 하는 유혹에 빠지기 쉽다. 그러나 πορεύομαι는 "가다(going)"에 해당하는, 아주 일반적이고 일상적인 동사로서, 여기서 이 동사의 반복에 특별한 의미를 부여할 필요는 없다. 정확한 시간이 언제였는가 하는 것은 장소의 경우에서와 마찬가지로 어느 정도의 여지를 남겨놓아야 할 것이다. 그러나, 한 가지 분명한 것은 몇몇 주석가들이 주장하는 것처럼 예수의 죽음과 부활 사이의 어느 시점은 아니라는 것이다. [48] 그렇게 본다면 ἐν ᾧ의 자연스러운 의미와도 맞지 않을 뿐더러, 18절의 끝에서 이미 부활을 이야기하고 있고 21절 끝에 가서 다시 부활이 나오면서(헬라어 성서에는 '예수 그리스도의 부활로 말미암아'가 21절의 끝에 나온다 — 역주) 22절의 승천으로 이어지는 문맥의 흐름을 흐트리는 것이 된다. 이러한 생각의 흐름은 19절을 부활에 선행하는 것으로가 아니라 부활 후의 일로 이해해야 한다는 것을 보여준다.

(4) Ἐκήρυξεν 예수가 옥에 있는 영들에게 무엇을 선포(보다 문자적 의

미는 "전파")했는가? 이 동사는 "사신(使臣, herald)의 행동"을 의미하는 것으로, 기본적으로 그 메시지의 내용에 관해서는 중립적인 단어이다. 이런 중립적 사용은 요한계시록 5:2에 나타난다.[49] 그러나 신약성서의 용례의 광범위한 용례는 거의 복음을 선포한다고 할 때 쓰이는 것이다. 여기서는 독립적으로('복음' 등의 목적어 없이 사용되고 있다는 말 ― 역주) 사용되고 있는데, 이 말이 신약의 일반적 용례와 같이 회개와 용서의 복음 선포를 의미한다는 것을 반대하려면 강한 근거가 필요할 것이다. 이것이 대다수의 주석가들이 취하는 입장이다.

그러나, 몇 가지 점에서 이런 해석을 반대할 만한 강한 주장들이 있기도 하다. (a) LXX에서, κηρύσσω는 좋은 소식뿐만 아니라 나쁜 소식을 전한다고 할 때도 쓰인다: 요나 1:2; 3:2, 4을 보라. 베드로전서의 저자는 LXX의 언어에 아주 익숙했을 것이다. (b) 베드로전서의 저자가 이 글을 쓰면서 타락한 천사들에 대한 에녹의 사역을 염두에 두었음이 분명한데, 이미 살펴본 대로, 에녹서에서는 이 말이 심판을 전한다는 의미로 쓰이고 있다: 그들이 자비를 애원해도, 에녹은 거절한다(에녹 1서 13-15, 특별히 14:4-5을 보라). (c) 모든 영적 권세가 그리스도께 복종했다고 하는 22절의 진술은 구원의 제공이라는 해석보다는 그가 승리를 전파했다는 해석에 더 잘 부합한다. (d) 고난 받는 성도들의 사기 진작이라는 본서의 목적을 보아도 구원의 제공보다는 악한 세력에 대한 그리스도의 승리의 언급이라고 보는 것이 더 잘 들어맞는다. 이 마지막 이유에 대하여는 조금 더 깊이 살펴볼 기회가 있을 것이다. 어쨌든, 이러한 주장은 저자가 κηρύσσω를 원래의 중립적인 의미인 "전파하다"의 뜻으로 썼다는 것으로 볼 수 있다 ; 그러면 이 언급은 예수가 타락한 천사들에게, 그들에 대한, 그리고 모든 악의 세력에 대한 승리를 선언했다는 말이 된다. 이 승리는 그의 죽음과 부활을 통한 것으로서 모든 영적인 세력들을 그의 통치 아래 두는 것이었다(22절)

이제 우리는 베드로전서 3:19은 그리스도가 하데스로 내려갔다는 것이나 죽은 자들에 주어지는 다시 한 번의 기회 등과는 아무 상관이 없으며, 그리스도가 부활 후에 "감옥"에서 최후의 형벌을 기다리고 있는 타락한 천사들에게 그의 승리를 전파했다고 하는, 신약성서의 다른 부분에는 없는 전승을 언급하고 있다고 결론지을 수 있다. 신약성서의 다른 저자들이 이 전승을 몰랐든지, 아니면 알고도 언급할 기회가 없었든지 간에, 베드로의 독자들에게는 이 전승이 잘 알려져 있었던 것이 분명하다. 이 전승은 사탄과 사망과 모든 악의 세력에 대한, 십자가를 통한 그리스도의 승리라고 하는 신약성서의 일반적인 주제와도 밀접하게 관련된다.[50] 그것은 부활한 그리스도가 모든 것을 포괄하여 지배하고 통치한다는 것을 보여준다.

그리고 이것은 베드로의 독자들에게는 실질적인 중요성을 가진 주제였다. 그들은 반(反) 그리스도교적 편견이 초래한 최악의 상황을 견뎌낼 것을 요구 받았을 것이다. 그러나 그런 경우에도 그리스도인들은 이교도 적들과, 그들을 뒤에서 조종하는 악한 영적인 세력들조차도 — 이 영적인 세력들의 문제가 그리스도인들에게는 더 중요한 것이었다 — 그리스도의 통치를 벗어나 있지 아니하다는 것을 확신할 수 있었다: 그들은 이미 패배했으며, 마지막 형벌을 기다리고 있을 뿐이다. 그리스도는 그들에 대한 승리를 밝히 전파했다. 영적인 세력들의 실체와 힘을 아주 진지하게 생각하는, 박해받는 교회를 위한 실제적인 위로와 힘이 여기에 있다. 베드로의 이 암시적인 짧은 몇 마디는 로마서 8:31-39에 나오는 바울의 "넉넉히 이기느니라"는 위대한 구절과 동일한 격려의 메시지를 담고 있다.

이런 난해한 구절이 박해받는 교회의 맥락에서 목회적 관련을 지닌 의미를 산출하게 되는 것은 석의가 가진 가장 큰 힘이다.[51]

20 절

우리는 이미 노아 시대의 영들의 불순종에 대해서 살펴본 바 있다. 하나님의 인내에 대한 언급은 창세기 6:3에 대한 최근의 해석을 반영하는 것으로 볼 수 있다. 거기서 120년은 인간의 수명에 해당하는 기간이 아니라 형벌이 오기 전의 주어진 은혜의 기간이다.[52] 앞에서 보았듯이, 천사들의 범죄를 이 시대로 잡는 것은 유대 전승과도 일치하는 것이다.

이제 홍수에 대한 언급이 장면을 전환시키고 있다; 타락한 천사들의 문제는 뒤로 남겨지고, 홍수가 ― 일단 언급되기 시작하면서부터는 ― 박해받는 그리스도인들을 위한 격려와 관련된 교훈의 기초가 되고 있다. 이 이야기로부터 두 가지 사실을 뽑아 낼 수 있다. (1) 구원 받은 사람은 아주 적다. (2) 그들은 "물을 통해" 구원 받았다.

구원 받은 사람이 아주 적다는 것은 명백한 목회적 적용이다. 박해받는 그리스도인들은 그들이 살고 있는 땅에서 다수(majority)인 이방인들에 비해서 자신들이 수적으로도 적다는 것과 상대적으로 연약하다는 것을 비참하게 생각하고 있었음에 틀림없다. 그러나 노아와 그의 가족들은 훨씬 더 적은 소수(minority)였다; 온 세상의 악한 백성들 가운데 겨우 여덟명에 불과했다. 그러나, 그들은 구원받았고 세상은 멸망했다. 만약 베드로가 이런 구호를 알았다면, 이렇게 덧붙였을 것이다. "하나님과 함께 하는 자야말로 다수파이다!" [53] (다수파: majority, 이는 단지 수적으로 많다는 개념뿐만 아니라, 정치, 사회, 경제적으로 우세한 주도적 집단이라는 의미가 포함되어있다. 다인종국가인 미국에서는 흔히 쓰이는 일상용어로서, 이런 경우에 '주류(主流)'라고 번역하는 것이 더 어울릴 수도 있겠다 ― 역주)

그들이 물을 통하여 구원을 받았다고 하는 것은 다음 주제로 넘어가게 하는 다리 역할을 하고 있다. 여기서 물은 하나의 모형으로 여겨진다; 21절은 이 모형론과 그것이 독자들에게 주는 의의를 설명하고 있다. "통하여(through)"의 정확한 의미에 대해서도 논란이 있다 ; 공간을 말하는 것인가(물을 통과하여 안전으로) 아니면 방법을 의미하는 것인가(물이라는 수단으로)? 노아의 경우에 전자가 좀 더 명확하긴 하지만, 둘 다 가능한 대답이다; 물이 나머지 인류를 멸망시키는 것으로 또 노아가 피해나와야 하는 것으로 쓰이면서 동시에 구원의 도구로도 쓰이는 것은(방주를 띄워 줌으로써) 약간 별스럽기는 하지만, 유사한 모형론에서 나타나는 상상력의 범위를 벗어나는 정도는 아니다. 한편, 모형론적 적용이라는 점에서 보면 방법을 나타내는 것으로 보는 게 더 수월하다 : 그리스도인들이 물을 통과한다고 보는 것도 가능하긴 하지만, 그것보다는 세례시의 물이라는 "수단을 통하여" 구원받았다고 보는 것이 훨씬 더 쉽다. 베드로가 διά라는 단어의 이의성(二意

性, ambiguity)을 이용하면서 구약의 이야기를 모형론적으로 적용하는데 도움을 받고 있는 것으로 보인다.[54]

21 절

모형론적 관련이 간결하게 표현된 이 절의 첫 일곱 단어는 문법적 관점으로 는 정확하게 추론하기 거의 불가능하다 할 정도로 난해하다.[55] 주요한 문제는 아래와 같다: (1) ὅ의 선행사는 무엇인가? (2) ἀντίτυπον는 ὑμᾶς를 가리키는 것인가, 아니면 βάπτισμα를 가리키는 것인가? (3) ὅ가 주어라고 가정한다면 βάπτισμα의 문법적 기능은 무엇인가(또, βάπτισμα가 주어라면, ὅ는 어떻게 되는가!)? 지면 관계상 세세히 논할 수 없다. ὅ의 선행사는 바로 앞에 있는 ὕδατος로, ἀντίτυπον은 ὑμᾶς를 가리키는 것이며, βάπτισμα는 ὅ와 동격을 이루는 설명적인 첨가인 것으로(결국 "물"을 말하는 것이다) 가정하기로 한다. 그러면 아래와 같은 번역이 나온다. "그것은(물은) 이제 여러분들을 구원하는 것으로, 말하자면 세례의 원형(노아와 그의 동행자들에 있어서) 입니다." 그러나, 문법적으로 이러저리 맞추어 보면, 그 다양한 순열들이 본질적으로는 동일한 의미를 산출한다는 것을 알 수 있게 될 것이다. 노아와 그 가족들이 물을 통하여 구원을 받았으며, 따라서 그리스도인들도 세례의 물을 통하여 구원을 받을 것이다. 후자와 전자의 관계는 ἀντίτυπον으로 표현되고 있다. 석의에 있어서는 ἀντίτυπον이 핵심이다.

신약성서에서 이 곳 외에 ἀντίτυπος가 쓰이는 것은 하늘에 있는 참 성소의 "모사품(模寫品, copy)"으로서 지상의 성소가 언급되고 있는 히브리서 9:24 뿐이다. 그러나 동일한 단어군 가운데서, 그러한 모사품이 근거하고 있는 "모델"이나 "패턴"의 의미로(행 7:44; LXX의 출 25:4을 인용하고 있는 히 8:5), 또 따라야 할 도덕적 "모범(example)"의 의미로 쓰이는 τύπος를 발견할 수 있다. 우리의 연구 목적상 가장 중요한 예는 구약성서의 인물들이 신약성서 인물들의 "모형(type)", 즉 예시(豫示, prefiguration)의 역할을 하는 경우이다(롬 5:14; 고전 10:6, 참조 10:11의 τυπικῶς. 고전 10장에서는 문맥상 "모범"으로 보는 것이 적당하긴 하지만). 여기서 우리는 기독교회 내에서 빨리 해석학적 용어로서 발전한 τύπος의 전문적인 용례의 모든 자료들, 그리고 그러한 사용의 실제적인 시작을 볼 수 있다. 이러한 모형론을 어떻게 이름 붙이든지 간에, 설령 아무런 이름도 붙이지 않는다고 해도, 그것이 예수가 살아있던 바로 그 시기에서부터 시작하여 그리스도인들에 의해 광범위하게 사용되었다는 것은 의심의 여지가 없다.[56] 여기서 우리는 이 말이 전문 용어로 사용되기 시작하는 것을 목격하게 된다.

신약성서 모형론의 핵심적인 원리는 하나님이 일정한 패턴에 따라서 일하신다는 것이다. 그래서 구약성서에 기록된 바, 그가 과거에 행하신 일은 결정적인 시기인 신약 시대의 그의 행동에서 상응하는 예를 찾을 수 있을 것이라고 본다. 따라서, 그것 자체만으로는 더 이상 언급될 필요가 없는 구약의 인물, 사건, 제도들이 "모형"으로, 그리스도의 생애와 기독교회의 인물, 사건, 제도들에 상응하는 것으로서 인용되고 있다.[57] 이러한 원리에 의하면, ἀντίτυπον이 말하는 바는 베드로가 홍수에서의 노아의 구원을 세례를 통한 그리스도인들의 구원의 모델로 삼고 있다는 것이다. 이렇게 그는 또 하나의 장면의 전환, 홍수 이야기에서 그리스도인의 세례로의 전환을 성취한다. 이런 전환은 현대 독자에게는 놀랄 만큼 갑작스럽게 느껴지겠지만, 구약설화의 모형론적인 적용에 익숙한 독자에게는 상당히 자연스러운 것으로 보였을 것이다. 모형론의 원리를 제대로 이해하고 있으면 신약 성서의 몇 부분들에서 석의의 모호함을 극복하는 데 큰 도움이 될 것이다.

세례의 물이 "너희를 구원하리라"는 베드로의 확신에 찬 선언은 신실한 개신교도에게는 위험 신호로 들릴 것이 분명하다. 그것은 세례에 의한 중생을 말하는가, 성례에 대한 ex opere oprato (성례는 베푸는 자나 받는 자에 상관없이 그 자체로서 효력을 갖는다는 입장 — 역주)의 견해를 지지하는 것인가? 이와 관련하여 두 가지가 지적될 수 있다. 첫째로, 세례의 효력과 관련한 이런 "실재론적" 표현은 신약성서에서 병행을 찾아볼 수 없다;[58] 반대로 세례를 귀찮은 예전적 부수물로, 구원과 관계없는 것으로 보는 시각도 신약성서를 정당하게 다루지 않고 있는 것이다. 두번째, 베드로는 바로 이어서 세례의 진정한 본질을 지적함으로써 세례에 관한 그의 진술을 매우 조심스럽게 규정하고 있다. 거기에는 두 가지 측면이 있는데, 하나는 부정적이요 또 하나는 긍정적이다. 이 두 측면은 세례를 "마술적"으로 보는 견해에 대한 불안을 효과적으로 누그러뜨리고 있다.

부정적 측면은 묘한 단어들로 표현되고 있다. "육체의 더러운 것을 제하여 버림이 아니요." 이것이 "세례는 씻는다는 외적인 행위가 아니다"라는 말을 직접적으로 표현한 것이 아님은 분명하다. 그럼에도, 대부분의 주석가들이 이런 견해를 취하고 있다.[59] 베드로는 외적인 행위가 그 자체로서 구원을 가져다 주지 못하며, 그 행위가 올바른 내적 자세에서 나오는 것일 때에만 구원 받을 수 있다는 것을 단언함으로써 세례의 참 의미를 수호하고자 했다. 그 단어들이 비일상적인 것이기는 하나, 외적, 육체적 씻음을 나타내기에 부적절한 것은 분명히 아니다. 아마도 유대인들의 식사 전에 씻는 예전과 관련해서 쓰인 것을 그런 의미로 볼 수 있을 것이다 : 세례는 제의적 더러움을 씻어버리는 것의 문제가 아니라, συνείδησις의 영역에서의 하나님과의 상호작용이다.

이는 세례의 두번째 측면, 긍적적인 측면에로 우리를 인도한다. 이것도 매우 모호한 구절이다: συνειδήσεως ἀγαθῆς ἐπερώτημα εἰς θεόν. 핵심 단어는 분명히 συνείδησις와 ἐπερώτημα이다. 어원적으로 보면, ἐπερώτημα는(신약성서에서 여기에만 나타난다) "탐문", "질문을 함"의 의미가 되어야 한다. 그것은 거의 일정한 의미만을 가지는 일상적인 동사이다. 마 16:1에서 이 동사는 "요구한다"는 아주 드문 의미로 쓰이고 있다.[60] 이에 기초하여 "하나님께 선한 양심을 요구한다(호소한다)"라고 번역하는 사람들도 있다. 만약, 보다 명백한 의미인 "탐구한다"로 해서 의미가 통한다면, 굳이 위와 같은 해석을 할 필요는 없다. 위의 해석은 헬라어 문서 전체에서 유일한 용례이기 때문이다. 그러나, 세례가 어떻게 하나님께 "질문하는" 것이 되는가, 또 συνειδήσεως ἀγαθῆς가 이런 의미에 어울릴 수 있는가 하는 것이 쉽지 않은 문제이다.

여기서 우리는 단어 해석으로는 정상적인, 그렇지만 이 문맥에서는 말이 통하지 않는 "질문"이라고 하는 의미를 택할 것인가, 아니면 덜 알려진 의미이지만 문맥상 최소한의 이해는 가능한 "요구"쪽을 택할 것인가 하는 선택을

요구받게 된다. 후자의 경우 세례가 탄원의 의미를 가진다고 하는, 신약성서
나 초대 교회에서는 병행을 찾아볼 수 없는 세례관을 도입하는 것이 된다.

이런 난관의 해결책은 ἐπερώτημα가 법적인 계약에서 전문용어로 쓰인 파
피루스에서 발견된다. 한 쪽에서 다른 쪽에 대해 공식적인 질문을 하고, 다
른 쪽은 응답하여 공식적인 약속이나 서약을 한다. 어원적으로는 ἐπερώτημα
가 전자만을 가리키는 것이지만, 실제로는 거래 절차 전체에 대해 쓰이며,
따라서 "서약" "약속" "계약" 등의 의미를 담게 된다.[61] 여기서 우리는 세례
와 명백한 관련이 있는 의미를 발견할 수 있다. 집례자가 수세자에게 그의
믿음과 도덕적 헌신에 관해서 공식적인 질문을 하면, 수세자는 "서약"으로서
응답한다. 이러한 세례 형식은 기독교회의 아주 초기의 것으로 입증되고 있
으며, 신약성서에도 이런 언급이 있다고 볼 수 있다.[62] 그래서, 최근 주석가
들은 대부분 "서약"의 의미를 받아들인다.

ἐπερώτημα 앞에 있는 속격은 주격적 의미로도(선한 양심에서 나오는 서
약), 또 목적격적 의미로도(선한 양심을 유지하겠다는 서약) 연결될 수 있
다. 후자가 옛 생활에서 새 생활로의 전이라고 하는 신약성서의 세례관과 잘
부합된다 : 세례는 순종의 삶을 **지향하는** 것이지, 이미 선하여진 양심에 기
초하고 있는 것이 아니다.

συνείδησις의 뜻을 정확하게 정의하기는 쉽지 않다. 분명히 그것은 "양
심"보다는 훨씬 넓은 의미를 갖고 있어서, 이 서신 내에서도 다른 뜻으로 쓰
이는 예들이 있을 정도이다(2:19; 3:16). TDNT는 여기에 대해 길게 서술
하고 난 결론으로 "바울 이후의 문서들"에서 συνείδησις ἀγαθή는 "그리스도인
의 생활의 모든 면을 포괄하여 나타내는 공식 문구"였다고 한다.[63] 주석가들
은 συνείδησις의 번역으로 "성향"이나 "자세"를 제시하는데, 이 번역에는 "충
성심"이나 "의무감" 등의 요소가 포함되어지기도 한다.[64] 따라서 이 구절의
전체적인 의미는 하나님의 일에의 헌신을 통한 충성스러운 삶을 하나님께 서
약한다는 것으로 볼 수 있다. 이렇게 보면 앞의 부정적 구절과의 대조는 매
우 강한 것이 된다: 구원에 있어서 세례의 중요성은 외적이고, 육체적인 '씻
는 행위'에 있는 것이 아니라, 그것이 상징하는 바 하나님께로의 '도덕적 영

적 헌신'에 있다.

이 절은 "그리스도의 부활을 통하여"라는 예기치 못한 추가로 끝을 맺고 있다. 예수의 부활과 세례와의 상관성은 로마서 6:1-11에서 바울에 의해 설명되었다. 그것은 죽음과 부활에 있어서 그리스도와 연합하는 것이며, 그 결과로 부활한 그의 생명을 함께 갖게 되는 것이다. 베드로로 하여금 논리를 전개하는 가운데 다시 그리스도의 부활을 언급하게 한 것은 이러한 상관성에 대한 생각이었던 것 같다. 이렇게 세례의 영적인 중요성의 다른 측면을 덧붙임으로써, 세례의 효력에 대한 기계적인 사고들을 경계하고 있다. 세례는 수세자의 헌신의 행위일 뿐만 아니라 그러한 헌신에 합당한 삶을 살 수 있도록 힘을 주시는 부활하신 그리스도와의 연합이기도 한 것이다.

우리는 이제까지 베드로가 세례의 본질에 대해서 어떻게 말하는가, 그리고 왜 그가 세례의 원형으로 홍수를 사용했는가를 보기 위해 21절을 자세히 살펴보았다. 그런데 그가 세례를 언급한 이유는 무엇인가? 그는 단순히 모형론의 매력에 끌렸던 것인가? 일단 한 번 홍수를 언급했다가 그 모형론적 중요성에 마음이 끌려, 세례에 대해 말하지 않고는 못배기게 되었던 것인가? 그리고 나서, 자신의 말에 오해의 여지가 있다 싶어, 그의 주제로 돌아가기 전에 세례가 "구원한다"는 자신의 진술을 규명해주어야 할 의무감을 느꼈던 것인가? 아니면, 그것이 단순히 현학적 이탈이 아니라, 그의 독자들의 상황에 관계된 것이었기 때문에 도입된, 그의 논증의 의도적인 순서로 볼 수 있는가? 이제까지 우리는 부적절한 현학적이기 만한 이론화는 되도록 피하려고 해왔다 ; 여기서 그걸 인정해야 하나 ?

많은 학자들이 생각하듯이 이 서신 전체가 세례와 밀접히 연관되어 있다면, 즉 세례시의 예전이나 설교문에 포함되었던 부분뿐만 아니라, 서신 전체의 배경이 세례가 확립되어야 할 상황이었다고 한다면, 그것은 21절의 "이탈"에 대한 명백한 설명이 된다. 그렇지만, 그것은 박해 받는 그리스도인이라고 하는 지배적인 주제와는 관련이 없지 않은가? 그들의 신앙은 많은 대가를 지불해야 하는 것이었으며, 자신들이 직면하고 있는 박해에서의 구원에 대한 보장이 긴급하게 필요한 현실에 처해 있던 사람들이었다. 루터도 때때로 "나는 세례받았다(baptizatus sum)"는 확신에 대한 의심과 절망에 빠졌다는 것을 생각하면, 베드로가 그의 독자들에게 그들의 세례가 지니는 의미를 상기시켰던 이유를 이해할 수 있을 것이다.

세례는 그들을 하나님의 선택된 소수로, 노아처럼 주위의 모든 사람들이 그들을 조롱하고 그래서 멸망해 갈지라도, 그들만은 구원받을 사람들이라는 것을 표시해 주는 것이었다. 그들의 세례 서약은 그것이 어떤 결과를 가져오든지 전혀 개의치 않고 무조건적인 충성에로 하나님께 자신들을 위탁하는 것이었다. 그리고 그들의 세례는 부활하신 그리스도, 부활해서 모든 악의 권세들을 이기신 그리스도와 그들과의 연합의 상징이다. 결국, 세례는 그들이 지향하는 바의 전부였고, 그들이 그 안에 서 있는 바 능력이었던 부활하신 그리스도의 승리를 상기시키는 것이었다. 제대로 이해된다면, 세례는 구원의 실제적인 보장이었고, 그래서 박해받는 소수와 밀접하게 관련되는 것이었다. 이것은 결코 현학적 이탈이 아니다.

22 절

베드로는 21절의 마지막 단락에 와서 18절 뒷 부분과 19절의 주제인 그리스도의 승리라는 주제로 돌아온다. 이 주제는 여기서 그리스도가 승천하셔서 하나님 우편에 앉아계시며, 모든 권세들이 그에게 복종하고 있다는 감개무량한 묘사로 결론지어지고 있다. 사용된 언어는 시편 110:1에 기초한 것으로 신약성서에 많은 병행이 있다. 여기에는 곤란한 석의적 문제가 없다. 19절은 타락한 천사들에 대한 그리스도의 승리를 말하고 있고, 22절은 모든 영적 권세들의 세계가 그 대상에 포함됨을 그리고 있다.[65] 현대의 서구 독자들에게는 이것이 "하나님 우편에 계신" 그리스도의 지배권의 우주성을 실감나게 표현하는 방법의 하나에 지나지 않을 수도 있다. 그러나, 아프리카 사회에 대한 경험은 악한 영들이 일상 생활의 관심사의 한 부분이고, 그 악한 영들로부터의 안전한 보호가 생활의 우선순위에서 매우 중요한 위치를 차지하는 공동체가 있다는 것을 보여준다. 그러한 경우에 이런 확실한 보증은 긴박한 것이 된다. 박해를 통한 악한 영들의 맹공격에 접하고 있는 베드로의 독자들에게는 이러한 말들이 실질적인 격려가 되었다고 볼 수 있다.

결론

이런 본문을 석의하는 열쇠는 그 본문의 문맥이라는 입장을 맨 처음에 밝힌 바 있다. 우리의 본문은 앞 뒤로 박해하에서의 그리스도인들의 태도와 관련되어 있다. 왜 베드로가 18-22절이 다루고 있는, 조금은 모호하고 복잡한 교리적 문제를 굳이 이 문맥에서 파고 들고 싶어 했는지를 규명하는 것이 석의가의 과제이다. 목회적 권고의 중요한 부분의 한 가운데서 별로 상관이 없는 현학적 이탈을 하는 것이 베드로의 개인적인 신학적 취향이라고 몰아붙이는 것으로 만족해서는 안 된다.

위의 세부적 석의에서는 이러한 문맥을 늘 염두에 두는 것과, 계속해서 도입되는 사항들이 독자의 상황에 어떻게 관련되는가를 규명하는 것이 우리의 목적이었다. 위의 본문 석의가 순풍에 돛단듯 했다고 가장할 수는 없다. 이 저자는 한 사고에서 다른 사고로 대단히 빨리 뛰어 넘어가는 경향을 갖고 있으며, 때로는 그 논리적 연관의 정도가 단어 연결 게임과 별 다를 바 없는 경우도 있다. 그러나 그는 독자를 시야에서 놓치지 않는다. 그래서 매 사항들이, 비록 그것이 앞 부분과 모호하게 연결되는 경우라도, 박해받는 교회의 상황과는 실질적인 관련을 갖게 하고 있다.

이제 위에서 석의한 개요를 따라서 원 독자들의 상황에 맞는 여러 가지 관련사항들을 베드로전서 3:18-22을 쉽게 의역하여 결론을 제시함으로써, 이러한 점을 분명히 하고자 한다.

" … 17. 여러분이 고난을 받는다면, 악한 일로 인하여서 보다는 선한 일로 받는 것이 좋습니다.

18. 왜냐하면 그리스도께서도 스스로는 죄가 없는 의로운 분이시지만, 불의한 자를 위하여 고난을 받으셨기 때문입니다. (그러니 여러분이 받지 말아야 할 고난을 받는다고 불평하지 마십시오.) 그의 죽음은 모두를 위한 단번의 희생제사로서 (여러분의?) 죄를 속량하기 위한 것이었습니다. 그래서 여러분이 하나님과의 교제를 회복하게 된 것입니다. (여러분이 고난에로 부

름받은 것은 이 믿음을 인한 것입니다; 그것은 선택사항이 아니라 구원에 이르는 유일한 길입니다 : 그것은 대가를 치를 만한 가치가 있는 것입니다.), 그는 죽음을 당하셨으나(여러분이 그렇게 될 수도 있습니다), 그것은 이 지상에서의 일일 뿐입니다 : 그는 올리움 받으셔서 새로운 영적 생활을 하고 계십니다(여러분이 그를 위하여 죽는다면 여러분도 그렇게 될 것입니다.). (그래서 예수에게 있어서 죽음은 완성과 승리에로 가는 길이었습니다: 그러니, 몸을 죽이고 더 이상 죽이지 못하는 자들을 두려워하지 마십시오)

19. 부활의 승리 가운데 그는, 갇혀서 심판을 기다리고 있는 타락한 천사들에게 가셔서, 그의 대속적 죽음으로 인한 승리를 그들에게 전파하셨습니다. (가장 사악한 영적 권세들도 부활하신 예수의 권위를 인정해야만 했습니다; 여러분의 대적이 아무리 강할지라도 그 분의 상대가 될 수는 없습니다.).

20. 그들은 노아의 시대에, 하나님이 홍수의 심판을 미루면서 참고 계실 때에(이와 같이 하나님은 지금도 우리를 박해하는 자들에 대한 심판을 미루고 계십니다), 하나님께 반역한 영들 입니다. 방주가 완성되고 홍수가 닥쳤을 때, 방주를 타고 살아 남은 사람들은 겨우 몇 명뿐, 불과 여덟명이었습니다. (하나님을 향하는 사람들이 소수라는 것은 새로운 사실이 아닙니다. 노아와 그의 가족들은 반대자들의 엄청난 비중에 민감했겠지만, 결국 구원받은 자들은 그들이었고 나머지는 물에 빠졌습니다. "소수의 양 무리여! 두려워 마십시오.") 노아와 그의 가족들이 구원을 받은 것은 물을 통해서입니다.

21. 비슷하게 세례의 물이 여러분을 구원합니다. 노아의 경험은 그리스도인들의 경험의 예시(豫示)이기 때문입니다. (따라서 여러분의 세례가 궁극적인 구원의 보증이 되게 하십시오.) 물론, 세례의 본질은 단지 물로 몸을 씻는 데 있는 것이 아니라, 하나님을 충성으로 섬기겠다는 수세자의 헌신에 있습니다. (여러분이 서약한 것을 잊지 마십시오. 이미 헌신했으니 어떤 압력에도 굴복하여 물러서지 마십시오. 헌신이 없는 예식만으로는 참 세례가 될 수 없으며, 그것은 아무것도 보장해 주지 못합니다.) 세례는 여러분이 부활하신 그리스도와 연합해 있다는 것도 포함합니다(그래서 세례는 여러분에

게 믿음을 지킬 수 있는 힘을 주는 것이기도 합니다).

　22. 그 분은 지금은 하늘에 올라, 하나님 우편에 앉으셔서, 천사들과 모든 영적 권세들을 당신의 지배 아래 두고 계십니다. (그러니 여러분이 누구를 두려워 하겠습니까? 여러분은 승리의 편입니다. 여러분의 박해자들, 그리고 그들을 뒤에서 조종하는 영적인 권세들은 결코 궁극적인 승리의 주인이 될 수 없습니다. 여러분의 주께서 다스리십니다!)"

주

1) 말썽많은 문제인 요한복음 4:46-54과 공관복음의 이 단화사이의 관계는 여기서 논의될 범위 밖에 있다. 요한의 기록이 똑같은 사건을 지시하든(그렇다고 해도 의심의 여지는 있다) 아니든, 그것들이 같은 전승의 줄기에서 나온 것이 아님은 명백하다. 더 깊은 설명은 C. H. Dodd, *Historical Tradition in the Fourth Gospel* (Cambridre 1963), pp. 188-195.
2) 물론 이런 경우에는 언제나 예수가 다른 두 경우에 비슷한 말로 같은 것을 표현했을 수도 있다는 가능성이 제기될 수 있다. 물론 그런 개연성이 전혀 없는 것은 아니며, 복음서들에 있는 병행 전승들 중 많은 부분이 그렇게 설명될 수도 있을 것이다. 그러나, 이 본문의 경우에는 설화의 나머지 부분을 손질하여 자신의 관심사에 맞추려는 마태의 의도가 강하게 드러나 있기 때문에 (이러한 의도가 이하의 논의에서 밝혀지기를 바란다), 이 부분에서의 삽입은 마태에 의한 것이라고 보는 것이 더 좋다.
3) See S. Travis above, pp. 157-159.
4) *The History of the Synoptic Tradition* (E. T. Oxford 1963), p. 38, n. 4.
5) 이 중에 다섯 번은 예수를 가리키는 것으로, 이사야 42ff. 의 'ebed 에서 나온 것이다: 하나는(마태복음 12:18) 이사야 42:1을 실제로 인용한 것이다. 그러므로 여기서의 "종"의 뜻은 분명하다. 나머지는 누가복음과 사도행전에서 하나님의 παῖς로서의 다윗과 이스라엘을 언급하는 것으로 쓰이고 있다.
6) T. W. Manson, *The Sayings of Jesus* (London 1949), p. 64. Manson 은 요한복음 4:46-54이 같은 사건을 가리킨다는 가정에 기초하여, 그 원래 의미는 "아들"이었다고 주장한다. 이 주장은 누가복음 7:8의 δοῦλος가 7:7의 παῖς와 (또, 아마도 7:2의 δοῦλος와도!) 다른 사람이라는 개연성 희박한 가정과 관련되어 있다.
7) G. Bornkamm, G. Barth, and H. -J. Held, *Tradition and*

Interpretation in Matthew(E. T. London 1963), p. 194.

8) TDNT 3, p. 234. s. v. ικανὸς. 이 항목은 직접적인 석의에 있어서 TDNT의 유용성을 여러 면에서 잘 보여주는 한 예이다.

9) 마태의 μòνον첨가를 주목하라. 요청되는 치유의 기적적 요소가 강조되고 있다.

10) 많은 주석가들이 더 이상의 유비를 말하고 있다: 명령자에 해당하는 이는 예수이다 ; 그렇다면 병사들은 누구인가? 예수는 누구에게 명령을 내리는 분으로 그려지고 있나 ? 이 질문에 대하여는 오로지 하나의 해답만이 있을 수 있다 — 질병의 권세들, 종의 중풍병을 초래한 것으로 생각되는 마귀들과 영들에게이다. 그렇지만, 이것이 정당한 질문인가? 유비의 초점은 말로 하는 명령만으로 그 목적을 달성하는 권위에 있다. 이 이야기에서는 영들이나 마귀들이 언급되고 있지 않으며, 이것은 중풍병 치유에 관한 다른 이야기들에서도 마찬가지이다. (사도행전 8:7은 귀신 추방과 중풍병 치유를 주의깊게 구분하고 있다.) 모든 비교나 비유를 끝까지 밀고 나가 완전히 알레고리적으로 상응시키는 것은 좋은 석의의 요건이 아니다.

11) G. Zuntz는 JTS 46 (1945), pp. 183ff. 에서 이런 읽기를 강하게 주장하고 있다 ; 참조 J. Jeremias, *Jesus' Promise to the Nations* (E. T. London 1958), p. 30 주 4. 에서는 ὑπὸ ἐξουσίαν이 "in authority"에 해당하는 아람어를 잘못 번역한 것이라고 했다 ; M. Black, *An Aramaic Approach to the Gospels and Acts* (Oxford 1967³), p. 159. 도 병행에 근거하여 같은 읽기를 지지한다.

12) 예. 누가복음 1:66; 22:37; 요한복음 4:23; 고린도전서 5:7; 11:9; 12:13; 히브리서 5:12; 12:29.

13) 많은 사본들이 누가의 단어 배열로 대체하고 있는데 이러한 예는 복음서에서는 자주 나타나는 것이다. 그러나, 신빙성있는 초기 사본들과 역본들의 다수가 이 본문을 보존하고 있다.

14) *Das Evangelium nach Matthäus*(Berlin 1971²), p. 252.

15) 기댄다는 것 자체가 일상적인 식사와는 (앉아서 먹는) 대조되는 잔치를 가리킨다고 하는 주석가들이 있다(예. Lohmeyer, Schlatter). 그러나, 신약성서에서 ἀνακλίνομαι와 κατακλίνομαι는 오천명의 식사와(마가복음 6:39) 예수가 특별히 그 결례를 지적한 바리새인 시몬의 집에서의 식사를(누가복음 7:36 이하) 포함하여 보다 넓은 의미로 쓰인다.

16) 이러한 기대에 관한 세부사항은 SB(마태복음 8:11 아래, Vol. IV/2 의 이 부분에는 천국과 지옥에 관한 유대인의 생각에 대한 긴 附記가 있다)를 살펴보면 발견할 수 있을 것이다. 좀더 간단한 것으로는 TDNT의 δεῖπνον항을 보라. McNeile의 주석은 G. Dalman, *The Words of Jesus* (E. T. Edinburgh 1902), pp. 110-113. 에서 유용한 예들을 참조하기 권하고 있다.

17) J. Jeremias, *Jesus' Promise to the Nations* (E. T. London 1958), p. 48.

18) 상세한 것은 R. T. France, *Jesus and the Old Testament* (London 1971), pp. 60-67. 을 보라

19) 참조. ibid., pp. 67-74. 더 이상의 논의는 Tyn. B. 26 (1975), pp. 53-78)

을 보라.

20) W. C. Allen, *The Gospel according to S. Matthew* (Edinburgh 1907), p. 78) 를 보라. SB는 더 많은 예를 제공하고 있다: Vol. IV/2에 있는 관련 단락들의 부기들에 대한 언급들은 마태복음 8:12 아래를 보라.

21) 누가복음의 병행구는 (13:28-29) ὄψεσθε를 사용하여 이러한 양상을 보다 분명히 하고 있다.

22) H. -J. Held, op. cit., pp. 193-197의 이 단화에 대한 논의는 편집 비평적 접근과 그것이 석의에 긍정적으로 공헌하는 훌륭한 예를 제공한다.

23) 다음은 영어로 된 최근의 좋은 주석들 중 대표적인 것들이다: E. G. Selwyn, *The First Epistle of St. Peter* (London 1947²); F. W. Beare, *The First Epistle of Peter* (Oxford 1970³) ; B. Reicke, *The Epistles of James, Peter, and Jude* (New York 1964); J. N. D. Kelley, *The Epistle of Peter and of Jude* (London 1969); E. Best, *1 Peter* (London 1971)

24) W. J. Dalton, *Christ's Proclamation to the Spirits : a study of 1 Peter 3:18-4:6* (Rome 1965), p. 7. 예수회 학자에 의한 이 상세한 연구는 정성들인, 책임있는, 그리고 독립적인 석의의 좋은 예이다. 진지한 학생이라면 이 책을 몇 시간만 보는 것으로도 아주 좋은 결과를 얻을 수 있을 것이다. 이 본문에 대한 이해에 대해서 크게 기여하고 있을 뿐만 아니라, 석의 작업이 어떻게 행해져야 하는가에 대한 훌륭한 예이기도 한다.

25) Ibid., p. 9.

26) 신약성서에 있는 이와 같은 찬송들에 대하여는 본서 pp. 346-356 참조.

27) 이 절의 본문을 확정하는 데 있어서 몇 가지 불확실한 점이 있긴 하지만, 석의에 심각한 영향을 미치는 것들은 아니다. ὑπὲρ ὑμῶν, ὑπὲρ ἡμῶν 또는 ἡμῶν 이 περὶ ἁμαρτιῶν 뒤에 첨가되어 있는지 아닌지는 별 문제가 되지 않는다: 말하고자 하는 바는 그리스도가 죄를 위하여 죽었다는 것이지, 어떤 사람들의 죄를 위해서인지 제한되지는 않고 있다. 비슷하게 ὑμᾶς이거나 ἡμᾶς이거나 간에, 하나님께로 인도함 받는 것은 일반적인 의미에서의 그리스도인들이다. ἔπαθεν / ἀπέθανεν의 다른 읽기는 좀더 심각한 것으로 보이나. 사실은 ἔπαθεν 이라고 읽더라도 이 문맥에서는 2:21에서처럼 그리스도의 죽음을 가리킨다는 것은 의심의 여지가 없다. 두 동사중에 무엇을 채택하더라도 가리키는 바는 똑같다.

28) 2:18-21a 에 나타나는, 그래서 2:21b-25로 이어지는 비슷한 사고의 과정과 비교해 보라.

29) 이타적 '섬김'의 본보기로 소개되는 예수의 죽음(막 10:45)은 구속 목적의 견지에서 묘사된다. 제자들은 그것을 본받도록 부름받지 않았다.

30) 히브리서 9:25-28; 참조 7:27; 9:12; 10:10

31) 레위기 5:6-7; 에스겔 43:21; 시편 39:7 (히브리서 40:7; EVV 40:6). LXX의 형태는 단수 περὶ ἁμαρτίας이다. 그러나 이런 전문적인 의미로 쓰이는 복수가 히브리서 5:3; 10:26(참조. 요한복음 2:2; 4:10)에 나타나는데, 이것 역시 LXX 에 익숙한 독자들에게 동일하게 이해되어졌던 것이다.

32) TDNT Ⅰ, pp. 131-134를 보라.

33) 이 말들과 또 관련된 다른 용어들에 대한 논의는, TDNT와
W. J. Dalton, op. cit., pp. 124-134.에 있는 관련 글들을 보라.

34) ζωοποιεῖν은 다른 곳에서는 그리스도의 부활을 가리키는 것으로 사용되지 않
는 것이 사실이다; 그러나, 신자들이 영생에로 들림받는다는 의미로는 자주
쓰이며, 로마서 8:11에서는 예수의 부활과 명백한 병행을 이루고 있다.

35) 여격의 σαρκὶ와 πνεύματι는 자주, 그리고 정당하게 "육체에 관해 말하자면
(as to the flesh)", "영에 관하여 말하자면(as to the spirit)"을 의미하는
'언급의 여격(datives of reference)'으로 취급된다. πνεύματι는 "영에 의해
(by the spirit) 살리심을 받았다"는 도구의 여격으로 볼 수 있겠지만, 예수
가 "육체에 의해(by the flesh)"라고 하는 것은 말이 되지 않는다. 그러므
로 조화를 이루는 두 구절이 같은 문법적 구조를 갖는 것으로 보는 것이 좋겠
다.

36) 이 교리는 2세기에 쓰여진 것으로 보이는 Odes of Solomon 42 에서 이미
잘 발달된 것으로 나타난다. 따라서 그것이 신약성서에 나타난다는 것이 선험
적으로 불가능한 것은 아니다.

37) Selwyn 은 신약 성서의 다른 어느 곳에도 관계사가 언급의 여격을 받는 것
으로 쓰이지 않는다는 데 근거하여 이에 반대한다. 이에 Kelly는 고대의 주
석가들이 이 말을 그렇게 받아들였다고 하면서, 헬라어는 그들의 모국어가 아
니었느냐고 응수한다.

38) 누가복음 24:37, 39에서는 그것은 "유령"을 의미하는데, 각 사람에게 해당하
는 천사이거나 "영상"(double)을 말하는 듯 하다; 참조. 사도행전 12:15.
누가복음 23:46 (참조. 사도행전 7:59)에 나오는 이 말은 시편 31:5의 인용
인데, 시편 31: 5에서는 "내 영"이라는 말이 "나 자신"을 의미하고 있는 것
같다.

39) 신약성서에 나타난 독립적 용법의 예에 대해서는 마태복음 8:16; 12:45; 누
가복음 10:20; 사도행전 23:8-9을 보라.

40) 4:6에 쓰인 동사는 여기와 같은 κηρύσσω가 아니고 εὐαγγελίζομαι라는 것에도
주목하라. κηρύσσω는 이 문맥에서는 꽤 다른 의미를 가진다는 것을 살펴보게
될 것이다. 4:6은 이미 죽은 그리스도인들에 대한 언급으로 해석되어질 수도
있다: "이것이 (지금은) 죽어 있는 자들에게도 복음이 전파된 이유입니다 …
"

41) 예. 요벨서 5:1-11; 10:1-13; 바룩2서 56:10-13. 더 이상의 언급은
W. J. Dalton, op. cit., pp. 169-170.

42) 특별히 18:14 과 21:10의 δεσμωτήριον을, 그리고 10장에 나타난 감금에 대
한 전체적인 사고를 살펴보라.

43) 6장에서 10장에 이르는, 또 65-67장, 그리고 특별히 106:13-17의 흐름을
보라.

44) 이 병행은 아주 두드러진 것이어서, 베드로전서 3:19을 ἐν ᾧ καὶ Ἐνωχ τοῖς
… , 로 고쳐 읽으려는 시도들도 있다. 에녹의 이름이 ἐν ᾧ καὶ와 발음이 비
슷했기 때문에 잃어버리게 되었다는 것이다. Moffatt과 Goodspeed의 번역

은 이런 교정을 따른 것이다. 이 교정은 오늘날에는 별로 지지를 얻지 못하고 있는데, 그것은 18절과 22절에 걸쳐서 여기서의 주제는 그리스도이며, 그렇게 되면 에녹의 선교 이야기가 이 문맥에서 적절치 못하게 끼어드는 것이 된다는 단순한 이유에서이다. 그렇지만, 그 제안은 에녹 문서를 아는 사람에게 이 절이 얼마나 강력히 그것을 생각하게 만드는지를 보여주는 좋은 증거이다.

45) 참조. 베드로후서 2:4 ταρταρώσας를 보라. 이 단어가 지하 감옥 Tartarus에 대한 고전적인 그리스적 견해를 담고 있는지에 대해서는 여전히 의문이 있긴 하지만.

46) 타락한 천사가 레바논 지역의 땅 표면에 있다는 언급도 있다: 13:9

47) See W. J. Dalton, op. cit., pp. 157-159.

48) 이러한 여행에 대한 신약성서내의 다른 근거는 불확실하다. 생각해 볼 수 있는 몇 안되는 예는 사도행전 2:27, 31(여기서는 예수가 음부(하데스)에 있었다는 것이 단순히 죽었었다는 의미로 쓰이고 있다), 그리고 에베소서 4:9인데, 이는 성육신으로서 "땅에 내려온" 것을 의미하는 말일 수도 있다. 로마서 10:7은 부정적인 대답을 기대하고 제기된 가설일 뿐이다.

48) 참조. 누가복음 12:3; 사도행전 15:21; 로마서 2:21; 갈라디아서 5:11.

50) 예. 누가복음 10:17-18; 요한복음 12:31; 고린도전서 15:24-28; 에베소서 1:20-22; 골로새서 2:15.

51) B. Reicke, p. 111는 이 적용을 더 밀고 나가서, 그리스도가 여기서도 여전히 실례로서 제시되고 있다고 한다: 예수가 악의 세력들에게 조차 전파한 것처럼, 그리스도인들도 그들의 박해자들에게 전파할 것을 준비해야 한다. 이런 적용은 κηρύσσω를 "복음을 전파한다"는 의미로 보는 입장에 근거한 것이다.

52) Targum Onkelos ad loc. 에녹 1서 9:11 역시 천사들의 범죄에 관해서 말하면서 홍수 이전의 하나님의 인내에 관해서 언급하고 있다.

53) 8 이라는 숫자의 상징적 의미를 찾으려는 시도에 관해서는(베드로후서 2:5에서도 같은 관련성 아래 재미있게 언급되고 있다) Reicke와 Kelley의 주석을 보라. Reicke는 교회의 전체성을 말하는 것으로 본다. Kelley는 여덟번 째 날, 부활과 세례의 날을 말하는 것으로 본다. 이런 숫자 상징을 수용하고 안하고는 개인의 취향에 달린 것이다! 이 문맥의 보다 명백한 강조점은 그들의 숫자가 얼마나 적었나 하는데에 있다.

54) So e.g. Beare and Kelly.

55) 주도면밀한 Hort조차 사본들의 결정적인 증거를 갖고 있는 본문을 ᾧ를 ὅ로 바꾼 Erasmus의 추측을(이를 지지하는 초기 사본은 없다) 받아들여 본문을 수정하자고 제안했을 정도로 이 부분은 어려움이 있다. 본문 비평에서 통용되는 모든 기준들을 어겨가면서까지!

56) 예수의 가르침에 나타난 모형론에 관해서는 R. T. France, op. cit., pp. 43-80를 ; 바울의 모형론 사용에 관해서는 E. E. Ellis, *Paul's Use of the Old Testament* (Edinburgh 1957), pp. 126-135를 보라.

57) G. W. H. Lampe 와 K. J. Woollcombe 가 *Essays on Typology* (London 1957) pp. 9-38에서 이 주제를 잘 다루고 있다; 보다 간단한 것으로는 R. T. France, op. cit., pp. 38-43.

58) 예. 요한복음 3:5; 로마서 6:3-4; 갈라디아서 3:27; 골로새서 2:12; 디도서 3:5 을 보라.

59) W. J. Dalton, op. cit., pp. 38-43. 은 여기에 쓰인 언어가 유별나다는 데에 근거하여 이 구절이 씻는 동작을 의미하는 것이 아니라, 일반적으로 더러움을 제거하는 것으로 간주되던 유대인의 할례 예식을 가리킨다고 제안했다. 훌륭한 논지를 갖춘 주장이긴 하나, 이방인 독자들에게 이 시점에서 할례를 언급하는 것이 과연 적절한 것인가를 설명하는 데에 어려움이 있고, 또 이렇게 비의적으로 할례를 언급해도 이방독자들이 이해할 수 있으리라고 저자가 생각했을까 하는 문제가 남는다.

60) 단순 동사 ἐρωτάω가 이런 의미를 나타내는 경우가 많다. 복합동사 ἐπερωτάω가 이런 의미로 쓰이는 예는 LXX 시편 136:3 뿐인 것 같다.

61) See MM s. v.; cf. G. C. Richards, JTS 32 (1931) p. 77.

62) 로마서 10:9; 디모데전서 6:12. 이 점을 명백히 기술하고 있는 사도행전 8:37은 원래 읽기는 아니다. 이것은 서방 본문의 삽입으로서 2세기 말 가까운 시기의 이레네우스도 이를 이미 알고 있었다.

63) TDNT 7, pp. 898-919.

64) 특히 이 마지막 요소에 관해서는 2:19을 보라.

65) 여기에 나오는 삼단계의 영적 존재들의 목록과 비교해 볼 수 있는 다른 목록들에 관해서는 로마서 8:38; 고린도전서 15:34; 에베소서 1:21; 골로새서 1:16. 이런 목록들은 유대 문서들에서도 발견된다: SB의 에베소서 1:21 부분을 보라.

제 4 부

신약성서와 현대의 독자

제 15 장

비신화화 ― 신약성서에서
신화의 문제

제임스 D. G. 던

신화의 주제는 넓고 복잡하다. 신화를 제대로 다루기 위해서는 초기 그리스 문학과 연극, 종교 비교 연구, 인류학, 심리분석, 그리고 철학의 역사 등에 대한 포괄적인 숙련성이 요구된다. 그러나 중요한 것은 신약의 신화의 문제에 ― 신약에 신화가 있다는 말일 수도, 아니면 신약의 석의가 그렇게 다룬다는 말일 수도 있다 ― 있어서 너무 당면한 문제의 지엽적인 부분에 집착할 게 아니라, 신화를 취급하고 연구하는 다른 학문 분야들의 더 넓은 맥락에서 문제를 보아야 한다는 것이다.

그러므로 우리는 먼저 일반적 의미에서의 신화의 개념을 간단하게 살펴볼 것이다(Ⅰ) ; 그런 다음에, 지난 150년 동안 제기되어온 다양한 문제들을 평가할 수 있는 안목을 갖게 되고, 그래서 신화적인 사고와 특정한 신화들이 신약의 기자들이 예수 그리스도의 구속 사건을 표현하는 데에 강한 영향을 끼쳤다는 것을 잘 알 수 있게 되기를 바란다. ― 이에 특별히 결정적인 공헌을 한 사람들, 슈트라우스(D. F. Strauss) (Ⅱ). 그리고, 종교사학파(Ⅲ) 또 불트만(Ⅳ)을 차례로 살펴볼 것이다.

1. 개념 정의

신화의 근본적인 문제는 그것을 어떻게 정의할까 하는 문제이다. 여기에는 두 가지 질문이 있다: (1) 신화란 무엇인가? "신화"는 아주 다양한 의미를 다 집어넣는 잡동사니 가방인가? 아니면, 엄격하게 좁은 의미로 제한되어야 하는 전문 용어인가 — 예를 들면 전설(legend), 역사 이야기(saga), 민담(folk tales), 동화(fairy tales), 상징 그리고 유비 등과 선명히 구분되는 것인가? (2) 신화의 기능은 무엇인가; 신화는 무엇을 위한 것인가? 또는, 필자가 선호하는 식으로 질문한다면, 신화의 진실(truth)은 무엇인가? 우리는 진술과 이야기의 표면적인 수준에 머물러 있어야 하는가? 아니면 신화의 진실은 내재되어 있는가 — 인간과 그의 세계에 관한 잠재의식적인, 그리고 의도되지 아니한 노출인가?

(1) 신화란 무엇인가? "단일한 신화의 정의는 없다. 모든 실제적인 예들을 압도할 만한 관념적인 신화 형태는 있을 수 없다."[1] 개념 정의의 문제는 μῦθος라는 단어의 원래의 쓰임새의 문제로까지 거슬러 올라간다. 어원적으로 이 단어는 단순히 "말" 또는 "이야기"를 의미한다. 초기 그리스 문헌에서는 "사실 이야기(true story)", "사실들의 기록," 또 "사실" 그 자체를 의미하는 것에서부터 꾸며낸 이야기, 전설, 동화, 우화 또는 시적인 창작물들에 이르기까지 넓은 용례가 나타난다.[2] 그러나 후기 그리스 사상에서는 mythos가 logos(이성적 사고)와 historia의 반대 개념이 되고, 따라서 "실지로 존재하지 않는 것"을 가리키게 되었다. 그리스-로마의 유산을 받은 서유럽의 사고에서도 그런 식의 "신화"의 의미가 결정적일 수밖에 없었으며, 그래서 19세기에는 "신화"가 사실에 반대되는 무언가를 의미하는 것이었다. 같은 이유로, 이 용어가 다른 무엇보다도 그리스어로 된 옛날 이야기에 — 프로메테우스, 페르세우스, 헤라클레스 등에 — 붙여져서, "고전적인" (그리고 여전히 대중적인) 신화의 개념이 시간의 시작되는 시기, 혹은 시간이 있

기 전의 과거에 일어난, 신들(혹은 半神)에 관한 우화적이고, 진실성이 없는 이야기를 의미하게 된 것은 불가피한 것이었다.

그러나 19세기와 20세기에 와서는 신화의 개념이 잡동사니 용광로에서 건져 올려져서, 그 의미와 정확한 경계 설정을 주제로 하는 활발한 논쟁들이 벌어졌다. 이 주제에 관한 최근의 글에서 판넨베르크는 세 가지 주요한 견해를 구별하고 있다.[3] (a) 인류학자나 비교 종교학자들에 의해 사용되는 "신화." — 그 주제가 원시 시대이고 그 기능은 원시 시대에서 현존 세계와 사회 질서의 기초를 제공해 주는 이야기를 말한다 — 엘리아데 (M. Eliade)가 "원형적 역사"(archetypal history)라고 부른 것이다. "신화는 거룩한 역사를 이야기한다; 그것은 원시 시대, 전설적인 "최초의" 시간에 일어난 사건과 관련된다.[4] (b) 하이네(C. G. Heyne)에 의해 정의된 신화 — 원시적 개념 형태로서, 아직 현대 과학이 와 닿지 않은 원시적인 의식 구조를 보여주는, 인류가 그 유아기에 갖던 "개념과 표현의 양식"을 말한다; 이러한 신화적 사고는 현대 과학에서는 쓸모없는 것으로 취급된다. 앞으로 살펴보게 되겠지만, 이러한 개념은 신약 해석학에 있어서 비신화화 논쟁의 지배적인 주제가 되었다.[5] (c) 시로서의 신화, 세상의 이해와는 다른 기준으로 판단되어져야 할 영역에 속한 것으로서의 신화, 감정을 일깨우고 "사상을 이끌어내고" 응답을 불러 일으키는 상징과 연극으로서의 신화.[6]

신약성서의 신화의 문제로 관심을 옮길 때, 주의해야 할 것은 "신화"라는 단어의 다양한 의미를 염두에 두어야 하며, 처음부터 어느 한 개념이 문제를 결정하고 대답하도록 허용해서는 안된다는 것이다.

(2) 신화의 진실은 무엇인가? 한 단어가 "사실"도 의미하고, "꾸며낸 이야기"도 의미할 수 있다는 역설을 그리스인들이 감지하지 못했을 리가 없고, 신화의 내용의 진실성 문제도 오늘날도 그러하듯이 고대 세계의 지식인들에게도 까다로운 문제였다. 무엇보다도 플라톤을 언급하지 않을 수 없다. 플라톤은 전통적인 신화를 공공연히 비판하기도 했지만, 거짓(ψεῦδος)도 때로는 어린이 교육용으로는 가치가 있다고 하여 신화중에 최상의 것들은 어느 정도 인정하기도 했다.[7] 더욱 중요한 것은 플라톤이 신화적 사고가 합리적

사고(logos)에 있어서 필수적이라는 것을 인정했다는 것이다. "신화는 로고스의 차원을 개념적 지식의 한계 넘어까지 조직적으로 가져다 준다 … 신화는 다른 방법으로는 표현할 길이 없는 것을 표현할 필요가 있을 때 생겨난다."[8]

신화의 진실에 대한 현대의 논의에서 많은 대답들이 제시되었다. 그 중 가장 중요한 것들은 아래와 같다.

(a) 세기가 바뀔 무렵의 인류학자들 사이에서(E. B. Tylor, J. G. Frazer, 등) 지배적이었던 견해는 신화가 우리에게 말해주는 것은 원시인에 대한 것들 뿐이라는 것이다. 즉, 원시인이 하늘에 대해서, 또 자연이 매년 순환하는 것, 그리고 토지의 비옥함에 대해서 어떻게 사고했는지, 그가 알지 못하는 두려움에(부분적으로는 죽음과 그 너머의) 어떻게 대처했는지, 어떻게 그의 현재 경험을 개념화했는지(신들, 마귀들, 영들), 또 어떻게 그가 그러한 존재들을 의식적인(ritual) 마법을 통하여 다루고 조종하려고 했는지 등을 보여줄 뿐이라는 것이다.

(b) 위의 견해와 매우 밀접히 관련된 것으로 신화가 **합법화**의 기능(또는 법적 기능)을 담당했다는 견해가 있다: 신화가 의식에서 유래했으며 그 의미는 제의(cult)를 합법화하는 데 있었거나(W. Robertson-Smith), 더 넓은 의미에서는 "신화 헌장"이었다는 것이다. — "신화 헌장"이란 부족의 권리, 충성, 신앙 등을 정당화하는데 쓰이는, 달리 더 심오한 의미는 갖고 있지 않은 이야기를 말한다 (B. Malinoski).[9]

(c) 보다 최근에는 정신분석학이 꿈의 중요성을 인식시키면서 신화를 잠재의식의 표현으로, 인간 내면에서 유래하여 종종 인간이 대대로 물려받은 정신적 유산을 끄집어 내면서, 있는 그대로의 인간에 대해서 말해주는 원형적 이미지들로 이해하게 됐다. "신화는 무의식적 인지와 의식적 인지 사이의 자연스럽고 필수불가결한 중간단계이다." "신화들은 선(先)의식적 심리(preconscious psyche)의 원래적인 표현이며, 무의식에서 일어나는 일들에 대한 비자발적인 진술이다."[10]

(d) 이와 어느 정도 비슷한 것으로 프랑스의 인류학자 레비 스트로스의

정의가 있다. 그는 신화의 정말로 "전하고자 하는 것"(message)은 그 내용 자체와는 별 관계가 없다고 주장한다 ; 오히려 신화는 추상 속에서의 인간 마음의 작용을 대수(代數, algebra)로 표현한 것이라고 한다. 레비 스트로스는 모든 신화의 구조는 인간 마음의 구조와 동일시될 수 있다고 믿었다 : 인간의 사고는 이원적 분석의 과정이다; 그래서 신화는 사회 속에서 이원적 분리가 행해지는 모델로서, 여기서는 인간의 세계관에서의 모순들이(마을과 밀림, 남성과 여성, 삶과 죽음, 땅과 하늘 사이의) 해소되고 극복될 수 있다. 그 자신도 관련되어 있음을 발견하게 되는 모순들에서부터 빠져나와 질서를 창조하려고 애쓰는 인간의 모습을 신화는 한 구절로 나타낸다. [11]

(e) 신화의 진실에 대한 다섯번째 이해는 시적인 견해로 이름 붙일 수 있을 것이다. — 신화는 인간의 경험과 인식, (보편적) 가치와 진실들의 전체 영역의 표현으로, 그것은 야스퍼스(K. Jaspers)가 "신화의 암호 언어"라고 부른 바, [12] 상징적 언어로만 나타낼 수 있는 것이라는 것이다 — 이는 먹는 것, 잠자는 것, 일하는 것 "이상의" 것에 대한 시인의 인식으로서의 신화이다. 이때, 그 "이상"(moreness)을 생각을 불러일으키는 이미지나 상징으로서 외에는 정의하려고 시도하지 않는다. [13]

(f) 여섯번째 견해는 신화들 중 상당 부분은 두드러진 종교적 경험의 표현이라는 것이다. 이는 신화가 신적이라고 생각하는 것에 대한 인간의 반응일 뿐만 아니라, 궁극적으로 그 자체가 신의 계시라는 성격을 갖는다는 입장이다. 따라서 "신들에 대한 이야기"가 언제나 단순한 원시적, 비과학적 개념화인 것은 아니며, 종교적 자각의 최초의 실례, "진정한 종교적 감정으로 들어서는 현관, 신비스러운 자각을 일깨우는 최초의 것"일 수 있다는 것이다. [14] 그래서 신화와 의식(ritual) 중에 "무엇이 먼저냐?" 하는 논쟁은 잘못된 것일 수 있다. 왜냐하면, 신화와 의식은 둘 다 환원되어 버릴 수 없는 종교적 감정을 표현하려는 원시 인간의 시도에 뿌리를 두고 있기 때문이다. 이에 관한 융(Jung)의 말을 보자:

"어떤 과학도 신화를 대체하지는 못할 것이다. 또, 신화는 과학에 의해 파악되어질 수 없다. '하나님'이 신화라서가 아니라, 신화는 인간 안에 있는 신적 삶의 계시이기 때문이다. 우리가 신화를 발명한 것이 아니라 오히려 신화가 하나님의 말씀으로서 우리에게 말하고 있는 것이다.”[15]

이와 같이 신화에 있어서 일차적인 문제는 개념 정의의 문제이다. 논의의 범위를 신약성서로 좁히자면, 우리는 신약성서에 신화가 있다고 하는 사람들에게 “어떤 종류의 신화인가?” “어떤 의미에서의 신화인가?” 하는 질문을 끊임없이 해야 할 것이다. 무엇보다 염두에 두어야 할 것은 신화적 사고가 각기 다른 차원에서 행해진다는 것이다 : 즐거움을 주거나 합법화의 기능을 제공하기 위해 의식적으로 꾸며낸 이야기로서의 신화; 실재에 대한 원시적 개념화로서의 신화. 이런 개념화가 아직도 자각시키는(evoke), 그리고 특히 제의에서 반복적으로 행해지는 힘으로서 여전히 남아있기는 하지만, 지금은 과학적인 연구에 의해 완전히 대체된 부분이다;[16] 인간이라는 실재를 — 이 실재가 인간 정신의 구조든지 집단적 잠재의식이든지간에 — 들여다 볼 수 있는, 가리워진 창으로서의 신화. 또는 가치와 열망에 관한 인간의 표현으로서의 신화;[17] 인간의 실재에 대한 경험 가운데서 “초월”에 대한 의식적, 무의식적 인지로서의 신화. 이 실재는 영감이나 계시의 힘으로 사람에게 다가오는 것이며, 상징, 이미지, 유비 등으로 밖에는 표현할 수 없는 것이다. 또 그것은 우리의 과학적 연구가 여태 인정해온 것보다 “더 크고” 더 복잡한 존재론적 실재에 대한 제 1 형태의 증거로 여겨질 수 있다. — 이렇게 여기는 것이 덜 비평적이거나 비과학적인 것은 결코 아니다.[18] 신화와 신화적 사고가 신약성서에 존재한다면, 우리는 그것이 위에서 말한 것 중 한 차원에만 국한되는 것이라고 가정해서는 안된다. 우리는 그 기능은 무엇이고, 이 신화의 진실은 무엇인가를 각각의 경우에서마다 항상 질문해야 할 것이다.

2. 기적의 문제 — D. F. Strauss

신약성서에 신화가 있는가? 신약의 기자들에게 이런 질문을 한다면, 그 대답은 두말할 것도 없이 “없다”이다. 그 단어 자체는 신약 성서에서 다섯

번만 발견되는데(딤전 1:4; 4:7; 딤후 4:4; 딛 1:14; 벧후 1:16) 전부 다 저자가 신화를 철저하게 거부하고 있는 예이다. 이 기자들에게 있어서 신화는 신의 발현에 관한 헬라적 공상이든지, 구약 이야기를 유대교의 공상적인 해석이든지, 하여튼 꾸며낸 거짓 이야기를 말하는 것이다. 신화는 복음의 실재성, 진실성, 역사성에 상반되는 비실재적이고, 거짓되고, 비역사적인 것들이다. 그렇지만, 여기에서 거부되고 있는 것은 오로지 한 장르의 신화일 뿐이다. 다른 차원에서의 신화와 신화적 사고가 신약성서 안에 존재하느냐는 질문은 제기되지도 대답되지도 않는다.

이런 더 깊은 차원의 문제와 씨름하려는 시도는 이 문제의 복잡성을 보여주었다. 나는 여기서 알레고리화하여 성서를 해석했던, 주목할 만한 오랜 전통에 대해서 언급하고자 한다. 알레고리 이용자들이 알레고리로 전환하는 이유는 성서 본문의 명백한 의미만으로는 만족하지 못하겠으며(그것이 교훈적이지 않으며, 시대에 뒤떨어지기도 하기 때문에), 그래서 보다 깊은 의미를 찾아봐야겠다는 것이다. 말하자면 성서의 이야기를, 그 문자적 의미가 무시될 수 있으며 그 진실이 알레고리적 석의에 의해서 도출될 수 있는 신화의 모형으로 보자는 것이다. 이것이 바로 필로가 구약성서를 다루었던 방법이다. 알렉산드리아 학파의 학자들도(특별히 오리겐) 마찬가지였다. 그들이 성서의 기록은 신화라는 대적자들의 주장에 반대했음에도 불구하고, 실지로는 그들 자신도 알레고리적 해석을 사용함으로써 성서를 신화 모음집으로 취급했던 것이다.[19]

19세기에 와서 신화의 문제는 기적 문제라고 하는 골치아픈 쟁점과 함께 재등장했다; 보다 정확히 말하자면 슈트라우스에 의해 신화는 신약성서에서 기적 문제에 대한 결정적인 대답으로서의 중심적이고 긍정적인 역할을 부여받았다. 18세기와 19세기에는 기적에 관한 문제가 신학적 논쟁에 있어 태풍의 눈이었다. 기독교의 진리는 성서에 나오는 기적의 역사성과 그 운명을 같이 한다고 생각하는 사람들이 많았다[20] — 오랫동안 기독교 변증이 성서의 기적을 기독교의 초자연적 기원과 하나님의 기독교에 대한 승인의 확실한 증거라고 말해 왔던 것은 당연한 것이었다. 그러나, 우주에 대한 많은 과학적 지식을 소유했으며, 이성의 통찰력과 충족성을 신뢰했던, 계몽주의 이후의 사람들은 신화의 개념에 점점 더 만족하지 못하게 되었다: 자연법칙들, 즉 인과(因果)의 사슬은 "기적"적 방법에 의해 파괴되거나 유보되지 않으며, 하나님이 그렇게 임의적이고 비합리적인 방법으로 역사하지 않는다는 것이다. 이제 기적은 더 이상 기독교 변증을 돕는 것이 될 수 없게 되었으며, 오히려 골치아픈 문제거리가 되었다.

이것이 슈트라우스의 상세한 예수 생애 연구의 출발점이었다.[21] 기적이 자연법칙과 양립할 수 없는 것이기 때문에, 그것은 역사와도 양립할 수 없다; 또 기적이 역사와 양립할 수 없는 것이라면, 복음서는 역사적 기록이 아닌 것이 된다. 그렇다면 복음서 설화들의 지위는 무엇인가? 슈트라우스의 대답은 간단하다 : 그것들은 신화들이다. 그러면, 슈트라우스가 말하는 신화의 의미는 무엇인가? 복음서에 대한 그의 부정적인 평가가 계몽주의 이후의 합리주의의 영향을 보여준다면, 그의 긍정적인 평가는 독일 관념론의 영향을 보여준다 하겠다. 슈트라우스에게 있어서 신화란 관념(idea)의 표현, 혹은 구체화이다; 그것은 관념을 이해하는 형식이다.[22]

복음서의 경우, 신화는 초대 그리스도인들의 그리스도에 대한 관념의 표현이다 — 이 관념은 부분적으로는 유대인들의 메시야 대망에 의해, 또 부분적으로는 "예수의 개인적 품성, 활동과 운명이 남긴 특별한 인상"에 의해 형성되었다. 그리스도에 대한 이런 관념이 복음서에 있는 기적들의 기록들을 낳게 한 것이다; 기록된 사건들의 기적적 요소는 이 관념에 의해 또는 이 관념으로부터 나온 것이다.[23] 그런 기록들 중에 어떤 것들은 순수한 신화들이다. — 이 말은 거기에 아무런 역사적 근거도 없다는 뜻이다. 예를 들어 소경을 고친 일, 5,000명을 먹인 일, 변화산 사건 등인데, 이들은 모두 예수가 메시야이며, 유대인들의 기대를 따라 모세나 엘리야보다 더 위대한 분이라는 제자들의 신앙에서 나온 것이다.[24]

역사적인 신화도 있다 — 이것은 역사적 사실에다 그리스도에 대한 관념에서 유래한 신화적 개념들이 덧붙여져 만들어진 것이다: 예를 들면 "베드로가 물고기를 기적적으로 많이 잡은 사건(눅 5:1-11)은 사람 낚는 어부에 대한 표현이(막 1:17) 기적의 역사 안에 변형되어 들어가게 된 것에 불과하다" : 그리고 신화적으로 표현된 예수의 수세도 그 자체는 역사적인 사건이다. [25] 한 마디로, 신화는 꾸며낸, 상징적 장면이다.

우리의 주제에 대한 슈트라우스의 공헌은 획기적인 것으로 아직도 현대의 비신화화 작업에 기초가 되고 있다. 개별 설화들의 연구에 기울인 각고의 노력, 신화를 쓴 복음서 기자의 의도가 무엇과 연관되어 있는지에 대한 주의 깊은 분석, 복음서의 기적에 대한 합리주의적 설명들이 의지했던 수단과 간계(奸計)에 대한 그의 대담한 폭로는 신약 학자들 사이에서 유례를 찾아볼 수가 없다. [26] 역사적 예수에 대한 최근의 논의들이 예수의 "사역"보다는 가르침에 집중된 것은 상당 부분 슈트라우스의 영향이다. 또, 무엇보다도 슈트라우스는 있는 그대로의 본문을 출발점으로 삼는 것의 중요성과, 저자의 의도에 대한 존중을 잘 보여주었다; 복음서에서 기적들의 가치를 폄하하거나 배제하려는 사람들에 맞서서 그는 저자가 기적을 말하고 있는 부분에서는 그렇게 말한 의도가 진지하게 고려되어야 한다고 주장했다.

나아가서 그는 단순한 역사성이라는 것 이외에도 고려되어야 할 것이 있다는 것을 보여 주었다 : 초대 그리스도교회에서 자라난 예수에 대한 관념, 또는 부활한 예수에 대한 그들의 신앙이, 그들이 역사적 예수를 표현해 내는 데에 영향을 미쳤음에 틀림없다 ; 이런저런 일화나 세부 기록의 역사성이라는 꽁무니만 쫓아다니다 보면 저자의 주안점을 놓치기 십상이다. [27]

그러나, "기적"에 대한 슈트라우스의 기본적인 진술과 그의 "신화"라는 말의 사용에는 비판받아야 할 점이 분명히 있다. 사실 그는 "기적 = 비자연적/비역사적 사건의 이야기 = 신화 = 관념"이라는 등식을 세워 놓고 있다. 그런데, 이런 등식이 타당한가?

(1) 기적을 "자연 법칙을 이탈하는 것"이라고 정의하거나(Hume) [28] 어떤 사건을 "사건들을 지배하고 있는 이미 알려진 보편적인 법칙들과 조화될 수 없는 것"이라고 판단하는 것은(Strauss) 자연 법칙에 지나치게 의존하는 것이다. 물론 인과 "법칙"은 모든 과학적 연구에서는 자명한 것이며 — 불가피하게 그러하다 — 그리고 그 작용은 당구공으로 다른 공을 맞추는 것과 같

이 비교적 쉽게 인식될 수 있다. 그러나 인간적 관계나 물질 세계와(특별히 몸과) 정신의(기질, 의지력, 의도 등 양으로 측정될 수 없는 것들을 포함하여) 관계를 다루게 될 때, 문제는 좀 더 복잡해진다. 결단이란 무엇이며 또 무엇이 결단을 내리게 하는가? 사랑을 어떻게 과학적으로 설명할 것이며, 그렇게 한다면 그것이 사랑이란 주제를 제대로 다루는 출발을 하고 있는 것인가? 베토벤의 교향곡 에로이카를 들으면서 내가 경험하는 즐거움과 심리적 고양은 어떤 음파가 내 고막을 울린 결과에 불과하단 말인가?

계속해보자. "인간 관계의 화학"은 (다른) "자연 법칙들"에 비해 덜 결정적이긴 하지만, 위와는 다른, 또는 위와 상보적인 역할을 할 수 있는 원인들에 대한 질문을 제기하고 있다. 이러한 고려는 예수와 같은 카리스마적 인물의 영향을 논할 때 더욱 중요해진다.[29] 이러한 식으로 추론해 들어가면, 역사의 씨줄과 인과의 연속성을 그것이 객관적으로 관찰되는 그대로 흐트리지 않고서도, "기적"이 하나님의 행위라고 가정하는 것이 가능해지게 된다.[30]

따라서 우리는 하나님을 자연세계에 맞서 있는 원인으로 보는 이원론적 기적의 개념, 그래서 하나님에게 돌려지는 것을 "위반"이나 "침입" 등으로 묘사되게 하는 개념 정의에 대해 의문을 던져야 한다. 우주에 대한 우리가 가진 고도의 지식에도 불구하고, 사실 우리는 실제에 관한 지식의 복잡성과 깊이를 볼 때, 그 문지방을 얼마나 넘어서 있나? 사실, 슈트라우스가 「예수의 생애」(Life of Jesus)를 썼던 시기는 마이클 패러데이(Michael Faraday)가 "힘의 선들"과 우주가 전자력으로 거미줄 같이 짜여져 있다는 개념을 이야기하면서, 전자-자기파의 본질을 겨우 깨닫기 시작했을 때였다 ― 이것은 과학 연구의 역사에 있어서 비교적 최근의 발견이다.

단순히 우리가 아직 그것들을 개념화 시키고 측정해내지 못했다는 이유만으로, 우리는 또 다른 어떤 에너지의 근원과 "힘의 선들"을(특별히 인간 개인들간의 관계에 있어서) 발견해내야만 하는가? 예를 들어 텔레파시나 공중 부양(浮揚) 등 초(超)심리학적 현상들, 수 세기 동안 그것에 관한 문제 제기가 있어왔지만 연구되어진 바는 거의 없는 문제들에 대해서 생각해보자.[31] 모든 실재는 일종의 물리적, 심리적, 그리고 영적인 힘들의 일종의 상호작용으로 구성되어 있다고 할 수 있을 것이다. 그 작용은 질서정연한 형태로 이루어지는데, 지금 우리는 그 중에 아주 작은 부분만 관찰할 수 있을 뿐이다. 이는 인간 자신에 대해서도 마찬가지이다. 그래서, 예를 들면, "귀신들렸다"는 개념은 인간의 인성에 영향을 미치는 복합적인 힘들(영적인 힘은 물론이고)을 인정하던 1 세기의 상태로 다시 돌아가게 된다. 이런 식으로 실재를 개념화하는 입장은 범신론에 떨어지거나, 하나님의 "타자성"을 부인하지 않고도, 견지될 수 있다.[32]

(2) 슈트라우스의 등식의 끝 항으로 가보면, 그의 신화 개념에는 두 가지 중심적 특성이 있음이 분명하다 : 신화는 비역사적 사건의 서술이다; 신화는 관념의 구체화이다. 이 두 특성은 한 동전의 양면이다: 어떤 기록이 비역사적이면(역사적 개연성이 없고 모순되는 점이 있다는 증거가 있으면) 거기에는 신화적 관념이(시적 형태나 메시아 관념으로 증거되는) 있으며 역사는 없다. 관념(신화)과 역사는 상호 배타적인 것이 된다.

그런데, 이런 식의 역사와 관념(우리가 오늘날 흔히 말하는 대로는 역사와 신앙)의 이원론은 너무 날카로운 것이다.

(a) 모든 기적의 기록들이 관념들을 구체화하여 꾸며낸 것이라고 설명되어질 수 있는가? 우리가 물어볼 수 있는 것은, 기적 이야기를 창조해 낸 관념들이 갈릴리의(?) 다른 카리스마 운동가들, 호니(Honi the circle-Drawer, B. C. 1세기)나 하니나(Hanina ben Dosa, A. D. 1세기)에게는 해당되지 않는가라는 것이다.[33] 아마도 이 이야기들은 갈릴리의 시장이나 장터에서의 이야기꾼들의 상상 이상의 것이 아닐 수도 있다. 그러나 그 이야기들이, 호나나 하니나에게 명성을 얻게 해 준 모종의 역사적인 위업들을 담고 있을 가능성이 더 크다. 예수의 경우도 마찬가지이다. 초대 그리스도인들의 경우에 있어서, 예수의 기적에 대한 기록들의 자료들은, 갈릴리에서와 최초의 예수 추종자들과 제자들 사이에서 유포되었던 예수 사역의 일화들의 모음이었을 가능성이 가장 높다.[34]

(b) 역사와 관념(신앙)은 상호 배타적인 것인가? 기적 이야기들에서 부활절 이후의 신앙이 발견되는 것은 분명하다(주 27을 보라). 그렇지만, 그

신앙이 이야기 전체를 창조해 낸 것인가, 아니면 가늠자가 되었을 뿐인가? 슈트라우스 자신은 예수가 귀신 축출자로서의 역할을 했다는 사실은 역사적 문서적 근거에 의해서 확고하다는 것을 인정했다.[35] 그러나 역사적 개연성에 대해 회의적인 그의 시각은, 다른 치유들의 역사성을 예수에게로 돌리기를 거부하게 한다.[36] 그러나 그는 예수 자신이 치유에 광범위하게 호소하고 있다는 것과, 병 치유를 마지막 때의 복의 현존으로 본 사람이 바로 예수라는 사실을 고려하지 못하고 있다(마 11:51 / 눅 7:22).[37] 바로 여기 예수 자신에게서 관념과 역사가 하나로 되고 있는 것이다! 우리가 이러한 점을 이상에서 정리한 내용과의(p. 431 이하) 관련하에서 살펴보고자 한다면, 또 이 글이 허용하는 분량 이상으로 그 논쟁을 추적해 본다면, 소위 자연 기적이라는 것까지도 엄격한 역사적 개연성의 입장에서 자명하게 배제될 수 있는 범주는 아니라는 것을 알게 될 것이다.[38] 그리고 특별히 우리가 "부활"이라고 부르는 그리스도의 존재 양식의 변화도, 우리가 인간과 사물을 힐끗 보았을 때에 육체와 영 중에 어느 면이 주도적인 것으로 보이는가 하는 패턴의 내적 관계와 관련된 패러다임으로서의 자연법칙의 한 예외에 지나지 않는다는 견해가 힘을 얻을 가능성이 커질 것이다.

(c) 슈트라우스가 기독론을 신인(神人)의 관념으로, 즉 관념(이상)이 그리스도 안에서 역사적으로가 아니라 신화적으로만 구현되었으며, 이 관념은 (이상화된 시각에서의) 인성(humanity) 안에 실현되었다고 하는 것으로 절하하려는 것을 보면 그의 역사와 관념에 대한 논리가 어떤 것인가를 알 수 있다.[39] 이 점에 있어서 슈트라우스에게는 헤겔적인 관념론이 만개(滿開)해 있는 것이 보인다. 이러한 관념론은 인간이 그 존재를 뿌리박고 있는 역사로부터 너무 철저하게 떨어져 있기 때문에, 인간에 대한 인간의 비인간성의 격랑(激浪) 앞에서는 여지없이 시들어 버리고 말 생각들이다.

위에서 살펴본 것들이 예수에게 돌려지고 있는 기적들의 역사성을 입증해 주는 것은 아니다. 그러나, 슈트라우스의 역사로부터의 비행(飛行)이 선부른 것이며 신약성서의 신화 문제를 다루는 그의 태도가 부적절한 것임은 충분히 보여주었다고 생각한다. "신화"(슈트라우스가 말하는 의미의)와 "기적"은 동어의가 아니다.

3. 유대와 헬라 신화들의 영향

기독교에서의 신화의 문제는 세기 전환기에 종교사학파들에 의해 새로운 양상을 띠게 되었다.[40] 슈트라우스 때부터 있어 왔던 타 종교에 대한 점증하는 관심은 기독교의 다양한 기적 이야기들이 결코 유일한 것이 아니라는 주장으로 귀결되었다. 기독교 외의 기적 이야기들이 비역사적인 신화들로 취급되어야 한다면, 창조나 동정녀 탄생 등과 같은 성서의 기록들이라고 해서 이런 판단에서 예외일 수 있겠느냐는 주장이 슈트라우스 이전에도 있었던 것은 사실이다. 그러나, 19세기 말과 20세기 초에는 상당수의 영향력 있는 학자들이 기독교가 그 자신의 고유한 신화들을 갖고 있는 것이 아니라, 사실 기독교는 그 형성기에서부터 다른 종교들의 특정한 신화들의 영향을 받아왔었다는 결론에 도달했다. 실지로 많은 다른 체계들의 평범한 신화적 사고들이 기독교 신앙과 예배의 주요한 부분들을 결정적으로 특징지웠다는 것이다. 그러한 영향의 주요 근원들은 유대 묵시 사상, 영지주의, 그리고 헬라적 밀의 종교의 신화들이라고 생각했었다.

(1) 유대 묵시 사상을 신화적이라고 명명하는 것은 타당하다 ─ 특별히 종말에 대한, 그리고 이 시대와는 질적으로 다른 새 시대에 대한 개념들(처음 낙원의 회복, 시온의 영광 등), 또 종말을 우주적 대재난의 언어로(혼란시키는 용의 살해, 별들이 하늘에서 떨어지는 것 등) 묘사한다는 점에 있어서 그러하다.[41] 그리고 예수가 이러한 묵시 사상에 의해 영향받았다는 것이나, 묵시 사상이 초대 교회의 신학에 구성적 요소를 차지하고 있다는 사실은 부인하기 어렵다(막 13장 전부; 살전 2:1-12; 계 4-21장).[42] 그러나 유대와 그리고 기독교의 묵시가 신화적이라고 하는 것은 어떤 의미에서인가? 분명히 묵시적 언어를 문자적으로나 현학적으로 해석해서는 안 된다. 묵시가들의 상징이나 암호사용으로 볼 때 그것은 분명하다(예. 단 7:9의 "큰 짐승들"와 "칠십 이레"; 살전 2장의 "감금하고"와 "그 입의 기운으로"; 계 5:13의 "어

린 양' 그리고 666이라는 숫자를 가진 짐승). [43]

그러나 묵시적 소망들은 위기의 때를 맞이한 신자들을 위로하기 위해 단순히 꾸며낸 이야기들이었다고 말하는 것은 정당한 평가가 아닌 것 같다. 오히려 그들은 하나님만을 신뢰하는 데서 나온 미래의 환상들에 의해 고무되었던 것이다. 따라서, 그 언어들의 신화적 성격에도 불구하고(예를 들면, 계 12장 이하의 원시적 용의 신화, 또 사 27:1; 51:9 이하), [44] 묵시가 현재에 대한 불만족과 하나님의 것인 미래의 실재에 대한 통찰이나 그것에 관한 계시를 구체화하고 있다는 점에서 묵시를 보아야 할 것이다. 이러한 통찰이나 계시는 전적으로 그리고 조금도 감할 여지없이 기독교적인 것이다. 그렇다면, 현재의 세계에 뿌리박고 있지도, 그것에 의존하고 있지도 않은 이런 희망을 신화적 언어가 아니고서는 달리 어떻게 표현할 수 있었을까? [45]

(2) 영지주의적 동기(motif)들이, 특별히 기독교 이전 영지주의의 구속자 신화가[46] 신약성서의 사상에 미친 영향에 대한 논쟁은 길고도 복잡하다. [47] 여기서는 초기 신약문서들(바울)이 쓰여졌던 때에 이미 최초의 사람(Primal Man)에 관한 생각들이 있었다는 것을 언급하는 것만으로 충분할 것이다. 이런 생각은 틀림없이 신화적인 것이며("원형적 역사"라는 의미에서의 신화), 바울의 아담 기독론은 바울이 이를 알고 있었다는 것을 보여주며, 따라서 그 기독론을 1세기 사고의 한 부분으로 보는 것을 부당하다고 할 수는 없다 ─ 비록 이 기독론에 대한 바울의 기여는 현저히 기독교적인 것이었지만(고전 15:44 이하; 참조. 빌 2:6 이하). [48] 아마도 바울이 우주적 용어로서 그리스도의 몸을 묘사하는 것도(엡 1:10, 23) 영지주의식의 사고의 영향인 것 같다. 이런 이미지 밑에 깔린 그리스도의 존재론적 실체에 대한 바울의 생각이 무엇이었는지를 결정하는 것이 쉽지는 않지만, 그리스도를 공동체를 표현하는 상징으로나 우주적 정신으로 축소시키려는 의도가 바울에게 없었다는 것은 분명하다. 또 최초의 사람 사상과 관련된, 고린도후서에 나타난 바울의 대적자들과 마가복음과 요한복음에 의한 초기의 기적 이야기들 모음에 영향을 준 것으로 볼 수 있는 "신인" 기독론으로 불릴 수 있는 것이 있다고 한다면, [49] 이 세명의 신약저자들이 모두, 예수의 수난과 죽음에 의해 결

정지워지는 복음의 성격을 강조함으로써, 신인 기독론에 대해 예리한 교정을 가하고 있다는 점을 주목해야 할 것이다.

(3) 기독교가 탄생했을 당시의 주요 밀의 의식들의 중심적인 요소는 죽었다가 다시 살아나는 신에 대한 (다양하게 나타나는) 신화였다 — 대부분의 경우 이런 신화들은 땅의 풍요를 기원하는 연례 행사와 관계된 것이었다. 종교사학파는, 이 제의에의 참예는 신의 죽음과 다시 살아남이 참예자 자신의 것과 동일시되는 것으로 생각되어졌다고 주장했다. 그래서 그들은 헬라적 기독교가, 특별히 기독교의 세례 신학이 밀의 종교들의 영향을 강하게 받았다고 주장했다.[50] 밀의들을 이렇게 해석하면서 그것들이 기독교 사상에 상당한 영향을 미쳤다고 하는 주장은 강하게 그리고 정당하게 도전받아 왔다;[51] 그러나, 우리가 은혜 또는 성령이 전달되고 주어진다는 점에서 바울의 성례관을 해석할수록, 영지주의나 밀의 종교들의 신화적 사고가 바울에 끼친 영향을 부정하는 것이 더 쉬워진다는 사실이 남아있다.[52]

신약성서의 신화 문제에 대한 종교사학파의 영향은 무시할 수 없는 것이며 지금까지도 지속되고 있다. 사실, 혹자들은 신약성서의 신앙에 의해 그려진 예수와 유대적 헬라적 신화들 사이의 병행은 대단히 강한 것이며, 따라서 예수라는 것 자체가 신화적 구성물, 즉 유대교의 메시야 희망과 묵시적 희망에다 죽었다가 살아나는 신에 대한 헬라적 신화를 혼합한 것 이상의 아무것도 아니지 않느냐는 생각까지 했었다.[53] 이러한 시도들의 인위성과 별난 변론은 비난받을 점을 그 자체에 갖고 있다. 반대로, 기독교 신앙과 이런 유대적, 헬라적 신화 형식들 사이의 병행이 무너지는 지점이 바로 이곳 이다. 같은 종류의 (신화적) 언어들을 한 역사적 인물에 적용함으로써 신약의 기자들은 사실상 그것을 비신화화 했다. 이것은 역사의 차원을 상당히 의식하고 있는 유대 묵시문학과 비교해도 마찬가지이다 ; 인자는 더 이상 단순히 인간을 닮은 인물이 아니라(단 7:13 — 짐승을 닮은 인물에 대조되는, 7:2-12) 나사렛 예수로 나타난다; 비슷하게 요엘의 묵시적 희망은("하늘에서는 기사와 … ""달이 변하여 피가 되리라" 등을 포함하는) 기독교의 첫번째 오순절 사건에 의해 성취된 것으로 여겨진다(행 2:16-21). 헬라 신화들과의 대조는 더욱 명백하다. 살루스트(Sallust)는 아티스 신화를 말한다 ; "이것은 결코 일어나지 않는 것, 그러나 언제나 있는 것이다."[54]

이것과는 정반대로, 신약의 기자들은 "이것이 일어났다"(예수의 삶과 죽음, 그리고 부활), 그리고 그렇게 함으로써만이 유대와 헬라 세계가 바라오던 구속이 지금과 후세의 인간을 위해서 역사적으로 현실화 되었다고 선포했다. 따라서 신약성서가 "그리스도 사건"과 기독교적 경험과 구원 희망을 표현하는 데 있어서 같은 종류의 신화적 언어를 쓰고 있기는 하지만, 주목해야 할 점은 신약성서가 예수를 언급할 때는 헬라적, 비역사적 의미로서의 신화적 개념은 파괴되고 있다는 것이다.[55] 신약의 신화 형태의 언어와 특정 헬라 종교의 신화들과의 병행 때문에, 신약의 교회 안에서의 그 언어들의 특수한 기능과, 그 특별한 진리를 놓치는 우를 범해서는 안 될 것이다. 그 기능과 진리를 밝혀내는 것이 비신화화의 과제이다.[56]

4. 신을 객관화 하는 문제 — R. 불트만

슈트라우스와 바이스, 하이트뮐러, 부세트 등의 종교사학파에 의한 예리한 도전에도 불구하고, 세기 전환기의 지배적 신학(프로테스탄트 자유주의)은 신화의 문제를 대수롭지 않게 취급할 수 있었다. 신약성서의 신화는 최종 분석에서는 별 중요성을 갖지 못했는데, 이는 신화가 예수 그리스도가 선포한 복음의 심장부에 가 닿는 부분이 아니었기 때문이다. 예수 자신이 그의 기적 행위에 대해 결정적인 중요성을 부여하지 않았기 때문에 기적의 문제는 소홀히 될 수 있었다. 바울에 대한 헬라의 영향이라는 문제도 예수와 바울의 차이를 강조함으로써 무시할 수 있었다. 예수에 대한 묵시의 영향조차도 묵시란 예수의 메시지를 싸는 껍질에 불과하며, 신화에 의해서는 접근될 수 없는 초시간적, 도덕적 진리의 핵심을 발견하려면 그런 껍질은 벗겨내야 한다고 함으로써 가볍게 여겨질 수 있었다.[57]

이런 안일한 입장을, 루돌프 불트만은 복음과 신화가 그런 방법으로 구분될 수 있다는 것을 부정함으로써 파괴했다. 불트만에게 있어서 케리그마는 신화를 통해서 표현되는 것이지 신화와 나란히 혹은 신화 안쪽의 어디에서 표현되는 것은 아니다. 복음은 신화와 분리되거나 구분될 수 있는 무엇이 아니라 오히려 신약성서의 신화적 언어 안에서 구현되었다. 신화를 제거하는 것은 복음을 제거하는 것이다. 불트만에 의하여, 신화의 문제는 복음 그 자체를 위협하는 것처럼 보이게 되었고, 이러한 용어들을 쓰는 것이 많은 사람들의 민감한 신경을 건드리게 되었고, 아직까지도 별 일치를 보지 못하고 있는 논쟁에 불을 붙이게 되었다.

불트만의 작품들 전체가 이 문제를 다른 여러 각도에서 다룬 것이라 할 수 있지만,[58] 현재의 논쟁을 시작하게 만든 것은 1941년에 있었던 그의 강의이다.[59] 여기서 그 문제에 대한 그의 요약적 진술은 너무 단순화되어 있고 또 혼란스럽기도 하지만, 신화에 대한 그의 이해는 꽤 분명하게 하이네(C. G. Heyne)의 그것과 일치한다(p. 286) : 말하자면 신화는 과학 이전 시대의 실재에 대한 원시적인 개념화라는 것이다. 이러한 의미에서의 신화에는 두 가지 주요한 특성이 있다: 신화에서 추상적 사고는 불가능하며, 신화는 자연과 정신 과정의 진정한 원인에 대한 이해를 결여하고 있다는 것이다.[60] 분명히, 신약성서에 대한 불트만의 관점은 신화적이라고 기술될 수 있을 것이다. 그의 관점이 그런 특징들을 드러내고 있기 때문이다; 예를 들면 신약성서는 바깥 세계를 물질적, 공간적 용어, 즉 3층으로 이루어진 세계(지하, 땅, 하늘)로 표현한다; 또, 신약성서는 정신 이상을 지상 어느 곳에나 존재하는 귀신들 탓으로 돌리며, 사건들의 원인을 하늘의 하부 영역을 지배하는 영적 세력들에게 돌린다. 20세기에 사는 우리는 더 이상 그런 용어들로 실재를 파악하지 않는다; 과학적 지식의 발달로 인해 그렇게 할 수도 없다: "이제는 그 누구도 신약성서의 세계관을 진지하게 유지하는 것이 불가능하게 되었다"(p. 4).[61]

그러나, 문제는 신약성서의 복음이 이런 용어들로 표현되어 있다는 것이다 — 마귀에 대한 승리로서의 예수의 치유, 권세들에 대한 승리로서의 그의 죽음, 문자적으로 올라감을 의미하는 그의 "승천"(제2층에서 제3층으로), 문자적으로 위에서 아래로 구름을 타고 내려오는 그의 "파루시아" 등이 그것이다. 그렇다면 어떻게 해야 하나? 단순히 1세기의 세계관에 집착해 있을 수는 없는 일이다 — 그것은 "우리의 매일의 일상 생활을 부정하게 만드는 그런 세계관을 우리의 신앙과 종교 안에 받아들이는 것"(p. 4)을 의미하게 될 것이다. 우리가 복음을 손상시키지 않고 보전하고자 한다면 신화를 거부할 수도 없다(pp. 9f, 12). 올바른 해결책은 신화를 비신화화 하는 것이라고 불트만은 주장한다 — 말하자면, 신화를 제거하는 것이 아니라 해석하는 것이다.

그러나 비신화화하기 위해서는 신화의 진리에 대한 통찰력을 갖고 있어야 한다. 불트만은 이러한 통찰력을 가질 것을 주장하고 있다. 물론, 그의 주장 자체는 임의적인 방식으로, 또 신화적인 사고는(모든 신화적인 사고들이?)[62] 정확하게 불트만 자신이 생각한 식대로 일 거라는 드러나 있지 않은 가정에 기초하여 표현되기는 했지만.

"신화의 참 의도는 객관적인 세계를 있는 그대로 묘사하는 것이 아니라, 그 세계 속에 살고 있는 인간의 자기이해를 표현하는 것이다. 신화는 우주론적으로보다는 인간학적으로 해석되어야 한다. 또는, 실존론적으로 해석하는 것이 더 적당하다. … 신약성서의 신화의 중요성은 그 심상(imagery)에 있지 않고 그것이 간직하고 있는 바 실존에 대한 이해에 있다"(pp. 10f.).

불트만은 자신의 출발점을 정당화하는 데 실패했음에도 불구하고 자신의 전개 과정을 정당화하려고 애썼다. 비신화화는 단순히 하이데거의 실존주의를 신약성서에 집어넣어 읽는 것의 문제가 아니다. 반대로 신약성서 신화의 진리를 결정하는 기준은 "신약성서 자체에 간직되어 있는 인간 실존에 대한 이해이다"(p. 12).[63] 불트만이 비신화화는 실존적인 언어의 해석을 포함해야 한다는 주장을 강변하고 있지만, 그가 가장 많이 비판받고 있는 점은 그는 출발점에서부터 "실존적 언어만"을 고수하고 있다는 것이다.

그 글의 제2부에서 불트만은 신약성서의 "실존이해"를 정교화하고 있는데, 주로 바울을 근거로 한 것이다. "신앙의 삶"에 대한 자신의 설명이 실존주의 철학자들이 말하는 "진정한 실존"[64]이라는 것과 별 다를 바 없는 것으로 보이지 않게 하기 위해서, 그는 또 다시 임의적 방식으로 그러한 진정한 삶은 "예수 그리스도의 사건"을 통해서만 **현실화**(이론적인 것으로만 머물러 있는 것과 구별해서) 된다고 했다(pp. 22-23). 그렇다고 해서 그가 한 걸음 물러나서 신약성서의 언어와 사고의 형태로 돌아온 것은 아니다. 왜냐하면 그가 십자가와 부활이라는 구원사건에 대해서 이야기하는 것은 사실은 구원사건으로서의 십자가와 부활의 선포에 대해서 이야기하는 것이며, 그 구원사건이란 케리그마와의 실존적 만남으로 인한 지금, 여기서의 사건을 말하는 것이 분명하기 때문이다 :

> "그리스도의 십자가를 믿는다는 것은 우리 밖에서, 그리고 우리의 세계 밖에서 일어난 신화적 과정을 우리와 관련시킨다거나 하나님에 의해 행해진 객관적 사건을 우리의 유익으로 삼는다는 것을 의미하지 않는다. 그것은 그리스도의 십자가를 나 자신의 십자가로 삼는 것이며 그와 함께 십자가를 경험하는 것이다(p. 36). 참다운 부활절 신앙은 감화를 가져다 주는 설교 말씀 가운데 있는 신앙이다" (p. 42).[65]

비슷하게, 세계 교회 협의회(WCC)의 기독론 신앙 고백의 연구를 위해 제출한 논문에서도 불트만은 지금까지 신약성서에 관계되는 한 예수의 신성에 대한 진술들은 "그의 본성이 아니라 그의 중요성을 나타내는 것으로 보아야 한다"고 했다.[66]

그러한 시각으로 볼 때 생기는 문제는 한 두 가지가 아니다. 그래서 나는 이미 불트만의 문제설정을 몇 가지 점에서 비판한 바 있다. 그러나, 여기서는 지면 관계로 세 가지 점만을 다루기로 한다.

(1) 불트만의 진짜 문제점은 그의 신화적 언어에 관한 문제가 아니라 하나님을 객관화하는 언어의 문제이다(그래서 이 절의 제목으로 삼았다). 그 문제는 마치 하나님이 객관적 대상인 양, 하나님의 행동이 시간과 공간의 복

합체 가운데 있는 객관적인 행동들로 구성되어 있는 양, 그래서 그것이 역사적 탐구를 향해 또 입증이나 반증 가능성을 향해 개방되어 있는 것인 양 말하는 언어와 관련된 문제이다. 그렇게 되면 신앙은 역사적 과학적 연구의 결과들에 의존할 수밖에 없게 된다. [67] 이것이 불트만의 신약 신화관의 진짜 문제점이라는 것은 이미 1941년의 논문에서 분명히 드러났다. [68]

그러나 그것은 그 문제를 계속해서 재천명하고 있다는 점에서 더욱 명백해진다: "신화적 사고는 … 신의 행동을 객관화하는 것이며 그것을 세속적인 일들의 평면에 투사하는 것이다"; "신화들은 초월적 실재에 이 세상적인 객관성을 부여하는 것이다"; "신화적 사고는 초월이 마치 이 세상 안에 있는 것인 양, 단순히 그것을 객관화하는 것이다" [69] 비신화화가 필요한 것은 신화적 언어가 객관화의 언어이며 그래서 그것이 신앙을 위협하기 때문이다.

똑같은 이유들로 해서, 비신화화는 실존주의적 해석의 용어를 통해서만 가능하다 ; 불트만은 실존적 만남의 언어를 통해서만 신의 행동에 대해 객관화 시킴없이 말할 수 있었다. 하나님은 지금 행동한다; 신앙은 십자가 말씀과의 실존적 만남 가운데서 활동하시는 하나님을 인지한다. 그 말씀은 하나님의 말씀으로, 은혜의 말씀으로 나에게 전달되는 것이다. 불트만은 신앙을 오직 케리그마와 굳게 결합시킴으로써 역사 비평의 변덕으로부터 또 신화로부터 신앙을 건져내려고 했다. 그래서 그는 1941년의 논문 끝 부분에서 이렇게 주장했다 : "기독교의 선포를, 신화적이라고 하는 공격으로부터 보호하는 것은 정확히 증거로부터의 면제이다"(p. 44). 그 후에 쓴 글의 마지막 부분에서도 "비신화화는 이신칭의의 교리를 지식과 사상의 영역에 근본적으로 적용하는 것이다. 이신칭의의 교리와 같이, 비신화화는 모든 안전에의 갈망을 무너뜨린다." [70] 라고 주장한다.

그러나 신약성서의 신화의 문제를 하나님을 객관화하는 문제와 그렇게 완전히 동일시할 수 있을까? 또 실존적 해석이 정말로 후자의 문제로 표현되어진다면, 그것은 불트만이 주장하는 대로 전자의 문제에 대한 만족할 만한 신학적 해답을 제공할 것인가? 이 두 질문이 아래의 두 가지 사항의 실마리를 제공하게 될 것이다.

(2) 신약성서의 신화는 무엇인가? 1941년의 논문에서 불트만은 "다른 세상에 속한 것을 이 세상의 용어로, 신적인 삶의 것을 인간적 삶의 용어로, 저 쪽 면의 것을 이 쪽 면의 용어로 표현하기 위해 심상(imergery)을 사용하는 것"(p. 10 n. 2)이라고 정의했다. 이 정의는 신화의 개념을 너무 포괄적으로 규정했다고 비난받아왔는데, 그런 비난은 옳은 것이다; [71] 특히 이 정의는 신화와 유비를 혼돈하고 있으며, 그 결과로 하나님에 관해서 말하는 것을 전혀 불가능하게 만들어 버렸다. [72] 불트만은 이런 문제점을 인정했으며, 그래서 유비의 용어로 "창조자로서의 하나님"을 말하는 것의 적법성을 변호하려는 시도를 했다. [73] 그러나 우리가 "다른 세상에 속한 것을 이 세상의 용어로 표현하기 위해 심상을 사용하는 것"의 적법성을 가질 수 있다는 것을 인정하면(즉, 하나님을 객관화시킴 없이) ─ 은유, 상징, 유비의 사용 ─ 신약성서의 "신화적 언어"가 사실 어느 정도까지 은유, 상징, 유비인가 하는 문제가 곧 바로 제기된다.

신약성서의 "하나님-언어"는 언제나 불트만이 가정하는 것처럼 그렇게 단순하고 원시적인 개념화를 함의하고 있는 것인가? 우리는 이미 사도행전 2장의 설교가 요엘서 2장의 우주적 장관(壯觀)의 언어를 묵시적 음향효과 정도로만 취급하고 있음을 살펴보았다. 따라서 우리는 신약 기자들의 우주 개념이 과연 불트만이 말한 것처럼 세련되지 못한 것일까 하는 질문을 해 보아야 한다.

한 예로, 요한 계시록의 저자가 자신의 언어가 상징적으로 이해되기를 의도했다는 것은 거의 확실하다(p. 435 이하를 보라). 미니어 (P. S. Minear)가 옳다면, "그 선지자는 상대적인 것을 절대화할 위험, 또 표현할 수 없는 하나님의 초월적 차원을 그의 피조세계의 차원으로 축소시켜 버릴 위험이 있다는 것을 자각하고 있었다."[74] 바울이 하나 이상의 하늘이 있다는 당대의 생각을 따라 사고를 했다는 것은 분명하다. 그러나 바울이 그것들을 어떻게 개념화 했는지, 또 과연 그가 자신의 생각을 묘사하기에 적절한 언어가 있다고 생각했겠는지는 별개의 문제이다("그가 몸 안에 있었는지 몸 밖에 있었는지 나는 모르거니와 하나님은 아시느니라" "말할 수 없는 말" ─

고후 12:2 이하) ; 또 바울이 영적인 권세들을 하늘에 있는 실제적인 존재로 말하고 있긴 하지만(예. 롬 8:38; 고전 2:6,8; 엡 6:12), 그에게 있어서 인간에 대한 최대의 위협인 "권세들"이란 인격화된 것들, 죄, 죽음, 그리고 율법 등이라는 것은 분명한 사실이다. [75]

예를 한 두 개만 들어보자; 예수의 죽음을 희생제사로, 그의 피를 통한 속죄로 말하는 것에는 희생 제사의 실행에 오랫동안 익숙해 있는 사람들에게 예수의 죽음을 이해시키는 강한 은유 이상의 어떤 의도가 있는가? 다시 말하면 씻음, 칭의, 구속, 양자삼음 등의 상관적인 은유들과 같이 당시의 생활에서 끌어낸 은유가 아닌가? 히브리서의 케리그마가 죄용서와 또 기자의 "지금 여기"에서의 하나님과의 직접적인 인격적 관계를 강조함으로써 결과적으로 제사 의식과 성전을 "비신화화" 했다는 주장은 상당히 정당한 것일 수 있다. [76]

물론 이 주제가 좀더 복잡하기는 하지만, 적어도 신약성서의 "신화적" 언어의 상당 부분이 사실은 유비적 은유적 언어라고 하는 것이 드러나기 시작했음을 알 수 있다. 그리고 그 유비와 은유들은 그 시대에 알맞은 것들이었고, 그래서 그곳들이 그 시대의 언어와 개념을 사용한 것은 불가피한 것이었다. 그러나 하나님의 초월성(beyondness)이 "과학적 지식의 한계 너머 (beyond) 어딘가의" 용어들로 이해되는 경우가 있다면, 1세기의 과학 지식의 범위가 그렇게 넓지 못했다는 사실이 초월을 말하기 위한 1 세기의 시도들이 갖는 은유적 유비적 가치를 절하하지는 않는다고 볼 수 있다. 정리하면, 신약성서의 신화에 대한 불트만의 문제제기가 부적절한 것인 이유는 "어떤 종류의 신화인가?" "어떤 의미에서의 신화인가?" 라는 질문들에 대한 철저한 탐구에 의해 규정되지 않았기 때문이다.

(3) 신화의 진실은 무엇인가? 실존주의 용어로서의 비신화화가 하나님을 객관화하는 것으로 나타난다면, 그것은 실제로 신화의 문제에 대한 대답을 주고 있는가? 불트만이 "하나님 언어(God-talk)", 그리스도 사건의 언어를 지금 여기에서의 케리그마적 만남으로 환원시킨 것이 신약성서에서 사용된 신화적 언어의 진실을 밝혀내었는가? 역설적으로, 그의 신약성서 신화 개

넘은 너무 넓은데 반해(2), 신화의 진실에 대한 그의 이해는 너무 좁다.[77] 이와 관련하여 불트만은 양면에서 공격 받아왔다. 더 급진적인 그의 제자들은 불트만이 멈춘 지점이 납득하기 힘들다고 공격했다. 복음서가 남김없이 전부 실존주의적 범주들로 완전히 번역될 수 있다면, 왜 불트만은 그리스도에 대한 언급들을 유지하려고 했으며, "그리스도 안에서 활동하는 하나님"에 관해서 계속해서 말할 자신의 권리를 그렇게 강하게 방어했을까? "신앙의 사람의 자기 이해가 정말 신약성서의 상수(constant)"[78]라면, 도대체 기독론이 설 자리는 어디란 말인가? 케리그마 그 자체가 신화적인데, 불트만이 역사로부터 케리그마로 도피해 들어간다고 해서, 그것이 신화의 문제에 대한 해답이 될 수 있을까; 불트만의 비신화화 프로그램은 논리적으로 "비 케리그마화"도 포함하게 되지 않는가?[79] 만약, 신앙이 인간의 진정한 존재의 가능성일 뿐이라면, 그 가능성의 현실화는 전적으로 그리스도에게만 한정될 수 없다.[80] 그러면 왜 하나님이라는 관념을 붙잡고 있는가? 우주적으로 초월적인 신에 대한 1세기의 관념이 자기 초월이라는 개념으로 실존적으로 비신화화되어 버린 것이 아닐까?[81]

　　이러한 공격으로부터 무시하지 못할 하나의 논점이 나온다 — 불트만은 그 자신의 과제를 언제나 기독교의 복음전도와 변증의 용어로 보았다는 것이다(신약성서 자체가 이렇게 읽혀지기를 요구하고 있다). 그는 복음을 견고히 하고, 또 신앙이 1세기의 개념으로 객관화되어서 무의미하게 되는 것으로부터 신앙을 "수호"하기를 원하였다. "비신화화 작업은 하나님의 말씀의 부름을 명확히 하는 것 외에는 다른 목적을 갖지 않는다."[82] 그래서 그는 케리그마와 신화를 구별하는 것으로부터 출발했다[83] — 독일 관념론의 유산을 이어받은 그는 거의 선험적으로 케리그마는 신화 속에 있는 진리라고 단언하게 되었다. 그 진리는 20세기의 과학적 세계관과의 충돌없이 오늘 나에게 도전해 오는 진리인 것이다. 그러나 불트만이 옥덴과 같은 이의 비판을 받을 때, 케리그마로부터 탄생한 신앙에 — 사실 불트만은 이것으로 축소해 버렸다 — 자의적으로 호소하지 않고서는 그 비판을 감당해내기가 어려울 것으로 보인다.[84] 그러나 신앙에 대한 그의 의지가 부적절한 것임은 위에서 인용한 바에 의해서, 또 불트만이 비신화화 프로그램을 제안하면서 자신이 호소했던 바 기준들에 위해서 명백해졌다. 따라서 변증적 입장은 우측으로 더 나아가야 한다.

불트만에 대한 보수적 입장에서의 비판은 그가 신학을 인간학으로 축소 시킨다는 형태로 표현되는 경우가 많다. 전적으로 잘못된 것이라기보다는 불 트만이 "또는 더 적절하게는, 실존적으로"를 첨가하기를 잊었다는 것이다 (439면, 주 62를 보라). 기독론을 구원론으로 축소시켰다는 비판은 같은 내 용을 좀더 잘 표현한 비판일 수 있다.[85] 또, 그가 과거와 미래를 현재로 간주 하면서 신앙이 확증하고자 하는 바를 망원경적으로 관찰하기만 했다는 비판 도 적절하다. 반대로, 기독교 신앙이 원래의 기독교와 의미있는 연속성을 갖 고 있다면, 그것은 예수로서의 예수에 관하여, 예수 그리스도의 과거와 미래 를 포함하는 과거와 미래에 관하여 확증하여야 한다(하나님에 관하여서 뿐만 아니라).[86]

예를 들어, "예수의 부활"이라는 어구가 예수에게 일어난 어떤 것에 관 해 말하려는 것이 아니었고, 그것이 단지 부활절 신앙의 일어남(rise)만을 묘사하려고 했다면,[87] 그것은 죽었다가 살아나는 신에 관한 신비 종교들의 신화보다 나을 게 전혀 없다. 기껏해야 그것은 역사적인(한 때만 역사적이었 다가 지금은 죽은) 인물일 뿐이다.[88] 각 경우에 있어서 기독교의 초점은 신 앙의 그리스도에서 역사적 예수에게로 옮겨가야 한다. 그렇지 않다면, 기독 교 자체가 신비 제의로 환원되어 버릴 것이다; 말하자면, 기독교가 그리스도 를 본받자는(imatio Christ) 도덕주의나(처음 그리스도인으로서의 예수)[89], 현대적 식물 제의(생명의 원리로서, 매년 재생하는 이미지로서의 예수)의 형 태로 환원되어 버릴 것이며, 그것을 통해서 경험되는 어떠한 은혜도 "그리스 도 안에서의 하나님의 은혜"라고 표현하는 것이 정당하지도 또 의미있지도 않을 것이다.

게다가 "예수의 부활"이 믿는 자들의 현재와 미래뿐만 아니라 예수의 현 재와 미래도 약속해 주는 것으로 말해지지 않는다면, 기독교가 그 본래의 결 정적이고 특징적인 요소들이었던 목적과 희망을 잃어버리는 것이라고 지적할 수밖에 없다.[90] 확실히, 제 4 복음서의 미래에서 과거와 현재에로 강조점의 이동은("실현된 종말론") 일종의 "비신화화"라고 부를 수 있을 것이다.[91] 그러나 우리는 그 실현된 종말론이 미래적 종말론의 완전한 포기가 아니라는 것을 알아야 한다(5:28f. ; 6:39f., 44, 54 ; 11:25 ; 12:48 ; 14:2f ; 17:24) ;[92] 요한에게서조차 "종말론적 신화"는 비신화화 과정의 산(酸)에 의해서 용해되어져 버릴 수 없는, 여전히 미래적인 희망을 포함한다. 불트만은 신약성서의 신화가 얼마나 비신화화 되기 힘든 것인가를 깨닫지 못했다. 신약성서의 신화는 기독교 복음에 있어서 근본적인 무엇을 말하고 있으며, 신화적 용어가 아니고서는 달리 표현될 수 없는 무엇을 말하고 있는 것이다.[93]

간단히 말하면, 불트만의 비신화화 프로그램은 일차적으로 신약성서 신화의 더 넓은 문제보다는 하나님을 객관화하는 문제로 표현되었기 때문에, 예수에 대한 역사적이고 존재론적인 확언들을 포기해 버림으로써 신약성서의 신화적 언어들의 진실을 정당하게 다루는 데 실패했다. 그 확언들은 신화적 언어가 신화로서의 고유한 본질을 가짐으로써 담을 수 있는 것들이다. 좀더 다룰 필요가 있는 부분들이 있으나 지면 관계상 생략한다.

5. 결론

신약성서의 신화의 문제는 무엇인가? 그것은 기적의 문제로 축소되어질 수 없는 것이다 ; 이 세상 속에서의 하나님의 행위는 자연 법칙에 대한 침입이나 정지라는 용어들로 생각되어질 필요가 없다. 그것은 인간 상황의 좌절과 모순들로부터의 구원의 희망을 개념화한 것인 다른 신화 형식들에의 의존의 문제로 축소되어서도 안 된다 ; 그러한 차용이 있는 경우에도, 신화적 언어의 성격은 역사적 인물인 예수에 대한 언급에 의해서 변형되어진다. 그것은 또 하나님을 객관화하는 문제로 축소되어서도 안 된다 ; 이 두 문제는 부분적으로만 겹쳐지는 것이며, 이 둘을 동일시 하는 것은 신약성서 신화의 진실의 많은 부분을 무시하는 것이다.

신약성서에 있는 신화의 문제는 신약성서가 기독교 신앙에 있어서 결정적인 사건들을 20세기 사람들에게는 낡고 무의미한 것으로 받아들여질 수 있는 언어와 개념들로 표현하고 있다는 것이다. 정확히 말하자면 신약에 있는 신화의 문제는 (1) 결국 하나님을 어떻게 말하는가 하는 유비의 문제이다. 이 문제는 신약성서의 은유들과 유비들이 고루하고 현대인의 감각에 맞지 않는 것이라는 문제와 관련되어 있다(예. 피 흘리는 희생제사) ; (2) 역사 속에서 활동하시는 하나님을 어떻게 말할까 하는 문제가 있다. 이 문제는 1세기의 세계에서는 신적 존재들의 활동은 우리가 지금 자연적 정신적 과정이라고 생각하는 것들에 대한 설명을 위해 생겨난 경우가 많다는 사실과 관련되어 있다. 말하자면 당시에는 자연적 인과의 사슬이 파악되지 못했고, 그래서 원인이 신에게만 돌려졌다는 것이다(예. 나병을 귀신들린 것으로 본 것); (3) 관찰 가능한 과학적 역사 영역과 "저 넘어" 사이의 공백을 어떻게 개념화 할 것인가 하는 문제, 또 이 두 영역을 오가는 "구절"들에 대해 어떻게 말할 것인가 하는 문제가 있다. — 이 문제는 시대에 뒤진 개념화들이 그리스도에 관한 신약 신앙의 전통적으로 중요한 표현들을 결정한다는 사실과 관련되어 있다. 특별히 "승천"(행 1:11)과 "하늘에서" "구름을 타고 오는"파루시아(막 13:26; 살전 4:16)는 단순한 은유나 유비가 아니며 문자적 묘사로 의도되었으며, 그것은 우리에게 적용하기는 불가능한 1세기의 우주관의 산물이라는 문제이다.

　　문제는 초대 기독교인들의 신앙과 희망을 1세기적 언어와 개념들로부터 쉽게 구별해낼 수 없다는 점이다. 오히려, 그들의 신앙과 희망은 그런 언어를 통하여 표현되었다; 그것은 그 언어와 떨어져서 존재하는 것이 아니다. 비신화화 자체가 제기하는 질문은, 복음이 언제까지나 1세기의 사고형태 속에 감금되어 있어야 하는가, 그것은 20세기의 용어들로 재표현될 수는 없는가 하는 것이다. 우리는 똑같은 신앙과 희망으로 남아있으면서 다른 언어나 사고형태로 표현되어질 수 있는 그런 신앙과 희망이 존재한다고 말하는 것을 타당하다고 볼 수 있는가? 아담 기독론, 공중에 권세잡은 자들에 관한 말들, 승천과 같은 1세기의 신학화 작업들이 오늘날 우리에게는 초대 그리스도인들에게와 똑같은 의미를 가질 수 없다면, 거기에는 어떤 뜻이 있단 말인가?

이렇게 신약성서 신화의 문제는 복합적인 문제이며, 적절한 대답을 위해서는 많은 관련 본문들을 주의깊게 석의해 보아야만 한다. 이미 앞에서 광범위한 신학적 사고들을 충분히 다루었다고 생각하며, 이는 나 자신의 견해에 안내 역할을 해 줄 것이다. 다음 장에서는 조금은 다른 방향에서 논의를 계속하고자 한다. 중요한 점은 우리 각자가 이 문제를 안고 스스로 씨름해보아야 하며, 어느 누구도 그 씨름을 대신해 줄 수 없다는 것이다; 결국, 그것은 한 그리스도인으로서 내가 나의 믿음을 어떻게 표현하는가 하는 문제이기 때문이다.

우리가 그리스도 사건과 초대 그리스도인들의 신앙을 규범적인 것으로 간주할수록, 초대 그리스도인들의 신앙과 희망을 그들의 자기 이해와 은혜 경험에 대한 설명과 해석의 출발점으로 보는 입장이 강고해질 것이다. 물론, 어떤 마술적인 부적을 대하는 것처럼 그 단어들 자체에 집착해야 한다는 것은 아니다. 오히려 우리는 그 단어들이 표현하고 있는 사랑과 신앙과 희망의 실체를 새롭게 재발견하도록 언제나 노력해야 하며, 그래서 그 실체를 우리 자신과 우리 이웃들의 경험에 있어서 의미있는 언어로 재표현하도록 노력해야 한다. 그러므로 비신화화의 과정은 전적으로 20세기적으로 조건지워져 있는 나와 또 완전히 1세기적으로 조건지워져 있는 신앙 사이의 대화이다. 이러한 대화는 한 사람이 다른 사람에게 단번에 완전한 대답을 줄 수 있는 성질의 것이 아니라, 각자가 반복해서 의문을 던지고, 또 대답이 나올 때까지 ― 물론 이 대답은 더 많은 질문을 일으키기도 한다 ― 본문, 그리고 자신과 실존적으로 씨름해야 하는, 계속되는 대화이다.

이 대화에는 나의 목소리와 과거의 목소리만 관련되어 있는 것이 아니다. 그것은 실재와 진실에 대한 인간의 폭넓은 탐구의 한 부분일 뿐이며, 다른 목소리들이 들어와서 질문을 일으키기도 대답을 주기도 하기 때문이다. 또 그것은 우리가 최종적인 형태나 표현에 도달할 수 있는 대화도 아니다. 사람은 누구나 각자의 독특한 질문을 갖고 있고, 19세기는 20세기에 자리를 내 주었으며, 또 20세기는 21세기에 길을 비켜주기 시작했고, 각 시대는 그 시대 나름의 의제를 갖고 있기 때문이다; 오히려 그것은 개개의 신자들에 의해, 개개의 신앙공동체에 의해 끊임없이 새롭게 되어야 하는 대화이다. 간단히 말하면, 비신화화의 변증법은 살아있는 신앙의 언어이다.

주

* 나의 초고를 보고 조언을 해 주신 A. C. Thiselton 과 I. H. Marshall 께, 그리고 이 글과 또 관련 주제들에 관하여 계속적인 자극을 주었던 나의 동료 R. W. A. McKinney 에게 감사의 뜻을 표하고 싶다.

1) G. S. Kirk, *Myth: Its Meaning and functions In Ancient and Other Cultures* (Cambridge 1970), p. 7.

2) G. Stählin, μῦθος, TDNT IV, pp. 766-9; cf. also C. K. Barrett, "Myth and the New Testament", Exp. T 68 (1956-57), p. 345.

3) W. Pannenberg, "The Later Dimensions of Myth in Biblical and Christian Tradition" *Basic Questions in Theology* III (E. T. London 1973), pp. 1-22.

4) M Eliade, *Myth and Reality* (London 1964) p. 5; *Encyclopaedia Britannica* Art. "Myth, Vol. 15, p. 1133. Eliade is criticised by I. Strenski, "Mircea Eliade Some Theoretical Problems", in A. Cunningham, ed., *The Theory of Myth* (London 1973) pp. 40-78. See also I. G. Barbour, *Myths Models and Paradigms* (London 1976), pp. 19ff.

5) See also W. G. Kümmel, *The New Testament: The History of the Investigation of its Problems* (E. T. London 1973), pp. 101ff, 121; and see below p. 295. R. A. Johnson, *The Origins of Demythologizing* (Leiden 1974) points out that the work of B. Fontenelle, *De l'origine des fables* (1724) considerably predates that of Heyne (pp. 131-4).

6) Cf. particularly P. Ricoeur, *The Symbolism of Evil* (E. T. New York 1967), discussed by J. Rogerson, *Myth in O. T. Interpretation* (Berlin 1974), chap. 9.

7) Plato, *The Republic* 376-7.

8) Stählin, TDNT IV pp. 774ff. See also R. M. Grant, *The Earliest Lives of Jesus* (London 1961), pp. 121f. J. Creed, "Uses of Classical Mythology", in Cunningham, pp. 7-15.

9) Kirk, *Myth*, pp. 12-29를 보라; 또 Pannenberg, "Myth", pp. 5ff; 신화-제의에 관한 논쟁에 대해 더 보려면 B. S. Childs, *Myth and Reality in*

the Old Testament (London 1960), p. 19. 주. 2 와 제 6장의 Rogerson 의 논의를 참조하라.

10) C. G. Jung, *Memories Dreams and Reflection* (E. T. London 1963), p. 343; Kirk. *Myth* p. 279. See also C. G. Jung and C. Kerenyi, *Introduction to a Science of Mythology* (E. T. London 1951).

11) Kirk, *Myth* pp. 42-83; Rogerson, p. 105. See further e. g. C. Levi-Strauss, *Structural Anthropology* (E. T. New York 1963), chap. Xl; E. Leach, *Levi-Strauss* (Glasgow, revised

12) K. Jaspers; "Myth and Religion", *Kerygma and Myth* II (ed. H. W. Bartsch, E. T. London 1962), p. 145.

13) M. Grant, *Myths of the Greeks and Romans* (London 1962), p. x vii. 은 아래의 시구를 적절히 인용하고 있다:

> The intelligible forms of ancient poets,
> the fair humanities of old religion, …
> They live no longer in the faith of reason!
> But still the heart doth need a language, still
> Doth the old instinct bring back the old names …

14) R. Otto, *The Idea of the Holy* (E. T. Oxford 1923), p. 126. 참조. Eliade: "모든 원시인들에게, 세계의 기초를 형성하는 것은 종교적 경험이었다" (Myths, *Dreams and Mysteries* (E. T. London 1960), p. 19).

15) Jung, *Memories*, p. 373; Kirk는 Jung을 비슷한 입장에서 인용한다: "원시인들의 정신상태는 신화를 고안해 내는 것이 아니라, 그것을 경험하는 것이었다" (Myth, p. 279). 또 N. Berdyaev, *Freedom and Spirit* (E. T. London 1935), p. 70.

16) Cf. N. Smart, *The Phenomenon of Religion* (London 1973), ch. 3.

17) 예를 들면, 영지주의 신화는 자신의 분리된 본성(정신과 물질)에 대한 인간의 의식과 그로 인한 좌절을 표현한다. Nietzsche의 "신화"와 "초인"은 일종의 갈망, "권력에의 의지"를 표현한다.

18) 참조. Pannenberg: "모든 현상 특히 대단히 충격적이고 비일상적인 사건들을 신들의 개입으로 돌린다는 것은 무지를 — 모든 경우에 있어서, 원인과 결과와의 관계에 대한 — 전제하지 않으며, 그것이 이런 무지의 소산이라고 할 만큼 단순 명료한 것도 아니다. 오히려, 그런 식으로 사물을 바라보는 것은 개별적인 현상을 다른 유한한 사건들이나 환경들과의 관련 가운데서만이 아니라, 전체로서의 실재를 결정하는 '힘들'과의 관련하에서 이해하는 기본적인 종교적 경험을 표현하는 것이다. 이런 특수한 종교적인 요소없이는 진정한 원인들에 대한 무지라는 것도 왜 모든 사건들이 신의 힘으로 돌려지느냐를 설명해 주지 못할 것이다" ("Myth", p. 14 n. 32).

19) Stählin, TDNT IV, pp. 790f. See also R. M. Grant, *A Short History of the Interpretation of the Bible* (London revised 1965),

pp. 62-8.

20) 참조. L. Feuerbach, *The Essence of Christianity* (1841, E. T. 1854, reprinted, New York 1957) : "신앙의 특별한 목적은 기적이다: 신앙이란 기적을 믿는 것이다; 신앙과 기적은 절대로 분리되어 질 수 없다" (p. 126)

21) *The Life of Jesus Critically Examined* (E. T. 1848, 1 vol 1892, reprinted, London 1973), pp. 39f. 이 논쟁에 관하여 여전히 근본적인 공헌을 하고 있는 David Hume의 영향은 Strauss의 건설적인 *New Life of Jesus* (E. T. London 1865)에서 가장 선명하게 나타난다: "역사 연구가가 그것을 모든 비교를 초월하여, 좀더 개연성있는 것을 발견하려고 하지 않고, 기적적인 사실보다는 진실성 없는 기록만을 다루어야 한다는 그런 경우를 생각하는 것은 절대적으로 불가능하다." (Vol. I, p. 200)

22) 그의 가장 명확한 신화에 대한 정의는 *New Life*, I p. 206: "신화는 그 원래의 형태에 있어서는 한 개인의 의식적이고 의도적인 고안이 아니라, 사람들 혹은 종교적 집단의 공동의식의 산물이다. 물론 시작은 개인이 했겠지만, 그것은 곧 신앙에 합치되었다. 그것을 시작한 개인은 보편적 신념의 도구에 지나지 않는다는 이유에서이다. 신화는 한 현명한 사람이 자신에게서 일어나는 생각을 무지한 다수들의 입장에서 사용되어지기 위해서 감싸는 그런 덮개가 아니다. 그것은 설화와 동시에 있는 것, 아니, 그가 말하는 설화의 형식 바로 그 속에 있다. 그래서 그는 자신이 아직 그것을 있는 그대로 이해할 수 없다는 것을 깨닫게 된다." 이 이전에 *Life* pp. 80ff. 에서 정리된 것도 보라. 그의 신화 개념에 대한 더 면밀한 분석은 P. C. Hodgson의 1973년 재인쇄본의 서론 pp. xxiii, xxvi, xxxiv 를 보라.

23) *Life*, pp. 86f.

24) *Life*, §§ 95, 102, 107.

25) *Life*, §§ 71, 51.

26) A. Schweitzer가 Strauss에게 놀랄만한 찬사를 보내는 것을 보라. A. Schweitzer, *The Quest of the Historical Jesus* (E. T. London 1910), p. 84.

27) 이런 생각은 특별히 제 4 복음서의 연구에 있어서 적절한 것이다; 그러나, 공관복음서에 있어서도 우리는 이런 편집의 중요성에 대해 주목해야 한다. 마가복음 6:5f. 에 대한 마태복음 13:58의 편집, 마가복음 6:51f. 에 대한 마태복음 14:32f. 의 편집 등, 그리고 같은 사건을 이야기하면서 마태와 누가가 다르게 제시하고 있는 점들에 대해서이다 (마태복음 8:5-13/누가복음 7:1-10).

28) 보다 만족할 만한 정의는 R. Swinburne, *The Concept of Miracle* (London 1970): "기적은 신에 의해 수행된, 그리고 종교적 의의를 가지는 비일상적인 종류의 사건이다" (p. 1). 그의 논문은 주로 철학에 근거한 Hume의 개념에 대한 비판이다.

29) See J. D. G. Dunn, *Jesus and the Spirit* (London 1975), ch. 4.

30) Cf. R. Bultmann, *Kerygma and Myth* (ed. H.-W. Bartsch, E. T.

London 1953), p. 197.

31) 잘 검증되어진 이런 경우들과 다른 유사심리학적 현상을 포함하는 예들이 H. Thurston, *The Physical Phenomena of Mysticism*(London 1952), 그리고 C. Wilson, *The Occult* (London 1971)에 있다.

32) 현대 과학의 다양한 학문분야들에 대한 충분한 교양을 갖고 있으면서, 하나님에 대해 이야기하려는, 그리고 그것을 통전적인 방식으로 행하려는 최근의 시도들에는 아래와 같은 것들이 있다. J. V. Taylor, *The Go-Between God* (London 1972), Part One; J. W. Bowker, *The Sence of God* (Oxford 1973); M. Kelsey, *Encounter with God* (London 1974); Barbour, *Myth.* Karl Heim 의 *Christian Faith and Natural Science* (E. T. London 1953)이 유용하다는 것을 발견한 이들이 많다. Teilhard de Chardin, *Le Milieu Divin* (E. T. London 1960)

33) See G. Vermes, *Jesus the Jew* (London 1973), pp. 69-78.

34) E. Trocme, *Jesus and his Contemporaries* (E. T. London 1973), chapter 7.

35) Strauss, *Life*, §§ 92-93. See also H. van der Loos, *The Miracles of Jesus* (Leiden 1965), pp. 156-175.

36) 그의 *Life*의 3판에서는 이 입장이 동요하고 있긴 하지만; Hodgson, pp. xⅼⅱf. 를 보라.

37) 역사적 예수의 말씀으로서의 이 로기온의 진정성은 널리 인정되고 있다; R. Bultman, *The History of the Synoptic Tradition* (E. T. Oxford 1963), pp. 23f; R. H. Fuller, *The Foundation of the New Testament Christology* (London 1965), pp. 128f. 를 보라. *New Life*, I p. 364에 있는 Strauss 자신의 해석은 전체적으로 볼 때 설득력이 없다: 예수가 호소하는 바 기적은 "그의 가르침의 도덕적 영향들의 영적인 의미 안에서 이해되어져야 한다."

38) 예를 들어 R. Otto 의 제안을 보라. *The Kingdom of God and the Son of Man* (E. T. London 1938), pp. 368-74.

39) Strauss, *Life*, 148-151. Strauss는 기독론의 중심에 한 개인 대신 한 사상을 갖다 놓는다 - H. Harris, *David Friedrich Strauss and his Theology* (Cambridge 18730, p. 55.

40) See Kümmel, *New Testament* pp. 245ff.

41) See P. Vielhauer in E. Hennecke and W. Schneemelcher, *New Testament Apocrypha* (E. T. ed. R. M. Wilson, London 1965) Vol. 11, pp. 587-90; D. S. Russell, *The Method and Message of Jewish Apocalyptic* (London 1964), 122-7.

42) See particularly K. Koch, *The Rediscovery of Apocalyptic* (E. T. London 1972), chapter 6.

43) J. F. Walvoord, *The Revelation of Jesus Christ* (London 1966) 는 계시록을 문자적으로 해석하려는 오류에 빠졌다.

44) Kümmel, *New Testament* pp. 250ff. 참조. 벧전 3:19ff, 유 6, 14ff.

45) Cf. W. G. Kümmel, "Mythische Rede und Heilsgeschehen im Neuen Testament", *Heilsgeschehen und Geschichte* (Marburg 1965), pp. 161ff.

46) See particularly R. Bultmann, *Theology of the New Testament* Vol. I (E.T. London 1952), pp. 164-83; *Primitive Christianity in its Contemporary Setting* (E.T. London 1956) pp. 162-71, 189-208.

47) See particularly C. Colpe, *Die religionsgeschichtliche Schule* (Göttingen 1961); E. Yamauchi, *Pre-Christian Gnosticism* (London 1973); cf. J. W. Drane (p. 123 above).

48) See J. D. G. Dunn, "I Corinthians 15.45 — Last Adam, Life-giving Spirit", *Christ and the Spirit in the New Testament: Studies in Honour of C. F. D. Moule* (ed. B. Lindars and S.S. Smalley; Cambridge 1973), pp. 129f, 135f; also *Jesus and the Spirit* ch. 10.

49) See e.g. R. Bultmann, *The History of the Synoptic Tradition* (E.T. Oxford 1963), pp. 241, 371; H. Koester, "One Jesus and Four Primitive Gospels", in J. M. Robinson and H. Koester, *Trajectories through Early Christianity* (PhiladelphiA 1971), pp. 187-93; R. P Martin, *Mark: Evangelist and Theologian* (Exeter 1972), chap. VI; E. Trocme, *Jesus and his Contemporaries* (E.T. Lvndon 1973), chap. 7.

50) See e.g. Bultmann, *Theology* 1 pp. 140ff, 148ff.

51) 설명과 비판을 위해서는 특히 G. Wagner, *Pauline Baptism and the Pagan Mysteries* (E.T. Edinburgh 1967)

52) E. Käsemann, "The Pauline Doctrine of the Lord's Supper," *Essays on New Testament Themes* (E.T. London 1964), pp. 108ff. 를 보라. 그리고, Dunn, *Baptism in the Holy Spirit* (London 1970) 도 보라.

53) See e.g. A. Drews, *Die Christusmythe* (Jena 1910); P. L. Couchoud, *The Enigma of Jesus* (E.T. London 1924); G. A. Wells, *The Jesus of the Early Christians* (London 1971). But see also M. Goguel, *Jesus the Nazarene — Myth or History?* (E.T. London 1926); H. G. Wood, *Did Christ Really Live?* (London 1938)

54) Cited by H. Schlier, "The New Testament and Myth", *The Relevance of the New Testament* (E.T. London 1967), p. 84.

55) Schlier, p. 92. 참조. A. Harnack : "모든 신화의 주요 인물들이 그리스도 안에서 역사가 되었다". G. Miegge, *Gospel and Myth in the Thought of Rudolf Bultmann* (E.T. London 1960), p. 106. 에 인용되어 있음. 확실히, 그리스도의 선재와 동정녀 잉태는 "신화적"이라고 불리는 것이 마땅

하다(참조. Kümmel, *Heilsgeschen*, p. 155, 165f.); 그러나, 여기서도 우리는 "성육신의 사상은 … 신화 자체의 본질과 반대된다는 것"에 주목해야 한다. (Pannenberg, "Myth", pp. 71f.).

56) O. Cullmann, *Salvation in History* (E. T. London 1967), pp. 139ff.

57) 이런 관찰들은 각각이 개신교 자유주의의 고전적 표현으로부터 온 것으로 설명되어질 수 있다. A. Harnack의 *What is Christianity?* (E. T. London 1901, reprinted 1958); 특별히 제 2,3 그리고 10 講을 보라. Weiss, Heitmüller 그리고 Bousset가 이 주안점에 있어서 개신교 자유주의 내에 굳게 머물러 있었다는 사실은 주목할 만하다: J. Weiss, *Jesus' Proclamation of the Kingdom of God* (E. T. London 1971), p. 135 (그리고 pp. 16-24의 서론)을 보라. Kümmel, *New Testament*, pp. 230ff., 255ff., 259ff.; Koch, *Apocalyptic*, p. 59.

58) Kümmel, *New Testament*, n. 466; see also Miegge, *Gospel* pp. 119ff.; J. M. Robinson, "The Pre-History of Demythologization", *Interpretation* 20 (1966), pp. 68f; W. Schmithals, *An Introduction to the Theology of Rudolf Bultmann* (E. T. London 1968), p. 250; Johnson, pp. 103-14.

59) E. T. *Kerygma and Myth*, pp. 1-44 의 "*New Testament and Mythology*"; 이하에 언급하는 페이지는 이 논문의 것이다.

60) Pannenberg, "Myth" p. 9. See also Johnson, pp. 141-151.

61) See also Bultmann, *Jesus Christ and Mythology* (London 1960), p. 37.

62) 그러나 위의 1부를 보라. K. Barth는 "실존만이 인간의 주체라고 인정하는, 그래서 배타적으로 실존주의적이고 인간학적인 해석만을 요구하는 신화란 도대체 어떤 종류의 것인가?" (*Kerygma and Myth* II, p. 116): 또, I. Henderson, *Myth in the New Testament* (London 1952), pp. 30ff.를 보라: "신화적인 것들의 비 단일적 성격" (p. 52). 아마도 불트만은 주객의 구분과 그로 인해 세계로부터 의식적으로 거리를 유지하게 될 가능성은 데카르트에서 시작된 것의 현대적 발전이라는 데 근거하여 이 주장을 정당화했을 것이다(cf. Schmithals, *Bultmann*, pp. 29ff.). 실존주의는 이런 주-객 도식을 극복하고, 데카르트 이후의 과학적 인간에게 데카르트 이전의, 특별히 신약성서의 (신화적) 사고 안으로 들어갈 수 있도록 해준다. F. Gogarten, *Demythologizing and History* (E. T. London 1955), pp. 48-68 — 특별히 불트만의 신학을 "주관주의"라고 부당하게 몰아 붙이는 것에 대한 경고가 주목할 만하다.

63) See also J. Macquarrie, *An Existentialist Theology* (London 1955), pp. 14-21.

64) "이는 '신앙'이 의미하는 바이다: 우리 자신을 미래를 향해 자유롭게 개방하는 것이다" (*Kerygma and Myth*, p. 19).

65) 참조. Bultmann, *Theology* I, pp. 305f. 또, Schmithals,

Bultmann, 6장과 8장을 보라: "기독교의 부활절 신앙은 구원 사건으로서의, 즉 실존적인 경험으로서 예수의 부활 사건에 관심했기 때문에, 역사적 질문에는 관심이 없었다"(p. 138). "예수 사건을 구원 사건으로 만드는 것은 말씀(the Word)이다"; "이 선포를 떠나서는 예수 사건도 평범한 세상사 중의 하나에 지나지 않는다"(pp. 174, 193).

66) "The Christological Confession of the World Council of Churches", *Essays Philosophical and Theological* (E. T. London 1955), pp. 280f.

67) 여기서 불트만은 그가 그의 스승 W. Herrmann 에게 빚지고 있음을 인정한다 (*Kerygma and Myth*, pp. 200f.); 그러나, Kierkegaard, M. Käller 그리고 물론 Barth도 같은 주제에 대해 영향력 있는 진술들을 남기고 있다.

68) 특히 고린도전서 15:3-8 에 대한 그의 언급과 (*Kerygma and Myth* p. 39) 그 다음 부분을 보라. 참조. 그의 초기 논문, "What does it mean to speak of God?"(1925), *Faith and Understanding* (E. T. London 1969), pp. 53-65.

69) *Kerygma and Myth*, p. 197; *Jesus Christ and Mythology*, p. 19; "On the Problem of Demythologizing", *New Testament Issues* (ed. R. Batey; London 19700, p. 41 또 *The Theology of Rudolf Bultmann* (ed. C. W. Kegley, London 1966) p. 261 에 있는 H. P. Owen 에 대한 그의 응답을 보라. 또, H. P. Owen, *Revelation and Existence : a Study in the Theology of Rudolph Bultmann* (Cardiff 1957): "비신화화라기보다는 비객관화라고 하는 것이 더 정확할 것 같다"(p. 15); Schmithals, Bultman, 2장; "모든 신학의 ─ 심지어는 신앙까지 포함하여 ─ 근본적인 오류는 … ─ 하나님의 행동이 객관화된다는 것이다"(p. 141); 또 특히 Johnson, *Origins*, pp. 14f. 그리고 *passim*, 을 보라. 그는 불트만의 신화와 "객관화" 이해에 끼친 H. Jonas의 중요한 영향에 주목하고 있다(pp. 114-26, 207-31).

70) *Jesus Christ and Mythology* p. 84; see also *Kerygma and Myth* pp. 210f.

71) Miegge, *Gospel* p. 93.

72) R. W. Hepburn, "Demythologizing and the Problem of Validity", *New Essays in Philosophical Theology*(ed. A. Flew and A. Macintyre; London 1955), pp. 229 f.; 또 Kümmel, "Mythos im Neuen Testament", *Heilgeschehen*, p. 221; J. Macqarrie, *The Scope of Demythologizing* (London 1960), pp. 198ff.; 반면에, Kegley, *Bultmann*, pp. 111-6. 에 있는 S. M. Ogden의 보다 긍정적인 평가를 보라.

73) *Kerygma and Myth* pp. 196f; *Jesus Christ and Mythology* pp. 68f; *New Testament Issues*, p. 42. But see Macquarrie's comment, *Demythologizing*, p. 205 n. 1.

74) P. S. Minear, "The Cosmology of the Apocalypse", *Current Issues*

in New Testament Interpretation (ed. W. Klassen and G. F. Snyder; London 1962) pp. 32f.; "물리적 세계에 대해 단순한 삼층구조의 생각을 갖고 있었다고 그를 비난할 수는 없다. 그가 인간 실존의 딜레마를 갖고 씨름한 것을 보면 그는 결코 단순하지 않다" (p. 34).

75) 참조, Bultmann, *Theology* I, 21ff. G. Bornkamm 은 바울이 골로새서에서 공격하고 있는 이단은 "신화라는 수단을 통하여 복음에로 나아가고자 하는" 시도였다고 한다 — "Myth and Gospel : A Discussion of the Problem of Demythologizing the New Testament Message", *Kerygma and History* (ed. C. E. Braaten and R. A. Harrisville, Nashville 1962), p. 181.

76) Cf. F. F. Bruce, "The Kerygma of Hebrews", *Interpretation* 23 (1969), pp. 9ff.

77) Cf. Barth, *Kerygma and Myth* II, pp. 115f.

78) H. Braun; "The Meaning of New Testament Christology", J. Th. Ch. 5 (New York, 1968), pp. 117f.

79) F. Buri, *Kerygma und Mythos* II (ed. H. W. Bartsch, Hamburg 1952), pp. 85ff.; "케리그마는 우리가 여전히 비논리적으로 집착하는 신화의 마지막 흔적이다" (p. 96). 또, Macquarrie의 *Demythologizing*, 제 5 장을 보라.

80) S. M. Ogden, *Christ without Myth* (New York 1961), pp. 76-94, 111-16, Van A. Harvey, *The Historian and the Believer* (London 1967), pp. 139-46; see also Jaspers, *Kerygma and Myth* II pp. 173f.

81) A. Kee, *The Way of Transcendence* (Harmondsworth, 1971), pp. xvi-xxii.

82) *Jesus Christ and Mythology*, p. 43. 1세기 신화의 잘못된 거침돌 (skandalon)을 복음에서 제거하려는 불트만의 관심에 대해서는, Schmithals, *Bultmann*, pp. 255f.

83) "신약성서는 그 신화적 배경으로부터 상당한 정도로 독립적인 진리를 구현하고 있는가? 그렇다면, 신학은 반드시 케리그마로부터 그 신화적 틀을 벗겨내는 작업, 그것을 '비신화화'하는 작업을 수행해야 한다" (*Kerygma and Myth*, p. 3). "다른 세상의"와 "이 세상" 등에 대한 선험적인 구별에도 주목하라. p. 10 에 이런 정의가 있다.

84) "설교에서 말은 우리에게 하나님의 말씀으로 다가온다. 그것의 신뢰성에 대해 질문을 던지는 것은 우리가 할 일이 아니다" (*Kerygma and Myth*, p. 41); 또 Jaspers 에 대한 그의 응답을 보라 (*Kerygma and Myth* II, p. 190), 그리고 Schmithals, *Bultmann*, pp. 193f.

85) See e. g. Barth and R. Schnackenburg in *Kerygma and Myth* II, pp. 91-102, 340-9.

86) 그렇다고 해서 불트만이 "예수 그리스도의 역사적 사건"에 대해 무언가 말하고 싶어 했다는 것을 부인하는 것은 아니다; 그러나 그것을 오로지 "말해질

때에만 현존하는 … 종말론적 사건으로" 기술하는 것은(Kegley, Bultman, pp.172f.에 있는 Ogden 에 대한 불트만의 응답) Ogden 의 비판과도 걸 맞지 않고, 예수에 관해서도 충분히 이야기하고 있지 못한 것이다.

87) "부활절의 사건이 어떠한 의미에서건 십자가 사건에 이은 역사적 사건이라고 한다면, 부활하신 주에 대한 신앙의 부활(*the rise of faith in the risen Lord*)에 다름 아니다. 사도들의 설교를 낳은 것도 바로 이 신앙이었다" (*Kerygma and Myth*, p.42). 바르트는 "예수의 실제 삶은 케리그마와 신 앙만으로 제한된다"고 평했다(*Kerygma and Myth*, Ⅱ, p.101). 보른캄도 비슷하게 "예수 그리스도는 단순히 구원하는 사실(saving fact)이 되며, 더 이상 한 사람이 아닌 것이 되고 만다"라고 한다(*Kerygma and History*, p.186).

88) Cf. Kümmel, *Heilsgeschehen*, pp. 157-65, 228f; see also Cullmann, *Christ and Time*(E.T. London 1951, revised 1962), pp. 94-106, *Salvation in History* pp. 136-50, H. Ott, "Rudolf Bultmann's Philosophy of History" in Kegley, *Bultmann*, p. 58 (note Bultmann's response, p. 264).

89) *Demythologizing*, pp.93, 98f, 224, 에 있는 사실상의 그의 입장, 그리고 *Principles of Christian Theology* (London 1966)에 있는 그의 "그리스 도 됨"의 교훈을 참조하라.

90) 특히 고린도전서 15:12ff.가 "지금의" 현재적 종교 경험으로 부활 소망을 축 소하려는 데 대하여 특별히 반대하고 있다는 것을 주목하라(참조. 고린도전서 4:8); Dunn, "1 Corinthians 15:45" pp.127f.을 보라. 참조. W.Pannenberg, *Jesus God and Man* (E.T. London 1968), pp. 106ff.; J.Moltmann, *The Theology of Hope* (E.T. London 1967) 제3장. 예수 자신의 메시지의 미래의 임박한 기대를 종말론적 "지금"의 결단의 위기로 축소한 불트만 입장에 대해서도 비슷한 비 판이 가해질 것이다(*Jesus and the Word* (E.T. London 1934, reprinted 1958), pp.44-7).

91) *Jesus Christ and Mythology*, pp. 33f, 80f.

92) 이런 단락들을 익명의 "교회적 편집자"의 것으로 돌린 불트만의 임의적인 시 도들에 반대하는 글은 — *The Gospel of John* (E.T. Oxford 1971).

93) Kümmel, *Heilsgeschehen*, pp.156f, 160, 164, 225ff. 참조. 앞에서 본 플라톤의 *mythos*와 *logos*에 대한 구분 (본서 p.424); 그리고 J.Knox, *The Death of Christ* (London 1959, reprinted 1967), pp.146ff.; 또 *Myth and Truth* (London 1966), 제2장, 3장.

제 16 장

신(新) 해석학

A. C. 씨슬턴

1. 목적과 관심사들 : 어떻게 본문이 새롭게 말할 수 있는가?

(1) 신해석학이라고 알려지게 된, 신약성서에 대한 접근 방법은 에른스터 푹스(Erst Fuchs)와 게르하르트 에벨링(Gerhard Ebeling)의 저서와 가장 큰 관련이 있다.[1] 이 두 저자는 그것이 현대 세계에서의 실용적 적합성을 갖는다고 주장했다. 어떻게 언어가, 특별히 성서의 언어가 현대의 독자의 마음에 와 닿을 수(treffen) 있겠는가?[2] 어떻게 하면 현대의 독자가 그 말들을 반복해서 말할 때 그 자신의 말이 될 수 있을 만큼, 성서의 언어가 그의 이해력의 영역에서 풍부해 질 수 있을까? 과연 얼마만큼의 하나님의 말씀이 새롭게 들려오는 산 말씀이 되고 있는가?

현재적 적용에의 이러한 강조점은 부분적으로는 신해석학과 루돌프 불트만의 사상 사이의 관련성으로부터 온 해묵은 성서 연구방법과 관련되어 있기도 하지만,[3] 푹스나 에벨링에게 있어서는 목회자로서 기독교 설교의 적절성과 효과에 대한 사려깊고 일관된 관심의 결과이기도 하다. — 이 둘은 몇년간 목회자로 일한 적이 있다 — 푹스의 작품의 핵심은 이런 질문이다: "우리가 그 본문을 강단에서 우리 앞에 내어 놓기를 원한다면, 그 전에 책상 앞에 앉아서 해야 할 일은 무엇인가?"[5]

그러나, 설교에 대한 이런 관심이 좁게 교회론적이거나, 단순히 설교학적인 것이라는 결론을 내려서는 안 된다. 두 명의 저자가 다 불신자의 입장에 대해 대단한 관심을 갖고 있다. 하나님의 말씀이 신앙을 **창조**할 수 있다면, 그것의 이해 가능성은 신앙을 **전제**해야 하는 것이어서는 안 된다. 그래서 푹스는 "고백을 예상하고 있다면(즉, 전제하고 있다면) 설교는 그 특성을 잃은 것이다"[6] 라고 경고한다. 에벨링은 강하게 "우리 설교의 이해도의 기준은 신자가 아니고 불신자이다. 설교되는 말씀은 효과적 신앙을 추구하는 것이지, 그 필수적 기초로서 신앙을 전제하는 것이 아니다."[7] 라고 단언한다.

그럼에도 불구하고, 문제는 이보다 더 깊어진다. 현대의 청자나 해석자는 성서 해석의 긴 전통의 끝에 위치해 있다 ; 이 전통은 성서 본문에 대한 그 자신의 이해와 그것에 대한 태도를 모양짓고 있다. 그의 태도는 긍정적일 수도 부정적일 수도 있고, 그가 갖고 있는 지배적인 가정을 자신이 의식하지 못하고 있을 수도 있다.[8] 오늘날 신약성서는 본문이 처음의 청자들에게 말해질 때의 것과는 근본적으로 다른 특정한 준거틀 안에서 해석되어진다. 그러므로, 신약 성서의 단어자체를 단순히 반복해서 말하는 것이 결과적으로는 본문이 원래 말하고자 하는 바와는 다른 것을 말하는 것이 되기도 한다. 당시에 말해진 바를 적극적으로 바꾸지는 않는 경우라 하더라도, "단순한 전통, 단순한 표현 형태, 과거 언어의 죽은 유물 이외에 아무것도 아닌 것"만을 말하고 있을 수도 있다.[9] 과거의 어느 시대에도 성서의 언어 전통과 실제적으로 사용되고 있는 언어의 차이가 오늘날 만큼 현격한 때는 없었다고 에벨링은 생각한다.[10]

이에 대한 부적절한 비판 두 가지를 먼저 말해 놓는게 좋을 것 같다. 첫째로, 이 문제가 단순히 성령의 도움에 의해서 해결될 수 있다고 믿는 사람들이 있다. 푹스와 에벨링은 하나님의 말씀이 소통되는 데 있어서 성령의 역할을 충분히 의식하고 있다; 그러나 그들은 이해도와 명료성의 문제는 그런식으로 간단히 처리될 문제가 아니라고 옳게 생각했다.[11] 신약성서는 언어적 번역을 명백하게 요청받는 만큼이나 그 해석학적 번역도 요구되고 있다. 이 점은 논의를 전개해 감에 따라 더 분명해 질 것이다.

두번째로, 푹스와 에벨링은 신약성서가 가진, 그 자체가 스스로를 해석하고, 성서 이해의 여지를 스스로 창조해 낼 수 있는 능력을 과소평가하지 않았다. 에벨링은 해석학이란 "말씀 자체가 스스로의 해석학적 기능을 수행할 수 있도록 장애물을 치워주는 역할을 하는 것일 뿐이다"[12], "루터가 말한 바와 같이 성서는 그 자신의 해석자이다(sui ipsius interpres)"[13]라고 주장했다. 현재와 연결해 주는 "유일한 가교"는 "말씀 그 자체"이다.[14] 푹스도 히브리서 4:12-13("하나님의 말씀은 살았고 운동력이 있어 좌우에 날선 어떤 검보다도 예리하여")이 오늘날과 같은 상황에서도 여전히 중요하다는 것을 강조한다.[15] 앞으로 살펴보게 되겠지만, 사실 신약성서 자체가 상황에 따른 변화를 선도하며 인간의 선입관을 바꾸어 놓는다는 게 푹스의 결정적인 요점이다. 예수의 언어는 "개인들을 골라내어 그를 깊이 사로 잡는다"[16] "본문은 그 자체로 살아있음을 의미한다"[17]

그래서, 신해석학의 핵심 질문은 신약성서가 어떻게 우리에게 새롭게 말할 수 있느냐는 것이다. 본문을 문자적으로 반복하는 것은 그것이 현대의 청자들에게 "말하리라"는 것을 보장해 주지 못한다. 우리는 개개의 단어를 전부 이해하고도, 본문이 말하고자 하는 바를 놓칠 수 있다. 볼프하르트 판넨베르크는 "변화된 상황하에서는 전승된 구절을 문자적으로 되풀이 한다고 해도, 그 전승이 원래 형성될 당시의 의미를 나타내지 못하는 수가 있다"[18]고 했다. 그래서, 에벨링은 "상이한 시간적 배경에서는 같은 말이라도 다르게 말해야 제대로 전달되는 법이다"[19]고 단언한다.

이러한 관점의 가치를 인정하면서, 우리는 신학에 있어서 원래적 체계의 독특한 규범적 중요성에 대한 몇 가지 조건을 만들고자 한다. 불트만의 비신화화 과정에서도 비슷한 문제가 제기되었는데, 푹스와 에벨링은 이 문제를 불트만보다 훨씬 명확하게 인지하고 있다.[20] 그것은 부분적으로는 두 저자가 다 신약성서의 역사 비평적 연구의 필요성을 주장하고 있다는 점과 관련되어 있다.[21] 동시에, 최소한 아래의 두 가지 이유가 본문의 단순한 재반복은 해석학적 관점에서 부적절하는 그들의 주장을 강화해 준다.

첫째로, 우리는 이미 한 언어에서 다른 언어로 번역함에 있어서 문자주의는 충실한 의사소통의 적임을 살펴보았다. "무엇을 다른 언어로 옮긴다는 것은 그것을 완전히 새롭게 생각한다는 것을 의미한다"[22] 둘째, 우리는 이미 설교의 중요성을 강조할 때 암묵적으로 이런 원리를 전제해왔었다. 설교자는 본문을 청자들이 만날 수 있는 자리에 갖다 놓음으로써 본문을 "번역"한다. 그 자리에서 본문은 청자 자신의 세계 안에서 청자 자신의 언어로 말하게 된다.[23] 그러나 이러한 해석학적 과정은 신약성서에 충실하고자 하는 모든 해석에 있어서 공히 요구되는 것이다. "하나님의 계시는 하나님이 자신의 고유한 문제들을 인간들의 언어로 말하는 것을, 은혜와 심판 가운데서, 인간들에게 허락하시는 것일 뿐이다."[24]

(2) 그러면, 어떻게 신약성서의 본문이 새롭게 말할 수 있는가? 아래의 네 가지 사항들이 긍정적인 대답과 관련되어 있다. 각자가 주어진 대조점을 보여주고 있다

(a) 첫째로, 푹스와 에벨링은 단어들(복수)과 단어(단수) 사이의 대비의 문제들을 다룬다. 에벨링은 오늘날의 설교가 마치 낯선 외국어처럼 들리는 경우가 너무 많다는 것을 개탄한다.[25] 그러나 그는 "그 문제가 너무 깊어서 설교자의 단어 저장고에서 현대의 일시적 특수용어를 얄팍하게 빌려 쓰는 것만으로 해결될 수 없다는 것은 두말할 필요가 없다. 그것은 개별 단어들에 대한 이해의 문제가 아니라 단어(말씀) 그 자체의 이해의 문제이다; 새로운 언어(speech) 수단들의 문제가 아니라 언어를 향해 새로이 다가오는 것의 문제이다."[26] 신약성서를 현대어로 풀어 옮기는 것만으로는 해결될 수 없다. 관심사는 오히려 하나님의 말씀 그 자체가 "언어를 향해 와야 한다"(das Zur-Sprache-kommen der Sache selbst) 데에 있다. ― 이는 마르틴 하이데거(Martin Heidegger)와 한스 게오르그 가다머(Hans-Georg Gadamer)의 철학 서적들에서 나온 전문 개념이다.[27]

(b) 둘째로, 푹스와 에벨링의 저술들에 나타난 해석학은 "이해의 이론"에 관심하는 것이다. 이는 "법칙들의 모음" 정도로 축소되어질 수 없는 것이

다.[28] 사실 그것이 인간이 어떻게 이해에 도달하게 되는가 하는 전체적인 질문과 관련되어 있기 때문에, 에벨링은 "해석학은 고전적 인식론을 대체한다"[29]고 단언한다. 해석학이 철학과 떨어질 수 없는 것이 바로 이 때문이다. 해석학은 "이해에 관한 일반 이론"과 관련되어 있기 때문에 "철학과 공통되는 부분이 생기는 것이다"[30] 푹스도 해석학의 중심되는 질문은 "내가 어떻게 이해에 도달할 수 있는가?"[31]라고 한다. 이 두 저자는 이론뿐만 아니라, 이해가 행동으로 수행되어지는 실행에도 관심을 갖고 있다. 푹스는 하나의 유비를 제안한다. 한쪽에서는 인지적 성찰에 의해서 "고양이"에 대한 이해를 이론화하는 것이 가능하다. 다른 한 편으로는 특정한 고양이 앞에 쥐를 갖다 놓았을 때, 실질적이고 선개념적인(pre-conceptual) "고양이" 이해가 생긴다. 쥐는 고양이가 과연 무엇인가 하는 것이 나타나게 하는 "해석학적 원리"이다.[32] 이러한 점에서 보면 성서 비평과 전통적인 해석학적 "법칙"들도 "이해를 산출하는 것이 아니라, 이해를 위한 전제가 될 뿐이다"[33]

이러한 구별은 슐라이에르마허의 원칙에로 되돌아가는 것이라고 주장한다고 해도 전적으로 틀린 것은 아닐 것이다. 여기에 대해 철학자 하인츠 킴멀레(Heinz Kimmerle)의 언급이 시사하는 바가 많은데, 그의 슐라이에르마허의 초기 저술들에 대한 연구는 신해석학에 있어서 매우 중요하다. 그는 "슐라이에르마허의 저술은 해석학의 역사에 있어서 한 전환점을 이룬다. 그 때까지는 해석학이 이미 받아들여진 이해(신학적 해석학에 있어서는 성서에 대한 이해; 일반 문헌학적 해석학에 있어서는 고전 작품들에 대한 이해)를 지지하고 보호하고 견고히 하는 것으로 생각되어져 왔다. 슐라이에르마허는 질적으로 다른 기능을, 무엇보다도 이해를 가능하게 하며, 개개의 경우에 맞는 이해를 시작하게 하는 기능을 수행해야 한다고 생각했다."[34]

이것은 신해석학의 중심적이고 주요한 또 한 요소와 관련된다. 그 관심은 신약성서 본문에 대한 기존의 이해를 지지하고 강화하는 데 있는 것이 아니라, 청자나 해석자를 그 자신이 존재하고 있는 지평 넘어 끌어오는 것, 그래서 본문이 새롭게 표현되고 그에 의해 자신이 새롭게 판단받는 데에 있다. 이러한 근본적인 원리는 한스 게오르그 가다머를 포함한 광범위한 철학적 배경과의 관련 속에서 가장 분명하게 드러난다.

(c) 이해 촉발의 문제는 우리에게 또 다른 개념을 가져온다. das Einverständnis 라 불리는 개념으로서, 이것은 푹스의 사고에 있어서도 중심적 개념이었다.[35] 이것은 "공통된 이해" "상호 이해" 또는 "동의"라고 번역되기도 하고, 어떤 논문에서는 "감정이입"이라고 번역된 적도 있다. 푹스는 이 범주를 가정과 관계된 언어를 언급하면서 설명한다. 한 집에서 사는 친근한 가족 구성원들은 전제, 태도, 그리고 경험에 있어서 공통의 세계를 갖고 있다. 따라서, 동일한 언어를 공유한다. 의사소통이 공통된 이해의 기반 위에서 작용하고 있기 때문에, 한 마디의 말이나 몸짓도 일련의 흐름 속에서 이해될 수 있다. 푹스는 설명한다: "가정에서는 누구도 사람들이 이해할 수 있도록 신경써서 말하지 않는다. 그렇지만 듣는 사람들은 이해한다."[36] 그 주제를 "내 것으로 하는"의미에서, 언어를 이해하는 문제는 "새 단어들을 배우는데 있지 않다 — 언어들은 어머니로부터 배워진다."[37]

푹스는 그의 「해석학」(Hermeneutik) 제 4 판의 서문에서 "모든 이해는 Einverständnis에 기초하고 있다"라고 힘주어 말할 만큼 Einverständnis라는 범주를 중요하게 생각하였다. 그 후에 쓴 논문에서는 「해석학」에서의 주장을 요약하고 있다. "에른스트 푹스의 「해석학」은 모든 이해의 기초가 되는 '감정이입'이라는 현상(des Phänomens des Einverständnisses)의 도움을 받아 해석학적 문제를 언어의 차원으로까지 가져가려는 시도였다."[38]

예수는 그의 청자들과의 공통된 이해를 수립했으며, 비유의 언어에서 특히 그러하다고 푹스는 주장했다. 좀더 정확히 말하자면, 비유들은 그러한 공동이해의 — 비유들은 이 공동이해를 확장하고 다듬기도 했다 — 기반 위에서 작용했기 때문에 실재를 효과적으로 전달할 수 있었다.[39] 오늘날의 해석학적 과제는 효과적인 언어의 의사소통과 그 진리의 적용을 위한 필수적인 기초가 되는 공동이해의 세계를 재창조하는 것이다. 하지만 이러한 과제는 언어의 인지적이고 의식적인 교환과는 분명히 다른 것이다. 하이데거의 "세계"라는 범주와 같이 그것은 선 개념적(pre-conceptual) 이다. "그것은 주관적 현상도 객관적 현상도 아닌 양자에 다 해당하는 것이다. 세계는 양자에 선행하고 양자를 다 포함하기 때문이다."[40] 가다머에게서와 같이 푹스에게 있어서 그것은 일차적으로 "언어적" 현상이며, 사람들이 자기 자신들과 또 세계와 조화되는 방법을 반영한다.[41]

(d) 푹스와 에벨링은 언어를 단순한 정보 수단 이상의 것으로 본다. "우리는 단어들이 무엇을 담고 있는가 질문함으로써는 그 단어들의 본질을 알 수 없고, 그것들이 어떤 효과를 발휘하느냐, 어떻게 작용하는가를 질문함으로써 알 수 있다."[42] 오스틴(J. L. Austin)의 용어로 표현한다면, 푹스와 에벨링은 언어의 수행적(performative) 기능에 가장 관심이 많았다. "말을 한다는 것은 어떤 행동을 수행하는 것이다"[43] 하나님의 말씀은 "그 안에서 하나님이 의사 소통하는 사건의 실연이다 … 하나님에게 있어서 말과 행동은 하나이다: 그의 말은 그가 행동하는 방법이다."[44] 따라서 신약성서의 예수의 말도 단순히 어떤 일의 상태에 관한 정보를 제공하기 위한 것이 아니다. 그의 언어는 부름이나 보증으로 구성되어 있다.[45] 그는 약속하고, 요구하고, 수여한다.[46] 실지로 약속을 한다거나, 선물을 전달하는 것은 약속과 선물에 대해서 이야기하는 것과는 엄청나게 다르다. 전자는 행동이며, 후자는 단순한 말에 불과하다.

푹스가 사용한 용어로 말한다면 실지로 실재를 전달하는 언어는 "언어-사건"(Sprachereignis)을 구성한다. 같은 의미로 에벨링은 "말-사건"(Wortgeschehen)이라는 표현을 쓴다.[47] 푹스는 "진정한 언어사건은, 제안을 예로 들어보면, 그것이 우리의 생각을 움직이기는 하지만, 그것 자체가 생각은 아니라는 것을 보여준다. 말해진 것과 파악되어진 것의 즉각적인 조화는 사고과정의 결과가 아니다; 그것은 보다 선행하는 단계에서 사건으로 일어난다 … . (이렇게 해서) 말은 적중된다."[48]

한 예로, 어떤 사람을 "형제"라고 부르는 것은 그를 공동체 내의 형제적 관계 속에 받아들인다는 것을 의미한다.[49] 이런 점에서 하나님의 말씀이 청자들에게 새롭게 들려질 때, 그것은 해석자에 의해 좌우되는 연구의 대상만은 아니다. 푹스는 "그러므로 본문은 선포의 공식들을 중재해 주는 하인이

아니라, 우리로 하여금 우리 실존의 언어적 상황으로 향하게 만드는 주인이
다."[50] 그것은 언어사건이 된 것이다.

2. 주체와 객체 : 경험으로서의 이해

위에서 말한 것들로부터 두 가지의 원칙이 나온다. 첫번째 원칙은 해석
자의 삶의 경험, 혹은 주관성에 관계된 것이다. 에벨링은 "말들은 경험에 호
소하고 경험을 주도함으로써만 이해를 만들어낸다. 말이 이미 발생한 곳에서
만 말은 발생할 수 있다. 이미 선행하는 이해가 있는 곳에서만 이해는 일어
난다. 그 문제에 대하여 이미 질문을 갖고 있던 사람에게만이 그것에 관한
질문은 제기되어진다."[51] 이는 역사와 관련된 본문에서 더욱 분명하다 : "관
점과 전망없이 역사를 이해하는 것은 불가능하다."[52] 이런 점에서 전이해에
관한 불트만의 주장과 신해석학이 관련성이 있는 것이다.

두번째 원칙은 해석자와 본문 사이의 관계의 방향과 관련된 것이다. 전
통적 해석학에서는 지식의 주체인 해석자는 본문을 그 지식의 대상으로서 조
사하고 연구한다. 해석자는 능동적인 주체이며; 본문은 수동적 객체이다. 이
러한 식의 접근은 신학이 "학문의 여왕"이라는 생각에 의해 고무되어진 것이
다. 그러나, 그것은 특정한 인식론적 모델에 기초하고 있거나, 그것을 전제
하고 있다. 그것은 데카르트의 철학을 확대한 모델이다. 우리가 이해를 지식
이 아니라 경험이라는 용어로 파악한다면, 다른 관점이 가능해진다.

제임스 로빈슨(James Robinson)의 아래와 같은 언급은 이에 관해 빛
을 던져주고 있다. 그는 "주체가 객체에 대하여 질문하는 전통적인 주체와
객체와의 관계가 신해석학에서는 상당히 역전되었다. 이제는 객체가 — 이제
부터는 이것을 주체(subject-matter)라고 불러야 한다 — 주체를 질문하게
된다."[53]라고 설명했다. 그래서 푹스는 "진리는 우리 자신을 객체의 자리에
둔다"고 단언한다.[54] 보다 강하게 말하자면 "우리가 본문을 해석하기 전에
본문이 우리를 해석해야 한다."[55]

1. 언어와 전이해

해석자가 그 자신이 미리 갖고 있는 질문과는 무관하게 본문을 이해할 수 있다는 생각을 루돌프 불트만이 거부했다는 것은 잘 알려진 사실이다. 예를 들면, 만약에 우리가 사회와 경제에 관한 지식을 미리 갖고 있지 않다면, 우리가 경제사에 관한 본문을 이해할 수 없을 것이다.[56] 이러한 의미에서 불트만은 아래와 같이 옳게 주장했다. "전제 없는 석의라는 것은 불가능하다 … . 역사적 이해는 본문에 표현된 주제와 해석자와의 관계를 언제나 전제하고 있다."[57] "객관적 지식을 얻기 위해 해석자에게 주관성을 억누르라고 하는 것은 우리가 상상할 수 있는 것 중 가장 어리석은 짓이다."[58] "전이해" 또는 이미 갖고 있는 본문의 주제와의 삶의 관련은 "선입견이 아니라, 질문의 방법이다."[59]

이러한 원칙이 불트만의 비신화화 프로그램의 다른 가정들과 긴밀히 관련되어 있다는 이유로 거부되어져서는 안된다. 좀더 사려깊은 다른 학자들, 예를 들면, 버나드 로너건(Bernard Lonergan)이나 제임스 스마트(James D. Smart) 같은 이들도 비슷한 입장을 취했다.[60] 로너건은 "빈(empty) 머리의 원칙은 순진한 직관주의에 기초해 있다 … 그 원칙은 해석자에게 자신의 관점을 잊어버리라고, 밖에 있는 것을 관찰하고, 저자 자신이 해석하게 하라고 한다. 그렇다면, 밖에 있는 것이란 무엇인가? 그것들은 일련의 기호들(signs)일 뿐이다. 같은 기호들을 똑같은 순서로 재표현하는 행위 이상의 것은 해석자의 경험과 지성과 판단에 의해 중재되어야 한다. 그 경험이 적을수록, 그 지성이 덜 개화된 것일 수록, 그 판단이 덜 형성된 것일 수록 해석자는 저자가 생각지도 않았던 것을 저자의 의견인 양 집어넣어 해석할 가능성이 커지는 것이다."[61]라고 옳게 단언했다.

이러한 불트만과 신해석학의 관련성의 연원은 빌헬름 딜타이(Wilhelm Dilthey)와 프리드리히 슐라이에르마허까지 거슬러 올라간다.[62] 1819년 이후의 슐라이에마허의 후기 사상과 하인츠 킴멀레(Heinz Kimmerle)에 의해 재발견된 그의 초기 사상은 각각 다른 면에서 신해석학과 관련을 갖고 있다. 우선, 푹스에게 있어서 중심적 개념인 Einverständnis는 후기의 슐라이에르마허가 현대의 해석자는 그의 경험을 상상적으로 되살림으로써 자신을 본문의 저자와 동시대 사람으로 만들어야 한다고 주장한 점과 관련되는 것 같다. 특히 우리가 Einverständnis를 "감정이입"으로 번역하는 입장을 따른다면, 그것은 예술적 상상력과 친밀감을 통해 저자의 희망과 공포, 갈망과 목적 등에 들어가 참여하는 슐라이에르마허의 방법과 비슷하게 된다.

그러나, 우리는 푹스가 말하는 "상호이해"는 전의식의 단계에서 작용한다는 것을 살펴본 바 있다. 후기 슐라이에르마허의 사상에서와 같이, 그것이 심리학의 문제라는 것이 우선적인 특성은 아니다 ─ 그렇다는 것 자체는 인정할 수 있다 하더라도. 맨프레드 메츠거(Manfred Mezger)와 함께, 푹스는 이러한 심리학적 접근은 각자가 특별한 해석자인 "나"라고 하는 실존적 개체에 빠져들어가고 만다고 생각했다.[63] 그래서 메츠거는 "그 역사적 개별성을 훼손시킴 없이 본문이 우리를 만날 수 있는 새로운 자리를 발견해야 한다. 내가 청자로서의 나 자신을 모세와 바울의 입장에서 상상하는 지름길은 분명히 매혹적인 것이다. 그러나 만족할 만한 것은 못된다. 나는 전자도 후자도(즉, 모세도 바울도) 아니기 때문이다."[64]

메츠거는 이 문제를 극복하는 길은 "세부적 차이점들을 소홀히 취급하거나 본문의 개인적인 특성을 지워버리는 것이 아니라, 그들과 같은 일이 나에게도 해당되는 것으로, 그러면서 매 경우에 구체적인 표현 방식만 다른 것에 같이 참여(Betroffenheit)한다는 생각을 갖는 것이다."[65]라고 덧붙인다. 그는 푹스가 아래와 같이 거듭 경고한 것을 인용한다. 현대의 청자는 "복음이 맨 처음 선포되었던 최초의 청자들과 같은 사람이 아니다": 본문이 정확하게 해석될 때, 그들의 구체적 상황이 오늘에 "적용"은 될 수 있겠지만.[66]

그러나 킴멀레가 지적했듯이 슐라이에르마허의 초기 저작들에서의 해석학은 좀더 언어 중심적이며, 심리학적으로 많이 기울어져 있지 않다. 이해는 하나의 기술(art)이다. 특정한 저자의 특정한 언어 행위는 "그가 속해 있는 더 크고 더 보편적인 언어 공동체의 빛 아래에서" 이해되어야 하기 때문이다.[67] "법칙들"은 잘못된 해석을 방지하는 소극적 기능만 할 수 있을 뿐이다. 순수하게 언어적인 차원에서조차 해석자의 주관성은 적극적 역할을 한다. 우리가 이해하고 있는 것은 그 스스로가 부분들로 이루어진 일체를 형성한다. 일련의 언어를 이해하는 데 있어서, 우리는 문장을 이해하기 위해 단어들을 이해할 필요가 있다; 그럼에도 불구하고 개별단어의 작용에 관한 우리의 이해는 전체 문장에 대한 이해에 의존해 있다. 그러나 이런 원리는 더 확장되어야 한다. 문장에 대한 우리의 이해는 그 문단, 그 장, 전체로서의 저자에 대한 이해에까지 기여한다; 그러나 전체 작품에 대한 이해는 다시 개별 문장에 대한 우리의 이해를 규정하고 수정한다.

이러한 원리는 하이데거와 가다머의, 그리고 푹스와 에벨링의 해석학으로 나아가는 길을 열어 놓았다. 사실 이것은 일찍이 있어왔던 해석학적 순환의 이론과 거의 같다.[68] 후에 딜타이가 강조했듯이, 그것은 본문 이해가 엄밀히 "과학적"일 수 있다는 환상을 무너뜨렸다. 리처드 팔머(Richard Palmer)가 말한 바와 같이 "해석학적 순환 속에 '뛰어드는' 일이 일어나고, 그래서 우리는 전체와 부분을 이해할 수 있게 된다. 슐라이에르마허는 이해에는 부분적으로는 비교적인 면이, 또 부분적으로는 직관적이고 예견(豫見)적인 면이 있다는 것을 보면서 그러한 요소가 작용할 여지를 남겨두었다 … "[69]

팔머는 여전히 슐라이에르마허를 언급하면서 그러나 푹스의 Einverständnis 개념과의 연관성은 배제하면서 아래와 같이 첨가한다. "해석학적 순환은 이해를 공유하는 영역을 제안한다. 의사소통은 쌍방 대화적 관계이기 때문에, 처음부터 화자와 청자에 의해 공유되는 의미의 공동체가 있는 것으로 전제된다. 이는 또 다른 논쟁과도 관련될 것 같다: 이해되어진 것은 이미 알고 있는 것이라야 한다. 이것도 그 경우가 아닌가? 사랑을 모르는 사람에게 사랑에 대해 이야기하는 것은 헛수고가 아닌가 … ?"[70] 여기서 우리는 에벨링의 언급으로 되돌아가게 된다. "말들은 경험에 호소하고 경험을 이끎으로써만 이해를 산출한다. 이미 말이 발생한 곳에서만 말은 발생될 수 있다. 이미 전이해가 있는 곳에서만 이해는 일어날 수 있다."[71]

이런 점에서 우리는 왜 신(新)해석학이 불가피하게 철학의 문제와 관련이 되는지 알 수 있다.[72] 그러나 그것은 신학적 질문도 불러 일으킨다. 한 편에서는 해석자 자신의 삶의 경험의 준거가 없이는 신약성서가 이해될 수 없다. 그래서 푹스는 "본문과 일상생활의 상호작용 속에서 우리는 신약성서의 진리를 경험한다."[73]고 주장한다. 다른 편에서는 석의와 조직신학의 관계 문제가 제기된다. 어떤 신학적 언명의 전체적 맥락은 성경과 전통을 통한 그 해석의 역사만큼이나 큰 것이다. 이 주제에 관해 하인리히 오트(Heinrich Ott)가 말한 것처럼, 전체로서의 성경은 " '언어적 창고', 담화의 우주, 교회가 늘 그 안에 거해 온 바, 등위 어구들의 언어적 그물이다 … . 하이데거는 말한다. '모든 시인은 한 가지 시로부터 시를 구성해낸다 … 그 시들 중에 어느 하나도, 그리고 그것들 전체도 모든 것을 말하지는 않는다. 그럼에도 불구하고 각 시는 한 시의 전체로부터 말하고, 매 경우 그것을 말한다.' "[74]

2. 해석자와 본문

그러나, 위에서 말한 바 해석자의 주관성에 관계되는 것은 모두 이제부터 논의할 두번째 주요 원칙에 의해 근본적으로 검증받아야 한다. 우리는 이미 우리가 본문을 해석하기 전에 본문이 우리를 해석해야 하며, 진리는 "우리 자신"을 그 대상(객체)으로 삼는다는 푹스의 주장을 살펴보았다. 그것은 단순히 능동적 주체로서의 해석자가 수동적 객체로서의 본문을 자세히 연구한다는 것을 말하는 것이 아니다. 또 그것은 단순히 현재의 경험이 본문에 빛을 던져준다는 것이 아니라, 본문이 우리의 현재 경험을 조명해준다는 것을 말한다. 에벨링은 "본문은 현재의 경험을 이해하기 위한 해석학적 도움이 된다."[75] 같은 논문에 나오는, 자주 인용되는 중요한 문장에서 그는 "이해의 영역에서 일차적인 현상은 언어의 이해가 아니라 언어를 통한 이해이다 (not understanding OF language, but understanding THROUGH language)" [76]라고 선언했다(강조는 원저자의 것).

이러한 점에서 에벨링과 또 특히 가다머는 신학적 해석학과 법률적 해석학과의 병행에 주의를 기울인다.[77] 법률 조문의 해석은 단순히 일반 해석학의 "특별한 경우"가 아니라, 일반 해석학의 문제의 모든 차원을 보여주고 있는 것이라고 가다머는 주장한다. 법을 대하는 해석자는 고문서 조사의 "대상"처럼 그 본문을 순수히 조사하는 것이 아니다. 그 본문은 법정에서 현재의 상황을 향해 말한다. 그리고 해석자는 그 자신의 사고를 본문의 사고에 적응시킨다. 여기서는, 우리의 두 가지 원칙은 똑같이 적절한 것으로 남는다. 한 편에서는, 법과 삶에 대한 해석자 자신의 이해가 이전에 쓰여진 법률 본문에 대한 이해를 안내한다; 또, 다른 한 편에서는 본문 스스로가 현상황에서 판결을 제시함으로써, 이러한 선 이해가 수정되어지고 규정되어진다. 이는 법정을 벗어나서도 마찬가지여서 "법적인 결정을 내리는 데에 무관심한 사람은 훌륭한 법률 역사가가 될 수 없다"[78]고 에벨링은 생각했다. 가다머도 비슷하게 "본문을 이해하는 것은 언제나 그것을 적용하는 것이다."[79]라고 단언했다.

이 두 가지 원리는 해석학적 순환에 대한 가다머의 설명에서 같이 작용한다. 우리는 이미 전체는 각 부분들의 빛 아래에서라야 이해될 수 있고 또 부분들 역시 전체의 빛 아래에서만 이해 가능하다는 슐라이에르마허와 하이데거의 생각을 살펴보았다. 그러나 하이데거는 또 특별히 가다머는 여기서 한 걸음 더 나아간다.[80] 해석학적 과정에서의 "순환"은 해석자가 본문에 대해 자신이 이미 갖고 있는 질문을 던질 때에 시작된다. 그러나 그의 질문이 최선의 그리고 최적의 것은 아니기 때문에, 본문의 주안점에 대한 그의 이해는 처음에는 제한된 것으로, 일시적인 것으로, 그리고 왜곡되기 쉬운 것으로 있을 수 있다. 그렇지만 본문이 다시 청자에게 말해 온다 : 본문이 청자를 해석하기 시작한다 ; 본문은 청자 자신의 상황에, 또 그의 질문들에 빛을 던져준다. 그가 처음 가졌던 관심은 본문 자체의 빛 아래에서, 그리고 보다 적절한 질문에 대해 반응하면서 수정되어진다. 이 과정이 계속되어지면서 해석자는 본문에 대해 점점 더 깊은 이해를 얻게 된다.

미국의 학자 월터 윙크(Walter Wink)는 최근에 간행된 그의 책에서 이러한 식의 접근에 관한 자신의 특별한 견해를 전개하고 있다.[81] 그는 신약학자들이 신약성서를 그 자체의 고유한 의도에 맞추어 해석하는데, 말하자면 "과거가 살아서 우리의 개인적, 사회적 변화에 대한 새로운 가능성으로 오늘을 조명해 줄 수 있도록 하는데" 실패했다고 비판한다.[82] 참여적인 관여를 의도적으로 꺼려하기 때문에, "학문적인 성서 연구의 결과는 실제로 살아가는 사람들의 일상생활 속에서 문제들을 다루는 데 있어서는 무능력하다."[83] 신약성서학자들이 묻는 물음들은 본문이 제기하는 물음이 아니라, 전문적인 학자들의 길드에서나 귀기울이는 자가 있을 법한 그런 종류의 질문이다.[84] 학자들은 그들 자신의 주관성에 대해서는 입을 다물려고 했었고, 환상에 불과할 뿐만 아니라, "성서 자체가 찾고 있는 바로 그 질문을 희생시키기를 요구하는" 객관적 중립성이라는 것을 수호하려고 한다.[85]

그렇지만 윙크는, 푹스와는 달리, 비평적 연구의 유보를 주장하지는 않는다. 신약성서가 스스로 말하게 하기 위해서는, 또 그것이 해석자 자신의 생각이나 현대교회의 신학을 단순히 반영하는 것이 되지 않으려면, 먼저 교회의 전통에 의해 본문에 끼워 넣어진 방식으로부터 거리를 유지하기 위해서 해석자는 비평적 탐구를 허용해야 한다. 본문은 "우리와 맞서서 있는 것"[86]처럼 보일 것이다. 먼저 이러한 "거리"가 확보된 다음에야 해석자와 본문간의 "지평융합"이 일어날 수 있다.[87] 그래서 윙크는 "성서 비평의 활발한 사용"의 필요성을 인정하면서도, 그의 일차적인 관심은, 푹스의 경우와 같이, "본문의 권리"에 관한 것이었다.[88]

한스 게오르그 가다머에게도 몇 가지 병행되는 점들이 있다. 인간은 능동적 주체로서 수동적 객체인 세상을 관찰한다는 데카르트의 인식론은 진리를 파악하는 데 있어서 가능한 하나의 모델일 뿐이다. 이 모델은 해석학적 이해의 기술보다는 학문적 "방법"에 더 적합하다. 철학에서는 이해와 **경험**의 관계를 강조하는 흐름이 늘 있어왔다. 예를 들면, 역사에 대해 민감했던 비코는 진리에 대한 데카르트의 생각처럼 협애한 주지주의를 거부했는데, 데카르트가 살아있는 동안에도 그랬다. "지혜"에 대한 고대 그리스의 사고는 지적인 이론뿐 아니라, 삶에 있어서의 실제적인 이해까지도 포함하는 것이었다.[89]

그 후에, 샤프츠베리(Shaftsbury)는 위트의 역할을, 리드(Leid)는 상식의 역할을, 베르그송(Bergson)은 직관적 통찰의 역할을, 진리가 그것을 통해서 나타나는 유효한 방법으로서 각각 강조했다.[90] 그것은 단순히 그것을 통해서 진리에 도달할 수 있는 이론적 "방법"을 발견해내는 문제는 아니었다. 진정한 이해에서는 경험이라는 양식을 통해서 인간이 진리에 의해 붙잡혀진다.[91] 데카르트에 의해 제시된 것보다 더 적합한 모델은 그 속에서 실제적이고 창조적인 무언가가 일어나는 예술 작품에 있어서의 진리의 경험이다. 이에 대한 가다머의 설명을 세 번째 절에서 살펴볼 것이다.

가다머에 의하면 해석학이 인지적 "지식"(Erkenntnis) 이상의 무엇으로 여겨져야 하는 이유는 모든 해석자가 이미 역사적 전통 가운데 서 있으며, 그 전통은 그에게 어떤 전제들과 선판단들(Vorurteile)을 제공한다는 사실이다.[92] 가다머는 "한 개인이 갖고 있는 선판단들은 그 자신의 판단 이상으로 그의 존재의 실재이다(die geschichtliche Wirklichkeit seines Seins)."[93] 이러한 선 판단들을 의식할 수 있도록 만드는 것이 해석학의 주요한 목표이다. 이것은 월터 윙크가 말한 바 "거리두기"와 상응하는 것이다. 가다머는 해석자와 본문과의 시간적 문화적 거리의 존재 자체가 해석자로 하여금 서로의 지평이 다르다는 것을 자각하게 할 수 있다고 생각하기 때문이다. 해석자는 "해석학적으로 훈련된" 자각을 개발해야 한다. 그러한 자각 가운데 그는 본문의 특징적인 메시지가 그 자신의 질문들과 개념들을 재형성하도록 허락해야 한다.[94]

일단 이것이 한 번 이루어지면 해석자는 그 자신의 고유한 지평을 넘어 자유롭게 움직일 수 있게 되고, 나아가서는 그 자신의 지평이 본문의 지평에 융합 내지 융해될 때까지 자신의 지평을 확대할 수 있게 된다. 그의 목표는 지평의 융합(Horizontverschmelzung)이나 "세계들"의 융해가 일어나는 지점까지 도달하는 것이다.[95] 이것은 본문과의 지속적인 대화를 통해서만 가능하다. 이 대화 속에서 해석자는 그 자신의 주관성이 도전받고, 관련되어지도록 내어 놓아야 한다. 질문과 대답의 사이를 반복해서 오가는 가운데, 텍스트는 말이 된다(come-to-speech, 또는 말을 향해서 온다 zur-Sprache-kommen).[96] 지평 융합이라는 가다머의 개념에서 우리는 "융해"와 "공동체"에 관한 윙크의 생각, 그리고 푹스에게 있어서 중심 범주인 Einverständnis와 병행되는 것을 발견한다. 그러나 이것은 우리가 이미 살펴보았듯이 첫째로, 해석자의 주관성이 인지적 지식 이상의 차원에서 전적으로 참여될 때, 둘째로, 본문과 본문의 진실이 능동적으로 해석자를 대상으로 붙잡을 때에만 성취될 수 있다.

3. 언어 안에서 새 "세계"를 세움 : 하이데거와 비유들

지평 융합과 Einverständnis로 이어지는 공동 이해를 성취하기 위해서는 사실 새 "세계" 창조 작업에 뛰어들어야 한다. 초기 그리고 후기 하이데거 철학에 공감하여, 푹스는 사람은 역사 속에서 자기 자신의 위치, 즉 그의 "역사성"(historicality)에 의해 결정적으로 규정되어지는 언어 세계 가운데서 있다고 생각했다. 그러나 푹스는 후기 하이데거를 따라 그 안에서 옛 일상 "세계"의 제한과 인습이 한 곁으로 밀려나고 분쇄되는 새로운 "말 됨"(coming-to-speech)을 추구했다. 언어 사건은, 특별히 예수의 비유에 있어서의 언어사건은 언어를 통하여 새로운 세계를 세우는 것에 상응한다.

하이데거의 입장을 몇 문단으로 요약하기는 어렵지만, 아래의 몇 가지 주제로 정리해 보려 한다.

(1) 인간의 역사성의 결과(인간이 그의 역사 속의 자리에 의해서 근본적으로 규정되어진다는 것) 중 하나는 그가 그 자신의 세계 내에서 인간 중심적 시각을 가지고 대상을 본다는 것이다. 그는 자신의 목적과 관련된 관점에서, 자기중심적 기능주의의 눈금을 통해 사물들을 본다. 예를 들면, 망치는 단순히 나무와 금속으로 이루어진 중립적인 "대상"이 아니라, 어떤 작업들에 쓰여질 수 있는 도구이다. 따라서 망치와 부서진 망치는 아주 다른 것이다; 비록 그것들의 물리적 성질을 나타내는 "중립적인" 용어들로서는 별 다를 바가 없겠지만.[97] 인간의 언어는 이러한 관점을 나타내고, 창조하고 유지하기도 한다. 예를 들면, 일상 용어에서 "시간"은 "이제 속도, 동시성 이외의 아무 것도 아니다 … . 역사로서의 시간은 모든 민족들의 삶에서 사라져 버린 것이다."[98]

(2) 인간은 플라톤의 이원론의 유산에 지적으로 정향됨으로 인해 진정

한 실재와의 접촉점을 잃어버렸다. 하이데거가 말한 바와 같이, 플라톤 이후의 서구 철학은 "존재(Being) 밖으로 떨어져 나갔다."[99] 그것은 주체가 객체로부터 떨어져 나가는 분리된 관점으로 나타났다. "외형은 외형에 지나지 않는 것으로 여겨져서 격하되었다. 동시에 이데아로서의 존재는 초감각적인 영역으로 격상되었다. 큰 틈이 … 생겼다."[100] 그래서 사람들은 플라톤과 데카르트를 따라 단순히 개념화된 세계만을 — 인간 스스로가 만들어낸 — 찾게 되었다. 이렇게 분리된 관점의 눈금을 통해서 "실재"를 봄으로써 인간 자신이 자신의 지식의 척도가 되었다.[101] 이의 심각한 결과중의 하나를 예술의 영역에서 찾아볼 수 있다. 예술은 두 영역 중 하나에 해당하는 것으로 나누어지게 되었다. 그래서 예술은 순전히 "물질적인" 것이든지(이 경우에 그것은 진리를 표현하지 못한다) 아니면 그것은 "심미적인" 것으로 개념화된다(이 경우에 예술은 길들여지고 거세되어져서 역시 진리를 나타낼 수 없게 된다). "회복되어진 소박한 존재와의 관계의 힘에 기초하는 것과 대조하여 "우리는 '예술'이라는 단어에 새로운 내용을 부여할 필요가 있다."[102]

(3) 이 두 가지 요소의 결합은 언어 사용의 순환과 파열을 초래한다. 언어의 진실은 인간이 갖고 있는 개념과, 그가 "실재"라고 생각하는 것 사이의 인위적인 상응에 의존하게 되었다. 그러나, 사실 후자는 인간의 개념 속에서 또 다른 어떤 것이다.[103] 인간이 생각하고 보는 모든 것에 있어서, 인간은 그 자신의 "언어성" 또는 언어로 조건지워진 것을 매개로 하여서 보고 생각한다. 따라서 하이데거는 "인간은 언제나 자신이 설계해 놓은 길로 되돌아 온다; 그 길에서 수렁에 빠지거나, 밟아 다져진 길을 헤어나지 못하게 된다 …. 그는 원을 그리면서 뱅글뱅글 돌기만 할 뿐이다."[104]

푹스와 에벨링은 하이데거의 진단이 내놓은 언어학적 해석학적 문제들을 받아들인다. 에벨링은 다음과 같이 생각했다. 언어는 실재에 있는 정박지를 떠나게 되었고, "말의 원자들로 분해되어졌다 … . 나에게는 모든 것이 단편들로 쪼개어진 것으로 보인다."[105] 이는 "언어의 심각한 위기 … 언어의 완전한 붕괴를" 초래하였다.[106] 오늘날 "우리는 언어 독약에 의한 죽음을 맞게 될지도 모른다." "현대의 시작과 함께 … 그 길은 언어의 단순한 표시기능의 제한없는 발전으로 명백해졌다 ··· 단어들은 숫자로 ··· 구문론은 계산의 문제로 환원되었다."[107] 언어는 단순한 "기술적 도구"가 되는 잘못된 길을 걸었다.[108] 그러나 푹스는 언어와 실재는 단단히 결합되어 있으며, 우리에게 있어서 언어를 벗어난 다른 실재는 있을 수 없다고 주장했다.[109]

하이데거가 제시한, 그리고 간접적으로는 푹스도 제시한 해결책은 ― 그 것을 해결책이라 할 수 있다면 ― 단편화된 인간의 개념들의 단위에가 아니라, 나뉘어지지 않은 "존재"에 그 목소리를 다시 한번 전달해 줄 수 있는 언어 안에 자기 자신을 위치시키는 것이다. 첫째로, 이 "존재"는 인간 사고의 본질적인 "존재함"(being: Seiendheit)이 아니라; 언어적, 사건적, 일시적인 "일어나는 존재"(Being-which-happens: Sein 또는 더 적당한 말로는 Anwesen)이다. 하이데거의 말을 받아들여, 푹스는 "언어는 ··· 존재를 사건으로 만든다"라고 선언한다.[110] 둘째로, 언어가 다시 한번 순수하고 창조적이 될 때 "언어의 본질은 모으는 행위에서 발견될 수 있을 것"[111] 이라고 하이데거는 믿는다. 플라톤의 이원론이 나타나기 전에 말(logos)은 "최초의 원리 모음"이었다.[112] 현대 서구 문화와 그 불성실한 말들이 단순히 나누고 쪼개는 것이라면, 존재의 순수한 언어는 통합하고 종합하는 것이다. 그래서 푹스는 기록한다: "선포는 모은다(즉, 공동체에로) ··· 그리고 이 공동체는, 그. 존재가 그 속에서 공동체의 사건이 성취되는 그런 종류의 말을 언어로 말할 수 있는 가능성 가운데, 그 존재, 그 '함께함'(togetherness)을 갖는다. ··· . 신앙의 언어는 신앙의 모음을 언어화 시킨다."[113]

다시 한번, 이런 "모음"(gathering)의 개념은 보편적 "세계"를 공유한다거나 Einverständnis를 성취한다는 데에 접근한다. 그러나 하이데거는 ― 푹스도 이를 따르고 있는데 ― 이러한 모음은 우리가 "대상"을 조사하는 주체로서가 아니라, 듣는 자로서의 역할을 받아들일 때에만 성취될 수 있다고 주장한다. 하에데거에게 있어서 이는 조용히 그리고 수용적으로 존재를 기다리는 것을 의미한다. 언어는 존재의 "집" 혹은 "보관자"이다(das Haus des Seins ··· des Anwesens).[114] 우리가 할 일은 존재가 말을 할 수 있게 되는 "자리"(Ort)를 찾는 것이다.[115] 늘 깨어 있으면서 존재에 대한 수용적인 개방성을 갖추어 나아가야 할 듣는 자로서 "우리는 무엇을 하려고 하기보다는 기다려야 한다"라고 하이데거는 주장한다.[116] 듣는 자는 실재에 대한 그 자신의 관념을 존재에 부과해서는 안 된다. 그는 "평생에 걸쳐서라도 기다리기를 배워야 한다."[117]

푹스는 원칙적으로는 존재의 목소리보다는 하나님의 말씀에 관심이 있었지만, 실제로는 그 둘을 동일시 한 것으로 보인다. 하나님의 말씀은 "존재의 의미"(der "Sinn" des Seins)와 관련되며 "존재에의 부름"(der Ruf zum Sein)으로 나타난다.[118] 그러나 무엇보다도 우리 모두는 신약성서의 본문에 대한 수용적인 침묵과 개방성 가운데서 "듣는다." 윙크와 가다머의 "거리 두기"에서와 같이, 비평적 분석이 처음에는 예비적인 것으로 필요하다는 것은 분명하다. 이런 점에서 해석자는 처음에는 능동적인 비평적 연구에 의하여 "본문을 먼저 때려 눕혀야 한다."[119] 그러나 그 후에 그는 하나님 혹은 존재가 이야기하는 것을 들어야 한다. "잡음이 사라진 신앙의 고요함 속에서 그 목소리는 들린다 ⋯ 그 목소리는 빌립보서 2:6-11에서 울려 퍼지고 있다 ⋯ "[120]

언어와 "세계"에 대한 이런 모든 원리들은 특별히 푹스가 예수의 비유를 다루는 데에 잘 적용되고 있다. 비유의 이미지 부분 또는 반에 해당하는 그림(Bildhälfte)을 통하여, 예수는 우선은 청자와 공유되는 "세계"를 창조하고 그 안에 들어간다. 그는 청자의 지평 안에 선다. 그러나 일상적인 관습과 가정들은 실질적 메시지 혹은 나머지 반에 해당하는 내용(Sachhälfte)에게 도전 받아 무너지게 된다. 청자는 깊은, 선 개념적 차원에서 도전을 받는다. 그 도전은 단순히 예수가 그 앞에서 보여준 어떤 "생각"을 승인하라는 정도가 아니다. 오히려 "그는 하나님 쪽으로 옮겨지게 되고 모든 사물을 하나님의 눈으로 보는 것을 배우게 된다."[121] 비유는 창조적인 예술 작업이면서 동시에 사랑의 부름이기도 하다. 이는 평범한 지적인 강화와는 대조되는 점이다. 이와 같이 "예수는 예술적 매개를 통하여 청자를 자기쪽으로 옮겨오게 하고, 그 결과로 청자는 예수와 같은 생각을 하게 된다. 이것이야말로 진정한 사랑의 방법이 아닌가? 즉흥적으로 불쑥 말을 내뱉는 것이 사랑인가? 사랑이란 만남이 일어날 수 있는 영역을 먼저 만들어 주는 것이다."[122]

가다머는 게임의 본질과 예술의 본질을 설명하면서, 한 "세계"에 들어가는 것과 단순히 어떤 생각을 승인하는 것 사이의 차이를 명확히 했다. 게임은 특별한 "경험"의 세계를 창출한다. 경기자는 단순히 그것을 관찰함으로써가 아니라 그 법칙들과 가치들과 그 전제들을 받아들임으로써 이 세계에 참여한다. 그는 그것들에 자신을 양도하고, 그것들에 의거하여 행동한다. 그렇다고 그가 그것들을 의식적으로 자기 마음 속에 새겨서 그런 것은 아니다. 그래서 게임의 실재는 경기 그 자체 속에서 경기자들에 의해 공유되는 무엇이다.[123] 이러한 "현실" 경험(Wirklichkeitserfahrung)은 우리가 진정한 예술 작품에 빠져들어갈 때도 일어난다.[124] 그것은 구경꾼들에 의해 조작되어지는 단순한 개념들의 집합이 아니라, 우리를 그 속으로 들어가게 만드는 하나의 "세계"이다. 그것은 단순한 연구의 대상으로서나 이론적 개념들의 근원으로서 표현되어지는 것이 아니다.[125]

푹스는 구체적인 비유들을 다루면서, 단순히 의식적인 "생각"을 전달하는 것은 주안점이 아니라고 주장했다. 이러한 점에서 그는 율리허(Jülicher)의 "하나의 요점" 접근법을 벗어나고 있다. 비유의 "요점," 혹은 판단은 사람에 따라서 다르게 나타날 수 있다. 그래서 무자비한 종의 비유에 대한 글에서, 푹스는 첫째로, "이 비유의 의도는 일반적인 윤리를 증대시키고자 하는 것이 아니다"라고 선언한다.[126] 둘째로, 이스라엘에 해당하는 판결은 "하나님은 너희들보다 더 굳은 분이다"라는 것이다 ; 반면에 교회에 대한 판결은 "하나님은 너희들이 관대할 것을 요구하신다"라는 것이다.[127] 그렇지만, 이러한 판결들이 단순한 개념적 일반화로 변질된다면, 그 결과는 자기 모순적이 되고 만다 ; 하나님은 굳은 분이며 또 관대한 분이다.

푹스의 비유 접근법을 이해하는 데 있어서는 세 가지 원리가 특히 중요하다.

(1) 비유의 이미지 부분 혹은 그림에 해당하는 반(picture-half)이 교훈을 보다 생생하고 인상깊게 하기 위한 단순한 설명적, 설교적 장치는 아니라는 것이다. 그것은 그 속에서 예수와 청자가 같이 서 있을 수 있는 공동의

세계를 창조하는 것이다. 예수가 "일상적인 때에 행해지는 것으로서의 시골의 가정생활에 대해", 농부와 가정 주부, 부자와 가난한 자, 기쁜 자와 슬픈 자에 대해 말할 때, 그는 단순히 "접촉점"을 찾는 것이 아니라 청자와 함께 청자의 "세계" 안에 같이 서고 있는 것이다.[128] "인간들 상호간의 이해가 그들이 공통된 세계를 갖고 있다는 것에 의해서 드러나는 곳이면 어디서나 우리는 실존을 발견하게 된다."[129]

(2) 그러고 나면 삶과 "실재"에 대한 관습적인 일상의 전제들이 도전받고 무너지게 될 것이다. 여기서 인간의 일상적 개념과 일상적인 말의 순환성과 "떨어짐"(fallenness)에 대한 하이데거의 판단과 푹스의 접근이 밀접하게 연관된다. 여기서 인간을 구출해 내기 위해서는 무언가 새롭고 창조적인 것이 뚫고 들어와야 한다; 이 경우에는 예수의 창조적인 말과 인격이 그 역할을 한다. 따라서 포도원 품꾼의 비유에(마 20:1-16) 있어서, 처음에는 "우리도 첫번째 사람의 불가피한 반응을 공유한다. 첫번째 사람은 마지막에 온 사람이 종일 품삯을 받는 것을 보고, 자연히 자신은 더 많이 받을 것이라고 기대하게 된다."[130] 그러나 충격적인 일이 벌어진다: "그들도 똑 같이 받게 된 것이다 … . 그들에게는 주인의 행동이 정당하지 못한 것으로 보였다." 끝에서는 이를 해명해 주는, 가정에 기초한 판결이 주어진다: "내가 선하므로 네가 악하게 보느냐?"

예수의 말씀은 개인을 골라내고 그를 깊이 사로 잡는다. 비유의 세계에 들어감으로써 청자는 예수의 판단에 깊이 빠져들게 된다. "비유는 우리의 결단을 요구하며, 또 그 결단을 초래한다." 그것은 단순히 "죄많은 인간이 하나님의 선하심을 믿어야 한다는 메마른 요구가 아니다. 그것은 구체적인 방식으로 … 예수의 보증을 포함한다." 예수는 "유죄라는 고소에 직면해 있으면서, 그럼에도 불구하고 하나님의 선하심을 소망으로 삼는 이들을 위해" 직접 보증해 준다.[131]

그러므로, 창조적인 언어 사건은 인간의 "언어성"에 의해 형성되어진 틀을 무너뜨린다. 푹스의 주장에 따르면, 평범한 생활도 이러한 사건의 모델이 될 수 있다 ; "새로운 관찰은 우리가 갖고 있는 이전의 모든 정신적 이미지들을 혼란에 빠뜨릴 수 있다 … . 이미 관찰되어져서 정신의 이미지에 저장되어져 있는 것과 새로이 관찰되는 것 사이에 갈등이 일어난다."[132] 이러한 갈등, 이러한 충돌은 결단과 새로운 재정향(re-orientation)을 요구한다.

　　로버트 펑크(Robert Funk)는 탕자의 비유(눅 15:11-32)를 언급하면서 이 원리를 설명하고 있다. "의로운" 자들은, 정의와 의무에 대한 형의 관습적인 생각을 시인하면서, 형의 "세계"에서 자신들을 발견한다, "죄인들"은 탕자에 의하여 경험되어지는 "세계"에 참여한다. 펑크는 아래와 같이 쓰고 있다: "은혜의 말과 은혜의 행동은 청중을 작은 아들과 큰 아들로, 죄인들과 바리새인들로 나눈다. 에른스트 푹스가 우리가 비유를 해석하는 것이 아니라 비유가 우리를 해석한다고 할 때 의미하는 바가 바로 이것이다. 바리새인들은 그 말씀이 자신들을 해석할 수 있도록 자신을 내어주려 하기보다는, 자신들이 은혜의 말씀을 해석해야 하겠다고 주장하는 자들이다."[133] 판단하는 사람들은 자기 자신들이 판단받고 있음을 발견한다. 죄인들은 자신들이 환영받고 있음을 깨닫게 된다. "심판 받는 자리에 있는 사람은 하나님이 아니라 인간이다."[134] 같은 원리가 큰 잔치의 비유에도 적용되어진다(마 22:2-10; 참조. 눅 14:16-24). 한 그룹은 배제되고 한 그룹은 포용된다. "개개의 청자는 그가 원하는 대로 이야기 속에서 두 부류로 나누어진다."[135]

　　월터 윙크는 이러한 접근을 바리새인과 세리의 기도에 관한 비유(눅 18:9-14)의 해석에 적용한다. 예수의 청중들의 대부분은 처음에는 자신들의 종교적 사회적 지위에 따라 바리새인과 자신들을 동일시한다. 그러나 곧 "전혀 기대하지 못했던 세리를 의롭다 하는 것에 의해 충격을 받고 아연실색하게 된다."[136] 이는 주요한 해석학적 질문을 제기한다. 푹스와 윙크, 둘 다 이 문제에 큰 주의를 기울였다. 현대의 독자들은 비난받을 자가 바리새인이라는 것을 다 알고 있다. 따라서 현재에는 "비유에 대한 단순히 묘사적이기만한 접근은 비유를 망가뜨리는 것이 된다."[137] 그것은 새롭게 말해져야만 하며, 단순히 "반복"만 되어서는 안 된다. 비유의 결말이 이제는 "경건한" 사람에 대한 관습적인 판단에 끼워넣어져야 하고 언어 사건은 그런 "경건"에서부터 우리를 자유롭게 하는 것이다.

(3) 푹스의 비유이해에 있어서 기독론의 중요성에 대하여 적절히 언급할 여유는 없다. 그러나 예수의 사역에 있어서 말씀과 행동의 유일성, 그리고 하나님을 대신하여 하나님의 말씀을 선포하는 예수의 지위와 역할을 특별히 언급함으로써 푹스가 기독론적 중요성을 강조하고 있다는 사실 만큼은 언급할 필요가 있겠다. 하나님은 예수의 말씀 가운데 현존한다. 게다가, 예수가 청자가 경험하는 공통된 이해의 세계에 들어왔기 때문에, 청자는 예수와 "함께" 하나님의 말씀에 응답하게 되는 것이다. 포도원 품꾼의 비유에서 "예수는 하나님의 대행자로서 행동한다. 특히 그의 행동과 … 그의 선포가 그러하다." 예수는 "그의 행동이 바로 하나님의 행동이라는 것을 우리가 이해할 수 있도록 해 준다." "예수의 선포는 그의 행동에 상응한다."

끝으로, 내가 믿음 안에서 응답하면, "나는 예수에게만 가까이 가는 것이 아니라; 예수와 함께 하는 하나님의 선하심의 사건을 믿음 안에서 기다리는 것이다."[138] 비슷하게, 용서할 줄 모르는 종의 비유에서도, "하나님은 예수의 행동을 자신의 뜻을 잘 나타낸 것으로 받아들인다." 청자는 "예수가 하나님의 자비로 인도하도록 자신을 내맡긴다." "예수는 새로운 율법을 준 것이 아니라, 율법의 자리에 자신을 갖다 놓으므로 그것을 대체한 것이다."[139]

예수가 청자와 "함께" 서 있다는 것은 이런 의미이다. 어떤 점에서는 예수가 신앙의 모델이 된다. 청자는 언어사건을 통하여 예수의 "세계"에 들어가게 되기 때문에, 하나님과 세계에 대한, 예수와 공유하는 새로운 비전을 발견하게 된다. 푹스에게 있어서 이것은 특히 자기 주장을 — 죽음에 이르기까지 — 부인하는 것을 의미한다 ; 이는 십자가의 길과 사랑의 길을 선택한 예수 자신의 결단을 따르는 것이다.[140] "지금 예수를 믿는다는 것은 예수 자신의 결단을 따르는 것을 의미한다."[141] 신해석학이 역사적 예수에 대한 새로운 추구와 일정 정도 관련을 가지는 것은 바로 이런 이유에서이다.

푹스는 다음과 같이 말한다: "부활의 선포 가운데서 역사적 예수 자신이 우리에게로 온다. 소위 신앙의 그리스도라고 하는 것도 이 역사적 예수와 다른 무엇이 아니다 … 하나님 자신이 이 역사적 예수 안에서 우리와 직면하기를 원하신다."[142] 예수의 메시지가 언어 사건으로서 창조적으로 그리고 자유롭게 말이 된다는(come-to-speech) 것은 그의 말과 그의 삶에 어느 정도의 연속성이 있음을 전제하는 것이다. 그래서 에벨링은 다음과 같은 결론을 내린다. "케리그마는 … 단순히 인간의 실존에 관한 언명에 불과한 것이 아니다. 그것은 일어난 일에 대한 증언이기도 하다."[143]

4. 몇 가지 결론들

(1) 어떻게 해석자가 신약성서의 본문을 좀더 깊이 그리고 좀더 창조적으로 이해할 수 있는가를 과제로 설정한 것은 신해석학의 옳은 방향 설정이었지만, 푹스와 에벨링은 스스로 어떻게 그것을 정확하게 이해할 수 있는가 하는 데는 관심이 좀 부족한 것 같다. 그들은 역사적 연구의 필요성을 주장했고, 우리는 그것이 해석학의 진정한 과제 수행을 위한 입문으로서라는 인상을 — 이 인상이 맞는지 틀린지는 일단 차치하고 — 받는다. 푹스와 에벨링은 양 면을 갖고 있는 문제의 한 쪽면을 보고 있다. 그 면은 여태 간과되어 왔던 문제이며 그러면서 중요한 부분이기는 하다. 그러나, 비평적 방법을 단순히 "일차적으로"만 사용하기보다는, 주체로서의 본문에 "귀를 기울이고", 그것과 동시에 그 본문에 대한 해석자의 이해를 비평적으로 검증받는, 두 가지가 다 가능하지 않을까? 마치 우리가 대화를 하는 것처럼, 두 태도가 다 성공적으로 그리고 반복적으로 수행될 수 없을까?

그것은 분리된 개념화의 관점과 맞바꾸어지면서 필연적으로 전체적인 조망을 포기하게 되며, 그 결과로 본문이 또 다시 단순한 탐구 "대상"으로 전락해 버릴 수밖에 없지 않는가 하는 반응이 있을 수 있다. 그러나 데카르트식의 주-객 "방법"이 언제나 적절한 것은 아니라는 하이데거나 가다머의 경고를 우리가 받아들인다고 하더라도, 그럼에도 불구하고 개념화의 사고는 해석학에서 일정한 자리를 차지하고 있어야 한다. 존재에의 부름에 대한 개방성이라는 하이데거의 생각을 언급하면서, 한스 조너스(Hans Jonas)는 지적한다: 사고는 "정확하게 말해서 노력이지, 운명의 자비로 얻어지는 것이 아니다."[144] 단순히 "듣는 것"과 맞바꾸면서 사고에 있어서 자신의 주도권을 양도하는 것은, 정확히 말해서 역사와 언어에 의해 조건지워진 자기 자신의 상황으로부터 탈출하는 것이 아니라, 모든 것을 "내가 태어난 역사적 세대의 기회 요소로 삼는 것을" 말한다.[145] 조너스는 신학자들이 하이데거를 따라 겸손한 체 하는 데로 너무 쉽게 물러나 버린다고 결론 내린다. 그리스도인들은 운명의 힘으로부터 구원받았으며, 따라서 그의 지성을 참과 거짓을 구별하는 데 사용해야 한다.

우리는 하이데거가 이런 입장을 인간의 "언어성"의 전체 문제에 대한 오해이거나 단견으로 여길 것이라는 것을 이미 보았다. 아마도 푹스도 같은 입장일 것이다. 주객 도식은 사람을 실재에 가까이 가지 못하게 할 뿐만 아니라, 다른 것들에 관한 용어들로 인간이 갖는 개념들을 평가함으로 고질적인 순환 가운데 빠지게 한다고 그들은 생각한다. 그러나 신약성서 자체는 특별히 바울의 경우에는 이성 혹은 "지성"(nous)의 사용에 대하여 하이데거만큼 부정적이지 않다. 이런 점에서 하이데거의 입장은 선불교의 완전한 반이성주의에 가깝다. 하이데거가 스즈끼의 작품을 읽고 나서, "이것이야말로 내가 나의 전 저술들을 통해 말하려고 하던 바이다"[146]라고 말한 것을 기억할 필요가 있다. 게다가 "객관화되지 않은" 언어에 있어서, 참과 거짓을 구별하려는 시도가 봉착하는 실제적인 난관은 극복되기 힘든 것이다.

예를 들면, 그러한 어려움들은 폴 반 뷰렌(Paul van Buren)이 하인리히 오트(Heinrich Ott)에 대해 논하는 가운데 드러난 바 있다.[147] 그래서, 그들의 주장에 공감이 가는 부분이 있음에도 불구하고, 베버(J. C. Weber)의 다음과 같은 비판은 타당성이 있다고 본다. 푹스의 사고에는 "하나님의 말씀과 존재의 언어를 구별할 수 있는 근거가 전혀 없다 … 그 언어가 표현을 환상과 거짓으로 심지어는 혼란스럽게 만들지 않을 것이라고 누가 장담할 수 있겠는가? 진리의 기준이 언어사건 자체만이라면, 언어사건이 어떻게 망상과 속임수와 하찮은 말들로부터 안전할 수 있겠는가? 무(無)의 사건이 언어사건을 가장하고 나타나는 경우는 왜 없겠는가? … 푹스의 존재론은 심리학적 환상주의로 해소되어져 버릴 위험이 있다."[148]

(2) 신해석학은 신약성서의 사용과 신약성서의 메시지와의 관계에 있어

서 한쪽에 치우쳐 있다. 신약성서에는 명백히 합리적 논증이나 신학적 개념 설명과 관련되어 있는 영역이 많이 있다. 보른캄을 비롯한 많은 사람들이 바울에 있어서 합리적 논증의 역할에 주의를 기울였고, 히브리서 역시 이러한 관점에로 우리를 초대한다.[149] 그러나, 푹스와 에벨링의 접근법은 찬송, 시, 은유, 비유 등의 언어 범주에 더 잘 어울린다. 푹스가 그의 관심을 비유와, 고린도전서 13장, 빌립보서 2:5-11 같은 구절에 집중시키는 경향을 보였던 것은 우연이 아니다. 이는 신해석학이 한쪽에 치우쳐 있다는 우리의 주장을 확인해 준다. 만약 푹스가 회중들에게 설교하는 목사직을 아직까지 계속하고 있다면, 그 청중들은 자신들이 언제나 같은 종류의 본문만을 대하게 된다는 것을 알아차리게 되지 않았을까 하는 생각이 든다 . 이는 부분적으로는 푹스가 신약성서 자체의 "해석되어진" 메시지를 편협하게 선택되어진 용어 안에서만 보려고 했다는 것에 기인한다. 결국, 신약성서의 거의 대부분이 사랑에의 부름으로, 또 자기 주장의 포기에의 부름으로 해석되어졌다.

　　그러나 신해석학이 갖고 있는 문제는 신약성서의 어떤 부분들은 논리적 강화의 형태를 갖고 있다는 것뿐만이 아니다 ; 대개는 그것이 이미 믿고 있는 사람에게 전달되고, 역사적 공동체로서의 교회의 맥락 속에서 이미 신학적 전통 가운데 있는 사람들에게 말해지는 경우가 많다는 것도 문제이다. 그러나 푹스에 의하면, 전통은, 신약성서 안에 있는 전통(전승)까지도, 본래 불신자들을 향한 것이었던 예수의 원래 선포를 분명히 해주기보다는 모호하게 만들어 버리는 것이다. 하이데거가 서구 철학의 개념화 전통의 "뒤로" 파고 들기를 원한 것과 똑같이, 푹스는 초대 교회의 전통(전승)의 뒤로 파고 들기를 원했다.

　　이러한 이동의 결과는 푹스가 그리스도의 부활을 다루고 있는 것을 보면 잘 드러난다. 부활은 사도들의 증언에 근거하여 알려진 과거 사건으로 생각되어질 수는 없다. 불트만처럼 푹스는 부활이 단순히 십자가의 긍정적 가치를 표현한 것 ; 십자가의 죽음에 있어서 예수의 자기 주장의 포기를, 철저하게 그리고 역사적인 찌꺼기 없이 표현한 것이라고 보았다. 푹스는 이러한 입장을 강화하기 위해서, 바울이 고린도전서 15:5-8에서 실수를 저지르고 있으며, 거기서 바울이 부활의 근거를 역사 속에 두려고 하는 것은 고린도 교인들에 대한 논쟁의 급박성 때문일 뿐이라고까지 주장했다.[150]

푹스의 해석학에는 전승, 교회, 그리고 십자가 사건 이후의 역사가 존재할 자리가 없다. 악트마이어(P. J. Achtemeier)가 이 문제를 날카롭게 지적했다: "교회 그 자체가 신앙의 역사적 '안전판'이 될 수 있었고, 또 그렇게 되었다. 그렇게 해서 모든 종류의 안전에 위험을 선언하는 신앙의 힘을 무력화시켜 버렸다 … . 이런 방식으로 … 신해석학은 신약성서의 어떤 부분들에 기초한 신앙에 대한 견해를 또 다른 부분들에 기초한 견해들로부터 보호하려고 노력한다."[151]

그러나, 또 다시 이러한 난점들로 인해 신해석학이 갖고 있는 긍정적인 통찰들까지 간과하게 되어서는 안 된다. 푹스는 서신들의 해석학에 관한 몇 가지 유용한 언급들을 한 바 있다; 그리고 이와 비슷한 관점에서 로버트 펑크(Robert Funk)는 고린도전서 2:2-16에 대한 소중한 통찰을 제공했고, 그의 "해석으로서의 고린도후서"는 특히 훌륭하다. 그는 이 서신을 "바울이 참여하고 있는 논쟁에 쓰이던 언어로 케리그마를 재표현한 것"이라고 보았다.[152] 그렇지만, 신해석학의 주요한 공헌은 예수의 비유와 관련된 것이다. 그들의 세부적 석의에 대해서는 비판이 가해질 수 있겠지만, 그 접근의 참신성과 가치는 명백하다.

(3) 신해석학이 해석학적 과제에 대해 일면적인 접근을 하고 있는 것과 똑같이, 그것은 언어의 본질에 관해서도 일면적인 관점을 갖고 있다. 이는 두 가지 방식으로 보여진다.

첫째, 그들이 본으로 삼고 있는 하이데거와 같이, 푹스와 에벨링은 언어는 관습의 기초 위에서 기능하는 것이지, 그것이 "실재"나 존재 자체는 아니라는 것을 파악하지 못하고 있다. 실재가 감지되고 언어 공동체와의 관련하에서 조직화되는 방법을 언어가 결정하는 것, 아니면 최소한 모양 짓기라도 하는 것이 사실이다. 그러나, 반면에 효과적인 언어-행동은 공동체에 의해서 용인되는 "법칙들"이나 관습들을 전제하고 있기도 하다. 언어가 그 사물 자체는 아니라는 것은 코르지브스키(Korzybski)의 "일반 의미론"에서 확립된 원칙일 뿐만 아니라, 소쉬르(Saussure) 이후 일반 언어학의 원칙이기도 하다. 소쉬르는 자신이 "기호의 자의성(l' arbitraire du signe)"을 언어연구의 제일 원리라 말하고 있고, 의미론의 장에서 그것을 다루고 있다. [153] 어휘의 불명료성, 다의성(多義性), 언어의 변화, 같은 대상을 다른 언어에서 다른 단어로 지칭하는 것들은 언어의 관습성을 잘 보여준다.

푹스와 에벨링의 태도는 이와 상반되는 것으로 "언어-마술"을 믿는 사람들로 보여질 정도이다. 이와 같은 관점은 때때로 원시인들에게서 발견되어진다. 말리노브스키(Malinowski)는 "말은 … 그 자체의 고유한 힘을 갖고 있다; 그것은 일을 성취하는 수단이다 ; 말은 행동들과 대상들을 묘사하는 것이 아니라 그것들을 좌우한다 … . 말은 힘을 부여한다."고 언급하고 있다. [154] 물론, 하이데거는 자신의 관점이 원시적인 것이라는 말을 들어도 놀라지 않을 것이다 ; 오히려 그는 "원초적" 언어에 관심이 있다. [155] 그러나 에벨링이 언어 사건은 "단순한 발화"가 아니라 "그 속에서 하나님 자신이 의사소통하는 사건"[156]이라고 할 때, 이것은 문제에 부딪히지 않을 수 없다.

화해에 대하여 말하는 것과 실제로 화해시키는 말 ; 그리고 부름에 관한 말과 실지로 부르는 말을 에벨링이 대조하고 있는 것을 우리가 거부해야함은 당연하다. 그러나 그 안에서 "말해진 바가 그렇게 되어지는" 의미라는 것은 언어 마술의 용어가 아니라, 수행적 언어(performative language)라는 용어로 가장 잘 설명되어질 수 있다는 견해를 나는 두 소논문에서 개진한 바 있다. [157] 나아가서, 푹스와 에벨링이 그들의 접근법을 하나님의 말씀의 "능력"에 대한 믿음의 확증 위에가 아니라, 언어에 대한 특정한 관점 위에 기초하고 있다는 것을 ― 물론, 겉으로 보기에는 그 반대일 수도 있지만 ― 강조할 필요가 있다.

둘째, 신해석학의 관심은 묘사적이거나 정보 제공적인 언어보다는 명령법적, 능동적, 지시적 언어에만 치우쳐 있다. 에벨링은 다음과 같이 쓰고 있다. "우리는 말들이 무엇을 담고있나를 물음으로써가 아니라, 그것들이 어떻게 작용하는가, 그것들이 무엇을 되어지게 하는가를 물음으로써 그 말들의 본질을 파악한다."[158] "그러므로 말의 기본 구조는 진술이 아니라 … 통고이다. 물론 색깔없이 건조한 정보제공이라는 의미에서가 아니라, 참여와 상호 의사소통이라는 함축적인 의미에서의 통고이다."[159)

여기서 우리가 무엇을 비판하고 있는가를 정확히 하는 것이 중요하다. 우리는 기능, 의사소통, 그리고 자기 참여에 대한 그의 관심을 비판하는 것이 아니다. 오히려 환영한다. 그러나 묘사라는 것이 마치 언어의 다른 기능을 저하시키는 것인 양 하여, 두 가지 중에서 양자택일을 요구하는 것은 옳지 않다. 사실 나는 언어 사건으로서의 비유에 관한 나의 소논문에서 이에 관해 상세히 논한 바 있다. 첫째로, 묘사적인 서술들의 기능이 모두 다 똑같지는 않다는 것이다(어떤 것은 열린 결말을 갖기도 한다) ; 둘째로 오스틴(Austin)의 말을 빌리자면 "어떤 수행적 언어가 행복해지기 위해서는, 그 진술들은 진실이어야만 한다."[160) 아모스 와일더(Amos Wilder)는 이러한 생각을 다른 방법으로 표현한다. 그는 다음과 같이 쓰고 있다. "푹스는 신앙의 내용을 정의하기를 거부했다 … 그는 관습으로서의 그리고 정보를 전달하는 것으로서의 말을 두려워했다 … . 푹스는 이를 계시가, 말하자면, 아무것도 계시하지 않는다는 데까지 밀고 나갔다. … 사실, 예수는 결단에로 부른다 … 그러나 그의 말, 행동, 현존, 인격 그리고 메시지는 확실히 종말론적 그리고 신정주의적(theocratic) 교리에 기초해 있다."[161)

(4) 신해석학이 "나에게 진리인 것은 무엇인가?"를 "무엇이 진리인가"라는 판단의 기준이 되게 하며, 그것의 해석자의 주관성에로의 정향은 너무 자주 신학을 인간학으로 바꾸어 버린다는 비판은 설득력이 있다. 자신은 불트만보다도 "더 급진적인 실존적 해석"을 제안한다고 했던 푹스의 언급을 이미 살펴본 바 있다. 해석학의 과제는 "우리 자신의 실존을 해석하는 것이다 … . 우리는 우리 자신에게 유효한 것이라고 인정되는 것만을 진리로 받아들인다"[162)라고 그는 쓰고 있다. 동시에, 우리는 푹스에게 또 다른 강조점이 있다는 것을 기억해야만 한다. 그는 "기독교 신앙은 하나님의 행위를 이야기하는 것이지 … 사람의 행위들을 이야기하는 것이 아니다"[163)라고 주장한다.

몇몇 보수적인 신학자들은 해석학적 순환이나 푹스의 "자기 이해"(Selbstverständnis)의 개념을 받아들인다면, 인간 중심적인 상대주의에 빠지고 말 것이라는 생각을 하고 있다. 그래서 몽고메리(J. W. Montgomery)는 "현대 신학자들의 소위 해석학적 순환이라는 것에 대한 거부"를 주장한다.[164] 그는 다음과 같이 쓰고 있다. "설교가는 불트만과 신 해석학을 추종하는 후기 불트만주의자들처럼, 본문과 자신의 경험이 상호 관계에 들어간다는 사고의 끔찍한 실수를 범해서는 안된다 … 본문과 석의가를 한 순환 안에 묶는 것은 모든 신학과 설교를 인간 중심적 죄성의 궤도 안에 집어 넣는 것일 뿐만 아니라, 인간이 갖는 막연함보다 '훨씬 확실한 예언의 말씀'의 가능성 자체를 제거해 버리는 것이기도 하다."[165]

그러나, 몽고메리에 의해 정식화된 이 문제는 신학적 성찰에만 머무르지 않고, 인식론, 또는 이해의 이론으로 전환된다. 우선, "성경"과 "성경의 해석" 사이를 구별하는 것이 가능한 토론의 영역들이 있는가 하면, 그렇지 않은 영역도 있다. 우리는 이 둘을 구별할 수 있고 또 구별해야 한다. 이를테면, 우리가 신학적 방법에 관한 질문들을 원리면에서 그리고 형식적 차원에서 논할 때는 그러하다. 이것은, 에벨링이 지적했듯이, 종교개혁에 있어서 그리고 루터에게 있어서는 중요한 것이었다. 그러나 우리가 특정한 본문으로 눈을 돌리자마자, 그 본문을 이해하는 모든 방법은 해석자의 경험과 관련된 해석 행위를 구성하게 된다. 이것은, 예를 들면, 루터가 특정한 본문을 다루는 것을 살펴볼 때 분명해진다.

이러한 점에서 볼 때 어떤 해석자들이 그것을 해석하는 것을 넘어서서 자명하게 "참된" 의미에 접근할 수 있다고 하는 것은 철학적으로 너무 순진한 발상이다. 게다가 가다머가 옳게 주장했듯이 해석자의 이해는 진보하는 것이다. 하인리히 오트의 말을 빌리자면, "'이해했다는 것'과 '이해하지 못했다는 것' 사이에 최종적인 흑-백의 구분이 있는 것이 아니다 … . 이해가 여러 다른 차원들에서 일어나는 것은 이해 그 자체가 갖는 본질이다."[166]

따라서, 해석자의 위치는 새 과목을 접하면서 새 교과서를 받아든 학생의 위치와도 같다. 처음에는 주제에 대한 그의 선 이해가 결합되지 않은 채로 단편적이다. 그가 어떻게 본문에 대해서 적절한 질문을 던질 수 있나를 모르기 때문은 아니다. 그러나 점차로 본문 자체가 적절한 질문을 제시하게 되고, 본문에 대한 그의 보다 성숙한 접근이 더 넓은 이해를 가져다 준다. 동시에, 부분들과 전체는 서로를 조명해 주기 시작한다. 그러나 이 모든 과정에서 해석자가 수동적인 객체를 탐구하는 능동적 주체인 것만은 아니다. 본문은 그 본문에 대한 객체로서의 해석자에게 "말하고", 해석자의 질문을 형성시킨다. 해석학적 순환이라는 생각은 인간 중심의 상대주의에 대한 배신이 아니라, 본문 해석에 있어서 이해의 과정을 묘사하는 방법인 것이다.

"자기 이해"도 곧잘 오해되는 문제이다. 그것은 단순히 인간의 자신에 대한 의식적 이해를 의미하는 것이 아니라, 그가 자신의 "세계"의 맥락 안에서 존재의 가능성들을 파악하는 것을 의미한다. 그러므로, 그것은 그가 삶 또는 실재 또는 신에 대해 반응하는 방법을 말하는 것이지, 단순히 자기 자신에 대한 견해들을 이야기하는 것이 아니다.[167] 어떤 의미에서는, 그것은 종종 생각되어지는 것처럼 그렇게 인간 중심적이지 않다. 에벨링의 말을 빌리자면, "하나님이 말씀하시면, **우리와 관련된 바 모든 실재가 새롭게 언어화 된다.**"[168] 그렇지만 다른 각도에서 보면, 자기 이해로 미리 규정되어 있다는 것이 해석자의 태도를 협애화하고 제한하여 더 넓은 신학적 우주적 전망을 제한할 수도 있다. 사실, 이것은 우리가 해석학의 과제, 신약성서의 영역, 그리고 언어와 관련하여 살펴보았던 문제들의 한 면만을 정확하게 강조한 것이다. 한 예로, 우리는 푹스가 그리스도의 부활을 정당하게 다루는 데 실패한 것을 본다.

(5) 신해석학은 무엇보다도 본문의 "권리"와 관련되어 있다. 본문의 권리는 해석자 자신이 본문으로 끌어들이거나 본문에 부과하게 되는 개념들보다 우위의 것이다. 인간의 언어성을 고려에 넣지 않은, 주객 도식에 입각한 본문의 연구는 하나님의 말씀을 인간에게 순응시키고 길들이는 것이다. 따라서 그것은 해석자 자신의 관점이 메아리치는 것에 지나지 않는다. 반대로, 본문이 그 자체의 타자성(otherness) 가운데서 해석자에게 도전하고 그를 판단하고 또 그에게 "말해야" 한다. 그러나 이 말씀이 이해되어지고 "감명을 주기" 위해서는, 그 속에서 본문의 지평과 해석자의 지평이 융합되어지는 공동의 세계, 즉 Einverständnis가 있어야만 한다.

단순한 "지식"과 "분석"에 대한 이러한 거부가 갖는 더 이상의 장점과 단점은 신해석학이 문학비평, 예술, 심지어는 교육이론이라고 하는 더 넓은 맥락 안에 위치하고 있다는 것을 고려할 때 분명해진다. 문학의 세계를 예로 들어보면, 수잔 손탁(Susan Sontag)은 해석이 문학적 창조를 빈곤하게 하고, 길들이고, 왜곡시킨다고 주장한다. "해석은 문학 작품을 다루기 좋게, 편안하게 만들어 버린다." 문학을 해석하는 것 대신에 우리는 그것을 "있는 그대로의 그것이 무엇인가를 보여주기만" 하면 된다. [169]

비슷하게 팔머(R. E. Palmer)는 블량쇼(Blanchot), 리샤르(Richard) 또는 바슐라르(Bachelard) 등의 프랑스 현상학적 문학 비평에서, 그리고 리꾀르(Ricoeur)나 메를로 퐁티(Merleau-Ponty) 등의 프랑스 현상학적 철학에서 "주-객 도식을 넘어서려는" 시도를 발견한다. [170] 예술의 영역에서는 아돌프 고트리브(Adolph Gottlieb)를 인용할 수 있을 것이다. 교육 이론에서는 "지식"과 "정보"에 관한 관심을 떨쳐버리고, 그것을 개입과 참여와 "경험"에 대한 강조로 바꾸는 것의 득과 실을 따져 보는 것이 가능하다. 학생은 그 자신의 삶의 경험들의 언어로 이해하는 것을 도와주려는 노력을 통해 득을 볼 것이다; 그러나 수업의 "내용" 부분이 덜 강조됨으로 인해서 잃는 것도 생길 것이다.

신약 해석에 있어서는 두 가지 양상이 다 중요하다는 것, 그러나 현 시점에서 신해석학의 주장을 너무 멀리 밀고 나가는 것에서보다는 그것을 무시함으로 인해서 오는 위험이 더 크다는 것이 우리의 입장이다. 비록 신해석학이 그 본보기를 단순히 설교자들을 위한 몇 가지 금언들로 축소시킨 것은 잘못한 것이지만, 그럼에도 불구하고 신해석학은 설교와 기초 성경 공부에 대해서 시사해 주는 바가 있다. 예를 들면, 신해석학은 화해에 관하여 말하는 것이나 기쁨에 관하여 말하는 것과, 다른 한편에서 한 사람이 기쁨과 화해를 경험하게 되는 그리스도의 말씀을 선포하는 것과는 ─ 비록 이런 개념들이 언급되고 있지는 않지만 ─ 차이가 있다는 것에 주의를 환기시키고 있다. 설교자는 단순히 그가 어떤 개념을 전달하고 있는가 하는 것보다는 그의 말이 가져올 결과에 대하여 관심을 가져야 한다. 복음은 단순히 말해지고 반복되기만 해서는 안된다. 그것은 의사소통 되어야 한다. 비슷하게 성경 공부에 있어서도 학생은 "사실들"과 정보에만 관심을 가질 것이 아니라, 자신에게 내려지는 판결에도 관심을 가져야 한다. 뿐만 아니라 그가 본문으로부터 "듣는다면", 그는 다른 사람들에 의해 만들어진 고정적인 질문들을 사용하는 것에 만족하지는 않을 것이다. 자기 자신의 원래적 지평이 창조적으로 확대될 때까지, 계속해서 질문하고 대답하는 대화에 참여할 것이다.

신약성서의 타자성은 그 메시지가 단순히 예측가능한 종교적 "진리들"의 틀이 되는 식으로, 순응되거나 길들여져서는 안된다. 신약성서의 본문을 통하여서, 하나님의 말씀은, 푹스의 말을 빌리자면 "하나님의 눈으로" 세상을 보지 않는 모든 방법들에 대한 공격으로, 심판으로 다가온다. 해석학의 과제는 참된 것이며 가치 있는 것이다. 본문의 지평들과 현대인 해석자들의 지평들이 융합되어져야만 한다; 그리고 그 융합은 단순한 개념적 차원 이상의 것이어야 한다. 푹스가 제기한 다음의 질문보다 더 중요한 질문은 거의 없을 것이다: 고대 세계에서 쓰여진 신약성서의 본문이 오늘 어떻게 가슴을 찌르는 말씀으로 살아올 수 있는가?

주

1) 이 용어의 전통적 사용에 대한 반대에 관해서는, C. E. Braaten, "How New is the New Hermenuetic?" in *Theology Today* 22(1065), pp. 218-35, J. D. Smart, *The Strange Silence of the Bible in the Church* (London, 1970), pp. 37-8; 또 이에 대한 반대는 James M. Robinson "Braaten's A Reply", in *Theology Today*, loc. cit., pp. 277-82.

2) E. Fuchs, "Zur Frage nach dem historischen Jesus" (*Gesammelte Aufsätze* II; Tübingen 1960), pp. 411-14 and 418; cf. *Studies of the Historical Jesus* (London 1964), pp. 196-8 and 202.

3) E. Fuchs, *Hermeneutik* (Tüibingen 1970⁴), p. 281; cf. R. Bultmann, *Essays Philosophical and Theological*(London 1955), p. 14. Cf. further, E. Fuchs, *Hermeneutik*, p. 182, and R. Bultmann, *Faith and Understanding* (London 1969), pp. 286-312.

5) E. Fuchs, *Studies of the Historical Jesus*, p. 8.
6) E. Fuchs, *Studies of the Historical Jesus*, p. 30, cf. Zum hermeneutischen Problem in der Theologie (*Gesammelte Aufsätze* I, Tübingen 1959), pp. 9-10.
7) G. Ebeling, "Non-religious Interpretation of Biblical Concepts" in *Word and Faith*, p. 125.
8) G. Ebeling, *The Word of God and Tradition* (E. T. London 1968), pp. 11-31, especially 26, 28.
9) G. Ebeling, *God and Word* (Philadelphia 1967), p. 3; cf. pp. 8-9.
10) Ibid., p. 4.
11) E. Fuchs, "Proclamation and Speech-Event" in *Theology Today* 19 (1962), p. 354; and G. Ebeling, *Theology and Proclamation* (E. T. Collins, London, 1966), pp. 42 and 100-102.
12) G. Ebeling, *Word and Faith*, pp. 318-19.
13) Ibid., p. 306.
14) Ibid., p. 36.
15) E. Fuchs, *Hermeneutik*, p. 92.
16) E. Fuchs, *Studies of the Historical Jesus*, p. 35.
17) Ibid., p. 193.
18) W. Pannenburg, Basic *Questions in Theology* I (E. T. London 1970) p. 9.
19) G. Ebeling, "Time and Word", in J. M. Robinson (ed.), *The Future of our Religious Past: Essays in Honour of Rudolf Bultmann* (London (1971), p. 265 (translated from *Zeit und Geschichte*, 1964) (my italics). Cf. further, W. G. Doty, *Contemporary New Testament Interpretation* (Englewood Cliffs, N. J. 1972), pp. 34-7.
20) 이 책의 앞장을 참조하라. 그리고 Ian Henderson, *Myth in the New Testament* (London 1952), p. 31. A. C. Thiselton, "Myth, Mythology", in *The Zondervan Pictorial Encyclopedia of the Bible* (Grand Rapids 1975), vol. 4, pp. 333-343. 를 보라.
21) G. Ebeling, "The Significance of the Critical Historical Method for Church and Theology in Protestantism" in, *Word and Faith*, pp. 17-61; and E. Fuchs, *Hermeneutik*, pp. 159-66, and especially *Studies of the Historical Jesus*, pp. 95-108.
22) G. Ebeling, *The Nature of Faith* (E. T. London 1961), p. 188.
23) E. Fuchs, "Transition and Proclamation" in *Studies of the Historical Jesus*, pp. 191-206; 참조. *Hermeutik*, pp. 249-56, 그리고, *Marburger Hermeneutik*(Tübingen 1968), pp. 2-4. Fuchs의 접근은 Manfred Mezger의 접근과 관련되어 있다. M. Megzer, "Preparation for Preaching : the Route from Exegesis to Proclamation" in

R. W. Funk (ed.) J Th. Ch2. *Transtlating Theology into the Modern Age* (Tübingen 1965), pp. 159-79, 특히 166을 보라.

24) E. Fuchs "The New Testament and the Hermeneutical Problem", loc. cit., pp. 135-6 (Fuchs 는 거의 전체 문장을 이텔릭체로 쓰고 있다)

25) G. Ebeling, *The Nature of Faith*, p. 15, cf. *Introduction to a Theological Theory of Language* (London 1973) pp. 15-80.

26) G. Ebeling, *The Nature of Faith*, p. 16; cf. *God and Word*, pp. 2-3, and E. Fuchs, "The New Testament and the Hermeneutical Problem", loc. cit., p. 125.

27) H. -G. Gadamer, *Wahrheit und Methode. Grundzüge einer philosophischen Hermeneutik* (Tüibingen 1965²) p. 360 (E. T. *Truth and Method* (London 1975) p 350).

28) G. Ebeling, "Word of God and Hermeneutics", in *Word and Faith*; p. 313.

29) Ibid., p. 317.

30) Ibid.; cf. *The Word of God and Tradition*, p. 9

31) E. Fuchs, "The New Testament and the Hermeneutical Problem", loc. cit. p. 136

32) E. Fuchs, *Hermeneutik*, pp. 109-10 (*"die Maus das hermeneutische Prinzip für das Verständis der Katze zu sein ⋯ "*).

33) G. Ebeling, *The Word of God and Tradition*, p. 17.

34) H. Kimmerle, "Hermeneutical Theory or Ontological Hermeneutics" in R. W. Funk (ed.), J Th. Ch. 4, *History and Hermeneutic*, p. 107 (my italics), cf. pp. 107-121.

35) See E. Fuchs, *Marburger Hermeneutik*, pp. 171-81 and 239-43.

36) E. Fuchs, "The New Testament and the Hermeneutical Problem"; loc. cit., p. 124; cf. *Marburger Hermeneutik*, p. 176.

37) E. Fuchs, "The Hermeneutical Problem" in J. M. Robinson (ed.), *The Future of Our Religious Past* pp. 267-8 (translated from E. Dinkler (ed.) *Zeit und Geschichte*, p. 357).

38) Ibid., p. 270; German from *Zeit und Geschichte*, p. 360. Cf. *Hermeneutik*, p. 136

39) E. Fuchs, "The New Testament and the Hermeneutical Problem," loc. cit., p. 216; "Proclamation and Speech-Event", loc. cit., pp. 347-51; *Hermeneutik*, pp. 219-30; *Studies of the Historical Jesus*, pp. 97-9 그리고 130-66; 또, *Marburger Hermeneutik*, pp. 231-2. 이 비유는 뒤에서 더 다룰 것이다.

40) Richard E. Palmer, *Hermeneutics. Interpretation Theory in Schleiermacher, Dilthey, Heidegger, and Gadamer* (Evanston 1969), p. 139.

41) 이 점에 대해서는 뒤에 설명하게 될 것이다. 그러나, Fuchs 이론의 이 측면

에 대한 간단한 서론은 Paul J. Acthemeier, *An Introduction to the New Hermeneutic* (Philadelphia 1969), pp. 91-100.

42) G. Ebeling, *The Nature of Faith*, p. 187.

43) J. L. Austin, *How to Do Things with Words*(Oxford 1962) p. 6; cf. *Philosophical Papers* (Oxford 1961), pp. 220-39. Cf. further A. C. Thiselton, "The Parables as Language-Event: Some Comments on Fuchs's Hermeneutics in the Light of Linguistic Philosophy" in *Scottish Journal of Theology* 23(1970), pp. 437-68, especially 438-9; R. W. Funk, *Language, Hermeneutic and Word of God* (New York 1966), pp. 26-8; J. M. Robinson, "The Parables as God Happening" in F. T. Trotter (ed.) *Jesus and the Historian*(Philadelphia 1968), p. 142; and W. G. Doty, op. cit., pp. 39-43.

44) C. Ebeling, *The Nature of Faith* pp. 87 and 90.

45) E. Fuchs, *Zur Frage nach dem historischen Jesus*, pp. 291 and 293 (cf. *Studies of the Historical Jesus*, pp. 94 and 95).

46) E. Fuchs, loc. cit. (독어판) pp. 288 과 291 (영어판 91 과 93); 224 와 226 (영어판 36 과 38); 그리고 347 (영어판 141).

47) 참조. E. Fuchs, *Zum hermeneutischen Problem in der Theologie*, pp. 281-305 ; *Marburger Hermeneutik*, pp. 243-5; 그리고 *Studies of the Historical Jesus*, pp. 196-212; 그리고 G. Ebeling, *Word and Faith*, pp. 325-32, 그리고 *Theology and Proclamation* pp. 28-31. Fuchs 와 Ebeling 의 다른 용어 사용에 대해서, James Robinson은 "*Sprachereignis* 와 *Wortgeschehen* 은 동의어이다 … 그 선택은 불트만 계열의 용어가 *Heilsereignis* 또는 *Heilsgeschehen*을 분리하고 있는 점에 의해 좌우된다"고 설명한다.

48) E. Fuchs, *Studies of the Historical Jesus*, p. 196 (German, p. 411).

49) Ibid.

50) Ibid., p. 211.

51) G. Ebeling, *Word and Faith*, p. 320.

52) C. Ebeling, *The Word of God and Tradition*, p. 18; cf. E. Fuchs, *Hermeneutik*, pp. 103-26.

53) J. M. Robinson, *New Frontiers in Theology 2: The New Hermeneutic*, pp. 23-4

54) E. Fuchs, "The New Testament and the Hermeneutical Problem", ibid., p. 143 (his italics).

55) E. Fuchs, "The Hermeneutical Problem", loc. cit., p. 277 ("*die Texte zuvor uns übersetzen müssen bevor wir sie übersetzen können*", in E. Dinkler (ed.) op. cit., p. 365). Cf. G. Ebeling, *Word and Faith*, p. 331.

56) R. Bultmann, "Is Exegesis Without Presuppositions Possible?" in *Existence and Faith* (London 1964), p. 347; cf. pp. 342-51. R. Bultmann, "The Problem of Hermeneutics", in *Essays Philosophical and Theological*, pp. 242-3 (cf. pp. 234-61)

57) R. Bultmann, *Existence and Faith*, pp. 343-4 (his italics) and 347

58) R. Bultmann, "The Problem of Hermeneutics", loc. cit. p. 255.

59) R. Bultmann, *Existence and Faith*, p. 346.

60) Cf. B. J. F. Lonergan, *Method in Theology* (London 1972) pp. 156-8 (cf. 153-266) - and J. D. Smart, *The Interpretation of Scripture* (London 1961), pp. 37-64.

61) B. J. F. Lonergan, op. cit., p. 157. A. C. Thiselton, "The Use of Philosophical Categories in New Testament Hermeneutics", *The Churchman* 87 (1973), pp. 87-100

62) R. E. Palmer, op. cit., p. 94. 96 (cf. F. Schleiermacher, *Hermeneutik und Kritik*, ed. by F. Lucke, p. 29).

63) E. Fuchs, *Hermeneutik*, p. 281 (my italics).

64) M. Mezger, "Preparation for Preaching: The Route from Exegesis to Proclamation", loc. cit., p. 166 (cf. J. M. Robinson, op. cit., p. 59).

65) Ibid.

66) Ibid., pp. 166-7.

67) H. Kimmerle, "Hermeneutical Theory or Ontological Hermeneutics", loc. cit., p. 109

68) Cf. M. Heidegger, *An Introduction to Metaphysics* (E.T. New Haven 1959. Anchor edn 1961), pp. 123-38.

69) R. E. Palmer, op. cit., p. 87.

70) Ibid.

71) G. Ebeling, *Word and Faith*, p. 320.

72) Ibid., p. 317.

73) E. Fuchs, "The New Testament and the Hermeneutical Problem", p. 142 (his italics)

74) H. Ott, "Systematic Theology and Exegesis" in his essay "What is Systematic Theology?" in J. M. Robinson and J. B. Cobb Jr. (eds.) *New Frontiers in Theology: I, The Later Heidegger and Theology* (New York 1963), pp. 86 and 87; cf. M. Heidegger *Unterwegs zur Sprache* (Pfullingen, 1959, 1960²), pp 37-8

75) G. Ebeling, *Word and Faith*, p. 33 (his italics).

76) Ibid., p. 318.

77) H.-G. Gadamer, *Wahrheit und Methode*, pp. 307-24, especially p. 311 (E.T. pp. 289-305, 292f.); and G. Ebeling, *Word and*

Faith, p. 330.

78) G. Ebeling, loc. cit.

79) H.-G. Gadamer, op. cit., p. 291; cf. pp. 290-95 (E.T pp. 274-8)

80) H.-G. Gadamer, op. cit., pp. 250-90, especially 25~61 and 275-90 (E.T. pp. 235-74, 235-45, 258-74). Cf. M. Heidegger, *Being and Time* (E.T. London 1962), pp. 188-95.

81) W. Wink, *The Bible in Human Transformation: Towards a New Paradigm for Biblical Study* (Philadelphia 1973).

82) Ibid., p. 2.

83) Ibid., p. 6.

84) Ibid.. p. 10.

85) Ibid., p. 3.

86) Ibid., p. 32.

87) Ibid., p. 66.

88) Ibid., p. 62.

89) H-G. Gadamer, *Wahrheit und Methode*, pp 17-18 (E. T. pp. 20f).

90) Ibid., pp. 21-4(E.T. pp. 24-6).

91) Ibid., pp xxvi and 77-105 (E.T. pp. xxvi, 73-99).

92) Ibid., pp. 250-61 (E.T. pp 233-45)

93) Ibid., p. 261 (E.T. p. 245)

94) Ibid., pp. 282-3 (E.T. p. 266).

95) Ibid., pp. 288-90 (E.T. pp. 270-4)

96) Ibid., p. 345. (E.T. pp. 326f.).

97) M. Heidegger, *Being and Time*, sect 15. pp. 95-102.

98) M. Heidegger, *An Introduction to Metaphysics*(Anchor ed. New York 1961), p. 31.

99) Ibid., p. 30.

100) Ibid., p. 89-90.

101) Cf. M. Heidegger, *Nietzsche* (2 vols. Pfullingen 1961) vol. 2, pp. 148-89 (especially on Descartes).

102) M. Heidegger, *An Introduction to Metaphysics*, p. 111; cf. *Unterwegs zur sprache*(Pfullingen 1959 and 1960), pp. 83-155, especially 86-7; and *Holzwege*(Klosterman, Frankfurt 1963⁴) pp. 7-68. Heidegger's essay "The Origin of a Work of art" is translated in A. Hofstadter and R. Kuhns(eds), *Philosophies of Art and Beauty*(New York 1964).

103) M. Heidegger *Vom Wesen der Wahrheit*(Frankfurt 1961⁴), pp. 6-13; also rp. in *Wegmarken*(Frankfurt 1967), pp. 74-82.

104) M. Heidegger. *An Introduction to Metaphysics*, p. 132.

105) G. Ebeling, *Introduction to a Theological Theory of Language*

(London 1973), p. 71.

107) C. Ebeling, *God and Word*, p. 2 and 17.

109) E. Fuchs, *Hermeneutik*, pp. 126-34, and *Marburger Herm eneutik*, pp. 228-32.

110) E. Fuchs, *Studies of the Historical Jesus* p. 207.

111) M. Heidegger, *An Introduction to Metaphysics*, p. 145.

112) Ibid., p. 108.

113) E. Fuchs, *Studies of the Historical Jesus*, pp. 208-9 (his italics).

114) M. Heidegger, *Unterwegs zur Sprache*, p. 267.

115) Ibid., p. 19.

116) M. Heidegger, *Gelassenheit* (Pfullingen, 1959), p. 37

117) M. Heidegger, *An Introduction to Metaphysics*, p. l72

118) E. Fuchs, *Hermeneutik*, p. 71

119) E. Fuchs, *Studies of the Historical Jesus*, p. 194 (his italics)

120) Ibid., p. 192 (his italics); cf. *Hermeneutik*, pp. 103-7.

121) E. Fuchs, *Studies of the Historical Jesus*, p. 155.

122) Ibid., p. 129.

123) H.-G. Gadamer, op. cit., p. 100; cf. pp. 97-115(E. T. pp. 94, 91-108).

124) Ibid., p. 66-96(E. T. pp. 63-90).

125) Ibid., p. 98 (E.T. p. 92); cf. A. C. Thiselton, "The Parables as Language-Event", loc. cit., p. 442-5.

126) E. Fuchs, "The Parable of the Unmerciful Servant", in *Studia Evangelica* (Berlin, 1959), p. 487.

127) Ibid., p. 493; cf. pp. 487-94, and *Studies of the Historical Jesus*, pp. 152-3.

128) E. Fuchs, "The New Testament and the Hermeneutical Problem", loc. cit., p. 126.

129) E. Fuchs, *Studies of the Historical Jesus*, p. 97; cf. *Marburger Hermeneutik*, pp. 171-81.

130) E. Fuchs, *Studies of the Historical Jesus*, p. 33; cf. pp. 32-8 and 154-6.

131) Ibid., p. 33-7.

132) E. Fuchs, "Proclamation and Speech Event", loc. cit., p. 349.

133) R. W. Funk, *Language, Hermeneutic and Word of God* (New York 1966), pp. 16-17(his italics).

134) Ibid., p. 17.

135) Ibid., p. 192; cf. pp. 124-222.

136) W. Wink, op. cit., p. 42.

137) Ibid.. p. 43.

138) E. Fuchs, *Studies of the Historical Jesus*, pp. 36-8 (his italics).

139) E. Fuchs, "The Parable of the Unmerciful Servant", loc. cit., pp. 491-2.

140) E. Fuchs, *Studies of the Historical Jesus*, pp. 80-82.

141) Ibid., p. 28.

142) Ibid., p. 30-31 (Fuchs's italics).

143) G.Ebeling, *Theology and Proclamation*, p.38; 참조. pp.32-81. 이 글은 불트만에 대한 응답을 제공하고 있다.

144) H. Jonas in *The Review of Metaphysics* 18 (1964), p. 216; cf. pp. 207-33.

145) Ibid.

146) Quoted by W. Barrett, "Zen for the West", in N. W. Ross (ed), *The World of Zen. An East-West Anthology*(London 1962), p. 344; cf. p. 284 and D. T. Suzuki, "Satori, or Acquiring a New Viewpoint", ibid., p. 41-7.

147) P. van Buren *Theological Explorations* (London 1968), pp. 81-105.

148) J. C. Weber, 'Language-Event and Christian Faith" in *Theology Today* 21 (1965), p. 455; cf. pp. 448-57.

149) Cf. G. Bornkamm, "Faith and Reason in Paul", in *Early Christian Experience* (London 1969), p. 29-46.

150) Cf. E. Fuchs, *Marburger Hermeneutik*, p.123-34 and *Glauben und Erfahrung*, p. 216.

151) P. J. Achtemeier, op. cit., pp. 156-7 and 162.

152) R. W. Funk in J. M. Robinson and J. B. Cobb (eds), op. cit. (*The New Hermeneutic*). p. 168; cf. pp. 164-97 cf. also *Language Hermeneutic and Word of God*, pp. 275-305.

153) F. de Saussure, *Cours de linguistique generale* (edn. critique par R. Engler, Wiesbaden 1967), pp. 146-57. Cf. J. Lyons, *Introduction to Theoretical Linguistics* (Cambridge 1968), pp. 4-8, 38, 59-70, 74-5, 272 and 403; S. Ullmann, *Semantics, An Introduction to the Science of Meaning* (Oxford 1958[2]), p. 80-115; and A. C. Thiselton, "The supposed Power of Words in the Biblical Writings", in JTS 25 (1974), pp. 283-299.

154) B. Malinowski, "The Problem of Meaning in Primitive Languages" in C. K. Ogden and I. A. Richards (eds), *The Meaning of Meaning* (London 1946[8]), pp. 489-90.

155) Cf. M.Heidegger, *Existence and Being*(London 1968[3]), p. 291-315; *Wegmarken*, pp. 74-82, and *Unterwegs zur Sprache, passim*.

156) G. Ebeling, *The Nature of Faith*, pp. 87 and 183 (my italics).

157) A. C. Thiselton, "The Supposed Power of Words in the Biblical

Writings" and "The Parables as Language-Event" loc. cit.

158) G. Ebeling, *The Nature of Faith*, p. 187.

159) G. Ebeling, *Word and Faith*, p. 326.

160) J. L. Austin *How to Do Things with Words* (Oxford 1962), p. 45 (his italics); cf. A. C. Thiselton, "The Parables as Language-Event", loc. cit., p. 438.

161) A. N. Wilder, "The Word as Address and Meaning", in J. M. Robinson and J. B. Cobb Jr. (eds), op. cit., p. 213.

162) E. Fuchs, "The New Testament and the Hermeneutical Problem", loc. cit., p. 117 (my italics).

163) Ibid., p. 114.

164) J. W. Montgomery, "An Exhortation to Exhortets", in *Christianity Today* 17 (1973), p. 606; (cf. also his essay in C. F. H. Henry (ed.), *Jesus of Nazareth Saviour and Lord* (London 1966), p. 231-6.

165) Ibid.

166) H. Ott, "What is Systematic Theology?", loc. cit., p. 80.

167) Cf. E. Fuchs, *Marburger Hermeneutik*, pp. 20 and 41-7.

168) G. Ebeling, *The Nature of Faith*, p. 190.

169) S. Sontag, "Against Interptetation", reprinted in D. Lodge (ed.), *Twentieth Century Literary Criticism* (London 1972), p. 656 and 660; cf. pp. 652-9.

170) R. E. Palmer, op. cit., p. 246.

제 17 장

신약성서의 권위

로빈 닉슨

1. 서 론

신약성서 해석의 문제와 권위의 문제는 언제나 밀접한 관련하에 있어 왔다. 신약성서의 권위를 받아들인다고 고백하면서 동시에 신약성서 그 자체가 이차적인 것이 되면서, 그 메시지는 주의깊게 보호된 통로를 통하지 않고서는 결코 자연스럽게 흘러 나오지는 않게 되는, 그런 식의 해석 체계를 사용하는 것이 여태까지는 가능했었다. 그래서, 어떤 방법을 사용하는 것이 올바른가, 어떤 것이 신약성서 그 자체에 가장 알맞는 방법인가에 대해서, 교회 내의 다른 사상을 가진 학파들이 수백년 동안이나 논쟁해 왔다.[1] 우리는 이제 신학적 논쟁에 있어서 아마도 과거 어느 때보다 훨씬 더 유동적인 상황에 발을 들여놓고 있다. 이전에는 싸움의 선들이 어느 정도 분명하게 그어졌었다. 규범들에 대한 해석이 다른 경우는 있었지만, 그런 경우에도 규범 자체는 있었다. 성경, 교회 그리고 이성이 최종적인 권위를 놓고 서로 싸웠었다. 그러나 지난 몇 해 동안 두 가지 특별한 요인이 전체적인 상황을 바꾸어 놓고 있다.

첫째 요인은 점증하는 종교 다원주의이다. 이는 많은 것을 함축하고 있

다. 그것은 어떤 경우에는 기독교의 유일성에 대한 부정을, 또 다른 경우에
는 성서 혹은 신약성서가 규범으로 취급되지 않는다는 것을 의미하기도 한
다. 이와 관련된 것으로 에큐메니즘의 성장이 있다. 교회들이나 그리스도인
개인들은, 그들이 교파간의 연합 계획에 별 관련이 없는 경우라 하더라도,
성서에 대한 접근 방법이 이제 더 이상 순수하게 교파적인 입장에만 머무를
수 없다는 생각을 할 수 있게 되었다. 이해와 해석의 거의 모든 차원에 있어
서 교파적인 범주들은 아주 부적절한 것이며, 오늘날에도 진지한 성서 연구
가 배타적인 그룹 안에서, 말하자면 성공회나 장로교 안에서만 행해진다면
그것은 아주 이례적인 것일 것이다.

두번째 요인은 교회가 직면한 총체적인 문제들의 긴급성이다. 왜냐하
면, 그 문제들은 인류가 직면하고 있는 문제이기도 하기 때문이다. 그들은,
최소한 얼핏 보기에는, 세계와 성서의 메시지에 생소한 사람들이다. 현대 사
고의 주 경향은 인간 중심, 경험 중심이며 사람들이 하나님께 나아간다고 하
더라도 내키지 않으면서 가는 것이며, 성서 안에는 객관적 진리들이 도움과
안내를 위하여 진열되어 있다. 성서에 호소하는 사람은 문제가 되는 상황에
바로 적용될 수 있는 무엇이 성서에 없다는 것을 자주 발견하게 될 것이다.
제임스 바(James Barr)는 이렇게 말한다:

　　"권위 문제의 자리는 옮겨졌다. 결정적인 질문은 이제 더 이상 '그
　전에 무엇이 말해졌는가?'가 아니라 '지금 우리가 무엇을 말해야 하는
　가?'이다. 권위의 위기의 핵심은 … 현재에 있다 … 의심하는 마음은
　… 현재의 결단에 더 가까운 것에 대하여는 집중하고 좀더 먼 것은 배격
　하는 것으로부터 일어난다."[2]

성서의 권위를 이해하고 상황에 바르게 적용시키는 것의 중요성과 어려
움은 누구나 인정할 만한 것이다.

세계 교회 협의회의 "신앙과 직제 위원회"(WCC의 Commission on
Faith and Order)는 1968년 10월에 취리히에서 가까운 볼더른에서 가진

회의에서 좀더 작은 혹은 부수적인 문제들로 더 잘게 쪼개질 수 있는, 여섯 가지 영역의 문제들이 있음을 제안했다.[3] 그것들은 아래와 같다:

(1) 성서 그 자체 내에서의 우선 순위 문제, 그리고 성서와 그것을 산출해 낸 공동체와의 관계문제.

(2) 성서 안에서의 다양성의 문제.

(3) 성서의 시대 이래로 생긴 세계관의 변화, 그리고 성서의 상황과 우리와의 시간적 거리로 인해 제기되는 문제.

(4) 성서의 권위라는 관점에서 과거와 현재의 관계 문제.

(5) 성서의 권위와 다른 종류의 권위의 관계 문제.

(6) 성서 자료의 사용, 기능 그리고 적용에 관한 문제.

이 장의 목적은 위의 제안들과 대체로 비슷하다. 그러나, 서술은 조금 다른 방식으로 하고자 한다. 먼저 권위의 의미에 관한 문제를 다룰 것이다. 그리고 나서 해석과 권위의 문제들을 신약성서 안에서 탐구해 볼 것이다. 이 과정에서는 이 책의 앞 장들에서 기술된 비평적인 방법의 사용으로 인해 일어난 문제들에 각별한 주의를 기울일 것이다. 끝으로 오늘날에 있어서 해석과 권위의 문제들을 다루고자 한다.

2. 종교적 권위의 의미

권위에 대한 총체적인 질문은 현대 사회의 거의 모든 영역에서 주요 쟁점이 되었다. 여러 분야에서 객관성에서 주관성에로의 이동이 있어왔다. "권위적인(authoritarian)"과 "권위있는(authoritative)"라는 형용사를 구별하려는 시도들이 행해졌다. 전자는 아무리 비합리적으로 보여도 권위를 소유한 자가 그렇게 말했다는 이유만으로 받아들여져야 하는 사실들이나, 그래서 순종해야 하는 명령들을 의미할 수 있다. 후자는 전달되는 그 대상들에게 그 자체가 설득력을 가짐으로써, 받아들여지게 되는 사실들이나 순종하게 되는 명령들로 생각되어진다. 교육의 증대와 사람들이 "성년이 되었다는" 생각들로 인해, 거의 모든 영역에서 "권위적인" 모델보다는 "권위있는" 모델이 더욱 각광을 받는다.

　　"권위"가 성서, 또는 다른 종교적 정보나 교훈 등에 적용되어 질 때, 그 의미는 다소 다른 차원을 갖는다.[4] 바(Barr)는 "딱딱한(hard)"과 "부드러운(soft)"이라는 용어를 사용한다.[5] 그는 "딱딱한" 권위를 해석되기 전의 성서가 가지는 권위로서 일반적으로 적용되는 권위라고 정의한다. 이러한 식의 개념은 성서의 권위를 이해하는 데 있어서, 특히 서구에서는 정상적이면서 보편적인 것이다. 이것은 교회의 여러 가지 측면들에 커다란 영향을 끼쳐온 로마 가톨릭의 법 전통과 부분적으로 관련되어 있다. 한편 "부드러운" 권위는 해석과 적용에 따라오는 권위로서 권위있는 해석의 영향이 실제로 발견되는 단락들에 한정된 것이다. 바는 좀더 개인적이고 종교적인 함축을 갖고, 많은 사람들이 사실상 성서의 권위를 확신하는 경우들에 대한 올바른 설명으로서 "우리에게 권위있게 말하는 단락"이라는 개념을 제시한다. 그러나, 그는 "그렇지만 이것을 넘어서서 성서의 권위에 대한 믿음의 근거에 논리적 지위를 부여하려는 것은 명백히 잘못된 것이다"(강조는 바의 것).

　　기독교 신앙은 상호 보완적인 진리들이 서로를 떠받쳐 줄 것을 필요로 하는 상황들로 가득차 있다. 이는 기본적으로 인간사에 대한 하나님의 개입, 그리고 현상을 설명하는 데 있어서 두 가지 차원이 공존할 수 있는 가능성 때문이다. 그래서 우리는 그리스도가 하나님인 동시에 인간이라고 생각할 수 있다. 또 은혜와 믿음이 상보적인 것이라면, 우리는 성례의 신적·객관적 측면과 인간적·주관적 측면의 양자를 같이 이해할 수 있다. 이를 권위의 원리에로 확장하는 것은 그리 어렵지 않다. 예수는 "권위(exousia)를 가지고" 말하고 행동하는 것으로 언급된다(막 1:22, 27; 2:10 등). 이 권위는 그와 만났던 사람들에게 감화를 줌으로써 가능했던 것들이다. 왜냐하면 예수는 그들이 들었고 받아들였던 신적인 권위에 대한 어떤 형식적인 주장도 하지 않았기 때문이다.[6]

　　그러나 예수를 성육하신 하나님으로 받아들이는 사람들에게는 그의 가르침이 객관적인 권위도 갖게 될 것이다. 그들은 두 가지가 양립하는 것은 불가능하며, 그의 인격이 권위가 있기 때문에 그의 말씀도 권위를 갖게 된다고 주장하는 경향을 자연스럽게 띠게 될 것이다. 예수의 가르침들 중 어떤 것들은 듣는 자들에게 감화를 주지 않는다는 데 문제가 있다. 예수의 유일한 지위를 믿는 사람이라면, 두 종류의 권위들 사이에서 선택해야만 하게 될 것이다. "부드러운" 권위라는 개념이 인간의 죄성과 무지를 충분히 고려하지 않고 있다는 점이 드러나는 것이 바로 이 지점에서이다. 참 제자의 길은 스승의 가르침을 붙들고 그것이 그 자신의 경험 속에서 그 의미가 보여질 때까지 씨름하는 것이다.

예수의 권위에 적용되어지는 원리들은 우리가 복음서들을 통해 갖고 있는 예수의 가르침의 기록에도, 그리고 신약성서 전체에도 관련될 수 있을 것이다. 대부분의 그리스도인들이 신약성서가 권위가 있다는 것을 받아들이게 될 것이라는 것은 신약성서와 그들의 영적인 경험들의 어떤 측면들과의 관계에 기초한다. 그러나 그들이 신앙에 있어서 더 깊이 들어가보고 신약성서를 좀더 연구해 본다면, 그들은 신약성서에는 그냥 쉽게 진리라고 말할 수 없는 어려운 단락들이 있다는 것을 알게 될 것이다. "부드러운" 권위 원리의 적용은 이러한 단락들의 간과 내지는 거부로 이어질 수도 있으며, 그들의 영적인 생활을 불균형하고 빈곤하게 만들 가능성이 아주 크다.

그러나 신약성서의 "딱딱한" 권위에 복종하는 것이 지성의 사용 포기를 의미하는 것은 아니다. 그것은 하나님이 그의 말씀 전체를 통하여서 말씀하실 수 있다는 것을 겸손하게 기대하면서 접근하는 것을 포함한다. 그것은 그 본문들의 참 의미는 지적인 이해나 영적인 경험 등으로 쉽게 산출되어질 수 없다는 기대 가운데, 가장 어려운 부분의 본문들과의 대화 안으로 기꺼이 들어가는 것을 함축한다. 은총과 믿음의 상호작용은 성례의 경우와 마찬가지로 성경에 있어서도 나타나며, 하나님의 말씀으로 받아들여진 것은 들을 귀를 가진 사람에게 하나님의 말씀이 되어야 할 필요를 여전히 가질 것이다.

어떤 의미로는 이것이 "딱딱한" 권위라고 말해질 수 있겠지만, 또 다른 의미로는 그것보다 깊은 뜻을 가지고 있기도 하다. 왜냐하면 성경은 복종해야 할 명령들만의 수집물들이 아니기 때문이다. 그리스도인이 성경의 본문과 씨름할 때, 그는 그것을 통하여서 살아계신 하나님이 그를 만나시면, 그를 심판하시고 시험하실 뿐만 아니라 그를 형성하고, 또 안내하기도 한다는 것을 발견할 것이다. 그에게 하나님의 말씀으로 받아들여진 것은 그의 경험 속에서 조금씩 조금씩 그와 그의 상황을 지시하는 하나님의 말씀이 되어질 것이다. "신해석학"이, 올바르게 사용된다면, 성서의 권위에 대한 좀더 건조한 이론들에 ─ 과거에는 지배적인 견해가 되는 경우도 많았던 ─ 새로운 차원을 부가하는 도움을 줄 수 있는 것이 바로 이 점에서이다.[7]

3. 성서 내에서의 해석과 권위

구약성서를 공부하는 주의깊은 학생이라면, 그 문서의 기원과 연대에 대해서 아무리 비평적인 시도들이 행해진다고 하더라도, 구약성서에 실려있는 자료들은 상당한 기간에 걸쳐서 기록으로 전해 내려왔다는 것과 후대의 것은 어떤 방식으로든 전대의 것에 의존하고 있다는 것을 곧 깨닫게 된다. 따라서 우리는 이미 전수받은 진리들을 선지자들이 경험하는 새로운 상황들에 해석하고 적용하는 계속적인 과정이 구약성서 내에 있음을 식별할 수 있다. 선지자들은 권위를 갖고 말한다고 주장했었다("주의 말씀이니라"). 그들은 하나님의 계시의 개요에다 첨가하기도 했고 다른 사람들이 말한 것이나 이전에 쓰여진 것들을 공격의 방향을 돌려 사용하기도 했었다. 어떤 점에서는 구약성서의 점진적인 계시를 보면서, 또 성서 전승 자체 내에 끊임없는 재해석의 필요가 함축되어져 있다는 것을 감안하면서 우리의 해석이 정당화될 수 있다.

초대 교회의 그리스도인들은 구약성서만을 그들의 경전으로 갖고 있었다. 그러나 구약성서의 엄청난, 그리고 다른 것으로 대치될 수 없는 가치에도 불구하고 그것은 그들이 자신들이 그 가운데 놓여있음을 발견했었던, 혁명적으로 변화된 상황에는 충분하지 못하였다. 구약성서에 나타난 하나님의 계시는 제한적이고 단편적인 것이었다. 그리스도 안에서의 하나님의 자기 계시는 완전하고 최종적인 것이었다(히 1:1f.). 이는 구약성서를 이해하는 완전히 새로운 방식이 발전되었음을 의미한다. 성육하고 십자가에 못박히고 부활하신 나사렛 예수라고 하는 인간의 모습 속에 계시된 메시야의 인격이 중심적인 준거점이 되었기 때문이다.[8]

구약성서가 그 원래의 상황에서 의미가 없다고는 이야기하지 않는다. 그러나 모든 강조점은 "마지막 때를 당한 사람들에게"(고전 10:11)로 향한 의미가 무엇인가에 두어지게 되었다. 이제 구약성서를 읽는 것은 이전에 존재했었던 그릇된 이해의, 혹은 부분적 이해의 수건을 벗어버리고 읽는 것이다(고전 3:12-18). 구약성서에 계시되었던 것 이상의 것들이 그리스도 안에서 계시되었다. 구약성서가 취급했던 많은 주제들을 새롭게 다룬다는 것은 권위의 자리의 이동을 의미하는 것이었다. 구약성서는 이제 그 자체만으로는 더 이상 하나님의 백성들에게 직접적인 권위를 갖지 못하게 되었다. 하늘과 땅의 모든 권세가 주어진 것은 그리스도에게였다(마28:18).

구약성서의 가르침이 그리스도 안에서 재해석되어진 방법의 가장 좋은 예는 산상설교에서 발견된다(마 5-7장). 이 가르침의 모음에서는 율법의 다양한 교훈들이 다루어지고 그리스도의 빛 아래에서 더 풍부하고 더 깊은 의미를 부여받게 된다. 행동을 지배하는 외적인 권위에서 생각과 동기들을 지배하는 내적인 권위로의 이동이 여기에 있다. "옛사람들에게는 이렇게 말하였으나"와 "나는 너희에게 이르노니"의 대조는 그리스도의 말씀이 구약성서의 그것보다 더 위에 있음을 잘 보여준다. 그러나 그 가르침의 주 목표는 완성의 개념에서 발견되어진다. 그것은 지나간 것의 파괴가 아니고 이전에는 결코 인식되지 못했던 새로운 깊이의 의미를 그것에 부여하는 것이다.[9]

그러나 바로 여기서 문제가 제기된다. 산상설교는 마태에 의해서 예수의 말들의 모음으로 제시된다. 이러한 질문들이 그것들의 권위에 영향을 미치는가? 예수의 ipsissima verba(그 자신의 말)와 관련된 쟁점들이 앞에서 논의되었다.[10] 예레미야스나 스칸디나비아 학자 리젠펠트(Riesenfeld)와 게르하르드슨(Gerhardsson)이 우리가 예수의 가르침에 대해 신뢰할 만한 전승을 갖고 있다는 확신을 지지해주는 연구 결과를 최근 몇 년간에 내놓기는 했지만, 이에 회의적인 사람들도 많다. 복음서 기자들의 기록이 예수의 가르침의 본질에 충실하다는 것을 알 수 있는 훌륭한 예들이 있음을 우리가 아는 것이 중요하긴 하지만, 권위에 관한 쟁점이 개별적인 예수의 가르침들이 예수의 ipsissima verba로 간주될 수 있는지 없는지에 의해 결정적인 영향을 받는다는 생각은 옳지 않다. 녹음기가 없던 시대에 성육신이 행해졌던 것 자체가 하나님의 섭리였다고 생각할 수 있으며, 따라서 현대의 그리스도인이 예수의 말씀에 접근하려할 때 예수가 공적인 가르침에서 사용한 수많은 말들을 밝혀내는데 엄청난 어려움을 겪을 수밖에 없다.

또, 그 말들을 이해하기 위해서 그는 아람어에 친숙해야할 필요도 있다 (뿐만 아니라 히브리어와 헬라어도 필요할 것이다). 성서 연구를 예수가 친히 하신 말씀을 밝혀내려는 데까지 밀고 나가는 학자들의 시도는 전적으로 타당한 것이며 칭송받을 만한 것이다. 그러나, 우리에게 예수의 가르침을 중재해주는 자로서의 신약성서 기자들의 존재를, 우리가 부인할 길이 없다는 것도 시인해야 한다. 신약성서 기자들, 또 신약성서의 구두나 문서 자료들에 관계된 사람들이 우리 주님의 말씀을 선별하고, 편집하고 번역했기 때문에, 그들이 없었다면 우리는 결코 예수의 말씀을 들을 수 없었다. 그들이 성육하신 예수의 가르침을 제대로 받아들인, 정직한 의도를 가진 사람들로 보이기만 한다면, 우리는 그들이 예수의 가르침의 총체적 의미를 우리에게 신실하게 전달해 주고 있다고 느끼게 될 것이다.[11]

이렇게 볼 때, 예수와 신약성서의 기자들이 구약성서를 새롭고 권위있는 방식으로 해석했다는 것 뿐만이 아니라, 신약성서 자체 내에도 계속되는 해석의 과정이 있다는 것까지 논의가 확대된다. 해석자가 어느 정도의 권위를 갖고 있었다면, 우리는 그 해석자가 누구인가를 물어야 한다. 신약성서 시대의 기독교인들은 예수의 말씀을 기록한 사람들이나 다른 상황에서 그것을 설명한 사람들을 단순한 인간 대행자(human agent)로 생각하지 않았다. 그 기록과 설명들이 올바르게 행해지는 경우에, 그것은 부활한 예수가 그의 성령을 통하여 하는 일로 여겨졌다. 주 예수의 말씀이 이런 방식으로 그의 제자들에게 주어졌다면, 그것은 그 권위에 있어서 예수 자신이 갈릴리에서 사역할 때 직접 하신 말씀과 별다를 바가 없게 된다. 복음서들 뿐만이 아니라 서신들도 이러한 말들을 담고 있음은 물론이다. 편집비평은[12] 복음서 기자들과 그들의 창조적인 기여의 중요성을 다시 일깨워 주었다. 그들이 성령의 영감하에서 그것들을 썼다면, 그들의 편집적인 역할이 마가에 나오는 비유들에서처럼 적거나, 아니면 다른 세 복음서의 경우에서처럼 크더라도 그 권위에 있어서는 별 차이가 없다. 복음서 기자들이 자기들이 아는 것 전부를 그대로 써 내려갔으리라고 생각하는 것은 너무 순진한 생각이다. 자료들의 창조적인 편집자로서의 복음서 기자들의 영감의 문제는 그리스도 사건의 해석자로서의 서신 기자들의 영감의 문제와 본질적으로 다를 바가 없다.

초대 그리스도인들이 예수의 죽음과 부활을 자신들의 신앙의 핵심으로 간주했다는 사실은 이 사건들이 일어나고 난 후의 설명은 성육한 그리스도에게 돌려질 수 없지 않느냐는 당연한 귀결로 이어진다. 예수가 얼마나 많이 자신의 죽음과 부활에 대해 미리 말했는가에 대해서는 학자들간에 많은 의견 차이가 있지만, 여러 가지로 다른 메시야 기대를 가진 유대교 내에서 성장한 제자들이 그것을 올바로 이해하지 못했을 것이라는 이유 하나만으로도 예수가 그들에게 완전히 설명하지는 못했을 것이라는 데 대하여는 모두가 동의한다. 예수가 자신의 죽음과 부활이 해석되는 도구가 될 수 있는 특정한 용어들이나 범주들을("인자" 그리고 "종") 명시적으로 주긴 했지만, 그것을 좀더 충분하게 설명하는 일은 신약성서 기자들에게 주어진 것이었다.

복음서가 나사렛 예수에 관한 이야기를 말하는 것을 중심으로 하는 특별한 문학적 형식이라는 이유로 인해 복음서들에서는 종종 암시적이기도 한 것들이 서신들에서는 좀더 명시적으로 나타난다. 그렇다면 서신들은 복음서들의 해석이라고 말할 수 있을까?[13] 이 말이 옳다고 하더라도 반만 옳을 뿐이다. 대부분의 서신들이 복음서들보다 먼저 쓰여졌다는 것을 감안하면 더욱 그러하다. 서신의 저자들이 복음서 기자들보다 훨씬 큰 폭의 자유를 가졌다고 보는 것이 좋을 것이다. 그들은 이야기의 형식에 얽매이지 않았고, 그리스도 안에서 나타난 하나님의 계시의 진리를 독자들과 청중들의 특별한 요구를 따라 적용할 자유를 갖고 있었다.

그들은 필요에 따라서 조직적이고 교리적인 가르침에 집중하거나 또는 도덕적이고 영적인 적용에 집중할 수 있었다. 또 그들은 교회 안에서 자신의 영을 통하여 일하는 부활하신 그리스도의 활동을 보다 완전한 방식으로 언급하는데 있어서도 자유로웠다. 서신과 복음서는 나란히 나아가는 것이지만, 신약성서의 정경 속에서 전자는 후자를 뛰어넘는 권위를 갖지 못했다.

여기서 우리는 신약성서 내의 다양성이라는 문제에 직면하게 된다. 정경의 형성은 사도시대의 교회에 그리스도 사건에 대한 상이한 해석의 흐름이 있었다는 사실을 시인하게 한다. 모든 것이 "평면적으로" 이해되는 것이 가능했다면, 하나의 복음서만이 필요했을 것이며, 그 복음서 안에 예수의 사역, 죽음, 그리고 부활에 대한 완전하고 최종적인 해석이 주어졌을 것이다. 그렇지만 우리는 네 개의 복음서를 갖고 있으며, 그 중에 셋은 상당한 부분의 공통된 근거를 갖고 있으면서, 또 빈번하게 다른 강조점과 해석들을 제시한다. 이는 누구라도 공관복음 대조표를 보면 금방 알 수 있는 것이다. 서신들을 살펴보면, 많은 학자들이 바울 서신의 가르침과 야고보서의 가르침을 대조시키고 있음을 발견하게 된다.

19세기의 학파들 가운데 유행하던 정·반·합이라고 하는 극단적인 견해는 대체로 포기되고 있지만, 오늘날에는 신약성서의 다양성이라는 주제에 대한 관심이 점증하고 있다. 이 분야에의 주요 저작들은 신약성서 직후의 시기에 집중하는 경향을 보이다가,[14] 최근에는 문제가 정경 자체 안으로 소급해 들어간다. 모든 자연 발생적인 운동들은 ― 정치적인 운동뿐만 아니라 종교적 운동까지도 ― 그것이 계속해서 지속되기 위해서는 다소 기구적인 형태를 갖출 필요가 있다는 것은 널리 인정되는 바이다. 그러므로 사도들과 초기 제자들의 조직화되지 않은 기독교 생활이 적절한 경로를 거쳐 점점 공교회(catholic church)의 경직된 형태로 발전해 갔다는 것은 그리 놀랄 만한 일이 아니다.

많은 그리스도인들이 이 과정을 그 속에서 말씀과 성령이 질식하게 되는 타락이나 쇠퇴의 과정으로 여겨 왔다. 루터교 학자들은 이런 비판에서 한 걸음 더 나아가 신약성서 내의 교회를 조직화하려는 몇몇 시도들에서 초기 카톨릭주의(Frühkatholizismus or early catholicism)의 유령을 볼 수 있다고 말하기도 한다.[15] 특히, 누가복음과 목회서신에서 두드러지게 나타나는 이러한 경향에 반대하여, 그들이 진정한 신약성서의 사상이 발견된다고 믿는 것은 바울의 친서에서이다. 이 문제를 좀더 구성적인 방법으로 접근하는 것과, 신학과 삶에의 두 가지 접근을 아주 초기의 성서 저작들에서부터 발견하는 것이 가능하다.[16] 신약성서의 신앙은 그 어떤 사람이라고 할지라도 어느 한 사람이 경험하고 표현할 수 있는 것보다 훨씬 더 큰 것으로 보여진다. 참으로 균형잡힌 기독교라면 말씀, 성령, 그리고 교회에 대한 강조를 같이 가질 것이다. 혹, 그 결과적 생산물들이 신약성서의 다른 부분들에서 각각 상이하게 나타나는 경우에라도, 그것들이 모두 한 방법 혹은 다른 방법으로 전체 정경 속에서 존재하고 있다는 것을 부정하기는 어려울 것이다.

현재의 신약성서 신학의 저작은 자료들과, 관련되어 있는 강조점들의 차이에 대한 지시를 적절히 구별할 것을 요구받고 있는 것이 사실이나, 그럼에도 여전히 하나의 신약신학이라는 것이 존재하고 있다.[17] 팔레스타인과 헬라 교회 사이의 구별이 지나치게 강조된 점도 없지 않다.[18] 종종 제기되었던 바와 같이, 바울 신학과 요한 신학, 심지어 야고보의 신학까지를 보아도 그 사이에 다양성뿐 아니라 양립 가능성도 찾을 수 있다는 것은 해석학 수업의 연습문제에 지나지 않는 것이 아니다.

4. 오늘에 있어서의 해석과 권위

성서 시대에 어떠한 일이 일어났는가에 대하여 상당한 일치에 도달한다고 하더라도, 그것으로부터 오늘날의 상황에 대한 적용의 결론을 끌어내는 것은 무척 복잡하고 논쟁의 여지가 많은 과제이다. 우리는 규범들에 대한, 정경의 지위에 관한, 교리의 발전에 관한, 일차적 그리고 이차적 논쟁점에 관한, 문화적 전이에 관한, 그리고 신약성서를 오늘의 교회와 개인들의 상황에 실제적으로 적용하는 데 관한 문제를 다루어야 한다.

1. 규범들의 중요성
과거의 논쟁들은 규범들의 사용에, 특별히 성서, 교회, 그리고 이성이라고 하는 규범들이 어떻게 정의되며 서로서로 어떻게 관계를 맺고 있는가 하는 질문과 연관되었었다. 오늘날에는 그리스도교의 원리가 낡아빠진 것이 되어버린 현대세계에서도 어떤 규범이라는 것이 있는가 혹은 있어야 하는가 라는 많은 질문들이 있다. 바(Barr)가 지적했듯이 "권위"와 "규범"이라는 생각들은 밀접하게 관련되어 있다.[19] 규범에 대한 문제 제기는 외적인 권위에 대항하는 운동의 한 표현이기도 하다. 규범에 대한 탐구는 방향을 잘못 잡은 것이라는 견해의 주창자 중에 나인햄(D. E. Nineham)이 있다.[20] 더럼 (Durham) 대학의 라이트푸트 협회(Lightfoot Society)에 제출된 "규범화라고 하는 도그마(The Dogma of Normativeness)"(이 제목은 그가 대충 갖다 붙인 것이며 그래서 존 라일랜드 라이브러리〔John Rylands Library〕 강연에서는 이 제목을 사용하지 않았다)라는 미간행 논문에서, 그는 규범의 추구는 "유대교적인" 것이며 따라서 복음의 자유를 모독하는 것이라고 했다. 나인햄이 채택한 관점은 터너(H. E. W. Turner)에 의해 강하게 비판받는다.

"규범의 추구가 원칙적으로 방향을 잘못잡은 것이라는 주장은 그것이 하나님에 의해서 주어졌다고 하는 결정적인 중요성을 무시하고 있다. 전혀 다듬어지지 않은 신학적 다원주의는 모든 신학적 진술을 동일한 성공과 실패의 기회 아래로 갖다놓는 신학적 상대주의를 가져온다. 이는, 우리와 또 그 누구라도 이해하고 있는 바와 같이, 기독교의 종말을 의미한다."[21]

터너는 계속해서 "자유는 무제한의 개방성을 의미하지 않는다. '유대교적' 가능성은 규범을 탐구하는 것이나 소유하는 데 있는 것이 아니라, 그것을 이용, 혹은 오용하게 되는 특정한 방법들에 달린 것이다"라고 진술한다. 그는 "관련되지 않은 규범들이거나 혹은 전혀 규범이 없는 것"이라는 딜레마로 끌고 가려는 나인햄의 시도를 반박한다. 그리고 하나님의 소여성 (giveness)은 관련된 소여성임을 지적한다.

규범이라는 것은 없다고 주장하는 사람들을 설득하는 것은 분명히 어려운 일이다. 끝에 가서는, 우리는 의미를 산출하는 ― 물론, 모든 문제에 대하여 깔끔한 답을 줄 수는 없겠지만 ― 세계관과, 영적 만족으로 나타나는 현재의 종교적 경험, 둘 다 예수 그리스도의 역사적 인격과 사역활동과 관련되어 있다는 것을 보여주게 될 뿐이다. 따라서 어떤 의미에서 그는 교리와 경험 양자의 규범이다. 그를 증언하고 있고, 그의 제자들에 의해 항상 받아들여져 온 기록들은 어떤 의미에서는 최소한 규범적이다. 결국 확신이라는 것은 이를 받아들인 사람들이 그들의 사고와 행동의 모든 국면에서 그것을 살아내는 것으로부터 주어질 수밖에 없다. 나인햄이 주장하는 것과 같은 접근은 건설보다는 파괴에 더 효과적이다.

2. 정경의 지위

그리스도교 신학에 규범들(복수임에 유의하라 ― 譯者)이 있어야 한다고 하더라도, 최소한 성서가 그 규범들 중에 하나라는 것을 부정하는 사람은 거의 없다. 성서가 교회나 이성에 종속되었던 적도 여러 번 있었지만, 그럼에도 불구하고 성서는 여전히 하나의 규범으로 여겨지고 있다. 이는 지금은 고대의 것이 된 어떤 저작물들에 특수한 지위가 돌려졌다는 것과 그것들이 동시대의 다른 저작물들이나 후대의 저작물들과는 분명히 구별되는 경전으로 모아졌음을 의미한다. 정경의 내용에 대해서 과거에는 사소한 논쟁만이 있어 왔다(에스더나 베드로후서는 제외되어야 하지 않는가? 바나바나 헤르마스는 포함되어야 하지 않는가?) 그러나 지금은 정경의 개념 전체가 공격을 받고 있다. 에반스(C. F. Evans)는 "성경이 기독교적인가?(Is Holy Scripture Christian?)"라고 하는 도전적인 물음을 자신의 책 제목으로 삼아 제기했다. 여기서 그는 거룩한 책의 개념이 그 책 자체가 증언하는 바 신앙에 따라서 좌우되어서는 안 된다고 했다.[22]

나인햄이 유명한 한 영국 신학자를 "정경에 대한 모욕"이라고 언급하면서, 첫번째 복음서의 산출은 "유아기 교회의 입장에서는 심각한 첫 번 실패"이었을 수가 있다는 그에 대한 라이트푸트(R. H. Lightfoot)의 비판을 인용할 때, 우리는 나인햄이 위와 같은 견해를 제기하는 것을 발견한다.[23] 나인햄의 영적인 체험이 그를 다시 성서로 새롭게 돌려놓았기 때문에, 그 자신이 정경의 개념에 대한 전면적인 공격으로부터 물러난 것은 사실이다. 그러나 그는 그것이 규범화의 교리를 정당화해 준다고는 생각지 않았다. 바(Barr)는 "우리가 가지고 있는 성서의 형성을 가져온 과정의 우연적 성격"[24]에 주의를 기울였다.

바는 여태까지 사용되던 방법으로는 확신을 할 수 없다고 스스로 고백하면서, 가능한 효과있는 방법으로 논의가 시작되어야 한다고 주장했다. 하나님의 섭리를 믿는 사람이라면 아마도 정경의 형성에는 — 비록 그것이 깔끔히 정돈된 형태로 일어나지는 않았다고 하더라도 — 어떤 우연적인 요소도 없었다는 것도 같이 믿을 것이다. 다른 무엇보다도, 십자가가 그 가운데서 인간의 제한성들, 심지어 인간의 죄까지도 역사 속에서 하나님의 목적을 성취하기 위하여 사용될 수 있는 그러한 방법의 특별하고도 분명한 예이다.

성서의 문서들을 성경으로 취급하는 가장 강력한 이유 중의 하나는 그것들이 하나님의 구원 행위들을 증언하고 있다는 개념에서 찾아볼 수 있다.[25] 그러나 이러한 특별한 개념은 바에 의해서 비판받는다. 그는 현대 "성서신학" 학파의 방법론의 취약성을 지적하는 데 그의 책의 많은 부분을 할애하고 있다.[26] 그는 "일반적으로, 역사적 사건들에 근접성을 갖는다는 것은 모호한 특성이며, 그것이 그것 자체로 현존하는 성서로 하여금 오늘날의 신학적 규범이 되게 하는 지위를 보장해 주지 못한다"고 결론짓는다[27]

이와 같이 바는 신약성서는 그 권위를 사도들로부터 획득한다는 주장을 거부함으로써 에반스(Evans)의 견해를 따르고 있다. "어떤 글들이 '사도적'이기 때문에 그것들이 성경이라는 생각은 전설들, 의미론적 오해들 그리고 유효한 진리들의 잘못된 확장들에 근거한 것으로 보인다."[28] 여기서 제시되는 주장은 간단하며 또 조금은 경솔한 것으로 보인다. 그것은 신약성서 안에 있는 전승들의 이해에 관계된 최근의 저작들, 특히 리젠필드와 게르하르드슨의 책을 고려에 넣지 않고 있다. 그 책은 신약의 문서들이 사도들이나 그들의 동료들에 의해서 쓰여졌다는 어떤 딱 맞아떨어지는 증거도 없다는 것을 우리에게 상기시킨다. 우리는 다시 그것이 근거가 불충분하며, 많은 사람들이 적절하다고 생각하는 가정에 의지하고 있다는 것을 인정한다. 그것은 인류의 구원을 위해 예수 그리스도 안에서 자신을 계시하기 위하여 그렇게 까지 힘을 쓰신 하나님이, 선포의 대상인 모든 사람들에게 전달되었던 계시의 기록을 기본적으로 신뢰할 만한 것으로 보셨을 것이라는 가정이다.[29]

문제는 실지로 우리가 정경을 선택적으로 사용한다는 것이다. 난점은 단순히 찰스 고어는 바울을 특히 좋아했고, 윌리엄 템플 같은 다른 이는 요한을 선호했다는 데에만 있는 것이 아니다. 많은 그리스도인들에게 전체로서의 성서는 사실상 무시되고 있다는 것이 문제이다. 알란트(K. Aland)는 그의 중요한 논문 「신약 정경의 문제」(*The Problem of the New Testament Canon*)에서 이 문제에 주의를 기울였다.[30] 그는 정경은 제도 교회의 권위에 의해 결정된 것이 아니라 그리스도인의 공동체로부터 나왔으며, 그것의 내용을 결정하는 데 있어서 신앙의 규칙들(regular fidei)이 중요한 역할을 했다는 것을 보여주었다. 그는 신약의 27권의 책들에 필적할 만한 책들이 지금까지 다 남아있는 것은 아니지만, 지금의 신약에 무엇을 첨가해서 더 개선시킬 수는 없다고 단언한다. 현대의 요구는 늘 축소를 향해 있으며, 실제로 정경은 축소와 협애화의 과정을 겪고 있다.

그는 우리에게 세 가지 가능성이 열려 있다고 제안한다. 상황을 있는 그대로 받아들이든지, 아니면 공적인 정경에서 실제적인 새로운 정경을 만들어 내는, 선택의 원리를 구성해 보든지, 아니면 공적인 정경을 받아들이고 그것 전체를 사용함으로써 그것이 실제적이라고 생각하든지 할 수 있다. 루터교도로서 그는 두번째 방법을 선호했다. 그러나 정경을 다룰 때 새로운 정경을 어떻게 정하더라도 그것에 대해 광범위한 일치가 형성되기 어렵다는 것이 루터의 견해의 약점이다. 선택의 원리에 있어서 초대교회 사람들이 우리가 흔히 생각하는 것처럼 그렇게 단순하지는 않았을 것이다. 또 광범위하게 받아들여지고 오랫동안 사용되어 오던 원리들을 쉽게 내팽개쳐서는 안 될 것이다. 한편 바는 오늘날에 있어서 우리가 정경에 변경을 가해서는 안된다는 것을 지적하고 있다.

" … 성경의 형성과 성경의 정경화는 어떤 특정한 시간, 하나님의 백성들의 삶의 어떤 특정한 단계의 특성을 갖고 있다. 우리에게 있어서 그것은 역사적 문제이다. 사실 우리는 사용된 주장들과 범주들에 대해서 역사적으로도 충분히 알고 있지 못하다."[31]

그래서 정경을 있는 그대로 보전하고 그것을 보다 진지하게 이해해 보자는 강한 주장들이 있다.

3. 교리의 발전

계속되는 시대들의 교회의 교리에 대해 그것(성서)의 권위를 아주 부수적인 것으로 돌려버리게 되는 교리의 발전 이론을 견지하지 않고도, 성서를 기독교 신앙의 원재료를 제공한다는 의미에서의 규범으로 보는 것은 가능하다. 뉴먼(Newman)의 "기독교 교리의 발전에 대한 연구"(Essay on the Development of Christian Doctrine)는 이러한 입장의 고전적인 진술이다. 핸슨은 성자의 동일 본질설이 항상 교회에서 비밀스러운 교육(disciplina arcani)으로 가르쳐져 왔다는 생각을 자신이 포기했어야 했다는 것을 지적하고 있다. 그는 매 시대의 교회가 저마다 그 이전 교회들의 결정을 바로잡을 수 있다는 생각이 갖는 매력을 보여준다. "자신들의 역사의식으로 옛 이론을 받아들일 수 없는 사람들은 다른 이론을 기꺼이 받아들인다."[32] 그는 계속하여 뉴먼의 접근을 비판하고 어떻게 성서가 신앙의 규범이기를 그쳤는가 하는 것을 보여준다. "사실, 역사의 진보가 성서를 점점 더 어두운 과거에 묻어버리게 되면서 성서는 점점 덜 중요하게 된다."[33]

이런 접근이 성서에 계시된 것과 반대되는 교리의 발전으로나, 혹은 성서나 당시 자료의 근거없이 상상에 의한 역사적 사건들을 주장하는 데로 이끈다면, 그것은 스스로 비판받는 자리에 있는 것으로 보인다. 한편 성육신이나 삼위일체의 교리는 신약성서로부터 바로 끌어내어질 수 없다는 것을 인정해야 한다. 신학자들이 신약성서의 현상들과 씨름하여 정통 신앙의 조직적 진술을 시험하기도 하고 구성해내기도 하는 것이 필요했었다. 수백년 동안 교회 지도자들과 사상가들의 절대 다수가 그 진술들이 옳다고 받아들였다.

그러나, 신조들의 구성과 그것을 제2의 규범들로 받아들이는 것도 최근에는 공격을 받고 있다. 터너(Turner)는 조직화 작업과 하나의 일관된 통일체로 만드는 것의 중요성을 보여준다.[34]

신조들에 있어서는 어떤 절대적인 것도 없으며, 현대의 교회가 교리를 좀더 현대적 사고 형태를 포함하는 것으로 재진술하지 못할 어떤 선험적인 이유도 없다. 사실 그것은 모든 시대의 교회들이 "성서의 증인과 수호자"로 서의 역할 안에서 갖는 과제이다. 에큐메니컬 운동이 우리가 기독교에 대한 완전한 이해에 도달할 수 있는 수단이 될 것이라고 핸슨(Hanson)이 단언했을 때, 그는 지나치게 낙관적이었던 것 같다. "성령은 신앙의 규범을 성서 안에서 교회에 제공해 왔다. 그러나, 연합된 교회만이 그 규범을 완전한 이해할 수 있다."[35] 이 이해와 교리 구성의 과정은 물론 성서의 신앙에다 무엇을 첨가하는 것과 또 성서가 의당 서야 할, 교회를 판단하는 자리에 서지 못하도록 만들어 버릴 해석의 틀을 성서에 부과하는 것과는 상당히 다르다. 오늘날 수많은 질문들이 제기되고 있다는 사실 자체가 역사 속의 어느 시대의 교회도 그 다음 시대의 교회를 만족시킬 수 있는 성서 해석의 틀을 제공하지 못했다는 것을 반증하는 것이다.

4. 영속적인 요소들과 일시적인 요소들

하나님의 본성이나 그리스도 안에서의 그의 행동에 대하여 계시된 사실들을 추측함에 있어서 주요한 철학적 문제들이 항상 있어 오긴 했지만, 시대를 거치면서 발전해 나갈 수 있는 영역은 주로 부수적인 문제들과 관련된다는 것을 추측하기는 어렵지 않다. 한 예로, 우리는 신약성서 그 자체 안에서 사도행전 15장의 "사도 훈령"을 들 수 있다. 그것은 교회 상층부의 회합의 결과로 교회 지도자들에 의해 작성되고 공포되었다. 그러나 신약성서 저작들 전체의 증거로 볼 때 그 효력은 심각하게 제한적이었다. 그것은 교리적 결정이라기보다는 실천에 관한 결정이었다. 바울적 교회들은 율법 아래가 아닌 은혜 아래 살게 되었지만, 자신들이 구약성서의 권위를 내팽개치고 있다고 생각하지는 않았다. 그들은 옛 언약하에서의 율법에 대한 접근의 일시적 성격을 깨닫고 있었다. 신약성서의 어디에서도 오경의 도덕적 원리들과 법적, 의식적 측면들을 명백하게 구분하지 않고 있지만, 교회의 전체적인 생활 양식은 대부분의 그리스도인들이 그것들 사이의 차이점을 인지하고 있었음을 보여준다. 그러므로 신약성서의 개 교회들에게나 그리스도인들에게 주어진 윤리적 교훈들이 그 자체의 형태로 보편적 유효성을 갖는다고 가정할 어떤 선험적인 이유도 없다. 부자 청년 이야기(막 10:17-22)의 모든 그리스도인들에 대한 정확한 적용은, 비록 각자가 기본적으로 같은 도덕적 도전에 직면하게 되긴 하겠지만, 매우 혼란스러운 것으로 보일 것이다.[36]

오늘날 대부분의 학자들은 교회의 직제에 관한 문제는 부수적인 것으로 취급한다. 바울이 고린도 교회를 향해 어느 정도의 순종을 부과하려고 하긴 했지만(고전 11:16; 14:33-36), 결코 그것을 근본적인 중요성을 갖는 것으로 보지는 않았다. 바울적 교회들과 예루살렘 교회의 교회 직제에 있어서의 차이는 어느 곳에서나 누구에게나 유효한, 하나의 주어진 직제와 사역의 형태가 신약성서에는 없다는 것을 제시해준다.[37] 그렇다고 해서 교회의 조직화와 그 사역과 성례의 확립에 관련된 중요한 원리들이 존재한다는 것을 부정하자는 것은 아니며, 또 이 영역에 있어서 심각한 오류가 있을 수 있으며, 가능한 최선의 형태를 갖추기 위해서 노력해야 한다는 것을 부인하는 것도 아니다. 단지 각 교파들이 모두 자신의 입장을 전적으로 옳은 것임을 성서에 의지하여 주장하는, 무익한 교파간의 언쟁의 시대는 지나갔다는 것을 말하고 싶은 뿐이다.

윤리와 교회 직제 분야에 있어서의 발전은 신약성서의 세계와 교회, 그리고 현대의 세계와 교회 사이의 문화적 변화의 필요를 이해하는 것에 의해 진전될 수 있다. 이와 관련하여 가장 빈번히 언급되는 예는 고린도전서 11장에 나오는 머리수건에 관한 바울의 명령이다. 이 명령에 담겨져 있는 원리가 오늘날에는 옷 입는데 적용될 수 있을 것이라는 것을 이해하는 데에 — 그 적용의 방법은 국가와 지역에 따라 다를 수 있겠지만 — 대부분의 20세기 그리스도인들은 많은 어려움을 갖지 않을 것이다. 또 신약성서의 기자들은 대체로 당시의 사회적 정치적 조건들을 수용하는 것으로 보인다. 그러나 그들은 사랑과 인간의 존엄에 대한 매우 급진적인 원리들을 가르쳤고, 결국에는 그 가르침으로 말미암아 사회가 변화될 것이라 생각했던 것 같다. 특정한 사회제도가 그들이 그 속에서 그리스도인의 삶을 행해지는 틀로서 주어지기는 했지만, 그들은 공적인 그리스도교 국가의 법규를 만들어 볼 기회를 갖지는 못했다.

바가 지적한 바와 같이, "문화적 상대주의"에는 커다란 위험이 있다. 이는 "우리 시대의 문화 가운데서 유행하게 되는 것들이 무엇이든, 그것과의 관련하에서 기독교 신앙과 신학이 현저한 수동성을 갖는다."는 것을 의미한다.[38] 신약성서는 헤롯이나 네로의 독재의 경우와 마찬가지로, 앵글로 색슨계 백인 개신교도(white Anglo-Saxon Protestant: 흔히 WASP 라고 줄여서 말하기도 한다. 전형적인 민주주의 국가요 열린 사회라고 자부하는 미국의 대통령을 포함한 핵심적 정치인들 대부분이 이 그룹에 속한다. 결국, 미국 사회가 누구에게나 똑같은 정도로 "열려있는" 사회가 아님을 보여주는 좋은 예이다 — 譯註) 민주주의의 이상도 뛰어넘는 입장에 서지 않는다면, 신약성서는 그 권위를 잃어버리고 말 것이다. 인간의 본성, 인간의 행동, 그리고 인간 관계에 대한 원리들은 시대가 바뀌어도 변화하지 않으며, 따라서 신약성서의 원리들을 우리의 상황에서 해석하는 것은 가능하다. 그 원리들을 20세기의 용어로 해석하는 것은 비신화화를 허용한다는 것인가? 이 주제는 앞에서 좀더 충분하게 다루어졌다.[39]

그리고 우리는 복음을 오늘날의 용어들로 해석하는 것이 긴급히 필요한 일임에 동의해야 한다. 이는 현대인이 무엇은 믿을 수 있고 또 어떤 것은 믿을 수 없는가 하는 목록을 만드는 것과는 — 그것은 종종 어떤 특정한 철학적 배경을 가진 신학자들이 믿을 수 있고 또 없는가 하는 문제로 나타나기도 한다 — 매우 다르다. 승천과 같은 것의 진정한 비신화화는 성서의 언어로 표현된 실제적인 진리를 보여주고 그 진리를 현대의 사고와 지식과 연관시켜 주는 것으로서, 그것이 신약성서의 권위를 감소시키지는 않는다. 복음서의 이야기 전체를 우리 시대의 선입견에 맞추어 다시 쓰는 것은 전혀 다른 문제이다. 오히려 우리는 성서와의 대화 가운데서 성서가 우리 자신의 전제를 형

성할 수 있도록 해야 할 것이다.[40]

위에서 언급된 많은 논쟁점들이 여러 기독교회들이 직면하고 있는 문제들에서 결정화(crystallization)되어 있는 것을 본다. 여자들이 교회의 장로로 안수받을 수 있는가? 현대 교회에 걸맞지 않는 성서적 근거들을 솔직하게 무시하는 사람도 있는가 하면, 신약성서를 진지하게 받아들이는 사람들은 위에서 말한 논쟁점들과 씨름한다. 실제로 신약성서는 여성의 교역에 대해 어떻게 말하고 있는가? 그것은 본질적인 문제인가, 아니면 부수적인 문제인가? 이 문제와 관련한 바울의 창조질서에 대한 논의는 교회 직제 문제라기보다는 신학적 원리에 관한 문제를 제기하는 것이 아닌가? 어떠한 형태의 문화적 변이를 우리가 만들어 내야 하며, 또 그것은 성서의 창조 교리를 비신화화 해야 할 만큼 커다란 것인가? 실제적으로 노예들에게 자유를 가져다 준 그 이해의 발전이 바야흐로 여성들을 교직참여 제한의 족쇄에서 풀어줄 정도로 무르익은 것인가? 우리가 어떤 견해를 "신앙적이다" 또 "비신앙적이다" 하는 것은 어떤 의미에서인가? 그것이 신약성서에서 지시되거나 명령되어 있어야만 하는가, 아니면 금지되어져 있지 않다는 것만으로도 충분한가? 진정한 오순절 현상은 사도시대에 끝났다고 주장하는 사람들이, 그와 동시에 여성의 교역에 관해서는 사도 시대 교회의 형태가 규범적이라고 주장할 수 있는가?[41]

5. 결 론

지난 세기의 종교와 과학 사이의 논쟁 이래, 지식인 그리스도인들은 하나님이 신적인 행동이라는 것 외의 다른 설명도 가능한, 갖가지 방법들을 통해 일하신다는 것을 점점 알 수 있게 되었다. 이제 더 이상 "틈새의 하나님"(God of the gaps)를 가정할 필요가 없다. 교리와 역사적 진리 그리고 일상적인 그리스도인의 삶에 있어서 그렇다고 한다면, 똑같은 원리를 성서 비평에 적용하는 것도 크게 어렵지 않을 것이다. 성서에 대한 주의깊은 문학적·과학적 연구가 성서가 지금의 형태로 존재하게 된 것이 인간적 차원에서도 설명될 수 있다는 것을 밝혀낸다고 하더라도, 그것이 성서가 하나님의 말씀이 아니라는 것을 의미하는 것은 아니다. 비평적 문제들에 대한 대답들 중 몇몇은 성서의 영감과 권위에 관한 이론과 조화되기 어렵겠지만, 그 대다수는 중립적이다.

복음서를 나름대로 편집한 초대교회나 복음서 기자들의 역할이 발견되었다는 것이 그들이 예수가 말하고 행한 것을 단순히 글자 그대로 기록해 놓았다고 하는 경우보다 성서의 권위를 격하하는 것이 아니다. 신약성서를 올바르게 해석하려는 대담한 시도는 성서의 권위를 깍아내리기보다는 오히려 강화시킬 것이다.[42] 우리가 할 수 있는 만큼 최대한 충분히 성서를 이해할 때, 성서의 권위는 우리에게 가장 선명하게 다가올 것이다. 이 이해는 학자들과 헌신된 그리스도인들이 본문의 참 뜻과 그것의 각 세대를 향한 적용이라는 과제와 씨름하는 작업들에 의하여, 전체로서의 교회를 위하여 확립될 것이다. 신약성서는 영단번의(once-for-all) 구속을 증언하는 영단번의 계시의 권위를 갖는다. 존 로빈슨(John Robinson, Piligrim Fathers 중의 한 사람)의 말을 빌자면 "주님은 여전히 그의 거룩한 말씀을 통해서 주실 더 많은 빛과 진리를 갖고 계십니다."는 것을 교회가 언제나 발견하기는 하지만. 그럼에도 불구하고 교회에는 언제나 기본적인 규범들이 주어진다. 이는 교회의 삶을 안내하고 형성하기 위해서이며, 또 교회가 그것을 잊어버릴 때 심판자로서 역할하기 위해서이다.

성서는 우리에게 영원한 원리로서 주어진 것이지, 당면한 문제들의 직접적인 해답으로 주어진 것이 아니다. 성서가 규범으로서 올바르게 받아들여진다면 성서의 원리는 현재의 상황도 포괄하는 것으로 나타날 수 있다. 그러나 오늘의 교회가 성서의 가르침을 제대로 적용할 줄 모르는 것 같이 보이는 것은 매우 슬픈 일이다.[43] 본문의 원 뜻(original meaning)을 설명하기 위해 우리가 사용할 수 있는 모든 방법들이 동원되어야 한다. 거기에 더해 현대 세계에 대한 이해가, 단지 세속적 시각에서 뿐만 아니라 성서가 갖고 있는 방식대로의 준거에서의 이해가 필요하다. 혼자 따로 앉아서 연구만 하는 학자가 성서의 메시지 속에서 뭔가 신선한 것을 발견해 낸 예는 거의 없다. 이해와 적용의 과제는 한편으로는 세상 가운데 있는 전도자, 목사, 평신도와 또 다른 한편에서는 신학자와의 공동작업을 필요로 한다.

그리스도인인 개인도 신약성서를 보면서 "명령, 약속, 경고, 따라야 할 모범, 피해야 할 실수" 등을 발견할 수 있어야 한다.[44] 그러나 혼자서 그렇게 한다면 그가 읽은 바를 상황화하는데 실패하게 되기 때문에, 다른 그리스도인들과 함께 본문을 연구하고 그 의미를 토론하는 것이 좋다. 제대로 이해된 의미에서의 신약성서의 권위는 이 세상에서는 완전히 경험될 수 없다. 그러나 그리스도인들이 그들에게 말씀하시는 하나님의 음성을 듣기 위한 열정을 갖고 성서에 접근한다면, 그들은 성령이 교회 안에서 그 말씀을 사용하시고, 또 그들을 위해서 그 말씀을 살아있는 생생한 것으로 만드신다는 것을 발견하게 될 것이다. 이러한 태도를 가진 사람들에 의해서만 성서의 진정한 권위는 발견될 수 있다.

주

1) 위의 제 2 장을 보라.
2) *Interpretation* 25 (1971), pp. 36f. Cited in J . Barr. *The Bible in the Modern World*(London 19730, p. 37.
3) 이것들은 J.Barr 가 "The Authority of the Bible — A Study Outline", *Ecumenical Review* 21:2 (1969), pp. 135-150. 에서 제안한 것이다.
4) *Ecumenical Review* 21:2 (1969), pp. 150-166 에 있는 E. Jüngel, G. Krodel, R. Marle 그리고 J. D. Zizioulas 의 권위의 개념에 관한 토론을 보라.
5) *The Bible in the Modern World*, pp. 27-29.
6) 예수의 권위에 대한 보다 상세한 논의는 H. von Campenhausen, *Ecclesiastical Authority and Spiritual Power in the Church of the First Three Centuries* (E. T. London 1969), pp. 1-11.
7) 위의 6장을 보라.
8) Cf. C. H. Dodd, *According to the Scriptures* (London 1952); R. T. France, *Jesus and the Old Testament* (London 1971).
9) Cf. Robin Nixon in a forthcoming symposium on morality and law "Fulfilling the Law — Law and Liberty".

10) 위의 10장을 보라.
11) D. R. Catchpole 은 p.167f 에서 그 진정성이 의심스러워 보이는 두 절을 언급하고 있다. 마태복음 18:7과 관계되는 한, "이방인"과 "세리"를 예수에 의해서 여기와 5:46f. 에서 쓰였을 수 있는 전형적인 국외인에 대한 용어로 보는 데는 아무 무리가 없다. 복음에 응답한 사람들이 이교도와 죄인들이었다는 것은 은혜가 갖는 일종의 역설이다. 마태복음 23:3f. 에는 언제나 많은 문제들이 있어왔고, 특히 3절의 첫 구가 그러했다. 예수는 반율법주의의 기를 꺾는 이런 말들을 했을 수 있었고, 동시에 그의 제자들을 율법의 실제 의미에 대한 더 깊은 이해에로 이끌어줄 수 있었다. 5:17-20에 비슷한 예가 있는데, 이는 5:21-48에 가서 태도들에 관한 심오한 취급으로 이어진다. 그 뜻은 "그들이 너희에게 말하는 바는 행하되, 그들이 행동하는 방식으로 행하지는 마라"인 것 같다. 그들의 "행하지 말 것" 뒤에 "행할 것"의 예가 따라나오는 것은 일종의 역설이다. 23:23는 의(義)와 인(仁)과 신(信)을 행함이(참조. 미가 6:8) 바리새의 율법 가르침에 대한 진정한 준수라는 것을 보여준다(참조. 누가복음 11:42. 여기서도 역시 율법의 준수를 무시하지 말 것을 말하고 있다). 마태는 주도면밀한 학자였기 때문에, 역설이 있는 곳에서도 나름의 일관성을 유지하고자 했다. 마태는 현대의 저술가들 만큼이나 이 말씀의 어려움을 인식하고 있었음이 틀림없다(우리가 그것의 의미를 전부 놓치고 있지 않다면). 이러한 명백한 어려움 자체가 어느 정도는 진정성의 증거가 될 수 있다. 이러한 대조로서 마태는 예수의 마지막 요구 "내가 너희에게 명한 것을 가르쳐 지키게 하라"(마태복음 28:20)를 준비하고 있다. 보다 상세한 논의, 특히 문맥의 중요성에 관해서는 Robert Banks, *Jesus and the Law in the Synoptic Tradition*(Cambridge 1975), pp. 173ff.
12) 위의 11장을 보라.
13) E. J. Carnell, *The Case for Orthodox Theology* (London 1959), pp. 57f. 가 그렇게 보고 있다. 로마서와 갈라디아서를 신약성서 전체의 시금석으로 삼으려고 시도하는 데 있어서, 그가 제시하고 있는 근거만으로는 설득력이 부족하다.
14) W. Bauer, *Orthodoxy and Heresy in the Earliest Christianity* (E. T. London 1972), 그의 입장에 대해서는 H. E. W. Turner가 *The Pattern of Christian Truth, A Study in the Relations between Orthodoxy and Heresy in the Early Church* (London1954) pp. 39-80 에서 비판적으로 논의하고 있다. 또, A. A. T. Ehrhardt, *The Framework of the New Testament Stories* (Manchester 1964). 를 보라.
15) Cf. E. Käsemann, *New Testament Questions of Today* (E. T. London 1969), pp. 236-251.
16) See F. J. Leenhardt, *Two Biblical Faiths, Protestant and Catholic* (E. T. London 1964).
17) See E. Käsemann, "The Problem of a New Testament Theology", NTS 19 (1972-73), pp. 235-245; R. Morgan, *The Nature of New*

Testament Theology (London 1973). (본사 역간 ― 「신약신학의 본질」)

18) Cf. I. H. Marshall, "Palestinian and Hellenistic Christianity: Some Critical Comments", NTS 19 (1972-73), pp. 271-287.

19) *The Bible in the Modern World*, p. 23.

20) "Wherein lies the Authority of the Bible?" in L. Hodgson (et al.), *On the Authority of the Bible* (London 1960), pp. 81-96; "The Use of the Bible in Modern Theology", BJRL 52 (1969), pp. 178-199.

21) *The Churchman* 86 (1972), pp. 166-173.

22) C. F. Evans, Is "Holy Scripture" Christian? and Other Questions (London 1971), p. 35: "종교적 모델들 특히 구약성서는 결국 기독교에 있어서는 너무 과한 것이라고 한다면, '구약성서는 처음부터 우리의 운동에 속했던 것이며, 여전히 우리가 가진 것 중에 최상의 것이며, 구약성서를 추천하는 것은 구약성서 자체이다'는 말을 하는 것이 더 이상 가능하지 않은 그래서 '이것은 거룩한 책이다'(This is holy scripture)라고 밖에는 말할 수 없는 시대가 온 것이라면, 그것이 자연스러운 것이며, 교회는 언제나 이런 식으로만 생각해야하냐는 생각이 따라오지 않겠는가?"

23) D. E. Nineham, "The Use of the Bible ⋯ ", pp. 197f.

24) *The Bible in the Modern World*, p. 43: "어떤 책을 정경으로 받아들이는 것은 우리가 오늘날 공유하고 있는 신학적인 고려들에 기초하여 나온 것은 아니다. 그것은 부분적으로는 고대 교회들의 지리적 위치와 경쟁관계에, 또 부분적으로는 역사적인 사건(accident: 우연적인 사건이라는 의미가 강함. 譯註), 부분적으로는 그 책들이 '사도들의' 것이라고 하는 완전한 환상과 거짓에 의하여 이루어진 것이다."

25) R. P. C. Hanson. "성서는 계시의 기록이며, 이 기록은 역사적 증언의 형식을 취하고 있다. 그것은 하나님의 유일한(unique) 행동, 유일한 백성들에게 일어난 유일한 사건들의 과정에 대한 증언이며, 결국은 유일한 한 인물에 대한 증언이다. 성경의 유일성을 만드는 것은 이것이다; 그것의 유일성을 구성하는 것은 성서 문서의 형식이나 형식들이 아니라 ― 사실 그 형식들은 다른 문서나 문화들에서도 마찬가지로 발견되는 것들이다 ― 그것의 주제이다." (*The Bible as a Norm of Faith* (Durham , 1963), p. 7; 참조. *Tradition in the Early Church* (London 1962), pp. 213-224). Turner 도 비슷하게 말하고 있다: "그렇다면 성서는 하나님 말씀, 하나님 행동에 관한 가장 처음의, 가장 완전한, 또 시간과 공간에 있어서 가장 넓은 범위를 갖는 기록이라는 의미에서 뿐만 아니라, 그 각 면에 구원을 가져다 주는 하나님의 말씀과 행동을 담고 있다는 점에서도 우선적인 규범이다. 그것은 구속사의 말씀과 행위 안에 있는 기록이다" (art. cit., p. 168).

26) *The Semantics of Biblical Language* (Oxford 1961); *Old and New in Interpretation. A Study of the Two Testaments* (London 1966).

27) *The Bible in the Modern World*, p. 81.

28) Ibid., p. 81.

29) 위명(pseudonymity)의 문제는 앞에서 논의된 바 있다(제5장을 보라). 그 저자에 관하여 교회를 속이기 위한 일부러 거짓 표제를 붙인 문서가 성경으로 받아들여졌을 것이라는 가정은 중대한 어려움을 낳는다. 다른 한편, 그 문서의 당대 독자들이 오인하지 않게 했을 만한 문학적 관습이 있었다. 그런 관습이 "저자가 잘못 붙여진" 신약 문서의 표제에 관련되어 있다고 한다면, 우리가 그것을 정경에서 제외해야 할 아무 이유도 없는 것이다.

30) *The Problem of the New Testament Canon* (London 1962). Cf. E. Schweizer, *Neotestamentica* (Zürich/Stuttgart 1963), pp. 208—210.

31) *The Bible in the Modern World*, p. 154.

32) *The Bible as a Norm of Faith*, p. 16.

33) Ibid., p. 16.

34) Art. cit., p. 170. "후대의 두루뭉실함이 아닌 날카로움과 더 관계가 깊은 신약서 그 자체는 이를 수행하지 않는다. 적절한 교리적 결론들을 끌어내는 것과 그것들을 적절하게 생각되어진 맥락에서 같이 사고하는 것은 이에 따라오는 그러나 필수불가결한 과제이다. 그것을 정당하게 다루기 위해서 교회는 그 과제를 얼렁뚱땅 대해서는 안 되며, 성서와 철저하게 긴밀한 관계를 유지해야 하고(성서 주석을 철학적 신학과 함께 계속해서 같이 나아가야 한다) 또한 지나치게 한정해서는 안 된다. 함께 과제를 수행해나가면서 그것은 이점을 가질 수 있었고, 다른 접근들이나 전승들의 합류를 통하여 그 결과에 도달할 수 있었다. 물론, 논쟁이나 신랄한 비판이 없지는 않았지만. 그것의 통일성은 그 다양성과 양립할 수 없는 것처럼 보이지 않는다. 교회와 그 세속의 동시대인들간에 공통된 보편적 담론이 형성되는 일련의 대등한 철학적인 상대가 있다는 것은 다행한 일이다."

35) *The Bible as a Norm of Faith*, p. 23. 신약성서의 그리스도를 준거로 하여 검증되어지는 계속되는 계시에 대한 이론은, E. Schweizer, op. cit., pp. 211f. 를 보라.

36) 젊은 오리겐의 행동은 우리에게 경고로서 기능한다. 신약성서내의 윤리적 다양성의 문제에 대하여는, J. L. Houlden, *Ethics and the New Testament* (Harsmondsworth 1973).

37) Cf. W. D. Davies, *A Normative Pattern of Church Life in the New Testament — Fact or Fancy?* (London 1950).

38) J. Barr, *The Bible in the Modern World*, pp. 46f.

39) See above, ch. XV.

40) See above, ch. III.

41) 이 주제에 관한 글들로는 K. Stendahl, *The Bible and the Role of Woman, A Case Study in Hermeneutics* (Philadelphia 1966); *Why not? Priesthood and the Ministry of Woman*, ed. M. Bruce and G. E. Duffield (Abingdon 1972); *The Ordination of Woman to the Priesthood* (Church Information Office, London 1972);

Evangelicals and the Ordination of Woman, ed. C. Craston (Bramcote 1973)

42) G. E. Ladd, *The New Testament and Criticism* (London 1970).

43) J. D. Smart, *The Strange Silence of the Bible in the Church, A Study in Hermeneutics* (London 1970); B. S. Childs, *Biblical Theology in Crisis* (London 1972)을 보라. (본사 역간 ― 「성경신학의 위기」). Nineham은 현재의 상황과 아무 관련을 발견할 수 없는 성서의 단락들이 많이 있음을 고백하고 있다 (art. cit., pp. 181f.)

44) 성서 유니온 노트가 그 사용자들에게 성서를 읽을 때 찾아보기를 권하고 있는 것들이다.

제 18 장

신약성서의 강해

존 골딩게이

"석의"(exegesis), "강해"(exposition) 그리고 이 분야의 다른 단어들은 다양한 용법으로 쓰이고 있다. 그러나 이 장에서는 "석의"는 한 절이나 단락 그 자체가 갖는 역사적 의미에 대한 설명을 가리키는 것으로 하고, "강해"(주해)는 그것이 오늘에 주는 의의를 찾는 것으로 사용하기로 한다.[1] "해석"(interpretation)이나 "해석학"(hermeneutics)은 성서 이해의 과제에 있어서 이 두 가지 주요한 두 측면을 같이 포괄하는 용어이다.

그러나, 위의 네 단어가 다 비슷한 말로 사용되기도 한다. 이것은 부분적으로는 해석의 주요한 두 측면이 엄격히 구분되고 있지 않은 경우도 꽤 있다는 것을 보여주는 것이기도 하다. 스팁스(Stibbs)[2]와 벌코프(Berkhof)[3]의 "고전적인" 복음주의적 견해는 한 단락의 "의미"(meaning)를 파악하기만 하면, 그 "의의"(significance)도 자명하게 따라온다는 것이었다. 그렇게 되면, 설교자에게 요구되는 것은 "바울이 이미 한 말을 다시 되풀이하는 것" 뿐이다. 그러면 그가 우리에게 주는 메시지는 자명하게 된다. 물론, 이런 문자적 적용이 때로는 정당하지 않을 수도 있다는 견해들도 있다. 사회적 문화적 변화들이 여성의 머리 수건에 대한 권면을 오늘날에는 필수적이지 않은 것으로 받아들이게 했고, 따라서 고린도 전서 11장에 대한 해석 (expounding)은 현대의 숙녀들의 패션에 관한 명령으로서가 아니라 바울의 특정한 명령 밑에 놓여있는 원리를 발견하려는 것이어야 한다. 다른 한편, 그리스도의 오심으로 인한 신학 영역에서의 변화는 신약의 하나님의 백성들에 대한 구약의 적용을 복잡하게 했다. 그러나, 그러한 입장을 갖고 성서의 영원한 메시지를 오늘날에 적용시키는 것은 어렵게 보이지 않았었다.

　　이 책의 앞 장들에서 현대의 성서연구가 이러한 접근의 주요한 문제점들을 어떻게 제기했는가와, 또 "교회 안에서의 성서의 이상한 침묵"[4]이 그 사실을 뒷받침해주고 있음을 살펴보았다. 비평 방법들의 발전은, 그 결론이 아주 긍정적인 것이라 하더라도, 신약성서의 해석(interpreting)을 대단히 복잡하게 만들었다. "요한이 (예수와 사마리아 여인) 이야기를 자신이 생각하던 방식으로 바꾸었다면" 그래서 그것이 "본질적으로 실제로 일어난 사건이지만"[5] 전부 다 그런 것은 아니라면 어떻게 될까? 전승비평과 편집비평이 "역사적 예수"를 나타내는 것과 멀리 떨어져서, 그것들을 다시 말할 수 있는 가능성은 고사하고, 그가 실제로 하신 말씀이 무엇이었나를 알 수 있는 가능성까지 완전히 제거해 버리는 것으로 보인다면 또 어떻게 될 것인가? 또, 신약성서의 종교적 배경에 대한 연구가 같은 방식의 위협을 주는 것 같지는 않지만, "에녹서의 사본을 갖지 않고 특정한 본문을 이해하려고 하는 것이 실패라는 것은 불을 보듯 뻔한 노릇"[6]이라는 정도의 말을 듣는다면, 그것은 위압적일 수도 있다.

　　우리는 여전히, 석의적인 문제가 해결되었다고 해서, 그 적용도 저절로 자명해질 것이라고 가정해서는 안 된다. 현대의 연구는 성서를 우리와는 상당히 다른 문화로부터 유래해서, 상당히 다른 상황을 대상으로 이야기하는 한 문서로서(혹은 문서모음집으로서) 그 역사적 정황 속에서 읽기 위해 전력을 기울여 왔다.[7] 그 교회의 상황, 사회의 관습, 생활 자체의 특성은 독특한 (unique) 것이었다(모든 문화가 저마다 독특하듯이 — 심지어 성서 내에서도 하나의 통일된 문화형태는 존재하지 않는다). 성서의 메시지는 그 특정 상황들과 관련되어 있다. 성서 안에 있는 사건과 그것에 대한 기록 사이 뿐 아니라, 성서와 우리 사이에도 "해석학적 간격"이 있다. 성서의 상황과 우리의 상황 사이에 틈이 있기 때문이다. 이 간격은 성서가 그 중심적 관심사로서 초자연적인 실재들을 이야기할 때 가장 멀리 벌어진다. 현대인들의 세계관 속에서는 그것이 이미 관심 밖의 일이기 때문이며, 우리는 그것을 "비신화화"해야 한다는 압력을 받게 된다.[8]

디모데에게 주는 하나님의 말씀을 설명하는 것이 하나님이 우리에게 하실 말씀을 구성하지는 않는다. 하나님께서는 실제로 우리에게 주실 다른 말씀이 있을 수 있기 때문이다. 사실 "오늘날 신약성서의 말들을 그 자체로 단순히 반복하는 것이, 결과적으로는, 본문이 원래 말하고자 했던 것과 다른 것을 이야기하는 것이 될 수도 있으며"[9] 나아가서 "그 말씀의 죽음"에 기여하는 것이 될 수도 있다. 우리의 과제는 먼저 성서의 세계 안에 서서 성서의 메시지를 성서의 용어들로 듣는 것이다. 그리고 나서 예수가 비유로 가르치면서 한 것처럼, 우리의 말을 듣게 될 사람들의 세계에 서야 한다.[10] ─ 우리가 두 세계를 연결하기를 원한다면.

그렇지만, 역설적으로 우리가 성서의 세계와 우리의 세계간의 간격을 이을 다리를 놓을 때에만 성서의 메시지를 제대로 이해할 수 있다. 성서의 메시지를 성서의 시대에서 이해하는 것은, "객관적으로"라 할지라도,[11] 메마른 "현학적" 훈련이 되어서는 안된다. 우리는 메시지를 밝혀내고, 같은 뜻을 지닌(equivalent, 이는 동일하다는 의미의 identical과는 다르다) 오늘의 메시지를 선포하는 행동 속에서만 성서를 제대로 이해할 수 있다. 결국, 석의와 강해는 긴밀하게 얽혀있으며, 그래서 석의가에게는 때로는 설교자를 충고해 주어야겠다는 충동을 억누르기 힘든 때가 있는 것이며,[12] 또 설교자가 석의로 돌아와 자신의 견해를 덧붙이는 경우도 있는 것이다.

그렇다면 강해자는 이 과제를 어떻게 해나가는가? "인간의 모든 다른 행위들에서와 마찬가지로 강해에 있어서도 … 실천이 이론보다 앞선다."[13] 따라서 여기서는, 앞의 14장에서 석의한 단락들과 관련하여서 강해와 관련된 질문에 대답해 보고자 한다.

1. 마 8:5-13

(1) 백부장의 하인에 관한 이 이야기의 초점은 무엇인가? 주제는 **믿음이다** — 그러나 이는 너무 넓은 개념이라 만족스럽지 못하다. 양적으로, 이 단락의 대부분이 믿음의 본질의 실례이다. 그 믿음은 무조건적으로 예수에게 의지하는 것이다(5-10절); 그러나 그것이 전체의 초점은 아니다. 11-13절까지를 포괄하지 못하기 때문이다. 누가복음의 병행본문은 이를 지지한다; 두 본문의 차이는 어떻게 이 둘이 각자의 자료들을 나름의 방식으로 다루어서 특유의 메시지를 갖게 되었는지는 보여준다. 종종 우리는 병행 구절들을 조화시키는데 집중하여 각 복음서의 특징적인 소리를 듣지 못하는 수가 있다. 타티안의 디아테사론이 정경에 포함되어 있지 않다는 것은 중요한 사실이다! 마태는 메시아적 잔치에 관한 말씀을(11-12절) 끌어들임으로써 이 이야기에 종말론적 방향을 부여한다. 그는 믿음의 본질에 관한 이야기를 믿음의 궁극적 결과에 관한 이야기로 바꾼다: "믿음의 중심적인 중요성은 치유에 있는 것이 아니라 구원에 있다. 그것은 하나님의 종말론적인 축복을 받기로 예정되어 있는 참 하나님의 백성에 포함되는 것이다."[14]

이 요약은 각 부분들이 전체와 어떻게 관련되는가도 가르쳐준다: 5-10절은 믿음의 본질을 보여주며, 11-13절은 이 세상과(13절) 또 왕국과 관련한(11-12절) 믿음의 궁극적 결과를 묘사한다. 이러한 순서는 최소한 논리적이며, 또 자료(material) 비평의 역사와도 맞아 떨어진다(그것은 11-12절이 마태의 첨가라는 인식을 반영한다). 이 단락 자체에서 종말론적 복이 육체적 복보다 우선한다. 나는 이것이 5-19절에서 극적인 긴장을 먼저 제시하고 그 다음에 중요한 것을 등장시켜 클라이막스로 만드는 마태의 기법이라고 생각한다; 마지막 절은 종결부일 뿐이다.

(2) 첫 부분에 대한 주해는 **믿음의 본질**이라는 주안점에 집중할 것이다. 예수가 군인과 군인의 그의 "아이"에 대한 마음씀에 대해 긍정적인 태도를 보이긴 했지만, 이 본문이 전쟁의 윤리나, 어떻게 좋은 고용주가 되느냐

와 관계되는 것은 아니다. 이는 요한복음 4장이 어떻게 사람들을 예수께 데리고 오느냐 하는 것에 관한 말씀이 아닌 것과 마찬가지이다.[15] 이 단락이 그런 영역들에 대하여 함축하는 바가 있을 수는 있다 — 그러나 "해석의 이론과 실제에 있어서 중요한 것은 가능하다고 생각되는 함축들 사이에서 본문의 의미에 속하는 것과 그렇지 않은 것을 구별해 내는 것이다."[16] 성서의 경우에 우리는 함축되어 있는 것이 성서의 다른 어느 곳에 명시적으로 나와 있는가를 살핌으로써 그 작업을 한다. 예수가 다른 어디서 사역의 실례를 제시한 바 있고, 요한복음 4장에 묘사되어 있는 목회적 보살핌의 요소들 중 많은 것들을 바울이 그의 사역 가운데 실례로 보여주었기 때문에, 우리가 요한에게 직접 그러한 방식의 의도를 가졌는지 물어볼 수는 없다고 하더라도, 요한복음 4장이 함축적 방법으로 사역의 실례를 제공하고 있다고 추론할 수 있는 것이다(비록 그 생각이 요한의 머리에서 중추적인 요소는 아니었다고 하더라도 그런 추론은 가능하다). 그러므로 우리는 그 본문을 그렇게 사용할 수가 있다; 우리가 그 본문에 우리의 질문을 부과함으로써 본문 자체가 제기하려고 하는 질문들을 놓칠 위험이 있긴 하지만.

그러면 마 8:3-13의 첫번째 부분에 의하면, 믿음이란 무엇인가? 또 그 말씀은 우리 회중들의 마음에 무엇을 제시하는가? 마태는 "진실이 아닌 것들을 믿는 것"이나 "정신적인 동의"를 의미하지 않는다; 그가 말하는 믿음의 태도는 회의주의나 절망으로의 포기를 거부하면서, "잘 사는 것을 기대한다"는 것을 의미하는 것도 아니며,[17] 또 바울이 말하는 "구원의 믿음"도 아니다. 그것은 예수의 절대적 권위에 대한 확신에 근거하여 그의 치유 능력을 실제적으로 신뢰하는 것이며,[18] 신자가 어려움에 처했을 때 그의 주님 안에서 실천하기를 요구받는 기도하는 믿음이며,[19] 주님의 행동하는 능력을 이해하는 믿음이다.

예수는 이런 믿음을 하나님의 백성 가운데서 찾지 못했었는데, 이제는 그 밖에서 발견했다. 예수의 사역의 맥락 안에서는 그것이 이방인에 반대되는 개념으로서 이스라엘 가운데서를 말하는 것이지만, 이 본문을 그렇게 해석하는 것은 그것을 문자 그대로 반복하는 것일 뿐이며, 그래서 아주 다른 의미를 전달하게 될 뿐이다. 유대인들이 왕국에서의 자리를 잃을 가능성에 대한 경고를 교회가 즐길 것이라는 것은 명약관화하다. 그러나, 정작 이러한 불신앙의 위험에 처해 있는 것은 교회 자체이다(참조. 롬 11:17-21의 도전). 예수가 외부인을 예로 들면서 "'내가 교회 안에서도 이런 믿음을 보지 못했다'는 말을 하게 되지 않도록 하라"는 경고를 발하는 것으로 해석될 수 있다. 복음서들을 해석하는데 있어서 유대인들의 일관된 중요성은 그들이 교회가 그렇게 될지도 모르는 모습에 대해 우리의 경고가 된다는 것이다 ; 세리와 바리새인의 비유를 예로 든다면 우리는 세리가 아니고, 바리새인이다.

　　(3) 비슷하게, 이 단락의 절정(11-12절)은 구원에 있어서 **믿음의 중대성**에 대한 경고를 교회에 준다는 데로 나아간다 : "많은 사람들이 바울, 어거스틴, 그리고 칼빈의 자리에 와서 앉게 될 것이며, 교회의 본래 교인들은 참여하지 못하게 될 것이다." 이 단락의 초점은 도끼가 가장 그럴 것 같지 않은 사람을 향해 놓여있다는 것이다. 그리고 설교는 그들 스스로가 처해 있을 그런 위험에 사람들을 직면시키는 것이어야 하지, 참예하지 못할 자들의 운명을 슬퍼해 주는 것으로 그들의 거짓 안전을 지지해 주는 것이어서는 안 된다.

　　그러나 메시야의 잔치와 그것의 반대로서의 바깥 어두움, 슬피 움, 이를 갊 등의 표상들은 어떻게 이해해야 할까? 예수는 관습적으로 통용되던 관념들을(참조. 누가복음) 사용하고 있으며, 이는 성서의 다른 곳에서도(사 25; 계 3:20; 19:9,17) 그것의 상징적 중요성을 가리키는 문맥들에서 나타나는 것들이다. 벰(Behm)은[20] 종말론적 잔치의 표상을 "마지막에 있을 하나님, 그리고 그리스도와의 완전한 친교의 의미심장한 표현"이라고 묘사했다. 그러나 우리가 그것을 현대적 상징으로 재표현하지 않는다면 그것은 무미건조한 추상에 불과하다.

　　당신이 참여해 본 것 중에 가장 멋진 파티를 상상해보라 — 모든 일이 잘 되어가고 있고, 사람들은 즐거움을 만끽하고, 새로운 친구들도 사귀게 된다 ; 옛 친구들을 다시 만나게 해 주는 결혼식 ; 또는 흩어졌던 가족들이 모이게 되는 크리스마스 파티, 또는 결혼 기념일의 둘만의 오붓한 외식을 생각해 보라. 이러한 때의 느낌을 상기해 보라. 그리고 길거리에 버려졌을 경우, 집안의 천덕 꾸러기 신세, 실연당한 사람의 심정을 상상해보라. 이렇게 해서 천국과 지옥은 느껴질 수 있을 것이다.[21]

위와 같은 이 절들의 "비상징화"의 필요를 넘어서서, 또 그것들의 비신화화에 대한 문제가 제기된다. 잔치의 심상(imagery) 안에는 역사의 완성, 최후의 복과 버림받음에 대한 "신화"가 내재해 있다. 이 "신화가 우주론적으로가 아니라 인간론적으로, 좀더 적절한 말로는 실존론적으로 해석되어야 한다"[22]는 말은 옳지 않은 것 같다. 왜냐하면, 믿음에 관한 1세기의 표현은, 사두개인들이 그랬던 것처럼, 비종말론적인 형태를 향해서도 개방되어 있었는데도, 비종말론적인 행태는 거부되고 종말론적 형태가 채택되어졌기 때문이다. 현대인들이 종말론적인 틀로 사고하지 않는다는 것은 분명하다(극단적 종말론적 종파들은 제외하고). 그러나 그들이 필사적인 실존주의자인 경우도 그렇게 많지 않다;[23] 결단에의 요청 역시 현대인들에게는 생소한 것이다. 그러나 결단의 요청도, 그것의 종말론적인 동기도 모두 믿음에 대한 1세기적 표현에 불과한 것은 아니다. 그것들은 "복음의 걸림돌"에 속한다.[24]

(4) 이 단화를 끝맺는 절은 **믿음의 중대성**을 다른 측면, 이 세상의 측면에서 단언하고 있다. 이 절의 의미는 분명하다 ― 소년이 고침을 받았다. 그러나 그것이 우리에게 어떤 의의가 있는가 하는 데는 아래와 같은 다양한 대답이 가능하다.

ⓐ 예수의 시대에 치유를 경험한 병자들로서, 그것은 오늘날도 마찬가지이겠지만, 이 본문은 병 낫기를 바라는 기도를 고무한다. 이는 단순하면서도 명백한 해석이다. 이는 여성들의 머리 장식에 대한 묘사로 이끄는 접근이기도 하다. 나아가서, 그것은 경험에 의해 오도되는 경우가 많다. 따라서 다른 대안들을 모색해야만 한다 ― 어떠한 형태로든 경험을 최종적인 판단의 근거로 삼는 것을 피하면서. 그래야 우리가 우리 자신의 현재 경험에 매몰되지 않을 수 있다.

ⓑ 병 치유 기적은 하나님의 나라가 예수 안에서 도래했다는 표징이다. 그러나 그렇게만 보면 그것들은 예수의(그리고 그의 사도들의) 지상사역에

한정되며 오늘날에는 일어나지 않는 일이 된다 ; 이 본문은 이와 같은 표징들로써 자신을 나타내신 그리스도에 대한 믿음을 고무한다. 이 해석은 교회의 일반적(보편적이라 할 수는 없겠지만) 경험과 합치한다; 그러나 기적을 전적으로 예수와 사도들의 시대로 제한하는 것의 신학적 정당화는 잘해야 '침묵으로부터의 논증'일 뿐이고, 잘못하면 고린도전서 13:8-13 같은 구절에 배치되는 것일 수도 있다(이 구절은 치유를 포함하는 것으로 보이는 영적인 은사들은 그리스도께서 오실 때까지 교회 안에서 계속될 것이라는 것을 암시한다).

ⓒ 육체 치유는 그리스도가 가져온 총체적 치유의 한 부분이며, 그 치유의 좀더 중요한 측면은 비육체적인 부분이다; 따라서 이 본문은 그리스도 안에서 영적인 총체성(죄용서, 새롭게 됨)을 회복하라는 권면이 된다. 이것 역시 경험과 합치한다. 그러나 여기에는 침묵으로부터의 논증이 아닌 불가시적인 것으로부터의 논증이라는 위험이 있다 ─ 이제, 우리가 볼 수 있는 기적들은 없고, 우리가 볼 수 없는 기적들만 있단 말인가! (혹은, 있는가?)[25] 그리고 육체적 치유가 언제나, 분명히 영적인 치유를 상징할 수 있는, 그런 이적이라는 근거는 없다.[26]

ⓓ 그리스도의 치유 이적은 피조물을 원래의 온전한 상태로 회복시키는 것으로, 그것은 과학의 노력에 의해 계승되고 있다. 이 본문은 그리스도의 육체 치유가 의술을 통해 일어나지 않았나 하는 것을 찾도록 고무한다. 이런 접근은 현대의 사고에 더 잘 부합된다. 그러나, 마태가 살아있다면 이런 견해를 자신의 메시지에 대한 올바른 후대의 표현이라고 인정해 줄 것 같은가?

사실, 우리가 이 단락을 바르게 해석하려고 한다면, 우선은 석의에로 되돌아가야 한다. 기적들의 현대적 의의 해석의 문제에 대한 일반적인 접근은 특정한 본문을 살피는 일에 그 자리를 내주어야 한다. 마태는 그 사건의 의의에 대한 자신의 이해를 종말론적 구절을 삽입해 넣음으로써 분명히 보여준다. 이로써 강조점은 믿음의 육체에 관한 중요성에서 종말론적인(일반적인 의미에서의 '영적인' 것과는 다르다) 중요성으로 옮겨진다. 그는 분명히, 어

떠한 위기가(이는 질병도 포함하지만 그것에 한정되지는 않는다) 닥쳐오더라
도 기도하면서 바라는 믿음만 있으면 된다고 공언하는 교회에 도전하고 있다
;[27] 그러나 그의 강조점은 교회가 그런 믿음을 공언하고 안 하고가 과연 지
상적 위기와 같은 성질의 도전을 넘어서도 소용이 있는 것인가 하는 질문
에 있다.

따라서 이 단락의 마지막 절은 주해의 가장 어려운 측면을 더 어렵게
만든다: 그 역사 비평적 의미에 있어서는 일치를 보고 있는, 한 단락의 적용
에 대한 많은 다른 견해들 사이에서 어떻게 결정을 내릴 수 있을까? 대답은
석의로 되돌아가는 것이다: 조금은 거칠은 질문이기도 한 "저자가 무엇이라
고 말하고 있나?" 하는 것이 이 본문을 해석하는 데 안내 역할을 해 줄 것이
다. 마태가 이 이야기를 손에 넣었을 때, 그것은 변형되어진 형태였다. —
그것은 "선언 이야기"(pronouncement story)로서, 여기서는 기적 자체보
다는 그것에 따라오는 말씀이 더 중요하다;[28] 마태는 이것을 더 변형시켰
다. 이렇게 볼 때, 이 본문이 우리에게 어떻게 적용되어야 하는지에 대해서
우리가 작업을 할 때, 우리가 머물러야 할 그 적용의 영역을 이 본문 스스로
가 제시해 주고 있는 것이다.[29]

(5) 자료비평, 양식비평, 그리고 편집비평의 통찰은 주해자의 과제를
분명하게 해 준다. 그러나 거기에는 문제점도 있다. 그 비평들은 그 설화
(narrative)는 결코 어떤 사건의 직접적인 기록도 예수의 실제 사역의 의의
를 적고 있는 것도 아니라고 한다. 그것은 구전이 실제적인 사건을 개조해
놓은 것을 편집자가 재서술한 것이라고 한다 ; 그렇다면 그것이 여전히 우리
을 향한 권위를 유지할 수 있을까?

복음서는 단순히 "역사를 일어난 그대로 기술해 놓은 것"(만약 그렇다
면 도깨비불 같은 것이다)은 아니다; 그들은 자기 시대의 교회를 향해 예수
가 갖는 의미를 설교했다. 그러나 그것이 복음서 기자의 목적이었다면, 성경
을 영감한 성령이 그들이 그것을 잘 해낼 수 있도록 그들을 영감했을 것이라
는 것을 우리는 믿는다. 우리는 아들을 하나 잃어버린 것이 아니라, 딸을 하
나 얻었다 — 비평학이 우리를 이 설교의 배후로, 원래의 역사적 상황 속에

서의 예수의 가르침과 사역의 의미 속으로 우리를 인도해 주었기 때문이다. 성령이 여러 다른 상황에서 어떻게 말씀하시는가를 볼 수 있게 되었기 때문에, 비평학은 우리의 이해를 빈궁하게 한 것이 아니라 오히려 풍부하게 해주었다.

(6) 그렇다면, 복음서 기자는 강해자의 모델이다. 이야기가 자신의 청중의 상황을 향해 말할 수 있도록 하기 위해 그가 이야기를 적응시키고 변형시킨다(adapt and transform) 점에서 그러하다. 그렇지만, 그것이 우리도 똑같이 우리가 전해 받은 전승에 대하여 하고 싶은 대로 할 ― 성령이 영감을 주는 대로 창조성을 갖고 그것을 적응시키고 변형할 ― 자유를 갖고 있다는 것을 의미하는가? 결국은 역사 비평적 석의가 문제인가 ― 마태의 예는 (또는 요한이나 다른 신약성서의 기자들의 구약성서의 사용의 예는) 우리로 하여금 그 본래의 의미를 무시해 버리고 무엇이건 우리가 말하고 싶은 대로 본문을 해석하는 것을 조장하고 있지는 않는가?

하나님의 뜻을 밝히기 위해 성령은 이런 방법으로 새로운 빛을 제시해 줄 수 있다 ; "카리스마적 석의"[30]는 여전히 영적인 은사일 것이다. 성경의 몇 구절로부터, 성경의 전체적인 흐름과는 합치되기는 하지만 엄격한 의미에서는 틀린 것이라는 것을 지금은 알고 있는 그런 의미를 발견해 냄으로써, 은혜를 받은 경험이 있는 사람들이 많을 것이다. 최소한 그것은 우리와의 관련하에서 다가오는 말이며, 역사 비평적 석의가 종종 성서에서 찾아 들어가는, 그런 과거의 죽은 말이 아니다. 그럼에도 불구하고 역사 비평적 석의는 강해(주해)의 출발점이 되어야 한다. 그 이유는 다음과 같다.

ⓐ 성서의 석의 모범이 과연 우리의 석의에 규범이 될 수 있는가 하는 것이 분명하지 않은 반면에,[31] 역사 비평적 석의는 현대인으로서의 우리의 역사에 대한 기본적인 인식의 표현이다. 그것은 다른 시대를 이해함에 있어서, 그것들이 우리에게 주는 통찰을 찾기 이전에, 그 시대 자체의 용어로 그 시대를 이해하려고 노력한다. "카리스마적"(charismatic) 석의는 시대착오적인 것이다.

ⓑ 역사 비평적 석의는 한 정점에서 하나님이 무엇을 이야기하고 있는가

를 확립하며, 이는 믿음에 있어서 결정적인 점이다. 그것은 우리로 하여금
아는 것에서 모르는 것으로, 적용의 일반적 영역에서 특별한 영역으로 옮겨
갈 수 있도록 해 주며, 전자를 토대로 후자를 점검할 수 있도록 해 준다. 복
음서 기자들이야 성령의 영감을 받았다는 것을 우리가 확신할 수 있지만, 현
대의 카리스마적 석의는 검증이 불가능하다!

주해(exposition)는 뇌의 활동이면서 동시에 영적인 활동이다. 인간의
지성은 하나님이 그 때 무슨 말씀을 하셨는가 하는 것으로부터, 그가 지금
무슨 말씀을 하실런지를 추론해내는데 참여한다. — 우리가 이 과정에서 성
령의 활동을 보기도 하지만. 성령은 우리에게 불꽃과 같은 통찰을 주기도 하
지만, 동일한 성령께서 우리의 지성이 말씀을 살펴보고, 시험해보고, 추적해
들어가는 가운데에도 함께 하신다. 분명히 우리에게는 이러한 결합이 필요하
다(고전 14:15).

2. 베드로전서 3:18-22

(1) 주해가 다양한 각 부분들에서 발전되어진 한 단락의 중심 개념으로
부터 출발하는 것이라면, 이 단락을 주해하는 것은 석의하는 것만큼이나 어
려운 것 같다. 많은 주석가들이 결론내리는 것처럼, 이 단락을 관통하는 사
고의 일관된 흐름이 없는 것처럼 보인다면 그러할 것이다. 그러나 앞의 14장
에서의 석의는 이 단락의 통일성은 "그리스도의 이름을 인하여 가혹한 적대
세력에 직면한 사람들"에게 말하는 것에 있다고 제안하고 있다.[32] 그것은
"왜 그리스도인이 죽음을 준비하고 있어야 하는가?" 하는 문제에 대한 대답
의 시도였다. 그 이유를 살펴보자:

18a　　예수가 본을 보이셨다
18b　　그를 위하여 고난 받는 것은 가치있는 일이다
18c　　죽음 후에 부활이 왔다
19-20a 그는 악한 세력들도 지배하는 분이시다
20b　　죄인들에 대한 심판은 연기되어 있을 뿐이다

20c   예전에도, 마지막에 구원받은 이들은 소수였다

21   여러분이 받은 세례는 여러분의 구원의 보증이 된다

22   그는 모든 이의 주이시다

이렇게 해서 여덟 개의 요점을 가진 설교가 될 수도 있다.

이 단락에서는 특별한 상황들에 대한 응답으로 쓰여졌다고 하는, 성서의 상황적 특성이 두드러진다. 이런 특별한 질문에 대한 대답으로 주어진 이 본문을, 오늘날 같이 순교의 위협이 존재하지 않는 상황에서는 어떻게 다루어야 할까?

ⓐ 이러한 메시지가 끔찍히 요구되는 시대가 올 것이며, 우리는 이에 대비해야 한다. 박해가 일어나기 전에 우리가 그에 대한 태도를 확립해야 놓아야 한다. 그 때가 오면 이미 늦은 것이다. 따라서 이 본문은 하나님의 전체 계획 속에서 그 백성들에 대한 교육의 한 부분으로 설교되어질 수 있는 것이다.

ⓑ 베드로의 독자만큼 심한 경우는 아니지만, 모든 그리스도인들은 적대 세력에 직면해 있다. 그들을 박해하는 자들의 배후에 있던 악의 세력들은 우리도 공격하고 있다. 베드로에 의해서는 훨씬 강하게 표현되었던 이 공격은 오늘날에는 좀더 하찮은(어쩌면 말만의 공격일 수도 있다) 형태로서 구체화되고 있다.

ⓒ 우리는 언제나, 그리고 날마다(눅 9:23) 죽을 준비를 하고 있어야 한다(막 8:34). 예수 자신이 다가올 상황을 미리 예견하고 베드로의 메시지를 적용할 영역을 제공하고 있다고 볼 수도 있을 것이다.

그러나 우리는 늘 따라다니는 죄들, "상대성"이란 신을 섬기는 강해자의 직업적 위험이 있음을 인식해야 한다: 본문을 일반화시키거나 격하하거나 영적으로 해석해 버림으로써 베드로의 메시지의 예각을 둔화시키고, 그 특별한 초점을 상실하는 것이다. 우리는 우리의 석의에서 이러한 쓰라림을 어느 정도는 느껴보아야 하며, 주해에 있어서도 그것과 대화해야 한다.

(2) 예수는 "불의한 자들을 위해서 죽었습니다 …… 그의 죽음은 (여러분의?) 죄를 위한 속죄를 행하는, 모두를 위한 단번의(once-for-all) 희생 제

사였습니다. 이는 여러분으로 하여금 하나님과의 교제를 회복하게 하기 위함
이었습니다." — 이렇게 18절은 "구약성서의 희생제사의 개념들 속으로 들어
가고 있다."[33] 이는 종종, 우리의 설교에서도 그러하다. 베드로가 이런 용어
들을(당시의 구약성서 이후 유대 저작들에서 나온 개념들과 함께; 19-20절)
사용하는 것은, 유대인이든 아니든 제의와 희생제사를 아는 독자에게라면 이
용어들이 말해주는 바가 있었기 때문이었다. 그러므로 성서를 이해하기 위해
서 우리는 그들의 세계의 용어로 생각하기를 배워야 하며, 아울러 같은 실재
를 우리 자신이 속한 세계의 용어로 표현하는 법도 배워야 한다. 이는 불신
자들만을 위한 것은 아니며(사실 이것은 신약성서가 속죄의 기술적인 작용
(technical working) 문제에 대해서 설명하고 있는 것과 같지 않다), 아직
성서의 세계에 들어가 보지 않은 어린 그리스도인들만을 위한 것도 아니며,
바로 우리 자신을 위한 것이기도 하다. 우리 자신들이 복음을 좀더 효과적으
로 들어야 하겠기 때문이다. 속죄가 무엇인가, 희생제사와 대속이 무엇인가
를 설명하는 것만으로는 충분하지 않다 ; 은유란 설명을 필요로 하게 될 때
그 기능을 상실하는 것이다.

　　또한 이런 특수한 상황에서는 그것을 설명한다고 해도 문제는 해결되지
않는다. 하나님을 달래는 것으로서의 희생제사의 개념은 아주 낯선 것이어서
사람들이 그것을 이해하고 나서도, 여전히 그것을 반대하게 될 것이다. 그들
은 우리의 태도들의 용어들 내에서 그것을 평가하지 않을 수 없다 — 물론
이런 태도 역시 문화적으로 결정되어진 것이며, 이해하기에 더 쉬운 것은 결
코 아니다 ! 나아가서 우리는 석의를 함에 있어서 은유에 의하여 표현된 것
이 무엇인가 하는 것을 찾아내야 할 필요가 있으며, 그리고 옛 은유가 그랬
던 것만큼, 우리에게 잘 전달되어질 수 있는 새 은유를 발견해야 한다.

　　이런 특정한 은유를 벗겨내는 작업은 아래와 같은 몇 가지 층으로 나타
난다:

　　ⓐ 그 핵심에는 소원해짐과 화해 — 이는 인간의 보편적 경험일 것이며,
성서의 세계와 우리가 공유하는 것일 것이다 — 그리고, 그것과 관련된 대가
라는 경험이 있다

ⓑ 이 경험은 하나님과 사람의 관계의 이해를 위한 은유를 제시한다 : 일은 언제나 이 양자 사이에서 일어나는 것이다.

ⓒ 제사 제도는 화해가 실행되는 방법을 보여준다. 잘못한 쪽에서 대가를 상징적으로 지불하고, 다른 쪽에서는 이를 상징적으로 받아들인다.

ⓓ 구약성서는 하나의 특정한 예를 묘사하고 있다. 하나님이 친히 그 제도를 만드셨으며, 그래서 화해에 있어서 주도권을 가지셨다.

ⓔ 신약성서는 구약 제사 제도의 양상들을 십자가를 이해하기 위한 은유로 채택했다: 그리스도는 자신을 바침으로써 그 대가를 지불한다.

ⓕ 그러나, 그가 성취하는 바는 그 은유의 범위를 넘어선다. 그가 스스로 잘못을 범한 자의 입장에 서긴 했지만 동시에 그는 그 반대쪽의 입장에 해당하기도 하기 때문이다: 그리스도 안에서 하나님이 화해해 오신 것이다.
…

성서의 은유를 분석한 후에는 그것을 재표현하는 것이 필요하다. 속죄의 주관적인 측면(인간이 하나님께로 돌아가야 할 필요) 뿐만 아니라, 객관적인 측면도(하나님 편에서 본 것) 잃지 않으면서, 우리에게는 낯선 제의적 측면들을 제거하는 것이다. 공격을 받을 때, 우리는 우리의 본능이 말하는 바 대로 — 호감에는 호감으로, 눈에는 눈으로, 학대에는 학대로 — 무기를 집어들고 맞받아서 한 방 먹여주고 싶어질런지도 모른다. 그것은 마치 적대감이라는 것이 반드시 해소되어져야 할 어떤 힘을 가진 것과 같아서, 우리에게 향한 적대감을 다른 사람에게로 돌려버리는, 그래서 다른 사람에게서 그것이 흡수되어지게 하는 것이 될 수 있다. 그러나 이렇게 하는 것 외에, 우리는 그 힘이 우리를 구타하고, 침범하고, 다치게 하도록 하여서, 우리 자신에게서 흡수되어지도록 할 수도 있다.

하나님께 대한 인간의 반역(이것은 인간 의식의 표면에 있는 것이 아니고 인간의 일반적 자기 추구적 공격성, 하나님의 형상으로 지음받은 다른 사람에 대한 적대감, 그리고 인간의 자기 파괴성에 대한 신학적인 표현인 것이다)은 어딘가에서 흡수되어져야만 하는 적대감이라고 볼 수 있다 — 그것은 단순히 공기 중에서 사라지고 마는 것이 아니다. 십자가는 하나님이 인간의 적대감을 받아들이시며, 그것을 악으로 갚으시기를 거부하셨다는 것을 역사 속에서 구체화한 사건이다. 하나님은 자신과 인간의 교제를 가로막는 죄에 대하여, 그 힘을 자신 속에 흡수함으로써, 그래서 그것을 해소해버리는 것으로써 대처하셨다.[34]

(3) 예수는 "갇혀 있으면서 심판을 기다리고 있는 타락한 천사들에게 가서, 그들에게 자신의 대속적인 죽음으로 획득된 승리를 선포하셨다 … 그들은 노아의 때에 하나님께 반역한 영들이다. 그러나 하나님은 그의 자비로 홍수의 심판을 아직도 미루고 계신다."[35] 여기에는 다시 비신화화의 주제를 제기하는 다른 사상 세계가 있다.

"옥에 있는 영들"은 아래과 같이 비신화화 될 수 있을 것이다.

ⓐ 여기에 개념화되어 있는 대로의 인격적이고, 초자연적인 악의 특정한 심상을 탈피하는 것이다. 그러면서도 "(악)에 대한 … . 맹목적이고 비합리적인 힘의 허술함보다는, 악한 인격체의 교묘함에 대한 언급이 있다 … 세계가 이렇게 잘못되어 가고 있다는 것은 뭔가 그릇된 재간꾼이 있음을 의미한다"[36]는 입장을 유지한다. 홍수를 초래한 죄의 기원이 단순히 인간에게만 있는 것은 아니다.[37]

ⓑ 이러한 특정한 심상만이 아니라, 초자연적 악의 인격적 본질 자체를 탈피하는 것이다. 그것을 능력들, 힘들, 비인격적인 종류의 법들로 본다. 그러면서도 죄인인 인간의 죄된 행동 이상의 악이 존재한다는 것은 인정한다.

ⓒ 초자연적인 악에 대한 모든 개념을 거부하는 것이다. 베드로가 여기서 주장하고자 하는 것은 영들, 천사들, 권세들, 그리고 능력들(22절)의 존재가 아니라, 부활하신 그리스도가 이러한 존재들 위에 — 이런 존재들은 오직 사람에게만 실제적일(real) 뿐이다 — 지배권을 행사하고 계신다는 것이다. 이렇게 비신화화된 것의 등가 개념은 우리에게는 사랑, 권력, 지식, 성공과 실패, 현재와 미래, 죽음과 삶이다 — 이런 것들은 모두 때로 좋은 것이지만, 또 때로는 비극적이고 쓰라린 것이어서 "영들"처럼 특별한 모호성을 갖고 있다.[38]

비신화화된 이런 세력들을 창조주가 감금해 놓고 있었으며, 이제는 그리스도가 그들 위에 주권을 행사한다는 것은, 그것들이 우리가 인식하고 있는 세력들이기 때문에 설교되어져야 한다. 그러나 우리는 악의 세력들이 우리가 생각하고 있는 것보다 더 거대하다는 것도 깨달아야 한다. 바울은 악의 활동 가운데는 단순한 인간적 차원 이상의 차원이 있다는 것을 명백하게 지적한 다: "우리의 씨름은 혈과 육에 대한 것이 아니요 정사와 권세와 … 하늘에 있는 악의 영들에게 … "(엡 6:12). 개념화 작업은 시대에 맞추어 나가야 할 필요가 있지만, 그러나 재재현되어야 할 존재론적 차원의 것도 있다.

또, 그리스도의 경험과 성취는 어떻게 묘사될수 있을까?

ⓐ 그는 영으로 살림을 받았다(18절): 개념화가 표면적으로는 신화적이 라고 하더라도, 여기에서 예수에 의해서 주장되는 것은 그가 역사 가운데 죽음으로부터 일어났다는 것이다.

ⓑ 그는 가서 영들에게 선포하고, 하늘에 갔다(19, 20절 ─ 각 절에 πορευθείς가 나옴): 여기에는 세 층의 하늘을 전제하는 언어가 있다. 그러나 우리가 재표현해야 할 실재는 하나이다. 아마도 그것은 시간과 공간의 용어들이 아닌 다른 차원의 용어들로서 일 것이다.

ⓒ 그는 하나님 우편에 계시다(22절): 세 층의 하늘이 여기서 전제되고 있긴 하지만, 저자와 독자들이 이 특별한 표현을 지상적 생활로부터 끌어낸 은유로 이해했을 가능성이 더 많다(참조. 시편 110); 우리는 성경을 번역함에 있어서 너무 단조롭게 하거나, 그 저자를 지나치게 단순한 사람으로 보아서는 안 된다.

(4) 그리스도인들을 위협하는 악의 세력들에 대한 신화적 용어들의 표상은(19, 22절) 노아의 시대와 독자들의 시대의 역사적 용어들을 연결하고 있다(20-21절): 베드로의 독자들은 그것을 "모형적인" 관련하에서 이해한다. 모형론은 임의적인 것인가?[39] 그것은 어떻게 작용하는가?[40]

ⓐ 모형론은(최소한 여기에서는) 석의의 방법이 아니라 주해(강해)의 방법이다. 여기서 추구하는 바는 홍수 이야기의 원래적 의미를 안내해주는 것이 아니다. 역사적인 실재에서 출발하여(이런 점에서 알레고리와는 구별된다), 새 시대에 있어서 그 사건의 의의를, 그리스도의 오심의 빛 아래에서

제시해 주는 수단으로써 모형론을 사용한다.

ⓑ "구약과 신약을 연결시키는 것은 무엇인가?" 하는 질문에 대한 대답의 핵심에 가까운 것으로 둘 다 같은 백성을 다루고 있다는 사실을 들 수 있다. 이는 이스라엘의 하나님이시면서 동시에 우리 주 예수 그리스도의 하나님이시며 아버지이시기도 하신 하나님이, 그들을 통해서 세상 속에서 그의 목적을 실현해 나가시는 그 백성이다. 여기서, 그 관련성은 암시적이지만, ἀντίτυπον이 ἡμᾶς와 연결된다면 명시적일 수 있다. 앞 장의 석의에서는 그것을 주장하지 않고 가정하고 있을 뿐이긴 하지만. 그러나, 그것은 구약 시대에 하나님이 그의 백성들을 어떻게 대하셨나 하는 것과 그가 오늘 그 백성들을 어떻게 대하시는가 하는 것을 연결시키기 위한 이론적 해석의 일부를 제공한다.

ⓒ 새 생명/구원에 들어가는 문으로서 죽음/심판의 상징적인 실행으로서의 세례의 의의에 대한 사고가 저자에게 있었던 것은 거의 분명하다. 따라서 세례의 신학적 의의는 홍수의 의의와 비슷하다.

ⓓ 베드로가 물이라는 수단을 통하여 노아가 구원을 받았다고 주장하는 데까지 병행을 확장시켰는지 아닌지를 — 두 예가 단순히 물이라는 것으로만 연결된다기보다는 — 지시해 줄 만한 분명한 증거는 없다.[41]

여기서 모형론을 사용함에 있어서 "임의적"이라고 베드로를 비난하는 것은 내 생각에는 부당한 것으로 보인다. 사실, 나는 이것이 일반적으로 모형론이라는 것이 의미하는 것인가에 대하여 회의적이다 ; 베드로는 우리가 홍수의 참 의미나 그 성취를 기독교의 세례에서 발견하게 된다고 제안하지 않는다. 그는 세례가 홍수에 상응하는(equivalent) 기능을 수행하며(NEB나 JB보다는 RSV를 참조하라) 이 둘 사이에 관계의 유비가 있음을 제시하고 있다.[42]

(5) 그러면 우리도 이런 주해 방법을 사용할 수 있을까? 우리가 홍수에 대한 다른 유비를 제안해도 좋을까? 그렇게 한다면, 임의적이 되어버릴 위험으로부터 어떻게 우리를 보호할 수 있을까?

ⓐ 구약 성서는 바다를 하나님께 맞서고 그의 백성들을 위협하는 혼돈의

세력들의 구현으로 간주한다; 홍수는, 하나님의 지배하에서 이긴 하지만, 바다가 이러한 식으로 사용되는 예이다. "주님은 홍수 때에 좌정하고 계시며" 그리고 그의 백성들을 보호하신다(시 29:10-11). 나아가서 이러한 생각은 홍수를 교회를 위협하는 위험의 한 형태로 보는 것으로 — 아마도 하나님 자신의 손에 의한, 그의 지배하에 있는 것으로(신약성서에서는 암시적으로만 나타나는 이해)[43] — 적용될 수 있을 것이다. 한편, 방주에 쓰인 나무를 십자가로 보는 것은[44] 병행의 완전히 새로운 영역으로 옮겨가는 것이며, 하나의 접촉점에 불과한 것을 본질적인 중요성을 가진 것으로 삼는 모험을 하는 것이어서, "형식의 실수"(form-mistake)를 범하는 것이 된다.[45]

ⓑ 홍수 이야기가 하나님의 심판에 관한 것이기 때문에, 그것은 최후의 심판을 묘사하는 것으로 쓰일 수도 있다(참조. 벧후 3장). 그리고, 창세기의 저자가 자기 이야기의 이런 적용을 그의 본래 의도와 모순되는 것으로 여기지 않았을 것이라는 주장은 타당한 것 같다. 한편 노아를 그 겸손에 있어서 그리스도의 모형으로 보는 것은[46], 비록 그것이 설화 밑에 깔려있는 그런 신화에 대한 현대의 저작들과는 맞아 떨어진다고 할지라도, 저자가 노아를 묘사하는 방법에 부합되지 않는 것으로 보인다.[47]

신약성서가 모형론을 사용했다는 것이 우리를 같은 방법에 묶어 두지는 않는다;[48] 그러나 여기서 설명된 바와 같은 유비의 원칙의 몇 가지 적용은 우리가 성서 본문을 갖고 작업하는 것을 도와준다 — 역사 비평적 석의를 대체하는 것이 아니라 그것에 기초한 것으로서. 그러나, 석의 실행의 유효성에 대한 한계를 설정하는 두 가지 기준은 우리가 성서 자체에 의해서 제기된 생각들의 적용과 발전의 영역내에서 움직여야 한다는 것과,[49] 원저자이신 성령 안에서 본문을 적용시켜야 한다는 것이다.

3. 강해자의 방법

해석에 있어서 효과적인 성공을 보장해주는 법칙은 없다. 그러나 위에서 행한 실습에 비추어 본 몇 가지 지침을 요약해 보는 것이 유익할 것이다. 이

지침들이 서로 명확하게 분리되거나 엄격한 순서를 갖고 있는 것은 아니다; 그것들은 상호 교환적으로 사용되기도 할 것이며, 뒤의 지침에서 나온 통찰이 먼저 도달한 결론들을 바로잡는 빛을 던져주기도 할 것이다.

— 본문이 우리에게 주는 의의에 대한 당신의 생각을 본문의 원래 의미에 기초하게 하라(본문을 당신 자신의 사고로 뛰어들어가는 발판 정도로만 여기지 말고).

— 본문 안에서 뭔가 신선한 것, 심지어는 당신이 생각해 오던 것과 반대되는 것이라도, 그것을 발견하기 위해 개방적이고 기대하는 자세를 가져라(당신의 신학적 전통이 당신이 이미 알고 있는 것 외에는 발견하지 못하게 하는 장애물이 될 수도 있다).

— 본문이 무엇을 말하는가에 귀를 기울여라. 본문 자체가 제기하는 질문에 기초하여 듣는 것이다(우리가 관심을 갖고 있는 질문에 본문이 응답한다고 해서 그것만 듣고 나머지는 무시하는 태도는 좋지 않다).[50]

— 그 단락의 특별한 중심적 요점의 정확한 이해를 집요하게 추구해서, 그 단락을 통일시키고 있는 것이 무엇인가를 한 구절의 말로 표현할 수 있도록 하라; 마찬가지로 그 단락의 각 부분들이 중심적인 요점과, 또 그 부분들 서로서로가 어떤 관련하에 있는지도 표현할 수 있도록 하라(단순히 개별적인 단어들이나 절들에, 또는 그 단락에서의 저자의 특별한 의도를 놓칠 수 있는 본문에 대한 일반적인 인상에, 또는 그 단락이 갖고 있는 측면들 중 한 두 가지를 포괄하지 못한 채 남겨두게 되는 너무 좁은 개념 등에 만족하지 마라).

— 저자가 다루고 있는 특정한 상황들, 쟁점들, 질문들, 문제점들, 그리고 실수들을 규명하라. 그리고 그것들이 얼마만큼이나 저자가 처한 상황에서 특유한 것이었나를 생각해 보라(저자가 말한 것은 상황을 벗어난 것일 거라고 가정하는 것은 좋지 않다).

— 위의 이해를 바탕으로 여기서 저자의 특별한 목적이 무엇인가, 저자가 상황에 대하여 정확히 어떻게 이야기하고 있는가를 생각하라(그의 진술과 명령들이 반드시 일반적이고 보편화 될 만한 것이라고 가정하지 마라). "(한

사람이) 뜻하는 바를 알기 위해서는 당신은 … 그에게 주어진 질문이 무엇이었는지를 알아야 한다." [51]

— 저자가 신학적이거나 이와 비슷한 종류의 단어들, 예를 들면 믿음, 구원, 선택 등을 사용함으로써 특별히 함축하고자 하는 바가 무엇인지에 주의하라(이 특정한 문맥에서 저자들이 의도하지 않았던 의미를 그 단어들에 집어넣어 읽지 마라).

— 상징, 은유, 그리고 신화를 문자적 표현으로부터 구별해내라. 예를 들면, 성서나 다른 문서에 나타난 병행 문구의 도움을 받아서 구별할 수 있을 것이다. 물론, 이런 구별이 고대인의 사고에서는 행해지지 않았을 수도 있겠지만, 우리에게는 꼭 필요한 것이다(융통성 없는 "문자주의자"가 되지 마라).

— 그러한 이미지들에 대한 느낌을 가져보라. 그러면 그것들이 원래의 독자들에게 그랬던 것처럼, 당신에게도 영향을 끼치게 될 것이다(해석에 접근하는 데 있어서 전적으로 뇌에만 의존하는 것은 좋지 않다).

— 이런 언어들이 가리키는 바가 무엇인지를 해명하라(매체가 곧 메시지라고 가정하거나[52] 혹은 '선한 목자'나 '그리스도 안에 거함'이라는 말과 같이 익숙한 이미지들도 그 의미를 잘 알고 있다고 가정하지 마라).

— 개념들이 성서 내에서(예를 들면, 구약성서 내에서, 구약과 신약 사이에서, 예수와 전승과 마가, 그리고 다른 복음서 기자들 사이에서, 예수와 바울 사이에서) 어떻게 발전되어가고 있는지를 확립해 보라. 그것은 그 개념들이 우리에게 주는 의의가 무엇인지를 가르쳐주는 도구가 될 것이다.

— 이러한 과제를 수행함에 있어서 가능한 자료들을 사용하라 : 공관대조표, 주석들 — 한 권 이상[53] — 그리고 가능하면 TDNT, NIDNTT 등의 사전류와 같은 참고서들; 이런 권위있는 책들의 증언에 귀를 기울여라. 그 증언은 당신이 정보를 갖고 결정할 수 있도록 도와줄 것이다(성경의 명료성이라는 것이 내가 별다른 정보없이 나 자신의 직관에만 의지해도 된다는 것을 의미하지는 않는다. 반대로 성경의 모호성이라는 것이 내가 학문적인 서적들을 종이 교황들(paper popes)로 섬겨야 한다는 것을 의미하는 것도 아

니다).

― 창조적인 해석학적 보조수단으로서 자료비평, 양식비평, 편집비평 같은 도구들을 사용하라. 단, 분별력과 개방성을 동시에 가지고(비평적 방법들이 결코 건설적인 도움을 주지 못한다거나 그것들이 전문가들만의 것이라는 가정하에 비평 이전의 접근방법으로 되돌아가는 것은 좋지 않다).

― 성서의 상황과는 상당한 차이가 있는 오늘날 당신의 상황의 특별한 점들을 규명하라 : 문화, 교회의 상황 등등의 차이들(주해의 과녁〔target〕을 정하는 데에서 실패하지 마라).

― 하나님의 총체적 계획을 설교하는 것을 놓치지 않으면서, 여기서 성서 메시지의 어떤 특정 양상이 적용될 수 있겠는지를 살펴보라[54] (모든 성경은 영감된 것이기 때문에 항상 동일하게 적용될 수 있을 것이라고 가정하지 마라).

― 당신의 회중들을 알아야 한다. 각 단어들이나 개념들이(예. 육체, 영혼) 그들에게 함축하는 바가 무엇인지, 그들이 어디에 있는지, 그리고 그들의 걱정거리가 무엇인지 알아야 한다(당신의 목표는 특정한 청중과의 의사소통이라는 것을 잊지 마라).

― 본문에 명백히 나타나 있거나 함축되어 있는 태도들, 가정들, 그리고 도전들이 당신과 당신의 청중들의 그것들, 그리고 그들이 직면하고 있는 것들과 어떻게 다른지를 식별하라(우리의 현재 위치에서 우리에게 보증해 주는 바 거짓 위로만을 찾으려 하지 마라).

― 폄하시킴 없이 적용하라. 그리고 필요한 곳에서는 원래의 말에서 표현된 원리를 상실시키지 않으면서 재해석하라(하나님의 뜻에 대한 특정한 표현이 다른 시대에도 직접적으로 관련되어진다고 생각하거나, 반대로 그 표현이 너무 시대적으로 조건지워진 것이라서 오늘 우리에게는 아무런 소용이 없다고 가정하지 마라).[55]

― 본래의 의의가 새롭게 느껴질 수 있도록 다시 상징화하고 다시 신화화하라(단지 그것이 성서적이라는 이유만으로, 성서의 상징을 그대로 사용하기 보다는).

— 당신이 이해하는 바대로의 본문 자체의 발전의 역동성이 당신의 표현 (예를 들면, 당신의 설교의 구조나 성서 연구의 개요)의 역동성을 결정하도록 하라(관행적인 설교의 형태나 짜여진 틀의 성서 연구의 질문들을 본뜨지 말고).

— 강단에서 비평적인 자료들을 과시적으로 떠벌리는 것을 삼가면서, 그것이 관련되는 곳에서 당신이 성서의 원 뜻을 어떻게 이해했는가에 대해서는 솔직하도록 하라(평신도들을 성서의 원뜻에 대한 진리를 모르는 행복한 무지 속에 내버려두는 이중적 기준을 유지하려고 하지 마라.[56] 성서비평이 교리적 함의나 설교와 별 관련없이 행해지던 지난 날에 비해서, 오늘날에는 이런 입장이 더욱 비난을 면치 못할 것이다).

— 당신이 설교를 준비하면서 그랬던 것과 마찬가지로, 본문에 의해서 직면하게 되는 바로 그 위치로 당신의 청중을 인도하려고 노력하라.

— 다음 번에 당신이 이 본문에 접근할 때, 그 때 당신은 이미 다른 사람이 되어있을 것이며, 거기서 다른 빛을 발견할 수 있을 것이라는 것을 기억하라[57](지금 당신이 이해한 것이 단 한번으로 영원한 것이라는 생각을 버리라). 접근의 신선함 — 독창성이 아니라, 개방성과 기대감 — 은 설교자 (혹은 성서 연구자)에게 있어서 결정적으로 중요한 것이다.

"그래서 나는 여기서 … 말의 사용을 배우려고 합니다. 모든 시도는 완전히 새로운 출발입니다."

"East Coker"라는 시에 있는 이 구절은 필요로 하는 바를 결코 적절하게 말할 수 없다는 엘리어트(T. S. Eliot)의 절망감을 표현하고 있다. 강해자 역시 하나님과, 그가 인간을 대하시는 방법에 관해 적절히 말할 수 없다는 불가능성을 인식하게 될 것이다. 그러나 바로 그 하나님의 은혜가 있기 때문에 그는 그렇게 절망하지 않아도 좋으며, 여기에서 표현된 목표를 자신의 것으로 만들 수 있을 것이다.

주

1) 의미와 의의의 구별에 관해서는, E. D. Hirsh, *Validity in Interpretation* (New Haven / London 1967), pp. 8, 62-63. 을 참조하라.

2) A. M. Stibbs, *Understanding God's Word* (London 1950); *Expounding God's Word*(London 1960; revised ed. 1976).

3) L. Berkhof, *Principles of Biblical Interpretation* (Grand Rapids 1950).

4) The title of a book by J. D. Smart (London 1970).

5) 본서, p. 14f.

6) 본서, p. 393.

7) 본서, p. 517.

8) 본서, pp. 438-447.

9) 본서, p. 460.

10) 본서, p. 477.

11) 참조. 본서, p. 373f.

12) 예. 본서, p. 384.

13) R. Mackenzie, *Concilium* 10:7 (1971), p. 11.

14) 본서, p. 391f.

15) 본서, p. 18를 참조하라.

16) Hirsh. p. 62. 이 "함축"은 그 본문 자체의 내적인 의미 가운데서 무엇을 함축하는가를 가리킨다는 것이며, 그것은 본문 전체의 (명시적인 그리고 함축적인) "그 자체의 의미"가 "우리에게 주는 의의"와는 다르다는 점에 주의하라.

17) So G. A. Buttrick in *The Interpreter's Bible*(New York and Nashville 1951), Vol. Ⅶ, p. 341.

18) 본서, p. 386.

19) 마태가 믿음을 어떻게 다루고 있는지에 대해서는 H. J. Held, op. cit. p. 278. 의 주7. pp. 275-299. 를 보라.

20) TDNT II, p. 34.

21) *The Becomers* (Londom 1973), pp. 89-106, 에서 Keith Miller 는 인간이 발전해 감에 따라 어떻게 천상의 실재가 인간의 욕구와 성장을 각기 다른 방식으로 표현하기를 요구받게 되는가를 꽤 상세히 제시하고 있다.

22) Bultmann; 본서, p. 439.

23) Cf. A. Kee. *The Way of Transcendence* (Harmond sworth 1971). pp. 49-51.

24) Cf. 본서, pp. 444-447.

25) *The Go-Between God* (London 1972), p. 124. 그리스도인이 자주 이런 갱신을 선언했겠느냐는 J. V. Taylor의 회의적 입장이 나타나 있다.

26) 이 주해는 Strauss의 기적에 대한 해석과 — 예수 자신이 그들에게 호소했듯

이 그의 교리의 도덕적 효과를 가리키는 것으로 보는 ─ 병행을 이룬다. (본서, p. 453. 주 37을 보라)!

27) Cf. again Held, loc. cit.

28) Cf. 본서, p. 376.

29) 복음서 기자들이 자신들이 전해 받은 자료들을 적용할 영역들을 어떻게 결정했는가와 관련된 문제는(비유들에 관한 명시적인 참고와 함께) SJT 23 (1970)의 , 특히 pp. 458-461, 466-8의 A. C. Thiselton 의 글을 보라.

30) See G. C. Berkouwer, *Holy Scripture* (Grand Rapids 1975), pp. 110ff.

31) Cf. R. N. Longenecker in Tyn. B 21 (1970), p. 38; also J. Barr, *Old and New in Interpretation* (London 1966), p. 131.

32) 본서, p. 393f.

33) 본서, p. 397.

34) 물론 이 유비가 속죄에 관하여 이야기되어야 필요가 있는 모든 것을 말해 주지는 않는다 (성서의 은유들이 그렇듯이); 그러나 그것은 화해, 대속, 그리고 하나님 자신에 의해서 지불되어진 값에 대한 생각을 비제의적(non-cultic) 용어들로 표현하고 있다.

35) 본서, p. 413.

36) Colin Morris, *The Hammer of the Lord* (London 1973), p. 54.

37) Cf. B. S. Childs, *Myth and Reality in the Old Testament* (London 19622), pp. 50-9 on Gen. 6:1-4.

38) *The New Being* (London 1956), pp. 50-9 (*The Boundaries of Our Being* (London 1973), pp. 189-97로 재발행 됨)에 있는 "정사와 권세들"이라는 Paul Tillich 의 설교를 참조하라. 또, R. Bultmann, *Theology of the New Testament* (London 1952), pp. 47-53 S. 21. 3, 26. 3. 를 참조하라. *The Eternal Now* (London 1963), pp. 47-53 (*The Boundaries of Our Being*, pp. 49-55) 에 나오는 Tillich의 설교 "병자를 고치심; 귀신을 쫓아내심" 도 아주 매혹적이다. 여기서 그는 "신화적" 언어 사용을 즐기고 있는 것 같다.

39) Beare 가 그의 주석에서 그리고 위의 책에서 그렇게 말한다.

40) 본서, 407f. ; 그러나 James Barr의 비판에도 주목하라. op. cit., 제 4 장

41) 본서, p. 405f.

42) 사실 나는 여기의 ἀντίτυπον에는 보다 일상적 의미인 "모형"의 의미가 없는것이 아닌가 생각한다(이렇게 보면 홍수가 "원형적인" 것이 된다). 일반적으로 생각되는 바와 같이, 오히려 비일상적인 의미인 "성취"가 적당할 것 같다(이렇게 보면 홍수는 "예표적인 것"이 된다).

43) Cf. G. Bornkamm in Bornkamm, Barth, and Held, op. cit., p. 57.

44) So Justin Martyr, *Dialogue with Trypho*, ─ 138.

45) Cf. Barr, op. cit., p. 117.

46) Examples in Helen Gardner, *The Business of Criticism* (London

1966), pp. 90ff.

47) Cf. Gardner, pp. 96-7.

48) 위의 주. 31.

49) 위의 주. 29.

50) Cf. W. W. Johnson, *Interpretation* 20:4 (1966), pp. 423-4.

51) R. G. Collingwood, 이는 W. Leibrecht 가 편집한 Tillich 기념 논문집 *Religion and Culture* (London 1958), p. 147. 에서 인용되었다.

52) 참조. A. C. Thiselton, *The Churchman* 87:2 (1973), p. 96, "예수가 주시다"와 같은 진술들이 실존론적 내용뿐만 아니라, 존재론적 필요성도 갖고 있다는 것을 말하고 있다.

53) 본서, p. 392를 보라.

54) Cf. Smart, op. cit., p. 164.

55) Cf. O. M. T. O'Donovan in TSFB 67, pp. 15-23.

56) Cf. Smart, op. cit., pp. 68-76.

57) Cf. Barr, op. cit., p. 197.

참고문헌

Norman Hillyer

Oral tradition has it that the late Professor T. W. Manson once remarked that only one hundred books were needed to study any subject. On that score the titles which follow should prove more than adequate.

The chapters in the present volume already include references to books and articles. But these may be simply to illustrate a detail in the argument or to indicate where profounder thoughts on a particular point can be found. The purpose of this bibliography is more general. The books and articles listed here are those which contributors to *New Testament Interpretation* consider most helpful in carrying the reader further. In many cases a single title is selected as a "best read".

New Testament Interpretation sets out to be a telescope sweeping over the subject of its title. Since these lists were compiled Paternoster Press have begun publishing the equivalent of the microscope in *The New International Dictionary of New Testament Theology,* edited by Colin Brown (3 vols, 1975-78). This work includes bibliographies – sometimes extensive – on individual topics found in the NT.

제2장

신약 연구의 역사

J. Barr, *Old and New in Interpretation* (London: SCM Press 1966). A critical assessment of current trends.

C. K. Barrett, "Joseph Barber Lightfoot", *Durham University Journal* 64 (1972), pp. 193ff. Inter alia, compares Lightfoot with Baur.
 – *Westcott as Commentator* (London: Cambridge University Press 1959).

E. C. Blackman, *Biblical Interpretation* (London: Independent Press 1957). A short history.
 – *Marcion and his Influence* (London: SPCK 1948).

C. E. Braaten, *History and Hermeneutics = New Directions in Theology*

Today, ii (London: Lutterworth Press 1968). Surveys contemporary trends.

R. BULTMANN, "Is Exegesis without Presuppositions Possible?" E.T. in *Existence and Faith,* ed. and tr. S. M. Ogden (London: Hodder and Stoughton 1961), pp. 289ff.
  - "New Testament and Mythology", E.T. in *Kerygma and Myth,* ed. and tr. R. H. Fuller (London: SPCK 1953), pp. 1–44.
  - "The Problem of Hermeneutics", E.T. in *Essays Philosophical and Theological,* tr. J. C. G. Greig (London: SCM Press 1955), pp. 234ff. Three pioneering and epoch-making essays.

CAMBRIDGE HISTORY OF THE BIBLE, volumes i–iii (London: Cambridge University Press 1963–70). Covers all aspects of Bible study from the beginning until today.

C. W. DUGMORE (ed.), *The Interpretation of the Bible* (London: SPCK 1944). A symposium, covering the main phases of history of interpretation.

G. EBELING, *Word and Faith* (Philadelphia: Fortress Press 1963). One influential line of contemporary hermeneutics.

E. E. ELLIS, *Paul and his Recent Interpreters* (Grand Rapids: Eerdmans 1961).

F. W. FARRAR, *History of Interpretation* (London: Macmillan, 1886). The classic work; Bampton Lectures for 1886.

E. FUCHS, *Marburger Hermeneutik* (Tübingen: Mohr 1968). Another influential line of contemporary hermeneutics.

R. H. FULLER, *The New Testament in Current Study* (London: SCM Press 1963). A popular survey of current criticism and interpretation.

W. W. GASQUE, *A History of the Criticism of the Acts of the Apostles* (Tübingen: J. C. B. Mohr 1975; Grand Rapids: Eerdmans 1975).

R. M. GRANT, *A Short History of the Interpretation of the Bible* (London: A. & C. Black 1965). The best short history.

R. P. C. HANSON, *Allegory and Event* (London: SCM Press 1959). Patristic interpretation, especially Origen.

H. HARRIS, *David Friedrich Strauss and his Theology* (Cambridge University Press 1973).
  - *The Tübingen School* (Oxford: Clarendon Press 1975).

W. F. HOWARD, *The Romance of New Testament Scholarship* (London: Epworth Press 1949). A popular account of some Bible interpreters.

W. G. KÜMMEL, *The New Testament: The History of the Investigation of its Problems* (London: SCM Press 1972). The most thorough treatment of the subject: German/Lutheran slanted.

G. W. H. LAMPE and K. J. WOOLLCOMBE, *Essays on Typology* (London: SCM Press 1957). Discussion of the modern resurgence of typology.

S. C. NEILL, *The Interpretation of the New Testament, 1861–1961* (Oxford: University Press 1964). A well-informed account, doing full justice to British interpreters.

D. E. NINEHAM (ed.), *The Church's Use of the Bible Past and Present*

(London: SPCK 1963). A symposium, raising important practical issues.

T. H. L. Parker, *Calvin's New Testament Commentaries* (London: SCM Press 1971).

J. M. Robinson, *A New Quest of the Historical Jesus* (London: SCM Press 1959).

J. M. Robinson and J. B. Cobb, Jr, *The New Hermeneutic = New Frontiers in Theology, ii* (New York: Harper and Row 1964).

K. Scholder, *Ursprünge und Probleme der Bibelkritik im 17. Jahrhundert* (München: Chr. Kaiser 1966).

A. Schweitzer, *The Mysticism of Paul the Apostle* (London: A. & C. Black 1931). Schweitzer's own interpretation of Paul.
  – *Paul and his Interpreters* (London: A. & C. Black 1912). Survey of 19th-century works on Paul.
  – *The Quest of the Historical Jesus* (London: A. & C. Black 1910). Survey of 19th-century Lives of Jesus.

B. Smalley, *The Study of the Bible in the Middle Ages* (Oxford: Blackwell 1952³). A standard work.

A. Souter, *The Earliest Latin Commentaries on the Epistles of St Paul* (Oxford: Clarendon Press 1927).

J..F. Walvoord (ed.), *Inspiration and Interpretation* (Grand Rapids: Eerdmans 1957). A symposium by very conservative Americans, critical of most modern trends.

A. S. Wood, *Captive to the Word* (Exeter: Paternoster Press 1969). Luther's doctrine and interpretation of Scripture.
  – *The Principles of Biblical Interpretation* (Grand Rapids: Zondervan 1967). Deals with Irenaeus, Origen, Augustine, Luther, and Calvin.

J. D. Wood, *The Interpretation of the Bible* (London: Duckworth 1958). A useful history.

Best read: Kümmel, with Neill a close runner-up for the period it covers.

제3장

신약 비평의 전제들

R. Bultmann, "Is Exegesis without Presuppositions Possible?" E.T. in *Existence and Faith,* ed. and tr. S. M. Ogden (London: Hodder and Stoughton 1961, 1964).
  – "The Problem of Hermeneutics" E.T. in *Essays Philosophical and Theological,* tr. J. C. G. Greig (London: SCM Press 1955) pp. 234–261

Both Bultmann works are summarised in this chapter.

O. CULLMANN, "The Necessity and Function of Higher Criticism", in *The Early Church* (London: SCM Press 1956), pp. 3–16.

H.-G. GADAMER, *Wahrheit und Methode* (Tübingen: Mohr 1973 ²; E.T. Truth and Method, London: Sheed and Ward 1975). Likely to remain the classic discussion for some time.

E. D. HIRSCH, *Validity in Interpretation* (New Haven: Yale University Press 1967). Includes a summary and critical discussion of Gadamer.

E. KÄSEMANN, "Vom theologischen Recht historisch-kritischer Exegese", ZTK 46 (1967), pp. 259–281.

J. KNOX, *Criticism and Faith* (Nashville: Abingdon Press 1952)

A. NYGREN, *Meaning and Method: Prolegomena to a Scientific Philosophy of Religion and a Scientific Theology* (London: Epworth Press 1972). Wide-ranging and clear.

R. E. PALMER, *Hermeneutics: Interpretation Theory in Schleiermacher, Dilthey, Heidegger, and Gadamer* (Evanston: Northwestern University Press, 1969)

J. M. ROBINSON, "Hermeneutics since Barth", in *The New Hermeneutic,* ed. J. M. Robinson and J. B. Cobb (New York: Harper and Row 1964), pp. 1–77. A survey of the recent discussion.

G. TURNER, "Pre-understanding and New Testament Interpretation", SJT 28 (1975), pp. 227–242.

제4장

의미론과 신약 해석

J. BARR, "Common Sense and Biblical Language", *Biblica* 49 (1968), pp. 377–387. Discussion of Hill's book, below.
  – The Semantics of Biblical Language (Oxford: University Press 1961).

T. BOMAN, *Hebrew Thought Compared with Greek* (Philadelphia: Westminster Press 1961).

K. L. BURRES, *Structural Semantics in the Study of the Pauline Understanding of Revelation* (Ann Arbor: University Microfilms Xerox 71–1810).

D. CRYSTAL, *Linguistics* (Harmondsworth: Penguin Books 1971).

G. FRIEDRICH, "Semasiologie und Lexikologie", TLZ 94 (1969), cols. 801–816.

E. GÜTTGEMANNS, *Offene Fragen an die Formgeschichte des Evangeliums* (Munich: Kaiser 1971 ²).
  – Studia Linguistica Neotestamentica (Munich: Kaiser 1971).

D. HILL, *Greek Words and Hebrew Meanings: Studies in the Semantics of Soteriological Terms* (Cambridge University Press 1967).

J. LYONS, *Introduction to Theoretical Linguistics* (Cambridge University Press 1968). Especially chapters 9, 10 on Semantic Principles and Semantic Structure (pp. 400–481).
 – *Structural Semantics* (Publications of the Philological Society 20) (Oxford: Blackwell 1963).

E. A. NIDA, "Implications of Contemporary Linguistics for Biblical Scholarship", JBL 91 (1972), pp. 73–89.
 – *Towards a Science of Translating* (Leiden: Brill 1964).

R. H. ROBINS, *General Linguistics* (London: Longmans 1964).

F. de SAUSSURE, *A Course in General Linguistics* (London: Peter Owen 1960).

J. F. A. SAWYER, *Semantics in Biblical Research* (London: SCM Press 1972).

K. A. TANGBERG, "Linguistics and Theology", *Bible Translator* 24 (1973), pp. 301–310.

A. C. THISELTON, "The Meaning of *sarx* in 1 Cor. 5:5. A fresh approach in the light of logical and semantic factors", SJT 26 (1973), pp. 204–228
 – "The Supposed Power of Words in the Biblical Writings", JTS 25 (1974), pp. 283–99.
 – "The Semantics of Biblical Language as an Aspect of Hermeneutics", *Faith and Thought* 103 (1976), pp. 108–20.

S. ULLMANN, *The Principles of Semantics* (Oxford: Blackwell 1957^2).
 – *Semantics: An Introduction to the Science of Meaning* (Oxford: Blackwell 1962).

Best read: Barr, *Semantics.*

제5장

개론의 문제들

K. ALAND, *The Authority and Integrity of the New Testament* (London: SPCK 1965). A series of essays on problems arising from a critical study of the text.

D. GUTHRIE, *New Testament Introduction* (London: Tyndale Press 1970^3). Includes extensive bibliographies on the criticism of NT books.

C. L. MITTON, *The Epistle to the Ephesians* (Oxford: Clarendon Press 1951). A discussion of the problem of the authorship of Ephesians. Concludes it is non-Pauline.

A. Q. MORTON and J. McLEMAN, *Paul, the Man and the Myth. A Study in the Authorship of Greek Prose.* (London: Hodder and Stoughton 1966). An attempt to provide a statistical basis for determining questions of authorship.

J. A. T. ROBINSON, *Redating the New Testament* (London: SCM Press 1976).

제6장

종교적 배경

H. D. BETZ, "Jesus as Divine Man", in *Jesus and the Historian,* ed. F. T. Trotter (Philadelphia: Westminster Press 1968), pp. 114–133. Compares the concept of "divine men" in Hellenistic thought and the NT.

W. BOUSSET, *Kyrios Christos* (Nashville: Abingdon Press E.T. 1970 from German 5th edn). The standard work on the origins of the title "lord" and its significance in earliest Christianity.

J. H. CHARLESWORTH(ed.),*John and Qumran* (London: G. Chapman 1972).

D. DAUBE, *The New Testament and Rabbinic Judaism* (London: Athlone Press 1956).

W. D. DAVIES, *Christian Origins and Judaism* (London: Darton, Longman and Todd 1962).
– *Paul and Rabbinic Judaism* (London: SPCK 1970^3). Davies' two books provide probably the most comprehensive and readable accounts of the ways in which Judaism can illuminate the Sitz im Leben of the early church. Much useful information in a readily accessible form.

A. DEISSMANN, *Light from the Ancient East* (London: Hodder and Stoughton 1927^4). The classic example of how to utilize comparative texts in the exposition of the NT.

J. D. M. DERRETT, *Law in the New Testament* (London: Darton, Longman and Todd 1970).

P. FIEBIG, *Jüdische Wundergeschichten des neutestamentlichen Zeitalters unter besonderer Berücksichtigung ihres Verhältnisses zum Neuen Testament* (Tübingen 1911). A basic text on its subject. Brings together much otherwise inaccessible information.

W. FÖRSTER, *Palestinian Judaism in New Testament Times* (Edinburgh: Oliver and Boyd 1964).

R. H. FULLER, *Interpreting the Miracles* (London: SCM 1961). Deals with the problems of miracle in general, and the particular issues raised by the NT.

M. HENGEL, *The Son of God* (E.T. London: SCM Press 1976). Argues that the main background to NT christology is to be found not in Hellenism but in Judaism, especially Jewish wisdom concepts.

J. M. HULL, *Hellenistic Magic and the Synoptic Tradition* (London: SCM 1974). A comparative study of the relative interest of the evangelists in the magical arts of the Hellenistic age.

B. LINDARS, *New Testament Apologetic* (London: SCM 1961). Examines the ways the early Christians presented their faith to people of diverse religious and cultural backgrounds.

J. G. MACHEN, *The Origin of Paul's Religion* (London: Hodder and Stoughton 1921). A classic exposition, arguing for the dependence of Paul on Jesus himself. Though now dated in its treatment of Hellenistic religion (especially Gnosticism), it still contains much useful material.

B. M. METZGER, *Historical and Literary Studies: Pagan, Jewish, and Christian* (NT Tools and Studies 8) (Leiden: Brill 1968).

J. MURPHY-O'CONNOR (ed.), *Paul and Qumran* (London: G. Chapman 1968).

A. RICHARDSON, *The Miracle Stories of the Gospels* (London: SCM 1941). A simple introduction to the subject of miracle and the gospel miracle stories.

L. SABOURIN, "The Miracles of Jesus", in *Biblical Theology Bulletin* 1 (1971), pp. 59–80; 4 (1974), pp.115–175; 5 (1975), pp. 146–200. A useful series of articles surveying the state of contemporary scholarship on the gospel narratives.

W. SCHMITHALS, *Gnosticism in Corinth* (Nashville: Abingdon Press 1971). A thorough exposition of Paul's Corinthian correspondence, analysing the causes of the discontent in Corinth and the origins of Paul's theology.

H. VAN DER LOOS, *The Miracles of Jesus* (*Nov Test Supp.* 9) (Leiden: Brill 1968²). The most comprehensive work there is on its subject, but a massive and tedious volume to read.

E. M. YAMAUCHI, *Pre-Christian Gnosticism* (London: Tyndale Press 1973). A competent introduction to a complex subject.

Best read: Follow up footnotes in the chapter for particular points. No one book, apart from Machen's – now rather old and with nothing on Gnosticism, deals with the subject comprehensively and covers *both* Jewish and Hellenistic background.

제7장

역사 비평

R. BULTMANN, *Existence and Faith* (London: Hodder and Stoughton 1961).
F. G. DOWNING, *The Church and Jesus* (London: SCM Press 1968)

D. FULLER, *Easter Faith and History* (London: Tyndale Press 1968).

F. HAHN, "Probleme historischer Kritik", ZNW 63 (1972), pp. 1–17.

V. A. HARVEY, *The Historian and the Believer* (London: SCM Press 1967).

E. KRENTZ, *The Historical-Critical Method* (London: SPCK 1975).

G. E. LADD, *The New Testament and Criticism* (Grand Rapids: Eerdmans 1967).

R. R. NIEBUHR, *Resurrection and Historical Reason: A Study of Theological Method* (New York: Scribner 1957).

J. I. PACKER, *"Fundamentalism" and the Word of God* (London: Inter-Varsity Press 1958).

W. PANNENBERG, *History as Hermeneutic* (New York: Harper and Row 1968).

– *Revelation as History* (London: Collier-Macmillan 1969).

N. PERRIN, *Rediscovering the Teaching of Jesus* (London: SCM 1967).

J. M. ROBINSON, *A New Quest of the Historical Jesus* (London: SCM 1959).

A. SCHWEITZER, *The Quest of the Historical Jesus* (London: A. and C. Black 1911²).

E. TROELTSCH, "Uber historische und dogmatische Methode in der Theologie", *Gesammelte Schriften* (Aalen: Scientia Verlag 1962 = 1922), II, pp. 729–753.

J. WENHAM, *Christ and the Bible* (London: Tyndale Press 1972).

W. WREDE, *The Messianic Secret* (Cambridge: Jas Clarke 1971) (E.T. of German work, first published in 1901).

제8장

자료 비평

W. A. BEARDSLEE, *Literary Criticism of the New Testament* (Philadelphia: Fortress Press 1970).

E. de W. BURTON, *Some Principles of Literary Criticism and their Application to the Synoptic Problem* (Chicago University Press 1904).

B. C. BUTLER, *The Originality of St Matthew* (Cambridge University Press 1951). A recent defence of the Augustinian order of the Synoptic Gospels, i.e. Mt. – Mk – Lk.

J. DUPONT, *The Sources of Acts* (London: Darton, Longman and Todd 1964).

W. R. FARMER, *The Synoptic Problem* (London: Collier-Macmillan, 1964). A readable and forceful history of research into the Synoptic Problem. Good in its criticisms of Marcan priority; less convincing in its arguments for the Griesbach order Mt. – Lk. – Mk. Very useful for further bibliography.

R. T. FORTNA, *The Gospel of Signs* (Cambridge University Press 1970).

D. GUTHRIE, *New Testament Introduction* (London: Tyndale Press 1970). Contains what is probably as good an introduction to the Synoptic Problem as is available in English.

A. M. HONORÉ, "Statistical Study of the Synoptic Problem", Nov.T 10 (1968), pp. 95–147.

W. G. KÜMMEL, *New Testament Introduction* (London: SCM Press 1975[2]).

H. PALMER, *The Logic of Gospel Criticism* (London: Macmillan 1968). A philosopher's look at the methods and assumptions of gospel criticism.

E. P. SANDERS, *The Tendencies of the Synoptic Tradition* (Cambridge: University Press 1969). Examines how gospel traditions develop and calls into question some common assumptions.

T. SCHRAMM, *Der Markus-Stoff bei Lukas* (Cambridge University Press 1971).

D. M. SMITH, Jr, *The Composition and Order of the Fourth Gospel* (New Haven: Yale University Press 1965).

B. H. STREETER, *The Four Gospels: A Study of Origins* (London: Macmillan 1924). For many years the standard book in English on the Synoptic Problem, defending Marcan priority and the "Four Document" hypothesis.

G. W. STYLER, "The Priority of Mark", in C. F. D. Moule, *The Birth of the New Testament* (London: A. and C. Black 1966[2]). A recent quite effective defence of Marcan priority in reply to Butler (above).

제9장

양식 비평

J. A. BAIRD, *Audience Criticism and the Historical Jesus* (Philadelphia: Westminster Press 1969). Computer analysis of the sayings of Jesus in the light of the audiences addressed. A fresh approach which fires broadsides at some widely accepted axioms of radical form criticism.

G. R. BEASLEY-MURRAY, *Preaching the Gospel from the Gospels* (London: Lutterworth Press 1965[2]). Suggests how form criticism can be of positive help in interpreting and preaching from the Gospels.

R. BULTMANN, *The History of the Synoptic Tradition* (Oxford: Blackwell 1968[2]). This and the following work are the classic examples of German form criticism, although Bultmann is much more radical than Dibelius.

M. DIBELIUS, *From Tradition to Gospel* (Cambridge: James Clarke 1971; rp of 1934 edn).

W. G. DOTY, "The Discipline and Literature of New Testament Form Criticism", ATR 51 (1969), pp. 257–319. Discusses principles and methods in form criticism, and includes an invaluable bibliography of 238 titles.

E. E. ELLIS, "New Directions in Form Criticism", in G. Strecker (ed.), *Jesus Christus in Historie und Theologie* (Tübingen: J.C.B. Mohr 1975), pp. 299–315.

E. V. McKNIGHT, *What is Form Criticism?* (Philadelphia: Fortress Press 1969). The best basic book on the subject, including critiques of Bultmann, Dibelius, and others.

G. N. STANTON, "Form Criticism Revisited", in M. D. Hooker and C. J. A. Hickling (ed.), *What about the New Testament?* (London: SCM Press 1975), pp. 13–27.

V. TAYLOR, *The Formation of the Gospel Tradition* (London: Macmillan 1965²). An example of the more cautious British approach to form criticism.

Best read: McKnight.

제10장

전승사

R. S. BARBOUR, *Traditio-Historical Criticism of the Gospels* (London: SPCK 1972).

R. BULTMANN, *The History of the Synoptic Tradition* (Oxford: Blackwell 1968²).

D. G. A. CALVERT, "An Examination of the Criteria for Distinguishing the Authentic Words of Jesus", NTS 18 (1971–72), pp. 209–219.

F. HAHN, *The Titles of Jesus in Christology* (London: Lutterworth 1969).

M. D. HOOKER, "Christology and Methodology", NTS 17 (1970–71), pp. 480–487.

– "On Using the Wrong Tool", *Theology* 75 (1972), pp. 570–581.

J. JEREMIAS, *New Testament Theology I: The Proclamation of Jesus* (London: SCM Press 1971).

E. KÄSEMANN, "The Problem of the Historical Jesus", in *Essays on New Testament Themes* (London: SCM Press 1964), pp. 15–47.

L. E. KECK, *A Future for the Historical Jesus* (London: SCM Press 1973).

R. P. MARTIN, *Carmen Christi: Philippians 2:5–11 in Recent Interpretation and in the Setting of Early Christian Worship* (Cambridge University Press 1967).

N. PERRIN, *Rediscovering the Teaching of Jesus* (London: SCM Press 1967).

H. SCHÜRMANN, *Traditionsgeschichtliche Untersuchungen zu den*

Synoptischen Evangelien (Düsseldorf: Patmos-Verlag 1968).
D. F. STRAUSS, *The Life of Jesus Critically Examined* (London: SCM Press 1973; originally pub. 1835–36).

Best read: Barbour.

제11장

편집 비평

D. GUTHRIE, *New Testament Introduction* (London: Tyndale Press 1970[3]), pp. 214–219.
J. L. MARTYN, *History and Theology in the Fourth Gospel* (New York: Harper and Row 1968).
N. PERRIN, *What is Redaction Criticism?* (London: SPCK 1970). A valuable introduction, if used with care.
J. ROHDE, *Rediscovering the Teaching of the Evangelists* (London: SCM 1968). An interesting survey of recent work on the Gospels, revealing the diverse nature of the conclusions reached by redaction critics.
R. H. STEIN, "What is *Redaktionsgeschichte?*" JBL 88 (1969), pp. 45–56.

Best read: Perrin.

제12장

신약 성서의 구약 사용 방법

R. BLOCH, "Midrash", *Dictionnaire de la Bible: Supplément,* Vol. 5 (Paris 1957), cols. 1263–81.
F. F. BRUCE, *Biblical Exegesis in the Qumran Texts* (London: Tyndale Press 1960).
P. BORGEN, *Bread from Heaven* (Leiden: Brill 1965).
D. DAUBE, *The New Testament and Rabbinic Judaism* (London: Athlone Press 1956).
J. W. DOEVE, *Jewish Hermeneutics in the Synoptic Gospels and Acts* (Assen 1954).

C. H. DODD, *According to the Scriptures* (London: Nisbet 1952; Collins Fontana 1965).

E. E. ELLIS, *Paul's Use of the Old Testament* (Edinburgh: Oliver and Boyd 1957).

R. T. FRANCE, *Jesus and the Old Testament* (London: Tyndale Press 1971).

L. GOPPELT, *Typos: die typologische Deutung des Alten Testaments im Neuen* (Gütersloh 1939; rep. Darmstadt: Wissenschaftliche Buchgesellschaft 1969; E.T. forthcoming from Eerdmans, Grand Rapids).

R. H. GUNDRY, *The Use of the Old Testament in St Matthew's Gospel* (Leiden: Brill 1967).

A. T. HANSON, *Jesus Christ in the Old Testament* (London: SPCK 1965).

– *Studies in Paul's Technique and Theology* (London: SPCK 1974).

J. R. HARRIS, *Testimonies,* 2 vols. (Cambridge University Press 1916, 1920).

L. HARTMAN, *Prophecy Interpreted* (Lund: C. W. K. Gleerup 1966).

D. M. HAY, *Glory at the Right Hand: Psalm 110 in Early Christianity* (Nashville: Abingdon Press 1973).

T. HOLTZ, *Untersuchungen über die alttestamentlichen Zitate bei Lukas* (Berlin: Akademie-Verlag 1968).

R. N. LONGENECKER, *Biblical Exegesis in the Apostolic Period* (Grand Rapids: Eerdmans 1974).

O. MICHEL, *Paulus und Seine Bibel* (Gütersloh 1929; rep. Darmstadt: Wissenschaftliche Buchgesellschaft 1972).

M. RESE, *Alttestamentliche Motive in der Christologie des Lukas* Gütersloh: Mohn 1969).

H. M. SHIRES, *Finding the Old Testament in the New* (Philadelphia: Westminster Press 1974).

K. STENDAHL, *The School of St Matthew* (Lund: C. W. K. Gleerup 1954; Philadelphia: Fortress Press 1968).

A. SUHL, *Die Funktion der alttestamentliche Zitate und Anspielungen im Markusevangelium* (Gütersloh: Mohn 1965).

G. VERMES, *Scripture and Tradition in Judaism* (Leiden: Brill 1961, 1973²).

제13장

신약 석의에 접근하는 방법들

J. BARR, *Old and New in Interpretation* (London: SCM Press 1966).

R. E. BROWN, "Hermeneutics" in *The Jerome Bible Commentary* (London: G. Chapman 1968) (section 71).

– *The Sensus Plenior of Sacred Scripture* (Baltimore: St Mary's University, 1955)

W. G. DOTY, *Contemporary New Testament Interpretation* (Englewood Cliffs, NJ :Prentice Hall 1972).

J. ERNST, *Schriftauslegung* (München: F. Schöningh 1972).

K. FRÖR, *Biblische Hermeneutik* (München: Chr. Kaiser 1961).

T. R. HENN, *The Bible as Literature* (London: Lutterworth 1970).

J. JEREMIAS, *New Testament Theology I: The Proclamation of Jesus* (London: SCM Press 1971).

– *The Parables of Jesus* (London: SCM Press rev. edn 1963).

– *Rediscovering the Parables* (London: SCM Press 1966).

K. KOCH, *The Growth of the Biblical Tradition* (New York: Scribners 1969).

G. E. LADD, *The New Testament and Criticism* (Grand Rapids: Eerdmans 1967).

E. LINNEMANN, *Parables of Jesus* (London: SPCK 1966).

A. B. MICKELSEN, *Interpreting the Bible* (Grand Rapids: Eerdmans 1963).

B. RIGAUX, *The Letters of St Paul* (Chicago: Franciscan Herald Press 1968). A survey of modern discussion.

J. SCHREINER, *Einführung in die Methoden der biblischen Exegese* (Tyrolia: Echter 1971).

J. D. SMART, *The Interpretation of Scripture* (London: SCM Press 1961).

K. STENDAHL, "Biblical Theology, Contemporary" in *The Interpreter's Dictionary of the Bible* (Nashville: Abingdon Press 1962) (vol. 4, pp. 418–432).

N. TURNER, *Grammatical Insights into the New Testament* (Edinburgh: T. and T. Clark 1965). Based on the Greek NT, but with transliterated characters.

R. A. WARD, *Hidden Meaning in the New Testament* (London: Marshall, Morgan and Scott 1969). Helpful exposition of key Greek terms, in English characters.

U. WILCKENS, *Was heisst Auslegung der Heiligen Schrift?* (Regensburg: F. Pustet 1966).

A.N. WILDER, *Early Christian Rhetoric* (London: SCM Press 1964). American title: *The Language of the Gospel* (New York: Harper and Row 1964).

H. ZIMMERMANN, *Neutestamentliche Methodenlehre* (Stuttgart: Verlag Katholisches Bibelwerk 1974⁴).

Best read: Doty (or Ladd).

제14장

석의 실습 — 두 실례

For essential principles and methods:

O. KAISER and W. G. KÜMMEL, *Exegetical Method: a Student's Handbook* (New York: Seabury 1967), pp. 35–48.

For the "tools" required for NT exegesis:

F. W. DANKER, *Multi-purpose Tools for Bible Study* (St Louis: Concordia 1970[3]). Includes essays on how to use the major tools of biblical exegesis.

R. T. FRANCE (ed.), *A Bibliographical Guide to New Testament Research* (Cambridge: Tyndale Fellowship, 1974[2]).

W. G. KÜMMEL, *Introduction to the New Testament* (London: SCM Press 1975[2]), pp. 23–28: "The Most Important Tools for the Study of the New Testament".

D. M. SCHOLER, *A Basic Bibliographical Guide for New Testament Exegesis* (Grand Rapids: Eerdmans 1973[2]).

제15장

비신화화 — 신약 성서에서 신화의 문제

I. G. BARBOUR, *Myths, Models and Paradigms* (London: SCM Press 1974). On the diverse functions of language.

H.-W. BARTSCH (ed.), *Kerygma and Myth* (translated and edited by R. H. Fuller; Vol. I, London: SPCK 1953; Vol. II, 1962; both volumes combined, 1972). Contains Bultmann's famous essay "The New Testament and Mythology" together with other contributions to the debate it sparked off.

C. E. BRAATEN and R. A. HARRISVILLE (eds), *Kerygma and History* (Nashville: Abingdon 1962). Includes several essays on myth in the NT.

R. BULTMANN, *Jesus Christ and Mythology* (London: SCM Press 1960). Popular lectures delivered in English in USA.

A. CUNNINGHAM (ed.), *The Theory of Myth: Six Studies* (London 1973). University of Lancaster Colloquium – includes papers on Eliade, Lévi-Strauss and Mary Douglas.

I. HENDERSON, *Myth in the New Testament* (London: SCM Press 1952). A still useful critique of Bultmann.

R. W. HEPBURN, "Demythologizing and the Problem of Validity", in *New*

Essays in Philosophical Theology, ed. A. Flew and A. Macintyre (London: SCM Press 1955).

R. A. JOHNSON, *The Origins of Demythologizing: Philosophy and Historiography in the Theology of Rudolf Bultmann* (Leiden: Brill 1974). The most penetrating analysis of the origin and development of Bultmann's thought.

G. S. KIRK, *Myth: Its Meaning and Function in Ancient and Other Cultures,* (Cambridge University Press 1970). A classical scholar tackles the wider questions of myth, particularly the anthropological theories of C. Lévi-Strauss.

W. G. KÜMMEL, "Mythische Rede und Heilsgeschehen im Neuen Testament", and "Mythos im Neuen Testament", in *Heilsgeschehen und Geschichte* (Marburg: N. G. Elert 1965). Approaches the problem from a "salvation-history" standpoint.

J. MACQUARRIE, *The Scope of Demythologizing* (London: SCM Press 1960). A valuable assessment of the debate to date of writing; perhaps Macquarrie's best work.

G. MIEGGE, *Gospel and Myth in the Thought of Rudolf Bultmann* (London: Lutterworth Press 1960). An Italian Waldensian's contribution.

S. M. OGDEN, *Christ without Myth* (New York: Harper and Row 1961). Perhaps the single most penetrating critique of Bultmann.

W. PANNENBERG, "The Later Dimensions of Myth in Biblical and Christian Tradition", in *Basic Questions in Theology,* vol. 3 (London: SCM Press 1973). A review of approaches to the problem, particularly in biblical scholarship.

J. W. ROGERSON, *Myth in Old Testament Interpretation* (Berlin: de Gruyter 1974). Describes how the concept of myth has been used in OT interpretation since the end of late 18th century, including chapters on Lévi-Strauss and Paul Ricoeur.

G. STÄHLIN, art, *mythos,* in TDNT 4, pp. 762–795.

D. F. STRAUSS, *The Life of Jesus Critically Examined* (London: SCM Press 1973; originally pub. 1835–36).

제16장

신 (新) 해석학

P. J. ACHTEMEIER, *An Introduction to the New Hermeneutic* (Philadephia: Westminster Press 1969).

E. BETTI, *Die Hermeneutik als allgemeine Methodik der Geisteswissenschaften* (Tübingen; J. C. B. Mohr 1972[2]).

R. BULTMANN, "Is Exegesis without Presuppositions Possible?" E.T. in *Existence and Faith,* ed. and tr. S. M. Ogden (London: Hodder and Stoughton 1961, 1964) pp. 342–351.
- "The Problem of Hermeneutics", E.T. in *Essays Philosophical and Theological,* tr. J. C. G. Greig (London: SCM Press 1955), pp. 234–262.

G. EBELING, *God and Word* (Philadelphia: Fortress Press 1967).
- *Introduction to a Theological Theory of Language* (London: Collins 1973).
- *Theology and Proclamation* (London: Collins 1963). A debate with Bultmann about Jesus and the kerygma.
- *Word and Faith* (London: SCM Press 1963). Essays on various subjects including hermeneutics.
- *The Word of God and Tradition* (London: Collins 1968).

E. FUCHS, *Gesammelte Aufsätze* (3 vols) esp. vol. 1: *Zum hermeneutischen Problem in der Theologie: die Existentiale Interpretation* (Tübingen: Mohr 1959). Essays on various aspects of the hermeneutical problem.
- "The Hermeneutical Problem", in J. M. Robinson (ed.), *The Future of Our Religious Past: Essays in Honour of Rudolf Bultmann* (London: SCM Press 1971), pp. 276–278.
- *Hermeneutik* (Tübingen: Mohr, 1970[4]). Lectures on general principles, followed by discussion of specific types of biblical language.
- *Marburger Hermeneutik* (Tübingen: Mohr 1968).
- *Studies of the Historical Jesus* (London: SCM Press 1964). Some essays on history and faith, some on hermeneutics and language.

R. W. FUNK (ed.), *History and Hermeneutic* (J Th.Ch. 4)
- *Language, Hermeneutic, and Word of God* (New York: Harper and Row 1966). A survey of modern thinkers, followed by excellent examples of hermeneutic at work.

H.-G. GADAMER, *Wahrheit and Methode* (Tübingen: Mohr 1973[3]). Standard work on philosophical hermeneutics.

M. HEIDEGGER, *An Introduction to Metaphysics* (New Haven: Yale University Press 1961).
- *Unterwegs zur Sprache* (Pfullingen: Neske, 1960[2]).

R. E. PALMER, *Hermeneutics: Interpretation Theory in Schleiermacher, Dilthey, Heidegger, and Gadamer* (Evanston: Northwestern University 1969). Excellent discussion of the philosophical side of the subject.

N. PERRIN, *Jesus and the Language of the Kingdom* (London: SCM Press 1976).

J. M. ROBINSON and J. B. COBB, Jr, *The Later Heidegger* (*New Frontiers in Theology* 1) (New York: Harper and Row 1963).
- *The New Hermeneutic* (*New Frontiers in Theology* 2) (New York: Harper and Row 1964). Includes essays by Fuchs and Ebeling; historical introduction and critical discussion.

J. D. SMART, *The Interpretation of Scripture* (London: SCM Press 1961).
- *The Strange Silence of the Bible in the Church* (London: SCM 1970).

P. STUHLMACHER, "Neues Testament und Hermeneutik – Versuch einer

Bestandaufnahme", ZTK 68 (1971), pp. 121–161.

– "Thesen zur Methodologie gegenwärtiger Exegese", ZNW 63 (1972), pp. 18–26.

– "Zur Methoden- und Sachproblematik einer konfessionellen Auslegung des Neuen Testaments", in *Evangelischer-Katholischer Kommentar zum Neuen Testament: Vorarbeiten* (Zürich: Ben-ziger/Neukirchen: Neukirchener 1972), IV, pp. 22–45.

A. C. THISELTON, "The Parables as Language-Event", SJT 23 (1970), pp. 437–468. Comments on Fuchs' hermeneutic.

– "The Use of Philosophical Categories in NT Hermeneutics", *The Churchman* 87 (1973), pp. 87–100.

– "Understanding God's Word Today", in J. R. W. Stott (ed.), *Christ the Lord* (London: Collins Fontana 1977).

W. WINK, *The Bible in Human Transformation: Towards a New Paradigm for Biblical Study* (Philadelphia: Fortress Press 1973).

Best read: Funk, *Language;* Robinson and Cobb, *New Hermeneutic.*

제17장

신약 성서의 권위

K. ALAND, *The Problem of the New Testament Canon* (London: Mowbrays 1962).

J. BARR, *The Bible in the Modern World* (London: SCM Press 1973). A searching analysis of the problem of biblical authority in an age of criticism.

– *Old and New in Interpretation* (London: SCM Press 1966). A study of the relationship between the two Testaments.

W. BAUER, *Orthodoxy and Heresy in Earliest Christianity* (Philadelphia: Fortress Press 1971).

H. von CAMPENHAUSEN, *Ecclesiastical Authority and Spiritual Power in the Church of the First Three Centuries* (London: A. and C. Black 1969).

E. J. CARNELL, *The Case for Orthodox Theology* (London: Marshall, Morgan and Scott 1961). A short conservative exposition.

B. S. CHILDS, *Biblical Theology in Crisis* (Philadelphia: Westminster Press 1970). Problems facing the modern Biblical Theology movement.

A. A. T. EHRHARDT, *The Framework of the New Testament Stories* (Manchester: University Press 1964).

C. F. EVANS, *Is "Holy Scripture" Christian? and Other Questions* (London: SCM Press 1971). A collection of radical essays.

R. P. C. HANSON, *The Bible as a Norm of Faith* (Durham University Press 1963).
- *Tradition in the Early Church* (London: SCM Press 1962).

E. KÄSEMANN, *New Testament Questions of Today* (London: SCM Press 1969). A wide-ranging collection of essays.
- "The Problem of a New Testament Theology", NTS 19 (1972–3), pp. 235–245.

G. E. LADD, *The New Testament and Criticism* (Grand Rapids: Eerdmans 1967). A positive survey of the main types of criticism, from a conservative standpoint.

F. J. LEENHARDT, *Two Biblical Faiths, Protestant and Catholic* (London: Lutterworth Press 1964).

R. MORGAN, *The Nature of New Testament Theology* (London: SCM Press 1973). A translation of material by William Wrede and Adolf Schlatter, with a long introductory essay.

D. E. NINEHAM, "The Use of the Bible in Modern Theology", BJRL 52 (1969–70), pp. 178–199.

J. I. PACKER, "Hermeneutics and Biblical Authority", *The Churchman* 81 (1967), pp. 7–21.

J. W. ROGERSON, "Biblical Studies and Theology: Present Possibilities and Future Hopes", *The Churchman* 87 (1973), pp. 198–206

H. SCHLIER, *The Relevance of the New Testament* (London: Burns, Oates 1967). Essays by a leading German Roman Catholic scholar.

E. SCHWEIZER, *Neotestamentica* (Zurich/Stuttgart: Zwingli Verlag 1963). A collection of essays on NT themes.

J.D. SMART, *The Old Testament in Dialogue with Modern Man* (London: Epworth Press 1965). An attempt to show the relevance of the OT today.
- *The Strange Silence of the Bible in the Church* (London: SCM Press 1970). An examination of the problems of relating the Bible to the twentieth century.

H. E. W. TURNER, "Orthodoxy and the Church Today", *The Churchman* 86 (1972), pp. 166–173.
- *The Pattern of Christian Truth: A Study in the Relations between Orthodoxy and Heresy in the Early Church* (London: Mowbrays 1954).

Best read: Barr, *Bible;* Ladd.

제18장

신약 성서의 강해

D. L. BAKER, "Typology and the Christian Use of the Old Testament", SJT 29 (1976), pp. 137–157.
- *Two Testaments, One Bible* (Leicester: IVP 1976).

J. BARR, *The Bible in the Modern World* (London: SCM Press 1973). A critique of the traditional approach to the Bible's significance, with suggestions as to what it can and should mean today.
- *Old and New in Interpretation* (London: SCM Press 1966). Primarily concerned with the OT. Includes a critique of the idea of typology.

K. BARTH, *Church Dogmatics I: The Doctrine of the Word of God* (Edinburgh: T. and T. Clark 1956) (sections 19:1–2, 21:2). Barth on interpretation.

G. C. BERKOUWER, *Holy Scripture* (Grand Rapids: Eerdmans 1975).

R. W. FUNK, *Language, Hermeneutic and Word of God* (New York: Harper and Row 1956). A sometimes intelligible introduction to the new hermeneutic, with application to epistles and parables.

H.-G. GADAMER, *Truth and Method* (London: Sheed and Ward 1975).

H. GARDNER, *The Business of Criticism* (London: Oxford University Press 1966). Literary critical studies, with implications for biblical interpretation.

J. GOLDINGAY, "The Authority of Scripture in Recent Debate", *Christian Graduate* 28:3 (1975), pp. 65–68.
- "Inspiration, Infallibility, and Criticism", *The Churchman* 90:1 (1976), pp. 6–23.

E. HALLER, "On the Interpretative Task", *Interpretation* 21 (1967), pp. 158–166. Useful insights concerning the task of interpretation.

A. T. HANSON, *Studies in Paul's Technique and Theology* (London: SPCK 1974). Examination, defence, and qualified advocacy of Paul's methods of interpretation. First half rather technical.

E. D. HIRSCH, *Validity in Interpretation* (New Haven/London: Yale University Press 1967). Concerned primarily with literature and poetry, but with one eye on the hermeneutics of Bultmann. Useful critique of Gadamer.

W. W. JOHNSON, "The Ethics of Preaching", *Interpretation* 20 (1966), pp. 412–431. Useful insights into the task of interpretation.

R. N. LONGENECKER, *Biblical Exegesis in the Apostolic Period* (Grand Rapids: Eerdmans 1975).
- "Can we Reproduce the Exegesis of the New Testament?" Tyn.B 21 (1970), pp. 1–38. Examines the NT's methods of exegesis and asks whether we have to follow them ourselves.

T. W. MANSON, "Preaching and Exegesis", in *Neutestamentliche Studien für Rudolf Bultmann* (BZNW 21) (Berlin: Töpelmann 1954). Preaching the Bible as an aid to understanding the Bible.

A. NYGREN, *The Significance of the Bible for the Church* (Philadelphia: Fortress Press 1963). Includes chapters on the OT's use of the NT and on the value of historical-critical study to the interpreter.

O. M. T. O'DONOVAN, "The Possibility of a Biblical Ethic", TSFB 67 (1973), pp. 15–23. Asserts that biblical teaching is in fact universalisable, consistent, and prescriptive.

R. E. PALMER, *Hermeneutics* (Evanston: Northwestern University Press 1969). Concerned with general hermeneutics. Includes valuable surveys of modern approaches.

C. F. SLEEPER, "Ethics as a Context for Biblical Interpretation", *Interpretation* 22 (1968), pp. 443–460. Insights into the task of interpretation, starting with our concern with ethical and social issues.

J. D. SMART, *The Interpretation of Scripture* (London: SCM Press 1961). Thorough general survey from a main-stream American perspective.
– *The Strange Silence of the Bible in the Church* (London: SCM Press 1970). Useful brief introduction to recent hermeneutical debate.

A. M. STIBBS, *Understanding God's Word* (London: IVF 1950; revised, Leicester: IVP 1976).
– *Expounding God's Word* (London: IVF, 1960) Introductions to interpretation and exposition that antedate the modern debate, but are still useful.

A. C. THISELTON, "The Parables as Language-Event", SJT 23 (1970), pp. 437–468. Appreciative critique of the new hermeneutic.
– "The Use of Philosophical Categories in New Testament Hermeneutics", *The Churchman* 87 (1973), pp. 87–100. The usefulness and limitations of the perspectives of existentialism, the new hermeneutic, and linguistic philosophy.
– "Understanding God's Word Today", in J. W. R. Stott (ed.), *Christ the Lord (London: Collins Fontana 1977).*

T. C. VRIEZEN, *An Outline of Old Testament Theology* (Oxford: Blackwell 1970^2). Includes sections on the tasks of exegesis and exposition (ch. 4).

W. WINK, *The Bible in Human Transformation* (Philadelphia: Fortress Press 1973).

Y. WOODFIN, "The Theology of Preaching", SJT 23 (1970), pp. 408–419.

"Are the Scriptures Losing their Importance?" *Concilium* 10:5 (1969). A Roman Catholic analysis of the reasons.

"From Text to Sermon"; series of articles in *Interpretation* 20–23 (1966–9)

"Theology, Exegesis, and Proclamation", *Concilium* 10:7 (1971) *Roman Catholic studies.*

Best read: The *Interpretation* articles especially Haller.

신약해석학

초판 발행 1994년 10월 25일

중쇄 발행 2007년 3월 25일

발행처 **크리스챤다이제스트**

발행인 박명곤

주소 경기도 고양시 일산동구 정발산동 1193-2

전화 031-911-9864, 070-7538-9864

팩스 031-911-9824

등록 제 98-75호

판권 © 크리스챤다이제스트 1994

총판 (주) 기독교출판유통

전화 031-906-9191~4

팩스 080-456-2580

· 값은 표지에 찍어 있습니다.

● 본사 도서목록은 생명의 말씀사 인터넷서점
(lifebook.co.kr)에서 출판사명을 "크리스챤다이제스트"
로 검색하시면 됩니다.